中华经典名著

全本全注全译丛书

王天海◎译注

折狱龟鉴

中華書局

图书在版编目(CIP)数据

折狱龟鉴/王天海译注. —北京:中华书局,2025.2. —(中华经典名著全本全注全译丛书). —ISBN 978-7-101-16877-8

Ⅰ.D929.2

中国国家版本馆 CIP 数据核字第 2024X3Q642 号

书　　名　折狱龟鉴
译 注 者　王天海
丛 书 名　中华经典名著全本全注全译丛书
责任编辑　张　敏　李丽雅
装帧设计　毛　淳
责任印制　管　斌
出版发行　中华书局
　　　　　(北京市丰台区太平桥西里 38 号　100073)
　　　　　http://www.zhbc.com.cn
　　　　　E-mail:zhbc@zhbc.com.cn
印　　刷　北京盛通印刷股份有限公司
版　　次　2025 年 2 月第 1 版
　　　　　2025 年 2 月第 1 次印刷
规　　格　开本/880×1230 毫米　1/32
　　　　　印张 23⅛　字数 610 千字
印　　数　1-8000 册
国际书号　ISBN 978-7-101-16877-8
定　　价　62.00 元

目录

前言

《折狱龟鉴》一书，最早应见于宋人晁公武《郡斋读书志》所载："《决狱龟鉴》二十卷。右皇朝郑克编次。五代和凝有《疑狱集》，近时赵仝有《疑狱事类》，皆未详尽，克因增广之。依刘向《晏子春秋》，举其纲要，为之目录。分二十门，计三百九十五事。"其后，宋人陈振孙《直斋书录解题》载："《折狱龟鉴》三卷。承直郎开封郑克武子撰。初，五代宰相和凝有《疑狱集》，其子水部郎和㠓续为三卷，六十七条。克因和氏之书，分为二十门，推广之，凡二百七十六条，三百九十五事。起郑子产，迄于本朝。"由此可知，此皆一书二名，作者郑克为宋朝开封（今河南开封）人。

"折狱"一词出自《尚书·周书·吕刑》："哀敬折狱，明启刑书，胥占，咸庶中正。"孔传云："当怜下人之犯法，敬断狱之害人，明开刑书，相与占之，使刑当其罪，皆庶几必得中正之道。"决狱、折狱，皆为审理、裁决案件之意。龟，龟板。古代以烧灼龟板，观其兆纹以决疑难；鉴，古代铜镜，察照人物，以整衣冠；龟鉴，即借鉴。顾名思义，《折狱龟鉴》就是审理案件的借鉴之书。据宋末元初人刘壎所著《隐居通议》卷三十一记载，宋高宗绍兴三年（1133），降《恤刑手诏》，"戒饬中外，俾务哀矜"。郑克依据五代和凝、和㠓父子所著《疑狱集》，分类增广，补录了宋徽宗大观、政和年间的故事，又分别加以按语论说，撰成《折狱龟鉴》一书，为审理案件的官吏提供借鉴。此书大约成于南宋绍兴三年（1133）之后。

《折狱龟鉴》的作者郑克,《宋史》无传,存世的史料亦不多见。清人朱绪曾在刊刻宋本《棠阴比事·跋》中引用刘壎《隐居通议》卷三十一说:"'高宗绍兴三年,降诏恤刑,戒饬中外,俾务哀矜。时有承直郎郑克明,为湖南提刑司干官,因阅和凝《疑狱集》,易旧名曰《折狱龟鉴》。'刘起潜称为郑克明,知克字克明。吕成公《方元恪墓志》:'女孙婿迪功郎,建康府上元县尉郑克。'是曾由县尉而为干官。其本贯开封人,南渡因徙家焉。"近人余嘉锡《四库提要辨证》据宋彭百川《太平治迹统类》卷二十七考知,郑克于宋徽宗宣和六年(1124)登沈晦榜进士。综合上述资料(《郡斋读书志》《直斋书录解题》,朱续曾、余嘉锡所考),可知作者郑克,字武子(天海按:此取《直斋书录解题》说),一字克明(元人刘壎《隐居通议》说),生卒年不详,宋开封(今河南开封)人。北宋徽宗宣和六年(1124)登进士第。南宋初,历官迪功郎、建康府上元县尉、承直郎、湖南提刑司干官。仅此而已。但通过对《折狱龟鉴》的内容和按语分析,可知郑克长期任职州郡以下地方官吏,后又专职提刑司干官,对于历代史传和狱政都有广泛的了解与深刻的认识。他通过亲身参与大量的办案实践活动,结合自身悲天悯人的儒家情怀和卓具才识的见解,采录和编撰了继《疑狱集》后又一部案例选编论集。

一、《折狱龟鉴》的版本与整理

(一)《折狱龟鉴》的版本

《折狱龟鉴》成书当在宋高宗绍兴三年(1133)降《恤刑手诏》之后,与郑克同时代的晁公武《郡斋读书志》载录此书有二十卷本;其后不久,陈振孙《直斋书录解题》载录此书有三卷本。晁公武、陈振孙为先后同时代人,皆言郑克之书"因和氏之书,分为二十门,三百九十五事"。既然郑克是因和凝父子三卷本《疑狱集》推广而作《折狱龟鉴》,那么陈振孙所说"《折狱龟鉴》三卷"应该符合实际。晁公武所说"《决狱龟鉴》二十卷",很可能是因"二十门"而误。南宋景定二年(1261),亦陈振孙去世之年，赵时橐为《折狱龟鉴》刊本所书之词，很可能就是为陈振孙《直斋书录解题》所录之本所题。元朝至元十九年（1282）虞应龙为《折狱龟鉴》所作之序，则知此本与赵时橐题词之本同出于南宋宜春郡斋所藏旧版。

元明之际，陶宗仪撰有《说郛》一百卷，其中卷九十八采录《折狱龟鉴》一卷二十条。这二十条文字与四库本略异，但不录郑克书中按语。陶宗仪所据或是元朝至元十九年（1282）虞应龙所序之元刻本，但此本与宋刻本今皆不存。

今所见明刊本，有明隆庆四年（1570）刊本和明万历怀庆府张泰徵刊本（国家图书馆有存）。据明万历二十三年（1595）张徵泰刊本，《折狱龟鉴》分为上下二卷，只保存了《释冤》《辨诬》《鞫情》《议罪》《原贷》五门，凡一百二十三条，显然这只是一个不足原书二分之一的删节之本。

明《永乐大典》抄录《折狱龟鉴》所据之本，有可能就是虞应龙所序之元刻本，因而虞应龙所序才能流传至今。到了清代，完整的《折狱龟鉴》宋元明刻本皆已不存。清乾隆时修《四库全书》，四库馆臣从《永乐大典》中录出此书，厘定为八卷、二十门。据《四库全书总目提要》所言："今世所传锓本，只存五门，余皆散佚。惟《永乐大典》所载，尚为全书。而已经合并原书，二十卷之界限不复可考，谨详加校订，析为八卷。卷数虽减于旧，其文则无所缺失也。"知《永乐大典》所载是为完本，但因"已经合并原书，二十卷之界限不复可考"，故《四库全书》录出后析为八卷，仍分为二十门，凡二百六十二条（包括所附一百二十二事），总计三百八十四事。《四库全书·子部法家》刊载《折狱龟鉴》之后，清嘉庆张海鹏《墨海金壶》本、清道光钱熙祚《守山阁丛书》校本、瓶花书屋本、海昌许梿刊本、《丛书集成》本等，都出于四库本这一系统。现存的明、清两种版本系统，明刊本显然不是足本，《四库全书》八卷本虽然从《永乐大典》中录出，但是与宋人书录所载略同，应该与明修元刊本《折狱龟鉴》差别不大。

《折狱龟鉴》最初的体例虽然现在无从知晓,但仍可以从书中郑克的按语或注文得知。

关于全书各门所录案例与事件的时代顺序,作者说,为了便于读者观览阅读,二十门所载之事,都以时代先后为序,有的也以相同类似的事连在一起。参见本书卷五《察奸》7·14条《俞献卿察色识奸》题目注文:“凡一门之事,虽皆以时代为次,抑或以事类相从,庶便于观览。”对于主案各条所附之事,即随主案之事而行文,有的以后事证今事,有的以古事说明今事。其时代先后并无固定之例。参见本书卷六《核奸》8·7条《张式穷究杀妻案》按语后注文:“凡附著之事,或以后证前,或以古明今,随事变文,无定例也。”

至于二十门的主辅地位与先后次序,作者也是有合理安排的。他以《释冤》《辨诬》《鞫情》《议罪》《宥过》《惩恶》《严明》《矜谨》八门为主,而以《察奸》《核奸》《擿奸》《察慝》《证慝》《钩慝》《察盗》《迹盗》《谲盗》《察贼》《迹贼》《谲贼》等十二门为辅,且此十二门是特地为《惩恶》门做说明的。他认为,古人惩治奸、慝、盗、贼四种犯罪,以严正明察为主,以悯恤慎重为辅。并引用《周易》说:“君子以明慎用刑而不留狱。”因此序列此四种的案例在《严明》《矜谨》二篇之前。参见本书卷五《察奸》7·22条按语。

由以上可以推知,晁公武《郡斋读书志》所说“《决狱龟鉴》二十卷”,很可能是“二十篇(门)”之误。而且可以大胆推测此书宋本原作上中下三卷,上卷为《释冤》《辨诬》《鞫情》《议罪》《宥过》五门,《惩恶》门以下十三门为中卷,最后《严明》《矜谨》二门为下卷。这样庶几与陈振孙《直斋书录解题》所说“《折狱龟鉴》三卷”相吻合。

(二)《折狱龟鉴》的整理

《折狱龟鉴》虽然堪称经典,但由于它是古代案例专书,宋元版本早已不存,《永乐大典》所载原本亦不能见,故古人校勘此书者绝少。清代从《永乐大典》录出后,亦无人专门整理研究。今人校释、译注《折狱龟鉴》全书的也不多。其选译本有四种：王兰升的《折狱龟鉴选译》，群众出版社1962年出版；王庆西的《折狱龟鉴选译》，西南政法学院图书馆1980年印制；杨奉琨的《折狱龟鉴选》，群众出版社1981年出版；文古和齐欣的《折狱龟鉴选译》，河北人民出版社1986年出版。其全译本有五种：李鹏程的《折狱龟鉴译注》，中国刑事警察学院1985年出版；刘俊文的《折狱龟鉴译注》，上海古籍出版社1988年出版；孙一冰和刘承珍的《白话折狱龟鉴》，警官教育出版社1994年出版；白焕然的《折狱龟鉴译析》，北京燕山出版社1997年出版；孙杰和王莹主编的《折狱龟鉴文白对照》，远方出版社2005年出版。以校释命名的，只见到杨奉琨的《折狱龟鉴校释》，复旦大学出版社1988年出版。在上述几种书中，刘俊文的《折狱龟鉴译注》和杨奉琨的《折狱龟鉴校释》二书颇具参考价值，但也存在一定疏漏与失误。

鉴于我国古代法制文献整理不如人意的现状，以及加强社会主义法治建设的迫切需要，笔者不揣冒昧，应中华书局之邀，参考前贤时彦著作，对《折狱龟鉴》进行精心校勘，审慎注释，扼要题解，通畅译文，撰写前言，力争为广大读者提供一个前所未有的、有利于阅读理解与参考研究的读本。

本书原文以文渊阁《四库全书》影印本为底本，以清道光年间钱熙祚《守山阁丛书》校本、中国书店影涵芬楼《说郛》（百卷）本参校。原本中，小字注文大多为郑克自注，亦有《永乐大典》编修与四库馆臣按语及注文，现均以小字照录。惟郑克自注较易区别，而后者今已无从辨识，故在校注中以“天海按”略加区别。原书正文之后郑克所加之“按”，与正文同字号排出，本书仍从其旧。

本书校注包含校勘与注释。凡是原文（注文、按语）中有明显讹误者，皆校改后说明依据；繁体、俗体、异形字等，直接改为当前通用字，不出校；其他不影响文意的异文皆不出校，亦不轻易改动。本书注释以疑难字词（加汉语拼音）、人名纪传、地理变迁、典章制度、职官沿革、法律术语、市井方言、艰深事典为主，力求言简意赅，凡查无实据者阙疑待考，不迂回曲解。为省却翻检之劳，除少数地方使用“参见某处”外，注释一般不避重复。

《折狱龟鉴》原书以八卷为次，拟名二十门为目录，而正文中各门又以案主姓名为篇目，极不便于阅读与查检。为利于理解原文与查检案例，本书概括原文各篇内容，将原文姓名篇目扩充为七字短语拟作题目（各篇所附之事不另拟题目），分列于原目录各门之下；并为全书总目录依各门类篇目统编序号。各门中存目无文之条，皆依原列姓名为目而不另拟题目。

本书依原本八卷二十门原目撰写题解，总括各门内容、事典渊源、积极意义、历史局限，为读者提供阅读与参考的门径。

本书译文对正文、郑克按语、原注之文皆以今文全译（四库馆臣个别按语与注文除外）。译文以直译为主，意译为辅，力求信达雅。

四库本原文录有元至元十九年（1282）虞应龙序，并将南宋景定二年（1261）赵时橐所书置于全书之末作为跋。本书以时代先后为序，依次列赵时橐书、虞应龙序、《四库全书总目提要》、余嘉锡《四库提要辨证》作为附录，并加以注释、译文，以利阅读、理解或参考、研究。

据初步统计，笔者在校勘方面校出错讹字45处，补正脱文482字，移正内容错位10处。另外，据《说郛》本所录二十条，亦校勘异文65处。这些都是此前所有版本与校释、译注本未能发现与董理的。

比如5·7条《马亮尽心理赔案》“常州之吏”以下郑克按语74字，5·10条《姚涣发奸不受赏》郑克按语181字，13·12条《何中立穷治释囚》郑克按语78字，四库馆臣皆漏录。笔者皆据明万历本、钱熙祚《守山阁丛书》本径补。又如6·1条《李崇》（袁君正一事附），四库本误录在5·10条《姚涣发奸不受赏》之后，使文意、内容抵牾；5·10条《姚涣发奸不受赏》文末“涣”以下10字，明万历本、四库本均误作注文，7·18条、7·20条、8·9条也有四处正文误录作注文，笔者皆据史传及本书文例移正。

沈括《梦溪笔谈·杂志二》卷二五云:"宋宣献博学,喜藏异书,皆手自校雠。常谓校书如扫尘,一面扫,一面生。故有一书,每三四校,犹有脱谬。"这是沈括记载宋代藏书家宋绶对校勘书籍不易的感慨,说明校勘书籍必须精心细致、反复推敲,不然难免错讹。故笔者在《四库全书总目提要》之后,特意选录了余嘉锡关于《折狱龟鉴》的《四库提要辨证》一文。然而此不足千字之文,竟然亦有五处明显错误。在"考克登宣和六年沈晦榜进士,见宋彭百川《太平治迹统类》卷二十七。至其里贯仕履,则朱绪曾考之甚详。《开有益斋读书志》卷四《棠荫比事·跋》云:'客又问撰《折狱龟鉴》之郑克',余应之曰:元刘壎《隐居通议》云'高宗绍兴三年,降诏恤刑,戒饬中外,俾务哀矜。时有承直郎郑克明,为湖南提刑司干官'"这一段文字中,"沈晦"误作"沈诲","卷二十七"误作"卷二十八","客又问"脱"又"字,"湖南"误作"湖州";后文"益州推官桑泽"仍依四库本误作"益州推官乘泽"。这些如果不是校排手民之误的话,享有古典文献学大家盛名的余嘉锡,不当有此疏漏与讹误。此例亦足以说明校勘之不易。

为帮助读者深入阅读理解原文案例与按语,笔者针对全书二十门标题逐一撰写题解。根据各门内容,解读案例渊源,分析其积极意义、历史局限,为读者提供参考与研究的门径。

当然,拙著中的疏漏与失误亦在所难免,期待方家不吝赐正。

二、《折狱龟鉴》的内容与思想

(一)《折狱龟鉴》的内容

《折狱龟鉴》共选录主案二百六十二条(其中重出无文十八条,皆以姓名列目),附载一百二十二事,总计采用三百八十四事(天海按:这与陈振孙所言"凡二百七十六条,三百九十五事"略有差异),分列为二十门。全书所列案例文字简略,作者对所有主案基本上都加了按语(仅有十八条未见按语）。按语中不仅附载同类案件，而且进行分析和评判，并提出了自己的见解与认识。这应该是最能体现作者法治思想和具有积极意义的部分。案例大多在一二百字左右，最少者不足百字（不足百字者有二十条），最长者也不过六七百字（五百字以上者仅十八条）。按语的文字也因事而异，最长的竟有一千一百多字，最少者不过二三十字。如卷一《释冤》门1·4条《辛祥察色获真凶》，主案只有九十字，因附记十三事，按语就多达一千一百多字。

四库馆臣将此书二百六十二条析为八卷，不尽合理。窃以为，如果以全书内容分析，可以视为三大部分，以合陈振孙《直斋书录解题》所录，亦可分为上中下三卷。《释冤》《辨诬》《鞫情》《议罪》《宥过》五门可为上卷，《惩恶》门以下十三门可为中卷，最后《严明》《矜谨》二门可为下卷。

第一部分，包括《释冤》《辨诬》《鞫情》《议罪》《宥过》五门（即原书一至四卷），共选录主案112条，其中重出无文1条，附51事，共162事。

前《释冤》《辨诬》二门以辨别冤假错案为主，选录主案65条，其中重出无文1条，附38事，总102事。

四库馆臣将《释冤》一门析为二卷，分为上、下，而且列于卷首，由此可见《释冤》一门在全书的重要地位。《释冤》门选录主案40条，附31事，共71事，是全书采用案例最多的一门。从冤案类别来看，大多为当事人被诬陷后遭受酷刑拷打，被迫认罪判为死刑的；也有狱吏为塞责邀功，草菅人命而胡乱判案的；还有证据不足，草草结案的；以及官吏徇私诬陷、知法犯法、官吏与盗贼勾结所造成的冤案。

总之，本门所列主案，主审者多为州县官吏，皆廉洁奉公、断案严谨、明察释冤，在史书上大都享有清正廉明的声誉。如1·5条《李崇设计辨诬告》，就是一件较为复杂的诈死诬告案。一般而言，平反冤狱，推翻他人审理的错案还不算太难，难的是推翻自己亲自处理的案件。这不仅需要有冷静、清醒的头脑，更要有无私无畏、面对事实的决心和勇气。本案的主审官李崇就是这样的人。他不被原告所设骗局所迷惑，也不听被告自供招认而轻率定案，而是勇于怀疑原案的疏漏及可疑之处，采用巧妙的手段暗中侦察，以证实他严密而合理的逻辑推理，从而查实案情，避免了一件冤案的发生。

本门所附31事，多选与主案类似之事，以正反对照，配合按语，突出作者的思想观念。对各门主案所附之事的采编，作者说："凡附著之事，或以后证前，或以古明今，随事变文，无定例也。"如1·2条《曹摅为孝妇雪冤》所附"于公孝妇雪冤"之事，就是针对历史上著名的"东海孝妇"冤案，并以此反衬曹摅为孝妇雪冤的可贵。而1·4条《辛祥察色获真凶》中竟然附载13事。据作者按语说："盖察狱之术有三：曰色、曰辞、曰情。"在这里，他首先强调审察案件应该掌握三种方法：一、察当事人神色表情；二、察涉案当事人与相关证人陈述之词；三、察本案全部事实情节。其次，当供词与案情确有冤枉而所追查的现象又处于疑似之时，不能以现象作为事实定案。最后，要坚持为疑案、冤案申诉。作者这种思想不仅体现在《释冤》门中，也贯穿于全书之中。

《释冤》门中，也有涉及迷信、怪异之说。如1·3条《苻融占梦擒真凶》就是以测字解梦来破案的。故作者在按语中说："古代查案也有多种方法：占卜、算卦、怪异，都是尽心于此。真心诚意怜悯无辜，一定能够获得神灵暗中佑助。"可见其主旨还是在于"真心诚意怜悯无辜"。又如1·2条《曹摅为孝妇雪冤》所附"于公为孝妇雪冤"之事，"太守竟论杀孝妇，郡中枯旱三年"，后任太守祭祀孝妇之坟便"天立大雨"，都曲折地反映出当时人们对昏官、冤案的痛恨，对无辜冤死的孝妇深切同情。

特别难能可贵的是，本门所选案例中还体现了作者对弱势群体的同情与关怀。如1·39条《王罕为疯妇伸冤》与1·40条《沈括记哨子诉冤》两案。前案是因为小妾谋夺年迈无子女正妻的合法财产，正妻多次投诉得不到审理，因此愤怒怨恨而精神失常。主审管王罕为她公正审理此案，并把家产归还给她。后者是哑巴受到伤害不能自诉其冤，主审此案的官吏通过听其吹哨子为之辨明冤情。所以作者在按语中说:“疯病之人为人们所忽略,哑巴之人为人们所鄙弃,他们有冤不能申诉,这也是很可怜的。所以著录这两件事,使尽心办案的官吏能够引以为戒。”在千年以前的封建时代,这种在法制上对弱势群体的保护,是极为可贵的。即使在今天,也无疑为审理此类案件提供了有益的借鉴。

《辨诬》为《折狱龟鉴》第二门,选录主案25条,其中重出无文1条,附7事,共31事。从内容上看,《辨诬》实际上也是《释冤》门的延续。

辨诬,就是辨明诬蔑、陷害,辨明伪造的事实与虚假不实的谎言。在历代现实社会中,有些人会为了达到个人目的,或者为了转嫁罪责,而诬告陷害无罪之人。主审官吏如果可以深入查究案件事实,秉公执法,就能够辨明是非曲直,使受诬之人解脱冤狱。

作者在2·24条《毕仲游犯怒辨诬》的按语中说:“诬告有难于知晓的,有容易知晓的。智慧不足就会有所困惑,因而对难于知晓的就不能辨别明了;勇气不足就会有所畏惧,因而对容易知晓的就不敢辨别明了。如果不能辨明,又何必责备;如果不敢辨明,这就确实可以责罪。”这里把诬陷“不能辨明”与“不敢辨明”解析得十分清楚。不能辨明诬陷,有可能是因为案情复杂,智慧不足,不必苛求;而不敢辨明诬陷,则是出于私心,勇气不足有所畏惧,这就应该责罪。

作者还认为,只有广闻博见、深入考察、见义勇为,不被欺瞒迷惑,才能精通辨明诬陷的方法。而这也正是“辨诬”的基本素养与最重要的态度和方法。例如丙吉就是所说的广闻博见的人(见2·1条《丙吉验子判遗产》),孙亮就是所说的能深入考察的人(见2·3条《孙亮破鼠屎查诬》),苻融检验当事人奔跑而获得案件实情(见2·4条《苻融验奔跑辨诬》),他们都可以说是观察深刻而辨别明析案情。如果诬陷并非难以辨别,但迫于威势又不能拯救,就只有勇于坚持正义的人才能够做到辨明诬陷,寒朗就是这样的人(见2·2条《寒朗廷诤为辨诬》)。单孟阳审理贪赃受贿案,不逢迎御史中丞旨意(见2·23条《单孟阳抗上辨诬》);毕仲游办理抢劫案，不畏惧大帅发怒（见2·24条《毕仲游犯怒辨诬》）；这些都是所谓见义勇为的执法良吏。

第三门《鞫情》、第四门《议罪》，此二门选录主案37条，附11事，共48事。

“鞫情”，即审讯案犯、彻底追查案件实情。“议罪”，即论定罪名、裁量刑罚。从司法意义上讲，鞫情与议罪就是彻底查明案件实情，全面分析案件事实与证据，并根据案犯危害社会罪行的大小、情节的轻重，以确定适用的刑罚。总之，此二门强调落实涉案人员，认定事实与证据，论罪量刑与处罚判决，都应该寻究本源，有所依据，或轻或重，必须依法裁决。

作者认为鞫情之术，有正有谲。所谓正，就是以正当的手段来查实案情，落实证据，获取人犯供诉，然后审核定罪；所谓谲，就是使用巧妙的诈谋手段，设计使狡猾顽固的罪犯自行暴露，落入法网接受制裁。如果精通这正、谲之术，更有助于查证落实案情。那些依靠严刑拷打、刑讯逼供的官吏，乃是不学无术的昏官庸吏。

对于那些生性顽劣、不惧拷掠、抵死不认罪的案犯，也可以用善待的方法，和颜悦色地引导他招供；或者击中其忌讳，使之悚然畏服而胁之。所谓胁之者，不必是考掠惨酷，而是抓住案犯的弱点或者心中的畏忌。有些案件的情节、事实并非难于查证，而是因为有上司胁迫，或者有相关者的利诱，企图改变案件性质。能够在权势威胁下而不为之改变的人，才可谓勇敢。如果没有仁义，又无勇气，那就会被威胁利诱所牵动而改变案件实情。

所以作者引用《尚书·吕刑》说：“非佞折狱，惟良折狱。”就是说不能用那些奸佞小人、昏官庸吏来审理案件，只能选用那些优秀的官吏来审理案件。这种观念至今仍然具有积极的现实意义。

议罪，就是定罪量刑。在《尚书·虞书·大禹谟》中有舜帝与皋陶的一段对话：

帝曰：“皋陶！惟兹臣庶，罔或干予正。汝作士，明于五刑，以弼五教。期于予治，刑期于无刑，民协于中，时乃功，懋哉。”皋陶曰：“帝德罔愆，临下以简，御众以宽；罚弗及嗣，赏延于世。宥过无大，刑故无小；罪疑惟轻，功疑惟重；与其杀不辜，宁失不经。”

舜帝对皋陶说：“皋陶！这些臣子庶民，没有人干犯我的政令。由于你担任我的士师，明确运用墨、劓、剕、宫、大辟五种刑罚来辅助父义、母慈、兄友、弟恭、子孝五种伦常教育。期望于我的政事大治，使用刑罚的目的是期望能够不用刑罚，使人民都服从正道，这就是你最大的功劳啊！”皋陶回答说：“舜帝！您的德行没有过失。以简而易行来要求臣下，以宽容仁慈来治理民众；刑罚不牵连子孙，奖赏却延及后代。无论多大的过失犯罪都给以宽赦，无论多小的故意犯罪都处以刑罚；罪有疑似的就从轻发落，功有疑似的就从重奖赏；与其杀害无辜的人，宁可放过不守常法的人。”

这可以说是我国法制史上最早关于刑罚的终极目的与议罪量刑最有价值的文献记载了。从中所体现的“刑期于无刑”、区别过失与故意犯罪、疑罪从轻、不杀无辜的原则，至今仍然具有指导司法实践的积极意义。

“议罪”的关键在于依据法律定罪量刑。如在4·25条《陈巽依法律论罪》中，按察官有意加重案犯刑罚，曹掾承意，舞文成之。陈巽说：“非罪，杀人以法，与杀人以刃无异也。”他坚持论罪如律。所以作者按语说：“舞文巧诋，入人之罪，君子不为也。而利诱之，势胁之，能不失其守者，难矣！巽岂不谓之贤乎？”

第五门《宥过》选录主案10条，附2事，共12事。

如果说“鞫情”“议罪”是依法从严惩治故意犯罪，那么“宥过”则是宽恕或赦免过失犯罪。古人将犯罪分为故意和过失两大类，这二者必须严格区别对待。《尚书·大禹谟》说：“宥过无大，刑故无小。”即过失犯罪无论多大也要实行宽赦，故意犯罪无论多小也要用刑罚惩治。在《议罪》门中已有不少案例体现了这种司法精神。

其实，在办案实践中，也可以根据案件具体情节，宽宥案犯的罪过，给予从宽或者从轻处罚。

如本门5·1条《陈矫上表赦孝子》,对犯了宰杀耕牛罪的人,因为他是出于孝心,为了祈祷父亲病愈而为,所以陈矫上表为之请求赦免。又如本门5·3条《王承送书生归家》,书生违犯宵禁虽然是轻罪,但如果王承为了树立威名而坚持查办,违犯宵禁的书生又岂能得到宽恕,还被护送回家?正如作者按语所言:"情苟可恕,过无大矣。"

总之,对于过失犯罪、轻微犯罪、情有可原的犯罪,都可以根据犯罪情节、认罪态度以及对社会的危害程度,适当减轻和免除处罚。

第二部分包括《惩恶》门及以下十三门(即原书第五、六、七卷)。此十三门选录主案128条,其中重出无文17条,附52事,共163事。

这一部分,《惩恶》门是《察奸》《核奸》《擿奸》《察慝》《证慝》《钩慝》《察盗》《迹盗》《谲盗》《察贼》《迹贼》《谲贼》等十二门的总纲,惩治所有"奸、慝、盗、贼"四类犯罪,是特地为《惩恶》门以下十二门所作的说明。

古人审理与惩治奸、慝、盗、贼四类犯罪,以察、核、擿三种方法,铲除公开的奸恶;以察、证、钩三种方法,揭露隐藏的罪恶;以察、迹、谲三种方法,擒获偷盗与杀人越货的罪犯。因此将此四类案例序列在《严明》《矜谨》二门之前。

根据作者的分类,"奸",就是狡诈的犯罪;"慝",就是隐蔽的犯罪;"盗",在古代主要是指盗窃财物的犯罪;"贼",在古代常常是指抢劫财物、杀人越货的严重刑事犯罪。

《惩恶》门选录主案18条,其中重出无文1条,附6事,共23事。《惩恶》门以惩治邪恶犯罪为主,所采案例有妖言惑众、土豪劣绅杀人、黑恶势力横行、杀人抢劫、恶吏欺人等。其中也有轻罪重罚、残酷滥杀、法外行刑的几起案例。作者对此深恶痛绝,并进行尖锐批判。

比如6·2条《孔琇之治罪小儿》所附王敬则办案一事,就特别恶劣。南齐的王敬则,做吴兴太守时,因郡中过去多有抢劫掠夺的事发生,有十几岁的小儿在路上拾取遗落的财物，王敬则将其杀死示众。自此之后路不拾遗，郡里没有出现抢劫的强盗。王敬则为了威慑抢劫的强盗，将拾取遗落财物的十多岁小儿杀死示众，这可以说是骇人听闻的案例。作者按语说："王敬则想要吓唬众人树立权威，所以这样做。但是，那些小儿没有见识，路上有遗落之物而去拾取，并非抢劫掠夺，哪里值得深入究罪？将其杀死示众，这就是残酷滥杀，是前代长吏擅自刑杀的弊端。"

如果说"宥过"是在法律之内加以宽容赦免，也可以是法外施恩；那么"惩恶"就是在法律之内依法严办，也可以是在法外施刑滥加诛杀。这就完全不同于议罪定刑。议罪处罚判决，寻究本源都应有所依据，或轻或重，必须依法而行。

《察奸》《核奸》《擿奸》三门，选录主案48条，其中重出无文7条，附26事，共67事。皆以查究、惩办奸诈邪恶的犯罪为主。"奸"，即奸诈、奸邪、狡诈、邪恶之意，也泛指故意违法犯罪的坏人坏事。此三门分别是惩治奸恶犯罪的三个方面，从法律意义上讲，察奸，就是侦察、审察、辨察奸邪、狡诈的犯罪；核奸，就是核查案件事实，落实人证物证，惩办奸恶的罪犯；擿奸，就是揭露检举隐秘的奸人和坏事。

"察奸"，着重在侦察、审察、辨察罪犯作奸犯科的事实与情节。"核奸"，着重落实人证、物证，在推究核实证据之时，切忌粗枝大叶，马虎草率了事。"擿奸"，侧重于证据难以掌握、具体情节难以发现时，采用诈术来揭发隐藏的坏人坏事，然后获得案件实情。擿奸难免要采用诈谋技巧来诱使罪犯暴露奸情，这对于审理难于取证的疑难案件，无疑是不可或缺的重要手段。

《察慝》《证慝》《钩慝》三门，选录主案21条，其中重出无文1条，附10事，共30事。

"慝"与"奸"不同的地方是，"奸必巧诈，慝唯隐讳"。"察慝"，是指深察隐藏的坏人坏事及其犯罪。"证慝"，则是通过各种证据来证实隐藏的坏人坏事及其犯罪。"钩慝"，即钩引出隐讳的坏人坏事以及犯罪。此指运用诈术计谋诱引出隐匿不明的犯罪真相。所谓“钩”，犹如投钓诱使鱼儿上钩。“钩慝之术”最早源起于西汉赵广汉的“钩距法”，此种方法很明显是作为审理案件时“引蛇出洞”的重要侦查手段。

《察盗》《迹盗》《谲盗》三门，选录主案23条，其中重出无文2条，附6事，共27事。“察盗”，即善于督察和明于辨察盗窃财物的犯罪。“迹盗”，就是查询盗窃犯踪迹，追查缉捕盗窃财物的罪犯。“谲盗”，就是用欺诈、权谋等诱骗之术使盗窃犯自我暴露，落入法网。

《察贼》《迹贼》《谲贼》三门，选录主案18条，其中重出无文6条，附4事，共16事。

“察贼”，就是善于督察和明于辨察抢劫财物、杀人放火等社会危害性极大的罪犯。“迹贼”，即追踪缉捕抢劫、杀人越货、放火投毒等对国家、人民生命财产安全以及社会道德风尚造成严重危害的罪犯。“迹贼”与“迹盗”的破案手段是相同的，区别只在于案犯的性质。“谲贼”，即用诈术设计诱捕重大刑事犯罪的罪犯。之所以要使用这样的手段，是因为罪犯或隐藏很深，或深谙逃避追捕的手法，用诈术可以诱使罪犯出现，侦破疑难案情，减少追捕的繁难。

第三部分包括《严明》《矜谨》二门（即原书第八卷）。选录主案40条，附19事，共59事。

《严明》为《折狱龟鉴》第十九门。选录主案18条，附7事，共25事。

法制意义上的“严明”是指严于执法、明察秋毫，断案公正、量刑适当。正如书中所言：“严明者，非若世俗以苛为严，以刻为明也；持循事理，照察物情之谓也。”即所谓“严明”，并非世俗所说的苛刻，而是要坚持遵循事情常理，明察人之常情。作者认为，“严正明察的方法，在于察见物理人情，善于裁处案件事体”。

《矜谨》为《折狱龟鉴》第二十门。选录主案22条，附12事，共34事。“矜谨”，此指在案件审理中，办案官吏必须对当事人有同情怜悯之心，坚持严谨慎重的态度核实案件事实。《尚书·周书·吕刑》：“哀敬折狱，明启刑书胥占，咸庶中正。”孔传：“当怜下人之犯法，敬断狱之害人。”

“矜谨”，首先体现在“疑罪从轻从无”。《尚书·大禹谟》：“罪疑惟轻，功疑惟重。与其杀不辜，宁失不经。”宋蔡沈注：“罪已定矣，而于法之中，有疑其可轻可重者，则从轻以罚之。”又据《晋书·刑法志》载，刘颂在给皇帝的奏折中提出：“律法断罪，皆当以法律令正文，若无正文，依附名例断之；其正文、名例所不及，皆勿论。”亦为古代司法实践中“罪疑从轻”“罪刑法定”所本。如20·2条《司马芝宽宥疑罪》中，曹魏司马芝做大理正时，有人偷盗了官府的白绢藏置在厕所中，官吏怀疑是女工所为，于是收捕交付监狱。司马芝说：“刑罚杀戮的失误，就在于苛刻残暴。如今先得到赃物，而后才审讯她的供词，如果她不能忍受严刑拷打，有可能屈打成招，难道就能断案吗？再说简单而易服从，是圣人的教化；不放过有罪的人，是平庸之世治理社会的道理罢了。如今宽宥所怀疑的女工，以推崇简单而易服从的教化，不也是可行的吗？”曹操听从了他的建议。这就是“疑罪从无”的典型案例。

最值得一提的是20·9条《薛奎出俸息母讼》，参知政事薛奎，做益州知州。有个妇人诉讼他的儿子不孝，审问那个儿子，儿子却说：“我贫穷，无力来奉养。”薛奎于是拿出自己的俸禄交给他作为资财产业，然后送走他们。这种扶助贫困、养亲息讼的做法，时至今日仍然具有积极的借鉴意义。本条所附二事，也是母子相讼的案件。主办案件的官吏向他们陈述人伦与孝行，用祸福得失的言语作比喻，以《孝经》的道理来开导，最终使得母慈子孝、平息诉讼。如果依照当时“可从而违”“堪供而阙”的法律条款来制裁，儿子的罪过必然不轻。可制裁了儿子，老母又无人供养，这显然是不合情理的。因此作者认为，他们这样办案是慎重严谨的。

作者郑克在卷末按语中说，《折狱龟鉴》以《矜谨》门结束，就是因为同情怜悯之心，本是人人都有的，但因为外物改变，人会丢失这一本心。如果有人想利用他人之死作为自己功劳，或者会玩弄法律条文置人于死刑，或者会诬陷人至于极刑，他们就是失去了不忍之心，哪里还能宽恕应处死刑的人呢？他是希望人们对此要有所警觉。

（二）《折狱龟鉴》的思想

1.“德主刑辅”的法治思想

南宋高宗绍兴三年（1133）正月九日发布手诏曰：“廷尉，天下之平也。曹刿谓‘小大之狱，虽不能察，必以情，为忠之属也，可以一战’，不其然乎？可布告中外，应为吾士师者，各务仁平，济以哀矜。天高听卑，福善祸淫，莫遂尔情，罚及尔身。置此座右，永以为训。台属宪臣，常加检察，月具所平反刑狱以闻三省。岁终钩考，当议殿最。”（宋李心传《建炎以来系年要录》卷六二）这就是南宋历史上著名的“绍兴恤刑诏”。所谓“恤刑”，出自《尚书·舜典》：“象以典刑，流宥五刑，鞭作官刑，扑作教刑，金作赎刑。眚灾肆赦，怙终贼刑。钦哉，钦哉，惟刑之恤哉！”《折狱龟鉴》固然是因为此诏而成书，但从作者按语中不难看出，全书所体现的是儒家一贯主张的“德主刑辅”“尚德缓刑”“先教后诛”的法治思想。

据初步统计，作者郑克在书中明确引用《尚书》8次，《周礼》8次，《周易》8次，“春秋三传”5次，《论语》7次，《孟子》2次，《荀子》4次，《老子》1次，《吕氏春秋》2次，《列子》2次，《孙子兵法》3次，《诗经》与《孝经》各1次。上述所引文献中，除了《老子》《孙子兵法》《列子》《吕氏春秋》以外，皆为儒家经典。

儒家“德主刑辅”的法治思想最早可以追溯到《尚书》中的《舜典》与《吕刑》。特别是《吕刑》的重要思想内容，就是以德为先，德贯彻于刑之中，先德而后刑。依据先德后刑、以德导刑的总精神，作者提出用刑要以“中”为原则，“乃明于刑之中”，“观于五刑之中”。这里的“中”，即“中道”之意，亦即后来儒家的“中庸之道”。《吕刑》反复强调，刑是德的补充，施刑是为了德，“朕敬于刑，有德惟刑”。大小官吏用刑都要坚持“中正”，否则上天就会降罪。《尚书·周书·吕刑》是我国现存最早的法制文献，虽然《吕刑》的具体刑制条文已不可考，但其“德主刑辅”

的法治思想一直被儒家所传承。《折狱龟鉴》中作者多次引用《尚书·周书·吕刑》《周礼》《周易》《论语》，凸显的就是这一中心思想。

2.“宽严相济”的执政思想

《四库全书总目提要》认为，《折狱龟鉴》作者的按语“其间论断，虽意主尚德缓刑，而时或偏主于宽，未能悉协中道”。这显然是片面之词。余嘉锡《四库提要辨证》举出数个例子，证明“《提要》之说，特粗阅其书首尾二三卷，因而立论，未尝细核全书也”。在本书7·3条《尹翁归执法宽严》中，作者直接引用《左传·昭公二十年》：“仲尼之言曰：政宽则民慢，慢则纠之以猛；猛则民残，残则施之以宽。宽以济猛，猛以济宽，政是以和。”继而称赞尹翁归说：“翁归之政近之矣。有急名则少缓之者，宽以济猛之谓也；吏民少解，辄披籍案罪者，猛以济宽之谓也。”

《折狱龟鉴》二十门所选案例中，既有依法严惩的，也有法外施以酷刑的；既有依法宽免宥过的，也有法外施恩给予赦免的。比如《释冤》《辨诬》《宥过》《矜谨》诸门的案例，大多以宽缓矜悯维意；而《议罪》《惩恶》以及奸慝盗贼各门案例大多是严查重惩以立威。在古代封建社会，行政权与司法权是紧密结合的。特别是地方州府县级官吏，审理案件，定罪量刑，就是执政的重要手段。所以孔子主张礼法并用、刑政相参。孔子说：“圣人之治化也，必刑政相参焉。太上以德教民，而以礼齐之；其次以政焉导民，以刑禁之，刑不刑也。化之弗变，导之弗从，伤义以败俗，于是乎用刑矣。”(《孔子家语·刑政第三十一》)也就是说，君王治理教化民众，必须将刑罚和政令相互配合使用。最好的办法是用道德来教化民众，并用礼来统一思想；其次是用政令引导规范他们，用刑罚来禁止他们，用刑的目的是不用刑罚。对经过教化还不改变，经过引导又不听从，损害礼义又败坏风俗的人，就用刑罚来惩处他们。《礼记·杂记下》：“张而不弛，文武弗能也；弛而不张，文武弗为也。一张一弛，文武之道也。”所谓“文武之道，一张一弛”，正是统治阶级用宽缓怀柔与严厉刑罚治理国家的两种手段。

3.“惟良折狱”的用人思想

不论是“明德慎刑”“德主刑辅”的法制主张，还是“宽严相济”“文武相参”的执政理念，都必须依靠具体的人才能实现。所以《尚书·周书·吕刑》说：“非佞折狱，惟良折狱，罔非在中。”不能用奸佞的人办案，因为他们会制造冤假错案；只用优良的官吏断案，就没有不公正适中的。孟子也说：“徒善不足以为政，徒法不能以自行。”（《孟子·离娄上》）只有德才兼备的优秀人士才适合充当司法官吏。那么，怎样才能算是优良的司法官吏呢？

第一，司法的官吏必须要有“至诚哀矜”之心。

案件的审察必须严肃谨慎，不敢匆忙判决。可拘押以求其实情，不可滥刑以陷人冤狱，力求能够符合《尚书·舜典》中“钦哉钦哉，惟刑之恤哉”的意义，即“理狱量刑要慎重不滥，心存哀怜同情之心”。正如《周易》所说：“中孚。君子以议狱缓死。”《中孚》卦，象征诚信、诚实，它的《象传》说：“诚信立身。官吏因此要慎议刑狱，宽缓死刑。”“与其杀不辜，宁失不经。”如本书4·11条《柳浑抗旨救玉工》，玉工为唐德宗做玉带时，不小心毁坏了玉石，担心降罪，就自行购买其他玉石代替。皇上要将玉工处以死罪，柳浑抗旨力争，依据法规，坚持判误损之罪，玉工因此活命。像这样的案例，书中比比皆是。特别是《矜谨》一门，作者按语说：“恻隐之心，人皆有之，为物所迁，斯失之矣。故有利人之死为己之功者，或文致于大辟，或诬入于极典，宁复能存不忍之心，以贷应死之命乎？”

第二，司法的官吏必须要有“坚守节操”的勇气。

书中所选案例中，不少执法官吏有着不徇私情，不惧强权，不受利诱，坚守秉公执法的节操。他们面对上司的责难苛求，不计个人名利得失，坚持查清事实，依法办案。为拯救无辜者于水火，甚至不惜以生命为代价。如1·12条《裴怀古严词执法》中，裴怀古抗命于武则天；1·13条《李元素勇辨冤情》中，李元素触怒于唐德宗；2·2条《寒朗廷诤为辨诬》中，后汉寒朗廷诤“楚狱”；都是以极大的勇气，冒杀头之危险，不惧天威盛怒，坚持平反冤狱。特别值得一提的是，4·9条《徐有功持正议罪》中，徐有功执法守正，犯颜廷诤，由是获免籍没者，凡数百家。徐有功办案屡忤武则天，曾数次被免官，三次被判死罪。然免而复任，临死则赦，均得脱祸。事见两《唐书》本传。

正如孔子所言："有德者必有言，有言者不必有德；仁者必有勇，勇者不必有仁。"（《论语·宪问篇》）在4·4条《高柔犯颜不枉法》中，廷尉高柔面对盛怒的魏文帝，反对枉法处死在禁苑射猎之人，敢于大胆喊出"安得以至尊喜怒而毁法"的谏言，因而避免了滥杀过失犯罪之人。所以作者在按语中说："希望执法的官吏，不徇情枉法定案，以放纵有罪的人；不毁坏法律，以陷害无辜的人；从而处刑议罪合乎人心。"

第三，司法的官吏必须要有"明察善断"的才能。

德才兼备才是优秀的司法官吏，"明察善断"是司法官吏必须具备的品质。不邀功以求赏，不塞责以诿过；不酷刑以逼供，不徇私以枉法；这是对司法官吏德行的基本要求。通达古今，博闻广见；深入实际，察情据证；奇正兼用，多谋善断；这是司法官吏应该具备的断案才能。"以五声听狱讼，求民情：一曰辞听，二曰色听，三曰气听，四曰耳听，五曰目听。"（《周礼·秋官·小司寇》）既是我国古代传统断案的圭臬，也是书中办案官吏经常依循的方法。广布耳目，详查奸慝；巧设奇计，诱捕顽恶；晓以利害，助人向善等；无不体现了他们在审理案件过程中的睿智与才干。

当然，由于时代的局限性，作者的法治思想中也有自相矛盾的地方和应该摈弃的糟粕。

其一，作者主张依法办案，但又赞同"《春秋》决狱""原心定罪"。

关于"《春秋》决狱"，本是汉代大儒董仲舒在他的《春秋繁露·精华》一文中提出的："《春秋》之听狱也，必本其事而原其志。志邪者，不待成；首恶者，罪特重；本直者，论其轻。"意思是说《春秋》断案的原则，是一定要根据案件事实推究出嫌疑人的作案动机。对那些动机邪恶的，不待他犯罪实现，也要从重治罪；对首恶分子，要加重治罪；而对那些出于善意而犯罪的人，量刑要从轻。如本书4·24条《贾黯以犯意议罪》，益州推官桑泽不知父死，且不通音讯三年，论为不孝，最终使其坐废乡里。作者按语论断说："贾黯评议桑泽的罪过，似若引用法律过于苛细严峻，那是因为礼教不能不严肃，这也是《春秋》惩罚犯罪动机的意义。"这一司法原则单从儒家礼制的道德立场出发，轻罪重罚的弊端是显而易见的。

其二，作者主张"罪刑法定"，反对法外施刑，却又赞成"以便宜诛之，为诛于法外"。如本书6·7条《张咏斩猾吏立威》，张咏将不服管教的小吏斩首示众。作者认为斩猾吏可以立威。又如本书6·15条《吴中复法外行刑》，邮兵群殴长官，法不应死，吴中复以便宜诛之，为诛于法外。作者论此，不加贬词，反而"奏著于令"。这样赞成法外行刑，是与罪刑法定、依法治罪背道而驰的。

其三，作者推崇"惟良折狱"，要求司法官吏"明察善断"，却又迷信"至诚哀矜，必获冥助"的占梦测字之说。如本书1·3条《苻融占梦擒真凶》、8·5条《狱吏测梦擒凶僧》两案，都通过占卜、测梦、测字等灵异手段寻求破案线索，最后得以擒获凶手，破获大案。借助灵异手段审理案件，必然会给贪官庸吏制造冤假错案提供可乘之机。

以上这些案例，虽然只占全书很小的比例，但仍然反映出在作者所处的时代，即使是以儒家"德主刑辅"的法治思想为主，也同样存在多样化与复杂化的问题。

三、《折狱龟鉴》的价值与历史影响

（一）《折狱龟鉴》的重要价值

1.《折狱龟鉴》在我国法制史上具有重要的研究价值

首先，它集中反映了我国古代司法制度的特点。我国古代的司法制度是附属于国家政治制度的。上至君主皇帝，下讫州郡县令，均集行政权与司法权为一体;州县郡府乃至中央,虽然也有分管的司法机构与官吏,但各级行政主管官吏也都可以行使司法权,而皇帝则拥有最高等级的生杀大权。

其次,它反映了历代司法制度的改革与演进。如司法系统机构与职官制度的演变与职能,主要是唐宋时期县州府郡,道、路使臣、巡抚,中央审判与监察机关中司法官吏的设置与职能。特别是在宋代,以司法强化国家对社会的管理,主要表现有以下几点:一是增设重要的司法机关,如审刑院、登闻鼓院等职能部门;二是增设司法监察机关,如转运司、提点刑狱司等,以强化司法审判的监督;三是皇帝亲自参与审判活动,如宋太宗就曾多次亲审案件并下诏做出判决;四是揭示了“告密筒”的办案作用。在充分利用广大群众检举揭发坏人坏事方面,过去一直认为是以武则天发明制造告密的“铜匦”开始的。其实远在前403年,魏国魏文侯任用国相李悝,就建立了举奸揭凶、惩污治吏的举报制度。他于“僻巷”处设立“蔽竹”,其形状是一个圆形的竹筒,长约尺许,上方有一个大约三寸见方的小口,以便检举人将写有揭发内容的竹筒塞入筒内。之后,真正将举报箱的功能定型的,则是西汉时期颍州太守赵广汉发明的“缿(xiàng)筒”,即“告密筒”。本书《察奸》门7·2条《赵广汉设告密筒》中,赵广汉就是设立“缿筒”来受理告密、检举案件的。此事无疑为今日的举报箱、投诉箱勾勒出一个完整的演变过程:蔽竹——缿筒——铜匦——举报箱。

再次,《折狱龟鉴》记载的案例,具体地反映了各个朝代特别是唐宋时期的法律制度与刑罚的实施与演变。《折狱龟鉴》中体现的证据制度和案例,为后世研究从春秋战国至宋朝的案件侦查、审理方法,起到了实证作用,由此能够更好地认识中国古代的法律制度和法学思想。

虽然和凝父子编撰的《疑狱集》是我国第一部案例汇编,但是全书仅收案例66条,时代截止于五代。《折狱龟鉴》在此书基础上,收入近四百个案例,时代从春秋到南宋,内容涉及司法实践的各个方面。在各件主案之后，大多附有作者的按语论断，褒贬扬弃，洞悉精微，要言不烦，切中肯綮。它承上启下，不失为我国古代案例汇编的典范著作。因此，《折狱龟鉴》作为案例专书，所具有的法制史史料价值是不容忽视的。

2.《折狱龟鉴》在我国文献史上具有重要的参考价值

书中的很多案例没有被正史所收录，这就保存了一部分已经遗失的珍贵史料，使许多没有载于史籍的人和事得以流传下来。比如，苏洵之兄、苏轼之伯父苏涣《宋史》无传，《折狱龟鉴》中收录了他主办的两个案件（2·20条《苏涣问血衣辨诬》，20·11条《苏涣审问兄杀弟》），使我们对其生平事迹有了进一步的了解。又如程琳，虽然《宋史》有传，但是其画图辨火灾的事迹《宋史》中并没有记载，书中1·30条《程琳画图辨火灾》的案例就补充了被遗漏的史实。北宋包拯为官清正严明、铁面无私而彪炳青史。后世便有《包公案》盛传，于是"包青天"便成为秉公执法的楷模，然而本书所载包拯审案二事，仅《钩慝》门12·4条《包拯计审割牛舌》一案见于《宋史·包拯传》卷三一六，而《察奸》门7·8条《李至远识姓察奸》所附包拯被属吏欺骗一事却出自《梦溪笔谈·谬误》，这无疑是对《宋史·包拯传》"旧制，凡讼诉不得径造庭下。拯开正门，使得至前陈曲直，吏不敢欺"资料的又一侧面补充。本书卷四第四门《议罪》之4·22条《苏寀详断盗棺案》所附张唐卿二事，据郑克自注"三事并见本传"，言此条中苏寀、侯瑾、张唐卿三事皆见于宋朝人所撰《国史》本传。然三人姓名皆不见于今存《宋史》本传，张唐卿生平事迹却见于宋韩琦所撰《安阳集》卷四七《张君墓志铭》，与今本《宋史·孙唐卿传》大致相合。查今本《宋史》卷二〇二只有《孙唐卿传》，而张唐卿无传，其所载孙唐卿生平事却与张唐卿全同，故疑今本《宋史·孙唐卿传》为《张唐卿传》之误。郑克自注见于宋朝人所撰《国史》本传，而今本《宋史》不载的有八十多人，占本书所选宋人案例50%以上，由此可见其珍贵。

宋朝经济高度发展，是世界上最早发行纸币的国家。本书《惩恶》

门5·10条《姚涣发奸不受赏》及《察盗》门13·14条《彭思永擒盗充军》都是涉及宋朝“交子”的案件。最初的“交子”实际上是一种存款凭证。在宋朝益州(今四川成都)出现了为方便商人保管现金业务的“交子铺户”,存款人把现金交付给铺户,铺户把存款数额填写在用楮纸制作的纸卷上,再交还存款人,并收取一定的保管费。这种临时填写存款金额的楮纸券便谓之“交子”,后来成为宋代通行的纸币。1023年,宋朝政府设益州“交子务”,即掌管纸币流通事务的官署,并首届发行“官交子”一百二十六万贯,准备金率为28%。大观元年(1107)“交子务”改称“钱引务”。这些案例的记载,成为我国经济史上弥足珍贵的实证资料。

《折狱龟鉴》全书选录案例384事,春秋至唐五代172例,两宋212例;案例来源上,出自史传的有222例,出自案主墓志、行状、言行录的有82例,出自时人小说笔记、士林传闻的有60例,不载出处的只有20例。虽然它取材广泛,但大多取自历代正史、实录,以及各种文集和笔记小说。其中原著早已不存的有15种之多,还有不少记载与今传本有明显差异。这对于深入研究与整理我国古代文献无疑具有重要的价值。

3.《折狱龟鉴》对于促进当代法治建设具有借鉴价值

首先,它较为全面地总结了古人在案件的侦破、检验、审讯、判决和平反冤狱等方面积累的正反两方面的历史经验,以及各个案例中所阐明的搜集、采纳言辞证据、实物证据的经验和方法,除极少数宣扬封建伦理道德和灵异迷信外,大多数至今仍具有一定的借鉴和参考价值。

其次,在当代法律体系中,案例的指导作用仍然是显而易见的。我国非常重视案例在司法实践中的指导作用。2010年11月26日《最高人民法院关于案例指导工作的规定》出台,其中第七条规定:最高人民法院发布的指导性案例,各级人民法院审判类似案件时应当参照。据此,下级法院在审理类似案件时,实际上取得相应的参照权。这对于推动我国案例指导工作,具有重大意义。它不仅可以帮助司法工作者深入解读法律,正确掌握法律适用的标准,而且通过对相同或类似案例的借鉴,还可以激发公检法人员办案的智慧，真正体现司法公正，推动社会主义法治建设的进步。《折狱龟鉴》正是一部具有重要借鉴与参考价值的古代司法案例专著。

（二）《折狱龟鉴》深远的历史影响

《折狱龟鉴》虽然是一部案例专书，但是它的深远影响已经超越了具体的法律制度、司法实践，辐射到了后世政治、经济、文化等多个方面。

首先，在政治法律方面，《折狱龟鉴》对元明清的法律制度与司法实践有着重大影响。经过唐末及五代十国的战乱，宋朝统一之后，社会形态与之前的封建王朝有了很大不同，诉讼案件也出现了一些新的情况。宋朝统治者总结前朝法治建设的经验，又根据本朝实际的情况，对法令内容进行了革新。在法制思想上，宋朝历代君主都重视法律人才，并且高度重视法典的编修。《宋刑统》就是对著名的《唐律疏议》的改进和完善。《折狱龟鉴》则通过三百多个案例与办案实践，直观反映了宋朝政治、经济、法制建设等各个方面的社会现实，对于宋代社会制度、尤其是法律制度具有重要的认识价值。从中我们不仅可以认识到我国古代法律制度的演进，也可以看到它对元明清社会政治制度与法律制度的深刻影响。特别是宋朝对法律法令、刑罚制度、婚姻继承制度、买卖契约制度、审判机构与职官职能等内容进行了革新，而后元明清各朝也在此基础上有所改进与变化。

其次，《折狱龟鉴》对于后世案例专书编撰的影响也很大。虽然说《疑狱集》是我国第一部案例专书，但是它搜集案例只有66条，而且记述简略，更无作者评判之语。在宋代，先有官方制定的《熙宁断例》《元丰断例》等案例汇编，之后的《折狱龟鉴》，可以说是承上启下的案例名著；再其后，才有桂万荣的《棠阴比事》。此后，明代有王士翘所辑《慎刑录》、余懋学所纂《仁狱类编》，而清代李清所撰《折狱新语》、胡文炳所撰《折狱龟鉴补》等更是从书名就可见其受《折狱龟鉴》影响之深。

在当代，沿袭传统也编写了不少案例专书。其中如2004年贵州人民出版社出版的《中国古代冤案选评》，多从《折狱龟鉴》中采集资料，而2006年上海社会科学院出版社出版的《执政案例丛书》，由《中国古代执政案例选编》《中国近现代执政案例选编》《外国执政案例选编》三本书组成，则是继承了《折狱龟鉴》的编纂思想，进一步扩大了案例编选范围。

再次，《折狱龟鉴》对于后世的法律文化影响也很大。在经济文化方面，《折狱龟鉴》揭示出宋朝年间社会的风物人情，也体现了宋朝经济文化对元、明、清各代的影响。比如土地管理制度、关塞制度、货币制度、矿业开采与管理制度、交通与漕运制度等。其对文学的影响则主在表现为“公案”类小说戏剧的繁荣上。“公案”在宋、元、明、清几朝都是重要的小说戏剧类别。如著名的公案剧《十五贯》《杨乃武与小白菜》，以及公案小说集《包公案》《海公案》《施公案》《彭公案》《三侠五义》等。这些文学作品有的直接从《折狱龟鉴》中取材，如元代关汉卿的杂剧《感天动地窦娥冤》，就是从“东海孝妇”的故事演化而来，而更多的作品则是通过一个个鲜活的故事，表明人们对《折狱龟鉴》“德主刑辅”“宽严相济”“正谲相生”“明察善断”等法治思想的深刻认同与由衷期盼。

最后，本书在资料搜集整理方面，我的学生牟昆昊博士、杨秀岚硕士皆全力以赴，在此一并致谢。

王天海谨识

2022年12月31日

卷一

一、释冤（上）

【题解】

释冤，即解除冤情、释放无辜入罪被冤枉的人。其作为词语，最早或见于西汉焦赣《易林·兑之颐》："启户开门，巡狩释冤，夏台、羑里，汤、文悦喜。"

《折狱龟鉴》全书八卷二十门，只有《释冤》一门分为二卷，析为上、下，而且列于卷首，由此可见《释冤》一门在全书的重要地位。《释冤》门（上、下）选录主案40条，附31事，共71事，是全书所采案例最多的一门。从涉及朝代看，以主案之事为序，最早为三国，以下为南北朝、隋、唐、五代至宋。其中所附之事最早为西汉（30事），而以宋朝的案例为主（41事）。从案例来源看，以史传为主（44事），兼采个人行状、墓志（14事）、文人笔记小说（13事）。从冤案类别来看，大多为当事人被诬陷后遭受酷刑拷打，被迫认罪判为死刑的；也有狱吏为塞责邀功，草菅人命而胡乱判案的；还有疑似案例证据不足，草草结案的；以及官吏徇私诬陷、知法犯法、官吏与盗贼勾结所造成的冤案。

总之，本门所列主案40事，案主多为司法官吏，皆廉洁奉公、断案严谨、明察释冤，在史书上都享有清正廉明的声誉。如1·5条《李崇设计辨诬告》，就是一件较为复杂的诈死诬告案。平反冤狱，推翻他人审理的错案还不算太难，难的是推翻自己亲自处理的案件。这不仅需要有冷静、清醒的头脑，更要有无私无畏、面对事实的决心和勇气。本案的主审官李崇就是这样的人。他不被原告所设骗局所迷惑，也不听被告自供招认而轻率定案，而是勇于怀疑原案的疏漏及可疑之处，采用巧妙的手段暗中侦察，以证实他严密而合理的逻辑推理，从而查实案情，避免了一场冤案的发生。而李崇所办此案，作为典型案例在全书中反复出现多达三次（《辨诬》2·5条、《惩恶》6·1条、《钩慝》12·1条，均题为《李崇》，引用本案）。

本门所附31事，多选与主案类似之事，以正反对照，配合按语，突出作者的思想观念。作者对各门主案所附之事说："凡附著之事，或以后证前，或以古明今，随事变文，无定例也。"如1·2条《曹摅为孝妇雪冤》所附"于公孝妇雪冤"之事，就是针对历史上著名的"东海孝妇"冤案，并以此反衬曹摅为孝妇雪冤的可贵。而1·4条《辛祥察色获真凶》中竟然附载13事。据作者按语说："盖察狱之术有三：曰色、曰辞、曰情。"这里，首先强调审察案件应该掌握三种方法：一、察当事人神色表情；二、察当事人与相关证人陈述之词；三、察本案全部事实情节。其次，当供词与案情确有冤枉而所追查的现象又处于疑似之时，不能以现象作为事实定案。最后，要坚持为疑案、冤案申诉。作者的这种思想不仅体现在《释冤》门中，也贯穿于全书之中。

与塞责邀功、制造冤案的昏官奸吏形成鲜明对比的是：这些尽心办案、昭雪冤案的廉吏，常常体现出不计个人得失、有功不居的高风亮节。如1·24条《钱若水雪冤辞功》中，钱若水为同州推官时，一富人家女奴走失，负责办案的录事参军挟私诬陷富人父子数人杀死女奴。富人父子等人屈打成招，知州复审认定此案。但钱若水却独疑此案不实，留案不决，顶住录事参军的诟骂、知州的催促，暗中侦查获得女奴下落，最终查清案情，挽救了富人父子数人的性命。被救者感恩求见，他却闭门拒之。

知州以钱若水雪冤死者数人，欲为之奏论其功，若水固辞曰："若水但求狱事正，人不冤死耳，论功非其本心也。且朝廷若以此为若水功，当置录事于何地邪？"知州叹服曰："如此尤不可及矣！"录事求见钱若水，叩头愧谢，若水曰："狱情难知，偶有过误，何谢也。"如此高风亮节，令人感慨万千！正如作者按语所言：钱若水昭雪富人冤情，还并非难于做到；唯其坚决推辞奏请论功，乃见他器量见识无人能及，知州叹服也是应该的啊！

《释冤》门中，也有涉及迷信、怪异之说。如1·3条《苻融占梦擒真凶》就是以测字解梦来破案的。故作者在按语中说：古代查案也有多种方法：占卜、算卦、怪异，都是尽心于此。真心诚意怜悯无辜，一定能够获得神灵暗中佑助。可见其主旨还是在于"真心诚意怜悯无辜"。又如1·2条《曹摅为孝妇雪冤》所附"于公为孝妇雪冤"之事，太守"论杀孝妇，郡中枯旱三年"、后任太守祭祀孝妇之坟便"天立大雨"，都曲折地反映出当时人们对昏官、冤案的痛恨，对无辜冤死的孝妇的深切同情。

特别难能可贵的是，所选案例中还体现了作者对弱势群体的同情与关怀。如1·39条《王罕为疯妇伸冤》与1·40条《沈括记哨子诉冤》两案。前案是因为小妾谋夺年迈无子女的正妻合法财产，正妻多次投诉得不到审理，因此忿怒怨恨而发狂。王罕却能为她公正审理此案，并把家产归还给她。后者是哑巴受到伤害不能自诉其冤，主审此案的官吏却能通过听吹哨子为他辨明冤情。所以作者在按语中说：疯病之人为人们所忽略，哑巴之人为人们所鄙弃，他们有冤不能申诉，这也是很可怜的。所以著录这两件事，使尽心办案的官吏能够引以为戒。在近千年以前的封建时代，这种对弱势群体在法制上的保护，是极为可贵的。即使在今天，也无疑为审理此类案件提供了有益的借鉴。

1·1 孙登比丸释无辜

吴太子孙登[①]，尝乘马出，有弹圆过[②]，按：《吴志》"圆"作"丸"，盖二字古通用[③]。左右求之。适见一人操弹佩圆，咸以为是[4]。辞对不服[5]，从者欲捶之[6]，登不听。使求过圆，比之非类，乃见释[7]。旧出《吴志》本传[8]。

按[9]：人之负冤，多因疑似，听者不能审谨[10]，忿然作威，遂至枉滥[11]。此事虽小，可以喻大，故首著焉[12]。

【注释】

①吴太子孙登（209—241）：三国时东吴太子孙登，字子高，孙权长子，吴郡富春（今浙江富阳）人。吴大帝黄龙元年（229），孙权称帝，立孙登为皇太子。孙登多次劝谏孙权，对时政多有匡弼。镇守武昌时，处理政务谨慎得体。吴大帝赤乌四年（241），孙登未及继位而卒，年仅三十二岁，谥号宣太子。《三国志》卷五十九有传。

②弹圆：即弹丸，弹弓所用以弹射的弹丸。"圆"与"丸"通。

③天海按：此按语明万历刊本无，当为四库馆臣所加。《吴志》，此指《三国志·吴书·吴主五子传》中所载《孙登传》。

④咸：普遍，都，全部。《说文解字》："咸，皆也，悉也。"

⑤辞对：对答，应对。

⑥从者：随从的人。捶（chuí）：用棍棒或拳头等击打。

⑦乃见释：于是就被释放。

⑧旧出：此事出于旧《疑狱集》。天海按：此为郑克自注。

⑨天海按：此"按"为郑克所写，原书大多数案例之后皆有郑克按语。

⑩听者：断案的官吏。听，审察，断决，治理。审谨：审查谨慎。

⑪枉滥：谓枉法滥刑，使无辜受害。

⑫首著焉：首先著录在此。

【译文】

三国时，吴国太子孙登有一次乘马外出，有弹丸从面前飞过，身边的人搜寻射弹丸的人。正好看见一个人拿着弹弓身佩弹丸，都认为是他发射的弹丸。讯问时那个人不承认，随从想要拷打他，孙登不准许。派人寻找飞过的弹丸，两种弹丸一对比，不是一样的弹丸，于是就释放了那个人。旧书《疑狱集》录自《三国志·吴书·孙登传》。

按：有人被冤枉，多因为案情似是而非，断案的官吏不能谨慎审查，愤怒地施展威势，于是造成枉法滥刑的冤案。这件事情虽然很小，但是可以说明大道理，所以首先著录在此。

1·2　曹摅为孝妇雪冤于公、孟尝二事附[①]。案：此一章原本轶去，事实又轶去。附录中于公一节，今补入[②]。

晋曹摅[③]，为临淄令[④]。县有寡妇，养姑甚谨[⑤]。姑以其年少，劝令改适[⑥]，妇守节不移。姑愍之[⑦]，密自杀。亲党告妇杀姑[⑧]，官为考鞫[⑨]，妇不胜苦楚，乃自诬[⑩]，狱当决[⑪]。适值摅到[⑫]，知其有冤，更加辨究，具得情实。时称其明。出《晋书》本传[⑬]。

按[⑭]：前汉于公为县狱史、郡决曹[⑮]，决狱平[⑯]。东海有孝妇[⑰]，少寡亡子[⑱]，养姑甚谨，姑欲嫁之，终不肯。其后姑自经死[⑲]，姑女告吏："妇杀我母。"吏捕孝妇，孝妇辞不杀姑。吏验治[⑳]，孝妇自诬服，具狱上府[㉑]。于公以为此妇养姑十余年，以孝闻，必不杀也。太守不听，于公争之，弗能得。乃抱其具狱哭于府上，因辞疾去。太守竟论杀孝妇，郡中枯旱三年。后太守至，卜筮其故[㉒]，于公曰："孝妇不当死，前太守强断之，咎傥在是乎？"于是太守杀牛，自祭孝妇冢，因表其墓[㉓]，天立大雨，岁熟[㉔]。郡中以此大敬重于公。出《前汉书·于定国传》，于公乃定国父也[㉕]。

后汉上虞有寡妇[26]，养姑至孝，姑以寿终[27]，而夫女弟先怀嫌恨[28]，乃诬妇厌苦供养，加鸩其母[29]。官吏不察，户曹史孟尝言于太守[30]，亦不为理，遂以冤死。郡中连旱二年。出《后汉书》本传。此两事旧集并不载[31]。

临淄寡妇若不遇曹攄，则与东海、上虞无以异矣。惟鉴彼负冤之可戒，乃显此释冤之足尚[32]，故附著之[33]。

【注释】

①天海按：此为郑克自注，具体详后。

②天海按：此上之文为四库馆臣补注，言此篇之文不见于《永乐大典》，故由四库馆臣补入。然明万历本此篇之文不缺，仅文字与此小异。

③曹攄（shū，？—308）：字颜远，曹魏大司马曹休之曾孙，曹肇之孙，西晋谯国（今安徽亳州）人。历任临淄令、洛阳令、襄城太守等职。善治地方，爱民如子，担任临淄令期间更被称为“圣君”。《晋书》卷九十有传。

④临淄令：临淄县令。临淄，秦时始置县。西晋时，临淄县属青州齐国。临淄为齐王都，青州刺史亦治于此。故址在今山东淄博。天海按：明万历本此句作“曹攄调补临淄令”。

⑤养姑甚谨：奉养婆母很勤谨孝敬。姑，婆母，丈夫的母亲。《尔雅·释亲》：“妇称夫之父曰舅，称夫之母曰姑。”天海按：明万历本此句无“甚谨”二字。

⑥改适：改嫁。适，往，归向。旧称女子出嫁。天海按：明万历本此句脱一“姑”字。

⑦愍（mǐn）：同“悯”，怜悯。

⑧亲党：亲戚族人。

⑨考鞫(jū):拷打审问。

⑩自诬:承认妄加于己的诬告之词。

⑪狱当决:案件已经判决。

⑫适值摅到:正逢曹摅到任。天海按:明万历本此句无“到”字。

⑬天海按:此或为郑克自注,指本篇事出《晋书·良吏传·曹摅》。明万历本无此注。

⑭天海按:此“按”字原文无,明万历本亦无。此依原书文例径补。

⑮于公:西汉东海郯县(今山东郯城)人。西汉宣帝时名臣于定国之父。其事附于《汉书·于定国传》。狱史:西汉时县令所辖断案的官。郡决曹:西汉时郡守所辖的司法官。天海按:此句明万历本作“东海于公为郡决曹”。

⑯决狱平:断案公平。

⑰东海:西汉有东海郡,治所在郯县(今山东郯城)。孝妇:明万历本作“寡妇”。

⑱少寡亡子:年轻守寡没有子女。亡,通“无”。

⑲自经:上吊自杀。天海按:此句之上,“终不肯”之下,明万历本尚有“姑谓邻人曰:孝妇事我勤苦,哀其无子守寡,我老久累丁壮。奈何?”数语。

⑳验治:拷打审问、查验处治。

㉑具狱:全部文书档案结案。

㉒卜筮:古代问事决疑占卜吉凶的方法。灼龟甲取兆纹为卜,持蓍草定其数目,占卦为筮。《礼记·曲礼上》曰:“龟为卜,策为筮。”

㉓表其墓:增修坟墓,以示褒扬。

㉔岁熟:年成丰收。天海按:“岁熟”及以下一句,明万历本无。

㉕天海按:此为郑克自注。“于公乃定国父也”七字,明万历本无。

㉖上虞:东汉县名,属会稽郡。故城在今浙江绍兴。

㉗寿终:自然老死。《释名·释丧制》:“老死曰寿终。寿,久也;终,

尽也。生已久远,气终尽也。"

㉘夫女弟:丈夫之妹,今俗称"小姑"。嫌恨:怨恨。

㉙鸩(zhèn):用毒酒害人。

㉚户曹史:东汉时郡守所辖掌管户籍、财税、农桑等事的属官。孟尝:字伯周,东汉官吏,会稽上虞(今浙江绍兴)人。初仕郡户曹史,后举茂才。历任徐县令、合浦太守。《后汉书》卷七六有传。

㉛天海按:此为郑克自注。言此事出于《后汉书·循吏列传·孟尝传》。上二事旧《疑狱集》都不载。

㉜释冤:消除冤案。足尚:值得崇尚。

㉝附著:附录。

【译文】

西晋时,曹摅做临淄县令。县里有个寡妇,奉养婆母特别恭敬孝顺。婆母因为她还年轻,便鼓励她改嫁,但她守节不嫁的志向坚定不移。婆母怜悯她,就偷偷自杀了。亲戚族人控告寡妇杀了婆母,官府因此拷打审问她,寡妇忍受不了酷刑的痛苦,就自己承认了诬告之词,案件已经判决。正遇上曹摅到任,查知其中定有冤情,再加以辨别考究,完全得到案件实情。当时人都称颂他的明断。事出《晋书·良吏传·曹摅》。

按:西汉于公做县狱史、郡决曹时,断案公平。东海郡有个孝妇,年轻守寡没有子女,奉养婆母很是恭敬孝顺,婆母想要她改嫁,她始终不肯。之后婆母自己上吊自杀了,婆母女儿上告官吏:"这寡妇杀了我母亲。"官吏逮捕了孝妇,孝妇不承认杀了婆母。官吏拷打审问,孝妇无辜服罪,定案后文书上报郡府。于公认为孝妇奉养婆母十多年,以孝顺闻名,必定不会杀死婆母。太守不听,于公为此争辩,没有成功。他就抱着那些案卷文书在郡府痛哭,并因此称病辞官而去。太守最终判了孝妇死刑,郡中于是枯旱三年。后太守到任,占卜了解大旱三年的缘故,于公说:"孝妇不应该判死刑,前太守强行断案,过错应该在此吧?"于是太守杀牛,亲自到孝妇坟前祭奠,又修整坟墓以示表彰,上天立刻降下倾盆大雨，当年庄稼丰收。郡中因此特别敬重于公。此事出自《汉书·于定国传》，于公就是于定国的父亲。

东汉上虞县有个寡妇，奉养婆母特别孝顺，婆母自然老死后，因为丈夫的妹妹先前怀有怨恨，就诬告寡妇厌烦供养，用毒酒害死了她的母亲。官吏不详察，户曹史孟尝向太守说明情况，也没有加以审理，于是寡妇含冤而死。郡中连续干旱二年。出自《后汉书·循吏列传·孟尝传》。这两件事旧《疑狱集》都不记载。

临淄寡妇如果没遇到曹摅，就与东海孝妇、上虞孝妇一样蒙冤而死了。只有借鉴那些负冤的案情并引以为戒，方能显明这消除冤案值得崇尚，所以附录在此。

1·3 苻融占梦擒真凶

前秦苻融[①]，为司隶校尉[②]。京兆人董丰游学三年而反[③]，过宿妻家。是夜，妻为贼所杀，妻兄疑丰杀之，送丰有司。丰不堪楚掠[④]，诬引杀妻[⑤]。融察而疑之，问曰："汝行往还，颇有怪异及卜筮否？"丰曰："初将发，夜梦乘马南渡水，返而北渡，复自北而南，马停水中，鞭之不去。俯而视之，见两日在于水下，马左白而湿，右黑燥。寤而心悸[⑥]，窃以为不祥。还之夜，梦如初。问之筮者[⑦]，云：'忧狱讼。远三枕，避三沐[⑧]。'既至，妻为具沐，夜授丰枕。丰记筮者之言，皆不从之。妻乃自沐，枕枕而寝。"融曰："吾知之矣。《周易》'坎为水，离为马'[⑨]。梦乘马南渡，旋北而南者，从坎之离[⑩]，三爻同变[⑪]，变而成离[⑫]。离为中女，坎为中男[⑬]。两日，二夫之象，坎为执法吏[⑭]。吏诘其夫，妇人被流血而死。坎二阴一阳，离二阳一阴，相承易位[⑮]。离下坎上，《既济》[⑯]。文王遇之囚羑里[17]，有礼而生，无礼而死[18]。马左白而湿[19]，湿，水也；左水右马，冯字也；两日，昌字也。其冯昌杀之乎？”于是推检[20]，获昌而诘之，昌具首服[21]，曰：“本与其妻谋杀董丰，期以新沐、枕枕为验[22]，是以误中妇人。”旧出《晋载记》本传，占梦辞烦，删取其要[23]。

按：古之察狱，亦多术矣，卜筮怪异，皆尽心焉。至诚哀矜，必获冥助[24]，是以冯昌之罪具服，而董丰之冤得释也。冯之马边非“水”，乃“仌”也[25]；昌之日下非“日”，乃“曰”也。苻融以意言其事[26]，遂验。此周宣所谓“神灵动君使言”者也[27]，岂非至诚哀矜而然欤？占梦事，又见《察贼》门[28]。案：此第三章，原本轶去标题，今补入[29]。

【注释】

①前秦：五胡十六国时期氐族建立的政权之一，也是十六国中最强大的国家。350年，苻坚占据关中，次年登基。苻坚即位后，曾一度统一北方，394年为后秦所灭。前秦共六帝，享国四十四年。苻融（？—383）：字博休，略阳临渭（今甘肃秦安）人。氐族。前秦宗室大臣，宣昭帝苻坚之弟。《晋书》卷一一四有传。

②司隶校尉：古代官名。旧号卧虎，是汉至魏晋监督京师和周边地方的监察官。始置于汉武帝征和四年（前89），汉成帝元延四年（前9）曾省去，汉哀帝时复置，省去校尉而称司隶。东汉时复称司隶校尉，历东汉及魏晋，其官不废。

③京兆：西安的古称，为汉朝京畿都城地域的名称，是周朝王畿、秦代京畿之后对都城辖域的称谓。也是古代的郡级行政单位，所辖范围相当于陕西西安及其附近所属地区。游学：游历求学。

④楚掠：拷打。楚，打人的荆条。

⑤诬引：原意是无中生有地攀引他人入罪，此为自己承认他人诬告而服罪。

⑥心悸：心慌，心跳。自觉心脏跳动的不适感或心慌感。

⑦筮者：此指民间占卜算卦的人。

⑧远三枕，避三沐：再三远离枕头，再三避免洗头。三，再三，于此表示强调。

⑨《周易》：书名。《周易》即《易经》，是儒家传统经典之一。相传为周文王姬昌所作，内容包括《经》和《传》两个部分。《经》主要是六十四卦和三百八十六爻，卦和爻各有说明（卦辞、爻辞），作为占卜之用。《传》包含解释卦辞和爻辞的七种文辞共十篇，统称《十翼》，相传为孔子所撰。坎为水：坎（☵）为八卦之一。《周易·说卦》"坎为水。"离为马：今《周易》无此说。离（☲）为八卦之一。《周易·说卦》有"离为火"之说，又有"乾为马，坤为牛"的记载。

⑩从坎之离：意指从北往南。《周易·说卦》："坎者，水也，正北方之卦也。""离也者，南方之卦也。"

⑪三爻同变：爻，是《周易》卦的基本符号。分为阴爻和阳爻，用（⚊）指代阳爻，用（⚋）指代阴爻。每三爻合成一卦，可得八卦。爻的变化，决定卦的变化。

⑫变而成离：指由坎卦变成离卦。

⑬离为中女，坎为中男：《周易·说卦》认为：乾为父，坤为母，震为长男，坎为中男，艮为少男，巽为长女，离为中女，兑为少女。

⑭坎为执法吏：《尔雅·释言》："坎，律铨也。"注："坎卦主法律，皆所以铨量轻重。"一说执法要求其公平如水，坎为水，故说坎为执法吏。

⑮相承易位：此指坎卦与离卦上下改变位置。

⑯《既济》：《既济》卦是《周易》第63卦，卦象离下坎上。《周易·既

济》:“象曰:水在火上,既济,君子以思患而豫防之。”坎为水,离为火,水火相交,水在火上,水势压倒火势,救火大功告成。既,已经。济,成也。既济就是事情已经成功,但终将发生变故。

⑰文王遇之囚羑(yǒu)里:文王遇上《既济》卦时,就被商纣王囚禁在羑里。文王即姬昌,商末周族领袖,商纣时为西伯,曾被商纣王囚禁于羑里。羑里,古地名,在今河南汤阴。

⑱有礼而生,无礼而死:礼,此指礼仪。原文出自《礼记·曲礼上》:“人有礼则安,无礼则危。”

⑲白而湿:天海按,原文脱“白”字,此据明万历本及上文径补。

⑳推验:推究察验。

㉑昌具首服:冯昌完全低头认罪。

㉒期以新沐、枕枕为验:相约以刚洗了头发、所枕的枕头作为验证。

㉓天海按:此为郑克自注。言本篇事出《晋书·载记·苻融传》。

㉔冥助:暗中获得鬼神的佑助。

㉕仌(bīng):古同“冰”。非常用字,一般用作偏旁的“冫”。

㉖以意言其事:以主观臆测解说这个案件。

㉗周宣:字孔和,三国时期解梦师,乐安(今山东淄博)人。擅长解梦,在郡做官时曾为太守解过梦,后又给曹丕解梦,都灵验。官至中郎,死于魏明帝末年。神灵动君使言:神灵感应,使你这样说的。此语见于《三国志·魏书·方技传》周宣言:“此神灵动君使言,故与真梦无异也。”

㉘天海按:此为郑克原注。本书卷七《察贼》门16·2条有“苻融”,存目无文。

㉙天海按:此案语为四库馆臣所加。

【译文】

前秦时代,苻融担任司隶校尉。有个京兆人董丰,在外游学三年后回来,路过妻子娘家时在此住宿。这天晚上,妻子被坏人杀害,妻兄怀疑是董丰杀害了他妹妹，就把董丰送到官府。董丰经受不了刑罚拷打，被迫承认自己杀了妻子。苻融审察后怀疑这件案子，问他说："你出行往回走时，有遇到什么怪异的事以及占卜算卦了吗？"董丰说："当初将要出发时，晚上梦见乘马南渡河水，又返回来北渡河水，又从北向南，马停在水中，鞭打也不走。低头往下看，看见有两个太阳在水中，马的左边白而湿，右边黑而干燥。醒来后心慌心跳，自认为不吉祥。回来的那天晚上，又做了先前那样的梦。去问占卜算卦的人，他说：'你有牢狱之灾。一定要远离枕头，一定要避免洗头。'到家后，妻子为我打水沐浴，晚上给我枕头。我记起占卜人的话，都没有依从。妻子就自己沐浴，枕着枕头睡觉了。"苻融说："我知道这件事情了。《周易》中坎为水，离为马，梦乘马南渡，接着又从北往南，是从坎到离。三爻一起变化，坎变成离。离为中女，坎为中男。两个太阳，是两个男人的象征，坎是执法官吏。官吏讯问女人丈夫，妇人是流血而死的。坎卦二阴一阳，离卦二阳一阴，相接相续交换位置。离下坎上，是《既济》卦。周文王遇到此卦就被囚禁在羑里，有礼仪就能活命，无礼仪就会死亡。马左边白而湿，湿，是水；左边水、右边马，是个冯字；两个日，是个昌字。那该是冯昌杀了她吧？"于是进行追查，抓到冯昌审问他，冯昌全都低头认罪，说："本来与他妻子合谋杀死董丰，约好以新沐浴与枕着的枕头为验证，因此误伤了那个女人。"旧《疑狱集》所载，录自《晋书·载记·苻融传》，占梦原辞语烦琐，这里删取要点。

按：古代查案也有多种方法，占卜、算卦、怪异，都是尽心于此。真心诚意怜悯无辜，一定能够获得神灵暗中佑助，因此冯昌认罪招供，而董丰的冤案得到解脱。冯的马边不是"水"字，乃是"仌"字；昌之日下不是"日"字，乃是"曰"字。苻融以臆测解说此事，终于得到验证。这就是周宣所谓"神灵动君使言"的事情吧，难道不是真心诚意怜悯无辜才如此吗？苻融占梦的事，又见本书卷七《察贼》门。

1·4 辛祥察色获真凶法雄、魏丕、赵德彝、薛奎、唐肃、杜衍、孙沔、姚仲孙、程坦、孙廉、靳宗说、刘纬、宋昌言，凡一十三事附。

后魏辛祥①，为并州平北府司马②。有白壁还兵药道显③，被诬为贼，官属咸疑之。祥曰："道显面有悲色。察狱以色④，其此之谓乎！"苦执申之⑤。月余，别获真贼。祥终于安定王燮征虏府长史⑥。出《北史·辛绍先传》，祥，其孙也。旧集不载⑦。

按：后汉法雄⑧，为青州刺史⑨，每行部录囚徒⑩，察其颜色，多得情伪⑪。盖察狱之术有三：曰色、曰辞、曰情⑫。此其以色察之者也。若辞与情颇有冤枉，而迹其状稍涉疑似⑬，岂可遽以为实哉⑭？苦执申之，理亦应尔。后十二事是也，故附见之云。

【注释】

①后魏：政权名。鲜卑族拓跋珪自立为代王，国号魏，亦称北魏、拓跋魏、元魏。为区别于以前三国的曹魏，故史称后魏。398年建都平城（今山西大同），439年统一北方，与南朝对峙。永熙三年（534），分裂为东魏与西魏，元魏（拓跋魏）宣告结束。从386年拓跋珪重建代国至534年分裂为止，共历二十帝（列入正史本纪者十二位），享国一百四十八年。辛祥（464—518）：字万福，辛绍先孙，北魏陇西狄道（今甘肃临洮）人。举司州秀才，再迁司空主簿，转并州平北府司马，后除郢州龙骧府长史、兼义阳太守，终于安定王元燮征虏府长史，卒赠南青州刺史。《魏书》卷四五、《北史》卷二六有传。

②并州：北魏时州名。治所在晋阳（今山西太原）。平北府：即平北

将军府，南北朝时曾有四平（东、西、南、北）将军的设置。司马：古代官名。主武备，掌管军事之职。大将军所属军队分为五部，各置司马一人领之。魏晋南北朝，诸将军开府，府置司马一人，位次将军，掌本府军事，相当于后世的参谋长。

③白壁还兵：从白壁驻防地回来的士兵。白壁，古地名，在今河南安阳东。药道显：士兵姓名，仅见于此，具体未详。

④察狱以色：即根据人犯的神色来审察案情。古代司法官依据《周礼》审案，有"五听"之说，此即"色听"。见《周礼·秋官·小司寇》："以五声听狱讼，求民情：一曰辞听，二曰色听，三曰气听，四曰耳听，五曰目听。"据郑玄的注释，辞听是"观其出言，不直则烦"，即观察当事人的说话表达，理屈者则语无伦次；色听是"观其颜色，不直则赧然"，即观察当事人的面部表情，理屈者则面红耳赤；气听是"观其气息，不直则喘"，即观察当事人陈述时的呼吸，理亏则气急而喘；耳听是"观其聆听，不直则惑"，即观察当事人的听觉反应，理亏则听觉失灵；目听是"观其眸子视，不直则眊然"，即观察当事人的视觉和眼睛，理亏则不敢正视。

⑤苦执申之：坚持为他申诉。

⑥安定王燮：即元燮（？—515），字和平，河南洛阳（今河南洛阳）人。北魏宗室大臣，景穆皇帝拓跋晃之孙。袭封安定王，迁太中大夫。出任征虏将军，华、豳二州刺史。《魏书》卷一九有传。征虏府：即征虏将军府，当时刺史多以将军开府。长史：官名。秦置。后汉将军府置有长史。其后，为郡府属官，掌兵马。

⑦旧集：指《疑狱集》。天海按：此为郑克自注之文。

⑧法雄（？—117）：字文强，右扶风郿县（今陕西眉县）人。战国时期齐国国君齐襄王田法章之后，东汉大臣。秦国灭齐国之时，田氏子孙均不敢自称田姓，因此改为法姓。法雄为官严谨，每至军中，都会复审案件，观察囚犯的神色，经常能准确地判断案情的真

伪，因此亦能查察不守法的官吏，并下令要他们解印除任。《后汉书》卷三八有传。

⑨青州刺史：汉武帝元封五年（前106）设立十三刺史部，青州刺史部治广县。辖境相当今山东德州以东、莱阳以北一带地区，治所在临菑（今山东临淄）。

⑩每行部：每次巡行辖区内。录囚徒：审查在押囚犯。古代有录囚制度，即由皇帝或有关官吏讯察囚犯并决定可否原宥的制度，此制始于汉代。录囚亦称“虑囚”。

⑪情伪：真伪。

⑫曰色、曰辞、曰情：即察面色、察言辞、察情节。参见上注“察狱以色”。

⑬迹其状：追查案件现状。

⑭遽：匆忙，急促。

【译文】

后魏辛祥，任并州平北府司马。有从白壁驻地回来的士兵药道显，被人诬告做过强盗，官吏都怀疑他。辛祥说：“药道显脸上有悲哀的神色。‘以神色查案’，说的应该是这样的事吧！”坚持为他申诉。一个多月后，另外捕获了真的强盗。辛祥最后的职位是安定王元燮征虏府长史。此事出自《北史·辛绍先传》，辛祥，是辛绍先的孙子。旧《疑狱集》不载此事。

按：后汉法雄做青州刺史时，每逢巡察所辖部属、审查囚犯时，观察人犯神色表情，大多能够查清案情真假。一般说察案的方法有三种：一是察神色，二是察言辞，三是察情节。这就是以察神色办案的那种。如果言辞与情节颇有冤枉之处，而且行迹与状态稍涉疑似，岂可匆忙认为是事实呢？坚持为之申诉，按理也应当如此。后面十二件事情就是这样，所以附见在此。

魏丕①，初从周世宗镇澶渊②，奏授司法参军③。时有强盗五人狱具[4]，将伏法[5]，丕疑其冤，因缓刑而察之。不数日，本盗就擒[6]，五人获免。后事本朝[7]，终于左骁卫将军[8]。

信都郡王德彝[9]，雍熙中[10]，判沂州[11]。儒生乙恕[12]，郊居肄业[13]。一旦有横尸在舍侧[14]，逻者见之[15]，捕恕送官，狱具，将伏法。德彝疑其冤，命别司鞫问[16]，亦如之，因令缓刑以俟[17]。未几，果获贼，恕乃得释。

薛奎参政[18]，为隰州军事推官时[19]，有民常聚博僧舍[20]。一日，盗杀寺奴取财去，而博者四人适至，启户溅血污衣，遽惊走，逻者因捕送官，考讯引伏[21]。奎独疑之，请缓其狱。后数日，果得杀人者。

【注释】

①魏丕（919—999）：字齐物，相州（今河南安阳）人。历后周至北宋时。后周时官至供奉官、供备库副使，北宋时官至郢州刺史、左骁卫大将军。《宋史》卷二七〇有传。

②周世宗：即柴荣（921—959），邢州尧山（今河北隆尧）人。柴荣为后周太祖郭威养子，继位为帝，954—959年在位。《旧五代史》卷一一四、《新五代史》卷一二有本纪。后周是五代时最后一个中原王朝，从951年正月后周郭威灭后汉建国，定都东京开封府（今河南开封），至960年赵匡胤陈桥兵变建立北宋，历经三帝，享国十年。澶渊：即澶州。又称开德府，是北宋时地名，治所在顿丘（今河南濮阳）。其州因有古湖泊澶渊而名。历史上北宋与辽国的“澶渊之盟”即发生在此。

③奏授：上奏朝廷授官。即经吏部注拟、尚书省具钞奏上，由尚书省长官署名除授，与常调铨选同，实为吏部所授官。《宋会要·职官》：“至于奏授，则尚书省具钞奏上，未有不具尚书都省官。”司

法参军：古代官名。即司法参军事。北齐与隋称法曹行参军。唐州府称司法参军，县称司法佐。宋有司法参军，掌议法断刑，又有司理参军，掌讼狱勘鞫。

④狱具：此指案件已审定。

⑤伏法：有别于服法。罪犯依法被执行死刑是伏法；罪犯认罪，依法受刑，服从法院的判决是服法。

⑥本盗：本案真正的盗犯。

⑦本朝：即后周之后的北宋，郑克为宋朝人，故称宋朝为本朝，后同此。

⑧左骁卫将军：唐代军职有左、右骁卫，设大将军各一人，正三品。又设将军各二人，从三品。后世沿袭。

⑨信都郡王德彝：即北宋赵匡胤之弟魏王赵廷美之子赵德彝，他死后被追封信都郡王。《宋史》卷二四四有传。信都郡，古郡名。所辖范围在今河北冀州一带。始置于西汉高帝六年（前201），隋炀帝时重置，唐初复为冀州，五代宋辽时沿袭。

⑩雍熙：北宋太宗赵匡义的第二个年号（984—987）。

⑪判：署理，兼管。唐宋时上级官职兼任低级官职叫“判”。沂州：古州名。北周灭北齐，改北徐州为沂州，其因沂河而得名。治所在今山东临沂。

⑫乙恕：人名，事仅见于此。

⑬肄业：修习课业。古人书所学之文字于方版谓之业，师授生曰授业，生受之于师曰受业，习之曰肄业。

⑭一旦：一天清晨。日初出曰旦。

⑮逻者：巡逻的士兵。

⑯别司：其他有关衙门。鞫问：审讯。

⑰俟（sì）：等待。

⑱薛奎（967—1034）：字宿艺，绛州正平（今山西新绛）人。北宋时大臣，欧阳修的岳父。天圣六年（1028），擢龙图阁直学士、权三

司使，历任参知政事、给事中、礼部侍郎等职。《宋史》卷二八六有传。参政：官名。宋代参知政事的省称，为宰相的副职。

⑲隰（xí）州：宋代地名。治所在隰川（今山西隰县）。军事推官：古代官名。唐玄宗天宝以后，节度、观察、团练、防御诸使皆置此为幕职，掌助理军政。北宋神宗元丰改制，定为从八品，改掌军队刑狱。推官，位次于判官、掌书记，掌推勾狱讼之事。五代沿袭唐制，宋朝时三司下各部每部设一员，主管各案公事。

⑳聚博僧舍：在和尚宿舍聚赌。博，古代一种赌博游戏。类似后代的双陆棋，玩法是依照所掷骰子的点数，决定双方下棋的先后或输赢。见《列子·说符》张湛注引《古博经》。后泛指一般的赌博游戏。

㉑引伏：亦作“引服”，意思为招供认罪，服罪。

【译文】

魏丕，最初随从周世宗镇守澶渊，上奏朝廷授他司法参军。当时有强盗五人已经定案，将依法处死，魏丕怀疑这个案件有冤情，因而缓刑并侦查。没过几天，本案真正的强盗就被擒获，这五人获得赦免。后来又在本朝做官，最终的职位是左骁卫将军。

信都郡王赵德彝，宋太宗雍熙年间，兼任沂州知州。有儒生乙恕，在郊外居住学习课业。一天清晨宿舍旁边有一具尸体，巡逻的士兵见到后，就捕捉乙恕送往官府，案件确定，将要依法处死。赵德彝怀疑他是冤枉的，就命别的部门审问，也是如此定案，于是命令缓刑以待。不久，果然擒获杀人犯，乙恕就被释放。

薛奎参政，做隰州军事推官时，有人常在和尚宿舍聚赌。一天，有强盗杀害了寺中奴仆，夺取财物后逃走。正好有四个赌博的人到了这里，开门后死者的血溅污了他们的衣服，急忙惊慌逃走，巡逻的士兵因此捕捉他们送到官府，拷打审讯招认服罪。只有薛奎怀疑这个案件，请求缓判结案。几天后，果然抓获杀人的凶犯。

唐肃待制[1]，为泰州司理参军时[2]，有商人夜宿逆旅[3]，而同宿者杀人亡去[4]，旦起视之，血污其衣，为吏所执，不能辨明，遂自诬服。肃为白其冤，而知州马知节趣令具狱[5]，肃固持不可。后数日，得真杀人者，就辟本州观察推官[6]。

杜衍丞相[7]，作河东提刑时[8]，上党民有继母为人所杀[9]，或告民杀之，不胜楚掠，遂自诬服。狱既具，衍疑非实，未论决[10]。间[11]，果得真杀人者。已上六事并见本传[12]。

孙沔副枢[13]，为赵州司理参军时[14]，盗发属县，为捕者所迫，乃弃其刀并所盗赃于民家[15]。后即其家，得会饮者十六人，适如其数，捕系县狱，掠使服罪[16]，法皆当死[17]。以具狱上，沔疑其枉而留讯之。州将怒[18]，然终不敢决。未几，得真盗。州将反喜，谓沔曰："微子[19]，吾得自脱耶[20]？"见王珪丞相所撰墓志[21]。凡本朝公卿事唯载于《国史》本传者，称名。若墓志、行状、杂书、小说所载[22]，则或称爵[23]，或称字[24]。此皆以名书之，庶得古今一体。且临以绍兴"恤刑手诏"[25]，则于礼，亦当书名也[26]。

【注释】

①唐肃：字叔元，北宋钱塘（今浙江杭州）人。宋真宗咸平元年（998）举进士，调鄗县主簿，后徙泰州司理参军。为泰州司理参军时，平反冤狱有声，就辟观察推官。迁秘书省著作佐郎，拜监察御史。曾官龙图阁待制，擢三司度支副使，官终知审刑院。《宋史》卷三〇三有传。待制：古代官员荣誉衔。晚唐至宋朝时成为高级官员的荣誉衔，位于学士、直学士之下。

②泰州：宋代州名。在今江苏泰州。原文作"秦"，此据《宋史》径改。司理参军：古代官名。简称司理。宋太宗太平兴国四年（979）改

诸州司寇参军置，掌本州讼狱勘鞫之事。

③逆旅：客舍，旅店。

④亡去：逃跑。亡，本义是指逃离、出走。

⑤知州：古代官名。宋以朝臣充任各州长官，称“权知某军州事”，简称“知州”。“权知”意为暂时主管。马知节（955—1019）：字子元，幽州蓟县（今天津蓟州）人。北宋初年名臣，江州防御使马全义的儿子。知定州、梓州，为宣徽南院使、检校太尉，知枢密院事。卒赠侍中，谥号“正惠”。著有文集二十卷，今已佚。《宋史》卷二七八有传。趣令：急令。《说文解字》：“趣，疾也。”趣，本义即疾速义。具狱：备文定案。

⑥辟：授予官职。观察推官：官名。唐肃宗以后置，为观察使属官，五代沿置。宋初州置观察，掌助理郡政，选士人充任。神宗元丰改制，定为从八品。

⑦杜衍（978—1057）：字世昌，越州山阴（今浙江绍兴）人。北宋名臣。庆历四年（1044），拜同平章事，支持“庆历新政”，为相百日而罢。嘉祐二年（1057），杜衍去世，年八十。追赠司徒兼侍中，谥号“正献”。《宋史》卷三一〇有传。

⑧河东提刑：河东路提点刑狱。宋至道三年（997）改河东道为河东路，其地东际常山，西逾黄河，南距底柱，北塞雁门。治并州，即今山西阳曲。提刑，是古代地方司法官名“提点刑狱”的简称。宋初始设于地方各路。

⑨上党：宋时县名。今属山西长治。

⑩论决：此指判决。

⑪间：间隔不久。

⑫天海按：此为郑克自注，言以上六事并见宋朝《国史》本传。

⑬孙沔（996—1066）：字元规，越州会稽（今浙江绍兴）人。北宋天禧三年（1019）进士，补赵州司理参军。因协助狄青平定侬智高

有功,授枢密副使。《宋史》卷二八八有传。副枢:古代官名。枢密副使的简称,为枢密院副长官。神宗元丰年间改制罢,以同知枢密院领其职。南宋复置,正二品。

⑭赵州:北宋州名。治所在平棘(今河北赵县)。司理参军:古代官名。简称司理。宋太宗太平兴国四年(979)改诸州司寇参军置,掌本州讼狱勘鞫之事。

⑮民家:天海按,此“民”字,原文讹作“氏”,此据《守山阁》钱熙祚校本改。

⑯掠:拷打。

⑰当死:判处死刑。

⑱州将:魏晋南北朝时,州刺史总兵权,亦通称州将。北宋沿袭,知州掌军事,也称州将。

⑲微子:不是你,没有你。微,或表示否定,相当于“非”,不是,没有。

⑳吾得自脱耶:我哪能自己脱罪呢!依照宋律,官吏断案判罪有失误者,都要受到处罚,故有此语。

㉑王珪(1019—1085):字禹玉,祖籍成都华阳(今四川华阳),幼时随叔父迁居舒州(今安徽潜山)。北宋名相、著名文学家。仁宗庆历二年(1042),王珪进士及第,高中榜眼。王珪历仕三朝,典内外制十八年,朝廷大典册,多出其手。自执政至宰相,凡十六年,少所建明,时称“三旨相公”。原有文集百卷,已佚。《四库全书》辑有《华阳集》四十卷。《宋史》卷三一二有传。墓志:墓志是我国古代丧葬制度之一,有固定的形制和专门的文体,主要记述死者姓名、生卒年和生平事迹。墓志滥觞于秦汉之际,发展于魏晋,完善于北魏,兴盛于唐,延续至明清。王珪所撰《孙沔墓志》今已佚。

㉒行状:叙述死者世系、生平、生卒年月、籍贯、事迹的文章,常由死者门生故吏或亲友撰述,留作撰写墓志或供史官立传的依据。

㉓称爵:称呼官爵。

㉔称字：称呼字号。古人姓名，多有字号。

㉕绍兴：南宋皇帝赵构于1131年逃至越州，认为宋朝会从此兴盛，就改元为“绍兴”，而越州也就成了绍兴城。“绍兴”年号共三十二年（1131—1162）。恤刑手诏：指赵构绍兴三年（1133）所下慎刑的诏令“戒饬中外，俾务哀矜”，见元刘壎《隐居通议》三十一卷。恤刑，即用刑慎重不滥。最初见于《尚书·舜典》：“钦哉，钦哉，惟刑之恤哉！”意即考虑到刑罚可能滥用失当，量刑时要有悯恤之意，使刑罚轻重适中。手诏，皇帝亲笔书写的命令。

㉖天海按：此以上皆为郑克自注。言凡称“本传”者，皆出于宋朝《国史》，非元人所撰《宋史》。

【译文】

唐肃待制，做泰州司理参军时，有个商人夜宿客栈，而一同住宿的有人杀人后逃走。他清晨起床看见死者尸体，死者的血污染了他的衣服，被吏卒捉住，不能辨明此事，于是自己被迫认罪。唐肃要为他洗白冤屈，但是知州马知节急令定案，唐肃一再坚持不可。几天后，捕得真正的杀人犯，就授任他做泰州观察推官。

杜衍丞相，做河东提刑时，上党有一个百姓的继母被人所杀，有人上告说是这个百姓杀了继母，他经不住酷刑拷打，于是被迫自行认罪。案件已经确定，杜衍怀疑并非实情，未能确定结案。不久，果然擒获真正的杀人犯。以上六事并见《国史》本传。

孙沔枢密副使，做赵州司理参军时，有抢劫案件发生在所属县内，强盗被追捕的士兵迫近，就把杀人刀具和所盗赃物抛弃在一民户家中。之后追兵赶到这家时，有聚会饮酒的十六人，正好同强盗人数一样，逮捕后关押在县狱，拷打使他们服罪，依法都应当处死。因此定案上报，孙沔怀疑他们是被冤枉的，将他们留下审讯。知州发怒，但是最终不敢定案。不久，抓到真正的强盗。知州反而高兴地对孙沔说：“没有你，我哪能自行脱罪呢？”事见王珪丞相所撰《孙沔墓志》。凡是本朝公卿事只载于《国史》本传的，称姓名。若墓志、行状、杂书、小说所记载的，那就或称官爵，或称字号。这些都以姓名记载，希望能够做到古今同一体制。又面对皇帝的绍兴“恤刑手诏”，那于礼制也应当书写姓名。

姚仲孙龙学①，为许州司理参军时②，民有被盗杀者，其妻言：“里胥尝责贿于夫③，不与而怨之，此必盗也。”乃捕系狱，将传以死④，而仲孙疑之。知州王嗣宗曰⑤：“若保非盗耶⑥？”然亦不敢遽决⑦。后数日，果得真盗。嗣宗复喜曰：“察狱当如是也。”改资州⑧，转运使檄往富顺监按疑狱⑨，全活者数十人。

程坦国博⑩，为郢州司户参军时⑪，民有执盗者三人，法当死，州趣狱上⑫，坦疑其自诬，辄留更讯之，后果得真盗。自是，虽他州疑狱，监司必属坦平决⑬。子戡⑭，为宣徽南院使⑮，赠太师⑯。见王珪丞相所撰墓志⑰。

孙廉观察⑱，初隶亲事官⑲，后以慈州刺史知沧州⑳。有劫盗，狱既成㉑，廉疑之。谓僚属曰：“我武人也，狱辞固非吾事㉒，然试召某邻里询其行止，皆曰：‘此平日跅跐不事㉓，今以为盗则非也。’”后数日，果得真盗，降诏奖谕㉔。

【注释】

①姚仲孙：字茂宗，北宋陈州商水（今河南商水）人。第进士，历许州司理参军，邢州、资州推官，知建昌县及彭、睦、滁、益等州通判。临事干练，治狱平稳。入朝历右司谏、知谏院、侍御史知杂事，建请严谏议大夫之选，定提点刑狱考课之法，皆为仁宗所采纳。累擢三司户部度支盐铁副使、河北都转运使。进礼部郎中、龙图阁

学士，徙陕西都转运使，未行，权三司使事。后坐属吏伪造文符，出知蔡州卒。《宋史》卷三〇〇有传。龙学：龙图阁学士简称。

②许州：北宋元丰三年（1080），升许州为颍昌府，大观四年（1110）改颍昌府为许州，在今河南许昌。司理参军：古代官名。简称司理。宋太宗太平兴国四年（979）改诸州司寇参军置，掌本州讼狱勘鞫之事。

③里胥：古代管理乡里事务的公差、小吏，如后世之里长、保甲长。责贿：即索贿，索求财物。

④将传以死：将用驿车送去处死。传，此指驿车。

⑤王嗣宗（944—1021）：字希阮，汾州（今山西汾阳）人。宋太祖开宝八年（975）乙亥科状元，补秦州司寇参军，官至枢密副使。《宋史》卷二八七有传。

⑥若：你。

⑦遽（jù）决：匆忙判决。遽，匆忙，立即。

⑧改资州：姚仲孙改任资州推官。天海按：《宋史》本传作："调邢州推官，徙资州。"资州，宋代州名。在今四川资阳。

⑨转运使：古代官名。唐代以后各王朝主管运输事务的中央或地方官职。北宋前期转运使职掌扩大，实际上已成为一路之最高行政长官。檄：即檄文，是古代官府往来文书的下行文种名称。原指比较长的竹木简，用于书写比较重要的文书。以后用檄书写的文书也称为檄。富顺监：富顺，宋朝县名。后因富顺盛产盐，故升格为监。监，是宋代的特别行政区划名称，于坑冶、铸钱、牧马、产盐等地区设置，与府、州同级，隶属于路。北宋乾德四年（966）升富顺县为监，隶于梓州（潼川）府路。按疑狱：巡察疑案。按，巡视，判决。

⑩程坦：字坦然，宋代阳翟（今河南禹州）人。历任郢州司户参军、大理寺丞、殿中丞、至国子监博士。后赠太师、中书令兼尚书令、

成国公。一生精研《春秋》三家学（左氏、公羊、穀梁）。善绘画，松竹颇佳，人物稍逊色。事见《乐全集·卷三六·程公神道碑铭》。国博：国子监博士的简称。国子监为封建时代中央最高学府。博士，在国子监任教的学官。

⑪郢州：宋朝州名。治所在长寿（今湖北钟祥）。司户参军：古代官名。州的佐官，宋各州置司户参军，掌户籍、赋税、仓库交纳等事。

⑫州趣（cù）狱上：知州催促上报案件。趣，强力催促。

⑬监司：有监察州县之权的地方长官简称。宋朝转运使、转运副使、转运判官与提点刑狱、提举常平等，皆有监察辖区官吏之责，故统称监司。平决：判断处理。

⑭子戡：程坦之子程戡（990—1066），字胜之，许州阳翟（今河南禹州）人。宋真宗天禧三年（1019），程戡以进士甲科及第，补泾州观察推官。累官起居舍人、知谏院、三司户部副使，历知各地方州、府。宋仁宗至和元年（1054），召拜参知政事，改枢密副使，位列执政。《宋史》卷二九二有传。

⑮宣徽南院使：古代官名。唐后期设置，宣徽院有南、北二院，以宦官充宣徽使与副使，无固定职掌。五代及北宋沿置，南院使与北院使改用检校官充任，或兼领节度及两使留后，或者以枢密副使一人兼领二使，亦有兼枢密副使、签书枢密院事者。

⑯太师：古代三公之最尊者。周置，为辅弼国君之官。秦废。汉复置。后代相沿，多为重臣加衔，作为最高荣誉以示恩宠，无实职。

⑰天海按：此为郑克自注之文。王珪丞相所撰墓志，今见《华阳集》卷三五《程公神道碑》。

⑱孙廉观察：孙廉余事未详，因做过观察使，故称。今本《宋史》无传。观察，即观察使，官名。唐代后期出现的地方军政长官，全称为观察处置使。宋于诸州置观察使，无职掌，无定员，亦不驻本州，仅为武臣准备升迁之寄禄官，实系虚衔。

⑲亲事官：古代官名。是在朝廷各部门中办具体事务的官员。

⑳慈州：州名。治所在今山西吉县。知沧州：执掌沧州，即实职为沧州知州。沧州，宋朝地名。北宋改为景城郡，治所在今河北沧州。后废，属河北东路河间府。

㉑狱既成：案件已经审判完成。

㉒狱辞：案件文书。

㉓跅跇（tuò yì）不事：懒散拖沓，无所事事。天海案：跇，原文误作“跐”，形误，径改。

㉔奖谕：皇帝对臣下褒奖、表彰。

【译文】

龙图阁学士姚仲孙，做许州司理参军时，有百姓被强盗杀死，他的妻子说：“乡里里长经常向我的丈夫索贿，不给就怨恨他，此人一定是杀人强盗。”于是里长就被逮捕关押，将用驿车送去处死，但是姚仲孙怀疑这个案件。知州王嗣宗说：“你能够担保他不是强盗吗？”但是也不敢匆忙定案。几天后，果然擒获真正的杀人强盗。王嗣宗又高兴地说：“察案应当如此。”姚仲孙改任资州推官，转运使发文让他前往富顺监巡察疑案，被保全活命的有数十人。

国子监博士程坦，做郢州司户参军时，有百姓扭送来三个强盗，依法当处死罪，知州催促上报案件，程坦怀疑他们是被迫认罪，就留下来再次审讯他们，后来果然捕到真正的强盗。自此以后，即使是其他州县的疑案，上级监察部门也一定会交付程坦判断处理。他的儿子程戡，做了宣徽南院使，追赠为太师。此事见王珪丞相所撰写的《程公神道碑》。

观察使孙廉，最初隶属亲事官，后来以慈州刺史兼任沧州知州。有强盗犯抢劫罪，已经定案，孙廉怀疑这个案件。对下属说：“我是一个武人，案件文书本来不是我的职事，但是我曾传召某些邻里，询问那个人的行为举止，都说：‘此人平日懒散拖沓、无所事事，如果认为他是强盗就不对了。’”几天后，果然捕得真的强盗，皇帝降诏表彰奖励他。

靳宗说馆使[①],初以荫补三班[②],奉职监沧州盐山务[③],尝摄县事[④]。有系囚坐杀人,法当死者,宗说疑之。会囚言:"母年九十,病。"且言:"愿得一别母而死。"宗说恻然释缚[⑤],令人与俱至其家。既而更获真杀人者。

刘纬大卿[⑥],知邢州[⑦],属邑有卒死于林中[⑧],捕盗者从旁得一人,俾偿死[⑨],纬疑不实。明日,得死卒戍所移文[⑩],乃二人共窜。亟令追获其一同窜者,考之果服。

宋昌言大监[⑪],知泽州时[⑫],有大辟狱具[⑬],昌言疑其冤,持之不决,果获真盗。已上四事并见本传[⑭]。

右十二事,皆以其辞与情察之者也。若靳宗说释死囚缚,使别其母,非知其冤而然也,但以囚有念母之心而悯之耳。冤状卒明,出于邂逅[⑮],是亦至诚哀矜之效也。其余审谨,不敢遽决,亦因详缓[⑯],每获辨释[⑰]。盖宁可淹系以求其实[⑱],毋或滥刑以陷于冤,庶协《舜典》钦恤之义也[⑲]。《易》曰[⑳]:"中孚。君子以议狱缓死[㉑]。"此之谓欤?

【注释】

①靳宗说:人名,余事未详,今本《宋史》无传。馆使:四方馆使的简称。馆使为四方馆主官,领四方馆公事。宋代掌通进章表,即举凡文武官朝见、一切有关礼仪外交之事。

②荫补:指因上辈有功而给予下辈入学任官的待遇。狭义的"恩荫"特指宋代以后出现的一种独特的门荫制度,称之为"推恩荫补"。三班:宋代官制以供奉官、左、右班殿直为三班,后亦以东西供奉、左右侍禁及承旨供职为三班。

③盐山务:盐山县公务。盐山,县名。今属河北沧州。

④摄县事：代理盐山县县令事。

⑤恻然：哀怜、悲伤的样子。释缚：解除捆绑。

⑥刘纬：人名，余事未详，今本《宋史》无传。大卿：宋代俗称中央各寺的正职长官为大卿。宋赵与时《宾退录》卷三："世俗称列寺卿曰大卿，诸监曰大监，所以别于少卿、监。"

⑦邢州：宋朝州名。在今河北邢台。

⑧属邑：所属城镇。

⑨俾偿死：使他抵偿死罪。俾，使。

⑩移文：通报文书。移文也称移书，是旧时官方文体之一。指行于不相统属的官署间的公文，亦泛指平行文书。

⑪宋昌言大监：宋昌言，字仲谟，宋绶从子，赵州平棘（今河北赵县）人。以荫补为泽州司理参军。诏理提点刑狱资序，迁开封府推官、同判都水监。宋昌言曾官都水监，故尊称"大监"。今本《宋史》无传。

⑫泽州：宋代州名。在今山西晋城。

⑬大辟狱具：死刑定案。大辟是古代五刑中的死刑，俗称砍头，隋后泛指一切死刑。语出《尚书·吕刑》："大辟疑赦，其罚千锾。"

⑭天海按：此为郑克自注，言以上四事皆见于宋朝《国史》本传。然其中孙廉、宋昌言、刘纬三事不见于今本《宋史》。

⑮邂逅：此处意为偶然。

⑯详缓：和缓。详，通"祥"。

⑰辨释：分辩解释。辨，通"辩"。

⑱淹系：羁留。

⑲庶协：希望能够符合。《舜典》：《尚书》的篇章之一，属于儒家经典。《舜典》记载了虞舜的言行，具有很高的历史研究价值。钦恤之义：即"理狱量刑要慎重不滥，心存矜恤"的意义。此语本《尚书·舜典》："钦哉钦哉，惟刑之恤哉。"

⑳《易》:即《易经》,又称《周易》,儒家经典之一。

㉑中孚。君子以议狱缓死:语见《周易·中孚》。《中孚》卦,是《周易》六十四卦中的第六十一卦。释义是,风泽中孚,诚信立身。卦形外实内虚,喻心中诚信,所以称《中孚》卦。这是立身处世的根本。中孚,中心诚信。中,中心,心中。孚,诚信。君子以议狱缓死,指官吏应当效法"中孚"之象,广施信德,乃至慎议刑狱,宽缓死刑。

【译文】

馆使靳宗说,最初以恩荫补三班任职,奉命监察沧州盐山县事务,曾经代理县令职务。有在押囚犯因犯杀人罪,依法被判处死罪,靳宗说怀疑这个案件。适逢囚犯说:"我母亲年已九十,又有病。"还说:"希望得到一次拜别母亲的机会后再死。"靳宗说心生同情,解除了他的刑具,命人跟他一起到他家。不久,捕获了真的杀人犯。

大卿刘纬,做邢州知州时,下属城镇有士兵死在树林中,抓捕强盗的人从附近捉得一人,要让他偿命,刘纬怀疑不合事实。第二天,得到死去士兵戍所公文,原来是两个士兵共同逃窜。急令追获与其一同逃窜的士兵,拷问后果然服罪。

宋昌言大监,做泽州知州时,有死刑案件已经要定案了,宋昌言怀疑是冤案,坚持没有定案,果然捕获真的犯人。以上四事均见于《国史》本传。

以上十二件事情,都是以言辞与情理审察的案件。像靳宗说解除死囚刑具,让他辞别自己的母亲,并非知道他有冤情而这样,只是因为囚犯有惦念母亲的心而怜悯他罢了。冤状最终查明,出于偶然,这也是真诚哀怜同情的效果啊。其余案件的审察严肃谨慎,不敢匆忙判决,也因为办案和缓,常常能被分辨识别。那是宁可拘押以求其实情,不可滥刑以陷人冤狱,希望能够符合《舜典》"理狱量刑要慎重不滥,存有哀怜同情之心"的意义。《周易》说:"诚信立身。官吏因此要慎议刑狱,宽缓死刑。"说的就是这样的事情吧?

1·5 李崇设计辨诬告

后魏李崇[1]，为河东太守[2]，有定州流人解庆宾兄弟[3]，坐事俱徙扬州[4]。弟思安背役亡归[5]，庆宾惧后役追责[6]，规绝名贯[7]，乃认城外死尸，诈称其弟为人所杀，迎归殡葬。颇类思安，见者莫辨。又有女巫阳氏[8]，自云见鬼，说思安被害之苦，饥渴之意。庆宾又诬同军兵苏显甫、李盖等所杀，诣州讼之[9]。二人不胜楚毒[10]，各自款引[11]，狱将决竟[12]，崇疑而停之[13]。密遣二人非州内所识者，伪从外来，诣庆宾告曰："仆住在北州[14]，去此三百，按：《晋书》本传无"去此三百"四字[15]。比有一人见过寄宿[16]，夜中共语，疑其有异，便即诘问[17]，迹其由绪[18]。按：《晋书》本传无"迹其由绪"四字[19]。乃云是流兵背役逃走，按：《晋书》本传无此二字[20]。姓解，字思安。时欲送官，苦见求。及称：有兄庆宾，今住扬州相国城内[21]，嫂姓徐。君脱矜愍[22]，为往报告，见申委曲，家兄闻之，必重相报。所有资财，当不爱惜。按：《晋书》无"所有资财，当不爱惜"八字[23]。今但见质[24]，若往不获，送官何晚。是故相造[25]，指申此意[26]。君欲见顾几何[27]？当放贤弟。若其不信，可见随看之。"庆宾怅然失色[28]，求其少停[29]，当备财物。此人具以告崇，崇摄庆宾[30]，问曰："尔弟逃亡，何故妄认他尸？"庆宾伏引[31]。更问盖等，乃云自诬[32]。数日之间，思安亦为人缚送。崇召女巫视之，鞭笞一百。崇断狱精审，皆此类也。按：此章标题只载李崇一事，原本此下又载柳庆二事，于体例不合。考柳庆前一事见后第九章[33]，后一事见后《谲贼》门[34]。此盖误载，今删去。

按：此亦察其面之色、款之辞、事之情㉟，而疑其诬服者也，但用谲钩慝以验诬告为异耳㊱。然所以绐而验之者㊲，欲释诬服之冤也，故列于此焉。“绐兵事”㊳，又见《辨诬》门；“质弟事”㊴，又见《钩慝》门；“鞭巫事”㊵，又见《惩恶》门。

【注释】

①天海按：“后魏”，二字原文无，此据原书体例与史传径补。后魏，南北朝时期，由鲜卑族拓跋珪建立的北方政权，也是北朝的第一个王朝。386年，拓跋珪称王，建代国，同年改国号为“魏”，史称“北魏”或“后魏”。李崇（455—525）：字继长，小名继伯，黎阳顿丘（今河南浚县）人。北魏外戚大臣，历经孝文帝、宣武帝、孝明帝三朝，历治八州，五拜都督将军，政绩显赫，战功卓著，堪称一代名臣。《魏书》卷六六、《北史》卷四三皆有传。

②河东：郡名。秦置，治安邑（今山西夏县），晋移治蒲坂（今山西永济），隋废，不久复置，治所在今山西永济。太守：为一郡的最高行政长官，除治民、进贤、决讼、检奸外，还可以自行任免所属掾史。历代沿袭不变。今本《魏书·李崇传》不载李崇任河东太守事。

③定州：北魏州名。北魏天兴三年（400），拓跋珪改安州为定州，治所在今河北定州。流人：古代被判流刑的犯人。

④坐事：因事获罪。扬州：北魏州名。治所在寿春（今安徽寿县）。

⑤背役亡归：躲避服役逃跑回来。

⑥后役追责：之后补服役要追究刑责。

⑦规绝名贯：谋划消除姓名籍贯。

⑧女巫：从事占卜算卦的巫婆。

⑨诣州讼之：到州府告状。

⑩楚毒：毒刑拷打。楚，古代刑杖。

⑪款引：从实认罪。

⑫决竟：判决终结。

⑬停之：停止结案。

⑭北州：指北方幽、并等州郡。

⑮天海按：此为四库馆臣按语。《晋书》是我国“二十四史”之一，唐房玄龄等人合著，作者共二十一人。该书记载的历史上起于三国时期司马懿早年，下至东晋恭帝元熙二年（420）刘裕废晋帝自立，以宋代晋止。该书同时还以“载记”形式，记述了十六国政权的状况。原有叙例、目录各一卷，帝纪十卷，志二十卷，列传七十卷，载记三十卷，共一百三十二卷。后来叙例、目录失传，今存一百三十卷。其传见于今本《魏书》卷六六，《北史》卷四三。今本《魏书》本传有“去此三百”四字，《北史》本传无。

⑯比：最近，近来。见过：指来访过。

⑰诘问：盘问。

⑱迹其由绪：追问他的来由、出处。

⑲天海按：此为四库馆臣按语。今本《魏书》本传有“迹其由绪”四字，《北史》本传无。

⑳天海按：此为四库馆臣按语。言《晋书》本传无“逃走”二字。今本《魏书》本传有“逃走”二字，《北史》本传无。

㉑扬州：北朝的北魏、东魏、北齐、北周，扬州治所设在寿春（今安徽寿县）。相国城：刘裕在东晋末年移镇寿春时，又在郭内筑了另一座内城，曰相国城。由刘裕当时为东晋相国而得名。

㉒君脱矜愍：你倘若能够怜悯。脱，倘若。矜愍，同“矜悯”，意即怜悯。

㉓天海按：此为四库馆臣按语。今本《魏书》本传有“所有资财，当不爱惜”八字，《北史》本传无。

㉔今但见质：现在只管被做人质。

㉕相造：相访。

㉖指申：陈述。

㉗见顾几何：能够赏赐多少。此指能够给我多少钱。见顾，本意是“看待我，赏识我”。

㉘怅然失色：因不如意感到不痛快而改变了脸色。

㉙少停：等一下，过一会儿。

㉚摄：捉拿，逮捕。

㉛伏引：服罪，认罪。

㉜自诬：承认妄加于己的不实之词。

㉝柳庆前一事见后第九章：参见于本书卷一《释冤》门（上）1·9条《柳庆问饮酒察盗》。天海按：此为四库馆臣按语与注文。

㉞后一事见后《谲贼》门：参见本书卷七《谲贼》门18·4条《柳庆诈诱抢劫犯》。本书卷七《察盗》门13·5条有“柳庆”存目而无文。天海按：此为四库馆臣按语与注文。

㉟款之辞：招供之词。款，款辞（供词），款状（供状）。

㊱用谲（jué）钩慝（tè）：指用计谋诱出奸恶。古代司法实践中“用谲钩慝”之术，类似今天的诱导侦查，可以解决一些疑难案件。谲，本意是指欺诈，玩弄奸诈手段。钩，指勾引、引导。慝，本义是邪恶、恶念。此指奸细、坏人。钩慝，意思就是引诱坏人自我暴露。

㊲绐（dài）而验之：用诈术验证他。绐，古同“诒”，欺骗，欺诈。

㊳绐兵事：即本文李崇设计诱骗流兵解庆宾之事。参见卷三《辨诬》门2·5条《李崇》存目而无文。

㊴质弟事：即本文李崇设计以其弟做人质诱骗配军解庆宾之事。参见卷七《钩慝》门12·1条《李崇》存目而无文。

㊵鞭巫事：即本文李崇设计破案后，将帮凶女巫鞭笞一百之事。参见卷五《惩恶》门6·1条《李崇》存目而无文。天海按：此为郑克注文。所注“绐兵事”“质弟事”“鞭巫事”三事，是将本案之事

分列于三门之中，皆存目而无文。

【译文】

后魏李崇，做河东太守的时候，有流放到定州的人犯解庆宾兄弟俩，犯法后都被判流放到扬州。弟弟解思安躲避服役逃跑回去了。解庆宾害怕后来去服役被追究责任，计划消除姓名籍贯，就在城外认领一具死尸，诈称是他的弟弟被人所杀，接回来安葬。死尸很像解思安，看见的人不能分辨。又有女巫阳氏，自称见到鬼魂，诉说解思安被害的痛苦，饥渴的状况。解庆宾又诬告是同为配军的苏显甫、李盖等人杀了弟弟，到州府起诉他们。二人经不住毒刑拷打，各自认罪，案件将要判决终结，李崇怀疑而停止结案。李崇秘密派遣两个州里人都不认识的人，伪装从外地来，面见解庆宾，告诉他说："我住在北州，离此地三百里。近来遇见一个人到我家借宿，夜里一起说话，怀疑他有点奇怪，便马上盘问，追问他的来历。才说是流放的士兵躲避服役而逃走，他说姓解，字思安。当时想要送官，苦于被他哀求。他又说：有个兄长叫解庆宾，现今住在扬州相国城内，嫂子姓徐。你如果同情我，前去为我报告，见面后申诉我的委曲，家兄知道，一定重重报答。尽其所有资财，应当不会吝惜。现在只管将我做人质，如果你前去得不到财物，送我到官府不迟。因此相访，陈诉此意。你想要给多少钱财？定当放了你的弟弟。如果你不相信，可以跟随我们前去看他。"解庆宾变了脸色，求他俩稍稍等待，定当准备财物。这人把全部情况都报告给了李崇，李崇捕捉了解庆宾，问他说："你弟弟逃亡，为什么要妄认他人尸体？"解庆宾认罪。再讯问苏显甫、李盖等人，才说是屈打成招。几天时间，解思安也被人捆绑送来。李崇叫女巫来见解思安，鞭打女巫一百下。李崇断案精审，皆是如此之类。

按：这也是观察当事人脸上的神色、供述的言词、事件的情由，而怀疑那些无辜服罪的案件，但用计谋诱导案犯暴露出来，以此检验诬告也是特别的了。然而之所以用诈术来检验诬告，是要解除无辜认罪人的冤枉，因此把这件事排列在此。

1·6 司马悦刀鞘辨凶

后魏司马悦[①]，为豫州刺史[②]。有上蔡董毛奴[③]，赍钱五千[④]，死于道路。或疑张堤行劫，又于堤家得钱五千，堤惧楚掠，自诬言杀。悦疑不实，引毛奴兄灵之问曰："杀人取钱，当时狼狈[⑤]，应有所遗，曾得何物？"答曰："得一刀鞘。"悦取刀鞘视之，曰："此非里巷所为也[⑥]。"乃召州内刀匠示之。有郭门者[⑦]，言此刀鞘其手所作，去岁卖与邻人董及祖。悦收及祖，诘之具服。灵之又于及祖身上认得毛奴所服皂襦[⑧]，遂释张堤。出《北史·司马楚之传》，悦，其孙也。旧集不载[⑨]。

按：悦所以能使及祖服罪者，虽有智算[⑩]，亦偶然耳。向若贼不遗刀鞘[⑪]，或鞘非州内刀匠所作，何从知及祖为贼耶？其可称者，哀矜审谨，合于"中孚，议狱缓死"之义[⑫]，故卒能获贼以释冤也。认鞘事又见《迹贼》门[⑬]。

【注释】

①司马悦（462—508）：字庆宗，河内温县（今河南温县）人。北魏外戚大臣，琅琊王司马楚之之孙，司空司马金龙第三子。历任建兴太守、司州别驾、河北太守、郢州刺史、豫州刺史等。《北史》卷二九、《魏书》卷三七有传。

②豫州：州名。北魏设有豫州，治所在汝南（今河南汝南）。

③上蔡：北魏时县名。属汝南郡，治所在今河南上蔡。

④赍（jī）：携带，持有。

⑤狼狈：本指困顿窘迫，或比喻彼此勾结，此指匆忙慌张。

⑥里巷：街巷，古为一般平民所居之处。这里指街巷的人。

⑦郭门者：居住在外城门的人。

⑧皂襦(rú):黑色短衣。

⑨旧集:此指《疑狱集》。天海按:此为郑克自注。

⑩智算:犹智谋。“算”字原误作“莫”,形误,此据《守山阁丛书》钱熙祚校本改。

⑪向若:假如,假若。

⑫“中孚,议狱缓死”之义:参见1·4条《辛祥察色获真凶》所附第十三事注。

⑬天海按:此为郑克自注,言此事又见本书卷七《迹贼》门17·1《司马悦》,存目而无文。

【译文】

后魏司马悦,做豫州刺史。有上蔡县的董毛奴,携带五千钱,死于道路上。有人怀疑是张堤行凶打劫,又在张堤家搜出五千钱,张堤惧怕拷打的痛苦,就自己谎认杀了人。司马悦怀疑不合事实,召唤董毛奴的兄长董灵之,问他说:“杀人取钱,当时匆忙慌张,应该有遗落的东西,曾经找到过什么物件吗?”回答说:“找到过一柄刀鞘。”司马悦取来刀鞘仔细视察,说:“这不是一般人所做的。”于是就召来州内刀匠让他们看。有个住在城门外的人,说这刀鞘是他亲手所做,去年卖给邻居董及祖。司马悦收捕了董及祖,审问后他完全招认。董灵之又在董及祖身上认出董毛奴所穿的黑色短衣,于是就释放了张堤。此事出自《北史·司马楚之传》,司马悦,是司马楚之的孙子。旧《疑狱集》不载此事。

按:司马悦之所以能够使董及祖服罪,虽说是有智谋,也是偶然罢了。假如强盗不遗留刀鞘,或者刀鞘不是州内刀匠所做,又从何知道董及祖是强盗呢?他值得称赞的是,有同情心,审案谨慎,符合“中孚,议狱缓死”的要义,所以最终能够捕获强盗以解除冤案。辨认刀鞘的事,又见于后面《迹贼》门中。

1·7 宋世良勇放无辜

后魏宋世良[①]，为清河太守时[②]，阳平郡移掩劫盗三十余人[③]，世良讯其情状，惟送十二人，余皆放之。阳平太守怒曰："辄放吾贼[④]！"及推问，送者皆实，放者皆非。始叹服焉。出《北史·宋隐传》，世良，其族曾孙也。旧集不载[⑤]。

按：他郡移掩劫盗，虽或诬引[⑥]，咎不在我，据名缚送，斯亦可矣。世良乃复讯其情状，实者送之，非者放之，是哀矜审谨之至也。《传》言[⑦]："齐天保初大赦[⑧]，世良郡无一囚，率郡吏拜诏而已。"此其效欤[⑨]！

【注释】

①宋世良：字元友，北魏广平（今河北鸡泽）人。仕于北魏、东魏、北齐三朝，历任殿中侍御史、清河太守。任清河太守时，郡东南有曲堤，盗之所萃。世良施八条之制，盗奔他境。民谣曰："曲堤虽险贼何益，但有宋公自屏迹。"值大赦，郡无一囚，率群吏拜诏而已。代至，倾城阻道，莫不攀辕涕泣。卒于东郡太守。《北齐书》卷四六、《北史》卷二六皆有传。

②清河：北魏郡名。北魏时，于太和七年（483）在清河县境置斌强县，属冀州长乐（今河北清河）。

③阳平郡：北魏郡名。治所在馆陶（今河北馆陶）。移掩劫盗：移送捕获的抢劫犯。掩，此指乘人不备而袭击或捉拿。

④辄放吾贼：擅自放走我所捕获的盗贼。辄，独断专行，专权。

⑤天海按：此为郑克自注，言本篇事出《北史·宋世良传》。

⑥诬引：无中生有地攀引他人入罪。

⑦《传》言：此指《北史·宋世良传》的记载。

⑧齐天保初：北齐天保初年。天保，北齐文宣帝年号（550—559）。

北魏于534年分裂为东魏、西魏，东魏于550年为北齐所取代。

⑨效：验证。

【译文】

后魏宋世良，做清河太守的时候，阳平郡移送捕获的劫盗三十余人，宋世良讯问他们的具体情形，只移送了十二人，其余的都释放了。阳平太守发怒说："怎么擅自释放我捕获的贼人！"后来追究讯问，移送的都符合事实，释放的都不合事实。他这才感叹佩服。事出《北史·宋隐传》，宋世良，是他族内的曾孙。旧《疑狱集》不载此事。

按：其他郡移送捕获的劫盗，即使有的被攀引诬告入罪，责任也不在自己，根据名册捆绑移送，这也是可以的。宋世良却再次询问情形，落实罪名的就移送，不合事实的就释放，这是同情怜悯、审案谨慎的极致。《北史·宋世良传》说："齐天保初年大赦天下，宋世良所辖郡中无一囚犯，率领郡吏拜接诏书罢了。"这就是验证吧！

1·8 苏琼穷审查盗赃

北齐苏琼①，为文襄仪同府刑狱参军②。并州尝有强盗③，推其事者所疑贼徒④，并已考伏⑤，失物家亦识认，惟不获盗赃。付琼穷审⑥，乃别推得元景融等十余人⑦，并获赃验⑧。文襄语前妄引者曰⑨："尔辈不遇我好参军，几致枉死。"出《北史》本传，旧集不载⑩。

按：琼推盗之术，固有可称，然君子所贵者，不在核奸而在释冤也⑪。

【注释】

①北齐：北朝之一。550年，高欢次子高洋代东魏称帝，国号齐，建都邺（今河北临漳）。史称北齐。577年为北周所灭。共历六帝，

二十八年。苏琼:字珍之,长乐武强(今河北武强)人。北魏时任东荆州刺史府长流参军,北魏孝武帝永熙元年(532),高澄开府仪同三司后,任命苏琼为刑狱参军,后任南清河太守,使郡界安定,百姓无抢掠之忧。他清廉谨慎,从不接受别人的礼物,连瓜果等也一概拒绝。在郡大兴儒学,命令郡中官吏在公务之暇都去读书,教导百姓在婚姻丧葬上要符合礼仪而尽量从俭。北齐文宣帝天保中,调任廷尉正,不顾别人威胁,屡次平反冤案。在任徐州行台左丞、行徐州事时,破除不许随意渡淮的禁令,使南、北物资得以交流。后任大理卿。北齐灭亡后出仕北周,为博陵太守。死于隋文帝开皇初。《北齐书》卷四六、《北史》卷八六有传。

②文襄:高欢长子高澄的谥号。曾仕东魏为相国,封齐王,卒谥文襄王,高洋称帝后追尊为文襄皇帝。仪同府:即仪同三司府。仪同三司,官名。创于东汉,原指非三公而给以三公同等待遇,魏晋以后,将军之开府置官属者称之,至南北朝末期,遂成为一种官号,并置有仪同开府大将军、仪同大将军等官。刑狱参军:将军开府的幕职官,掌刑狱。

③并州:北朝州名。治所在晋阳(今山西太原)。

④推其事者:审理过这个案件的官吏。推,审问。

⑤考伏:审讯服罪。

⑥付琼穷审:交付苏琼彻底审查。

⑦元景融:盗贼姓名,余事不详。

⑧获赃验:获得赃物验证。

⑨妄引者:被诬告认罪的人。

⑩天海按:此为郑克自注。言本篇事出《北史·苏琼传》。

⑪核奸:核实罪犯。

【译文】

北齐苏琼,做文襄王高澄仪同府刑狱参军。并州曾经有强盗,审理这个案件的官员所怀疑的贼徒，都已经审讯服罪，丢失财物的人家也辨识过罪犯，只是没有查获所盗赃物。交付苏琼彻查审理此案，又另外审理捕获元景融等十余人，并获得赃物验证。文襄王对先前被诬告入罪的人说："你们这些人要不是遇上我的好参军，几乎会冤枉致死。"事出《北史·苏琼传》，旧《疑狱集》不载。

按：苏琼审理盗贼的方法，固然有可以称道的地方，然而君子所看重的，不在于核实坏人而在于解除冤案。

1·9 柳庆问饮酒察盗

后周柳庆[1]，初仕后魏为雍州别驾[2]。有贾人持金二十斤诣京师交易[3]，寄人停止[4]。每欲出行，常自执管钥[5]。无何，缄闭不异而失之[6]，谓是主人所窃。诣县讯问，主人遂自诬服。庆闻而疑之，乃召问贾人曰："卿钥常置何处？"对曰："常自带之。"庆曰："颇与人同宿乎[7]？"曰："无。"曰："与人同饮乎[8]？"曰："向者曾与一沙门再度酣宴[9]，醉而昼寝。"庆曰："主人特以痛自诬，非盗也；彼沙门乃真盗耳。"即遣吏逮捕沙门，乃怀金逃匿。后捕得，尽获所失之金。旧出《北史·柳虬传》，庆，其弟也[10]。

按：缄闭不异而失其金，则盗非远，故疑主人。庆察其色、其辞、其情，而知主人诬服矣，故问其管钥所在，同宿同饮者谁。沙门无故与贾酣宴，不一而止，果何意哉？此必伺隙为盗也[11]。醉而昼寝，彼乃得便，其金于是失之，沙门非盗而何？庆之明察，亦可称矣，用以释冤，尤为美也。问饮事，又见"察盗"门[12]。

【注释】

①后周：北朝之一。557年，宇文泰之子宇文觉代西魏称帝，国号周，建都长安（今陕西西安）。史称北周。柳庆（516—566）：字更兴，河东解县（今山西永济）人。北魏到北周时期大臣，南齐奉朝请柳僧习之子。初事后魏（西魏），文帝时官相府东阁祭酒，恭帝时累官尚书左仆射。北周建立后，赐姓宇文氏，授京兆尹，出任宜州刺史。《周书》卷二二有传。

②雍州：州名。治所在长安。别驾：官名。魏晋以后设于诸州，总理众务。亦称别驾从事，简称“别驾”。因其地位较高，出巡时不与刺史同车，别乘一车，故名。隋初废郡存州，改别驾为长史。唐初改郡丞为别驾，高宗又改别驾为长史，另以皇族为别驾，后废置。

③贾（gǔ）人：商人。京师：京都，国都。西魏都城在长安（今陕西西安）。

④寄人停止：寄居停留在他人家。

⑤管钥：门锁，钥匙。

⑥缄（jiān）闭：锁门封闭。

⑦颇：略微，稍。这里指“略有、可有”之意。

⑧与人：天海按，原本脱“与”字，此据上文例径补。

⑨沙门：佛教名词。指佛教僧侣。再度：两次。酣宴：纵情饮酒。

⑩天海按：此为郑克自注之文，言本篇事出《北史·柳虬传》。

⑪伺隙：伺机，查看可利用的机会。

⑫天海按：此为郑克自注之文，言柳庆之事又见《察盗》门。《察盗》，原文误作《迹盗》，此据后文径改。本书卷七《察盗》门13·5条有“柳庆”存目而无文。柳庆之事又见本书卷七《谲贼》门18·4条《柳庆诈诱抢劫犯》。

【译文】

后周柳庆，最初在后魏做雍州别驾。有商人带黄金二十斤到京城做买卖，寄居逗留在别人家。每次要出行时，总是自己保管钥匙。没几天，房门锁闭没有异常而黄金却丢失了，他认为是房主人偷窃的。告到县衙审讯，房主人于是自己屈招。柳庆听说后怀疑这件事，就召唤商人问道："你的钥匙经常放在何处？"回答说："经常自己带在身上。"柳庆问："近来与人同宿过吗？"回答说："没有。"又问："与人一起饮酒过吗？"回答说："先前曾与一和尚两次纵情饮酒，醉后就白日睡觉。"柳庆说："房主人只是因为拷打痛苦而屈招，不是盗贼；那和尚才是真的盗贼。"立即派遣差役抓捕那和尚，和尚已经带着黄金逃跑藏了起来。后来将其捕获，全数获得所失黄金。旧出《北史·柳虬传》，柳庆，是柳虬的弟弟。

按：房门锁闭没有异常而黄金却丢失了，那么盗贼不在远处，所以怀疑房主人。柳庆观察他的神色、他的供词、他的情绪，因而知道房主人是无辜而认罪，所以问商人钥匙在什么地方，同宿同饮的人是谁。和尚无故与商人纵情饮酒，不止一次，真实意图是什么呢？这一定是要伺机做盗窃的事。醉酒后白天入睡，他就能够得其便利，商人的金子于是丢失，和尚不是盗贼又是什么呢？柳庆如此明察，也值得称道了，用来解除冤案，更是美谈。柳庆问商人饮酒的事，又见《察盗》门所载。

1·10 韦鼎用暗探察奸恶萧怀武附

隋韦鼎[①]，为光州刺史[②]。有人客游，通主家妾[③]，及其还去，妾盗珍物，于夜逃亡，寻于草中为人所杀。主家知客与妾通，因告客杀之。县司鞫问[④]，具得奸状，因断客死。狱成，上州[⑤]，鼎览之，曰："此客实奸，而不杀也。乃某寺僧绐妾盗物[⑥]，令奴杀之，赃在某处。"即放此客，遣人掩僧[⑦]，并获赃物。自是部内肃然[⑧]，道无拾遗。出《南史·韦叡传》。鼎，其孙也。旧集不载[⑨]。

按：鼎所以知者，能广耳目以察奸慝也[⑩]。苟不如是，则无以释疑似之冤矣。夫治民之有耳目也，犹用兵之有间谍也。兵法云："非圣智不能用间"，"非微密者不能得间之实"[11]。广耳目，察奸慝，亦犹是也。不然，则所使察奸慝者，或反为奸慝矣。

王蜀时[12]，有萧怀武主寻事团[13]，乃军巡之职也[14]。所管百余人，每人各养私名十余辈[15]，或聚或散，人莫能别，呼之曰"狗"。深坊曲巷[16]，马医酒保[17]，乞丐佣作[18]，贩卖童儿[19]，皆有其徒，民间偶语[20]，无不知者。或在州郡及勋贵家掌庖看厩、御车执乐[21]，公私动静，即时闻达。于是人心恐惧，自疑肘腋悉其"狗"也[22]。怀武杀人不可胜数，冤枉之声，满于内外。郭崇韬入蜀[23]，乃族诛之[24]。见《成都古今记》[25]。是使察奸慝而反为奸慝者也，岂能资耳目之用，释疑似之冤乎？鼎异于此，故可称也。

【注释】

①隋：上承南北朝、下启唐朝的朝代，享国三十七年。581年杨坚灭北周称帝，国号隋，583年都大兴（今陕西西安）。618年隋炀帝在江都被杀，隋亡。韦鼎（515—593）：字超盛，京兆杜陵（今陕西西安）人。梁时，累官至中书侍郎。陈时，官黄门郎。陈宣帝太建年间，为聘周主使，累官至太府卿。陈亡入隋，授任上仪同三司，除光州刺史。《南史》卷八五、《隋书》卷七八有传。

②光州：州名。治所在光城（今河南潢川）。隋开皇三年（583）废淮南郡，直属光州。

③通：私通，通奸。

④县司鞫问：县衙法曹司审问。

⑤狱成，上州：定案后，上报州府。

⑥绐：欺骗。

⑦掩：拘押，逮捕。

⑧部内：所辖管内。肃然：此指安定平静，秩序良好。

⑨天海按：此为郑克自注。韦鼎事亦见《隋书·韦鼎传》。

⑩广耳目：广设秘密侦查情况的人。耳目，此指替人刺探消息的人。奸慝：此指奸恶的人。

⑪天海按：此二语同出自《孙子兵法·用间篇十三》，原文是"非圣智不能用间，非微妙不能得间之实"。微妙，复杂深奥，难以捉摸。微密者，精微周密的人。

⑫王蜀：即五代十国之一的前蜀，907年由王建所建，故称"王蜀"，定都于成都（今四川成都）。盛时疆域约为今四川大部、甘肃东南部、陕西南部、湖北西部。925年灭亡，历二主，共十八年。此为前蜀后主王衍时代。

⑬萧怀武：生平未详，事见于《十国春秋》卷四七，仕后主王衍为小院使，即旧巡军之职，积功至戎州刺史。寻事团：据宋代李昉所著《太平广记》载，前蜀朝廷为消除朝野的不满，采取了"弭谤"手段，设立了类似特务组织的"寻事团"（又叫"中团"），专门用来监视以及打击非议朝廷的人。

⑭军巡：官名。即军巡使的简称。唐末始置。五代后梁在开封府置左、右军巡使，以牙校充任。北宋开宝六年（973），改用士人，增设左、右军巡判官为副职，掌京城内争斗、推鞫。

⑮私名：犹私客、私人。此指私人所养暗探。

⑯深坊曲巷：深街小巷。

⑰马医酒保：兽医与酒店伙计。

⑱乞丐佣作：乞丐与帮工。

⑲贩卖童儿：做小贩的儿童。

⑳民间偶语：人们相聚议论或窃窃私语。

㉑勋贵：功臣贵戚。掌庖看厩：厨师与守马圈的人。御车执乐：车夫与奏乐的艺人。

㉒肘腋：比喻身边的人，也比喻亲信的人。

㉓郭崇韬（约865—926）：字安时，代州雁门（今山西代县）人。五代十国之后唐时累官兵部尚书、枢密使。历仕两代三主，后以招讨使随魏王征蜀，因受宦官谗毁被杀。《旧五代史》卷五七、《新五代史》卷二四有传。

㉔族诛：古代“灭族”死罪。一人有罪，诛及父母、兄弟、妻子等三族、七族直至九族的亲属。

㉕天海按：此为郑克自注。《成都古今记》，北宋地理著作，赵抃撰。原本三十卷，成书于宋神宗熙宁年间。作者曾四次入蜀为官，故详于当地典故。此书详述郡邑、山川、街坊、城墙、寺观、宫室的古今沿革变化，分百余门。此书今已佚，本篇事见于《太平广记》卷一二六从《王氏见闻》引。《王氏见闻》为五代王仁裕所撰，今已佚。

【译文】

隋朝韦鼎，做光州刺史。有人做客游玩，与主人家的小妾私通，他离开后，小妾偷盗家中珍宝，在夜里逃亡，随即被人杀死在草丛中。主人家知道客人与小妾私通，因此告客人杀了小妾。县衙法曹司审问，完全审得通奸情形，因此判客人死罪。案件确定，上报州府，韦鼎观看案卷，说：“此客人确实通奸，但是没有杀人。乃是某寺和尚欺骗小妾偷盗财物，又令奴仆杀了她，赃物在某处。”随即放了这个客人，派遣人捉拿和尚，并搜获赃物。从此以后，光州境内安定平静，秩序良好，路不拾遗。事出《南史·韦叡传》。韦鼎，是韦叡的孙子。旧《疑狱集》不载此事。

按：韦鼎之所以能够知道真相，是因为能够广布密探来侦查坏人。如果不如此，那就不能解除那些似是而非的冤案了。治民也要有耳目密探，好像用兵有间谍一样。《孙子兵法》说：“不是圣明睿智的人不能用间谍”,“不是精微细密的人不能得到间谍提供的真实情报”。那广布耳目,侦查奸佞,也犹如这样。不然的话,那使用间谍侦查奸佞的人,有的反而会成为奸佞了。

前蜀王衍时代,有萧怀武主持寻事团,就是军巡使的职务。所管百余人,每人各养私客十多人,有聚有散,人们不能识别,叫他们“走狗”。深街小巷,兽医酒保,乞丐帮工,儿童小贩,皆有他们的人。人们之间的相互交谈,没有不知道的。有的在州郡以及功勋贵族之家做厨师、看马圈、做车夫、奏乐器,官府、私人的一举一动,即时传达。于是人心恐惧,自己怀疑身边的人都是他们的“走狗”。萧怀武杀人不可胜数,呼喊冤枉的声音,传满朝廷内外。郭崇韬进入四川,就将他灭族。见《成都古今记》。这就是使用间谍侦查奸恶坏人的人,反而成为了奸恶坏人,这哪能借耳目密探的作用,来解除似是而非的冤案呢?韦鼎与此不同,所以值得称赞。

1·11　蒋常留老妇察奸 韩思彦附

唐贞观中[①],卫州版桥店主张逖[②],妻归宁[③],有魏州三卫杨正等三人投店宿[④],五更早发。是夜有人取其刀杀逖,却纳鞘中[⑤],正等不觉。至晓,店人追及,刀血狼籍[⑥],收禁考掠,遂自诬服。太宗疑之[⑦],差御史蒋常覆推[⑧]。常至,追店人十五以上皆集,人数不足,因俱放散。独留一妪,年八十余,晚乃令出,密遣狱典觇之[⑨],曰:“有人共语,即记姓名。”果有一人问妪:“使人作何推勘[⑩]?”前后三日,并是此人。捕获诘问,具服与逖妻奸,杀逖。有实迹,正等乃释。旧不著出处,当是唐人小说所载,今亡本耳。余类此者同[⑪]。

按:李崇用谲钩慝[⑫],蒋常用谲察贼,而皆能释冤,斯无恶于谲也[⑬]。留妪事,又见《谲贼》门[⑭]。

唐韩思彦[15]，使并州[16]，有贼杀人，主名不立[17]。醉者怀刀血污，讯掠已服。思彦疑之，晨集童儿数百，暮出之，如是者三。因问："儿出，亦有问者乎？"皆曰："有之。"乃物色追讯[18]，遂擒真盗。见《唐书》本传[19]。

按：此亦用谲获贼，而冤乃释，但不若常独留一妪，密觇问者为精审耳[20]，故特附见之也。

【注释】

①唐：618年李渊继隋称帝，国号唐，都长安（今陕西西安）。907年为后梁所灭，共历二十一帝，享国二百九十年。贞观：唐太宗李世民的年号（627—649）。

②卫州：古代州名。辖境主要包括今河南新乡、鹤壁等地。因地处春秋古卫国地，故名卫州，治所长期在汲县（今河南卫辉），历代稍有变更。版桥店：客栈名称。

③归宁：女子回家省亲。多指已嫁女子回娘家看望父母。

④魏州：州名。唐代魏州辖境包括今河北大名、魏县、馆陶，河南南乐、清丰、范县、台前，山东冠县、莘县、阳谷等。治所在贵乡（今河北大名）。三卫：唐禁军有亲卫、勋卫、翊卫，合称"三卫"，皆皇宫警卫军队。杨正：《朝野佥载》卷四、《太平广记》卷一七一均作"杨贞"。余事未详。

⑤却纳鞘中：又把杀人的刀收入刀鞘中。却，又。

⑥狼籍：原意为乱七八糟，散乱、零散，此指血流淋漓。

⑦太宗：唐太宗李世民，唐朝第二位皇帝。唐律有"死囚复奏报决"的规定，死囚的处决，必须上报皇帝审核。

⑧御史：官名。唐代御史有侍御史、殿中侍御史和监察御史三种，分别掌管监察朝臣，给事殿中，举劾非法，督察郡县，奉使外出执行

特定任务等。蒋常:《朝野佥载》《太平广记》皆避讳作"蒋恒"。生平事迹不详。覆推:核查,覆审。

⑨狱典:狱吏。觇(chān):看,偷偷地察看。

⑩使人:指御史蒋常。古代对朝廷委派执行某种任务的官员称"使"。推勘:审问,讯问。

⑪天海按:此为郑克自注。言本篇事出唐人小说。今见于唐人张鷟的小说《朝野佥载》。亡本,原本丢失。

⑫李崇用谲钩慝:参见1·5条《李崇设计辨诬告》。

⑬斯无恶(wù)于谲(jué):这就无须厌恶使用诡诈之术。恶,讨厌,憎恨。谲,迂曲,诡诈。

⑭天海按:此为郑克自注。言蒋常留妪事,又见本书卷七《谲贼》门18·5条《蒋常》。

⑮韩思彦:唐朝诗人,字英远,邓州南阳(今河南南阳)人。历任监察御史等。唐高宗时,待诏弘文馆,上元中卒。《新唐书》卷一一二有传。

⑯并州:北朝州名。治所在晋阳(今山西太原)。隋唐以后亦有并州,然其地屡有缩小。开元十一年(723)改为太原府。

⑰主名不立:主犯未确定。

⑱物色:本指形貌,此指按照形貌找人。《后汉书·严光传》:"乃令以物色访之。"李贤注:"以其形貌求之。"追讯:追捕审讯。

⑲天海按:此为郑克自注。言本篇事出《新唐书·韩思彦传》。

⑳密觇:暗中窥探。精审:精密详实。

【译文】

唐朝贞观年间,卫州版桥客店主人张迩,他妻子回了娘家,有魏州三卫兵士杨正等三人投店住宿,五更一早出发。这天夜里,有人取走他们的刀杀了张迩,又把刀放入刀鞘中,杨正等人没有觉察。到天破晓,店里的人追赶上杨正他们,见刀上血迹斑斑,他们就被收押拷打审问,于是被迫认罪。唐太宗怀疑这个案件，派遣御史蒋常复审。蒋常到后，追查住客店中年龄十五以上的人集中起来，人数不足，因此都放走回去。独留下一老妇人，年纪八十多岁，晚上才令她出去，秘密派遣狱吏暗中察看她，对狱吏说："有人和她说话，就记住他的姓名。"果然有一人问老妇："御史是怎么审问的？"前后三天，都是此人问话。将他捕获讯问，完全招认了与张逖妻子通奸，杀了张逖。有事实证据，杨正等人就被释放。旧《疑狱集》未写明出处，或应是唐人小说所载，现佚失原本了。其余类似的与此相同。

按：李崇用诈谋勾引出坏人，蒋常用诈谋查出盗贼，而且都能解除冤枉，这就无须厌恶使用诡诈之术。蒋常留妪事，又见《谲贼》门。

唐朝韩思彦，出使并州时，有盗贼杀人，主犯是谁还没有确定。有醉酒的人怀揣有血污的刀，经审讯拷打已经服罪。韩思彦怀疑这个案件，早晨招集数百儿童，傍晚放出他们，像这样有三天。便问儿童："你们出去后，有问你们的人吗？"都说："有这样的人。"于是就按照形貌追捕审讯，终于擒拿了真正的强盗。事见《新唐书·韩思彦传》。

按：这也是用诈谋捕获贼人，而冤案才能解除，只是不如蒋常独留一老妇，暗中窥探察问得更为精密详实罢了，所以特别附见于此。

1·12 裴怀古严词执法

唐裴怀古[①]，为监察御史时[②]，真定有浮屠[③]，按：《新唐书》本传作"恒州浮屠"[④]。为其徒诬告祝诅不道[⑤]，武后怒[⑥]，命按诛之[⑦]。怀古得其枉，为后申析[⑧]，不听。怀古因曰："陛下法与天下画一[⑨]，岂使臣杀无辜以希盛旨哉[⑩]？即其人有不臣状[⑪]，臣何情宽之[⑫]？"后意解[⑬]，得不诛。见《唐书》本传，旧集不载[⑭]。

按：怀古当酷吏深文之时[⑮]，独能申析诬枉，抗辞执法[⑯]，始终不挠，其徐有功之流亚欤[⑰]！

【注释】

①裴怀古(638—712):寿州寿春(今安徽寿县)人。仪凤中,诣阙上书,授下邽主簿。长寿中,累转监察御史。《旧唐书》卷一八五、《新唐书》卷一九七皆有传。

②监察御史:古代官名。隋开皇二年(582)改检校御史为监察御史,始设。唐御史台分为三院,监察御史属察院,品秩不高而权限广。

③真定:县名。治所在今河北正定,唐代为恒州治所在地。真定,《新唐书·裴怀古传》作"恒州"。浮屠:亦作"浮图",佛教语,梵语Buddha的音译,佛陀的异译,原指佛教的创始人释迦牟尼。后也指佛教、和尚、僧人、佛塔。此处泛指和尚、僧人。又,旧时曾把"佛塔"误译为"浮屠",故又称佛塔为"浮屠"。

④天海按:此为四库馆臣所撰注文。

⑤祝诅:即诅咒,向鬼神祈祷降祸于人。不道:古代封建刑律有"十恶不赦"的大罪,即谋反、谋大逆、谋叛、恶逆、不道、大不敬、不孝、不睦、不义、内乱。唐法典规定"祝诅"等违反封建伦理道德的行为是犯"不道"之罪。

⑥武后:即武则天(624—705),名曌。唐高宗之皇后。690—705年,武则天改国号为周,称"圣神皇帝"。

⑦按:即按察,稽查审察。

⑧为后申析:向武后申说辨析。

⑨画一:此指法律要整齐一致。

⑩希:企图,期求,迎合。盛旨:本指圣旨,因武则天号称"圣神皇帝",故避讳而改。

⑪不臣状:指不守臣节,不合臣道,即不敬或反叛君主的情形。

⑫情:引申指私意、私心。

⑬后意解:武后怒意缓解。解,缓解,缓和。

⑭天海按:此为郑克自注。言事见《唐书·裴怀古传》,旧《疑狱集》

不载此事。

⑮深文：制定或援用法律条文苛细严峻，故意陷人于罪。

⑯抗辞：义正辞严。

⑰徐有功（640—702）：名宏敏，字有功，洛州偃师（今河南偃师）人。青年时期举明经及第。历经蒲州司法参军、司刑（大理）寺丞、秋官（刑部）郎中、侍御史、司刑寺少卿等。武则天时期他勇于与酷吏斗争，也是历史上罕见的一位以死守法的法官、清官。死后武则天追赠他为大理寺卿。《新唐书·徐有功传》赞誉他“虽千载未见其比”。本书卷四《议罪》门4·9条《徐有功持正议罪》又见。流亚：指同一类的人或物。

【译文】

唐朝裴怀古，做监察御史的时候，真定有僧人被他的徒弟诬告，犯了诅咒皇上的“不道”之罪。武后大怒，下命查办处死他。裴怀古知道他的枉冤，向武后申说辨析，武后不听。裴怀古便说：“陛下制定法律与天下整齐统一，岂能使我杀死无辜来迎合圣旨呢？如果那人有不守臣道的情形，我岂敢徇私情宽恕他？”武后怒意缓解，那人得以不死。事见《唐书·裴怀古传》，旧《疑狱集》不载此事。

按：裴怀古正当酷吏执法苛刻陷人入罪之时，却独能为被诬告冤枉的人申说辨解，义正辞严执法，始终不屈不挠，该是徐有功一类的人吧！

1·13 李元素勇辨冤情

唐李元素①，为御史时，东都留守杜亚②，恶大将令狐运③，会盗劫输绢于洛北④，运适与其下畋近郊⑤，亚疑而讯之。幕府按鞫无状⑥，更以爱将武金掠服之⑦。诏监察御史杨宁覆验⑧，事皆不仇⑨。亚劾宁罔上⑩，宁抵罪。傅致周内之⑪，若不可翻者⑫。德宗信不疑⑬，宰相难之⑭。诏元素与刑部员外郎崔从质、大理司直卢士瞻驰按之[15]，亚迎，以狱告[16]。元素徐察其冤[17]，悉纵所囚以还。亚大惊，复劾元素失有罪。比元素还[18]，帝已怒，奏狱未毕，帝曰："出。"元素曰："臣言有所未尽。"帝曰："第去[19]。"元素曰："臣以御史按狱，知冤不得尽辞[20]，是无容复见陛下[21]。"帝意解，即道运冤状。帝感悟曰："非卿，孰能辨之？"然运犹以擅捕人得罪，流归州[22]，武金流建州[23]。后岁余，齐抗得真盗[24]，由是天下重之，迁给事中[25]。出《唐书》本传[26]。

按：运之冤，初按鞫无状，后覆验不雠，虽傅致周内之，若不可翻者，亦非难辨也。但帝怒斥令出，又云"去"，元素气不慑[27]，辞不挠[28]，卒辨其冤，而帝亦寤，斯为难能耳。《语》曰："仁者必有勇[29]。"此其所以能释冤也。

【注释】

①李元素（？—810）：字大朴，京兆长安（今陕西西安）人。中唐大臣。隋末瓦岗军首领李密裔孙。唐德宗朝，他历任侍御史、给事中、检校工部尚书、浙西节度使等。《旧唐书》卷一三二、《新唐书》卷一四七皆有传。

②东都：历代王朝在原京城以东的都城。唐建都西安，以洛阳为东都。留守：官名。皇帝离开京城，命大臣驻守，叫作留守。平时在陪都也有大臣留守。杜亚（725—798）：字次公，京兆杜陵（今陕西西安）人。曾任刑部侍郎、淮南节度使，贞元中，以检校吏部尚书留守东都。

③恶（wù）：憎恨，讨厌。令狐运：唐将令狐彰之子，东都留守将，为杜亚所陷害，流放死于归州。

④会：恰巧，适逢。输绢：即缴纳朝廷的丝绢。洛北：洛阳北郊。

⑤适：正巧遇上。其下：他的属下、部下。畋（tián）：打猎。

⑥幕府：古代将帅出征，以帐幕为署，故将帅或军政大吏的府署，称为幕府。此指东都留守的府衙。按鞠（jū）：察讯，审问。无状：没有犯罪行迹。

⑦武金：人名，余事不详。掠服：拷打屈服，被迫认罪。

⑧监察御史：唐代官名。掌管监察百官、巡视郡县、纠正刑狱、肃整朝仪等事务。杨宁：人名，余事未详。覆验：审核，复查。

⑨不仇：亦即不相等，无征验，对不上。

⑩劾：弹劾，揭发罪状。罔上：欺君罔上，属于大罪。

⑪傅致：虚构罪名，陷害无辜。傅，通"附"。周内：亦作"周纳"。弥补漏洞，使之周密。引申为罗织罪状，陷人于罪。内，通"纳"。

⑫若：好像。翻：翻案。

⑬德宗：唐德宗李适（kuò，742—805），唐代宗长子，唐朝第十位皇帝，在位26年。

⑭宰相难（nàn）之：宰相质疑这个案件。难，责难，质疑。天海按，此四字原文本无，文意不属，据《新唐书·李元素传》补。

⑮刑部：官署名。隋唐至明清中央行政机构的六部之一。掌管全国法律、刑狱等。员外郎：官名。原指设于正额以外的郎官。大理司直：天海按，原文误作"大司理直"，现据明万历本与《守山阁》钱熙祚本校改。"大理司直"为古代官名。为大理寺属官，唐因隋旧制，置司直六人，所属有司直史二人。大理寺，官署名。相当于现代的最高法院，掌刑狱案件审理，长官名为大理寺卿，位九卿之列。崔从质、卢士瞻：二人姓名，生平事未详。驰按之：快车快马奔驰前去，急速查办这个案件。

⑯亚迎，以狱告：杜亚迎接他们，并将案情告知。

⑰徐：慢慢，缓慢。

⑱比：及，等到。

⑲第去：犹“但去”，“且去”。第，语气词，略表不满之意。

⑳尽辞：说完要说的话。

㉑无容：不允许，不让。犹言无地可容。

㉒归州：州名。唐武德二年（619）置归州，辖秭归、巴东二县，治所在秭归县。天宝元年（742）改置巴东郡，乾元元年（758）复置归州，仍治秭归县。治所在秭归（今湖北秭归）。辖境相当于今湖北秭归、巴东、兴山等地。

㉓建州：唐代州名。治所在建安（今福建建瓯）。

㉔齐抗（740—804）：字遐举，定州义丰（今河北安国）人。唐大历年间被寿州刺史张镒辟为判官，建中三年（782），张镒上奏推荐齐抗为监察御史。为给事中。历任河南尹，历秘书监、太常卿，贞元十六年（800）转中书侍郎、同中书门下平章事。《旧唐书》卷一三六、《新唐书》卷一二八皆有传。

㉕给事中：官名。唐代居门下省之要职，掌侍从规谏、驳正政令之违失。也称为“给谏”“给事”。

㉖天海按：此为郑克自注。言李元素之事，见《唐书·李元素传》。

㉗气不慑：胆气不虚，不畏惧。

㉘辞不挠：言辞不屈不挠。

㉙仁者必有勇：出自《论语·宪问》：“子曰：有德者必有言，有言者不必有德；仁者必有勇，勇者不必有仁。”

【译文】

唐代李元素，做御史时，东都留守杜亚，憎恨大将令狐运，时值强盗在洛阳城北抢劫上交朝廷的丝绢，令狐运正与他的部下在近郊狩猎，杜亚怀疑并审讯他。幕府审查讯问没有实据，又让爱将武金拷打并使令狐运屈服认罪。皇上诏命监察御史杨宁复查，事实都无验证。杜亚弹劾杨宁欺君罔上，让杨宁抵罪。附会罪名，周密入罪，看上去不可翻案。唐德宗深信不疑，宰相质疑这个案件。皇上下诏命李元素与刑部员外郎崔从质、大理司直卢士瞻急速前往查办这个案件，杜亚迎接并把案情告知他们。李元素慢慢查清了他们的冤情，全部释放被囚禁的人员后返回京城。杜亚大惊，又弹劾李元素过失有罪。等到李元素回京，皇帝已经发怒，李元素上奏案件未完，皇帝说："出去。"李元素说："臣有话没有说完。"皇帝说："你且出去。"李元素说："臣以御史身份办案，知道冤情却不能把话说完，我将再也见不到陛下了。"皇帝怒意缓解，李元素就道明令狐运受冤的情形。皇帝感叹醒悟说："没有爱卿，谁能辨明这个案件？"但是令狐运还是以擅自捕人领罪，流放归州，武金流放建州。一年多以后，齐抗捕得抢劫丝绢的强盗，由此天下人敬重李元素，后迁给事中。此事出自《唐书·李元素传》。

按：令狐运的冤情，最初审查没有发现确凿的罪状，后来复查没有验证，即使附会罪名周密入罪，看上去不可翻案，也并非难于辨别。但皇帝发怒，斥令出去，又说"第去"，李元素胆气不虚，言辞不屈服，最终辨明他的冤情，而皇帝也醒悟，这才算是难能可贵。《论语》说："仁爱的人一定有勇气。"这就是李元素能够解除冤案的原因。

1·14 柳浑为哑奴明冤

唐江西观察使魏少游①，表柳浑为判官②。州僧有夜饮火其庐者③，归罪喑奴④，军候受财不诘⑤，狱具⑥。浑与其僚崔祐甫白奴冤⑦，少游趣讯僧⑧，僧首服，因厚谢二人。见《唐书·柳浑传》⑨。

按：僧饮酒、失火，二罪俱发，而谓失火者喑奴耳，且掩其饮酒之迹也。若非军候受财不诘，则此狱岂难辨乎？唯上下相蒙，不以狱事为意⑩，故莫之辨耳。浑与祐甫一代英贤，而白其冤，少游能听用之，故趣讯僧云⑪，斯亦可称也。

【注释】

①江西观察使：唐广德二年（764）设江南西道观察使，通称江西观察使。治所在洪州（今江西南昌）。管辖洪州、江州、信州、袁州、抚州、饶州、虔州、吉州，基本相当于今江西全境。观察使，官名。唐于诸道置观察使，位次于节度使。唐中叶以后，多以节度使兼领其职。无节度使之州，亦特设观察使，管辖一道或数州，并兼领刺史之职。凡兵甲、财赋、民俗之事无所不领，谓之都府，权任甚重。魏少游（？—771）：巨鹿下曲阳（今河北晋州）人。出身巨鹿魏氏，早以吏干知名，历职至朔方水陆转运副使。大历二年（767），为江西观察使，进刑部尚书，改封赵国公。《旧唐书》卷一一五、《新唐书》卷一四一皆有传。

②表：引申为奏章，向上传达的文件，此为上表奏请。柳浑（714—789）：字夷旷，本名载，襄阳（今湖北襄阳）人。唐代名相。少孤，志学栖贫。举进士，为监察御史。魏少游镇江西，奏署判官。后为袁州刺史，迁左散骑常侍。拜宜城县伯，加同中书门下平章事。柳浑著有文集十卷，《新唐书·艺文志》传于世。《旧唐书》卷一二五、《新唐书》卷一四二皆有传。判官：官名。始于隋朝。至唐，节度使、观察使、防御使均置判官，为地方长官的僚属，辅理政事。

③火其庐：失火烧了住房。

④喑（yīn）奴：哑巴奴仆。

⑤军候：唐时专指主军纪的军官。不诘：不追究讯问。

⑥狱具：罪案已定。

⑦崔祐甫（721—780）：字贻孙，京兆长安（今陕西西安）人。举进士，代宗时累官中书舍人，德宗时拜门下侍郎同平章事。性刚直，遇事不阿。《旧唐书》卷一一九、《新唐书》卷一四二皆有传。

⑧趣（cù）讯：催促审讯。趣，催促。

⑨天海按：此为郑克自注，言此事出于《唐书·柳浑传》。

⑩不以狱事为意：此指不把办案的事情放在心上。

⑪云：犹“云云”“等等”。云，在此为省略之词。

【译文】

唐代江西观察使魏少游，表奏柳浑做判官。州内有僧人夜里饮酒失火烧毁房屋的案件，僧人归罪给哑巴奴仆，军候接受财物不追查讯问，就了结案件。柳浑与他的同僚崔祐甫申明了哑巴奴仆的冤枉，魏少游催促审讯那个僧人，僧人低头认罪，魏少游因此重谢了柳、崔二人。事见《唐书·柳浑传》。

按：僧人饮酒、失火，二罪俱发，却说造成火灾的人是哑奴，而且要掩盖他饮酒的行迹。如果不是军候接受财物不查办，难道这个案件就难以辨明吗？只是上下互相蒙蔽，不把办案的事放在心上，所以不去察辨罢了。柳浑与崔祐甫一代英贤，却能为哑奴辨白他的冤枉，魏少游能够听信采纳他们的意见，所以催促审讯僧人的做法，这也值得称赞。

1·15 袁滋熔金救县令

唐李勉①，镇凤翔②，有属邑耕夫得马蹄金一瓮③，送县。为令者虑公藏主守不谨④，而置之私室。翌日开视之⑤，则皆土块耳。以状闻府，遣掾案之⑥。不能自明，诬服换金⑦。初云“藏之粪壤，被人窃去”，后云“投之水中，失其所在”。虽未穷易用之所⑧，而皆以为换金无疑。府中宴集⑨，语及此事，咸共嗟叹。时袁滋在幕府，独疑其枉。勉乃移狱就府⑩，俾滋鞫之⑪。滋阅瓮间，得二百五十余块，诘其初获者，则二人以巨竹舁至县⑫。乃于列肆索金⑬，依块形状，镕写校量⑭。始秤其半，已及三百斤，计其大数，非二人以竹担可举，即是在路之时，金已化为土矣。令乃获雪⑮。旧出康骈

《剧谈录》[16]。

按:《唐书·袁滋传》云:"滋进詹事府司直[17],部官以盗金下狱[18],滋直其冤[19]。"无凤翔属邑事。又云:"滋累从张伯仪、何士干辟[20]。"无在李勉幕府事。康骈所记,传闻失实,故非特本末差误,抑又事理乖舛[21]。夫六百斤金,固非二人竹担可举,若在路时已化为土,则到县时自当验实。虽色未变,而轻重顿异,亦易知矣,令何故尚虑公藏主守不谨而置之私室乎?乖舛如此,无足取者。和嵘谓能释冤[22],载于旧集[23],意则善矣,不若《唐书》本传为得其实也。

【注释】

①李勉(717—788):字玄卿,陇西成纪(今甘肃秦安)人。身历唐肃宗、代宗、德宗三朝,累官监察御史、刺史、观察使、节度使、京兆尹兼御史大夫、工部尚书、检校司徒平章事,以太子太师致仕。贞元四年(788)病逝,册赠太傅,谥号贞简。《旧唐书》卷一三一、《新唐书》卷一三一皆有传。

②凤翔:唐代府名。唐肃宗于至德元年(756)改扶风郡为凤翔郡,又升凤翔郡为凤翔府,称"西京",改雍县为凤翔县。治所在天兴(今陕西凤翔)。

③马蹄金:马蹄形的黄金。

④公藏:官家仓库。主守不谨:官库主管官吏不谨慎。主守,仓库的主管。

⑤翌日:即明日,次日,第二天。

⑥遣掾案之:派遣下属官吏查处这个案件。掾,分曹治事的属吏,为副官佐或官署属员的通称。

⑦诬服:无辜而服罪的意思。

⑧穷易用之所：彻底清查交易与用途所在。

⑨宴集：宴饮集会。

⑩移狱就府：移交案卷到幕府。

⑪俾滋鞫之：使袁滋审问这个案子。俾，使。

⑫舁（yú）：共同抬东西。

⑬列肆：市场商铺。

⑭镕写校量：指熔化浇铸，比较土块形状大小衡量、计重。

⑮令乃获雪：县令冤情才获得昭雪。

⑯天海按：此为郑克自注。指旧《疑狱集》本篇事出康骈《剧谈录·袁相雪换金县令》。事亦见《太平广记·精察一》。康骈：字驾言，池阳（今安徽贵池）人。官至崇文馆校书郎。《剧谈录》：唐代康骈所著的一部小说集。二卷，四十条。《四库全书总目》根据作者自序，将此书断为昭宗乾宁二年（895），作者避黄巢乱于池阳山中所作，为晚唐传奇小说。

⑰詹事府司直：官名。唐朝太子詹事府属官，置二员，正七品上，掌纠劾官僚及率府之兵。

⑱部官：部属的官吏。

⑲滋直其冤：袁滋申雪了部官盗金的冤案。直，伸直，申辩。

⑳累从张伯仪、何士干辟：屡次依从张伯仪、何士干的征聘充任幕僚。张伯仪（？—788），唐魏州（治今河北大名）人。早年隶属于朔方节度使李光弼麾下，讨平袁晁起义。历任睦州刺史、杭州刺史、安南都护、岭南节度使等职。晚年入朝任右龙武统军，卒赠扬州大都督。《新唐书》卷一三六有传。何士干，唐庐江（今安徽庐江）人。代宗永泰二年（766）登进士第。除左补阙，德宗建中三年（782），为浙西判官。贞元四年（788），自谏议大夫出为鄂岳观察使。在镇十五年，有善政，享大名于时。史书无传。辟，征召，招聘。天海按：此上所引，见于《新唐书·袁滋传》。

㉑乖舛（chuǎn）：指谬误、差错，不顺遂。

㉒和㠓：字显仁，开封浚仪（今河南开封）人。五代时和凝的第四子。擢进士第，初任霍邱主簿，累官知崇仁县、光禄寺丞、水部员外郎、知理、检院等。终年四十五。其父和凝曾取古今史传听讼断狱、辨雪冤枉等故事著为《疑狱集》，和㠓因增益事类，分为三卷，表上之。

㉓旧集：此指《疑狱集》。

【译文】

唐代李勉，镇守凤翔，有下属乡镇农夫得到马蹄金一坛，送到县里。做县令的担心公库主管不谨慎，就放置在自己家中。第二天打开一看，就都是土块了。他把这个情形报告州府，州府派遣属吏来查办这个案件。县令不能自己明辨，只好屈招调换了金子。开始说"藏在粪土中，被人偷去"，后又说"投入水中，不知丢到哪里"。虽然未能彻底弄清楚他转移使用到了什么地方，但都认为是他偷换了金子无疑。府中宴会臣僚聚集，谈及此事，都一起感叹。当时袁滋也在幕府，只有他怀疑这是个冤案。李勉就移交案件到幕府里，让袁滋审讯这个案件。袁滋察看缸中土块，得到二百五十多块。盘问那最初获得金子的人，说是二人用大竹竿抬到县里的。于是就到市场店铺里搜购黄金，依据土块形状，镕化浇铸称量。刚称到一半时，就已经达到了三百斤，计其总数，不是二人可以用竹竿抬起的，就是说在路上的时候金子就已经变为土块了。县令的冤情于是被昭雪。旧《疑狱集》从康骈《剧谈录》录出。

按：《唐书·袁滋传》说："袁滋晋升詹事府司直，部属官员中有因为偷盗金子下狱的，袁滋申辩了他的冤情。"没有凤翔府下属乡镇发生的事。又说："袁滋多次应张伯仪、何士干征召。"并无在李勉幕府的事情。康骈所记录的，乃是传闻而有所失实，所以不只是事情的细节有差错，而且又与事理不合。那六百斤重的金子，本来就不是二人用竹竿可以抬举的，如果在路上时就已变为土块，那到县里时自当查验取实。虽颜色未变，但两者轻重各异，也是容易知道的，县令为什么还考虑库藏主管不谨慎而放在自己家中呢？如此不合情理，没有什么可取之处。和嵘认为能够解除冤案，收载在《疑狱集》，用意是好的，但不如《唐书》袁滋本传所载为符合实际。

1·16 刘崇龟换刀擒凶

唐刘崇龟[1]，镇南海[2]，有富商子泊船江岸，见一高门中有美姬[3]，殊不避人[4]。因戏语之，曰："夜当诣宅矣。"亦无难色[5]。启扉待之，忽有盗入其室，姬即欣然往就，盗谓见擒[6]，以刃剚之[7]，逃去。富商子继至，践其血洿而仆[8]，闻脰血声未已[9]，觉有人卧于地，径走至船，夜解维遁[10]。其家踪迹，讼于公府。遣人追捕，械系考讯[11]。具吐情实，唯不招杀人。崇龟视所遗刀，乃屠刀也。因下令曰："某日大设[12]，阖境屠者皆集球场，以俟宰杀[13]。"既而晚放散，令各留刀，翌日再至。乃命以杀人刀换下一口。明日诸人各认本刀，一人不去，云："非某刀。"问："是谁者？"云："某人刀。"亟往捕之，则已窜矣。于是以他囚合死者为商人子[14]，侵夜毙之[15]。窜者闻而还，乃擒置于法。富商子坐"夜入人家"[16]，杖背而已。旧不著出处，盖亦唐人小说所载，今见《新唐书·刘政会传》后。崇龟，其七世孙也。《传》辞太简，故于旧集删取其要[17]。

按：凡欲释冤，必须有术。换刀者，迹贼之术也[18]；毙囚者，谲贼之术也[19]。贼若不获，冤何由释？故仁术有在于是者[20]，君子亦不可忽也。

【注释】

①刘崇龟:字子长,唐滑州胙县(今河南延津)人。咸通六年(865)进士。曾任起居舍人,礼部、兵部二员外,拜给事中。唐昭宗大顺年间,迁左散骑常侍、集贤殿学士、判院士,改户部侍郎,检校户部尚书。后出任广州刺史、清海军节度使、岭南东道观察处置使等要职。《旧唐书》卷一七九、《新唐书》卷九〇有传。

②镇:即坐镇。唐代节度使统辖数州,为坐镇一方的大吏,也被称为方镇。南海:唐代地名。刘崇龟时任清海军节度使,治所在南海(即今广东广州),故称"镇南海"。

③高门:借指富贵之家,高贵门第。

④殊:特别。

⑤难色:害羞、为难的表情。

⑥谓见擒:以为要被捉住。

⑦剚(zì):刺。

⑧血洿(wū):血污。洿,不流动的水。仆:同"扑",扑倒。

⑨闻脰(dòu)血声:听到头颈处有流血声。脰,颈项。

⑩维:系船的缆绳。

⑪械系考讯:戴上刑具关押拷打审讯。械,刑具,脚镣、手铐之类。

⑫大设:大设酒宴。

⑬俟:等待。

⑭合死者:判死刑应处决的人。为:通"伪"。假装。

⑮侵夜:入夜,进入夜晚。

⑯坐:入罪,犯罪。夜入人家:罪名。《唐律疏义》卷第十八有"诸夜无故入人家者,笞四十"之罪。

⑰天海按:此为郑克自注。

⑱迹贼:追踪盗贼的方法。迹,寻迹察访。

⑲谲(jué)贼:使用计谋诱捕盗贼的方法。谲,欺诈,玩弄手段。此

指用计谋设局让盗贼自投罗网。

⑳仁术：仁道，推行仁政的策略，施行仁政的巧妙方法。语出《孟子·梁惠王上》："无伤也，是乃仁术也。"朱熹《集注》："术，谓法之巧者。"

【译文】

唐代刘崇龟坐镇南海时，有富商公子停船在江岸，看见一富贵人家中有美女，特别不回避人。因此调戏她，说："夜里我会到你的房中见你。"女子也没有为难的表情。女子夜里开门等待富商公子，忽然有强盗进入她的室内，女子就高兴地前往迎接，强盗以为要被捉住，用刀刺向女子后逃走。富商公子随后就到了，脚踩上女子的血污仆倒在地，又听到女子脖子上流血声未止，感觉有人卧在地上，便直接跑到船上，夜里解开船缆绳逃走。女子家人追踪他的形迹，向官府告状。官府派人追捕，戴上刑具拷打审讯。富商公子完全交代了实际情况，只是没有招供杀人之事。刘崇龟察看现场留下的杀人刀，乃是一把屠刀。因此下令说："某日要大设酒宴，全境所有屠夫都要到球场集中，以等待宰杀的任务。"到了那一天，又在晚上放他们回去，命令他们各自留下屠刀，第二天再来。然后又命令以杀人刀换下了其中一口屠刀。第二天众屠夫各自认领本人的刀，有一人不去认领，说："这不是我的刀。"问："是谁的呢？"回答说："是某人的刀。"立即前往逮捕那人，那人已经逃跑了。刘崇龟于是以其他死囚冒充富商公子，夜里处决了他。逃窜的凶手听到消息后就回来了，于是擒拿他依法处置。富商公子犯了"夜入人家"的罪，处以杖背的刑罚罢了。旧《疑狱集》不注明出处，大概也是唐人小说所载，今见于《新唐书·刘政会传》之后。刘崇龟，是他的七世孙。《新唐书·刘政会传》辞语太简略，所以从旧集中删取要点。

按：凡是想要解除冤案，必须要有技巧。偷换屠刀的方法，是跟踪追寻盗贼的技巧；处决囚犯的方法，是设计诱贼出洞的技巧。盗贼如果不能捕获，冤案从何解除？所以施行仁政的技巧也在于这样的方法，君子也不可忽视啊！

1·17 庄遵放嫂擒奸夫

庄遵[1]，初为长安令[2]，后迁扬州刺史，性明察。尝有陵阳女子与人杀其夫[3]，叔觉，来赴贼[4]，女子乃以血涂叔，因大呼曰："奈何欲私于我而杀其兄[5]！"便即告官。官司考掠其叔太过，因而自诬其罪。遵察之，乃谓吏曰："叔为大逆[6]，速置于法。可放嫂归。"密令人夜中于嫂壁下听。其夜，奸者果来，问曰："刺史明察，见叔宁疑之耶[7]？"嫂曰："不疑。"因相与大喜。吏即擒之送狱，叔遂获免。旧不著出处，亦不著何代人，与蜀庄遵姓名同[8]。和氏父子各载一事[9]，皆附卷末。或疑是唐人，然其叙"闻哭事"言："巡行部内、驻车听之"[10]，则非唐刺史也[11]。唐之扬州刺史，治广陵[12]，领江都、江阳、六合、海陵、高邮、扬子、天长七县[13]，而无阳陵。汉之扬州刺史，治历阳，领九江、丹阳、庐江、会稽、吴、豫章六郡[14]，而丹阳郡有陵阳县，岂非陵阳误为阳陵乎？其言阳陵女子，岂非《王尊传》所谓美阳女子之类乎[15]？以此观之，乃汉人乎？但未有明据，不敢决定。故且依和氏序唐人后[16]，此聊以志疑也。克编次已定，始见蜀本《华阳国志》[17]，后汉巴郡土人有扬州刺史严遵[18]，字王思；徐州牧严羽[19]，字子翼。羽乃遵之子也，父子并著称云。遵在扬州，每当迁，民遮止之[20]，天子就增州秩中二千石[21]，居十八年，卒于官。则遵果是汉人也。势难移改，姑仍旧贯[22]，览者察之[23]。

按：遵之罪叔而放嫂，盖用谲以擿奸也[24]。于是既得其情，遂擒其人，岂非释冤有术而然欤？

【注释】

①庄遵:即严遵,本姓庄,后人避汉明帝刘庄讳,改姓严。据郑克注文考证,此严遵,字王思,东汉巴郡(治今重庆)人。官终扬州刺史。见于《华阳国志》。天海按:汉代姓名为严遵者,还有二人。一是西汉严遵,字君平,蜀郡郫县(今四川郫都)人(另说临邛人),前87年出生于原崇宁县北(今四川彭州),卒于居摄年间(6—8)。见《华阳国志》:"逸民严遵,字君平。成都人也。"是当时大隐士,亦著《老子指归》者。二是《后汉书·严光传》载:"严光字子陵,一名遵,会稽余姚人也。少有高名,与光武同游学。及光武即位,乃变名姓,隐身不见。"此二人皆隐居不仕,故郑克所考应是。

②长安令:长安的县令。东汉辖属京兆尹,据《汉旧仪》,其管辖区为:"长安城方十三里,经纬各长十五里,十二城门,九百七十三顷。城中皆属长安令。"

③陵阳:县名。西汉元封二年(前109)始置县,称陵阳,属丹阳郡,故城在今安徽青阳。天海按:原文作"阳陵",此据郑克注文改。

④赴贼:追赶贼人。赴,趋走。

⑤奈何:为什么,为何。私:私通,奸淫。

⑥大逆:封建时代称危害君父、宗庙、宫阙等行为"大逆"之罪。此泛指杀兄大罪亦为大逆不道。

⑦宁:表示反问,相当于"岂","难道没有"。

⑧蜀庄遵:蜀人庄遵。天海按:"姓名同",原文作"名同",此据明万历本径补。又,汉代蜀人严遵有二,参见上文注。本篇此事出自晋陈寿所撰《益都耆旧传》。

⑨和氏父子:指五代宋初和凝、和𡃤父子。和凝(898—955),字成绩,郓州须昌(今山东东平)人。五代十国时期宰相、文学家、法医学家。他取古今史传所讼断狱、辨雪冤枉等事,著有《疑狱集》传世,为中国现存最早的案例选编。和𡃤(951—995),字显仁,

开封浚仪（今河南开封）人。太宗太平兴国八年（983）进士。雍熙初，历知崇仁、南昌二县。迁光禄寺丞。淳化元年（990），以太子中允直集贤院。三年（992），迁右正言，知制诰，迁知理检院。至道元年（995），与王旦同判吏部铨，同年卒，年四十五。《宋史》卷四三九有传。陈振孙《直斋书录解题》称，《疑狱集》三卷，第一卷为凝书，后二卷为㠓书。故《疑狱集》实为和氏父子先后完成。各载一事：《疑狱集》所载本条“罪叔放嫂”事为和凝所撰；另一条见本书卷五《察奸》门7·1条，“子产闻哭”按语所附严遵“闻哭驻车”事为和㠓续《疑狱集》所撰。

⑩巡行部内、驻车听之：此所引，见本书卷五《察奸》门7·1条“子产闻哭”按语所附严遵“闻哭驻车”事。

⑪非唐刺史：天海按，汉、唐刺史职权不同。唐代刺史为一州的行政长官，汉代刺史则为皇帝监察郡国的使臣，“巡行部内”为汉代刺史制度，故云“非唐刺史”。

⑫治广陵：天海按，据新、旧《唐书·地理志》载，唐代扬州治所在江都（今江苏扬州），此作“治广陵”者，或是因为唐玄宗天宝初年改扬州为广陵郡，遂误以郡名为治所名。

⑬江都、江阳：其地均在今江苏扬州。六合：今江苏六合。海陵：今江苏泰州。高邮：今江苏高邮。扬子：故地在今江苏扬州。天长：今安徽天长。

⑭九江：郡治在阴陵（今安徽凤阳）。丹阳：郡治在宛陵（今安徽宣城）。庐江：郡治在舒县（今安徽庐江）。会稽：郡治在山阴（今浙江绍兴）。吴：郡治在吴县（今江苏苏州）。豫章：郡治在南昌（今江西南昌）。

⑮《王尊传》：此指《汉书·王尊传》。美阳女子：美阳，西汉县名。美阳一女子控告养子不孝，事见本书卷四《议罪》门4·2条《黄霸处死三男子》按语所附“王尊处死不孝子”事。

⑯和氏：此指和氏父子。

⑰《华阳国志》：又名《华阳国记》，由东晋初期蜀地成汉常璩撰写，成书于晋穆帝永和十年（354）。是一部专门记述古代西南地区地方历史、地理、人物等的地方志著作。全书分为《巴志》《汉中志》《蜀志》《南中志》《公孙述、刘二牧志》《刘先主志》《刘后主志》《大同志》《李特、雄、期、寿、势志》《先贤士女总赞》《后贤志》《序志并益、梁、宁三州先汉以来士女目录》，共12卷。

⑱巴郡：东汉郡名。治所在今重庆。土人：土著人，当地人。天海按：《华阳国志》卷十二："政事：扬州刺史严遵，字王思。阆中人也。"

⑲徐州：东汉州名。治所在彭城（今江苏徐州）。牧：州牧，即州刺史、太守一类的官职，掌握一州军政大权。严羽：徐州牧严羽，字子翼。为严遵之子。

⑳遮止：拦阻，挡道挽留。

㉑州秩：州官俸禄。中二千石：是汉代官吏秩禄等级，中，即为在中央任职的意思，中二千石即为中央实得二千石，月俸一百八十斛，一岁凡得二千一百六十斛。据《后汉书·百官志》，"中二千石，俸月百八十斛"。

㉒旧贯：先前惯例。

㉓天海按：此指严遵本东汉人，但和氏已经将他序于唐人之后。以上皆为郑克自注之文。

㉔用谲以擿（tī）奸：用诱骗术揭露人犯所做坏事。擿，揭发，揭露隐秘罪恶。

【译文】

庄遵，最初做长安县令，后来升任扬州刺史，本性明察善断。曾经有陵阳女子与人谋杀自己的丈夫，被小叔子察觉，前来追逐奸夫，那女子就把死去丈夫的血污涂在小叔子身上，于是大声呼喊道："为什么想要与我私通而杀害自己的兄长！"便立即告官。官府司法吏拷打审问那小叔子太过度，小叔子因而被迫认罪。庄遵察办此案，就对县吏说："小叔子做了大逆不道的事，要迅速依法处置。可以放了嫂子回去。"他又密令人夜半在嫂子墙壁下侦听。那天夜里，奸夫果然前来，问那女人说："刺史明察，看见小叔子难道没有怀疑这件事吗？"嫂子说："没有怀疑。"因而一起大喜。官吏就立即擒拿二人送到狱中，小叔子终于被免罪释放。旧书《疑狱集》不注明出处，也不注明是何代人，只是与蜀人庄遵姓名同。和氏父子各自记载一事，都附在卷末。有人怀疑他是唐代人，但是其中叙述"听哭诉事"说："巡行部内、驻车听之"，就不是唐代刺史。唐代扬州刺史，治广陵，领江都、江阳、六合、海陵、高邮、扬子、天长七县，而无阳陵县。汉代扬州刺史，治历阳，领九江、丹阳、庐江、会稽、吴、豫章六郡，而丹阳郡有陵阳县，难道不是陵阳误为阳陵吗？所说阳陵女子，难道不是《汉书·王尊传》所谓"美阳女子"之类吗？以此看来，应是汉人吧！但未有明确证据，不敢决定。所以还是依和氏父子就序于唐人之后，此处暂且存疑吧。我的编排体例已经确定，才看见蜀本《华阳国志》记后汉巴郡当地人中有"扬州刺史严遵，字王思；徐州牧严羽，字子翼。"庄羽就是庄遵的儿子，父子都出名。庄遵在扬州，每当升迁调动，百姓都挡道挽留他，皇上就增加他的州官俸禄为中二千石，居官十八年，死在官任上。那么庄遵果真是汉人了。这情形难以移正改动，姑且依照原有旧例，阅读的人要了解这个情况。

按：庄遵给小叔子判罪而放走嫂子，那是用计谋来揭露奸夫。因此能够得知真实情况，终于擒拿犯罪的人，难道不是解除冤案有方法而这样的吗？

卷二

一、释冤（下）

1·18　孔循重审雪民冤范正辞、赵稹、薛向三事附

后唐孔循[①]，以邦计贰职权领夷门军府事[②]。长垣县有四盗巨富[③]，及败而捕系者乃四贫民也。盖都虞候者[④]，郭崇韬之傔婿[⑤]，与推吏、狱典同谋[⑥]，锻成此狱[⑦]，法当弃市[⑧]。循亲虑之[⑨]，囚无一言，领过萧墙[⑩]，而乃屡顾[⑪]。因召问之，云："适以狱吏高其枷尾[⑫]，故不得言。请退左右，细述其事。"即令移于州狱，俾郡主簿鞫之[⑬]。受赂者数十人与四盗俱伏法，四贫民获雪。此盖和𡺳所闻五代时事[⑭]。

按：巡捕之吏，或纵盗而捕系平民以应命[⑮]，或失盗而捕系平民以逃责[⑯]，或求盗而捕系平民以希赏[⑰]，若狱吏与之为市[⑱]，则冤滥岂可胜言。此在听者察之耳[⑲]。孔循所察，乃纵盗而捕系平民以应命者也。又有三事：失盗而捕系平民以逃责者二，求盗而捕系平民以希赏者一。今附于后云。

范正辞[⑳]，齐州人[㉑]，父劳谦。正辞为江南转运副使[㉒]，

饶州民甘绍者[23]，积财巨万[24]，为群盗所掠，州捕得十四人，狱具当死[25]。正辞按部至[26]，引问之，囚皆泣下。察其非实，命徙他所讯鞫。既而民有告群盗所在者[27]，正辞潜召监军王愿掩捕之[28]。盗遁去，正辞即单骑出，追及之，贼控弦持矟来逼[29]。正辞以鞭击之，中贼双目，执之以归。按其奸状伏法，而前十四人皆得释。

赵稹少师[30]，按：《宋史》本传，稹以太子少傅致仕，赠太子太保，未拜少师。疑有误[31]。为益州路转运使时[32]，邛州蒲江县捕劫盗不得[33]，而官司反系平民数十人，楚掠强服[34]，且合其辞[35]，若无可疑者。稹适行部[36]，意其有冤，乃驰入县狱，尽得其冤状，释出之。已上二事并见本传[37]。

薛向枢密[38]，提点河北刑狱时[39]，深州武强县有盗杀人而夺其财[40]，尉以失盗为负[41]，捕平人掠服之，置赃于外，以符其语。向得而疑之，亲引问，直其冤，免死者六人，正其尉故入之罪[42]。见吕大防丞相所撰墓志[43]。

此三者，皆与孔循虑囚事类矣，非有他术，俱尽心察情，故能释冤也。

【注释】

①后唐：五代十国时期由沙陀族建立的封建王朝，定都洛阳（今河南洛阳），923年李存勖在魏州（今河北大名）称帝，改元同光，沿用国号“唐”。同年底李存勖灭后梁，定都洛阳，史称后唐。936年被灭。传二世四帝，享国十四年。孔循（884—931）：五代时人。少时流落汴州，为富人李让养子。因李让为朱温养子，冒姓朱。后改姓孔，事后梁为汝州防御使、左卫大将军、租庸使。后唐

庄宗时，以枢密副使权知汴州。《新五代史》卷四三有传。

②邦计：国家大计。此指枢密院。后唐时，枢密院掌管国家军机大要，其长官均由君主最亲信的大臣充任。贰职：即副职。指枢密副使。权领：临时兼任（某职）。夷门：因开封别名夷门，而汴州州治为开封，故汴州又称夷门。后唐时，开封复为汴州宣武军。权领夷门军府事，指临时兼任汴州宣武军官府长官。

③长垣县：县名。故城在今河南长垣。

④都虞候：官名。唐代后期，当时藩镇节帅以亲信武官为都虞候，于军中执法。

⑤郭崇韬：参见卷一《释冤》门1·10条《韦鼎用暗探察奸恶》注。《旧五代史》卷五七有传。僚婿：亦作"僚壻"。姐妹的丈夫的互称或合称，俗称"连襟。"

⑥推吏：审案小吏，犹后世之推事。狱典：犹监狱小吏。

⑦锻成此狱：即锻炼成狱，罗织罪名，使之受到惩处。《后汉书·韦彪传》注引《仓颉篇》："锻，椎也。锻炼犹言深文之吏，入人之罪，犹工冶陶铸锻炼，使之成熟也。"狱，罪。

⑧弃市：即死刑。古代刑人于市，弃尸街头，故称。

⑨虑：通"录"。录囚，亦称虑囚。古代由皇帝或有关官吏讯察囚犯并决定可否原宥的制度。录囚制始于汉代，也是主管长官的职责，并有严格的期限。

⑩萧墙：古代宫室内作为屏障的矮墙，亦即照壁、屏风墙。

⑪屡顾：多次回头看。

⑫高其枷尾：抬高刑具项枷的尾部。枷，古代用于囚犯颈项上的刑具。为长方形木板中间开有圆孔，一分为二，卡于颈项。面前一端为枷头，头后一端为枷尾。抬高枷尾就会使囚犯低头，下巴抵住木板，不能开口说话。

⑬俾：使。主簿：官名。是各级主官属下掌管文书的佐吏。

⑭天海按:此为郑克自注。和㠓(951—995):字显仁,浚仪(今河南开封)人。和凝之子。《疑狱集》为续其父和凝之作而成。《宋史》卷四三九有传。

⑮纵盗:放纵强盗。应命:应付上司命令。

⑯失盗:犹失囚。此指因疏忽而使盗贼逃失,或发生强盗抢劫案件。逃责:逃避处罚。

⑰求盗:搜捕盗贼。希赏:希图邀功求赏。

⑱为市:做交易。此指狱吏与捕吏相勾结,谋取私利。

⑲听者:审理案件的官吏。

⑳范正辞:字直道,宋齐州(今山东济南)人。登进士第,历知淄州、饶州。真宗时累迁殿中丞,通判棣、深二州,江南转运副使,河东转运使,兼侍御史等,终膳部郎中。《宋史》卷三〇四有传。

㉑齐州:宋州名。治所在历城(今山东济南)。

㉒江南转运副使:官名。江南转运使的副职,协助转运使掌江南路财赋,督察刺举地方官吏。江南路,宋至道十五路之一。治所在江宁(今江苏南京)。

㉓饶州:州名。治所在鄱阳(今江西鄱阳)。宋代为江南路属州。

㉔巨万:犹亿万。形容为数极多。《汉书·食货志上》:"富者累巨万,而贫者食糟糠。"颜师古注:"巨,大也。大万,谓万万也。"

㉕狱具当死:案件审定判处死罪。当,判罪。

㉖按部:巡视部属州县。

㉗既而:不久之后。

㉘监军:一般指都监。都监,官名,即监军,古代监军大多由宦官兼任,以代替皇上监督军队。王愿:人名。余事未详。掩捕:乘其不备而加以逮捕。

㉙控弦持矟(shuò):拉弓执矛。矟,同"槊",长矛。

㉚赵稹(962—1037):字表微,其先单父(今山东单县)人,后徙居

宣城（今安徽宣城）。擢进士第，曾经当过益州转运使与益州知府，官至工部侍郎、刑部侍郎、吏部侍郎、礼部尚书、枢密副使。晚年因病，拜太子少傅致仕。死后，赠太子太保。《宋史》卷二八八有传。少师：《明史》载："太师、太傅、太保为三公，正一品；少师、少傅、少保为三孤，从一品。掌佐天子，理阴阳，经邦弘化，其职至重。无定员，无专授。"

㉛天海按：此为四库馆臣按语。郑克所言本传，乃宋朝《国史》本传，非元人所撰《宋史》本传。故《宋史·赵稹传》中赵稹未拜少师，未可怀疑是"少傅"之误。太子少傅，东宫官职，负责教习太子。但通常为大官加衔，并无实职。致仕，辞去官职。古代一般致仕的年龄为七十岁，有疾患则提前。

㉜益州路：北宋咸平四年（1001）分西川路置益州路，益州路治益州（今四川成都）。

㉝邛州：州名。治所在临邛（今四川邛崃）。北宋时期，邛州初归西川路管辖，咸平四年（1001）归益州路管辖，辖境相当于今四川邛崃、大邑、蒲江等地。蒲江县：县名。今属四川成都，位于成都、眉山、雅安的交汇处。

㉞楚掠强服：严刑拷打强逼认罪。

㉟且合其辞：并且制造伪证使与供词相合。

㊱稹适行部：赵稹正巧巡察州情到此。行部，巡行所属部域，考核政绩。

㊲天海按：此为郑克自注，言上二事皆出宋朝《国史》本传。

㊳薛向：字师正，宋河中万泉（今山西万荣）人。以祖荫补官，为太庙斋郎，永寿主簿。曾任提点河北刑狱。后官至同知枢密院。《宋史》卷三二八有传。枢密：指同知枢密院事。宋代于枢密院不设枢密使及副使时，其主官称知枢密院事，佐官则称同知枢密院事，或简称知院、同知院。同知枢密院即枢密副使之职，故称薛

向枢密。

㊴提点刑狱:官名。宋代于各路设有提点刑狱公事,辖属州司法、刑狱和监察,兼管农桑。河北:宋路名。治所在大名府(今河北大名)。

㊵深州:州名。宋代治所在静安(今河北深州),河北路辖州之一。武强:县名。治所在今河北武强,隶属深州。

㊶尉:县尉。县令的佐官,主捕盗贼。宋制,诸县置县尉,在主簿之下,掌阅习弓手,缉奸禁暴。失盗:盗贼逃失。负:担负责任。

㊷正:确定,落实。故入:故意陷害他人入罪。

㊸天海按:此为郑克自注。吕大防:字微仲,宋代蓝田(今陕西蓝田)人。累官至尚书仆射兼门下侍郎,此为宰相之职,故尊称丞相。所撰墓志文已佚。

【译文】

后唐时代的孔循,以枢密副使临时兼任汴州宣武军官府长官。长垣县有四个强盗非常富有,到他们败露时,被捕入狱的却是四个贫民。那做都虞候的,是郭崇韬的连襟,他与审案吏、监狱吏同谋,罗织罪名造就这个冤案,并依法判处四个贫民死罪。孔循亲自复核重审这个案件,囚犯无一人说话,领他们经过萧墙时,却多次回头看。孔循因此传召讯问他们,他们说:"刚才因为狱吏抬高我们的头枷尾部,所以不能说话。请屏退左右的人,仔细叙述这件事情。"孔循立即命令移送他们到州府狱中,让郡府主簿审问这个案件。受贿者数十人与四个强盗一起被依法处以死罪,四个贫民得以昭雪。这是和㠓听说的五代时发生的事。

按:巡察逮捕人犯的官吏,有的放纵强盗却捕捉平民来交差,有的让强盗逃失却捕捉平民来逃避责任,有的为搜捕盗贼而捕捉平民来希图赐赏。如果监狱小吏与他们做交易,那冤狱泛滥岂可尽言。这就在于审案的人能够明察了。孔循所察案件,就是放纵强盗而捕捉平民来应付上司命令的事情。还有三个事件:强盗逃失而捕捉平民以逃避责任的有两件,搜捕盗贼却捕捉平民来希图赏赐的有一件。现附于后。

范正辞是齐州人，父亲名叫范劳谦。范正辞做江南转运副使时，有名叫甘绍的饶州人，积财亿万，被一群强盗抢劫掠夺，州府捕捉到十四人，定案判处死罪。范正辞巡察部属州县到了饶州，传召囚犯讯问他们，囚犯都流下眼泪。范正辞查明案件不实，命令移交别处审讯。不久有人告发群盗所在地方，范正辞暗地召见监军王愿突袭逮捕他们。群盗逃遁离去，范正辞就单人独骑出门，追赶上群盗，盗贼拉弓持槊前来威逼他。范正辞用长鞭击打盗贼，中伤盗贼双眼，捉住盗贼后归来。按照他们犯案情节依法处死，而先前被捕的十四人都得到释放。

赵稹少师，按：《宋史·赵稹》本传，赵稹以太子少傅致仕，赠太子太保，未任少师之职。怀疑有误。做益州路转运使时，邛州蒲江县捕捉劫盗不成，官府反而关押平民数十人，严刑拷打强迫服罪，又捏造证据与他们的供词相合，好像没有可疑的地方。赵稹正好巡行所属州县，认为其中必有冤情，就驰车进入县狱，全部得知他们的冤状，释放了他们。以上二事，并见宋朝《国史》本传。

薛向任枢密副使，提点河北路刑狱时，深州武强县有强盗杀了人并抢夺了那人的财物，县尉因为强盗逃失而担忧，逮捕平民拷打使之服罪，放置赃物在外，以符合他的供词。薛向得知后怀疑这个案件，亲自招来审问，申明了他们的冤情。此案免死罪的有六人，落实了县尉故意陷害的罪名。此事见于吕大防丞相所撰写的墓志。

这三件事，都与孔循复核重审囚犯的事类同，并非有其他方法，都是尽心审察案情，所以能够解除冤案。

1·19 府从事开坟验尸庐陵、歙县二事附

和㠓载《玉堂闲话》云[①]：近代有人因行商回，见妻为人所杀，而失其首。既悲且惧，以告妻族[②]。乃执婿送官，不胜捶楚[③]，自诬杀妻。狱既具，府从事独疑之[④]，请更加穷

治[5]，太守听许。乃追封内仵作行人[6]，令供近日与人家安厝去处[7]。又问："颇有举事可疑者乎[8]？"一人对曰："某处豪家举事[9]，只言殂却奶子[10]。五更初，墙头舁过凶器[11]，极轻，似无物。见瘗某处[12]。"亟遣发之，乃一女子首。令囚验认，云："非妻也。"遂收豪家鞫问，具服杀奶子，函首埋瘗[13]，以尸易囚之妻，畜于私室[14]。婿乃获免。

按：此汉乾祐中[15]，王仁裕所说五代时事也[16]。顷闻一事，与此相似；又闻一事，颇亦类此，并附于后。

太平州有一妇人与小郎偕出[17]，遇雨，入古庙避之，见数人先在其中。小郎被酒困[18]，睡至晚始醒。人皆去矣，嫂已被杀，而尸无首。惊骇号呼，被执送官。不胜考掠，诬服强奸嫂，不从而杀之，弃其首与刀于江中。遂坐死。后其夫至庐陵[19]，于优戏场认得其妻[20]，诸伶悉窜[21]，捕获伏法。盖向者无首之尸，乃先在庙中之人也，伶人断其首，易此妇人衣，而携以去。小郎之冤如此，以无"善疑从事"故也[22]。然则赃证未明，狱可遽决乎[23]？

宣歙间[24]，有强盗夜杀一行旅[25]，弃尸道上，携其首去。将晓，一人继至而践其血，亟走避之。寻被追捕系狱，半年不决。有司切欲得首结案，乃严督里胥遍行搜索[26]。会一丐者病卧窑中，即斩以应命。囚亦久厌考掠[27]，遂伏诛。后半年，强盗始败于仪真[28]，狱成[29]，验所斩首，乃瘗于歙县界。彼里胥之滥杀，与平民之枉死，皆缘有司急于得首以结案也。然则追责赃证[30]，可不审谨乎？此皆政和中事[31]，可为典狱之戒[32]，故附著之。发瘗事又见《迹贼》门[33]。

【注释】

①《玉堂闲话》：笔记小说，五代后周王仁裕所撰。其内容反映了当时的社会生活和地方风土人情，具有文学价值和史料价值。

②妻族：妻子娘家的亲族。

③捶楚：杖击，鞭打。为古代杖刑。此指刑讯拷打。

④府从事：官名。州府长官佐官的简称。汉以后三公及州郡长官皆自辟僚属，多以从事为称，如别驾从事、治中从事之类。

⑤穷治：彻底追究查办。

⑥封内：所辖境内。仵作行人：旧时官府中检验死伤的小吏差役。也把以代人殓葬为业的人叫作"仵作行人"。

⑦安厝（cuò）：亦作"安措"，安葬。

⑧举事：此指举办丧事。

⑨豪家：指地位高、权势大的人家。

⑩殂（cú）却：死去。殂，死亡。奶子：即奶妈。

⑪舁（yú）：抬，抬东西。凶器：古时泛指丧葬用的器物。此指棺材。《周礼·天官·阍人》："丧服、凶器不入宫。"孔颖达疏："凶器者，棺材及棺中服器也。"

⑫见：同"现"。瘗（yì）：掩埋，埋葬。

⑬函首：人头装在木匣子里。

⑭私室：私人之家。

⑮汉乾祐中：后汉乾祐年间。乾祐（948—950），后汉高祖刘知远使用的年号。乾祐元年（948）二月后汉隐帝刘承佑即位沿用，一直到后汉灭亡。共计三年。

⑯王仁裕（880—956）：字德辇，秦州上邽（甘肃礼县）人。历经前蜀、后唐、后晋、后汉四朝为官，官及翰林学士、户部尚书、兵部尚书、太子少保。《旧五代史》卷一二八有传。

⑰太平州：北宋太平兴国二年（977）升南平军置太平州，治当涂县

（今安徽当涂）。属江南东路。小郎：即“小叔子”，丈夫的弟弟。

⑱被酒：即“中酒”，醉酒。

⑲庐陵：宋代郡县名。也就是吉州，治今江西吉安。

⑳优戏场：古代演戏游乐场所。

㉑伶：优伶，伶人。旧指舞台演出的艺人。悉窜：全都逃窜。

㉒善疑从事：指上文中的“府从事”。他因“独疑之”而昭雪冤案，故称他为“善疑从事”。

㉓遽决：匆忙判决，急促判决。

㉔宣歙（shè）：宋代二州名。宣州，治所在宣城（今安徽宣城）。歙州，治所在歙县（今安徽歙县）。

㉕行旅：远行的人，往来的旅客。

㉖里胥：管理乡里事务的小吏。

㉗厌考掠：憎恶严刑拷打。

㉘仪真：地名。宋真宗时置真州，徽宗赐名仪真。清初改为仪徵，即今江苏仪征。

㉙狱成：案件审理终结，相当于现在的结案。

㉚追责赃证：追寻赃物、证据。

㉛政和中：宋徽宗政和年间。政和（1111—1118），宋徽宗赵佶的年号。

㉜典狱：执掌刑狱的官吏。

㉝天海按：此为郑克自注。言府从事“发瘗事”又见《迹贼》门。参见本书卷七《迹贼》门17·4条《府从事》存目而无文。

【译文】

和嵘记载《玉堂闲话》的故事说：在过去不远的时代有人因外出经商回家，看见妻子被人杀死，而且失去她的头颅。他又悲伤又恐惧，把这件事告诉了妻子亲属。妻子亲属就扭送他到官府，他禁不起拷打的痛苦，被迫屈招杀了妻子。案件已定，只有州府从事怀疑这个案子，请求再次彻底追究查办，太守听从并许可。于是就追查境内从事殡葬安埋的人,命令他们提供近日为死丧人家安埋的地方。又问道:“有举办丧事很可疑的吗?”一人回答说:“某处权贵家举办丧事,只说是死了奶妈。五更初时,从墙头抬过棺材,特别轻,好像没有什么东西。现在埋葬在某处。”州府从事立即派人挖开这个坟墓,却是一个女子的首级。命令被囚的人犯辨认,他说:“这不是我的妻子。”于是收捕权贵家的人审问,完全招认杀了奶妈,是用木匣子装上头颅埋葬,用这个奶妈的尸体交换囚犯的妻子,把囚犯的妻子藏在自己家中。这个女婿于是得到释放免罪。

按:这是后汉乾祐年间,王仁裕所说五代时候的故事。不久前听说一事,与此相似;又听说一事,也与此很相似,一并附在后面。

太平州有一妇人与小叔子一起外出,路上遇雨,进入一座古庙避雨,看见有几个人先在庙中。小叔子喝醉了酒困倦,睡至晚上才醒。躲雨的人都离开了,嫂子已经被杀,但是尸体没有头颅。他惊骇不已,大声喊叫,被扭送到官府。他经不起严刑拷打,被迫承认强奸嫂子,嫂子不从而杀了她,丢弃她的首级与刀子在江中。于是被判死罪。后来妇人的丈夫到了庐陵,在游乐场所认出他的妻子,众艺人全部逃窜,逮捕后依法处死。之前的无头女尸,乃是先在庙中之人的,艺人砍去她的头,换上这个妇人的衣服,并携带这个妇人离开。小叔子的冤情如此,是因为没有“善疑府从事”的缘故。然而那赃物证据未能明确,案件岂可匆忙判决呢?

宣州与歙州交界之间,有强盗夜里杀了一个旅客,将尸体抛弃在道路上,携带死者的头颅离开。天将亮时,有一个人后到此地并踩到死者的血,急忙跑走躲避。不久被追捕关押狱中,半年不能结案。官府急切想要找到头颅结案,于是就严厉督责乡里小吏到处去搜索。恰好有一个乞丐因病卧于窑中,小吏就斩下他的头颅来交差。囚犯也因为长久憎恶拷打审问,于是认罪被处死。半年后,强盗才在仪真败露,案件审理终结,察验他斩下的头颅,已经掩埋在歙县边界。那乡里小吏的滥杀无辜,与平民的冤枉而死,都是因为官府急于找到死者头颅来结案。然而追查赃物证据,能不慎重严谨吗?这都是宋徽宗政和年间的故事,可以作为审理案件官吏的借鉴,所以附录在此。府从事挖掘坟墓的事又见《迹贼》门。

1·20　许宗裔验赃雪冤

王蜀时[1],有许宗裔守剑州[2]。部民被盗[3],灯下识之[4],迨晓告官[5]。捕获一人,所收赃物,唯丝绚绸线而已[6]。宗裔引问,缧囚诉冤[7],称是本家物,与被盗人互有词说。乃命取两家缫车[8],以丝绚量其大小,与囚家车轩同[9]。又问绸线胎心用何物[10],一云杏核,一云瓦子[11]。因令相对开之,见杏核,与囚款同[12]。于是被盗人服妄认之罪,巡捕吏当考决之辜[13]。指顾之间[14],便雪冤枉。旧不著出处,验赃事又见《证慝》门[15]。

【注释】

①王蜀:即前蜀,五代十国之一,907年由王建所建,故称"王蜀",都于成都(今四川成都)。盛时疆域约为今四川大部、甘肃东南部、陕西南部、湖北西部,925年灭亡。历二主,共十八年。

②许宗裔:其生平事迹未详。据《太平广记》载:"蜀之将帅,鲜不好货,有许宗裔者,分符仗钺,独守廉隅,尝典剑州,……乃良吏也。"守:犹"摄",暂时署理职务。品级较低的人任职较高官职为守某官。剑州:州名。唐713年始置。辖境相当于今四川剑阁、梓潼等地。治所在普安(今四川剑阁)。

③部民:部属百姓。

④识(zhì):引申指"记住"。

⑤迨(dài)晓:等到天亮。迨,等到,及,趁着。

⑥丝绚(qú):丝锭。绚,古代量词,丝五两为一绚。绸(chóu)线:指绸丝绕成的线团。

⑦缧(léi)囚:犹累囚,被拘囚的人。

⑧缫（sāo）车：抽茧出丝的工具。因它有轮旋转如同纺线车，故称缫车。

⑨车轩（kuáng）：即车轴，指缫车的轴承。

⑩绸线胎心：缠绕丝绸线团的轴心物。

⑪瓦子：陶制纺锤。《诗经·小雅·斯干》："载衣之裼，载弄之瓦。"瓦，纺砖，古代妇女纺织所用。或说是瓦块。

⑫囚款：囚犯供述。

⑬考决之辜：拷问判决的罪责。

⑭指顾之间：抬手、回头之间。比喻时间十分短促。

⑮天海按：此为郑克自注。言旧书《疑狱集》没有注明出处。许宗裔验赃事又见卷六《证慝》门中11·3条《傅琰杀鸡破嗉囊》所附。本篇事出《北梦琐言》，亦见《太平广记·精察二》。

【译文】

前蜀时期，许宗裔署理剑州公事。州内有一家百姓夜里被盗窃，他在灯光下记下被窃之物，等到天明告知州府。官府捕获了一个人，收缴的赃物只有丝绸线团罢了。许宗裔传召囚犯审问，被拘的囚犯连说冤枉，并说这些东西都是自家的，与被盗人所说各执一词。许宗裔便命人将原告及囚犯两家的缫车取至官府，以丝绸线团比量大小，结果与囚犯家缫车的车轴相同。许宗裔又问两家人丝绸线团用什么东西做轴心，一说用的是杏核，一说用的是纺锤。许宗裔便命二人当面打开丝绸线团，看见的是杏核，与囚犯的供述相同。于是被盗人承认冒认之罪，巡捕官吏承担拷问判决之罪。抬手回头之间，便昭雪了囚犯的冤屈。旧书《疑狱集》没有写明出处，许宗裔验赃之事又见卷六《证慝》门。

1·21　萧俨祷神破冤案

南唐《昇元格》[①]："盗物及五缗者死[②]。"庐陵豪民曝衣[③]，失新洁衾服[④]，直数十千。村落僻远，人罕经行，以为其邻盗之。邻人不胜楚掠，遂自诬服。诘其赃物，即云散鬻于市[⑤]，无从追究。赴法之日[⑥]，冤声动天。长吏以闻先主[⑦]，命员外郎萧俨覆之[⑧]。俨斋戒祷神，伫雪冤枉[⑨]。至郡之日，天气晴和，忽有雷声自西北起，至失物家，震死一牛，剖其腹而得所失物，乃是为牛所啖[⑩]，犹未消溃也[⑪]。出郑文宝《南唐近事》，旧集不载[⑫]。

按：此非智算所及[⑬]，盖获冥助尔[⑭]，实至诚哀矜之效也[⑮]。

【注释】

①南唐：五代十国时期的政权之一，937年由李昪在江南地区建立，定都金陵（今江苏南京），975年为宋所灭。传三世，历一帝二主，享国三十八年，是十国中版图最大的政权。《昇元格》：五代南唐律令。李昪命有司所撰，昇元三年（939）颁行，今佚。昇元，李昪的年号（937—943）。

②盗物及五缗（mín）者死：盗财物价值达到五缗（五千钱）的处以死刑。缗，本义为古代穿铜线用的绳子。也是古代计量单位，一串铜钱为一缗，每串一千文。天海按：据郑文宝《南唐近事》、吴任臣《十国春秋》载，又作“盗物直三缗者，处极刑”。

③庐陵：县名。治所在今江西吉安。豪民：地方上无官职但有财势，不守法度、凌压百姓的人。或曰为土豪。曝衣：晒衣。

④衾（qīn）服：被褥衣服等。

⑤散鬻（yù）于市：在市场上分散卖出。

⑥赴法：犹伏法，即依法处死。

⑦长吏：旧称地位较高的官员。也指州县长官的辅佐。先主：此指南唐开国君主李昪。李昪（888—943），字正伦，小字彭奴，徐州（今江苏徐州）人。五代十国时期南唐的建立者。《旧五代史》卷

一三四、《新五代史》卷一五有传。

⑧员外郎：古代官职之一，原指设于正额以外的郎官。隋朝于尚书省二十四司各置员外郎一人，为各司之次官，相当于副司长，郎中是正司长。萧俨：南唐庐陵（今江西吉安）人。甫十岁，诣广陵，以童子科擢第。及长，志量方正，交不苟合。授秘书省正字。李昪立，迁大理司直，除刑部员外郎，以明允称。后入宋，不仕。《南唐书》卷一五有传。

⑨伫雪冤枉：伫立等待神明昭雪冤枉。

⑩啖（dàn）：吃。意为吃或给人吃。

⑪消溃：消化腐烂。

⑫天海按：此为郑克自注。言本篇旧《疑狱集》不载，事出《南唐近事》；又见清吴任臣《十国春秋》。郑文宝（953—1013），字仲贤，一字仲玉，汀州宁化（今福建宁化）人。太平兴国八年（983）进士，仕南唐至校书郎，入宋官至陕西转运使。善诗文及篆书，工琴。著有《江表志》《南唐近事》《谈苑》等。《南唐近事》，宋代历史轶事笔记小说，专记南唐轶事。

⑬智算：犹谋划，计谋。

⑭冥助：此指鬼神在暗中佑助。

⑮至诚：极真诚。哀矜：怜悯。

【译文】

南唐时代的刑律《昪元格》规定："偷盗财物价值到五千文的处死罪。"庐陵有一富豪人家晒衣物，丢失了新置办的洁净被褥衣物，价值几千文。所在村落偏僻荒远，人迹罕至，就认为是他的邻居偷盗的。邻人经不起严刑拷打，于是被迫屈服认罪。追问所盗赃物，就说分散卖到市场上，因此无从追究。依法处死的那一天，他呼喊冤枉的哭声震动天地。州府佐官把此事报告给先主李昪，于是命员外郎萧俨复核查办这个案件。萧俨斋戒后向神灵祈祷，伫立等待昭雪冤枉。萧俨到庐陵郡这一天，天气晴和，忽然有雷声从西北方响起，直到丢失衣物的这一家，震死了一头牛，剖开牛的肚子却找到所丢失的衣物。原来是被这头牛吃掉，还没有消化腐烂。此事出自郑文宝的《南唐近事》，旧《疑狱集》不载此事。

按：这件事不是计谋所能够达到的，而是获得了神灵暗中帮助罢了，确实是至诚怜悯无辜者的验证。

1·22 高防量布释五人邵晔、梁颢二事附

高防初事周世宗[①]，知蔡州时[②]，部民王乂为贼所劫[③]，捕得五人，系狱穷治[④]，赃状已具[⑤]，将加极典[⑥]。防疑其枉，取赃阅之，召乂问："所失衫袴是一端布否[⑦]？"曰："然。"防令校其幅尺[⑧]，广狭不同，疏密有异，囚乃称冤。问："何故服罪？"曰："不任捶楚，求速死耳。"居数日，获其本贼，而五人得释。防后事本朝[⑨]，终于尚书左丞[⑩]。见本传[⑪]。

按：防校布事，与许宗裔验赃术同[⑫]。然所获衫袴，本非真赃，若其不幸而疏密广狭如一，则奈何？苟于情理有可疑者，虽赃证符合，亦未宜遽决。

雍熙中[⑬]，邵晔谏议为蓬州录事参军[⑭]。知州杨全[⑮]，性率而悍[⑯]，部民十三人，被诬为劫盗，悉置于大辟[⑰]。晔察其枉，白请再劾[⑱]，不听，乃取二人弃市，余械送阙下[⑲]。翌日，果获正盗，全坐削籍为民[⑳]，晔赐绯鱼[㉑]，授光禄寺丞[㉒]。见晔本传[㉓]。

景德中[㉔]，梁颢内翰知开封府时[㉕]，开封县尉张易，捕盗八人，狱成坐流既决[㉖]，乃获真盗。御史台劾问得实[㉗]，官吏皆坐贬责[㉘]。见当时诏令[㉙]。

此乃但凭赃证，不察情理，而遽决之者也。盖赃或非真，证或非实，唯以情理察之，然后不致枉滥，可不鉴哉！可不谨哉！

【注释】

①高防（905—963）：字修己，并州寿阳（今山西晋中）人。北宋时期，高防被任为尚书左丞，出知秦州，回朝之后，担任枢密院直学士，又出朝担任凤翔知府。《宋史》卷二七〇有传。周世宗：即柴荣（921—959），五代后周皇帝，又称柴世宗，在位六年（954—959）。

②蔡州：州名。治所在上蔡（今河南汝南）。

③部民：州属百姓。

④系狱穷治：关押在狱，彻底追究审理。

⑤赃状已具：赃物和供状都已完备。

⑥极典：极刑。此指死刑。

⑦衫袴（kù）：衣服裤子。袴，同“裤”。

⑧幅尺：此指布帛的宽度。

⑨本朝：本书作者郑克为宋人，故称宋朝为本朝。

⑩尚书左丞：官名。汉成帝建始四年（前29）置尚书，员五人，丞四人。汉光武帝时，减二人，始分左右丞。尚书左丞佐尚书令，总领纲纪；右丞佐仆射，掌钱谷等事，秩均四百石。历代沿置，为尚书令及仆射的属官，品级逐渐提高，隋、唐时至正四品；宋、辽、金亦置。

⑪天海按：此为郑克自注，言本篇事出宋朝《国史》高防本传。

⑫许宗裔验赃：参见1·20《许宗裔验赃雪冤》。

⑬雍熙：宋太宗赵光义的第二个年号（984—987）。

⑭邵晔（948—1011）：字日华，宋京兆（今陕西西安）人，徙桂阳（今湖南汝城）。太平兴国八年（983）进士，历任转运副使、朗州知州、转运使。景德三年（1006）邵晔受命为交趾安抚信使。大中

祥符间官至右谏议大夫，知广州。《宋史》卷四二六有传。谏议：官名。谏议大夫的简称。秦代置谏议大夫之官，专掌议论。北宋前期，为寄禄官。神宗元丰改制，升从四品，复专掌讽喻规谏，左隶门下省，右隶中书省。蓬州：州名。治所在蓬池（今四川蓬安）。录事参军：官名。晋始置，本为公府官，非州郡之职。宋代为州府属官，掌总录众曹文簿，举弹善恶。

⑮杨全：人名，余事未详。

⑯性率而悍：为人个性轻率又蛮横强悍。

⑰大辟：死刑。

⑱白请：禀告请示。劾：审理，判决。

⑲阙下：此指京城宫阙之下，意即朝廷。

⑳削籍：革职。从官籍中除名，即开除官职。

㉑绯鱼：指绯衣与鱼符袋，旧时朝官五品以上着红色朝服、佩鱼符袋。

㉒光禄寺丞：官名。为光禄寺卿的佐官，其地位仅次于少卿，掌衙署内部事务。光禄寺，为中央九寺之一，设卿、少卿为正副长官，掌皇室的膳食。

㉓天海按：此为郑克自注，言本篇事见宋朝《国史》邵晔本传。

㉔景德：宋真宗年号（1004—1007）。

㉕梁颢（963—1004）：字太素，郓州须城（今山东东平）人。宋太宗雍熙二年（985）状元。初为大名府观察推官，雍熙四年（987），召为右拾遗，入值史馆。迁殿中丞，复直史馆，历任开封府推官，三司关西道判官，转太常博士，赐绯鱼袋。后召右司谏。咸平三年（1000），任知制诰，赐金紫光禄大夫。四年举翰林学士，同知三班院审官司。景德元年（1004），权知开封府，六月得暴病身亡，享年四十二岁。《宋史》卷二九六有传。内翰：唐宋时称翰林学士为内翰。

㉖坐流既决：处以流放罪已经判决。流，隋以后五刑（笞、杖、徒、

流、死）之一，次于死刑，高于徒刑。宋代除发配远方、充军服劳役外，还须加杖刺字，故又称“刺配”。

㉗御史台：官署名。其长官为御史大夫，掌纠察。

㉘坐贬责：因此受到贬官处罚。

㉙天海按：此为郑克自注。当时皇帝的诏令今已不详。

【译文】

高防最初服事周世宗，做蔡州知州时，有州内百姓王义被盗贼抢劫，官府捕得五人，关押在狱中彻底审查治罪，赃物与供状已经齐备，将处以死刑。高防怀疑其中有冤屈，索取赃物察看，传召王义问道：“你所丢失的衣裤是一种布料吗？”回答说：“是的。”高防命令丈量那种布料的宽度，布料的宽窄不同，粗细也不一样，囚犯于是称冤。高防又问：“为什么要认罪呢？”囚犯回答说：“忍受不了拷打的痛苦，只求快死罢了。”过了几天，捕获到盗贼本人，因而五人都被释放。高防服事本朝，最终做到尚书左丞的官职。他的事迹见于《国史》高防本传。

按：高防校量布料的事情，与许宗裔验赃的方法相同。然而所获衣裤，本来不是真正的赃物，如果不巧那布料的粗细宽窄一样，那该怎么办？如果在案情事理方面有可疑的地方，即使赃物、证言符合，也不适宜匆忙结案。

宋雍熙年间，邵晔谏议大夫做蓬州录事参军。知州杨全，个性轻率而强悍，州内百姓十三人，被诬告为抢劫强盗，全部处以死刑。邵晔察到其中冤枉，禀告请示再次审理，杨全不听，于是将其中二人处死，其余的人犯戴上刑具送往朝廷。第二天，果然捕获真正的强盗，杨全因此革职为民，朝廷赐给邵晔绯衣鱼袋，授任光禄寺丞。事见《国史》邵晔本传。

宋景德年间，梁颢翰林学士任开封知府时，开封县尉张易，捕获强盗八人，案件办成判处流放罪已经结案，这才捕获真盗。御史台审问得到实情，有关官吏都因此被贬官责罚。事见当时皇帝的诏令。

这些就是只凭赃物证言，不审察案情事理，而匆忙判决的案件。那赃物有时不是真的，证言有时不合实际，只能以案情事理审察它，然后才不至于枉法滥刑，能不借鉴吗！能不谨慎吗！

1·23 向敏中密访捕凶王晦叔附

向敏中丞相判西京[①]，有僧暮过村舍求宿，主人不许；求寝于门外车箱中，许之[②]。是夜，有盗入其家，携一妇人并囊衣，逾墙出。僧不寐，适见之。自念不为主人所纳，而强求宿，明日必以此事疑我，而执诣县矣，因亡去[③]。夜走荒草中，忽坠眢井[④]。而逾墙妇人已为人所杀，尸在井中，血污僧衣。主人踪迹[⑤]，捕获送官，不堪掠治[⑥]，遂自诬，云："与妇人奸，诱以俱亡，恐败露，因杀之，投尸井中。不觉失脚，亦坠于井。赃与刀在井旁，不知何人持去。"狱成，皆以为然，敏中独以赃仗不获[⑦]，疑之。诘问数四，僧但云："前生负此人命[⑧]，无可言者。"固问之[⑨]，乃以实对。于是密遣吏访其贼。食于村店，有妪闻其自府中来[⑩]，不知其吏也，问曰："僧某狱如何？"吏绐之曰[⑪]："昨日已笞死于市矣[⑫]。"妪叹息曰："今若获贼如何？"吏曰："府已误决此狱，虽获贼不敢问也。"妪曰："然则言之无害。彼妇人乃此村少年某甲所杀也。"吏问其人安在，妪指示其舍。吏往捕，并获其赃，僧始得释。一府咸以为神[⑬]。见司马光丞相《涑水纪闻》[⑭]。

按：士之察狱[⑮]，苟疑其冤，虽囚无冤词，亦不可遽决。王晦叔丞相知潞州时[⑯]，有杀人狱已具，晦叔察情非是，而面讯之，其人自谓不获真杀人者无免理，终不自明[⑰]。僚属皆言无足疑[⑱]，固留不决而密以物色捕杀人者[⑲]，得之，作《辨狱记》以戒理官[20]。见尹洙龙图所撰神道碑[21]。此其“终不自明”，与僧云“无可言者”类矣，而皆不敢遽决，卒能获贼释冤[22]，岂非尽心矜谨之效欤[23]？

【注释】

①向敏中（949—1020）：字常之，开封（今河南开封）人。历任工部郎中、给事中等职。宋真宗咸平四年（1001），升任同平章事、集贤殿大学士，正式拜相。《宋史》卷二八二有传。判西京：兼任西京留守。判，唐宋官制，以大官兼任小官称判。西京，宋代以京都汴州开封为东京，河南洛阳为西京（陪都）。向敏中于景德二年（1005）改知河南府兼任西京留守。

②许之：天海按，《说郛》本无此二字。

③“自念不为主人所纳”几句：所纳、而执诣、因亡去，天海按，此三处，《说郛》本无“纳、而、亡”三字。执诣县，抓送到县衙。

④眢（yuān）井：废井，无水的枯井。

⑤踪迹：按行踪影迹追查、追寻。

⑥掠治：拷打审问。

⑦赃仗：罪证，犯罪的证据。

⑧前生：犹前世。为佛教语。谓前一辈子，对今生而言。负：欠。

⑨固问之：天海按，《说郛》作“因问之”。

⑩妪（yù）：老妇人。自府中来：指来自河南府所在地西京洛阳。

⑪绐（dài）：欺骗，谎言。

⑫笞死于市：在市上被鞭打至死。笞，鞭打，杖击。

⑬一府咸以为神：天海按，《说郛》本无此六字。

⑭司马光（1019—1086）：字君实，号迂叟，陕州夏县涑水（今山西夏县）人。世称涑水先生。北宋政治家、史学家、文学家。宋仁

宗宝元元年(1038),进士及第,累迁龙图阁直学士。宋神宗时,反对王安石变法,离开朝廷十五年,主持编纂了编年体通史《资治通鉴》。历仕仁宗、英宗、神宗、哲宗四朝,官至尚书左仆射兼门下侍郎。元祐元年(1086)去世,追赠太师、温国公,谥号文正。名列“元祐党人”,配享宋哲宗庙廷,图形昭勋阁;从祀于孔庙,称“先儒司马子”;从祀历代帝王庙。《宋史》卷三三六有传。《涑水纪闻》:宋代文言轶事小说,司马光著。《宋史·艺文志》、涵芬楼校排本《说郛》均作三十二卷。天海按:此为郑克自注。言本篇事出司马光《涑水纪闻》。

⑮士:古代掌刑狱之官。此指司法官吏。

⑯王晦叔:即王曙(963—1034),字晦叔,河南洛阳(今河南洛阳)人。王曙为宋太宗淳化三年(992)进士。咸平年间,再中贤良方正科,改授著作佐郎、知定海县。后以枢密直学士出知益州,他为政严峻,颇有政绩,受百姓爱戴,与张咏并称为“前张后王”。累官至枢密使、吏部侍郎、检校太傅、同平章事,封太原郡开国公。因任尚书工部侍郎参知政事、枢密使、同中书门下平章事等,故称丞相。《宋史》卷二八六有传。潞州:宋朝州名。治所在上党(今山西长治)。

⑰终不自明:始终不肯自己辨明冤情。

⑱僚属:下属官吏。

⑲固留不决:坚持留案不予判决。物色:按照一定标准去访求。

⑳《辨狱记》:天海按,《宋史·杜衍传》中也提及王曙为之写作此书,但此书今已不详。理官:治狱之官,司法官吏。

㉑尹洙(1001—1047):字师鲁,西京河南(今河南洛阳)人。北宋天圣二年(1024),考中进士,授正平主簿,迁河南户曹,选为馆阁校勘,迁太子中允。交好范仲淹,累贬经略判官。后期,迁右司谏、渭州知州、兼领泾原路经略公事,因事再贬均州酒税。《宋史》

卷二九五有传。天海按：因尹洙曾任龙图阁校勘，故尊称“尹洙龙图”。本篇事出尹洙所撰《王公神道碑铭》。

㉒卒：最终。

㉓矜谨：慎重严谨。

【译文】

向敏中丞相兼任西京留守时，有个僧人傍晚路过一村舍请求借宿，主人没有同意；又请求睡在门外车箱中，主人答应了他。这天夜里有盗贼进入主人家中，携带一妇人和满袋衣物翻墙出逃。僧人没有入睡，正好看见他们。自己想到不被主人所接纳，又勉强求宿，明日必定会因为此事怀疑我，将我抓送到县衙，于是逃走。夜里奔走于荒草中，忽然坠入枯井中。而翻墙的妇人已被人杀死，尸体丢在井中，血迹污染了僧人衣服。主人跟踪追寻，捕获僧人送到官府，僧人不堪拷打的痛苦，于是自己屈服认罪，说：“我与妇人通奸，引诱她一起逃走，又恐怕事情败露，因此杀了她，把尸体投入井中。不小心失足，也坠入井中。赃物与杀人刀丢在井旁，不知被何人拿走。”案件办成，都认为是这样，只有向敏中认为没有获取罪证而怀疑此案。接连多次盘问僧人，僧人只说：“前世欠此人命，没有什么可说的。”坚持问他，才把实情说出。于是向敏中秘密派遣官吏寻访那贼人。途中在一村店吃饭，有一老妇人听说有人从河南府来，不知那人是官吏，问道：“僧人某某的案件怎么样？”官吏骗她说：“昨日已经被打死在大街上了。”老妇人叹息说：“现在如果捕获贼人该怎么办？”官吏说：“府衙已经误判此案，即使捕获贼人也不敢审问了。”老妇人说：“那么就说说也没有妨害。那个死去的妇人乃是此村中少年某甲所杀。”官吏问那人在哪里，老妇人把那人的房舍指给官吏。官吏前往抓捕，并缴获其赃物，僧人才得到释放。整个河南府都认为向敏中是神明。此事见司马光丞相所撰《涑水纪闻》。

按：司法官审案，如果怀疑其中有冤情，即使囚犯没有诉冤的供词，也不可匆忙判决。王晦叔丞相任潞州知州时，有杀人案件已经结案，王晦叔审察实情并非如此，就当面审讯人犯，那人自认为不能捕获真正杀人者就没有免罪的理由，始终不肯自己辨明冤情。下属的官吏都说不值得怀疑，王晦叔坚持留案不判决并且秘密派人根据情况逮捕杀人者，终于捕得凶手，就写了《辨狱记》以告诫审判官。事见龙图阁学士尹洙所撰的《王公神道碑铭》。此案"终不自明"，与僧人说"无可言者"类似，因而都不敢匆忙判决，最终能够捕获贼人解除冤案，难道不是尽心怜悯人命、谨慎审案的验证吗？

1·24　钱若水雪冤辞功姜遵附

钱若水为同州推官[①]，知州性褊急[②]，数以胸臆决事不当[③]。若水固争不能得，辄曰："当陪奉赎铜耳[④]。"已而[⑤]，果为朝廷及上司所驳[⑥]，州官皆赎论[⑦]，知州愧谢[⑧]，已而复然[⑨]，前后如此数矣[⑩]。

有富民家小女奴逃亡，不知所之[⑪]。奴父母讼于州，命录事参军鞫之[⑫]。录事尝贷钱于富民不获[⑬]，乃劾富民父子数人共杀女奴[⑭]，弃尸水中，遂失其尸，或为元谋[⑮]，或从而加功[⑯]，皆应死。富民不胜榜楚[⑰]，自诬服[⑱]。具上[⑲]，州官审覆无反异[⑳]，皆以为得实。若水独疑之，留其狱，数日不决。录事诣若水厅事[㉑]，诟之曰[㉒]："若受富民钱[㉓]，欲出其死罪邪[㉔]！"若水笑谢曰："今数人当死，岂可不少缓，熟观其狱词邪？"留之且旬日[㉕]，知州屡趣之[㉖]，不能得，上下皆怪之。

若水一日诣州[㉗]，屏人言曰[㉘]："若水所以留其狱者，密使人访求女奴，今得之矣。"知州惊曰："安在？"若水因密使人送女奴于知州所。知州乃垂帘，引女奴父母问曰："汝今见汝女识之乎？"对曰："安有不识也。"因从帘中推出示之，父母泣曰："是也。"乃引富民父子，悉破械纵之[29]。其人号泣不肯去，曰："微使君之赐[30]，则某灭族矣[31]。"知州曰："推官之赐也，非我也。"其人趣诣若水厅事[32]，若水闭门拒之，曰："知州自求得之，我何与焉[33]。"其人不得入，绕垣而哭[34]，倾家资以饭僧[35]，为若水祈福。

知州以若水雪冤死者数人，欲为之奏论其功，若水固辞曰："若水但求狱事正[36]，人不冤死耳，论功非其本心也。且朝廷若以此为若水功，当置录事于何地邪？"知州叹服曰："如此尤不可及矣！"录事诣若水，叩头愧谢，若水曰："狱情难知，偶有过误，何谢也。"于是远近翕然称之[37]。未几，太宗闻之[38]，骤加进擢[39]，自幕职半岁中为知制诰[40]，二年中为枢密副使[41]。见《涑水纪闻》[42]。

按：若水雪富民冤，犹非难能；唯其固辞奏功，乃见器识绝人[43]，宜乎知州叹服也。

姜遵为开封府右军巡院判官时[44]，有二囚，狱具，将抵死[45]，遵察得其冤状而出之。故事"雪活死囚当赏"[46]，遵恐以累前狱吏[47]，乃不自言，与若水固辞之意同矣，然亦终于副枢[48]。见本传[49]。

【注释】

①钱若水（960—1003）：字澹成，一字长卿，河南新安（今河南新安）人。宋太宗雍熙二年（985）进士，任同州观察推官。淳化初，以文学高第召试，擢秘书丞、直史馆。历知制诰、翰林学士、知审官院。至道初，以右谏议大夫同知枢密院事。《宋史》卷二六六有

传。同州:州名。治所在冯翊(今陕西大荔)。推官:官名。知州的属官。主管复核审问刑狱案件。

②褊急:气量狭小,性情急躁。

③胸臆:个人主观意愿。决事:决断事情。

④陪奉赎铜:陪着你交纳赎罪钱。赎铜,赎罪铜钱。交纳铜钱抵销过失,犹罚款。宋制,州判案件,最后由知州决定,但参预审判的判官或推官,以及司理司法各参军,仍须负连带责任。

⑤已而:过后不久。

⑥驳:犹驳议。即批驳,议罪。

⑦赎论:以赎铜论罚。古代刑法有允许罪犯用财物赎罪,以免除其刑罚的制度。

⑧愧谢:此指由于连累他人感到愧疚而致歉。谢,致歉。

⑨复然:又是如此。

⑩数(shuò):屡次,多次。

⑪不知所之:不知去了哪里。

⑫录事参军:官名。晋置,亦称录事参军事。为王、公、大将军的属员,掌总录众曹文簿,举弹善恶。宋亦在京府为置司录参军,各州置录事参军。作为州郡长官的佐官,掌文书事务。鞫:审讯。

⑬贷钱:借钱。

⑭劾:本指审理,判决。此指检举揭发罪状。

⑮元谋:首谋,主犯。

⑯加功:古代法律指共同犯罪中的帮助行为或实施行为。

⑰榜楚:严刑拷打。

⑱诬服:无辜而服罪。

⑲具上:结案上报。

⑳审覆:审核,复查。反异:反常异状。

㉑厅事:又作“听事”,指官署视事问案的厅堂。

㉒诟：羞辱，责骂。

㉓若：汝，你。

㉔出：免除。邪：同“耶”，语气词。下同此。

㉕旬日：十多天。

㉖屡趣（cù）：多次督促。趣，催促，督促。

㉗诣州：拜见知州。

㉘屏人：使人回避。

㉙破械纵之：打开刑具释放他。

㉚微：表示否定，相当于“非”“不是”“没有”。使君：尊称州郡长官。赐：恩赐，恩惠。

㉛灭族：宗族灭绝。

㉜趣诣：急忙赶到。

㉝我何与焉：我哪里参与其中。

㉞绕垣：围绕院墙。垣，院墙。

㉟倾家资：倾尽家产。饭僧：向和尚布施斋饭。佛教信仰者通过布施僧侣修善祈福的行为。

㊱狱事正：案件公正办理。

㊲翕（xī）然：一致，一致称颂。

㊳太宗：宋太宗赵匡义（939—997）。宋太祖赵匡胤之弟，后避宋太祖讳改名光义。

㊴进擢（zhuó）：进升提拔。

㊵幕职：地方长官的属吏，如宋代的签书判官厅公事，司理、司法、司户、录事参军、推官、判官等。据《宋会要·职官》：“幕职官掌助理郡政，分案治事。”知制诰：古代官名。唐代始有此称，掌起草诏令。宋代他官加知制诰者亦起草诏令，称为外制；翰林学士起草诏令而亦带知制诰衔，称为内制。

㊶枢密副使：官名。宋代以枢密使为枢密院长官，与中书省的同平

章事共同负责军国要政。其副职称枢密副使。

㊷天海按:此为郑克自注,言本篇事出司马光《涑水纪闻》。

㊸器识绝人:器量与见识无人可比。

㊹姜遵(963—1030):字从式,淄州长山(今山东邹平)人。进士及第,为蓬莱尉,就辟登州司理参军,开封府右军巡判官。迁太常博士,监察御史,殿中侍御史,知邢州。宋仁宗即位,徙滑州,为京东转运使、徙京西。历三司副使,右谏议大夫、知永兴军。召拜枢密副使,迁给事中。《宋史》卷二八八有传。右军巡院判官:官名。开封府属官,与左军巡院判官分掌京城争斗及推鞫之事。

㊺抵死:判处死刑。

㊻故事:旧例,旧制。雪活死囚:昭雪冤案,救活死囚。

㊼累:连累,累及。

㊽副枢:"枢密副使"的简称。

㊾天海按:此为郑克自注。言本篇事出宋朝《国史》姜遵本传。

【译文】

钱若水做同州推官时,知州性情狭隘急躁,多次凭个人意志判决案件而不恰当。钱若水坚持争辩不能改变,就说:"只待奉陪你罚钱赎罪罢了。"过后不久,果然被朝廷以及上司所批驳,州中官吏都以罚钱赎罪论处,知州愧疚致歉,过后又跟先前一样,前后如此多次了。

有一富人家的小女奴逃走,不知去了哪里。女奴的父母告到州府,知州命录事参军审问此案。录事参军曾经向富人借钱不得,就揭发富人父子数人共同杀了女奴,弃尸在水中,所以找不到女奴的尸体。有的人是主谋,有的人是从中协助,都应当处死。富人不能忍受严刑拷打的痛苦,自己屈服认罪。结案上报,州官审察复核没有发现反常情状,都以为得到实情。只有钱若水怀疑这个案件,留下这个案子,数日没有判决。录事参军到钱若水的公事厅,责骂他说:"你收受了富人钱财,想要免除他的死罪吗!"钱若水笑着致歉说:"现在几个人被判死罪,难道不能稍稍缓一下，仔细察看那案卷供词吗？”留下此案件已经十多天，知州多次督促他处理，没有办到，上下同僚都责怪他。

钱若水有一日拜见知州，回避他人说：“若水之所以留下这个案件，是因为秘密派人访求女奴，现在已经找到她了。”知州吃惊地说：“在哪里？”钱若水便秘密派人送女奴到知州住地。知州垂下帘幕，传召女奴父母问道：“你们现在见到自己的女儿还认识她吗？”回答说：“哪有不认识的。”于是便从帘幕后推出女奴给他们看，女奴父母哭泣说：“就是她啊。”于是就传召富人父子，打开刑具释放了他们。那些人哭号流泪不肯离开，说：“没有使君的恩惠，那我们就灭族了。”知州说：“这是钱推官的恩惠，不是我的缘故。”那些人急忙赶到钱若水的公事厅，钱若水闭门拒绝见他们，说：“知州自己找到了人，我哪里参与其中。”那些人不能入内，就围绕院墙而哭，又倾尽家财为和尚供给斋饭，为钱若水祈福。

知州因为钱若水昭雪冤情挽救死囚数人，想要为此上奏朝廷为他请功，钱若水坚决推辞说：“若水但求办案公正，人不冤死罢了，评功不是我的本意。再说朝廷如果以此为我论功，那又置录事参军于何地呢？”知州叹服说：“像你这样，更无人可及了！”录事参军拜见若水，叩头愧疚致歉，钱若水说：“案情难知，偶尔会有过错失误，何必致歉。”于是远近的人都一致称颂他。不久，宋太宗听说了这件事，屡次加以晋升提拔，半年中从幕职升为知制诰，二年中升为枢密副使。事见《涑水纪闻》。

按：钱若水昭雪富人冤情，还并非难于做到；唯其坚决推辞奏请论功，乃见他器量见识无人能及，知州叹服也是应该的。

姜遵做开封府右军巡院判官时，有两个囚犯，已经结案，将要判处死罪，姜遵察出其冤枉情状而放出他们。按旧例“昭雪救活死囚的当赏”，姜遵恐怕因此牵连先前办案的官吏，就没有自己说出这件事，这与钱若水坚决推辞论功的意思相同，然而也最终做到枢密副使。见宋朝《国史》姜遵本传。

1·25 王利观气貌雪冤向傅亮、余良肱二事附

王利郎中[①]，通判沧州时[②]，阅具狱[③]，有群盗当就死[④]，利察其气貌非作恶者，密讯之，颇得其冤状，乃留不决[⑤]，且索境内。后数日，尽获真盗，赖免者七人。见尹洙龙图所撰墓志[⑥]。

按：凡察狱者，或以气貌[⑦]，或以情理[⑧]，或以事迹[⑨]。此三者皆足以知其冤否也，故以二事附于后云：

向傅亮少卿[⑩]，知管城县时[⑪]，有杀人者狱已具，傅亮察其情之非是，将释而更捕之，佐吏咸以为不可。后数日，果得真杀人者。见王珪丞相所撰墓志[⑫]。此以情理察之者也。

余良肱大卿[⑬]，初为荆南司理参军[⑭]。有捕得杀人者，既自诬服，良肱独以验其尸与所用刃疑之，曰："岂有刃盈尺而伤不及寸？"白请详捕[⑮]，果获真杀人者。见本传[⑯]。此以事迹察之者也。

夫事迹有时偶合，不可专用，当兼察其情理、气貌，故著此三事。抑又有说焉[⑰]：治狱贵缓，戒在峻急[⑱]，峻急则负冤者诬服[⑲]；受捕贵详[⑳]，戒在苟简[㉑]，苟简则犯法者幸免。惟缓于狱而详于捕者，既不失有罪，亦不及无辜，斯可贵矣。明谨君子[㉒]，当如是也。

【注释】

①王利：字兼济，宋河南（今河南洛阳）人。宋太宗时进士，曾通判沧州，官终屯田郎中分司西京，故称郎中。《宋史》无传。郎中：官名。郎中属员外级，就是分掌各司事务，是职位仅次于丞相、尚书、侍郎的高级官员。

②通判：官名。多指州府的副长官，掌管粮运、家田、水利和诉讼等事项，对州府的长官有监察的责任。宋天圣初，改通判为同判。宋周密《齐东野语·避讳》："本朝章献太后父讳通，尝改通直郎为同直郎，通州为崇州，通判为同判。"此官制始于宋朝时期。沧州：因濒临渤海而得名。治所在清池（今河北沧州）。

③阅具狱：审阅结案卷宗。

④当就死：已判死刑将被处死。

⑤留不决：留案不予处决。

⑥天海按：此为郑克自注。言本篇事出龙图阁学士尹洙所撰《王利墓志》。

⑦气貌：精神外貌。

⑧情理：案情与事理，也指人的情绪及思路。从法律意义来说，应表示案情和事理。

⑨事迹：案件全貌与痕迹。

⑩向傅亮：向敏中第三子，官驾部员外郎，余不详。见《宋史》卷二八二。少卿：官名。为中央九寺之副长官。向傅亮因官至某寺少卿故此尊称。

⑪管城县：宋县名。属郑州，故地在今河南郑州。

⑫天海按：此为郑克自注。言事出王珪所撰《向傅亮墓志》。今本王珪撰《华阳集》不见《向傅亮墓志》，当已佚。

⑬余良肱：原名贯，字康臣，洪州分宁（今江西修水）人。宋仁宗天圣二年（1024）进士，调荆南司理参军。历知虔、明、润、宣诸州，累迁光禄卿。《宋史》卷三三三有传。大卿：九卿中的正卿，副为少卿。

⑭荆南：荆湖南路，宋代路名。治所在潭州（今湖南长沙）。宋代划定为荆湖南路而开始简称为湖南。司理参军：官名。简称司理。宋太宗太平兴国四年（979）改诸州司寇参军置，掌本州讼狱勘鞫

之事。

⑮白请详捕:禀告请示认真仔细追捕。

⑯天海按:此为郑克自注。言本篇事出宋朝《国史》余良肱本传。

⑰抑又有说焉:或者还有一个说法。

⑱峻急:严酷急躁。

⑲诬服:是指无辜而服罪的意思。

⑳受捕贵详:受命逮捕人犯注重周详细致。

㉑苟简:草率而简略。

㉒明谨:明察审慎。

【译文】

郎中王利,任沧州通判时,审阅已经定案的卷宗,发现有一群盗犯被判处死刑即将处死,王利观察这些人的精神相貌,不像是作恶的人,秘密进行审讯,确实了解到他们的冤情,于是就将此案扣留不予判决,并且在境内进行搜查。过了几天后,将真正的盗犯全部查获,因此而幸免冤死的有七人。事见龙图学士尹洙所撰《王利墓志》。

按:凡是审查案件,有的根据精神相貌,有的根据案情事理,有的根据案件踪迹。根据这三方面,完全能够知道其中是否有冤情,所以将下面二事附录在后:

少卿向傅亮,任管城县知县时,有个杀人犯已经判罪结案。向傅亮考察案件不合情理,将要释放他再去捕捉真正的罪犯,属吏们都认为不可。过了几天后,果然捕到真正的杀人犯。事见王珪丞相所撰《向傅亮墓志》。这就是按照案情事理查办案件的情况。

大卿余良肱,最初做荆南司理参军。有官吏捕到一个杀人犯,犯人已经无辜认罪,只有余良肱在检验了尸体和杀人所用的刀之后怀疑这个案件,说:“哪里会有刀刃长一尺多,而伤口不到一寸的呢?”便请求周密追捕,果然捕获了真正的杀人犯。事见宋朝《国史》余良肱本传。这就是根据痕迹查办案件的例子。

不过那案件痕迹有时会偶尔巧合，不能专用此法，应当同时考查案件的情节事理、嫌犯精神相貌，所以记录了以上三件事。不过另外还有一种说法：审理案件要注重徐缓稳重，切忌严苛急躁。严苛急躁就会使背负冤屈的人无辜认罪；受命捕捉罪犯要注重严密周详，切忌草率简略，草率简略就会使犯法的人侥幸逃脱。只有审理案件徐缓稳重，捕捉罪犯严密周详，既不放走有罪之人，也不累及无罪之人，这才是最可贵的。明察谨慎的君子，应当如此呀！

1·26 任中正惩治狱吏

任中正尚书①，知益州时②，眉州青神县吏光宝家为盗所劫③，耆保言是夜雷延赋、雷延谊皆不宿本舍④，县尉即捕系之⑤。县吏王嗣等恣行考掠⑥，皆死于狱。有顷⑦，本州获劫光宝家贼七人⑧，始知赋、谊之冤。中正劾治其事以闻⑨，王嗣等四人并配隶他郡⑩，而优恤被枉之家⑪。见景德中诏令⑫。

按：县尉苟欲逃责，亦或捕系平民，况其事迹涉于疑似⑬，惟听者宜察尔，不当容吏恣行考掠，使负冤而死也。以未论决而贷长吏⑭，亦云幸矣。此可为典狱之鉴⑮，故特著之也。

【注释】

①任中正：字庆之，北宋曹州济阴（今山东曹县）人。进士及第后，为池州推官。历任大理评事、通判邵州，改太府寺丞、通判濮州。迁秘书省著作佐郎、通判大名府。太宗召为秘书丞、江南转运副使，进升枢密直学士，知益州。仁宗时，拜兵部尚书、迁礼部尚书。《宋史》卷二八八有传。尚书：官名。宋代中央政府六部各部长官。任中正曾官兵部尚书，故称。

②益州：州名。治所在成都（今四川成都）。

③眉州：州名。治所在眉山（今四川眉山）。青神县：眉州属县之一，治所在今四川眉山南。县吏：县衙中在县令之下从事工作的属吏。

④耆（qí）保：宋代最基层的地方治安组织成员。由年长的乡绅担任，主要职责是维护本地治安。具体为负责逮捕犯法者、修建破损桥梁等。本舍：本人宿舍。

⑤县尉：官名。县令的佐官，宋代县尉以阅羽弓手、禁止奸暴为职责并掌治安讼狱。捕系：逮捕关进监狱。

⑥恣行考掠：肆意进行拷打逼供。

⑦有顷：不久，一会儿。

⑧本州：此指眉州。

⑨劾治：审查治罪，推究审问。以闻：将此案报请朝廷治罪。

⑩配隶：宋代刑罚，指被判处流配的犯人被送往西北边塞服军役。

⑪优恤：优待抚恤。

⑫景德：宋真宗的年号（1004—1007）。天海按：此为郑克自注，言本篇事出景德年间皇帝的诏令。

⑬疑似：似是而非。

⑭未论决：案件没有判决。贷：饶恕，宽恕。长吏：此指县吏之上的县令、县丞、县尉等官吏。

⑮典狱：执掌刑狱之官吏。

【译文】

兵部尚书任中正，任益州知州时，眉州青神县吏光宝家被强盗抢劫，地保说这天夜里雷延赋、雷延谊都不在自己家过夜，县尉立即逮捕关押了他们。狱吏王嗣等人肆意进行拷打审讯，雷延赋、雷延谊都死在狱中。过了不久，眉州捕获了抢劫光宝家的盗贼七人，这才知道雷延赋、雷延谊二人的冤情。任中正审核办理这个案件并上报朝廷，王嗣等四人一并发配流放西北州郡服兵役，并且优恤被冤枉的雷延赋、雷延谊的家人。此事见景德年间皇帝的诏令。

按：县尉如果想要逃避责任，也有人会逮捕关押平民，何况那案件行迹又涉于疑似之间，只是审案的人应当详察罢了，不应当容忍属吏肆意进行拷打逼供，使之含冤而死。因为案件没有经过结案判决，才宽恕了县衙的其他官吏，也可以说是幸事了。这可以作为治理监狱的借鉴，所以特地著录此事。

1·27　张保雍免死多人

张保雍刑部[①]，为湖北转运时[②]，鄂州置场市民炭[③]，常时，吏先署入抄文为足[④]，而实尚留民家未入[⑤]，比漕发乃直取载之[⑥]。州将挟情[⑦]，使税官按劾[⑧]，坐盗当死者十八人[⑨]。保雍自荆南单船六日夜入鄂州直其冤[⑩]，笞守吏数人而已[⑪]。见曾巩舍人所撰神道碑[⑫]。

【注释】

①张保雍（975—1033）：字粹之，蔡州（今河南汝南）人。宋真宗景德二年（1005）进士，授山阴主簿，知三泉县，通判齐州、永兴军，知汉州。曾出使契丹，使回，任荆湖北路转运使，两浙转运使加刑部郎中。今本《宋史》无传。刑部：官署名。隋朝以后中央六部之一，掌管法律、刑狱事务，长官为刑部尚书，张保雍曾官刑部郎中，故尊称为刑部。刑部郎中掌律法，按覆大理及天下奏谳，为刑部尚书之副职。

②湖北：路名。即荆湖北路，治所在江陵（今湖北江陵）。转运：即转运使，官名。唐代以后各王朝主管运输事务的中央或地方官职，有水陆转运使、诸道转运使、盐铁转运使等。北宋前期转运使职掌扩大，实际上已成为一路之最高行政长官，掌管一路的财赋、监察，简称为“漕”。

③鄂州:州名。治所在江夏(今湖北武昌)。置场市民炭:设置场所买购民间木炭。

④先署入抄文为足:先将所购木炭数量登记抄文上报为足额。署,签署,记载。天海按,“署”字,原文作“印”,此据《元丰类稿》卷四七《刑部郎中张府君神道碑》改。

⑤留民家未入:木炭留存在民家并未收进置场。

⑥比漕发:等到运炭船出发时。漕,漕运。即用船只水路运输。

⑦州将:州的长官,此指知州。东汉以后,州刺史多掌讨贼事务,后又改州牧统筹军事,所以称之为州将。据《刑部郎中张府君神道碑》原文:“有冯异以化黄金干太后,得奉职监鄂州税,知州欧阳颖事之曲恭。武昌置场中市民炭,常时,吏先署入抄文为足,而实尚留民家不入,比漕发乃直取载之以为故。颖暴又欲资,异谋使按之。”挟情:挟私。

⑧按劾:审核查办。

⑨坐盗当死:按盗窃罪判处死刑。

⑩荆南:唐、五代方镇名。此指荆州,治所在荆州(后升为江陵府,今湖北荆州)。单船:一人乘船。直其冤:为被诬为盗判处死刑者平反昭雪。

⑪笞(chī):用竹板或荆条打击背、腿的刑罚。守吏:此指置场管理木炭的小吏。

⑫曾巩(1019—1083):字子固,建昌军南丰(今江西南丰)人,后居临川(今江西抚州)。北宋散文家、史学家、政治家。《宋史》卷三一九有传。舍人:古代对有官职的人的尊称。神道碑:古代立于墓道前记载死者生平事迹的石碑。天海按:此为郑克自注之文。事见《元丰类稿》卷四七《刑部郎中张府君神道碑》。

【译文】

刑部郎中张保雍,做湖北转运使时,鄂州设置场所购买民间木炭,平常时，置场小吏先登记所购木炭以抄文上报为足额，而实际上木炭还留存在民家未进入置场，等到漕运发船时就直接搬取装载上船。知州怀有私情，唆使收税官吏审核查办，因盗窃罪被判处死刑的有十八人。张保雍自江陵只身乘船六天六夜进入鄂州为被诬为盗窃罪判处死刑的人平反昭雪，只是对置场守吏数人处以笞刑罢了。事见曾巩舍人所撰《刑部郎中张府君神道碑》。

1·28　张昷之勇释知县

张昷之待制[①]，提点淮南刑狱时[②]，杨崇勋知亳州[③]，恃恩恣横[④]，知蒙城县王申以公事忤之[⑤]，即械送狱。昷之往问，得其冤状，既出申，又擿奸吏十数辈[⑥]，黥配之[⑦]。见本传[⑧]。

按：市炭冤状难明[⑨]，知县冤状易见，然苟非勇于义者，岂能奋而为之乎？

【注释】

①张昷（wēn）之（985—1062）：字景山，宋广陵（今江苏扬州）人。真宗大中祥符八年（1015）进士。补乐清尉，召还迁殿中丞、集贤校理。通判常州，累迁知温州，以荐擢提点淮南路刑狱，平王申冤狱。历广南东路、京西、河北转运使，有善政。为盐铁副使，擢天章阁待制、河北都转运按察使，以光禄卿致仕。《宋史》卷三〇三有传。待制：古代官员头衔。唐时为皇帝咨询近臣的称号，晚唐至宋朝时成为高级官员的头衔，宋因唐制，于殿、阁均设待制之官，如“保和殿待制”“龙图阁待制”之类，典守文物，位在学士、直学士之下。张昷之曾擢天章阁待制，故称。

②提点刑狱：官名。即提点刑狱公事，简称提刑官，是宋代特有的一种官职名称。提点刑狱公事是提点刑狱司（简称提刑司）的长

官，由朝廷选派，三年一换。提刑司是“路”级的司法机构，主要掌管刑狱之事，并总管所辖州、府、军的刑狱公事、核准死刑等，也有权对本路的其他官员和下属的州、县官员实施监察。淮南：路名。即淮南路，北宋初设置，以南唐的淮南十四州为主体，至道三年（997）改名为淮南路。

③杨崇勋：字宝臣，宋蓟州（今天津蓟州）人。初事真宗于东宫，累迁内殿崇班、并代州马步军副都总管，仁宗时进位枢密使，同平章事、河阳三城节度使，后因事罢，知寿州，徙亳州。《宋史》卷二九〇有传。亳（bó）州：州名。简称亳，古称“谯（qiáo）城”，治所在谯县（今安徽亳州）。宋时为淮南路所属州。

④恃恩恣横：自恃皇帝恩宠，肆意横暴。据《宋史·杨崇勋传》，“祖守斌，事太祖为龙捷指挥，父全美，事太宗为殿前指挥使，崇勋以父任为东西班承旨”，官至枢密使、同平章事；又说“崇勋性贪鄙，久在军职，当真宗时，每对辄肆言中外事，喜中伤人，人以是畏之”。

⑤蒙城县：位于安徽西北，今属安徽亳州。王申：人名，余事未详。

⑥擿（tī）：揭露。

⑦黥配：宋代刑罚名。在犯人脸上刺字，并发配到边远的地方。也称刺配。

⑧天海按：此为郑克注文。言本篇事出宋朝《国史》张昷之本传。

⑨市炭冤状：此指上条“鄂州置场市民炭”一案。

【译文】

天章阁待制张昷之，做淮南路提点刑狱时，杨崇勋做亳州知州，自恃皇帝恩宠，肆意横暴，蒙城知县王申因为公事触犯了他，就被戴上刑具送进监狱。张昷之前往审问，查得此案冤状，不仅放出王申，又揭发奸吏十几人，将他们刺配流放。事见《国史》张昷之本传。

按：鄂州购炭场的冤案情状难以查明，王申知县的冤状显而易见，然而如果不是勇于坚持正义的人，哪能奋起而做这样的事呢？

1·29 张尧佐再审释冤强至附

张尧佐宣徽[①]，初为筠州推官时[②]，吉州有道士与商人偕行[③]，夜宿邮舍饮[④]，而商人暴卒[⑤]，道士惶恐遁去，为逻者所获[⑥]，捕系百余人[⑦]。转运使命尧佐覆治[⑧]，尽得其冤而释之。见本传[⑨]。

按：强至省判[⑩]，初为婺州浦江令时[⑪]，有民与其母税邸舍于道[⑫]，客有过者，暴病未及闻县而死[⑬]。县尉希功[⑭]，往执其母榜之[⑮]，其子惶恐，即自诬杀客。至为研核[⑯]，得其情而释之。见曾肇内翰所撰行状[⑰]。

夫逆旅之冤[⑱]，与道士类矣，苟非尽心察情，不能得其冤状也。

【注释】

①张尧佐：字希元，北宋河南永安（今河南巩义）人。历任宪州、筠州推官，淮康军节度使、群牧制置使、宣徽南院使、景灵宫使。《宋史》卷四六三有传。宣徽：官名。即宣徽使，宣徽院长官。唐宪宗元和中置，以宦官充任，总领内诸司使及三班内侍名籍。五代至宋，因事简官尊，常以枢密院官兼。

②筠州：州名。治所在高安（今江西高安）。南宋理宗时改名瑞州。推官：官名。宋朝三司下各部设一员，主管各案公事；州府设节度推官、观察推官各一员掌勘问刑狱。

③吉州：吉州军，宋代地区名称，治所在庐陵（今江西吉安）。

④邮舍：驿站，馆驿。古代传递公文的驿站和公差住宿的馆舍。

⑤暴卒：指得急病突然死亡。

⑥逻者：即逻捕，巡逻搜捕的差役。

⑦捕系：逮捕关押。

⑧转运使:官名。宋初为集中财权,置诸路转运使掌一路财赋,并监察地方官吏,官高秩重者为都转运使,简称漕,实为府、州以上行政长官。覆治:复查审理。

⑨天海按:此为郑克注文。言本篇事出宋朝《国史》张尧佐本传。

⑩强至(1022—1076):字几圣,宋钱塘(今浙江杭州)人。庆历六年(1046)进士,充泗州司理参军,任浦江、东阳、元城县令。召判户部勾院、群牧判官。迁祠部郎中、三司户部判官。今本《宋史》无传。省判:宋朝称盐铁、度支、户部为"三司",号曰"计省",总揽国计。三司各置判官三人,分掌逐案之事称为"省判"。因强至曾任三司户部判官,故尊称"省判"。

⑪婺州:宋州名。治所在金华(今浙江金华)。浦江:宋县名。属婺州,故地即今浙江浦江。

⑫税:租赁。邸舍:客店,客栈。

⑬未及闻县:没有及时报告县衙。

⑭希功:邀功求赏。

⑮榜:古代刑法之一。杖击或鞭打。

⑯研核:审察考查,研究考核。

⑰天海按:此为郑克自注。言本篇事出曾肇所撰《强至行状》。曾肇(1047—1107),字子开,号曲阜先生,宋建昌南丰(今江西南丰)人。曾巩异母弟。官至翰林学士兼侍读。故称"内翰",有《曲阜集》四十卷,今存辑佚文四卷,其中未见《强至行状》。行状,叙述死者生平事迹的文章。

⑱逆旅:客舍,旅店。

【译文】

宣徽使张尧佐,最初做筠州推官时,吉州有道士与商人同行,夜宿驿站饮酒,不久商人暴病死亡,道士惊惶恐惧逃走,被巡捕差役擒获,还逮捕关押了一百多人。转运使命张尧佐复查再审,完全查得案件冤情,并释放了他们。事见《国史》张尧佐本传。

按：户部判官强至，最初做婺州浦江县令时，有平民与他的母亲在大道旁租房开客栈，有经过的客人，突然得了重病，没有等到报告县衙就死了。县尉希图邀功求赏，前往逮捕平民的母亲拷打审问，她的儿子惊惶恐惧，就被迫屈招杀了客人。强至做了研究核查，查到实情就释放了他们。事见曾肇内翰所撰《强至行状》。

这客栈的冤案，与道士的冤案是类似的，如果不是尽心审察案情，就不能查得案件的冤状。

1·30 程琳画图辨火灾

程文简公琳[①]，知开封府[②]，会禁中大火延两宫[③]。宦者治狱[④]，得缝人火斗[⑤]，已诬服，而下府[⑥]，命公具案狱[⑦]，公立辨其非。禁中不得入，乃命工图火所经[⑧]，而后宫人多而居隘，其烓灶近版壁[⑨]，烓灶者，行灶也，字从圭，渊圭切[⑩]。岁久燥而焚，曰："此岂一日火哉！"乃建言[⑪]："此殆天灾也[⑫]，不宜以罪人。"上为缓其狱[⑬]，卒无死者[⑭]。公在府决事神速，一岁中狱常空者四五[⑮]。见本传[⑯]。

按：琳图火所经处，以辨掠服缝人之非[⑰]，是也。火发于后宫，而人多居隘，苟欲根治，岂无枉滥[⑱]？故曰"此殆天灾，不可罪人"。于是为宽其狱，岂有冤死者耶？

【注释】

①程文简公琳：即程琳（988—1056），字天球，宋永宁军博野（今河北博野）人。历知制诰、权御史中丞，知开封府。皇佑初年，拜同平章事、判大名府。卒追赠中书令，谥号"文简"。《宋史》卷二八八有传。

②开封府：府名。治所在开封（今河南开封），北宋都于此。

③会：适逢。禁中：指皇帝、后妃等居住的地方。因宫中禁卫森严，臣下不得任意出入，故称禁中。两宫：指太后和皇帝或皇帝和皇后所住宫殿。亦指太上皇和皇帝或两后。因其各居一宫，故称“两宫”。

④宦者：此指宫中宦官。

⑤缝人：古官名。掌王宫内缝纫之事。也指制衣之官。火斗：即熨斗。

⑥下府：下交开封府。

⑦具案狱：审结此案。

⑧命工图火所经：令画工画出火灾所经过的路线图。

⑨烓（wēi）灶：古代一种可移动的火炉。版壁：木板墙壁。

⑩天海按：此为郑克自注之文。明万历本此注在本篇按语之末，本书不译出。

⑪建言：此指提建议。

⑫殆：表推测，相当于“大概”“几乎”。

⑬上：此指皇上，宋仁宗赵祯。为缓其狱：因此宽大对此案的处理。

⑭卒：最终。

⑮四五：概数。此指一年中的四五个月。

⑯天海按：此为郑克注文，言本篇之事见于宋朝《国史》程琳本传。又，本篇事又见欧阳修所撰《镇安军节度使程公墓志铭》。

⑰掠服：犹言屈打成招。

⑱枉滥：枉法恣肆，谓枉错淫滥，使无辜者受害。

【译文】

文简公程琳，做开封府知府时，遇上宫廷中大火延及皇帝与皇后两宫。宦官治理此案，查得缝纫工的熨斗，缝纫工已经无辜屈服，又下交开封府，命程琳审结此案，程琳立刻辨明此案不实。由于宫禁中不得进入，就命画工画出火灾所经过的地方，发现后宫人多但居住狭隘，那移动小灶靠近木板墙壁，年久干燥而起火，就说：“这难道是一天造成的火灾吗！”于是就提议说：“这应该是天灾吧，不应该以此怪罪人。”皇上因此宽大处理此案，最终没有处以死罪的人。程琳在府衙审决案件神速，一年中监狱常空的时候有四五个月。事见宋朝《国史》程琳本传。

按：程琳命人画下火灾所经过的地方，以此辨明缝纫工屈打成招的错案，是对的。火灾发生在后宫，后宫人多居住狭隘，假如想要彻底清查，哪会没有枉法滥刑的后果？所以说“这应该是天灾，不能怪罪人”。于是皇上因此宽大处理此案，难道会有冤死的人吗？

1·31　强至查询失火案乐蔼附

强至祠部[①]，为开封府仓曹参军时[②]，禁中露积油幕[③]，一夕火，主守者法皆应死。至预听谳[④]，疑火所起，召幕工讯之[⑤]。工言：“制幕必杂他药，相因既久，得湿则燔[⑥]。”府为上闻[⑦]，仁宗悟曰[⑧]：“顷岁真宗山陵火起油衣中[⑨]，其事正尔[⑩]。”主守者遂傅轻典[⑪]。亦见行状[⑫]。

按：梁天监中[⑬]，长沙宣武王将葬[⑭]，而车府忽于库失油络[⑮]，欲推主者[⑯]。御史中丞乐蔼曰[⑰]：“昔晋武库火[⑱]，张华以为积油幕万匹必然[⑲]，今库若有灰，非吏罪也。”既而检之，果有积灰，时称其博物宏恕[⑳]。出《南史·乐蔼传》[㉑]。

此皆油中火发，非人所致，主者但有守护不谨之罪尔，坐以失火[㉒]，则为冤死也。

【注释】

①强至：参见1·29条《张尧佐再审释冤》注。祠部：官名。即尚书祠部郎中。掌礼部四司之一的祠部，主管祭祀之事。

②仓曹参军：官名。即司仓参军事。于州称司仓参军，县称司仓佐，主管仓储。宋朝此职务归于户曹。

③油幕：涂油的帐幕。

④预听谳（yàn）：参预审案。谳，审判定罪。

⑤幕工：制作油幕的工匠。

⑥得湿则燔：遇到潮湿就会焚烧。

⑦府为上闻：开封府因此上奏皇帝。

⑧仁宗：北宋皇帝赵祯（1010—1063），宋朝第四位皇帝，宋真宗的第六子。

⑨顷岁：昔年，往年。真宗：北宋皇帝赵恒（968—1022），宋朝第三位皇帝，宋太宗第三子。山陵：旧称帝王坟墓。油衣：用桐油涂制而成的雨衣。

⑩正尔：正是如此。

⑪傅轻典：从轻处罚。傅，附加，处以。

⑫天海按：此为郑克自注。言本篇事出曾肇所撰《强至行状》。

⑬梁：朝代名，南朝萧衍（梁武帝）所建，都建康（今江苏南京）。天监：梁武帝年号（502—519）。

⑭长沙宣武王：梁简文帝萧纲长子，名懿，字元达，封长沙郡王，卒谥“宣武”。

⑮车府：官署名。尚书省驾部有车府，掌乘舆路车。油络：古代车上悬垂的油渍丝绳。

⑯推主者：审问追究主管油络官吏的罪责。

⑰御史中丞：官名。御史台长官，掌监察、执法。乐蔼：字蔚远，南阳（今河南南阳）人。南梁开国功臣，西晋尚书令乐广六世孙，雍州刺史宗悫的外甥。天监初，累迁御史中丞。《梁书》卷一九、《南史》卷五六皆有传。

⑱武库：储藏武器之库。

⑲张华：字茂先，西晋范阳方城（治今河北固安）人。晋武帝时累官中书令，后加散骑常侍。著有《博物志》十篇。然："燃"的本字。

⑳博物宏恕：博学多识，宽宏大量。

㉑天海按：此为郑克自注。言本篇事出《南史·乐蔼传》。

㉒坐以失火：处以失火罪。

【译文】

祠部郎中强至，做开封府仓曹参军时，宫廷中露天堆积的油幕，一天夜里失火，主管守护的官吏依法都应当处死罪。强至参预审案，怀疑起火的原因，召唤油幕工匠讯问。工匠说："制作油幕必须掺杂其他药物，互相作用时间已经长久，遭遇潮湿就会燃烧。"开封府因此上奏皇上，宋仁宗醒悟说："往年真宗山陵火灾起于油布雨衣中，那次事故正与此相同。"主管守护的人于是被处以轻刑。事见曾肇《强至行状》。

按：南梁天监年间，长沙宣武王将入葬时，而车府库中忽然丢失油络绳，将要追究主管之人的罪责。御史中丞乐蔼说："从前晋朝武库失火，张华认为堆积油幕万匹必定自燃，现在库中如果有灰烬，就不是官吏的罪过。"于是检查府库，果然有积灰，时人就称赞他博学多识、宽宏大量。事出《南史·乐蔼传》。

这都是油织物生发的火灾，并非人为所致，主管的人只有看守防护不谨慎的罪过罢了，以失火罪论处，就会冤死了。

1·32　钱冶床腿验火灾

钱冶屯田①，为潮州海阳令时②，郡之大姓某氏火，迹其来自某家③，吏捕讯之，某家号冤不服。太守刁湛曰④："狱非钱令不可。"冶问大姓，得火所发床足，验之，疑里仇家物⑤，因率吏入仇家，取床足合之，是。仇家即服曰："火自我出。故遗其迹某家者，欲自免也。"某家乃获释。见欧阳修参政所撰墓志[⑥]。

按：此盖仇家放火也，察某家号冤之情[⑦]，据仇家放火之证，情理证验，灼然可见，彼安得不服乎？此善推事者[⑧]，故能释冤也。

【注释】

①钱冶：天海按，“冶”，原文讹作“治”，《说郛》本亦讹作“治”，此据《欧阳文忠公集》卷二五《钱君墓表》径改，下与此同。钱冶（982—1033），字良范，宋常州武进（今江苏武进）人。历官扬州广陵、潮州海阳县令，迁宁国军节度推官，再迁屯田员外郎，通判宣州。《宋史》无传。屯田：官名。屯田员外郎简称。钱冶曾任此职务，故以“屯田”称之。

②潮州：州名。治所在海阳（今广东潮安）。然北宋地理全书《舆地广记》记载潮州为闽地。海阳：县名。治所在今广东潮安，宋时为潮州属。天海按：《说郛》本“海阳令”下无“时”字。

③迹：追寻火灾踪迹。某家：即某某家，省略姓名的代称。

④太守：官名。即知州。宋代有州无郡，无太守之官，故称州为郡，称知州为太守。刁湛（971—1049）：润州丹阳（今江苏丹阳）人。宋真宗咸平三年（1000）进士。授大理评事、知宣城、大冶等县。历知潮、庐、寿诸州及荆湖北路提点刑狱。《宋史》卷四四一有传。

⑤里：街坊，邻里。古代五家为邻，五邻为里。

⑥天海按：此为郑克自注。欧阳修（1007—1072），字永叔，号六一居士，庐陵（今江西吉安）人。宋仁宗时进士，官至枢密副使、参知政事，故称参政。卒谥文忠，世称欧阳文忠公。后人将其与韩愈、柳宗元和苏轼合称“千古文章四大家”；与韩愈、柳宗元、苏轼、苏洵、苏辙、王安石、曾巩合称为“唐宋散文八大家”。所撰

《欧阳文忠公集》共一五三卷，本篇此事今见卷二五《钱君墓表》。

⑦某家：天海按，原文作"其家"，此据上文与《说郛》本径改。

⑧推事：勘断案件。亦为官名。宋代称大理寺推丞、评事二官的省称。后代亦以泛称法官、审判员。

【译文】

屯田员外郎钱冶，做潮州海阳县令时，郡中有大姓某氏失火，追寻踪迹，火源来自某家，差吏逮捕审讯他，某家大喊冤枉不服。太守刁湛说："此案非钱县令审理不可。"钱冶讯问大姓家，查得引发火灾的床脚，检验床脚，怀疑是邻居仇家的物件，便率领差吏进入仇家取来床脚验合，正是。仇家立即服罪说："火是我放的。故意遗留踪迹到某家，是想免除自己的责任。"某家于是获得释放。事见欧阳修参政所撰《钱君墓表》。

按：这本是仇家放火，观察某家喊冤的情节，根据仇家放火的证据，情节事理相互验证，明白可见，那仇家哪能不服呢？这就是善于审案的人，所以能够解除冤案。

1·33 王珣查旧印释冤

王珣少卿[①]，知昭州[②]，有告伪为州印者，系狱久不决，吏持其文不类州印[③]。珣为索景德以前旧牍[④]，视其印文则无少异，诬者立雪。盖吏不知印文更时也[⑤]。见王珪丞相所撰墓志[⑥]。

按：此非告者造诬也[⑦]，但见其不类而告之耳。所印文书景德时事，当索景德以前旧版校之，吏不思此，乃令久系，亦可怜哉！唯珣尽心，于是获释，不然，则必冤死矣。

【注释】

①王珣：宋人，曾任昭州知州，官至少卿，故称。余事不详。少卿：官名。

正卿的副职。北宋初为四品寄禄官,神宗元丰改制后为职事官。

②昭州:古代州名。唐昭州平乐郡,州治平乐(今广西平乐)。宋朝先属广南路,后属广南西路。开宝五年(972)撤永平县入平乐县。地在今广西平乐。天海按:明万历本作“韶州”,未知孰是。韶州:州名。宋韶州治所在今广东韶关。

③不类:不同,不相类似。

④景德:宋真宗的年号(1004—1007)。以瓷器闻名的景德镇就是以这个年号命名的。旧牍:旧公文。

⑤更时:变更的时间。

⑥天海按:此为郑克自注。言本篇事出王珪所撰《王珣墓志》,今本王珪所撰《华阳集》中不见有《王珣墓志》。

⑦造诬:捏造诬陷。

【译文】

少卿王珣,任昭州知州时,有人被告伪造州府印鉴,被关押狱中长久没有结案,官吏坚持认为那公文印鉴与州府印鉴不同。王珣因此索取“景德”以前的旧公文,看那印文却与此没什么差别,被诬告的人立即得以昭雪。那是因为官吏不知印文更换的时间。事见王珪丞相所撰《王珣墓志》。

按:此非告发的人捏造诬告,只见其印文不同而告发他罢了。所印文书是景德时的事情,应当索取景德以前的旧版公文核校,官吏没有想到这个道理,就使那人被长久关押,也是可怜啊!只是因为王珣尽心办案,于是才获得释放,不然,就必定冤死了。

1·34 刘贺据情理释冤

刘贺承制①,初举进士②,为怀州修武令③。民有醉不能归者,其侣得其衣以还其家。醉人道毙④,丧家遂执以诉。贺曰:“以衣还者,非所以杀也。”由是得免。段少连荐贺可为将⑤，自著作佐郎改内殿承制⑥。见吕大防丞相所撰墓志⑦。

按：此非诉者造诬也，但痛夫毙者，故疑其杀耳。若不遇贺以情理察之，则彼负冤未易得释也。

【注释】

①刘贺：宋人，举进士，为怀州修武令，累迁著作佐郎，改内殿承制。今本《宋史》无传，余事未详。承制：指内殿承制。官名。宋代武臣职官，凡三十七迁。十迁为内殿承制，与文臣著作佐郎品级（正八品）相等。

②举进士：由进士科考中进入仕途。

③怀州：州名。治所在河内（今河南沁阳）。修武：县名。宋代为怀州属县。在今河南修武。

④道毙：死在路上。

⑤段少连（994—1039）：字希逸，开封（今河南开封）人。试秘书省校书郎，累迁龙图阁直学士。《宋史》卷二九七有传。将：此指州将，称刘贺能够担任州府官员。

⑥著作佐郎：官名。三国时魏始置，属中书省，掌编撰国史。宋于秘书省设有著作郎（从七品）、著作佐郎（正八品），掌汇编“日历”（每日时事）。佐郎年四十者可转武职。内殿承制：官名。北宋大中祥符二年（1009）置，为武臣阶官，七品。元丰改制，定为正八品。政和二年（1112）重定武臣阶官名，改为敦武郎。

⑦天海按：此为郑克自注。言本篇事出吕大防所撰《刘贺墓志》。吕大防（1027—1097）：字微仲，京兆府蓝田（今陕西蓝田）人。北宋时期政治家、书法家。《宋史》卷三四〇、《东都事略》卷八九皆有传。

【译文】

内殿承制刘贺，最初考中进士后出仕，做了怀州府修武县令。有个醉酒不能回家的人,他的同伴拿得他的衣服归还他家。醉酒的人死在路上,死者的家属于是扭送这个同伴去官府告状。刘贺说:“拿衣服归还的人,不是杀他的人。”由此能够免罪。段少连推荐刘贺可以任州将,就从著作佐郎改为内殿承制。事见吕大防丞相所撰《刘贺墓志》。

按:这不是告状人的捏造诬告,只是因为死去亲人而痛苦,所以怀疑他杀人了。如果不是遇到刘贺以情理审察这个案件,那么这个同伴背负的冤情就不容易得到昭雪了。

1·35 徐起避嫌请重审

徐起谏议[①],知楚州[②],先有囚罪不应死,而吏挟私傅致之[③],囚伺间逸去[④],后籍其家资[⑤]。比起至[⑥],乃自归陈其冤,起为请于转运使,更用他官覆治,乃得免。见本传[⑦]。

按:囚之逸去,以逃死也。自归诉冤,有足矜者[⑧]。起若辄自治之,则疑有心矫枉[⑨],故请更用他官覆治,而囚得免死,合于公议矣[⑩]。此不唯善释冤,抑亦善避嫌也。

【注释】

①徐起:字豫之,濮州鄄城(今山东鄄城)人。举进士,试秘书省校书郎、知隰川县,积官尚书都官员外、知楚州。枢密直学士张宗象荐之,擢提点广南西路刑狱。入判三司开拆司,历开封、三司度支判官。《宋史》卷三〇一有传。谏议:官名。谏议大夫省称。北宋前期,为寄禄官。神宗元丰改制,升从四品,复专掌讽喻规谏,左隶门下省,右隶中书省。

②楚州:州名。治所在山阳(今江苏淮安)。天海按:楚州,原误作“处州”,据《宋史·徐起传》径改。

③傅致之:罗织附会事实,使之构成死罪。

④伺间：伺机，寻找时机。逸去：逃跑。

⑤籍其家资：查抄囚犯家产。

⑥比起至：等到徐起到任。

⑦天海按：此为郑克自注，言本篇之事见宋朝《国史》徐起本传。今本《宋史·徐起传》不载此事。

⑧有足矜者：有值得同情的地方。

⑨矫枉：纠正偏差和偏邪。

⑩公议：公众的评论。

【译文】

谏议大夫徐起，知楚州时，先前有囚犯罪不至死，但是官吏挟私怨罗织附会事实，使他被判死罪，囚犯伺机逃走，后来他的家产被查抄。等到徐起到任，那人就自己归案陈述他的冤情。徐起因此向转运使请示，改用其他官员重新审查此案，囚犯于是得以免除死罪。事见宋朝《国史》徐起本传。

按：囚犯之所以逃跑，是为了逃避死罪。自己归案陈诉冤情，有值得同情的地方。徐起如果就自己办理此案，会有人怀疑他存心纠正错案，所以请示改用其他官员再审，而且囚犯能够免除死罪，也符合公众的评论。这不只是善于解除冤案，也是善于避免嫌疑。

1·36 萧贯越权伸妇冤此后五条，并伸冤事①。

萧贯兵部②，知饶州时③，有抚州司法孙齐者④，高密人⑤，初得嘉州司法⑥，先娶杜氏，留里中⑦；更绐娶周氏⑧，与抵蜀⑨。罢归，周氏恚其绐⑩，欲诉于官，齐断发誓出杜氏⑪。授歙州休宁尉⑫，得倡陈氏⑬，又纳之⑭。代授抚州司法⑮，乃窃取周氏所生子秃秃，合杜氏、陈氏载之抚州。未几，周氏亦与弟来，欲入据其舍，吏遮以告⑯。齐归，捽至庑下⑰，出伪券曰[18]："若佣婢也[19]，何敢尔耶[20]！"遂与陈氏杀秃秃，瘗寝后[21]。周氏诉于州，不直[22]；诉于转运使，不听[23]。久之，以布衣书里姓联诉事[24]，行乞道上，或教周诉于饶[25]。齐非贯所部，受而行之[26]，转运使始遣吏按鞫得实。狱上[27]，更赦[28]，犹停齐官，徙濠州[29]。见曾巩舍人所撰《秃秃记》[30]。

按：冤枉弗释，非仁也；冤抑弗伸，非义也；仁义之道，并行而不悖者[31]，故于释冤继以伸冤也。齐非所部，而贯受诉，岂侵官也[32]？盖曰：天下之恶，一也；受朝廷寄委者[33]，皆当疾之也[34]。《礼》所谓"无畏而恶不仁者"[35]，贯近之矣，不可与"代庖人治庖"者同议也[36]。转运使闻其受诉，始遣吏按鞫，岂非有愧于贯而然欤？是于名教不为无补[37]，故于伸冤首著之也。

【注释】

①天海按：此为郑克自注。言以下五事皆为伸冤案件。

②萧贯：字贯之，宋朝临江军新喻（今江西新余）人。真宗大中祥符二年（1009）进士。官大理评事。仁宗即位，进太常丞，历三司盐铁判官、刑部员外郎。出知饶州，迁兵部员外郎。召还，将试知制诰，未及试而卒。《宋史》卷四四二有传。兵部：官名。此指兵部员外郎，位在兵部郎中之下。

③饶州：州名。别名番邑，治所在今江西鄱阳。

④抚州：州名。治所在临川（今江西抚州）。司法：官名。即司法参军，知州佐官，掌刑法。宋制，在府称法曹参军，在县称司法。

⑤高密：县名。宋属密州，治所在今山东高密。

⑥嘉州：州名。治所在峨眉（今四川乐山）。

⑦留里中:留在故乡。

⑧绐娶:骗娶。诓骗而娶周氏为妻。

⑨抵蜀:到蜀地嘉州赴任。

⑩恚(huì)其绐:怨恨他欺骗自己。

⑪断发誓出杜氏:断发为誓,休掉杜氏。出,古代休妻称出。

⑫歙(shè)州:州名。治所在歙县(今安徽歙县)。宋徽宗宣和三年(1121),改歙州为徽州。休宁尉:休宁县尉。休宁,县名。治所在休宁(今安徽休宁)。尉,县尉。官名。县令的佐官,掌全县治安。

⑬倡:通"娼",妓女。

⑭纳:纳妾,娶妻。

⑮代授:换任,改任。

⑯遮:阻挡,拦阻。

⑰捽(zuó)至庑下:揪到走廊下。

⑱伪券:伪造的雇佣契券。

⑲若:你。佣婢:雇佣的婢女。

⑳何敢尔耶:怎敢如此呢。

㉑瘗(yì)寝后:埋在寝室后面。瘗,掩埋,埋葬。

㉒不直:不为伸冤。

㉓不听:不为审理。

㉔书里姓联诉事:书写自己的里居、姓名以及多次申诉的事情。

㉕诉于饶:向饶州上诉。

㉖齐非贯所部,受而行之:孙齐不是萧贯的部属,但仍然受理了周氏的申诉并且行文移送给转运使。

㉗狱上:案件上报。

㉘更赦:经过赦免。

㉙犹停齐官,徙濠州:还是撤掉孙齐的官职,迁往濠州。濠州,州名。治所在钟离(今安徽凤阳)。

㉚天海按：此为郑克自注，言本篇事见曾巩撰《元丰类稿》卷一七《秃秃记》。曾巩（1019—1083）：字子固，江西抚州南丰（今江西南丰）人，后居临川（今江西抚州）。北宋文学家、史学家、政治家。舍人：即中书舍人。隋唐时，中书舍人在中书省掌制诰。简称舍人。宋初亦设此官，实不任职，另置知制诰及直舍人院起草诏令。元丰改制后，始仍掌其事。北宋元丰五年（1082），曾巩擢拜中书舍人。曾巩述说年岁已老，望另选贤能。有《授中书舍人举刘攽自代状》，表示谦退。同年九月，曾巩即遭母丧，因而罢职。《秃秃记》：曾巩于庆历三年（1043）所作的一篇散文。文章记叙了五岁小儿秃秃惨死于父亲孙齐之手的原因和改葬过程，严厉谴责了禽兽不如的司法官孙齐，同时也揭露了封建社会法律政令的弊端。

㉛并行而不悖（bèi）：同时进行，不相冲突。见《礼记·中庸》："道并行而不相悖。"悖，违反。

㉜侵官：侵犯他人的职守。犹今言越权。

㉝寄委：寄命委政。谓以国家大政相委托。

㉞疾之：极力尽职尽责。

㉟无畏而恶不仁者：无畏而憎恶不仁的人。见《礼记·表记》："无欲而好仁者，无畏而恶不仁者，天下一人而已矣。"

㊱代庖人治庖：犹越俎代庖。替人处理或担任事情。亦称代庖。庖，厨师。

㊲名教：名分教化。即以正名定分为主的封建礼教。西汉董仲舒倡导"审察名号，教化万民"。汉武帝把符合封建统治利益的政治观念、道德规范等"立为名分，定为名目，号为名节，制为功名"，用它对百姓进行教化，称"以名为教"。主要内容就是三纲五常，故也有"纲常礼教"的说法。

【译文】

兵部员外郎萧贯，做饶州知州时，抚州司法有个名叫孙齐的，是高密县人，最初得到嘉州司法的官职，先娶了杜氏，留在故乡家中；又欺骗娶了周氏，与周氏一起到蜀地赴任。罢任回乡后，周氏怨恨他欺骗了自己，想要向官府起诉，孙齐剪断头发立誓要休弃杜氏。孙齐又任歙州休宁县尉，认识了娼女陈氏，又娶了她。孙齐改任抚州司法，就偷偷窃取周氏所生的儿子秃秃，并将杜氏、陈氏一起载到抚州。不久，周氏也与兄弟来了，想要进入他们的房舍，差吏阻挡并报告孙齐。孙齐回来后，揪住周氏到走廊下，拿出伪造的契券文书说："你就是个佣婢，怎敢如此呢！"于是与陈氏杀了秃秃，埋葬在寝室后边。周氏向州府起诉，不为她伸冤；又向转运使起诉，也不予受理。时间一久，周氏就用布衣写上籍贯乡里、姓名，与几次接连申诉的事情，在大路上行乞，有人教周氏到饶州申诉。孙齐并不是萧贯所属部下，萧贯还是受理了此案，并行文移送给转运使，转运使这才派遣官吏巡察审理得到实情。案件上报朝廷，经过赦免，还是罢停了孙齐的官职，贬谪到濠州。事见曾巩舍人所撰《秃秃记》。

按：冤枉不能解除，不是仁道；冤屈不能伸张，不是正义；仁义之道，并行而不冲突，所以能够解除冤案并且伸冤。孙齐并非萧贯部属，而萧贯受理申诉，难道不是越权吗？那是说：天下的罪恶，是一样的；受朝廷寄命委政的人，都应当极力清除它。《礼记》所说的"无所畏惧而憎恶不仁的人"，萧贯就近于这种人了，不能与"越俎代庖"的人相提并论。转运使知道萧贯受理申诉，才派遣官吏巡察审理，难道不是有愧于萧贯而这样的吗？这对于纲常礼教来说不能说没有益处，所以关于伸冤的案件要首先著录在此。

1·37　蔡高海上寻尸案

蔡高调福州长溪县尉[①]，县媪二子渔于海而亡。媪指某氏为仇[②]，告县捕贼，吏皆难之[③]，曰："海有风波，安知不水死乎[④]？虽果为仇所杀[⑤]，若不得尸，则于法不可理。"高独谓:“媪色有冤[6],不可不为理也。”乃阴察仇家得其迹,与媪约曰:“期十日不得尸[7],则为媪受捕贼之责[8]。”凡宿海上七日,潮浮二尸至,验之,皆杀也,乃捕仇家伏法。高,端明殿学士襄之弟也[9]。见欧阳修参政所撰墓志[10]。

按:人之冤诉,苦于抑塞[11],谓不得尸则不可理者,岂非抑塞乎?夫尉以捕贼为职,苟不恤冤诉[12],是不勤职业,岂疾恶慕义之士所为乎?虽然,高受而理之,亦有以也[13]。吏患不得尸,而尸在海者皆随潮出,第恐不幸潮落他境耳[14],故与媪约曰:“期十日不得尸,则为媪受捕贼之责。”宿海上七日而潮浮二尸至,此其至诚勤恤之效也[15],属吏所患何足虑,是以卒能伸冤也。

【注释】

①蔡高(1014—1041):字君山,宋兴化仙游枫亭(今福建仙游)人。北宋名臣蔡襄胞弟。宋景祐年间进士,初官为长溪县尉,后升迁河南开封太康主簿。在长溪县尉任上,廉洁奉公,体恤民情,求真务实,善于断案,人称“神明”。年二十八卒。《宋史》无传。福州:州名。治所在闽县(今福建福州)。长溪:县名。唐置。故治在福建霞浦。天海按:县尉,原文作“尉”,此据《说郛》本补。

②媪指某氏为仇:天海按,《说郛》本作“媪氏以为仇所杀”。

③难之:责难她。

④安知不水死乎:天海按,《说郛》本作“安知不死于水乎”。

⑤仇:天海按,原文误作“贼”,此据《欧阳文忠公集》卷二八与《说郛》本径改。

⑥媪色:天海按,《说郛》本作“媪氏”。

⑦期十日：天海按，《说郛》本无“期”字。

⑧为媪受捕贼之责：为老妇承受捕贼过期不获的责罚。古代捕贼均有期限（一般为三十日），逾期不获，则受责罚。

⑨端明殿学士：官名。以翰林学士担任，掌进读书奏。后唐天成元年（926）始置，宋沿置，由久任学士大臣担任，元丰改制后，并以执政官担任，无职掌，仅出入侍从备顾问。襄：蔡襄（1012—1067），字君谟，兴化军仙游（今福建仙游）人。北宋名臣，书法家、文学家、茶学家。宋仁宗天圣八年（1030）登进士第，历任馆阁校勘、知谏院、直史馆、知制诰、龙图阁直学士、枢密院直学士、翰林学士等职，在朝为谏官时，以直言著称。后数度外出，历知泉州、福州、开封府事。宋英宗即位后正授三司使，再以端明殿学士出知杭州。治平四年（1067）逝世，谥号“忠惠”。《宋史》卷三二〇有传。

⑩天海按：此为郑克自注。言本篇事出《欧阳文忠公集》卷二八《蔡君山墓志铭》。

⑪抑塞：压抑，阻塞。

⑫苟不恤冤诉：如果不体恤冤家申诉。

⑬有以：有原因，有道理，有条件。

⑭第：义同“但”。

⑮至诚勤恤：竭诚忧悯关怀。

【译文】

蔡高调任福州长溪县尉，县内老妇有两个儿子在海上捕鱼死了。老妇指认某氏是仇家，告到县衙要求逮捕杀人者，属吏都责难她，说：“海上有风浪，怎么知道不是落水而死呢？即使真的是被仇人所杀，如果不找到尸体，那于法也不能立案审理。”只有蔡高一人说：“老妇面色含冤，不能不审理。”于是就暗地侦查仇家，察得仇家作案踪迹，与老妇相约说：“以十日为期，找不到尸体，就为老妇接受过期不能捕贼的处罚。”蔡高在海上住了七日，海潮浮起两具尸体到来，检验尸体都是被杀死的，于是逮捕仇家，依法处以死罪。蔡高，是端明殿学士蔡襄的弟弟。事见欧阳修参政所撰《蔡君山墓志铭》。

按：人们要诉冤，痛苦的是被压抑阻塞。认为不找到尸体就不能审理，难道不是压抑阻塞吗？县尉以捕贼为职守，如果不体恤冤情诉讼，就是不勤勉于自己的职业，这难道是痛恨罪恶、向慕正义的人士所为吗？当然，蔡高接受并且审理此案，也是有条件的。属吏担心找不到尸体，而海中尸体通常随着海潮涌出，只是恐怕不巧随落潮去往他处，所以与老妇相约说："十日期限内找不到尸体，就为老妇接受过期不能捕贼的处罚。"他在海上住了七天而潮水浮来两具尸体，这就是他竭诚忧悯关怀百姓的验证。属吏所担心的不值得忧虑，因此最终能够为老妇伸冤。

1·38 陈荐担责获真盗王璩附

陈荐资政[①]，初为益州华阳尉[②]，有盗杀人，弃尸民田。荐往验尸，旁一女子以移尸告。田主即杀女子之母，其家执以诉官。县欲文致杀二人罪[③]，免荐失盗之责[④]。荐曰："是责何足避，不可使有冤不报与囚自诬以死。"既而果获真盗。见本传[⑤]。

按：田主杀女子之母，固当死矣，又使其自诬为盗杀人，则盗之罪幸免，而杀者冤弗报，咎莫大焉[⑥]。乃以苟避简书之责耳[⑦]，未为知轻重也。宁可己任其责，当使彼伸其冤，岂非君子之用心乎？

大理寺丞王璩[⑧]，为越州剡县尉时[⑨]，尝出，见尸覆水中，治之。或曰："岁饥，人多死，未必有他故也。治之，宁免捕贼之罚耶？"卒使捕贼。居数月，州已批罚，果得杀人者。见王珪丞相所撰墓志[⑩]。此其用心盖与高同[⑪]，皆君子不苟者也[⑫]。

【注释】

①陈荐：字彦升，宋邢州沙河（今河北沙河）人。举进士，为华阳尉。迁秘阁校理、判登闻鼓院、知太常礼院、直集贤院。英宗即位，累进知制诰、知谏院，除龙图阁直学士、河北都转运使。召为宝文阁学士、进资政殿学士。卒赠光禄大夫。《宋史》卷三二二有传。资政：指资政殿大学士。官名。正三品，无官守，无职掌，唯出入侍从备顾问，资望极高，常用以授罢政的宰相或其他大臣。

②益州：州名。治所在成都（今四川成都）。华阳：县名。宋代为益州属县。

③文致：舞文弄法，陷人于罪。

④免荐失盗之责：免除陈荐不能按期获盗贼的责任。

⑤天海按：此为郑克原注，言本篇事出宋朝《国史》陈荐本传。

⑥咎莫大焉：没有比这更大的罪过了。

⑦乃以苟避简书之责耳：就是为了苟且逃避法定责罚罢了。简书，告诫公文。

⑧大理寺丞：官名。大理寺的主官为大理寺卿，其次是大理寺少卿、大理寺寺正、大理寺丞。大理寺丞之职在正刑之轻重，并分管大理寺的各项事务。王璩（qú）：宋人。曾为越州剡县县尉，官至大理寺丞。余事未详。

⑨越州：州名。治所在会稽（今浙江绍兴）。剡县：县名。治所在今浙江嵊州。

⑩天海按：此为郑克自注。言本篇事出王珪所撰《王璩墓志》，今本王珪所撰《华阳集》中不载此文。

⑪高：指上文蔡高。事见本卷1·37条《蔡高海上寻尸案》。

⑫不苟：不随便，不马虎。

【译文】

资政殿大学士陈荐，最初做益州华阳县尉时，有强盗杀人，把尸体丢弃在农民田中。陈荐前去验尸，旁边一个女子告诉他说有人移动了尸体。那田地的主人当即杀死了女子的母亲，女子家人扭送他到官府告状。县令想要舞文弄法、罗织田主杀了两个人的罪过，免除陈荐过期不能捕盗的责任。陈荐说："此责任不应该逃避，不能使有冤的人不能报冤与囚犯自己屈招而死。"后来果然捕获了真正的强盗。事见《国史》陈荐本传。

按：田地主人杀了女子的母亲，本就应当处以死罪了，又让他自己屈招为强盗杀人，那么强盗的罪过就侥幸免除了，而被杀之人的冤屈不能报，没有比这更大的罪过了。就是为了苟且逃避法定责罚罢了，未能知道事情的轻重。宁可自己担负失盗的责任，也应当使他们申明自己的冤屈，难道不是君子的用心吗？

大理寺丞王璩，做越州剡县县尉时，曾经外出，看见有尸体卧伏在水中，就要查办此案。有人说："年岁饥荒，人多饿死，未必有其他原因。查办此案，难道能够免除捕贼不力的处罚吗？"最终还是使人捕贼。过了几个月，州府已经批文责罚，结果捕得杀人凶手。事见王珪丞相所撰《王璩墓志》。这王璩的用心几乎与蔡高相同，都是办案不苟的君子。

1·39 王罕为疯妇伸冤

王罕大卿[1]，知潭州时[2]，有老妪病狂[3]，数邀知州诉事[4]，言无伦理[5]。知州却之[6]，则又悖詈[7]，但命徼者屏逐而已[8]。罕至，复出诉。左右欲逐之，罕令引归听事[9]，召之叩阶，徐问其意。妪虽语言杂乱无次，然时有可晓者。乃本为人嫡妻[10]，无子，其妾有子，夫死为妾所逐，家资妾尽据之，屡诉不得直，因忿恚发狂。罕为直其事[11]，尽以家资还妪。见《涑水纪闻》[12]。

【注释】

①王罕:字师言,宋华阳(今四川成都)人。为岐国公王珪叔父。历广东转运使,擢户部度副使,知潭州,官终光禄卿。故尊称为大卿。《宋史》卷三一二有传。

②潭州:州名。治所在长沙(今湖南长沙)。

③病狂:得了疯病。即精神病。

④数邀:多次半路拦住。邀,半路拦住。诉事:告状。

⑤伦理:此指条理。

⑥知州却之:前知州拒绝受理她的投诉。

⑦悖詈(lì):乱骂。

⑧徼者:巡警。屏逐:驱逐,排除。

⑨听事:多指官署中的大厅,与厅事同。

⑩嫡妻:正妻。

⑪直其事:公正审理了这个案件。

⑫天海按:此为郑克自注。言本篇事出司马光《涑水纪闻》。

【译文】

光禄卿王罕,任潭州知州时,有个老妇人得了精神病,多次半路拦住前知州的轿子告状,语无伦次。知州拒绝她的投诉,就又乱骂,只好命巡警驱逐她罢了。王罕到任后,她又出来投诉。左右的人想要驱赶她,王罕命令随从领她回到署衙大厅,召她跪在阶下,慢慢讯问她的意图。老妇虽然语言杂乱无章,但时不时有可以听明白的地方。她本来是某人的正妻,没有子女,家中小妾有儿子,丈夫死后她被小妾驱赶,家产被小妾全部占据了,多次投诉得不到审理,因此忿怒怨恨而发狂。王罕为她公正审理此案,把家产归还给了老妇。事见司马光《涑水纪闻》。

1·40 沈括记哨子诉冤[①](颡叫子)

沈括内翰云[②]:世人以竹、木、牙、骨之类为“叫子”[③],置喉中吹之，能作人言，谓之“颡叫子”④。尝有病喑者⑤，为人所苦⑥，含冤无以自言⑤，听讼者试取“叫子”令颡之，作声如傀儡子⑧，粗能辨其一二⑨，乃获伸。此亦可记。《见笔谈》⑩。

按：狂者人所忽略，喑者人所鄙弃，有冤不伸，斯亦可怜。故著此二事，使尽心君子得以为鉴也。

【注释】

①沈括（1031—1095）：字存中，号梦溪丈人，杭州钱塘（今浙江杭州）人。北宋政治家、科学家。嘉祐八年（1063）进士及第，授扬州司理参军。宋神宗时参与熙宁变法，受王安石器重，历任太子中允、检正中书刑房、提举司天监、史馆检讨、三司使等职。转太常丞，擢知制诰，拜翰林学士出镇宣州。《宋史》卷三三一有传。天海按：此条原题作“颡叫子”，然《折狱龟鉴》全书均以人名为题，此据明万历本改。

②内翰：指翰林学士。官名。正三品，掌制诰诏令撰述。

③叫子：即哨子。口吹发声之器。

④颡（sǎng）叫子：置于人喉中吹的一种哨子。颡，喉咙，嗓子。

⑤病喑（yīn）：患哑病，不能说话。

⑥为人所苦：被人所伤害。

⑦含冤：原文作“烦冤”，此据明弘治乙卯刊本《梦溪笔谈》改。

⑧傀儡子：木偶戏的一种。

⑨粗：大略，大概。

⑩天海按：此为郑克自注，言此事见于沈括《梦溪笔谈·权智》。

【译文】

翰林学士沈括说：世人用竹、木、牙、骨之类的材料做成哨子，放在喉咙中吹它，能够模仿人说话，称它作“颡叫子”。曾有患哑病的人，被人所伤害，含冤不能自己述说，审理案件的官吏尝试取来哨子让他含在喉咙中，发声如木偶人戏中说话，大略能够辨别其中一二句，就此获得伸冤。此事也可以记载。事见沈括《梦溪笔谈》。

按：疯病人被人们所忽略，哑人被人们所鄙弃，他们有冤不能申诉，这也是很可怜的。所以著录这两件事，使尽心办案的官吏能够引以为戒。

卷三

二、辨诬

【题解】

辨诬，即辨明诬蔑、陷害，识破伪造的事实与虚假不实的谎言。在历代现实生活中，常常有些人为了达到个人目的或转嫁罪责，而诬告陷害无罪之人，这是造成冤案的主要原因之一。主审官吏如果深入查究案件事实，秉公执法，就能够辨明是非曲直，使受诬之人解脱冤狱。

《辨诬》为《折狱龟鉴》第二门，选录主案25条，其中重出无文1条，附7事，共31事。从内容上看，实际上也是《释冤》门的延续。主案涉及西汉至隋唐11事，宋朝21事。

在古代，被人诬告谋逆之罪常常会陷入万劫不复的深渊。主审官吏奉旨办案也是诚惶诚恐、小心翼翼、如履薄冰，对于牵连蒙冤之人大多避之不及，何谈为之辨诬雪冤！在本门2·2条《寒朗廷诤为辨诬》中，寒朗审理“楚王刘英大逆不道案”时，却能不惧皇上盛怒，据理为被诬蒙冤者谏诤。最后，汉明帝车驾亲自视察洛阳监狱，复查宽免囚徒，审理放出千余人。《后汉书·寒朗传》范晔以此比为“晏子一句话，齐侯减轻刑罚”，还说“仁德之人的情怀，太忠厚了”。故作者在按语中说：那些对此案惊惶恐惧，见案件全部人等陷罪，不敢以实情请求宽恕的官员，只求自己一人逃避责任,哪里会体恤众人背负冤屈,这是没有仁心啊!“仁者必有勇”,在寒朗身上充分体现了出来,所以寒朗能够辨别诬陷,大胆向皇上谏诤冤狱。

又如2·8条《张行岌抗旨辨诬》中,在唐武则天朝,有告驸马崔宣谋反之案,御史张行岌查办此案,并无谋反迹状。武则天大怒,令重审此案,张行岌上奏如初。武则天威胁他说:“崔宣反状分明,我令来俊臣案劾,汝当勿悔也。”张行岌说:“我如果顺从旨意胡乱族灭无罪之人,岂能是法官的操守。”张行岌在武则天任用酷吏横行之时,能够不惧武后淫威,即使多次被责难,也仍然坚守一个司法官员的操守,这是值得敬仰的。

作者在2·24条《毕仲游犯怒辨诬》的按语中说:诬告有难于知晓的,有容易知晓的。智慧不足就会有所困惑,因而对难于知晓的就不能辨别明了;勇气不足就会有所畏惧,因而对容易知晓的就不敢辨别明了。如果不能辨明,又何必责备;如果不敢辨明,这就确实可以责罪。这里把诬陷“不能辨明”与“不敢辨明”解析得十分清楚。不能辨明诬陷,有可能是因为案情复杂,智慧不足,不必苛求;而不敢辨明诬陷,就是出于私心,勇气不足有所畏惧,就应责罪。

作者还认为,辨明诬陷的方法,只有广闻博见、深入考察,不被欺瞒迷惑,才能精通于此。丙吉,就是所说的广闻博见的人(见2·1条《丙吉验子判遗产》);孙亮,就是所说的深入考察的人(见2·3条《孙亮破鼠屎查诬》);苻融检验奔跑而获得案件实情(见2·4条《苻融验奔跑辨诬》);都可以说是观察深刻而辨别明晰了。如果诬陷并非难以辨别,但迫于威势又不能拯救,就只有勇敢而心怀正义的人能够做到,寒朗就是这样的人(见2·2条《寒朗廷诤为辨诬》)。单孟阳审理贪赃受贿案,不逢迎御史中丞旨意(见2·23条《单孟阳抗上辨诬》);毕仲游办理抢劫案,不回避大帅发怒(见2·24条《毕仲游犯怒辨诬》);这些都是所谓见义勇为的人。

所以,广闻博见、深入考察、见义勇为,就是“辨诬”最重要的态度和方法。

2·1 丙吉验子判遗产

汉丙吉[①]，为廷尉时[②]，陈留有一老人[③]，年八十余[④]，前妻有一女已适人[⑤]，后妻生一子而翁死。家甚富，子方数岁，女欲夺其财，乃诬后母所生"非我父之子"。郡、县皆不能决，闻于台省[⑥]。吉乃言曰："吾闻老人之子不耐寒，日中无影[⑦]。"时方八月，取同岁儿均服单衣，惟老人之子畏寒变色。又令与诸儿立于日中，唯老人之子无影。遂夺财物归后母之男，前女服诬母之罪。旧不著出处[⑧]。

按[⑨]：或疑无影，恐其不然。《南史·萧暎传》[⑩]："荆州上津张元始[⑪]，年九十七生儿，遂无影[⑫]。"前代之人，固尝验此，尚何疑哉？

【注释】

①丙吉（？—前55）：一作"邴吉"，字少卿，西汉鲁国（今山东曲阜）人。丙吉少时研习律令，初任鲁国狱史，累迁廷尉监。后任大将军霍光长史，建议迎立汉宣帝，旋即获封关内侯。后为太子太傅，迁御史大夫。宣帝即位后，封丙吉为博阳侯。神爵三年（前59）升任丞相。《汉书》卷七四有传。

②廷尉：官名。战国时期秦国始置，西汉沿置也称大理，列位九卿，为中央最高司法审判机构长官，汇总全国断狱数，主管诏狱和修订律令的有关事宜。属官有正和左、右二监。史传未载丙吉任廷尉，此应指廷尉右监。天海按：《北堂书钞》卷四四、马总《意林》卷四、《太平御览》卷三八八、八三六等称引《风俗通义》此事，均作"丞相"，疑是。

③陈留：郡名。汉武帝元狩时，分河南郡置陈留郡，治所在陈郡（今河南开封）。

④年八十余：马总《意林》卷四、《北堂书钞》卷四四、《太平御览》卷八三六等引《风俗通义》此事作“年九十”。

⑤适人：女子出嫁。

⑥台省：汉代之“尚书”属少府，在宫禁台阁之中。当时称宫禁中为省中，故尚书省又有台省之称。

⑦日中：日中指中午太阳仰角最大时，不是中午12点。日中是古代十二时之一，又名日正、正午等，即上午11时正至下午1时正。

⑧天海按：此为郑克自注，言旧《疑狱集》载此事没有注明出处。本篇之事出应劭《风俗通》，已佚。今见唐人《北堂书钞》、马总《意林》、宋人《太平御览》所引。

⑨按：天海按，此“按”字原误倒在“恐其不然”下，今据原书文例径改。

⑩《南史》：唐朝李延寿撰，历代官修正史“二十四史”之一。纪传体，共八十卷，含本纪十卷，列传七十卷，上起宋武帝刘裕永初元年（420），下迄陈后主陈叔宝祯明三年（589）。天海按：萧暎，原文误作“萧映”，此据《南史·萧暎传》径改。

⑪荆州：州名。治所在南郡（今湖北江陵）。汉武帝所置十三刺史部之一。辖境约当今湖南、湖北两省及河南、贵州、广东、广西之一部分。上津：地名。在今湖北郧西县西甲水（金井河）东岸。天海按：“上津”，原文误作“三津”，此据《南史·萧暎传》校正。张元始：人名，余事未详，仅见于《南史·萧暎传》。《南史·萧暎传》原文为：“荆州上津乡人张元始，年一百一十六岁，膂力过人，进食不异，至年九十七方生儿，儿遂无影。”

⑫无影：日中不见影子。

【译文】

西汉丙吉做廷尉监时，陈留郡有一个老人，八十多岁了，先前的妻子生了一个女儿已经嫁人，后来的妻子生了一个儿子之后老翁死去。家庭很富有，儿子刚刚几岁，先前妻子所生的女儿想要夺取他的财产，就诬告后母所生“不是我父亲的儿子”。郡、县都不能判决，上报到台省。丙吉就说：“我听说老人所生的儿子不耐寒冷，正午阳光下没有影子。”当时正是八月，就找来同岁的小儿都仅穿单衣，只有老人的儿子畏寒变了脸色。又令与众小儿站立在正午阳光下，只有老人的儿子没有影子。于是夺回财物归还后母的儿子，女儿也招认了诬告后母的罪过。此事旧《疑狱集》不著明出处。

按：如果怀疑“老人所生的儿子不耐寒冷，正午阳光下没有影子”的话，恐怕这不对。《南史·萧暎传》中有载：“荆州上津乡张元始，九十七生了个儿子，日中不见影子。”前代的人，本来曾经验证过这样的事情，还应该有怀疑吗？

2·2 寒朗廷诤为辨诬

后汉寒朗[①]，以谒者守侍御史[②]，与三府掾属共考案楚狱颜忠、王平等[③]，辞连耿建、臧信、邓鲤、刘建四侯[④]。建等辞未尝与忠、平相见。是时显宗怒甚[⑤]，吏皆惶恐，诸所连及，率一切陷入[⑥]，无敢以情恕者[⑦]。朗心伤其冤，试以建等物色独问忠、平[⑧]，而二人错愕不能对[⑨]。朗知其诈，乃上言建等无奸，专为忠、平所诬，疑天下无辜类多如此。帝乃召朗入，问曰：“建等即如是，忠、平何故引之？”朗对曰：“忠、平自知所犯不道[⑩]，故多有虚引[⑪]，冀以自明。”帝曰：“即如是，四侯无事，何不早奏，狱竟而久系至今邪[⑫]？”朗对曰：“臣虽考之无事，然恐海内别有发其奸者，故未敢时上。”帝怒骂曰：“吏持两端[⑬]！”促提下，左右方引去，朗曰：“愿一言而死。小臣不敢欺，欲助国耳。”帝曰：“谁与共为章[⑭]？”

对曰："臣自知当必族灭[15]，不敢多污染人[16]，诚冀陛下一觉悟而已。臣见考囚在事者[17]，咸云凡妖恶大故[18]，臣子所宜同疾，今出之不如入之[19]，可无后责[20]。是以考一连十，考十连百。又公卿朝会[21]，陛下问以得失[22]，皆长跪言'旧制[23]，大罪祸及九族[24]。陛下大恩，裁止于身[25]，天下幸甚'。及其归舍，口虽不言，而仰屋窃叹，莫不知其多冤，无敢牾陛下者[26]。臣今所陈，诚死无悔。"帝意解[27]，诏遣朗出。后二日，车驾自幸洛阳狱[28]，录囚徒[29]，理出千余人[30]。出《后汉书》本传，旧集不载[31]。

按：《传》言朗廷争冤狱[32]，范晔以比"晏子一言，齐侯省刑"[33]，云："笃矣乎，仁者之情也[34]！"彼其惶恐，一切陷入，无敢以情恕者，唯务一己逃责，岂恤众人负冤，斯不仁哉！"仁者必有勇[35]"，于朗见之矣！是故能辨诬也。

【注释】

①寒朗：字伯奇，东汉鲁国薛县（治今山东滕州）人。好经学，博通书传，以《尚书》教授，举孝廉，永平中以谒者守侍御史，考按"楚狱"。建初中迁济阳令，再迁清河太守，坐法免。永初中以博士征，会卒。《汉书》卷四一有传。天海按："寒朗"，明万历本作"寒伯奇"。

②谒者：官名。东汉有中宫谒者令、中宫谒者。掌宾赞受事，及上章报问。守：犹"摄"。暂时署理职务。多指官阶低而署理较高的官职。侍御史：官名。为御史中丞（御史台长官）的属官，秦朝置，汉朝沿设，在御史大夫之下。朝廷的高级官员犯法，一般由侍御史报告御史中丞然后上报给皇帝。低级官员可以直接弹劾。

③三府：东汉以太尉、司徒、司空为三公，各开府署，合称三府。掾属：佐治之吏，汉代三公、大将军、将军可以开府，自辟僚属，分曹治事，正曰掾，副曰属。考案：审查，审问。楚狱：指楚王刘英大逆不道案。楚王刘英为汉光武帝刘秀与许美人所生，永平十三年（70），被人告发与渔阳王平、颜忠等造作图书，有逆谋，事下案验，废徙丹阳泾县，第二年自杀，史称"楚狱"。事见《后汉书·楚王英传》。此为冤案，故后世因此称冤狱为"楚狱"。

④辞连：供辞牵连。四侯：即隧乡侯耿建、朗陵侯臧信、护泽侯邓鲤、曲成侯刘建四人。

⑤显宗：东汉明帝刘庄（28—75）的庙号。刘庄为东汉光武帝刘秀第四子，东汉第二位皇帝。

⑥率一切陷入：全部陷入楚王英谋逆案。

⑦无敢以情恕者：不敢以实情请求宽恕他们。

⑧物色：外貌形状。

⑨错愕：感到突然而惊讶。

⑩不道：大逆不道。指造作图书有逆谋等犯上作乱的大罪。《后汉书·楚王英传》："事下案验，有司奏英招聚奸猾，造作图谶，擅相官秩，置诸侯王公将军二千石，大逆不道，请诛之。"

⑪虚引：虚假牵连。

⑫狱竟：案件完结。

⑬持两端：犹豫不决或怀有二心。指为官办案采取模棱两可、投机观望的骑墙态度，被认为是欺君之罪。

⑭章：奏章。

⑮族灭：即灭族。古代酷刑名，一人犯罪，灭及父母、兄弟、妻子等三族、七族以至九族等亲属。

⑯污染：牵累，连累。

⑰考囚在事者：在办案件中审讯囚犯的官员。

⑱咸:皆,悉,全部。妖恶:指妖异邪恶之事。大故:统指大逆不道的大罪。

⑲今出之不如入之:现在免除或从轻处罚他们,不如加罪处罚他们。出,即出罪,判有罪为无罪、重罪为轻罪,谓之“出”。入,即入罪,判无罪为有罪、轻罪为重罪谓之“入”。

⑳可无后责:可以不用担心事后被追究责任。

㉑朝会:古代称臣见君为朝,君见臣为会,合称朝会。

㉒得失:指成败、利害、短长、优劣。

㉓长跪:古代的礼节,指直身而跪,其礼节较轻。直身而跪,也叫“跽”。古时席地而坐,坐时两膝据地,以臀部着足跟。跪则伸直腰股,以示庄敬。旧制:原先的制度,旧时制度。

㉔天海按:原文“大罪”上衍“失”字,此据《后汉书·寒朗传》删。九族:一说指己身以上的父、祖、曾祖、高祖及以下的子、孙、曾孙、玄孙。又说以父族四、母族三、妻族二为九族。

㉕裁止于身:制裁止于罪犯一身。

㉖牾:同“忤”,忤逆,违反。

㉗帝意解:皇帝的盛怒缓解。

㉘车驾自幸:皇帝出行,亲临某处。车驾,古代用作皇帝的代称。幸,指帝王到达某地,也泛指皇族亲临。

㉙录囚徒:即录囚,亦称虑囚。古代由皇帝或有关官吏讯察囚犯并决定可否原宥的制度。此制始于汉代。

㉚理出千余人:审理放出千余人。

㉛天海按:此为郑克自注。言本篇事出《后汉书·寒朗传》,旧书《疑狱集》未载此事。

㉜《传》:指《后汉书·寒朗传》。廷争:在朝廷上向皇帝极力谏诤。

㉝范晔(398—445):字蔚宗,顺阳(今河南淅川)人。南朝宋著名史学家、文学家。著作《后汉书》,博采众书,结构严谨,属词丽密,与

《史记》《汉书》《三国志》并称“前四史”。元嘉十七年（440），范晔投靠始兴王刘浚，历任徐州长史、南下邳太守、左卫将军、太子詹事。元嘉二十二年（445），拥戴彭城王刘义康即位，事败被杀，时年四十八岁。晏子一言，齐侯省刑：事见《左传·昭公三年》，晏子居宅近市，齐景公欲为迁徙，而晏子不同意，并大谈与小民杂处的好处。景公因笑问：“子近市，识贵贱乎？”时因景公用刑繁苛，假足价为之上涨，晏子遂回答说：“踊贵，屦贱。”景公为是省于刑。晏子，名婴，字平仲，夷维（今山东高密）人。春秋时齐国大夫，任卿，历灵公、庄公、景公三世。

㉞笃矣乎，仁者之情也：语见《后汉书·寒朗传》。范晔论曰：“左丘明有言：‘仁人之言，其利博哉！’晏子一言，齐侯省刑。若钟离意之就格请过，寒朗之廷争冤狱，笃矣乎，仁者之情也！”笃，忠实专一，厚重。

㉟仁者必有勇：仁爱的人一定有勇气。语见《论语·宪问》：“有德者必有言，有言者不必有德；仁者必有勇，勇者不必有仁。”

【译文】

东汉寒朗，以谒者官职代理侍御史，与三府属官共同审理楚王刘英案件中的颜忠、王平等人，供辞牵连到耿建、臧信、邓鲤、刘建四个侯爵。耿建等人供辞说未曾与颜忠、王平相见。当时汉明帝盛怒，官吏都很惊惶恐惧，众多牵连到的人，全部都陷入此案，没人敢以实情请求宽恕。寒朗为他们的冤情而伤痛，尝试以耿建等人的外貌行状单独审问颜忠、王平，但是他二人感到惊讶而不能对答。寒朗知道其中有诈，于是就向皇上进言说耿建等人没有奸恶，只是为颜忠、王平所诬陷，怀疑天下无辜之人多是如此。皇帝就召寒朗入朝，讯问说：“耿建等人即使如你说的这样，颜忠、王平为什么要攀引他们？”寒朗回答说：“颜忠、王平自知所犯大逆不道之罪，所以有许多虚假攀引，希望能够以此开脱自己。”皇帝说：“即使如此，那四侯无事，为什么不早早上奏，案件完结还长久关押至今呢?”寒朗回答说:“臣下我虽然考察他们无事,但是恐怕国内另外有揭发他们罪责的人,所以未敢及时上奏。”皇帝大怒骂道:“小吏竟然敢两头取好!”催促捉下,左右卫士正要拉走他,寒朗说:“我希望再说一句话后再死。小臣不敢欺君,想要有助于国家罢了。”汉明帝问道:“你与谁共同做此奏章?”寒朗回答说:“小臣自知当必灭族,不敢多玷污牵连他人,确实希望陛下完全觉悟而已。小臣见审问囚犯办案的官员,都说凡是妖恶大罪,是臣子门所应该共同憎恨的,现在免除他们的罪过不如判处他们有罪,可以日后没有责任。因此考讯一个,牵连十个;考讯十个,牵连百个。又有公卿君臣朝会,陛下讯问此案利害得失,都伸长腰下跪说‘按照旧制,大罪祸及九族。陛下大恩,制裁止于一身,天下人特别幸运’。等到他们回到家中,口里虽然不说,却都仰看屋顶而私下叹息,没有人不知道其中多有冤情,但无人敢违抗陛下。小臣现在陈述这些,即使死了也没有悔恨。”汉明帝怒意缓解,诏命让寒朗出宫。二日后,汉明帝亲自视察洛阳监狱,复查宽免囚徒,审理放出千余人。事出《后汉书·寒朗传》,旧《疑狱集》不载。

按:《后汉书·寒朗传》说寒朗在朝廷向皇上谏诤冤狱,范晔以此比为“晏子一句话,齐侯减轻刑罚”,还说:“仁德之人的情怀,太忠厚了!”那些对此案惊惶恐惧,见案件全部人等陷罪,不敢以实情请求宽恕的官员,只求自己一人逃避责任,哪里会体恤众人背负冤屈,这是没有仁心啊!“仁爱的人必定有勇气”,在寒朗身上体现了!因此他能够辨别诬陷啊。

2·3 孙亮破鼠屎查诬

吴废帝孙亮①,暑月游西苑②,食生梅,使黄门以银碗并盖③,就中藏吏取蜜④。黄门素怨藏吏,乃以鼠矢投蜜中⑤,启言藏吏不谨⑥。亮即呼吏持蜜瓶入,问曰:“既盖覆之,无缘有此,黄门不有求于尔乎?”吏叩头曰:“彼尝从臣贷宫席不与[7]。”亮曰：“必为此也。亦易知耳。”乃令破鼠矢，内燥。亮笑曰：“若先在蜜中，当内外俱湿，今内燥者，乃枉之耳。”于是黄门服罪。

旧出《吴志注》[8]，先引《吴历》云[9]：“亮出西苑，食生梅，使黄门至中藏取蜜渍梅。蜜中有鼠矢，召问藏吏，藏吏叩头。亮问曰：‘黄门从汝求蜜耶？’吏曰：‘向实求，不敢与。’黄门不服，侍中张邠等启[10]：‘黄门、藏吏辞语不同，请付狱推究[11]。’亮曰：‘此易知耳。’令破鼠矢，矢里燥。亮大笑谓邠等曰：‘若矢先在蜜中，中外俱当湿，今外湿里燥，必是黄门所为。’黄门首服[12]，左右莫不惊悚[13]。”

又引《江表传》云[14]：“亮使黄门以银碗并盖，就中藏吏取交州所献甘蔗饧[15]。黄门先恨藏吏，以鼠矢投饧中，启言藏吏不谨。亮呼吏持饧器入，问曰：‘此器既盖之，且有掩覆，无缘有此，黄门将有恨于汝也？’吏叩头曰：‘尝从臣求宫中莞席[16]，宫席有数，不敢与。’亮曰：‘必是此也。’覆问黄门，黄门首服。”两说小异，凝杂取之[17]，故破矢事出《吴历》，求席事出《江表传》。

按：裴松之以为鼠矢新者[18]，亦表里皆湿。黄门取新矢则无以得其奸，缘遇燥矢，故成亮之慧。然犹谓《吴历》此言，不如《江表传》为实[19]。夫亮所言者，决定之理也；松之所言者，偶合之事也。理虽决定，事或偶合，故执理以御事[20]，亦有时似乎不通[21]，而穷理之人反为晓事者所笑，盖以此耳。惟圆珠不滞，鉴照难欺[22]，则事、理兼明，而情、状必得，故凝杂取两说，今复备载其本末也[23]。

【注释】

①吴:即东吴,朝代名。三国时的吴国。222年孙权于建业(今江苏南京)称吴王,229年称帝,史称孙吴、东吴。占有今长江中下游以及浙、闽、两广等地区,280年为晋所灭。共历四帝,五十九年。孙亮:三国吴大帝孙权的少子,权死继位为帝,在位七年,为大将孙琳所废,故称"废帝"。《三国志》卷四八有传。

②暑月:即夏月,约相当于农历六月前后小暑、大暑之时。西苑:皇宫西花园。苑,古代养禽兽植林木的地方,多指帝王的花园。

③黄门:汉代有黄门令、小黄门、中黄门等,侍奉皇帝及其家族,皆以宦官充任。故后世亦称宦官为黄门。此指服侍皇帝的宦官。

④中藏吏:皇宫中管理内库的官吏。汉代内库名中藏府,省称中藏,设令,主管皇帝御用物品及金钱货物等事。

⑤鼠矢:老鼠粪。矢,通"屎"。

⑥启言:向皇上进言。

⑦宫席:皇宫中的坐卧用席。

⑧《吴志注》:即《三国志·吴书·孙亮传》中裴松之注。

⑨《吴历》:裴松之注《三国志》所引之书,今已佚。

⑩侍中:官名。汉置,在禁宫中掌侍皇上左右,赞导众事、备顾问应对。三国时沿之。《汉书·百官公卿表上》:"侍中、左右曹诸史、散骑、中常侍,皆加官……侍中、中常侍得入禁中。"张邠:人名,生平不详。

⑪付狱推究:交付立案审问。

⑫首服:低头认罪。

⑬惊悚:惊慌,恐惧,震惊。

⑭《江表传》:裴松之注《三国志》所引之书,已佚亡。

⑮交州:三国时东吴州名。治所在番禺(今广东广州)。甘蔗饧:甘蔗糖。

⑯莞席：蒲草编的席。莞，即蒲草，可编席。

⑰凝杂取之：和凝杂取《吴历》和《江表传》所载。

⑱裴松之：字世期，南朝宋闻喜（今山西闻喜）人。初仕东晋，入宋，历官至大中大夫，领国子博士、太子洗马、中书侍郎、永嘉太守、大中大夫等。注陈寿《三国志》，引用魏晋人著作二百余种，网罗繁富，广增异闻，多补阙遗。《宋书》卷六四、《南史》卷三三有传。

⑲天海按：以上所引数语又见《三国志·吴书·三嗣主传》裴松之注，是裴松之对破矢辨诬事所作的评论。

⑳御事：治事者。亦指治事，处理事情。

㉑天海按：似乎，原文脱“似”字，文意不足，径补。

㉒圆珠不滞，鉴照难欺：圆珠滚动不会停止，明镜高照难以欺瞒。

㉓本末：始末详情。

【译文】

东吴被废的皇帝孙亮，盛夏游览西苑，要吃新鲜杨梅，命黄门用有盖的银碗到中藏吏那里取蜂蜜。黄门一向怨恨藏吏，就把老鼠屎投入蜜中，又进言说藏吏保管不善。孙亮立即呼唤藏吏带蜜瓶入见，问道：“蜂蜜既然加盖覆上，不应该有此老鼠屎，黄门不曾有求于你吗？”藏吏叩头说：“他曾经向小臣借宫席没有给他。”孙亮说：“一定是因为这个原因。也容易理解罢了。”就命令剖开老鼠屎，老鼠屎里面是干燥的。孙亮笑道：“如果老鼠屎原先就在蜂蜜中，应当内外都是湿的，现在里面是干燥的，就是冤枉藏吏了。”于是黄门认罪。

旧书《疑狱集》从《三国志·吴书》裴松之注录出，裴注先引《吴历》说：“孙亮出游西苑，要食新鲜杨梅，命黄门到中藏府取蜂蜜浸渍杨梅。蜂蜜中有老鼠屎，召问藏吏，藏吏叩头。孙亮问道：‘黄门向你要过蜂蜜吗？’藏吏说：‘以前确实要过，但不敢给他。’黄门不服，侍中张邠等人说：‘黄门、藏吏所说不同，请交付立案追究。’孙亮说：‘此事容易知道实情。’令人破开老鼠屎，老鼠屎里面是干燥的。孙亮大笑着对张邠等人说：‘如果老鼠屎原先就在蜂蜜中，里外应当都是湿的，如今外湿里燥，一定是黄门所为。'黄门低头认罪,左右的人没有不惊叹恐惧的。"

裴注又引《江表传》说:"孙亮使黄门用带盖的银碗,找中藏吏取交州所献甘蔗糖。黄门先前就怨恨藏吏,于是把老鼠屎投入糖中,进言是藏吏保管不善。孙亮呼唤藏吏带上装糖的器皿入见,问道:'此器皿既然有盖,还有别的东西掩盖,不应该有此老鼠屎,黄门与你有仇吗?'藏吏叩头说:'他曾经向小臣要过宫中蒲席,宫席是有数的,不敢给他。'孙亮说:'一定是这个原因。'再次讯问黄门,黄门低头认罪。"两种说法小有不同,和凝杂取两种说法,所以破开老鼠屎的事出自《吴历》,求蒲席的事出自《江表传》。

按:裴松之认为新鲜的老鼠屎,里外都是湿的。黄门取用新鲜的老鼠屎就无法查到他的奸恶,因为遇上了干燥的老鼠屎,所以成就了孙亮的智慧。但还是认为《吴历》这种说法,不如《江表传》为确实。因为孙亮所说的,是确定事情的道理;裴松之所说的,是偶然巧合的事情。道理虽然确定,事情或有偶然巧合,所以掌握道理用来处理事情,也有时似乎不通,但追究道理的人反被通晓事情的人嘲笑,就是因为这个原因罢了。只要像滚动的圆珠那样不停滞,像明镜高照一样难以欺瞒,就会事情、道理都清楚明白,而案情、行状必定获得,所以和凝杂取两说,如今再次详细记载事情的前后始末。

2·4 苻融验奔跑辨诬薛颜附

前秦苻融[①],为冀州牧[②],有老姥于路遇劫喝贼[③],路人为逐擒之,贼反诬路人。时已昏黑,莫知其孰是,乃俱送之。融见而笑曰:"此易知耳,可二人并走[④],先出凤阳门者非贼[⑤]。"既而还入,融正色谓后出者曰:"汝真贼也,何诬人乎!"贼遂服罪。盖以贼若善走,必不被擒,故知不善走者贼也。旧出《晋书·载记》本传[⑥]。

按:薛颜大卿[⑦],知江宁府[⑧],逻者昼劫人[⑨],反执平人以告[10]。视其颜色举动，叱曰："尔盗也！"械之果服[11]。颇亦类此。见本传[12]。

盖辨诬之术，唯博闻深察，不可欺惑，乃能精焉。丙吉，所谓博闻也；孙亮，所谓深察也；苻融验走而得其实；薛颜视色而得其情，皆可谓察之深而辨之明矣。若诬非难辨，而势有不敢[13]，则唯勇于义者能之，寒朗是也。

【注释】

①前秦：五胡十六国时期氐族建立政权之一，也是十六国中最强大的国家。350年，苻健占据关中，次年登基，设置百官，定都长安（今陕西西安），史称前秦。前秦共六帝，享国四十四年。苻融（340—383）：字博休，略阳临渭（今甘肃秦安）人。氐族。前秦宗室大臣、政治家、文学家，文桓帝苻雄之子，宣昭帝苻坚之弟，封平阳公。在与东晋的淝水决战中，统兵二十五万，任前锋，马倒被杀。《晋书》卷一〇四有传。冀州：州名。辖境相当于今河北中南部及山东、河南的一部分。晋时治所在房子（今河北高邑）。

②州牧：官名。即刺史。掌握一州军政大权的长官。

③喝贼：大声呼喊"捉贼"。

④并走：一起跑。走，这里是奔跑的意思。

⑤凤阳门：江宁府一城门名。

⑥天海按：此为郑克自注。言本篇旧书《疑狱集》事出《晋书·载记·苻融传》。参见本书卷一《释冤》（上）1·3条《苻融占梦擒真凶》。

⑦薛颜（953—1025）：字彦同，河中万泉（今山西万荣）人。是北宋前期一位干练贤能的官吏。举三礼中进士，为嘉州司户参军。累官三司盐铁判官，河东陕西转运使，知河阳、杭、徐州，以少府监知

江宁府。仁宗即位,迁给事中,以光禄卿分司西京,卒。《宋史》卷二九九有传。大卿:正卿。指光禄卿。中央九卿之一,掌酒醴膳羞之事。

⑧江宁府:府名。五代南唐昇元元年(937)改金陵府置。治所在江宁(今江苏南京)。

⑨逻者:巡逻差役。

⑩平人:平民百姓。

⑪械之:给他戴上刑具。

⑫天海按:此为郑克自注,言此事出自宋朝《国史》薛颜本传。

⑬势有不敢:根据当时形势又确实不敢分辨。

【译文】

前秦苻融,做冀州刺史时,有个老妇人在路上遇到抢劫便大喊“捉贼”,路人为她追逐擒拿到强盗,强盗反而诬陷路人。当时天色已经昏暗,不能知道谁是强盗,就都送到州府。苻融见到后就笑道:“这容易知道的,可以二人一起奔跑,先出凤阳城门的人就不是强盗。”跑完后二人回来,苻融严厉地对后跑出城门的人说:“你就是真正的强盗,何必要诬陷他人!”强盗于是服罪。因为强盗如果善跑,一定不会被擒,所以知道不善跑的人是强盗。旧书《疑狱集》出自《晋书·载记》本传。

按:薛颜大卿,做江宁府知府时,有巡逻差役白天抢劫人,反而捕捉平民并报告官府。薛颜观察他的神色举动,呵斥说:“你就是强盗!”戴上刑具拷问他,果然服罪。也与此很类似。事见《国史》本传。

大略辨明诬陷的方法,只有广闻博见、深入考察,不被欺瞒迷惑,才能精通于此。丙吉,就是所说的广闻博见的人;孙亮,就是所说的深入考察的人;苻融检验奔跑而获得案件实情;薛颜观察神色而获得案件实情,都可以说是观察深刻而辨别明晰了。如果诬陷并非难以辨别,但迫于威势又不敢分辨时,就只有勇于正义的人能够做到,寇朗就是这样的人。

2·5 李崇

已见《释冤》门[①]。

【注释】

①天海按：此条存目无文，事见卷一《释冤》(上)1·5条《李崇设计辨诬告》。

【译文】

李崇之事已见于《释冤》门。

2·6 御史用诈保李靖[①]

唐高祖举义师于太原[②]，李靖与卫文昇仕隋[③]，守长安，乃收皇族害之[④]。及平关中，诛文昇等[⑤]，及靖，靖言曰："公定关中，唯复私雠，亦为天下耶？若为天下，未得杀靖。"乃舍之。及为岐州刺史[⑥]，或有人希旨告靖谋反者[⑦]。高祖命一御史往案之，谓曰："李靖反状实，便可处分。"御史知其诬罔[⑧]，请与告事者偕行。行数驿[⑨]，御史佯失告状[⑩]，惊惧异常，鞭挞行典[⑪]，乃祈告事者曰："李靖反状分明。亲奉圣旨，今失告状，幸救其命。"告事者乃别疏状与御史，验其状，与元状不同[⑫]，即日还京以闻。告事者伏诛。失御史名[⑬]。

旧不著出处，盖唐人小说所载也[⑭]。以正史考之，率皆不合。《唐书·宗室传》言[⑮]：淮安王神通[⑯]，隋大业末在长安[⑰]，会高祖兵兴，吏逮捕，亡命入鄠南山[⑱]。襄邑王神符为卫文昇所囚[⑲]。京师平，封安吉郡公[⑳]。《诸公主传》言：高祖女长广公主下嫁赵慈景[㉑]，帝起兵，或劝亡去。对曰："母以我为命[㉒]，且安往？"吏捕系于狱。帝平京师，拜开化郡公[㉓]。是靖未尝与文昇害皇族也。《北史·卫文昇传》言：义师入关，自知不能守，忧惧称疾，不知政事。城陷归于家，义宁中卒[24]。是高祖未尝诛文昇等也。《唐书·李靖传》言：高祖击突厥[25]，靖为马邑丞[26]，察有非常志[27]，自囚，上急变[28]，传送江都[29]。至长安，道梗，高祖已定京师，将斩之，靖呼曰："公起兵为天下除暴乱，欲就大事，以私怨杀谊士乎[30]？"秦王亦为请[31]，得释。是靖之仕隋，初不与守长安事也[32]。《传》又言：高祖诏靖安辑江南[33]，至峡州阻贼不得前[34]，帝谓逗留，诏都督许绍斩靖[35]。绍为请，而免。其后破冉肇则[36]，帝喜，谓"使功不如使过"。自是委以征讨，降萧铣[37]，禽辅公祏[38]。是未尝为岐州刺史，亦未尝有人告其谋反也。凡小说载事多失其实，不足深信。然辨诬之术，苟有可取，亦不当废也。

按：辨诬之术，有正有谲[39]。李崇疑其诬也[40]，故谲以求情；御史知其诬也，故谲以取质[41]。苟非尽心者，则亦岂能精耶？

【注释】

①御史：天海按，原文此条题作"御史某"，可知佚名。李靖（571—649）：字药师，雍州三原（今陕西三原）人。出身于官宦之家，隋将韩擒虎的外甥。李靖先仕隋朝，后效力于李唐，为唐王朝的建立立下赫赫战功，南平萧铣、辅公祏，北灭东突厥，西破吐谷浑。累官至尚书右仆射，封卫国公。去世后谥曰"景武"，陪葬昭陵。《旧唐书》卷六七、《新唐书》卷九三皆有传。

②唐高祖：即唐代开国皇帝李渊（566—635），字叔德，陇西成纪（今甘肃秦安）人。李渊出身于北周的贵族家庭，七岁袭封唐国公。开皇中，历任谯、陇、岐三州刺史。隋炀帝即位后，李渊又历任荥阳、楼烦二郡太守。后被召为殿内少监，又升卫尉少卿，任山西河东慰抚大使，太原留守。隋末，李渊乘势从太原起兵，攻占长

安，建立唐朝，定都长安（今陕西西安），年号武德。玄武门之变后，李渊退位称太上皇，禅位于儿子李世民。贞观九年（635），李渊病逝。谥号太武皇帝，庙号高祖。太原：郡名。隋大业初改并州为太原郡，治所在晋阳（今山西太原）。

③卫文昇：名玄，字文昇，以字行，河南洛阳（今河南洛阳）人。隋将，参与炀帝伐高句丽之战，独全军而还。后任西京留守，累迁刑部尚书。李渊攻长安时，城破前病死。《北史》卷七六、《隋书》卷六三皆有传。

④乃收皇族害之：指收捕李渊的亲族加以杀害。天海按：据郑克注文考证，正史不载此事。

⑤平关中，诛文昇等：李渊平定关中地区，诛杀卫文昇等人。关中，地名，指“四关”之内，即东潼关、西散关（大震关）、南武关（蓝关）、北萧关。天海按：据郑克注文考证，正史亦不载李渊诛杀卫文昇等人之事。

⑥岐州：州名。北魏置，治雍，在今陕西凤翔。隋改曰扶风郡，唐初复曰岐州，后改曰扶风郡、凤翔郡。

⑦希旨：迎合皇上的意旨。

⑧御史：古代执掌监察官员的一种泛称。约自秦朝开始，御史专门作为监察性质的官职，负责监察朝廷官吏，一直延续到清朝。诬罔：诬陷毁谤，欺骗。

⑨驿：驿站。古时官府设置的为传递公文之人或来往官员途中安歇、换马的处所。

⑩佯失：假装丢失。告状：告事者诬告的状子。

⑪行典：主管行装的吏人。

⑫元状：即原来的状子。元，同“原”。

⑬失：同“佚”。散失，遗失，失去。

⑭唐人小说：此篇事见唐刘肃笔记小说《大唐新语·举贤》，文略

异。天海按:此以下一段文字,皆为郑克自注。

⑮《唐书》:即五代后晋时官修的《旧唐书》,是现存最早的系统记录唐代历史的一部史籍。它原名《唐书》,宋代欧阳修、宋祁等编写的《新唐书》问世后,才改称《旧唐书》。

⑯淮安王神通:即李神通(577—630),本名李寿,字神通,陇西成纪(今甘肃秦安)人。唐朝宗室名将,唐太祖李虎的孙子,隋朝海州刺史李亮长子,唐高祖李渊的堂弟。隋末起兵响应唐高祖,官至左武卫大将军,封淮安王。

⑰大业:隋炀帝杨广的年号(605—618)。

⑱鄠南山:山名。在隋京兆鄠县(今陕西鄠邑)境内。

⑲襄邑王神符:即李神符,唐高祖从父弟。唐高祖起兵反隋后,他被卫文昇囚于长安。唐灭隋,官至扬州大都督,封襄邑王,后封安吉郡公。

⑳安吉:唐县名。汉灵帝中平二年(185),割故鄣县南境置安吉县,唐时以安吉县地封给郡公。今属于浙江湖州。郡公:爵名。与官职无关。隋唐时爵位分王、公、侯、伯、子、男。公爵是比王爵低一级的爵位,公爵分为国公、郡公和县公。国公仅比郡王低一级,郡公又比国公低一级。

㉑赵慈景(?—618):陇西(今甘肃陇西)人。唐高祖李渊女婿,长广公主丈夫。拜开化郡公,历官兵部侍郎、华州刺史。

㉒为命:当作命根子。

㉓开化:县名。今属浙江衢州。天海按:以上之文见《新唐书》卷八三载:“长广公主,始封桂阳。下嫁赵慈景。慈景,陇西人,帝美其姿制,故妻之。帝起兵,或劝亡去,对曰:‘母以我为命,且安往?’吏捕系于狱。帝平京师,引拜开化郡公,为相国府文学。进兵部侍郎。为华州刺史。讨尧君素战死,赠秦州刺史,谥曰忠。”

㉔义宁:隋恭帝杨侑的年号(617—618)。

㉕突厥：古代活跃在蒙古高原和中亚地区的游牧民族，是西北与北方草原地区继匈奴、鲜卑、柔然以来又一个重要的少数民族。

㉖马邑丞：马邑县丞。唐置马邑县在今山西朔州。

㉗非常志：非常的志向。此指夺取天下的志向。

㉘上急变：上奏紧急事变。即上奏有关谋反叛逆的紧急情况。

㉙传送江都：以驿车送往江都。传，传车，即驿车。江都，隋郡名。郡治在今江苏扬州。

㉚谊士：即义士。谊，同“义”。

㉛秦王：即唐太宗李世民。武德元年（618），李渊废黜隋恭帝杨侑，自称帝，改国号为唐，封李世民为尚书令、右翊卫大将军，进封秦王。

㉜不与：不参与，不在其中。

㉝安辑：安抚，守卫。当时萧铣盘据江陵，故诏李靖安抚。

㉞峡州：州名。原称硖州，北周置，唐宋延续，北宋元丰年间改硖为峡，而后称峡州。峡州之地，在长江三峡之口，治夷陵（今湖北宜昌）。

㉟许绍（？—621）：字嗣宗，安州安陆（今湖北安陆）人。少年时与高祖为同学。大业末年，任夷陵郡太守。归唐后，被封为硖州刺史、安陆郡公，后进封谯国公。武德四年（621），率军征讨荆州，不久病死军中。贞观年间，追赠荆州都督。《旧唐书》卷五九、《新唐书》卷九十有传。

㊱冉肇则：据《新唐书·李靖传》，武德初，开州蛮冉肇则犯夔州，赵郡王李孝恭战不利，李靖率兵八百，大破之，斩冉肇则。

㊲萧铣（583—621）：隋末唐初割据群雄之一。初仕隋，隋末乘乱起兵，占据江陵，自称皇帝。终为唐军所败，被杀于长安。

㊳禽：同“擒”，生擒。辅公祏（？—624）：齐州临济（今山东章丘）人。隋末唐初江南地区农民起义军领袖。后辅公祏归附唐朝。唐朝任命辅公祏为淮南道行台尚书左仆射，封舒国公。后辅公祏

谋反称帝，唐朝派赵郡王李孝恭、岭南道大使李靖等率领大军讨伐辅公祏，辅公祏逃到武康时，当地农民将其抓获，送到丹杨。李孝恭将辅公祏处斩，传首长安。《旧唐书》卷五六、《新唐书》卷八七有传。

㊴有正有谲：有正道有诈道。

㊵李崇疑其诬：参见卷一《释冤》门1·5条《李崇设计辨诬告》。

㊶谲以取质：用诈术取得物证。

【译文】

唐高祖李渊在太原举兵起义师，李靖与卫文昇在隋朝做官，镇守长安，就收捕李渊的亲族害死他们。到李渊平定关中后，就诛杀卫文昇等人，轮到杀李靖时，李靖说："主公平定关中，只是为了报复私仇呢，还是为了得到天下呢？如果是为了得到天下，就不能杀了我李靖。"李渊就放了他。到李靖做岐州刺史时，有人迎合李渊的旨意诬告李靖谋反。唐高祖命一御史前往立案查办，对他说："李靖反状如实，便可处理。"御史知道唐高祖被诬告所欺骗，申请与告李靖谋反的人同行。经过几个驿站后，御史假装丢失了原告状子，异常惊恐害怕，就鞭打保管行李的小吏，并祈求状告李靖谋反的人说："李靖谋反的情状清晰明了。我亲奉圣旨，现在丢失原告状子，希望救我性命。"告李靖谋反的人就另外写出告状交与御史，御史查验那状子，与原状子不同，当天就返还京城把此事报告皇上。告李靖谋反的人认罪被杀。御史的姓名已经佚失。

此篇旧《疑狱集》不著录出处，大概是唐人小说所记载。以正史考察它，几乎都不合。《唐书·宗室传》说：淮安王李神通，隋朝大业末年在长安，时值唐高祖举兵反隋，官吏要逮捕他，他逃命进入鄠南山。襄邑王李神符为卫文昇所拘押。京师平定，封安吉郡公。《诸公主传》说：高祖女长广公主下嫁赵慈景，高祖起兵，有人劝他逃走。他回答说："母亲以我为命根子，况且又往哪里去？"官吏将他逮捕关押在狱中。高祖平定京师，拜为开化郡公。这是说李靖未曾参与卫文昇祸害唐高祖亲族的事。《北史·卫文昇传》说：唐高祖义师入关，卫文昇自知不能守城，又忧又惧，称病不理政事。长安城陷落回到家中，义宁年间去世。这是说唐高祖未曾诛杀卫文昇等人。《唐书·李靖传》说：唐高祖出击突厥，李靖当时做马邑县丞，觉察到唐高祖有夺取天下的志向，自己伪装成囚犯，上奏紧急事变，由驿车传送到江都。到了长安，道路阻塞，唐高祖已平定京师，将要斩杀李靖，李靖呼喊道："主公起兵为天下除暴乱，想要成就大事，难道要因为私怨杀义士吗？"秦王李世民亦为他求情，得到释放。这是说李靖仕隋，最初没有参与守长安的事情。《唐书·李靖传》又说：高祖命李靖安抚江南，至峡州被强盗所阻不能前进，高祖认为他逗留迟误，命都督许绍斩杀李靖。许绍为李靖求情，因而免死。其后攻破冉肇则，高祖大喜，说"使用有功绩的人，不如使用有过失的人"。自此委派李靖征讨，降服萧铣，活捉辅公祏。这是说李靖未曾做过岐州刺史，也未曾有人告他谋反。总之小说所载之事大多失实，不足以相信。但是辨别诬告的方法，如果有可取之处，也不应当废弃。

按：辨明诬告的方法，有正道有诈道。李崇怀疑庆宾诬告，所以用诈术来寻求实情；御史知道李靖被诬告，所以用诈术来取证。如果不是尽心办案的人，又哪能精通于此呢？

2·7 张楚金向日查书

唐垂拱年[①]，罗织事起[②]。湖州佐史江琛[③]，取刺史裴光判书[④]，割取其字，辏合成文[⑤]，以为与徐敬业反书[⑥]，告之。则天差御史往推[⑦]，光款云[⑧]："书是光书，语非光语[⑨]。"前后三使，皆不能决。或荐张楚金能推事[⑩]，乃令再劾[⑪]，又不移前款[⑫]。楚金忧闷，偃卧窗边[⑬]，日光穿透，因取反书向日看之，乃见书字补葺而成[⑭]。平看则不觉，向日则皆见。遂集州县官吏，索水一盆，令琛以书投于水中，字字解散。琛叩头服罪，敕决一百[⑮]，然后斩之。旧不著出处[⑯]。

按：此非智算所及，偶然见之耳。荀卿有言[⑰]："今夫亡针者[⑱]，终日求之而不得；其得之，非目益明也，眸而见之也[19]，心之于虑亦然[20]。”要在至诚求之不已也。楚金之求狱情[21]，何以异于此哉？是亦尽心之效也。楚金事迹见《唐书·张道源传》，乃其族孙也。以《传》考之，楚金仪凤初进刑部侍郎[22]，至垂拱初，凡历十年，资望已高矣。犹被荐推事，斯亦可疑也[23]。

【注释】

①垂拱：一般算作武则天的年号（685—688）。

②罗织事起：指武则天重用酷吏周兴、来俊臣虚构罪名，陷害无辜事件风起。罗织，用虚构的罪名去陷诬人。形容千方百计地陷害别人。

③湖州：州名。隋仁寿二年（602），置州治，以滨太湖而名湖州，湖州之名从此始。治所在乌程（今浙江吴兴）。佐史：州刺史的属吏。李贤注引《续汉志》：“每刺史皆有从事史、假佐；每县各置诸曹掾史。”江琛：人名，余事未详。

④刺史：官名。州的最高行政长官。裴光：人名，余事未详。判书：对案件的裁决文书。天海按：“判”字原文脱，此据张鷟《朝野佥载》卷五补。《朝野佥载》六卷，是唐代张鷟所撰笔记小说集。此书记载隋唐两代朝野遗闻，对武则天时期的朝政颇多讥评，有的为《资治通鉴》所取材。

⑤辏（còu）合：凑合，聚集。

⑥徐敬业（636—684）：曹州离狐（今山东菏泽）人。唐开国功臣英国公徐勣之孙。袭爵，坐事贬柳州司马，会武后废中宗，戮唐宗室，因乘人怨，与唐之奇、杜求仁、骆宾王等共讨武氏，兵败，为其部下所杀。《旧唐书》卷六七、《新唐书》卷九三有传。

⑦则天：武曌（624—705），通称武则天或武后，并州文水（今山西文水）人。中国历史上唯一的女皇帝。唐高宗时为皇后，尊号为

天后，与唐高宗李治并称二圣，后自立为武周皇帝，705年退位。御史：官名。职掌纠察。唐代有侍御史、殿中侍御史和监察御史三种。推：推勘，审问。

⑧款云：供称。款，招供。

⑨书是光书，语非光语：字是我裴光写的字，话不是我裴光的话。

⑩张楚金：唐并州祁县（今山西祁县）人。张道源族子，少有志行，事亲以孝闻，举进士。高宗时累迁刑部侍郎。则天临朝，历位吏部侍郎、秋官尚书，赐爵南阳侯。为酷吏周兴所陷，配流岭表，竟卒于徙所。《旧唐书》卷一八七、《新唐书》卷一九一有传。能推事：善于推究审理案件。

⑪再劾：再审。

⑫不移前款：没有改变先前的招供。

⑬偃卧：仰卧，睡卧。

⑭补葺（qì）：剪贴，修补，修缮。

⑮敕决一百：皇帝下令杖刑一百。

⑯天海按：此为郑克自注。言本篇之事《疑狱集》未注明出处。今查此事出自张鷟《朝野佥载》卷五。

⑰荀卿：即荀子，名况，战国时赵人。撰有《荀子》三十二篇。

⑱亡：丢失。

⑲眸：瞳孔，眼珠。此指仔细看。

⑳天海按：以上引语见《荀子·大略》。

㉑狱情：案件实际情况。

㉒仪凤：唐高宗李治的年号（676—679）。676年，以陈州“凤凰”集聚，改元“仪凤”。刑部侍郎：刑部副长官，掌律令、刑法。

㉓天海按：此为郑克自注。

【译文】

唐朝垂拱年间，虚构罪名陷害无辜的事件风起。湖州佐史江琛，窃取刺史裴光的裁判文书，割取其中的文字，凑成一篇文章，以此作为裴光与徐敬业谋反的书信，告上朝廷。武则天命御史前往追究查办，裴光供述说："字是我裴光的字，但是话不是我裴光的话。"御史前后三次出使，都不能决断。有人推荐张楚金善于审理案件，就令他再审，先前的供词还是没有改变。张楚金忧闷，仰卧在窗户边，日光穿透窗户，于是取出谋反书信对着日光查看，就看见书信文字是修补连缀而成的。平铺看它就不能觉察，向着日光就都能看见。于是招集州县官吏，取来一盆水，命令江琛把书信投入水中，于是字字解散分开。江琛叩头认罪，皇上命处刑杖一百，然后将他处斩。旧书《疑狱集》未写明出处。

按：此案不是智谋算计能够办到的，是偶然中发现端倪罢了。荀子有这样的话："如果有人丢失了针，终日寻求而找不到；后来找到了针，不是眼睛变得更明亮了，而是仔细看才发现了针，心中思考问题也是这样。"主要在于至诚寻求真相不罢休。张楚金寻求案件的实情，与此有什么不同呢？这也是尽心办案的效果。张楚金的事迹见于《唐书·张道源传》，他是张道源的族孙。以此传考查他，张楚金仪凤初年升任刑部侍郎，到垂拱初年，共经历十年，资历和名望已经很高了。还被推荐做审案的官吏，这也可疑。

2·8　张行岌抗旨辨诬

唐则天朝，有告驸马崔宣谋反者①，先诱藏宣妾，云："妾将发其谋，宣杀之，投尸于洛水②。"御史张行岌案之③，略无迹状④。则天怒，令重案，行岌奏如初。则天曰："崔宣反状分明，我令来俊臣案劾⑤，汝当勿悔也。"行岌曰："臣推事诚不若俊臣，然陛下委臣推事，必须实状，若顺旨妄族平人⑥，岂法官所守⑦。臣以为陛下试臣耳。"则天厉色曰："崔宣既杀其妾，反状自然明矣。妾今不获，如何可雪，乃欲宽纵之耶？"行岌惧，逼宣家访妾。宣再从弟思兢⑧，于中桥南北[9]，多致钱帛，募匿妾者，寂无所闻。而宣家每窃议事，则狱中告人辄知[10]，揣其家有同谋者[11]，因诈语宣妻曰："须绢三百匹，雇侠客杀告人。"诘旦[12]，微服伺于台侧[13]。宣有门客[14]，为宣所信，同于子弟[15]。是日至台，赂阍者通消息[16]。告人遽言[17]："崔家雇客刺我，请以闻[18]。"台中惊扰[19]。思兢密随门客至天津桥[20]，骂曰："君陷崔宣，引汝同谋，何路自脱？汝出崔家妾，与汝五百缣[21]，足以归乡成百年计[22]，不然，杀汝必矣。"客悔谢，遂引思兢于告者党家获其妾[23]，宣乃免[24]。旧不著出处。以《唐史》考之，高宗三女，太宗二十一女，其驸马皆无崔姓。高祖十九女，其驸马有崔恭礼、崔宣庆。《传》言[25]："宣庆妻馆陶公主[26]，与赵瑰妻常乐公主姊妹也[27]。瑰为寿州刺史[28]，越王贞将举兵[29]，遗瑰书乡道[30]，瑰将应之。主进其使，语以勉王'舍生取义'。其后王败，周兴劾瑰与主连谋[31]，皆被杀。"然则宣岂宣庆与？其或诬告，殆以是欤[32]？

按：行岌当酷吏任事之时[33]，独不顺旨妄族平人，虽再被诘责[34]，亦全其所守[35]，故卒能辨诬也。其不及徐有功者[36]，未能无惧耳。然其惧也，但逼宣家访妾而已，则异乎惧而失守者，可不谓之贤哉？史逸其事，故备言之。

【注释】

①崔宣：其生平事未详，或是崔宣庆之误？参见下文郑克自注。

②洛水：通常指河南洛阳的洛河。其是黄河下游南岸大支流，位于河南西部，在洛阳平原腹地，左携涧水，右带伊河，东出平原，北入黄河。

③张行岌：人名，生平事迹不详。

④略无：全无，毫无。

⑤来俊臣（651—697）：雍州万年（今陕西西安）人。唐朝武周时期著名酷吏。无赖出身，善于告密，得到武则天信任，先后任侍御史、御史中丞、太仆卿，组织数百名无赖专事告密，设立推事院，联合党羽朱南山等撰写《罗织经》，制造各种残酷刑具，大兴刑狱，采取刑讯逼供手段，任意捏造罪状置人于死地，大臣和李唐宗室遭到枉杀灭族者达数千家。贪赃枉法，横行无忌，联合侯思止、王弘义等援朋结党。最后，企图陷害武氏诸王、太平公主、张易之等武则天最亲信的人物，诬告皇嗣李旦和庐陵王李显谋反，遭到卫遂忠告发。万岁通天二年（697），武氏诸王与太平公主等乘机揭露来俊臣的种种罪恶。武则天下令处死来俊臣，将其酷吏党徒全部流放岭南，延续十四年之久恐怖的“酷吏政治”至此结束。《旧唐书》卷一八六、《新唐书》卷二〇九皆有传。案劾：考问审判。

⑥妄族平人：胡乱族灭无罪的人。族，灭族。一人有罪，刑及父母兄弟妻子。平人，此指无罪之人。

⑦守：职守，操守。

⑧再从弟：同曾祖而年少于己的弟弟。再从，次于至亲而同祖的亲属关系叫从，又次一层，同曾祖的亲属关系叫“再从”。思兢：人名，生平未详。

⑨中桥：桥名，在城中之桥。

⑩狱中告人：押在监狱中的密告崔宣谋反的人。按唐律，凡密告谋反大逆，告人与被告人皆下狱案验。如果告事不实或诬陷，要负刑事责任。故告事人也要拘押候审。

⑪揣：估计，揣测。

⑫诘旦：平明，清晨。

⑬微服：为隐藏身份，避人注目而改换便服。古代多指帝王将相或其他有身份者为隐蔽身份而更换平民服装。台侧：指御史台旁。

唐初御史台置狱,禁系罪人,称为台狱,告人即系于此狱。

⑭门客:寄食于贵族门下并为之服务的人。

⑮子弟:即子与弟,指子侄辈,对父兄而言,泛指年轻后辈。

⑯阍者:古代称守门人。

⑰遽言:匆忙说。

⑱请以闻:请求把此事上报给御史知道。

⑲台中惊扰:御史台中官吏惊动、扰乱。

⑳天津桥:桥名。始建于隋,废于元代。初为浮桥,后为石桥。隋唐时,天津桥横跨于穿城而过的洛河上,为连接洛河两岸的交通要道。

㉑缣:双丝的细绢。

㉒百年计:此指终生的生活大计。

㉓党家:同党家中。天海按,“家”字原文脱,此据唐刘肃《大唐新语·持法》卷四径补。

㉔天海按:本篇事出《大唐新语·持法》卷四,文略异。

㉕《传》:指《新唐书·诸帝公主传》。

㉖馆陶公主:唐高祖李渊第十七女,生母不明。李渊封她为馆陶公主,把她嫁给了崔宣庆。崔宣庆是唐朝山东大族,清河崔氏的后裔。

㉗赵瑰(?—688):唐京兆长安(今陕西西安)人。历任左千牛将军、定州刺史。上元二年(675),因妻常乐公主得罪武后,贬括州刺史。垂拱四年(688),越王李贞起兵时,为寿州刺史,谋率兵相应,事败被杀。常乐公主(?—688):唐高祖第十九女,生母不详。常乐公主下嫁赵瑰。其女赵氏为唐中宗李显的结发妻,全家皆为武则天所害。李显复位后,为之平反。天海按:据《新唐书·诸帝公主传》,高祖女真定公主下嫁崔恭礼,馆陶公主下嫁崔宣庆。

㉘寿州:州名。隋开皇九年(589)改扬州置,治寿春(今安徽寿县)。唐辖境相当于今安徽淮南、寿县、六安、霍山、霍邱等地。唐武德

四年（621）置寿州，治所在寿张（今山东梁山）。

㉙越王贞：即李贞，唐太宗之子，封于越。后迁为豫州刺史。起兵反武则天，兵败自杀。《旧唐书》卷七六、《新唐书》卷八十皆有传。

㉚遗瑰书：送给赵瑰书信。乡道：谓趋向道义。乡，通“向”。

㉛周兴（？—691）：雍州长安（今陕西西安）人。武则天重用的酷吏之一。进士及第，精通律法，授河阳县令，迁尚书省都事，仕途不顺。唐高宗去世后，积极迎合武则天的政治需求，广泛罗织罪名，迫害宗室和大臣，累迁尚书左丞、刑部侍郎。天授二年（691），受人告发谋反，被来俊臣用“请君入瓮”之计制服，坐罪流放岭南，途中被杀。《旧唐书》卷一八六、《新唐书》卷二〇九皆有传。

㉜其或诬告，殆以是欤：有人诬告他，大概是因为这个原因吧。天海按：此以上为郑克自注之文。

㉝任事：主事，专权，担任大事。

㉞诘责：责问，诘问，谴责。

㉟全其所守：保全自己的操守。

㊱徐有功（640—702）：名宏敏，字有功，洛州偃师（今河南偃师）人。举明经及第。历经蒲州司法参军、司刑（大理）寺丞、秋官（刑部）郎中、侍御史、司刑寺少卿等。是历史上罕见的一位以死守法、执正的法官、清官。徐有功事详见本书卷四《议罪》门4·9条《徐有功持正议罪》。

【译文】

唐朝武则天当政时，有告驸马崔宣谋反的人，他先诱骗藏匿了崔宣的小妾，说：“这个小妾将要揭发他的阴谋，崔宣杀了她，把尸体投入了洛水。”御史张行岌审理这个案子，查不到一点谋反的迹象。武则天大怒，命令重审此案，张行岌上奏如初。武则天说：“崔宣谋反的行状分明，我令来俊臣查办审理，你应该不会后悔。”张行岌说：“我审案确实不如来俊臣，但是陛下委托我审案，必须落实情状，如果顺从旨意胡乱族灭无罪之人，岂能是法官的操守。我以为是陛下试探臣罢了。”武则天声色严厉地说：“崔宣既然杀了他的小妾，谋反的行状自然显明了。如果不能搜获小妾，如何能够雪清，你想要宽纵他吗？”张行岌感到畏惧，就逼迫崔宣家寻访小妾。崔宣的再从弟崔思兢，在城内中桥南北，多给钱财布帛，招募寻求藏匿小妾的人，一点消息也没有。但是崔宣家每次私下议事，那关在狱中的告密人就知道了，于是揣测崔家有同谋的人，因此用假话对崔宣的妻子说：“必须用丝绢三百匹，雇请侠客刺杀告密人。”第二天清晨，崔思兢穿上便装在御史台旁边侦查守候。崔宣家有个门客，被崔宣信任，情同于自家子弟。这天他到了御史台，贿赂守门人给告密人传递消息。告密人急忙说：“崔家雇刺客杀我，请将此事报告御史知道。”御史台中官吏惊扰。崔思兢秘密跟随门客到了天津桥，骂道：“你陷害崔宣，崔宣招引你是同谋，你有什么门路自己脱罪？你找出崔家小妾，我给你五百匹细绢，完全能够回乡养老安度晚年，不然的话，一定要杀死你。”门客后悔谢罪，于是引崔思兢到告密人同党家中搜获小妾，崔宣由此才能免除罪过。旧书《疑狱集》未写明出处。以《唐史》考查这件事，唐高宗有三个女儿，唐太宗有二十一个女儿，他们的驸马都无崔姓。唐高祖有十九个女儿，驸马有崔恭礼、崔宣庆。《新唐书·诸帝公主传》说：“崔宣庆妻子馆陶公主，与赵瑰妻子常乐公主是姊妹。赵瑰做寿州刺史，越王李贞将举兵谋反，派人送信给赵瑰要他支持道义，赵瑰将要响应他。公主招进李贞使者，以‘舍生取义’的话语勉励越王李贞。其后越王失败，周兴揭发赵瑰与公主连络谋反，都被杀死。”那么，这崔宣岂不是崔宣庆吗？如果被诬告，大概是因为这个原因吧？

按：张行岌正当酷吏专权行事之时，唯独他不肯顺从武则天的旨意胡乱族灭无罪之人，即使再次被诘问责难，也能保全自己的操守，所以最终能够辨明诬告。他不及徐有功的地方，是未能无所畏惧罢了。但是他的畏惧，只是逼迫崔宣家寻访小妾而已，就与那畏惧而失操守的人不一样，能不认为他是贤人吗？史书逸失他的事迹，所以详细说明这件事。

2·9 张鷟掩书查字迹

唐张鷟为河阳尉[①]，有吕元者，伪作仓督冯忱书[②]，盗粜官粟[③]。忱不认，元坚执，久不能决。鷟乃取告牒括两头留一字[④]，问元："是汝书，即注云'是'；不是，即注云'非'。"元注云："非。"去括，乃是元告牒，遂决五十下[⑤]。又取伪书括字问之，元注云："是。"去括，乃是伪作冯忱书也。元遂服罪。旧不著出处[⑥]。

按：鷟盖已知其诬，而欲使之服，故括字以核其奸[⑦]，问书以正其慝[⑧]。斯不可隐讳矣[⑨]，亦安得不服乎？

【注释】

①张鷟（zhuó，660—740）：字文成，号浮休子，深州陆泽（今河北深州）人。唐朝大臣、小说家。唐高宗调露年间，进士登第，初为岐王（李范）府参军，历任河阳县尉、长安县尉、鸿胪寺丞，号称"青钱学士"。武后证圣年间，擢任侍御史。唐玄宗时期，得罪宰相姚崇，迁司门员外郎。开元二十八年（740）去世，享年八十一岁，著有《朝野佥载》《龙筋凤髓判》《游仙窟》。《旧唐书》卷一四九、《新唐书》卷一六一皆有传。河阳尉：河阳县尉。河阳，唐县名。治所在今河南孟州。

②有吕元者，伪作仓督冯忱书：吕元、冯忱，皆人名，生平事不详。仓督，小吏职名。唐诸府州县镇皆置，员额不等。掌仓粮出纳，一般以当地豪富之家为之。

③盗粜（tiào）官粟：盗卖官府仓中粮。粜，卖出谷物。

④告牒：告发的文书。括：掩盖。

⑤决五十下：判决处杖刑五十大板。

⑥天海按：此为郑克自注。言本篇事《疑狱集》不注明出处。今见

张鷟《朝野佥载》卷五，亦见《太平广记·精察二》。

⑦括字以核其奸：用掩盖上下字的方法核查吕元的奸诈罪行。

⑧问书以正其慝（tè）：用讯问所写的字来证明吕元的罪恶。慝，意为邪恶。

⑨隐讳：有所忌讳而隐瞒不说。

【译文】

唐朝张鷟做河阳尉时，有个名叫吕元的人，伪造官仓督办冯忱的文书，盗卖官仓粮食。冯忱不承认，吕元坚执告发，许久不能判决。张鷟就取来告状文书，掩盖文书两头留出一字，讯问吕元："这是你写的字，就注明'是'；不是，即注明'不是'。"吕元注写："不是。"去掉掩盖，就是吕元的告发文书，于是判决刑杖五十大板。又取来伪造的文书掩盖字迹问他，吕元注写："是。"去掉掩盖，乃是他伪造的冯忱文书。吕元于是服罪。旧《疑狱集》未写明出处。

按：张鷟已经知道吕元是诬告，要使他服罪，所以掩盖字迹来核查他的奸恶，讯问书写字迹来证明他隐藏的邪恶。这就隐瞒不了了，又哪能不服罪呢？

2·10 李德裕模金取证

唐李德裕①，镇浙西②，有甘露寺主僧诉交割常住物被前知事僧没金若干两③，引前数辈为证，递相交付，文籍在焉④。新受代者已服盗取之罪⑤，然未穷破用之所⑥。德裕疑其非实，僧乃诉冤曰："居寺者乐于知事，积年以来，空交分两文书⑦，其实无金矣。众人以某孤立⑧，不狎流辈⑨，欲乘此挤之。"德裕恻然曰⑩："此不难知也。"乃以兜子数乘⑪，命关连僧入对，坐兜子中，门皆向壁，不得相见。各与黄泥，令模前后交付下次金形状⑫，以凭证据。而形状皆不同，于是劾其诬罔，一一服罪。旧不著出处[13]。

【注释】

①李德裕（787—850）：字文饶，赵郡赞皇（今河北赞皇）人。唐代杰出的政治家、文学家、战略家。以门荫入仕任校书郎，迁监察御史，转翰林学士、中书舍人，历任浙西观察使、兵部侍郎、郑滑节度使、西川节度使、兵部尚书、山南西道节度使、中书侍郎、镇海节度使、淮南节度使等职。经历宪宗、穆宗、敬宗、文宗四朝，一度入朝为相，多次被排挤出京。唐武宗即位后，入朝为相，执政五年。外攘回纥、内平泽潞，裁汰冗官、制驭宦官，功绩显赫，拜为太尉，封为卫国公。唐宣宗继位后，忌惮其位高权重，贬为崖州司户，病逝于崖州，享年六十四岁。唐懿宗即位，追复官爵，加赠尚书左仆射。《旧唐书》卷一七四、《新唐书》卷一八〇皆有传。

②镇浙西：浙江西道方镇，指充任浙西观察使。观察使掌考察州县官吏政绩，兼理民事，常由节度使兼任，不设节度使时即为一道行政长官。

③甘露寺：寺名。始建于三国时东吴，因建成于东吴甘露元年（265），故名。在今江苏镇江北固山上。镇江，唐时称润州，为浙江西道治所所在地。主僧：佛寺的住持，僧寺之主。交割：移交。常住物：僧寺的房舍、财物、田园、仆畜、粮食等，统称为常住物。前知事僧：前任知事僧。知事僧，僧职之一，主持寺院事务的僧人。没金：吞没黄金。

④文籍：文书档案。

⑤新受代者：新近被代替的知事僧。

⑥天海按：原文脱“然”，此据《桂苑丛谈》径补。破用之所：此指黄金花用、耗费的去处。

⑦分两文书：此指登记黄金重量的文书。

⑧某：天海按，原文误作“其”，自称当作“某”，此据《桂苑丛谈》《太平广记》径改。

⑨不狎流辈：不亲近同辈的人。狎，此指亲近。

⑩恻然：哀怜、同情的样子。

⑪兜子：旧时交通工具。亦称“兜轿”“山轿”“便轿”。

⑫模：模仿。

⑬天海按：此为郑克自注。言本篇事《疑狱集》不注明出处。今见《桂苑丛谈》。《桂苑丛谈》是唐代文言轶事小说集。《新唐书·艺文志》著录共一卷，作者冯翊子，字子休。此书所记多琐屑怪异，但也不乏可资佐证史书之处。亦见《太平广记·精察》引之。

【译文】

唐朝李德裕，做浙西观察使时，有甘露寺主持僧告状，说移交的寺庙内财物被前任知事僧人吞没黄金若干两，并引前几任知事僧人为证，说是逐次相互移交，文书档案还在。新被替代的知事僧人已经招认了盗取黄金的罪过，但是还没有查出黄金花费耗用的地方。李德裕怀疑知事僧人招供不实，知事僧人这才诉冤说：“居于寺中的人乐于做知事僧，多年以来，凭空交付记载黄金数量的文书，其实并无黄金了。众人因为我孤立无援，不与同辈亲近，故而想要乘此机会排挤我。”李德裕同情地说：“此事不难查明。”于是就找来几乘便轿，命与此案有关联的僧人进入对质，让他们坐在轿子中，轿门都向着墙壁，相互不能看见。各自给与黄泥，命令他们捏出前后交付下次的黄金形状，以此作为证据。他们所做的黄金模型形状都不同，于是审核他们是欺骗诬告，他们一一认罪。旧书《疑狱集》未写明出处。

2·11　杜亚问毒酒辨诬

唐杜亚[①]，镇维扬[②]，有富民父亡未几，奉继母不以道[③]。

元日上寿于母[④]，因复赐觞于子[⑤]。既受将饮，乃疑有毒，覆于地而地坟[⑥]。乃诟其母曰[⑦]："以鸩杀人[⑧]，上天何祐！"母拊膺曰[⑨]："天鉴在上[⑩]，何当厚诬[⑪]！"职者执诣公府[⑫]，亚诘之曰："尔上母寿，酒从何来？"曰："长妇执爵而致也[⑬]。""母赐尔觞，又从何来？"曰："亦长妇所执之爵也。""长妇为谁？"曰："此子之妇也。"亚诃之曰："毒因妇起，奈何诬母！"遂分于厅侧劾之，乃是夫妇同谋以诬其母也。旧不著出处[⑭]。

按：辨诬之术，或以物正其慝，李德裕与泥模金是也；或以事核其奸，杜亚诘觞劾鸩是也[⑮]。此皆其正而不谲者也[⑯]。

【注释】

①杜亚（725—798）：字次公，京兆杜陵（今陕西西安）人。肃宗在灵武，擢校书郎。入朝，历吏部郎中，再迁谏议大夫、给事中。德宗时任刑部侍郎、扬州长史、淮南节度观察使。卒赠太子少傅，谥曰肃。《旧唐书》卷一四六、《新唐书》卷一七二皆有传。

②维扬：扬州。淮南节度使是唐朝时期淮南道的行政长官。淮南道治所扬州，故称"镇维扬"。

③不以道：不按照孝道。

④元日：农历正月初一，为一年的第一天。上寿：向人敬酒，祝颂长寿。也单指祝贺寿辰。

⑤赐觞（shāng）于子：赐酒给继子。

⑥坟：土堆高起如坟。

⑦诟：辱骂。

⑧鸩（zhèn）：毒酒，用毒酒害人。

⑨拊膺：捶胸。表示哀痛或悲愤。

⑩天鉴：上天明察。

⑪厚诬:深加欺骗。

⑫职者:当地在职的差役。

⑬长妇:长子媳妇。爵:盛放、斟倒和加热酒的容器。

⑭天海按:此为郑克自注。言旧《疑狱集》载此事不注明出处。

⑮诘觞劾鸩:盘问酒器,揭发毒酒害人。

⑯正而不谲:用正当方法而不用诈术。

【译文】

唐朝杜亚,做淮南节度观察使坐镇扬州时,有个富人的父亲去世不久,他不依孝道奉养继母。春节这天给继母敬酒,继母便又把酒赐给他。他已经接受将要饮下,又怀疑酒有毒,便把酒倒在地上,而地上就隆起了土堆。于是就辱骂继母说:"用毒酒杀人,上天怎么会保佑你!"继母捶胸说:"老天明察在上,怎么能如此诬陷我!"在职的差役将他们捉到官府,杜亚盘问富人说:"你为母亲敬酒,酒从何处来?"富人说:"大媳妇拿酒壶倒来的。"又问:"继母赐给你的酒,又从何处来?"回答说:"也是大媳妇所拿的酒壶倒来。"杜亚盘问:"大媳妇是谁?"继母说:"是这个儿子的媳妇。"杜亚呵斥富人说:"毒酒因你媳妇而起,为什么要诬陷继母!"于是把他们分开在公事厅旁边审问,就是富人夫妇同谋诬陷他的继母。旧书《疑狱集》不注明出处。

按:辨别诬告的方法,或是用实物来证明隐藏的邪恶,李德裕给僧人泥巴来模仿黄金就是如此;或是用事实来核查奸恶,杜亚盘问酒的出处、审察下毒的罪犯就是如此。这都是用正道而不用诈术办案的人。

2·12 武行德闻香辨诬薛居正附

武行德之守洛京也[①],国家方设盐法[②],有能捉获一斤以上者,必加厚赏。时不逞之徒[③],往往以私盐中人者[④]。常有村童负菜入城,途中值一尼自河阳来[⑤],与之偕行,去城近，尼辄先入。既而门司搜阅[6]，于菜篮中获盐数斤，遂系之以诣府。行德取其盐视之，裹以白绡手帕子，而龙麝之气袭人[7]，惊曰："吾视村童弊衣百结[8]，盖窭之甚者也[9]，岂有薰香帕子？必是奸人为之耳。"因问曰："汝离家以来，与何人同途？"村童以实对。行德闻之喜曰："吾知之矣，此必天女寺尼与门司冀倖以求赏也[10]。"遂问其状，命亲信捕之，即日而获。其事果连门司，而村童获免。自是官吏畏服而不敢欺，京师肃然[11]。先是行德以采薪为业，气雄力壮，一谷之薪，可以尽负。置麾下[12]，攀鳞附翼[13]，遂至富贵。然听讼甚非所长，至是明辨如此，论者异之[14]。

按：薛居正丞相[15]，汉乾祐中为开封府判官时[16]，吏有告民以盐冒法者[17]，狱具当死[18]。居正疑之，召诘其状[19]，乃是有憾以盐诬之也[20]。逮捕具服，即抵吏法[21]。与行德事颇相类矣，彼以希赏而然[22]，此以释憾而然[23]。皆能辨明其诬者，唯在深察其事也。二事并见本传[24]。

【注释】

①武行德（908—979）：并州榆次（今山西榆次）人。五代至北宋初年将领。家贫，以樵采为生。后晋天福初，历任控鹤指挥使、宁国军都虞候。在后汉、后周两朝，历任河阳节度使、成德节度使、忠武节度使、西京留守、武宁节度使、保大节度使等职。入宋后，累授忠武军节度使，封魏国公。以太子太傅致仕。《宋史》卷二五二有传。守：此指"留守"。官名。隋唐以后，皇帝出巡或亲征时指定亲王或大臣留守京城，得便宜行事，称"京城留守"；陪京和行都亦常设"留守"，以地方行政长官兼任，总理军民、钱谷、守卫事

务。洛京:即洛阳,唐代为东京,时人又称洛京。五代的晋、汉、周及北宋,因都在开封,则称为西京。

②国家:此指五代时的后周。盐法:即当时颁布的禁止私自买卖、运输食盐的法律。

③不逞之徒:因心怀不满而为非作歹的人。

④私盐:违反朝廷禁令而私自生产、买卖、运输的食盐。中(zhòng)人:中伤、陷害人。

⑤河阳:古地名。在今河南孟州西,洛河以东。

⑥门司:守城门的吏卒。天海按:门司,《宋史》作"抱关者"。搜阅:搜查验看。

⑦龙麝:龙涎香与麝香的并称。泛指龙涎香、麝香等香料。

⑧弊衣百结:打了很多补丁的破旧衣服。弊,破旧,破损。

⑨窭(jù):贫穷。《尔雅·释言》:"窭,贫也。"注:"谓贫陋。"

⑩冀倖:亦作"冀幸"。犹侥幸,希冀。

⑪京师:京城,都城。肃然:此指安定平静,秩序良好。

⑫置麾下:此指被后晋石敬瑭收留帐下。麾下,旧时对将帅的尊称。也称将帅的部下。

⑬攀鳞附翼:即"攀龙附凤"。此指依附有权势、地位的人。

⑭异之:感到很意外。天海按:此事见《宋史·武行德传》。

⑮薛居正(912—981):字子平,开封浚仪(今河南开封)人。五代至北宋初年大臣、史学家。后唐清泰二年(935)进士。历仕后晋、后汉、后周、北宋四朝,历官谏议大夫、刑部郎中、户部侍郎、兵部侍郎、参知政事、门下侍郎、平章事、左仆射、昭文馆大学士、司空等职。曾主持编撰《旧五代史》。太平兴国六年(981),因服丹砂中毒身亡,年七十。追赠太尉、中书令,谥文惠。宋初以平章事为宰相,薛居正曾任此职,故尊称之。《宋史》卷二六四有传。

⑯汉:朝代名。此指五代之后汉。947年,沙陀人刘知远所建,都汴

梁（今河南开封），史称后汉。950年为后周所灭。共历二帝四年。乾祐：后汉高祖刘知远、隐帝刘承祐年号（948—950）。判官：官名。始于隋朝。至唐，节度使、观察使、防御使均置判官，为地方长官的僚属，辅理政事。宋沿唐制，并于团练、宣抚、制置、转运、常平诸使亦设置判官。

⑰冒法：犯法。

⑱狱具当死：案件审结，判处死刑。

⑲召诘其状：召唤相关人员来盘问当时的具体情形。

⑳有憾：有私仇、怨恨。

㉑即抵吏法：即依法处吏死刑。抵法，犹“伏法”。天海按：此事见《宋史·薛居正传》。

㉒希赏：希图得到赏钱。

㉓释憾：解恨，除怨。此指报复。

㉔天海按：此为郑克自注，言本篇二事皆出于宋朝《国史》本传。

【译文】

武行德做洛阳西京留守时，后周朝廷正设置禁盐法，有能捉获贩私盐一斤以上的，必加重赏。当时有为非作歹之徒，往往以犯私盐罪中伤陷害人。曾经有村童背菜入城，途中遇见一尼姑从河阳来，与他同行，到城门附近时，尼姑就先入城。不一会儿就有守城门的兵卒搜查，在村童菜篮中搜获食盐数斤，于是捆绑村童到官府。武行德取出那食盐察看，是用白绢丝手帕包裹的，而且龙涎香、麝香的气味袭人，他惊异地说：“我看村童衣服破旧补丁重重，那是最贫穷的人了，哪会有熏香手帕呢？一定是奸人做的这件事。”便讯问村童说：“你离开家以后，与何人同路？”村童如实回答。武行德听说后，高兴地说：“我明白这件事情了，这一定是天女寺尼姑与守门兵卒希望侥幸以此求得赏钱。”于是问那尼姑的面貌行状，命令亲信去逮捕她，当天就捕获了。此事果然牵连守门兵卒，因而村童得以免罪。从此以后，官吏敬畏佩服他而不敢欺瞒，京师安定平静、秩序良好。先前武行德以打柴为业，气雄力壮，一山谷的柴草，可以完全背动。后来置身石敬瑭帐下，攀龙附凤，终于得到富贵。但是处理案件并不是他的长处，在这个案件上能够如此明察善辨，评论的人都感到意外。

按：薛居正丞相，在后汉乾祐年间做开封府判官时，有官吏告发百姓违反盐法，案件审结判处死刑。薛居正怀疑这个案件，召唤当事人盘问具体情形，原来是官吏因私仇而诬告他。逮捕后完全招供认罪，就依法处官吏死刑。这与武行德的事很相似，那是因希图赏钱而作案，这是因报复解恨而行事。他们都能够辨明那诬告的人，只是在于深入审察案件。这两件事均见于宋朝《国史》本传。

2·13 张保雍亲虑辨诬

张保雍刑部①，为湖北转运使时②，汉阳俚民贩茶③，知军骆与京诬其捍巡检④，二十人法当死，百余人当从坐⑤。保雍亲往虑之⑥，遂明其诬，首得不死，从者皆贳⑦。见曾巩舍人所撰神道碑⑧。

按：诬人大辟⑨，必不徒然⑩，或以希赏，或以释憾。斯不仁哉！宜乎保雍力为辨雪也。

【注释】

①张保雍（975—1033）：字粹之，蔡州（今河南汝南）人。宋真宗景德二年（1005）进士，授山阴主簿，拜大理评事，知三泉县，通判齐州、永兴军，知汉州。历任荆湖北路转运使、两浙转运使，加刑部郎中。事见曾巩《元丰类稿》卷四七《刑部郎中张府君神道碑》。刑部：为刑部尚书、侍郎、丞以下属官。此指张保雍任刑部郎中。

②湖北：路名。即荆湖北路，治所在江陵（今湖北江陵）。转运使：

官名。设于各路，宋初掌一路财赋，督察地方官吏，其后职掌扩大，兼理边防、治安、钱粮、巡察等事，成为府州以上的行政长官。

③汉阳：军名。五代后周显德五年（958）置军，治所在汉阳（今湖北汉阳）。俚民：百姓，平民。

④知军：即知汉阳军事。宋代作为地方行政单位的军，其长官称知军，也有称军使。军，宋代地方行政区划名。有二种：一与府、州同级，隶属于路；一与县同级，隶属于府、州。此应属于前者。捍巡检：暴力抗拒巡检。捍，凶暴抗拒，抵御。巡检，官署名巡检司，官名巡检使，省称巡检。宋时于京师府界东西两路，各置都同巡检二人，京城四门巡检各一人。又于沿边、沿江、沿海置巡检司，掌训练甲兵，巡逻州邑，职权颇重，后受所在县令节制。

⑤从坐：指共同犯罪中的次要分子。《唐律疏议·名例》："共犯罪者，谓二人以上共犯，以先造意者为首，余并为从。"

⑥虑之：即虑囚、录囚。由皇帝或有关官吏讯察囚犯并决定可否原宥的制度。虑，通"录"。此制始于汉代。《汉书·隽不疑传》："每行县录囚徒还。"颜师古注："省录之，知其情状有冤滞与不也。"

⑦贳（shì）：宽纵，赦免。

⑧天海按：此为郑克自注。言此事见于曾巩所撰《元丰类稿》卷四七《刑部郎中张府君神道碑》。

⑨大辟：死刑。

⑩徒然：无缘无故，偶然。

【译文】

刑部郎中张保雍，做湖北转运使时，汉阳平民贩运茶叶，知军骆与京诬告他们暴力抗拒巡检，二十人依法应当处以死罪，百余人被判为从犯。张保雍亲自前往巡察囚犯，于是辨明他们被诬告的情况，首犯免于死罪，从犯都被赦免。此事见于曾巩舍人所撰《刑部郎中张府君神道碑》。

按：诬告人死罪，一定不是平白无故的，或是为了希图赏赐，或是为了报复解恨。这都是不仁道的！张保雍尽力为他们辨诬雪冤也是应该的。

2·14 王长吉辨诬上奏

江南提点刑狱王长吉等言[①]："南安军上犹县[②]，僧法端、守肱，忿渔人索鱼直[③]，诬以行劫，赂县胥集耆保掩捕其家[④]，四人遭杀，三人被伤，以杀获劫贼告于官。县尉验尸受赇[⑤]，隐其縻缚之迹[⑥]；县令覆视老眊[⑦]，又为典吏所罔[⑧]。本军劾得实[⑨]，僧皆坐死，余当原赦。请理巨蠹[⑩]，以其状闻。"诏："县尉杖脊[⑪]，配道州衙前[⑫]；县令贬文学参军[⑬]；余配广南者十五人[⑭]；以僧私田给渔者家[⑮]。"见祥符九年诏令[⑯]。

按：僧诬渔者，本非难辨，庸吏漫不省察[⑰]，奸吏相与为市[⑱]，故如此耳。长吉劾正其罪[⑲]，虽已无及[⑳]，然犹愈于纵恶不治。特著于篇，庶可鉴也[㉑]。

【注释】

①江南：江南路，宋路名。治所在江宁（今江苏南京）。宋太宗至道三年（997）在州之上改道为路，分宋朝全境为京东、京西、河北、河东、陕西、淮南、江南、荆湖南、荆湖北、两浙、福建、西川、峡、广南东、广南西十五路。提点刑狱：即提点刑狱公事，简称提刑官，相当于法官兼检察官。提刑司是"路"级的司法机构，主要掌管刑狱之事，并总管所辖州、府、军的刑狱公事、核准死刑等，也有权对本路的其他官员和下属的州、县官员实施监察。王长吉：人名，余事不详。

②南安军：军名。宋淳化元年（990）分虔州置军，治所在大庾（今江西大余）。辖境相当于今江西章水、上犹江流域，宋时为江南

路辖区。上犹县：县名。南安军辖县，治所在今江西上犹。

③鱼直：买鱼的钱。直，通“值”。

④县胥：县吏。耆保：里长，保正。宋代乡里保甲类人员，由富户老人轮充，负责管辖区内的催缴赋税、逐捕盗贼等事务。掩捕：突袭搜捕。

⑤县尉：官名。负责一县的治安刑狱。检验尸伤通常亦由其带领仵作进行。受赇：受贿。

⑥隐其縻（mí）缚之迹：隐瞒了被害人身上绳索绑缚的痕迹。

⑦老眊（mào）：老眼昏花。

⑧典吏：主管验尸的官吏。罔：欺骗。

⑨本军：此指南安军。

⑩巨蠹：大蛀虫。比喻大奸或大恶。此指县尉、县令等人。

⑪杖脊：以杖挞脊背。杖刑中最重的一种。

⑫道州：古代州名。治今湖南永州。衙前：宋代职役之一。在宋始成为负担最重的差役，职掌官物押运和供应，负赔偿失误和短缺等责任，承役者往往赔累破产。

⑬文学参军：官名。宋大都督府、都督府，除录事、司户、司法、司士、司理参军外，又有文学参军一职，执掌文化教育事务。

⑭广南：路名。即广南路，是宋代设置的一个行政区划。在宋太宗末年，广南路分为广南东路和广南西路，这是广东、广西名称之来历。广南东路治所在今广东广州，广南西路治所在今广西桂林。

⑮私田：此指寺庙的私有田产。

⑯祥符：宋真宗年号“大中祥符”的简称（1008—1016）。诏令：帝王所发的文书、命令、文告。天海按：此为郑克自注。言本篇事出大中祥符九年诏令。

⑰庸吏漫不省察：昏官随意放任不加审察。

⑱奸吏相与为市：奸恶官吏相互以此做利益交易。

⑲劾正：揭发惩办。

⑳无及：此指不能挽救死伤的渔民。

㉑庶：表示希望。

【译文】

江南提点刑狱王长吉等人上奏说："南安军上犹县僧人法端、守肱，忿恨渔民索取买鱼钱，就以抢劫罪诬告渔民，贿赂县府小吏集合乡里保正、里长人员突袭逮捕渔民家人，有四人被杀，三人受伤，并以搜捕杀死劫贼报告到官府。县尉验尸接受贿赂，隐瞒了渔民被捆绑的痕迹；县令复查时老眼昏花，又被主管小吏所欺骗。本军揭发查证得到实情，僧人都被依法判处死刑，其余的人可以宽恕赦免。请求惩治这些大奸大恶之人，把他们的情况上奏朝廷。"皇上诏令："县尉处刑杖脊，发配道州做衙前小吏；县令贬谪做文学参军；其余发配广南十五人；把寺庙的私田赔偿给渔民家。"事见宋真宗大中祥符九年皇帝诏令。

按：僧人诬陷渔民一案，本来不难辨明，庸官疏忽不仔细察看，奸吏互相做交易，所以如此罢了。王长吉揭发惩办他们的罪恶，虽然已经无法挽救死伤的渔民，但还是比放纵罪恶不惩治强得多。特将此事著录在此篇，希望能够以此为借鉴。

2·15 王臻验伤审原告贾昌龄附

王臻谏议[①]，知福州时[②]，闽人欲报仇[③]，或先食野葛而后斗[④]，即死，其家遂诬告之。臻问："所伤果致命耶？"吏持验状曰："伤无甚也。"臻以为疑，反讯告者[⑤]，乃得其实[⑥]。

按：贾昌龄少卿[⑦]，初为饶州浮梁尉[⑧]，其俗轻死[⑨]，与人有怨，往往先食野葛以诬怨者，昌龄辄能辨究之[⑩]。与臻问伤类矣，是皆深察者也。

【注释】

①王臻:字及之,颍州汝阴(今安徽阜阳)人。北宋真宗时期,进士及第,初任大理评事,历任舒城、会昌二县知县,徐、定二州通判、兖州知州,迁监察御史、殿中侍御史、三司度支判官,外放治理睦州、福州,颇有政绩。宋仁宗即位,擢龙图阁待制、权知开封府,累迁工部郎中、右谏议大夫、御史中丞,病逝于任上。《宋史》卷三〇二有传。谏议:即谏议大夫。官名。北宋前期,为寄禄官。神宗元丰改制,升从四品,专掌讽喻规谏。

②福州:州名。治所在闽县(今福建福州)。

③闽:福建、古闽国的简称,也是我国古代少数民族之一。分布在福建、浙江东部、广东东部、江西东部等地。

④野葛:又名钩吻,亦称断肠草、胡蔓藤。常绿植物,马钱科,缠绕灌木。根、茎、叶有剧毒,误食可致命。

⑤反讯:反而审讯。

⑥天海按:本篇事见《宋史·王臻传》。

⑦贾昌龄(?—1040):字延年,宋开封(今河南开封)人。登进士第,为饶州浮梁县尉,历开封府功曹参军、许州偃城主簿,迁大理丞,宰江源县、调知宣城,除都官员外郎、知卫州、后提点京西路刑狱,知潭州,终太常少卿、直昭文馆、知广州军州事,康定元年(1040)卒。事见《范文正公文集》卷一三《贾公墓志铭》。

⑧饶州:州名。治所在鄱阳(今江西鄱阳)。浮梁:县名。治所在今江西景德镇。

⑨轻死:以死事为轻,不怕死。

⑩辨究:辨析,查究。

【译文】

谏议大夫王臻,任福州知州时,闽人想要报仇,有的就先吃野葛然后与人争斗,很快就死了,他家人就去诬告对方。王臻问道:"所受的伤果真会致命吗?”小吏拿着检验文书说:“伤不是很严重。”王臻因此怀疑,反过来审讯原告,就得到了真实情况。

按:贾昌龄少卿,最初做饶州浮梁县尉时,那里的习俗是轻视生命,与人有仇怨,往往先吃野葛来诬告仇怨方,贾昌龄就能够辨析查究他。与王臻问伤的事相类似,这都是深入审察案件的人。

2·16 钱惟济给食验伤

钱惟济留后[①],知绛州[②],民有条桑者[③],盗强夺之不能得,乃自斫其右臂,诬以杀人,官司莫能辨[④]。惟济引问[⑤],面给以食[⑥],而盗以左手举匕箸[⑦],因语之曰:“他人行刃,则上重下轻;今下重上轻,正用左手伤右臂也。”诬者引伏[⑧]。已上三事并见本传[⑨]。

按:此以其伤下重上轻,知为自用刃矣。但疑在右臂,故给之食以验其手,而诬状灼然[⑩],彼安得不服耶?

【注释】

①钱惟济:字岩夫,宋钱塘(今浙江杭州)人。五代十国吴越王钱俶第六子。从父归宋,历知绛、潞、定州,拜检校司空,迁武昌军节度观察留后。留后:唐安史之乱后,节度使不服朝命,遇事或年老不能任事,常以子弟或亲信代行职务,称节度留后或观察留后。五代仍有留后。北宋置节度观察留后,为虚衔,后成为正式官名,改称承宣使。

②绛州:宋代州名。治所在正平(今山西新绛)。

③条桑:犹言采桑。也借指桑树。《诗经·豳风·七月》:“蚕月条桑,取彼斧斨,以伐远扬,猗彼女桑。”马瑞辰《通释》:“条乃‘挑’之假借……《笺》云‘枝落之采其叶’者,采亦取也,正训条桑为

取桑。”

④官司：此指官府主管司法的部门。

⑤引问：招来讯问。

⑥面给以食：当面给他食物。天海按，“给”，《说郛》本作“绐”。

⑦匕箸：天海按，《说郛》本作“匙箸”。

⑧引伏：招供，认罪。

⑨天海按：此为郑克自注，言以上王臻、贾昌龄、钱惟济三人事并见宋朝《国史》本传。

⑩灼然：明显貌。

【译文】

钱惟济留后，做绛州知州时，有百姓去采桑，强盗抢夺桑叶没得到，就自己砍伤右臂，诬告采桑人杀人，官府没有人能够辨明。钱惟济召唤强盗来讯问，当面给他食物，但是那强盗用左手拿羹匙和筷子，钱惟济便告诉他说：“别人用刀，那是上重下轻；如今你的伤口下重上轻，正是用左手伤的右臂。”诬告者招供认罪。已上三事并见《国史》本传。

按：因为强盗的伤口下重上轻，已知道是他自己用刀自伤的了。但是疑点在于右臂，所以给他食物以检验其惯用手，因此诬告的情形明显可见，他怎能不服罪呢？

2·17 方偕查姓名辨诬唐介附

方偕大卿[①]，为御史台推直官时[②]，澧州逃卒与富民有仇[③]，诬以岁杀人十二祭磨驼神[④]，逮捕系狱而久不决，诏偕就鞫之[⑤]。偕命告人疏所杀主名[⑥]，寻访考验[⑦]，尚多无恙，事遂辨白。见天圣《名臣传》[⑧]。

按：王珪丞相撰《唐介参政墓志》言[⑨]：介为岳州沅江令[⑩]，按[⑪]：《宋史·唐介传》，介为平江令[⑫]，断李氏事。今书中作沅江令。考

《地理志》[13]，岳州有平江县。沅江本隶常德，乾道中始割隶岳州[14]。介系仁宗时人[15]，当从《宋史》作平江令[16]。州民李氏有巨资[17]，吏数以事动之[18]，既不厌所求[19]，乃言其家岁杀人祠鬼[20]。会知州事孟合喜刻深[21]，悉捕系李氏家无少长榜笞[22]，久莫伏[23]，以介治县有能名[24]，命更讯之。介按劾无他状[25]，合怒，以其事闻朝廷。诏遣殿中侍御史方偕徙其狱于澧州[26]，已而不异介所劾[27]。其后州吏皆坐罪去，偕以活死者得官[28]，介终不自言。此与章频验治伪券而黄梦松擢用类矣[29]，皆笃厚君子也。频事见《察奸》门[30]。然则诬告者非澧州逃卒，而富民乃岳州人，特徙其狱于澧州鞫之耳，且偕是时不为推直官也。《名臣传》所书不若此志本末详备，殆未得其实欤？惟使告人具疏主名，辨诬之术有足取者，故特著之。

【注释】

①方偕（992—1055）：字齐古，宋福建莆田兴化（今福建莆田）人。大中祥符五年（1012）进士，历温州军事推官，汀州判官，知福清、资源二县，累迁尚书屯田员外郎，为御史台推直官。擢天章阁待制、江淮制置发运使、知杭州，迁刑部郎中，以太常少卿分司西京，迁光禄卿。官终光禄卿，故称大卿。《宋史》卷三〇四有传。

②御史台：宋朝御史台分设台院、殿院、察院，统辖下属的诸御史。台院是御史台的基本组成部分，设侍御史若干人，执掌纠弹中央百官，参与大理寺的审判和审理皇帝交付的重大案件。推直官：御史台有推直官和推勘官，负责司法方面的事务。

③澧（lǐ）州：州名。因澧水贯穿全境而得名，治所在澧阳（今湖南澧县）。

④磨驼神：湖南民间祭祀的一种“妖神”，需杀人祭祀。一说即碾

子神。

⑤就鞫之：就地审理这个案件。

⑥疏所杀主名：分别写出所杀害的人的姓名。

⑦考验：考察验证。

⑧天海按：此为郑克自注。天圣：宋仁宗赵祯的年号（1023—1032）。《名臣传》：书名。宋张唐英撰。张唐英，字次功，自号黄松子，蜀州新津（今四川成都）人。丞相张商英之兄。熙宁中官至殿中侍御史，事迹附载《宋史·张商英传》。张唐英曾撰《嘉祐名臣传》，今《名臣传》已佚，文见王珪撰《华阳集》卷三七《唐质肃公墓志铭》。

⑨王珪：字禹玉，宋华阳（今四川成都）人，徙庐江（今安徽庐江）。庆历二年（1042）进士，朝廷大典多出其手。元丰五年（1082）官尚书左仆射，兼门下侍郎，封岐国公。元丰八年（1085）卒，谥文恭，有《华阳集》行世。宋以左、右仆射为宰相，故尊称之。《唐介参政墓志》：见王珪所撰《华阳集》。唐介，字子方，宋江陵（今湖北江陵）人。官至参知政事。《宋史》卷三一六有传。

⑩岳州：宋州名。治所在巴陵（今湖南岳阳）。沅江：宋县名。故地在今湖南益阳。天海按：沅江县当时隶属于常德，不为岳阳所辖，见下文四库馆臣按语。

⑪天海按：此按语为四库馆臣所加。

⑫平江：今湖南平江。

⑬《地理志》：记述一个地区自然和人文方面的地理状况及其历史演变过程的专志。

⑭乾道：南宋皇帝宋孝宗赵昚的第二个年号（1165—1173）。

⑮仁宗：宋仁宗赵祯（1010—1063），宋朝第四位皇帝，1022—1063年在位。

⑯平江令：平江县令。

⑰巨资：即“资财巨万”。

⑱数以事动之：多次借事动员州民拿出钱财。

⑲厌：满足。厌，通“餍”，饱，满足。

⑳祠鬼：祭祀鬼神。

㉑会：恰巧，适逢。知州事：即知州，州的长官。宋代实行以京官主持地方州、县事，称知州事、知县事。孟合：人名，生平事未详。刻深：苛刻，严酷。

㉒无少长：无论老幼。无，无论。榜笞：鞭笞拷打。

㉓久莫伏：很久没有认罪。

㉔能名：能干的名声。

㉕介按劾无他状：唐介核查审理没有其他情形。

㉖殿中侍御史：官名。宋沿置，设殿中侍御史，掌纠弹百官朝会失仪事。徙其狱：移交案件。

㉗已而：结果，后来。

㉘活死者得官：救活被处死罪的人而升官。

㉙此与章频验治伪券而黄梦松擢用类矣：这件事与章频审理伪造田券案而黄梦松因此提职升官的事相类似了。天海按：据《宋史·章频传》：章频，字简之，建州浦城（今福建浦城）人。景德进士，自试秘书省校书郎、知南昌县，改大理寺丞、知九陇县，迁殿中丞。眉州大姓孙延世伪为券夺族人田，久不能辨，转运使使按治之。频视券墨浮朱上，曰：“是必先盗印然后书。”既引伏，狱未上，而其家人复诉于转运使，更命知华阳县黄梦松覆按，无所异，梦松用此入为监察御史，频坐不时具狱，降监庆州酒，徙知长洲县。天禧初，擢监察御史，旋为三司度支判官，因忤旨，出知宣州，改殿中侍御史，迁侍御史。

㉚天海按：此为郑克自注，言章频之事另见本书卷五《察奸》门。

【译文】

大卿方偕，做御史台推直官时，澧州逃亡士卒与一富人有仇，就诬告富人每年杀十二个人祭祀磨驼神，富人被逮捕关押许久不能结案，皇帝诏命方偕前往就地审理这个案件。方偕命告状人分别写出富人所杀人员姓名，然后按照名单寻访查验，这些人大多安然无恙，此案于是辨白清楚。事见宋仁宗天圣年间《名臣传》。

按：王珪丞相所撰《唐介参政墓志》记载：唐介做岳州沅江县令，按：《宋史·唐介传》载，唐介做平江县令，审断李氏案件。今书中作沅江县令。考《地理志》，岳州有平江县。沅江本隶属常德，乾道年间始分割隶属岳州。唐介系仁宗时人，当从《宋史》作平江县令。州民李氏有资产巨万，有官吏多次借事动员他捐出钱财，后来不能满足其要求，就称李家每年杀人祭祀鬼神。遇上知州孟合为人苛刻严酷，悉数逮捕李氏一家，无论老幼都鞭打拷问，很久也没有人认罪。因为唐介治县有能干的名声，就命他再次审讯李氏。唐介复查审理并无其他情形，孟合发怒，把此案上奏朝廷。皇帝诏命派遣殿中侍御史方偕移送此案到澧州，结果与唐介的审理没有什么不同。其后州县官吏都因此案被治罪离开了，方偕因为救活被处死罪的人得到升官，唐介始终没有自己宣扬此事。这与章频检验治理伪造契券案而黄梦松被提拔的事类似，都是忠实厚道的君子啊！章频事另见卷五《察奸》门。然而那诬告者并非澧州逃亡士卒，而富民乃是岳州人，只是移送此案到澧州审理罢了，而且方偕当时不是推直官。《名臣传》所写不如此墓志本末详细完备，大概是未了解到案件的实情吧？只是让告状人全部写出被害人姓名，辨别诬告的方法有可取之处，所以特地著录这件事。

2·18 杜衍复查杀恶仆李纮附

杜衍丞相①，提点河东刑狱时②，高继昇知石州③，为其仆所告，云与西河蕃部谋叛④，捕系数百人，久不决。诏衍覆案[⑤]，得仆诬状，卒论杀之[⑥]。

按：李纮龙学[⑦]，为殿中侍御史时，皇城司卒有告贾人为契丹刺事者[⑧]，捕系起大狱[⑨]。更诏纮讯之，尽得其冤状，告者遂伏辜[⑩]，颇亦类此。诬告人罪，法当反坐[⑪]，苟非明察，岂能然耶？已上二事并见本传[⑫]。

【注释】

①杜衍：参见卷一《释冤》门（上）1·4条《辛祥察色获真凶》注。

②河东：路名。宋十五路之一，治所在并州（后改太原府，在今山西太原）。

③高继昇：人名，余事未详。石州：宋州名。治所在离石（今山西吕梁）。

④西河蕃部：西河郡所属少数民族部落。指石州边塞地区，治所在平定（今内蒙古东胜），东汉永和五年（140）因地日蹙移治离石（今山西离石）。

⑤诏衍覆案：皇上诏命杜衍覆审。

⑥卒论杀之：最终将诬告恶仆论处死刑。本篇事出《宋史·杜衍传》。

⑦李纮：字仲纲，宋州楚丘（今山东曹县）人。进士及第，试秘书省校书郎、知歙县。历知於潜、剡县，举为御史台推直官，拜监察御史。迁殿中侍御史。吕夷简荐之，官至龙图阁直学士、知秦州，卒。《宋史》卷二八七有传。龙学：龙图阁直学士的简称。

⑧皇城司：宋代禁军官司名。旧名武德司，位于东京左承天门内。为宋代特务机构，性质类似明代锦衣卫。执掌宫禁，周庐宿卫，刺探情报。贾人：商人。契丹：古部族名。为东胡族的一支，居今辽河上游西拉木伦河一带，以游牧为生，北魏时自号契丹。916年耶律阿保机统一各部，建契丹国，自称皇帝，后改国号为辽（983—1066），改皇都为上京（今内蒙古巴林左旗）。是与北宋对峙、统

治中国北部的一个王朝。刺事者：刺探机密的人，即“间谍”。

⑨大狱：重大的案件。多指牵涉面广而处罚严厉的案件。

⑩伏辜：伏罪。

⑪反坐：诬告他人犯罪者，即以所诬告的罪名承担刑事责任。

⑫天海按：此为郑克自注，言本篇二事皆出自宋朝《国史》本传。

【译文】

丞相杜衍，提点河东刑狱时，高继昇做石州知州，被他的仆人所告，说他与西河蕃部谋叛，逮捕关押数百人，长久不能判决。皇上诏命杜衍复查审理此案，查出仆人诬告的情况，最终论处恶仆死罪并杀掉他。

按：龙图阁学士李纮，做殿中侍御史时，皇城司士卒状告商人为契丹刺探机密，起大狱逮捕关押了很多人。皇上再诏命李纮审讯他们，完全查明他们蒙冤的情况，诬告的人于是服罪，与此案也很类似。诬告他人犯罪，依法判处诬告他人的罪名，如果不能明察，哪能做到这样呢？已上二事并见《国史》本传。

2·19 程戡推理获主谋

程戡宣徽[①]，知处州[②]，民有积为仇者，一日诸子私谓其母曰：“今母老且病，恐不得更寿[③]，请以母死报仇。”乃杀其母，置仇人之门而诉于官。仇者不能自明，而戡疑之。僚属皆言：“理无足疑。”戡曰：“杀人而置其门，非可疑耶？”乃亲劾治[④]，具得本谋[⑤]。见王珪丞相所撰墓志[⑥]。

【注释】

①程戡：参见卷一《释冤》门（上）1·4条《辛祥察色获真凶》注。宣徽：即宣徽南院使，官名。

②处州：州名。治所在括苍（今浙江丽水）。

③更寿：久寿，长寿。

④劾治：审理。

⑤本谋：此指主谋。

⑥天海按：此为郑克自注，言本篇事出王珪丞相所撰《程戡墓志》。但是今本王珪所撰《华阳集》中未见此墓志。

【译文】

宣徽南院使程戡，做处州知州时，有两家人积怨已久，成为仇人，一天几个儿子私下对他们的母亲说："如今母亲年老而且有病，恐怕不能长寿，请求以母亲的死来为我们报仇。"于是就杀死了母亲，把尸体置于仇人的门前并向官府起诉。仇人不能辨明自己的清白，但是程戡怀疑这件事。同僚部下都说："按理不值得怀疑。"程戡说："杀了人而且放置尸体在自己门前，不是可疑的吗？"于是亲自核查审理，完全查明本案主谋。事见王珪丞相所撰《程戡墓志》。

2·20 苏涣问血衣辨诬陆广附

苏涣郎中[①]，知衡州时[②]，耒阳民为盗所杀[③]，而盗不获。尉执一人指为盗，涣察而疑之，问所从得，曰："弓手见血衣草中[④]，呼其侪[⑤]，视之，得其人以献。"涣曰："弓手见血衣，当自取之以为功，尚何呼他人？此必为奸[⑥]。"讯之而服。他日果得真盗。见苏辙门下所撰墓志[⑦]。

按：辨诬者或以情理察之，程戡是也[⑧]；或以辞理察之[⑨]，苏涣是也；皆可谓之明矣。然陆广校理知导江县时[⑩]，盗入民家，尉诬一人，执以诣县。广视而言曰："非也！释之。"尉力争，众亦疑，终不听。后果获真盗。见王安石丞相所撰墓志[⑪]。此何以知之？盖广能布耳目察民事[⑫]，而先知尉所执非盗，则不必如涣问所从得也。众既莫晓，故亦疑焉。至于获真盗，终不以语人，盖布耳目察民事者不可使众皆知也。

【注释】

①苏涣（1000—1062）：初字公群，后改字文父，眉州眉山（今四川眉山）人。苏洵之兄，苏轼之伯父。宋仁宗天圣二年（1024）进士，为宝鸡主簿，以能选开宝监，调凤州司法。为永康军录事参军，擢开封府士曹参军。通判阆州，历知祥符、衡州。宋仁宗至和二年（1055），擢提点利州路刑狱。嘉祐七年（1062）卒，年六十二，后累赠太中大夫。《宋史》无传。郎中：官名。苏涣曾官都官郎中（属刑部），故称。

②衡州：州名。唐宋时治所在衡阳（今湖南衡阳）。辖境相当于今湖南衡山、常宁、耒阳间的湘江流域。天海按："衡州"下，《说郛》本无"时"字。

③耒阳：县名。宋时为衡州属县。

④弓手：古代兵役名目的一种。亦称"弓箭手""弓兵"。宋初于各县设县尉，并设弓手二十名缉捕"盗贼"。

⑤侪（chái）：同辈，同类，同伴。天海按："草中"二字，《说郛》本无；"其侪"，《说郛》本作"同侪"。

⑥为奸：天海按，《说郛》本作"有奸"。

⑦天海按：此为郑克自注。苏辙门下：苏辙（1039—1112），字子由，一字同叔，眉州眉山（今四川眉山）人。苏轼之弟，因官至门下侍郎，故尊称"门下"。撰有《栾城集》五十卷。本篇事见《栾城集》卷二五《伯父墓表》。

⑧程戡：事见2·19条《程戡推理获主谋》。

⑨辞理：此指根据供词的内容推理。

⑩陆广：字彦博，宋福州侯官（今福建福州）人。天圣二年（1024）进士甲科，知邵武县，迁开封丞，以集贤校理出知婺州，有惠政，改

知泉州，以荐为尚书司封员外郎，终官京东提点刑狱。《宋史》无传。校理：即集贤院校理，官名。宋代设昭文馆、史馆、集贤院，称为三馆，掌理秘书图集等事。导江县：唐于灌口置盘龙县，后改为导江县。治在今四川都江堰。

⑪天海按：此为郑克自注。王安石：字介甫，宋抚州临川（今江西抚州）人。宋神宗时官至参知政事，故尊称丞相。撰有《临川集》一百卷。本篇事见今本《临川集》卷九二《京东提点刑狱陆君墓志铭》。

⑫布耳目：安排密探。

【译文】

郎中苏涣，做衡州知州时，有耒阳平民被强盗所杀，但是强盗未能捕获。县尉捉住一人指认为强盗，苏涣审察后怀疑这件事，问县尉从哪里捉得此人，县尉说："弓箭手看见有血衣在草丛中，呼唤他的同伴，察看血衣时，捉得此人来献上。"苏涣说："弓箭手看见血衣，应当自己取来作为功劳，为何还要呼喊他人呢？这一定是作奸犯科。"审讯县尉而后服罪。后来果然捕得真正的强盗。事见门下侍郎苏辙所撰《伯父墓表》。

按：辨别诬告的情况，或者以案情推理审察，程戡就是这样；或者以辞语推理审察，苏涣就是这样；都可以称之为明察了。但是校理陆广做导江知县时，有强盗进入平民家，县尉诬赖一人，捉来送到县府。陆广观察后说："此人不是强盗！放了他。"县尉竭力争辩，众人也很疑惑，但陆广始终不听他们的意见。后来果然捕获真正的强盗。事见王安石丞相所撰《京东提点刑狱陆君墓志铭》。这又从何知道那人不是强盗呢？因为陆广能够布下密探侦察民间的事情，因而事先知道县尉所捉的人不是强盗，就不必像苏涣那样问他从何处捉得了。众人既然不能知晓，所以也对此感到疑惑。至于如何捕获真正的强盗，始终不会将此告诉他人，因为安排密探侦查民事不能使众人都知道。

2·21 郭劝辨诬受生祠

郭劝给事[①]，通判莱州时[②]，有民为仇人所诬，罪当死，吏受赇且傅致[③]，劝为辨理得免。民家画其像而生祠之[④]。见本传[⑤]。

【注释】

①郭劝：字仲褒，宋郓州须城（今山东东平）人。举进士，历任太常博士、通判莱州，积功擢殿中侍御史，迁天章阁待制，左谏议大夫、侍读学士等职。《宋史》卷二九七有传。给事：官名。给事中的简称，唐宋以后为门下省之要职，掌驳正政令之违失。

②通判：官名。宋初始于诸州府设置，即共同处理政务之意，地位略次于州府长官，但握有连署州府公事和监察官吏的实权，又号称“监州”。莱州：州名。治所在掖县（今山东莱州）。

③受赇：接受贿赂。傅致：罗织、附益事实而致罪。

④生祠：指为活人修建祠堂。

⑤天海按：此为郑克自注，言本篇事见宋朝《国史》郭劝本传。

【译文】

给事中郭劝，做莱州通判时，有州民被仇人所诬告，论罪当处死刑，官吏接受贿赂而且罗织附会事实使其入罪，郭劝为他辨别审理才得以免罪。这州民为他建了祠堂来祭拜他。事见宋朝《国史》本传。

2·22 寇平再审释死囚

寇平少卿知淮阳军[①]，始至，会狱有系囚，当殊死[②]，疑未得实，而更讯之，果为吏所诬。囚且释，吏仅得减死[③]，众相戒敕[④]，不敢为欺。见王珪丞相所撰墓志[⑤]。

按：劝与平所以辨诬[⑥]，不得之其辞，则得之其情也，明可知矣。是故造诬者惧焉，被诬者怀焉⑦，皆其尽心察狱之效也。

【注释】

①寇平：字均辅，宋胶水（今山东平度）人。宋仁宗时登进士第，权知淮阳军。官终太常少卿，故称少卿。《宋史》无传。少卿：太常少卿，官名。太常寺副长官。太常寺，掌礼乐、祭祀，卿为长，少卿为副。知淮阳军：做淮阳知军。淮阳，宋军名。辖下邳、宿迁二县，治所在下邳（今江苏邳州）。

②当殊死：判处斩首之刑。当，判处。殊死，斩首。

③减死：减免死刑。据唐宋律：凡诬告人者，各反坐；诬人罪至死刑但尚未处决者，坐之人听减一等。

④戒敕：告诫。

⑤天海按：此为郑克自注，言本篇事出王珪所撰《华阳集》卷三八《寇公墓志》。

⑥劝与平：指上文中的郭劝与本文中的寇平。

⑦怀：怀念，感恩。

【译文】

太常少卿寇平，做淮阳军知军时，刚刚到任，就遇上狱中关押有囚犯，被判处斩首之刑，他怀疑此案没有查得实情，就再次审讯他，果然是被官吏诬陷。囚犯因而被释放，那官吏只被判减免死罪，众官吏互相告诫，不敢再做欺瞒的事。事见王珪丞相所撰《寇公墓志》。

按：郭劝与寇平所以能够辨别诬陷，不是从供辞中发现问题，就是从情理方面洞察真相，他们能够明察就可知了。因此造谣诬告的人畏惧他们，被诬陷的人感恩他们，都是他们尽心办案的结果。

2·23 单孟阳抗上辨诬

单孟阳大卿[①],为御史台推直官时[②],有以赃诬江南转运使吕昌龄者[③],中丞张昪亦言之[④],累鞫不承[⑤],诏孟阳以制狱案治[⑥]。孟阳虽御史属[⑦],不阿其长而卒直之[⑧]。因请避[⑨],得知濮州[⑩]。见本传[⑪]。

【注释】

①单孟阳:名煦,字孟阳,宋平原(今山东平原)人。举进士,知洛阳县。为御史台推直官,历知昌、濮、合州,皆有政绩,累官光禄卿,卒。《宋史》卷三三三有传。大卿:正卿。指光禄卿,中央九卿之一,掌宫殿门户及部分官廷供御事务。

②御史台推直官:官名。参见前文2·17条《方偕查姓名辨诬》注。

③江南转运使:官名。掌江南路财赋、督察地方官吏,兼理治安、钱粮、巡察等府州以上的行政长官。江南路,宋至道十五路之一。治所在江宁(今江苏南京)。吕昌龄:人名,生平事未详。

④中丞:官名。即御史中丞,为御史台长官。天海按:张昪,原文误作“张昇”。此据《宋史》径改。张昪(992—1077):字杲卿,阳翟(今河南禹州)人。登宋真宗大中祥符八年(1015)第,授楚丘主簿。后官至枢密使、参知政事,以太子太师致仕,退居故乡阳翟。熙宁十年(1077)卒,谥康节,是北宋仁宗、英宗朝名臣。《宋史》卷三一八有传。亦言之:也说吕昌龄贪赃受贿。天海按:“亦言之”,《宋史·单煦传》作“讯而论之”。

⑤累鞫不承:多次审问不承认。

⑥制狱:皇帝特命审理的重大案件。制狱,同“诏狱”。奉诏审理、即皇帝直接交办的案件。

⑦御史属:御史中丞的下属。

⑧不阿其长：不奉承他的长官。卒直之：最终为吕昌龄公正审理这个案件。天海按："卒直之"，《宋史·单煦传》作"卒直昌龄"。

⑨请避：请求外调以回避张昇中丞。天海按："请避"，《宋史·单煦传》作"乞外迁"。

⑩濮州：州名。宋时治所在鄄城（今山东鄄城）。后因黄河水患徙州治至黄河北岸，治今河南濮阳。得知濮州：《宋史·单煦传》作"知濮、合二州"。

⑪天海按：此为郑克自注，言本篇事见宋朝《国史》单煦本传。

【译文】

大卿单孟阳，做御史台推直官时，有人以贪赃受贿罪诬告江南转运使吕昌龄，御史中丞张昇也说这件事，多次审讯没有承认，皇上诏命单孟阳以制狱案审理。单孟阳虽然是御史下属，但不逢迎长官而最终公正审理此案。因此请求回避御史中丞张昇，得以出任濮州知州。事见《国史》本传。

2·24 毕仲游犯怒辨诬

毕仲游大夫①，提点河东刑狱时②，韩缜丞相出镇太原③，家奴胡童自陈④："有卒剽劫其衣服于黄堂之侧⑤。"怒以付吏，将黥配之⑥。仲游谓："小童衣服尠薄⑦，而剽劫于大帅故相之宇下⑧，非人情也。"易吏案治，其诬乃辨。见陈恬直阁所撰墓志⑨。

按：诬有难知者，有易知者。智不足则有所惑，而于难知者不能辨矣；勇不足则有所惧，而于易知者不敢辨矣。苟不能辨，则亦奚足责；若不敢辨，斯实可罪。孟阳之鞫赃⑩，不阿中丞意；仲游之案劫⑪，不避大帅怒，所谓勇于义者也。

【注释】

①毕仲游（1047—1121）：字公叔，郑州管城（今河南郑州）人。哲宗元祐初，召试学士院，苏轼异其文，擢为第一。出为河北西路提点刑狱，提点河东刑狱。召权礼部郎中，又出为秦凤路提点刑狱，改知耀州，因苏轼党狱谪知阆州。徽宗即位，迁利州路提点刑狱，改知郑州、郓州。在淮南转运副使任上入元祐党籍，降监嵩山中岳庙。后出党籍，管勾西京留守御史台，提举南京鸿庆宫，致仕。宣和三年（1121）卒，年七十五。《宋史》卷二八一有传。大夫：毕仲游官终朝散大夫、管勾留司御史台，故称大夫。

②提点河东刑狱：官名。主管河东路各州的司法、刑狱和监察，兼管农桑。河东路，宋至道十五路之一。治所在并州（后改太原府，今山西太原）。

③韩缜（1019—1097）：字玉汝，真定灵寿（今河北灵寿）人。庆历二年（1042）进士，任合肥知县、太常博士，迁侍御史、度支判官，两浙、淮南、河北转运使。韩绛执政，出任盐铁副使，知秦州，迁还天章阁待制、知瀛州。累迁知开封府、龙图阁直学士。元丰五年（1082），任太中大夫、同知枢密院事。宋哲宗即位，拜右仆射兼中书侍郎。后坐罪出知颍昌府，历任安武军和奉宁军节度使、西太一宫使，以太子太保致仕。《宋史》卷三一五有传。出镇太原：指韩缜出任安武军节度使、知太原府。节度使在宋虽为虚衔，但待遇甚高，恩数同于执政，俸禄高于宰相，并给仪仗，称为旌节。驻节州府，为其节镇，故曰“出镇太原”。

④胡童：胡人奴仆。童，本指男奴，这个意思后来写作“僮”。

⑤剽劫：抢劫。黄堂：称太守衙中的正堂、公堂。天海按：《宋史·毕仲游传》正作“公堂”。

⑥黥（qíng）配：即“刺配”。宋代刑罚名。对流配的犯人在脸面等部位刺字并涂以墨印，然后发配到边远地方充军。黥，古代在人

脸上刺字并涂墨之刑。配，流配，将罪犯迁徙至远方，即充军。

⑦尠（xiǎn）薄：稀少。

⑧大帅：韩缜出任安武军节度使、知太原府，总揽一方军、民、财权，位同将帅，故称“大帅”。故相：卸任宰相。韩缜原官尚书右仆射兼中书侍郎，出镇太原是在罢相之后，故称“故相”。宇下：屋宇之下。比喻近在大帅故相身边。

⑨天海按：此为郑克自注。言本篇事出陈恬所撰《毕仲游墓志铭》。陈恬：宋阆州西水（今四川阆中）人。曾官直秘阁。故称直阁。所撰文均已散佚。本篇此事今见《永乐大典》卷二〇二〇五载陈恬撰《毕仲游墓志铭》。

⑩鞫赃：审理贪赃受贿案。

⑪案劫：办理抢劫案。

【译文】

朝散大夫毕仲游，做提点河东刑狱时，故丞相韩缜出镇太原府，家有胡人奴仆自己陈述说：“有士兵在公堂旁边抢劫我的衣服。”韩缜大怒，把那个士兵交给官吏，将要处以黥刑并发配。毕仲游认为：“小奴衣服稀少，却说在大帅故相的屋宇下被抢劫，不符合人之常情。”更换官吏办理这个案件，辨明这是诬告。事见陈恬直阁所撰《毕仲游墓志铭》。

按：诬告有难于知晓的，有容易知晓的。智慧不足就会有所困惑，因而对难于知晓的就不能辨明了；勇气不足就会有所畏惧，因而对容易知晓的就不敢辨明了。如果不能辨明，又何必责备；如果不敢辨明，这就确实可以责罪。单孟阳审理贪赃受贿案，不逢迎御史中丞旨意；毕仲游办理抢劫案，不回避大帅发怒，就是所谓勇于践行道义的人。

2·25 魏涛查证辨诬告景德驿卒一事附

魏涛朝奉[①]，知沂州丞县[②]。两仇斗而伤，决遣[③]，而伤者死。涛求其故而未得。死者子诉于监司[④]，怒有恶语[⑤]。

涛叹曰："官可夺[6]，而囚不可杀。"不为具狱[7]。后得其实：是夕罢归[8]，骑及门，坠而死。邻证既明[9]，其诬乃辨。见陈师道正字所撰墓志[10]。

按：此盖死者子因其常斗[11]，以诬其仇人也。夫斗而即决者，伤不致甚，法无保辜[12]，今乃诬以伤而死也。且辜限内死[13]，若有他故，唯坐伤罪[14]。彼骑而坠，是他故也，可见其伤不应保辜也。涛能求得其实，辨明其诬，可谓尽心矣。

景德间[15]，有县胥醉与驿卒相殴[16]，夜归，胥仆于路[17]。或以告卒："地寒恐僵死。"卒往视之，则已死矣。里胥执送官[18]，以为殴杀人，其实寒冻死也。卒之母诉于州，又诉于朝，皆反得罪[19]。真宗以此喻宰臣[20]，令谨择刑狱之官。若斗伤者不遇魏涛，则驿卒何以异哉？其能尽心，亦足为贤也。

【注释】

①魏涛：字信卿，宋彭城（今江苏徐州）人。进士及第，任濮州参军，改河东从事，以朝奉郎知承县。故称朝奉。今本《宋史》无传。朝奉：官名。宋有朝奉郎、朝奉大夫等官名。宋人因以"朝奉"尊称士人。

②沂州：州名。治所在临沂（今山东临沂）。氶（zhěng）县：县名。又作丞县或承县，治在今山东枣庄。天海按：氶，原文讹作"永"，此据明万历本与陈师道《后山集》卷二〇径改。

③决遣：审判发落。

④监司：官署名。有监察州县之权的地方长官简称。宋转运使、转运副使、转运判官与提点刑狱、提举常平，皆有监察辖区官吏之责，统称监司。

⑤怒有恶语：愤怒又口出恶言。

⑥官可夺：官职可以削夺。

⑦不为具狱：不予结案。天海按：不为具狱，此四字原文脱缺，此据《后山集》卷一六径补。

⑧是夕罢归：当天夜里疲惫而归。罢，通“疲”。

⑨邻证既明：邻居证言已经查明。

⑩陈师道（1053—1101）：字履常、无已，号后山居士，宋彭城（今江苏徐州）人。北宋诗人。曾官秘书省正字，故称正字。所撰文章由其门人魏衍编为《后山集》二四卷。此事见四库本《后山集》卷一六《朝奉郎魏君墓铭》。天海按：此为郑克自注，言本篇事出陈师道所撰《魏涛墓志》。

⑪常：通“尝”，曾经。

⑫保辜：犹保罪。保辜，依宋律，凡殴人致伤，而伤情未定，死生未卜，则官府为立日限，责令被告为伤者治疗，如伤者限内因伤致死，即以死罪论；不死，即以伤人论，称为保辜。见《宋刑统》卷二一《保辜》。

⑬辜限内：指官府限定的保辜日期内。按宋律：“虽在限内，以他故死者，各依本殴伤法。”注云：“他故，谓别增余患而死者。”见《宋刑统》卷二一《保辜》。

⑭唯坐伤罪：只判伤害罪。

⑮景德：宋真宗年号（1004—1007）。

⑯县胥：县吏，县衙中的差吏。驿卒：古代驿站中传递政府公文的人，一般又称为“邮子”“驿夫”。

⑰仆：向前跌倒。

⑱里胥：管理乡里、街巷事务的公差。

⑲反得罪：反而被治罪。

⑳真宗：即北宋皇帝赵恒，997—1022年在位。宰臣：此指宰相。

【译文】

朝奉郎魏涛，做沂州承县县令。有两家仇人斗殴而负伤，审理判决后遣送回家，但是受伤的人死亡了。魏涛寻求死因却没有找到。死者的儿子诉讼到监司，愤怒中口出恶言。魏涛感叹说："我的官职可以削夺，但囚犯不能枉杀。"不予结案。后来查得案件实情：当天夜里，受伤的人疲惫回家，骑马到了门口时，坠马而死。邻居证言已经查明，那诬告才得以辨明。事见陈师道正字所撰《魏涛墓志》。

按：此事是那死者的儿子，因其父曾经与人斗殴，所以诬告他的仇人。那次斗殴即时判决，伤情不至于很严重，依法不能保辜，如今却诬告其父是受伤而死。而且在保辜限期内死亡，如果有别的缘故，只能判处轻伤罪。死者骑马坠落而死，就是其他原故，可见他的伤情不应被保辜。魏涛能查明实情，辨明这是诬告，可以说是尽心了。

景德年间，有县吏醉酒与驿卒相互斗殴，夜里归家，县吏扑倒在路上。有人把此事告诉驿卒说："天寒地冻怕会冻僵而死。"驿卒前往查看，县吏已经死了。里坊差吏捉住他送到官府，认为他斗殴杀人，其实是天寒冻死的。驿卒的母亲告到州府，又告到朝廷，都反而被治罪。宋真宗因此告诫丞相，让他们谨慎选择掌管刑罚诉讼的官吏。如果斗殴受伤的人不遇见魏涛，他的遭遇与驿卒还有什么不同呢？魏涛能够尽心审案，也称得上是个贤人了。

三、鞫情

【题解】

鞫，穷究，深入审讯；鞫情，就是穷究案件实情。

《鞫情》为《折狱龟鉴》第三门，选录主案10条，附3事，共计13事。其中三国至唐朝7例、宋朝6例。此门着重介绍主审官吏在审理疑难案件时应该抱有尽心办案的态度，掌握审查案情的具体方法。作者认为，首先要观察人犯面色表情，再详细审查案件起始本末，从而以事实检查复核，以物证验证，于是就能揭露案件的全部实情。归结其具体方法是：

有首先凭人犯的神色观察他的;有首先以人犯的言辞观察他的;知道不是负冤被诬告,就检验案情、物证,并且委曲婉转地审讯人犯,这样才能得到案件的实情。

作者认为鞫情之术,有正有谲。所谓正,就是以正当的手段来查实案情,落实证据,获取人犯供述,然后审核定罪;所谓谲,就是使用巧妙的诈谋手段,设计使狡猾顽固的罪犯自行暴露,落入法网接受制裁。如果精通这正、谲之术,更有助于查证落实案情。那些依靠严刑拷打、刑讯逼供的官吏,乃是不学无术之人。

有拘押囚犯几年甚至十多年都不能判决的积案(见3·2条《司马岐审结积案》),如果能够运用鞫情之术检核验证,又怎么会长久拖延如此!这都是主审官吏不肯尽心办案而造成的。而司马岐却能"一朝决竟",王济"裁七日,尽得其情",若非尽心办案,岂能如此。

对于有些生性顽劣、不惧拷掠、抵死不认罪者,也可以用善待的方法,和颜悦色地引导他招供;或者打中其忌讳,使之悚然畏服而胁之。所谓胁之者,不必是考掠惨酷。如3·10条《李南公塞鼻取供》中,对于有"采气之功"而绝食拒供的罪犯,李南公直接用"塞鼻"之说警告他,从而使之屈服招供。这些都是鞫情之术的灵活运用。

有些案件的情节、事实并非难于查证,而是因为有上司胁迫或者有关者的利诱,企图改变案件性质。能够在权势威胁下而不为之改变的人,可谓勇者,葛源就是这样的人(见3·8条《葛源有守忤知州》);在利益引诱下而不为之改变的人,可谓仁人,司马宣就是这样的人(见3·9条《司马宣拒诱断案》)。审理案件查明实情,智谋值得称道。如果不仁爱,而且没有勇气,那就会有为利诱、威胁所动摇而改变案情的人。而在这种情况下还能审讯案件查明实情,则说明审案人的智谋和操守值得称道。如果没有仁义,又无勇气,那就会被威胁利诱所牵动而改变案件实情。

所以作者引用《尚书·吕刑》说:"非佞折狱,惟良折狱。"就是说不能用那些奸佞小人、昏官庸吏来审理案件,只能选用那些优秀的官吏来审理案件。这种观念超越时空，至今仍然具有积极的现实意义。

3·1 胡质察情色详审王靖附

魏胡质[①]，初召为东郡顿邱令[②]，县民郭政通于从妹[③]，杀其夫程他，郡吏冯谅系狱为证[④]。政与妹皆耐掠隐抵[⑤]，谅不胜痛，自诬，当反其罪[⑥]。质至官，察其情色，更详其事，检验俱服[⑦]。出《魏志》本传，旧集不载[⑧]。

按：此盖初察其色，已见其情，乃更详其本末，而检核以事，验证以物，于是情既露矣，辞必穷矣，安得不服乎？

王靖少卿[⑨]，提点河东刑狱时，潞州长子贼杀人不获[⑩]，县械十数，掠治无状[⑪]，皆释去。靖视其牍曰[⑫]："此真贼也。"教吏曲折讯囚[⑬]，果服罪。靖，熙宁四年终于太常少卿、度支副使[⑭]。见本传[⑮]。

是亦耐掠隐抵者也，其能使之服罪，何哉？盖察其疑辞，而见其本情，已识其为真贼矣。于是曲折诘问，攻其所抵，中其所隐，辞穷情得，势自屈服。斯不待于掠治也。然则鞫情之术[⑯]：或先以其色察之，或先以其辞察之，非负冤被诬，审矣，乃检事验物而曲折讯之，未有不得其情者也。

【注释】

①魏：三国之曹魏。220年曹丕代汉称帝，国号魏，都洛阳，历史上又称曹魏。265年司马炎代魏称晋，魏亡，共历五帝，四十六年。胡质（？—250）：字文德，寿春（今安徽寿县）人。三国时期曹魏大臣，曹操召为顿丘令，黄初中累迁东莞太守、荆州刺史，赐爵关内侯。《三国志》卷二七有传。

②东郡:古代行政区名。秦王政五年(前242)置,汉魏沿置,治所在今河南濮阳,范围包括今河南东北部、山东西部。顿邱:又作顿丘,东汉县名。属东郡,故址在今河南浚县。

③从妹:堂妹。

④系狱为证:作为证人拘押在狱。古代告发者、证人与被告人均要拘押待审。

⑤耐掠隐抵:忍耐拷打,隐瞒抵赖。

⑥当反其罪:判处原告告发被告之罪反及自身。古代告发者与被告人均要拘押待审,被告经拷打不认罪,便反拷告发者,告发者承认诬告,即按"诬告反坐"治罪。反坐,自诬所证不实,故反坐其罪。

⑦检验俱服:经检查验证,双方都服从判决。即被告人承认犯罪事实,告发人承认被诬服蒙冤的事实。

⑧天海按:此为郑克自注,言本篇事出《三国志·魏书·胡质传》。

⑨王靖:字詹叔,宋大名府莘县(今山东莘县)人。以祖荫历通判阆州、知滁州,主管北京御史台,徙广南转运使拜太常少卿,历度支副使,官终宝文阁直学士。《宋史》卷三二〇有传。少卿:指太常少卿。官名。太常寺副长官,掌宗庙礼仪。

⑩潞州:州名。北周宣政元年(578)于上党郡置潞州,治所在上党(今山西长治)。长子:县名。治所在今山西长子。

⑪掠治无状:拷打审讯查无犯罪行状。

⑫牍:官署文书。此指案卷审讯记录。

⑬曲折讯囚:用委婉曲折的方法审问囚犯。天海按:此"曲折讯囚"四字原作"讯囚曲折",此据明万历本及《宋史·王靖传》径改。

⑭天海按:"靖,熙宁四年终于太常少卿、度支副使"十五字,四库本原文作小字注语,在注文"见本传"下,明万历本作大字正文。据本书文例,此十五字当为大字正文在注文之上,现乙正。熙宁,北宋时宋神宗赵顼的年号(1068—1077)。太常少卿,太常寺副长

官，掌礼乐郊庙等事。度支副使，宋有户部使、度支使、盐铁使，总领国内财赋，称三司。度支使下设副使、判官。度支副使为度支使副手。

⑮天海按：此为郑克注文，言本篇事出宋朝《国史》王靖本传。

⑯鞫情：审查穷究案件实情。鞫，审讯或审查。

【译文】

三国曹魏时胡质，最初被曹操召为东郡顿邱县县令，县民郭政与堂妹私通，杀害了堂妹的丈夫程他，郡吏冯谅作为证人也关押在狱中。郭政与堂妹都忍耐拷打、隐瞒抵赖不认罪，冯谅经不住疼痛，自己屈服认罪，反以杀人罪判处。胡质到任后，观察人犯神情面色，更深入详细了解案件实情，检查验证后，双方都服从判决。事出《三国志·魏书·胡质传》，旧集《疑狱集》不载。

按：这就是先观察人犯面色，已经见到人犯表情，就更加详细审查案件起始本末，从而以事实检查复核，以物证验证，于是犯罪实情就暴露了，供述必然理屈词穷，人犯哪能不服呢？

太常少卿王靖，做提点河东刑狱时，潞州长子县有盗贼杀人后不能捕获，县狱关押十几人，拷打审问，查无实据，全都释放离去。王靖审视案卷记录说："此人是真正的盗贼。"他教狱吏委婉曲折地审讯囚犯，果然服罪。宋熙宁四年，王靖官职终于太常少卿、度支副使。事见《国史》本传。

这也是忍耐拷打、隐瞒抵赖的情形，王靖能够使他服罪，为什么呢？是因为能够观察那值得怀疑的供词，因而见到他原本的情形，就已识别出他是真正的杀人盗贼了。于是委婉曲折地盘问，击破人犯所抵赖之处，揭露人犯所隐瞒之事，人犯理屈词穷而得出实情，势必自己屈服。这就不必等待拷打审问了。然而这穷究案件实情的方法：有的是先凭人犯的神色观察他，有的是先以人犯的言辞观察他，知道不是负冤被诬告了，就检验事情、物证，并且委曲婉转地审讯人犯，没有得不到案件实情的。

3·2 司马岐审结积案王济附

魏司马岐[1]，为陈留相时[2]，梁郡有系囚[3]，多所连及，数岁不决。诏书徙狱于岐属县，县请豫治牢具[4]。岐曰："今囚有数十，既巧诈难符[5]，且已倦楚毒[6]，其情易见，岂当复久处囹圄耶[7]！"及囚至，诘之，皆莫敢匿诈[8]，一朝决竟[9]。出《魏志·司马芝传》，岐，其子也。旧集不载[10]。

按：王济郎中[11]，初为漳州龙溪主簿时[12]，汀州以银冶事起讼[13]，逾十年不决，连逮数百人。转运使命济鞫之[14]，裁七日[15]，尽得其情，从坐者数人而已[16]。济，大中祥符四年终于刑部郎中，知洪州[17]。见本传[18]。

此二事相类矣。夫囚有数十，巧诈难符，苟能检核验证，亦何至近者数岁，远者十年不能决耶！是皆官吏不肯尽心而然也。岐于梁郡之囚，一朝决竟；济于汀州之讼，七日得情，虽云已倦楚毒，其情易见。若非尽心推事[19]，岂能如是之敏耶？

【注释】

①司马岐：三国曹魏时河内温县（今河南温县）人。从河南丞转廷尉正，迁陈留相，官至廷尉。《三国志》卷一二有传。

②陈留相：陈留国相。汉代封王爵者，封地设有职官傅及相。相，管理封国内的民事。其职权相当于郡之太守，均由朝廷任命。陈留，郡名。武帝元狩中分河南郡置陈留郡，又因汉献帝即位前被封为陈留王，魏仍袭汉制，故置相一人，如太守。

③梁郡：曹魏黄初元年（220），始置梁郡，治睢阳县（今河南睢阳）。

④天海按：原文脱一"县"字，此据《三国志·魏书·司马岐传》径

补。牢具:指牢房设施,监狱用具和刑具。

⑤巧诈难符:虚伪狡诈,供词难以相符。

⑥楚毒:酷刑的痛苦。

⑦囹圄(líng yǔ):监狱。

⑧匿诈:藏奸匿诈。

⑨决竟:判决完成。

⑩天海按:此为郑克自注,言本篇事出《三国志·魏书·司马芝传》,旧《疑狱集》不载本篇之事。

⑪王济:字巨川,宋深州饶阳(今河北饶阳)人。太宗雍熙中,试学士院,补龙溪主簿。历官光禄寺丞,通判镇州,累官监察御史,改盐铁判官。真宗景德三年(1006),判司农寺,出知杭州,后任刑部郎中。大中祥符三年(1010)出知洪州兼江西南路安抚使,卒于知洪州任上。《宋史》卷三〇四有传。郎中:指刑部郎中。为刑部尚书、侍郎、丞以下的属官。

⑫漳州:州名。治所在龙溪(今福建漳州)。龙溪:县名。宋代为漳州属县及州治所在地。主簿:古代官名。是各级主官属下掌管文书的佐吏,掌文书簿籍,位在丞下尉上。

⑬汀州:宋州名。治所在长汀(今福建长汀)。银冶:白银冶炼。

⑭转运使:官名。掌一路财赋,督察地方官吏。命济鞫之:任命王济去深查此案。天海按:宋漳州、汀州同属福建路,故转运使有权命王济深查汀州案件。

⑮裁:通"才"。仅仅。

⑯从坐:判处从犯罪。

⑰"济"几句:天海按,"济,大中祥符四年终于刑部郎中,知洪州"此十六字,原文误作注语倒在注文"见本传"下,今据明万历本径正。大中祥符四年,即1011年。大中祥符,是宋真宗赵恒的第三个年号(1008—1016)。洪州,宋州名。治所在南昌(今江西南昌)。

⑱天海按：此为郑克注文，言本篇事见《国史》王济本传。

⑲推事：审理案件。

【译文】

三国曹魏司马岐，做陈留相时，梁郡有关押的囚犯，牵连到很多人，数年不能结案。皇上下诏书命移送案件到司马岐的属县，县令请求事先治办好牢狱器具。司马岐说："如今囚犯有十几个，虽然虚伪狡诈，供词难以相符，但已经饱受酷刑痛苦，真实情况显而易见，哪能再将其长久关押于牢狱之中呢！"囚犯送达后，司马岐盘问他们，都没有人敢隐瞒欺诈，一天之内就审决结束。事出《三国志·魏书·司马芝传》，司马岐，是司马芝的儿子。旧集《疑狱集》不载此事。

按：郎中王济，当初做漳州龙溪县主簿时，汀州有以白银冶炼之事提起诉讼，超过了十年不能结案，连续逮捕了几百人。转运使命王济深查此案，只用了七天，完全查得案件实情，判处从犯的仅数人罢了。王济，宋大中祥符四年卒于刑部郎中、洪州知州任上。事见《国史》本传。

这两件事相类似。那囚犯有十几个人，巧辩奸诈，供词难符，如果能够检核验证，又何至于短则几年、长则十年都不能结案呢！这都是官吏不肯尽心办案才这样的。司马岐对于梁郡的囚犯，一天就全部结案；王济对于汀州的诉讼，七日就查得实情，虽说是囚犯已经饱受酷刑痛苦，真实情况显而易见。如果不是尽心办案，哪能如此之敏捷呢？

3·3　陈表以善待取供傅岐附

吴陈表[①]，以父死敌场[②]，擢用为将。时有盗官物者，疑无难士施明[③]。明素壮悍，收考极毒，倏死无辞[④]，廷尉以闻[⑤]。孙权以表能得健儿之心[⑥]，诏以明付表，使自以意求其情实。表破械沐浴，易其衣服，厚设酒食，欢以诱之[⑦]。明乃首服，具列支党[⑧]。表以状闻，权奇之，欲全其名，特为赦明，诛戮其党。明感表变行[9]，遂成健将[10]，致位将军[11]。旧出《吴志·陈武传》。表，其子也[12]。

按：梁傅岐[13]，为新安郡始新令[14]，县人有因斗相殴而死者，死家诉郡，郡录其仇人[15]，考掠备至，终不引咎[16]。乃移狱于县，岐即令脱械，以和言问之[17]，囚便首服。出《南史·傅琰传》，岐，其孙也。旧集不载[18]。此亦欢以诱之者也。

【注释】

①吴：即东吴，三国之一。222年，孙权在建业（今江苏南京）称吴王，229年称帝，一称孙吴、东吴。280年为晋所灭。共历四帝，五十九年。陈表（204—237）：字文奥，庐江松滋（今安徽宿松）人。少知名，从太子中庶子，拜翼正都尉。升无难军右部督，封都亭侯。234年，孙权以陈表兼任新安都尉。后来，陆逊任命陈表为偏将军，封都乡侯。年三十四卒。《三国志》卷五五有传。

②父死敌场：陈表之父陈武，从孙权击曹操于合肥，战死疆场。

③无难士：无难军卫士。三国时，东吴有一支精锐部队，取名“无难军”，隶属无难督，掌护卫皇帝。它不仅统领着京城宿卫，护卫吴国皇帝及宗室后裔们的安危，而且在各大战场上也发挥着至关重要的战斗作用，有着相当出色的战绩。施明：人名，余事未详。

④俟（sì）死无辞：等待处死也无供词。俟，等待。天海按：俟，《三国志·吴书·陈武传》作“惟”。

⑤廷尉：官名。主管诏狱和修订律令的有关事宜。以闻：将此事报告给孙权。

⑥孙权（182—252）：吴太祖大皇帝孙权，字仲谋，吴郡富春（今浙江富阳）人，生于下邳（今江苏邳州）。三国时代东吴的建立者。健儿：英勇善战的人，军中勇士，此指将士。

⑦欢：和颜悦色。

⑧具列支党：完全开列出党羽。

⑨感表变行：感激陈表，改变自己的行为。

⑩健将：英勇善战的将领。

⑪将军：武官名。魏晋南北朝多以将军为散官称号，或为位尊权重之职。

⑫天海按：此为郑克自注，言本篇事出《三国志·吴书·陈武传》。

⑬梁：即南梁，南北朝时期南朝第三个政权。502年由雍州刺史萧衍取代南齐称帝，定都建康（今江苏南京），国号梁。又称"萧梁"。557年为陈所代，共历六帝，五十六年。傅岐：（？—549），字景平，北地灵州（今宁夏灵武）人。历始新、建康令，累迁太仆、司农卿，兼中书通事舍人。官始新令，后为中领军，封南丰县侯。《梁书》卷四二、《南史》卷七〇皆有传。

⑭新安郡：郡名。晋太康元年（280），晋灭吴，新都郡更名为新安郡，治所在始新（今浙江淳安）。始新：县名。新安郡属县及郡治所在地。

⑮录：拘捕，逮捕。

⑯引咎：自己承认罪责。

⑰和言：温和的言辞。

⑱天海按：此为郑克自注，言本篇事出《南史·傅琰传》。旧《疑狱集》不载本篇之事。

【译文】

三国时东吴陈表，因为父亲杀敌战死疆场，被提拔任用为将领。当时有盗窃官府物资的人，怀疑是无难军卫士施明。施明素来强壮彪悍，收捕后对他拷打极为狠毒，他宁愿等死也无供词，廷尉把此案上奏皇上。孙权因为陈表能得将士人心，诏命将施明交付陈表审理，让他按照自己的意见寻求案件的实情。陈表给施明打开刑具，让他沐浴更换衣服，设置丰厚的酒食，和颜悦色地引诱他招供。施明于是低头认罪，开列出全部党羽。陈表将此情形上奏朝廷知晓，孙权对此感到惊奇，想要成全他的名声，特地为此赦免施明，其余党羽都被诛杀。施明感恩陈表，改变自己的行为，终于成为英勇善战的将领，位至将军。旧《疑狱集》事出《吴志·陈武传》。陈表，是陈武的儿子。

按：南梁傅岐，做新安郡始新县县令时，县内有人因相互斗殴而死，死者家人诉讼到郡府，郡府逮捕了死者的仇人，拷打审讯无所不至，但他始终不肯承认自己的罪过。于是移送案件到始新县，傅岐立即命令解除他的刑具，以温和的言语讯问他，囚犯便低头认罪。事出《南史·傅琰传》，傅岐，是他的孙子。旧集《疑狱集》不载此事。这也是用和颜悦色来引诱招供的案例。

3·4 宋文帝书证定案

宋文帝元嘉二十二年[①]，孔熙先与徐湛之、许耀、谢综、范晔谋立彭城王义康[②]。湛之上表告状，诏收综等，并皆款服[③]，唯晔不首[④]。频诏穷诘，晔言："熙先苟诬引臣[⑤]。"文帝令以晔所造及改定处分、符檄、书疏墨迹示之[⑥]，乃引罪[⑦]。出《南史·范泰传》，晔，其子也。旧集不载[⑧]。

【注释】

①宋文帝：南朝刘宋文皇帝刘义隆（407—453），字车儿，徐州彭城（今江苏徐州）人。南朝刘宋第三位皇帝，424—453年在位。宋武帝刘裕第三子。宋，朝代名，指南北朝时的宋。420年刘裕代晋称帝，国号宋，建都建康（今江苏南京）。历史上也称刘宋。479年为南齐所代。共历八帝，六十年。元嘉：南朝刘宋文帝年号（424—453）。

②孔熙先(?—445):南朝宋人,奉圣亭侯孔隐之的侄子,通文史、星算,精医术,尤长于脉学。官至散骑员外郎。因计交范晔,谋清君侧,事败被诛。徐湛之(410—453):字孝源,东海郯县(今山东郯城)人。仕为散骑常侍。卷入孔熙先和范晔谋反案,受到牵连,凭借母亲会稽长公主刘兴弟求情,得以保住性命。许耀:文帝时领队在台,宿卫殿省,范晔等逆谋,许为内应。谢综:陈郡阳夏(今河南太康)人。官至太子中舍人。范晔外甥。有才艺,善隶书,为太子中舍人。在任彭城王义康大将军记室参军时,因与范晔谋反被诛。《宋书》卷五二、《南史》卷一九皆有传。范晔(398—445):字蔚宗,顺阳(今河南淅川)人。南朝宋时期著名史学家、文学家。初为彭城王义康冠军参军,累迁至左卫将军太子詹事,参与国家机要。受孔熙先鼓动,与徐湛之、许耀、谢综等谋立彭城王义康,事发,皆被诛。范晔博涉经史,撰有《后汉书》。《宋书》卷六九、《南史》卷三三皆有传。彭城王义康:刘义康(409—451),小字车子,彭城(今江苏铜山)人。刘宋宗室大臣、宰相,宋武帝刘裕第四子,永初元年(420)封彭城王。历南豫、南徐二州刺史,并加都督。元嘉二十二年(445),徐湛之告发范晔、孔熙先阴谋拥立刘义康为帝,坐罪废为庶人,迁往安成郡安置。元嘉二十八年(451),宋文帝担心有人推举刘义康为帝,遂派人将其暗杀,时年四十三岁,以侯爵之礼葬于安成郡。《宋书》卷六八、《南史》卷一三皆有传。

③款服:服罪。承认所犯罪行。

④不首:不伏罪。

⑤苟诬引:随便诬告攀引。

⑥处分:处理,处置,处分封疆大事。符檄:官符移檄等文书的统称。书疏:奏疏,信札。

⑦引罪:承认罪过。

⑧天海按：此为郑克自注，言本篇事出《南史·范泰传》。旧《疑狱集》不载此事。

【译文】

南朝宋文帝元嘉二十二年，孔熙先与徐湛之、许耀、谢综、范晔等人谋立彭城王刘义康为帝。徐湛之上表告状，诏命收捕谢综等人，他们都一并服罪，只有范晔不服罪。皇上多次诏命彻底审问追查，范晔说："孔熙先随便诬告攀引小臣我。"宋文帝命令把范晔所造作改定的处分封疆大事、官符移檄、奏疏、信札等文书的墨迹给他看，范晔这才服罪。事出《南史·范泰传》，范晔，是他的儿子。旧集《疑狱集》不载此事。

3·5 崔昂察辞灭飞书

北齐崔昂①，为度支尚书时②，有肴藏小吏③，因内臣投书告事④，又别有飞书告事者⑤，并付昂穷检⑥。昂言笑间，咸得其情，告者辞穷，并引诬状⑦。于是飞书遂绝。出《北史·崔挺传》。昂，其孙也。旧集不载⑧。

按：鞫情之术，有证之以其迹者，宋文是也⑨；有核之以辞者，崔昂是也。昂于鞫情，可谓精敏，然不过尽心研究，以盘诘使之辞穷，则其情得矣。诬告之祸，赖此而绝，其为功利，不亦溥哉⑩。

【注释】

①北齐：朝代名。南北朝时期的北朝政权之一，由东魏权臣高欢次子高洋所建。550年，高欢子高洋代东魏称帝，国号齐，建都邺（今河北临漳），史称北齐。历经六帝，享国二十八年。崔昂（508—565）：字怀远，博陵安平（今河北安平）人。北齐建立，迁散骑常侍，历任大司农、廷尉卿，册封华阳县男，累迁中书令、右仆射。迁

祠部尚书。转廷尉卿，除度支尚书，拜右仆射。《齐书》卷三〇、《北史》卷三二皆有传。

②度支尚书：官名。北齐设度支尚书主管度支、仓部、左户、右户、金部、库部六曹。为主管国家财政税收的官吏。

③肴藏：官署名。原名肴藏署，北齐置，属光禄寺。掌祭祀神灵应用器皿，并总办筵席及供应官员食物。

④内臣：帝王宫内所任用的宦官、太监、护卫官长等。此指太监。

⑤飞书：匿名信。

⑥穷检：彻底追查。

⑦引诬状：招认写匿名信诬告的罪状。

⑧天海按：此为郑克自注，言本篇事出《北史·崔挺传》，旧《疑狱集》不载此事。

⑨宋文：即宋文帝。

⑩溥（pǔ）：本意指广大，引申为周遍。

【译文】

北齐的崔昂，做度支尚书时，有个肴藏署的小吏，通过太监投书告发事情，另外还有匿名信告发的情况，一并交付崔昂彻底追查。崔昂在与当事人谈笑之间，全部得到案件实情，告发的人理屈词穷，一并承认诬告罪状。于是匿名信终于断绝。事出《北史·崔挺传》。崔昂，是他的孙子。旧《疑狱集》不载此事。

按：审查情理的方法，有用人犯的字迹来证明犯罪的，宋文帝就是；有用人犯的供词来核实犯罪的，崔昂就是。崔昂对于审查情理，可谓精细敏锐，然而不过是尽心研究，以此盘问辩难，使人犯理屈词穷，那就得到实情了。诬告的灾祸，因此而断绝，他立下的功劳，也是很广大的啊。

3·6 王璬审母子通奸

唐贞观中①，左丞李行廉弟行诠前妻子忠②，烝其后母③，遂与潜藏，云："敕追入内[4]。"行廉不知，乃以状闻[5]，朝廷推诘甚急[6]。后母诈以领巾勒项，卧街中。长安尉诘之[7]，云："有人诈宣敕唤去[8]，一紫袍人见留数宿[9]，不知姓名，因勒送街中。"县尉王璥[10]，令并其子引就房推问，不服。璥先令一胥伏于案下[11]，又令一胥走报云："长史唤[12]。"璥仓皇锁房门去。于是母子相谓曰："必不得承。"复有私密之语[13]。璥至开门，案下之人亦出，母子大惊，并服其罪。旧不著出处[14]。

【注释】

①唐：朝代名。618年李渊所建，国号唐，都长安（今陕西西安）。907年为后梁朱温所灭。共历二十帝，二百九十年。贞观：唐太宗李世民的年号（627—649）。

②左丞：职官名。秦置尚书丞，汉代沿置。至东汉时，分置左右丞，主持尚书台，监察百官。唐时于尚书省仆射之下设左、右丞，左丞总领吏、户、礼三部的事务，右丞总领兵、刑、工三部事务。李行廉：人名，余事不详。

③烝：古代指晚辈与长辈淫乱。《小尔雅·广义》："上淫曰烝，下淫曰报。"

④敕追入内：皇帝下令催逼召入宫内。敕，皇帝的诏令。追，催逼。

⑤乃以状闻：就将此事报告给皇帝。

⑥推诘：追查责问。

⑦长安尉：长安县尉。长安县治所迁于大兴城内，自此成为大兴城附郭县。天海按：原文"长安尉"，《朝野佥载》《太平广记》均作"长安县"。

⑧诈宣敕：伪称宣告皇上敕命。

⑨紫袍人：身着紫色官服的人。按唐制，文武官员三品以上服紫。

⑩县尉：官名。与县丞同为县令佐官，掌县内治安、捕盗、刑狱之事。王璥：人名，生平事未详。

⑪胥：古代官府中的小吏。也特指古代掌管捕捉盗贼的小吏、狱吏。

⑫长史：官名。唐代大都督府的长史地位很高，相当于上州刺史，甚至会充任节度使。唐京兆、河南等府置牧，以亲王领之，不出阁，另置长史一人，专总府事。长安县属京兆府，故由长史管辖。

⑬私密之语：私人的隐私秘密话。

⑭天海按：此为郑克自注，言旧书《疑狱集》不载本篇出处。本篇事见张鷟所撰《朝野佥载》卷五。亦见《太平广记》引。

【注释】

唐朝贞观年间，左丞李行廉的弟弟李行诠前妻的儿子李忠，与他的后母通奸，后来一起躲藏，传言说："皇上有命令催逼入宫。"李行廉不知详情，就把此事报告皇上知道，朝廷追究责问得很急。后母就伪装用领巾勒住颈项，倒卧在街道中。长安县尉盘问她，她说："有人假传皇上敕命召唤我去，被一个穿紫袍官服的人留住几个夜晚，不知道他的姓名，因而被勒住送到街中。"县尉王璥命令将她和继子一并引到房间审问，都不服罪。王璥事先令一小吏伏在桌子下，又令一小吏跑来报告说："长史召唤你。"王璥慌忙锁上房门离开。于是后母与继子互相说："一定不能认罪。"还有一些私密的话语。王璥回来打开房门，桌子下藏的人也就出来了，这母子俩大惊，一并招认了他们的罪过。旧书《疑狱集》未写明此事出处。

3·7 陈枢审奴得隐情

陈枢都官①，初为宣州旌德令时②，繁昌有大姓杀人③，州县不能正其罪④。监司徙其狱属枢⑤，乃验治僮客⑥，尽得其隐伏⑦，杀人者论死，人以为尽其情。见曾巩舍人所撰墓志⑧。

按：鞫情之术，有正有谲。正以核之，陈枢是也；谲以擿之[9]，王璥是也[10]。术苟精焉，情必得矣；恃考掠者，乃无术也。

【注释】

①陈枢：字慎之，宋湖州长兴（今浙江长兴）人。进士及第，初尉鄱阳，后为抚州宜黄令，历知旌德，迁秘书省著作佐郎，知谯县。英宗即位，迁秘书丞，徙签书资州判官厅公事。神宗立，除三司盐铁判官，权知明州，终尚书都官员外郎，权知泉州，故称都官。《宋史》无传。都官：官名。都官员外郎省称。刑部都官司次官。

②宣州：州名。治所在宣城（今安徽宣城）。旌德：县名。治所在今安徽旌德。宋属宣州。

③繁昌：县名。治所在今安徽繁昌。大姓：指世家大族。

④正其罪：确定他们的罪行。正，即定。

⑤监司：宋转运使、转运副使、转运判官与提点刑狱、提举常平等，皆有监察辖区官吏之责，统称监司。徙其狱属枢：将此案移交给陈枢审理。

⑥验治：查验处治。僮客：此指奴仆。

⑦隐伏：隐藏，潜伏。

⑧天海按：此为郑克自注，言本篇事出曾巩所撰《元丰类稿》卷四二《陈君墓志铭》。

⑨谲以擿之：用诈术取证的方法来揭发隐秘的犯罪事实。

⑩王璥：事见上文3·6条《王璥审母子通奸》。

【译文】

都官员外郎陈枢，最初做宣州旌德县县令时，繁昌县有世家大族杀了人，州县都不能判定他们的罪行。上级监司移交此案给陈枢审理，陈枢就查验审问他们的奴仆，完全查明了他们藏匿的犯罪事实。杀人凶手被判处死刑，人们都认为他能够查清案件实情。事见曾巩舍人所撰墓志。

按：审查案情的方法，有正道有诈术。用正道来审核案件，陈枢就是这样的人；用诈术来揭发犯罪事实，王璥就是这样的人。如果方法精通了，案件实情一定能获得；依靠拷打审问办案的人，没有掌握审讯方法。

3·8 葛源有守忤知州

葛源郎中[①]，初为洪州左司理参军[②]，州将之甥与异母兄殴人[③]，而甥杀人。州将谓源曰："两人者皆吾甥，而杀人者乃其兄也，我知之。彼大姓也，无为有司所误[④]，不然，此狱将必覆也[⑤]！"源劾不为变[⑥]。见王安石丞相所撰墓志[⑦]。

按：情非难鞫也，或变其情[⑧]，则如之何？源之有守，与诏指所谓"观望臣庶而容心者"异矣[⑨]，良可嘉也。

【注释】

①葛源：字崇圣，宋丽水（今浙江丽水）人，后迁鄞县（今浙江宁波）。举进士，为洪州司理参军，改大和县主簿，历知德化、四会二县，调知雍丘。时有中贵人击驿吏，府不敢劾。源上书论其事，中贵人坐黜，时人高之。官终度支郎中、荆湖北路提点刑狱。故称郎中。《宋史》无传。郎中：指尚书度支郎中。官名。户部度支司主官，掌计度财政收支等。

②洪州：州名。治所在南昌（今江西南昌）。左司理参军：官名。简称司理。设于各州，掌讼狱勘鞫。宋太祖开宝六年（973）敕改旧马步院为司理院后，曾在一些州置左、右司理参军。

③州将：宋代对知州的别称。唐末五代以来州长官均为武臣，入宋虽改文臣，但亦常兼州府军职，故仍习称之为州将。

④无为有司所误：不要被有关部门官吏所误导。

⑤覆：翻，翻案。

⑥劾不为变：审理案件不因州将的威胁而有所改变。

⑦天海按：此为郑克自注，言本篇事出王安石所撰葛源墓志。此事今见王安石所撰《临川集》卷九六《葛公墓志铭》。

⑧或变其情：有人改变案件实情。

⑨诏指：同“诏旨”。此指南宋绍兴三年（1133）《恤刑诏》。臣庶：百官，众臣。容心：用心，在意。容，通“用”。

【译文】

度支郎中葛源，最初做洪州左司理参军时，知州的外甥与同父异母的兄长与人斗殴，而外甥杀了人。知州对葛源说：“这两个人都是我的外甥，但是杀人的是那兄长，我知道这件事。他们都是世家大族，不要被有关部门的官吏所误导，不然的话，此案将一定会被推翻！”葛源照常审理，不因州将的威胁而有所改变。事见王安石丞相所撰《葛公墓志铭》。

按：案情并非难于审理，有的人要改变案情，那对此该怎么办呢？葛源有操守，与皇上《恤刑诏》所谓“观望众臣而别有用心的人”不同，确实值得嘉奖啊！

3·9 司马宣拒诱断案

司马宣驾部[①]，为华州司理参军时[②]，有骁骑卒十余[③]，犯罪谋亡去[④]，监押捕获[⑤]，遂诬以共图不轨[⑥]，欲置之死，以希功赏。宣据实鞫之，皆止杖罪[⑦]。见司马光丞相所撰墓志铭[⑧]。

按：监押之势力岂能动司理？必有以诱之也。胁之以势而不为变者，可谓勇矣，葛源是也；诱之以利而不为变者，可谓仁矣，司马宣是也。鞫得其情，智足称也。苟不仁，且无勇，则有为诱、胁所动而变其情者。故《甫刑》云[⑨]：“非佞折狱，惟良折狱[⑩]。”此之谓也。

【注释】

①司马宣:字周卿,宋陕西夏县(今山西夏县)人。以荫补从事斋郎,历邓、均二州通判,徙知梁山军,官终驾部员外郎。故称驾部。《宋史》无传。驾部:驾部员外郎省称。官名。为兵部所属驾部司次官。掌舆辇车马、邮驿、马政等事务。

②华州:州名。北宋天禧四年(1020)割同州蒲城县,属于永兴军路,州治仍设在郑县(今陕西渭南)。司理参军:官名。简称司理,宋太宗太平兴国四年(979)改诸州司寇参军置,掌本州讼狱勘鞫之事。

③骁骑:勇猛的骑兵。

④亡去:逃跑。

⑤监押:五代、宋时掌诸州兵马的武官。据郑克下文按语,此或指管理监狱的官吏。

⑥不轨:越出常轨,指叛乱。

⑦杖罪:依法处以杖刑之罪。

⑧天海按:此为郑克自注,言本篇事出司马光所撰司马宣墓志。此事今见司马光撰《司马文正公集》卷七九《司马府君墓志铭》。

⑨《甫刑》:即《吕刑》。《尚书·周书》篇名。

⑩非佞折狱,惟良折狱:不要用小人断案,只有良臣才能断案。语出《尚书·吕刑》。

【译文】

驾部员外郎司马宣,做华州司理参军时,有骁骑士卒十多人,犯罪后密谋逃跑,监押官吏将他们捕获,于是诬陷他们合谋叛乱,想要置他们于死地,以此邀功求赏。司马宣依据事实审理此案,都只判处杖刑轻罪。事见司马光丞相所撰《司马府君墓志铭》。

按:监押官吏的势力岂能动摇司理参军的审理?一定会有用利益来引诱他的人。被权势威胁而不为之改变的人,可谓勇敢了,葛源就是这样的人；被利益引诱而不为之改变的人，可谓仁人了，司马宣就是这样的人。审理查明案件实情，智谋值得称道。如果不仁爱，而且无勇气，那就有为利诱、威胁所动摇而改变案情的人。所以《尚书·吕刑》说："不要用小人断案，只有良臣才能断案。"说的就是这种情况。

3·10 李南公塞鼻取供

李南公尚书[①]，提点河北刑狱时，有班行犯罪下狱[②]，按之不服[③]，闭口不食百余日，狱吏不敢考讯，甚以为患，诉于宪使[④]。南公曰："吾能立使之食。"引出问曰："吾欲以一物塞汝鼻，汝能终不食乎？"其人惧，即食且服罪。彼盖善服气[⑤]，以物塞鼻则气结，故惧。此亦博闻之效也[⑥]。闻之士林[⑦]。

按：士大夫不为诱、胁所动者，近于孟子之"不动心"矣[⑧]。彼有负犯[⑨]，则岂能然？斯可反而用也。故鞫情之术，有在于是者。陈表破械[⑩]，是诱之也；南公塞鼻，是胁之也。所谓胁之者，不必考掠惨酷也[⑪]，要在中其忌讳，使之悚然畏服。故于塞鼻之说，亦有取焉。

【注释】

①李南公（1025—1107）：字楚老，郑州（治今河南郑州）人。进士及第，历浦江令、长沙知县、提举京西常平、京西转运副使。宋神宗时，为河北转运副使、后历知延安府、户部尚书、知永兴军、郑州等。以龙图阁直学士致仕。《宋史》卷三五五有传。尚书：官名。唐宋时期中央六部的各部长官。李南公曾任户部尚书，故尊称之。

②班行：此指朝官。

③按：考查，审查。

④宪使：即宪司，提点刑狱司简称宪司。

⑤服气:又称“食气”“行气”。指呼吸吐纳锻炼,以呼吸为主。语见嵇康《养生论》:“呼吸吐纳,服气养身。”就是说在呼吸吐纳中吸纳天地精气,叫作服气,可以此行气炼养身体。又传说可以辟谷不食。

⑥博闻:见闻广博。

⑦天海按:此为郑克自注,言本篇出自士人传说。

⑧孟子(约前372—前289):名轲,字子舆,邹国(今山东邹城)人。战国时期哲学家、思想家、政治家、教育家,是孔子之后、荀子之前的儒家学派代表人物,与孔子并称“孔孟”。不动心:不为外物诱惑而动摇心志。语见《孟子·公孙丑上》:“公孙丑问曰:‘夫子加齐之卿相,得行道焉,虽由此霸王不异矣。如此,则动心否乎?’孟子曰:‘否。我四十不动心。’”

⑨负犯:违犯法纪。

⑩陈表破械:事见前文3·3条《陈表以善待取供》。

⑪考掠惨酷:拷打逼供极其残酷。

【译文】

户部尚书李南公,提点河北刑狱时,有朝廷官吏犯罪下狱,审问他一直不服罪,闭口不食有一百多天,狱吏不敢拷打审讯,因为他绝食而特别担忧,就向提点刑狱司诉说。李南公说:“我能立刻使他进食。”传他来讯问道:“我要用一物塞进你的鼻孔,你还能始终不进食吗?”那人畏惧,立即进食而且服罪。那是因为他善于呼吸吐纳,用东西塞进鼻孔就会呼吸不畅,所以畏惧。这也是见闻广博的效果。此事从士林闻知。

按:士大夫当中不为外物利诱、权势威胁所动摇心志的人,近乎达到孟子“不动心”的境界了。那些违犯法纪的人,哪能如此?这也可以反过来加以利用。所以审察案情的方法,也有利用这些方面的。陈表打开刑具,就是利诱人犯;李南公堵塞鼻孔,就是威胁人犯。所谓威胁人犯的方法,不一定要残酷拷打,主要在于打中他的忌讳,使他恐惧畏服。所以对于堵塞鼻孔的说法,也有可取的地方。

卷四

四、议罪

【题解】

议罪，即论定罪名、裁量刑罚。从司法意义上讲，就是全面分析案件事实与证据，并根据案犯危害社会罪行的大小、情节的轻重，以确定适用的刑罚。总之，论罪量刑的处罚判决，都应该寻究本源有所依据，或轻或重，必须依法裁决。

《议罪》为本书第四门，选录主案27条，附8事，共35事。涉及时代仍以唐宋为主。其中西汉至隋唐五代16事，宋19事。

在《尚书·虞书·大禹谟》中有这样一段对话：

帝曰："皋陶！惟兹臣庶，罔或干予正。汝作士，明于五刑，以弼五教。期于予治，刑期于无刑，民协于中，时乃功，懋哉。"皋陶曰："帝德罔愆，临下以简，御众以宽；罚弗及嗣，赏延于世。宥过无大，刑故无小；罪疑惟轻，功疑惟重；与其杀不辜，宁失不经。"

译文如下：

舜帝对皋陶说："皋陶！这些臣子庶民，没有人干犯我的政令。由于你担任我的士师，明确运用墨、劓、剕、宫、大辟五种刑罚来辅助父义、母慈、兄友、弟恭、子孝五种伦常教育。期望于我的政事大治，使用刑罚的目的是期望能够不用刑罚，使人民都服从正道，这就是你最大的功劳啊！”皋陶回答说：“舜帝！您的德行没有过失。以简而易行来要求臣下，以宽容仁慈来治理民众；刑罚不牵连子孙，奖赏却延及后代。无论多大的过失犯罪都给以宽赦，无论多小的故意犯罪都要处以刑罚；罪有疑似的就从轻发落，功有疑似的就从重奖赏；与其杀害无辜的人，宁可放过不守常法的人。”

这可以说是我国法制史上最早关于刑罚的终极目的、议罪量刑最有价值的文献记载了。从中所体现的“刑期于无刑”、区别过失与故意犯罪、疑罪从轻、不杀无辜的原则，至今仍然具有指导司法实践的积极意义。

如4·4条《高柔犯颜不枉法》（游肇附）中的廷尉高柔，面对盛怒的魏文帝要枉法处死在禁苑射猎之人，就敢于大胆喊出“安得以至尊喜怒而毁法”的谏言，因而避免了滥杀过失犯罪之人。故作者在按语中说：希望执法的官吏，不徇情枉法定案，以放纵有罪的人；不毁坏法律，以陷害无辜的人；从而处刑议罪合于人心。

又如4·9条《徐有功持正议罪》，记徐有功一生坚持公平正义，曾因坚持为无辜者抗争，先后三次被判死刑，面对死亡他泰然自若、毫不忧虑，被赦免后也没有欣喜庆幸之色。武则天也因此而看重他。被他保全性命的人很多，那些酷吏也因他而有所收敛。当时有人评价他说：“汉朝张释之担任廷尉，天下无冤。我朝徐有功断案，手下也无冤屈之人。但张释之处于汉文帝的盛世时代，而徐有功却处在李唐、武周交替之时，他多次几乎被杀，却至死伸张正义，这些都明显胜过张释之。”更有人赞叹道：“面对武则天的雷霆威严，徐公却能坚守仁爱宽容，千年之内未必有人能超过他！”

“议罪”的关键在于依据法律定罪量刑。在4·25条《陈巽依法律论罪》中，按察官有意加重案犯刑罚，曹掾承意，舞文成之。陈巽说：“非罪，杀人以法，与杀人以刃无异也。”他坚持论罪如律。所以作者按语说：“舞文巧诋，入人之罪，君子不为也。而利诱之，势胁之，能不失其守者，难矣。巽岂不谓之贤乎？”

4·1 汉武帝议继母罪傅隆附[1]

汉景帝时[2]，廷尉上囚[3]：防年继母陈杀防年父，防年因杀陈。依律杀母以大逆论[4]，帝疑之。武帝时年十二，为太子，在帝侧，遂问之，对曰："夫'继母如母'[5]，明不及母，缘父之故，比之于母。今继母无状[6]，手杀其父，则下手之日，母恩绝矣。宜与杀人同，不宜以大逆论。"见《通典》，不著出处，旧集不载[7]。

按：宋文帝时[8]，剡县人黄初妻赵[9]，打息载妻王死[10]，后遇赦，王有父母及息男称，依法徙赵二千里[11]。司徒左长史傅隆议曰[12]："父子至亲，分形同气，称之于载，即载之于赵。虽云三代，合之一体。称虽创巨痛深，固无仇祖之义。故古人'不以父命辞王父命'[13]。若云称可杀赵，当何以处载？父子祖孙，互相残戮，惧非先王明罚、皋陶立法之本旨也[14]。旧令云[15]：'杀人父母，徙二千里外'，不施父子祖孙。赵当避王期功千里外耳[16]。然令云：'凡流徙者，同籍近亲欲相随[17]，听之。'赵既流移，载为人子，何得不从？载行而称不行，岂名教所许[18]？赵虽内愧终身，称亦沉痛没齿[19]。祖孙之义，永不得绝，事理固然。"出《南史·傅亮传》。隆，其兄也。旧集不载[20]。

夫防年得绝其继母，以父故也；称不得绝其祖母，亦以父故也。冤痛之情，或伸或屈，天理存焉，法乃因而制之也。

【注释】

①汉武帝：西汉第七位皇帝刘彻（前156—前87）。汉武帝十六岁

时登基,为巩固皇权,在地方设置刺史,开创察举制选拔人才。汉武帝时期攘夷拓土,奠定了汉地的基本范围,开创了汉武盛世的局面。谥号孝武皇帝,庙号世宗,葬于茂陵。天海按:“傅隆附”,此三字注文原文本无,依原书体例当有,而明万历本亦有。故据上下文体例径补。

②汉景帝:西汉第六位皇帝刘启(前188—前141),汉文帝刘恒嫡长子。汉景帝在位期间继续推行文帝与民休息、轻徭薄赋的政策,社会经济得到进一步恢复和发展。后世史家将其和文帝统治时期合称“文景之治”。

③廷尉:古代官职名。西汉时也称大理。战国时期秦国始置,秦朝、西汉沿置。列位九卿,为中央最高司法审判机构长官,汇总全国断狱数,主管诏狱和修订律令的有关事宜。上囚:向皇帝陈报囚犯定罪的情况。按汉制,凡疑狱,初审于县邑,不能决者谳于郡国,郡国不能决者上于廷尉,廷尉仍不能决,则奏于皇帝裁定。本条廷尉上奏防年杀继母案,即遵此。

④大逆:封建时代称危害君父、宗庙、宫阙等罪行为“大逆”之罪。依照法律,杀母按大逆无道罪论处。

⑤继母如母:语出《仪礼·丧服》:“继母如母。”贾公彦疏:“谓己母早卒或被出之后,继续己母。”

⑥无状:指罪大不可言状。

⑦天海按:此为郑克自注,言本篇见于《通典》,没有注明出处。旧《疑狱集》不载此事。今查,本篇此事见于《通典》卷一六六《刑法门·杂议上》。《通典》,记载历代典章制度的政书,为唐代政治家、史学家杜佑所撰。全书共两百卷,分食货、选举、职官、礼、乐、兵、刑法、州郡、边防九门,子目一千五百余条,约一百九十万字。《通典》记录了上起黄虞时代、下迄唐玄宗天宝末年典章制度之沿革,其中于唐代叙述尤详。

⑧宋文帝:即南朝宋皇帝刘义隆(407—453),字车儿,徐州彭城(今江苏徐州)人。宋武帝刘裕第三子,宋少帝刘义符的弟弟,南朝刘宋第三位皇帝。

⑨剡(shàn)县:古县名。汉景帝四年(前153)置剡县(今浙江新昌),属会稽郡,历两汉三国南北朝不变。

⑩息载妻:儿子黄载之妻。息,亲生子女,特指儿子。

⑪依法徙赵二千里:依照法律迁徙赵氏到二千里外的地方,以避复仇。依法,即下文所引:"杀人父母,徙二千里外。"天海按:古有复仇之俗,故历代律令多规定杀人应死,如遇赦免者,要移乡千里之外以避其亲复仇。

⑫司徒左长史:官名。三国魏置,左、右长史皆为司徒府僚属之长,位次左高右低,共同佐司徒掌各曹等府事。其后,晋、宋、梁、陈及北魏、北齐皆沿置。见《晋书·职官志》《隋书·百官志上》。傅隆(369—451):字伯祚,南朝刘宋北地灵州(今宁夏灵武)人。累官尚书左丞、御史中丞、司徒左长史、左户尚书、太常等。后致仕,拜光禄大夫,归老于家。《宋书》卷五五、《南史》卷一五皆有传。

⑬不以父命辞王父命:语出《公羊传·哀公三年》。辞,违背。王父,指祖父。

⑭先王明罚:语出《周易·噬嗑》:"雷电噬嗑,先王以明罚敕法。"明罚,严明刑罚之意。皋陶:相传为舜、禹时掌管刑法的官。事见《尚书·舜典》。传说最早的法律即为皋陶所制。后世尊其为"中国司法始祖"。

⑮旧令:指沿用的晋朝法令。南朝、北齐均沿用晋朝法令。

⑯期功:古代丧服的名称。期,服丧一年。功,按关系亲疏分大功和小功,大功服丧九月,小功服丧五月。亦用以指五服之内的宗亲。此处借指王氏的近亲属。

⑰同籍:同居未分家,同一户籍。

⑱名教：名分与礼教。以“正名定分”为中心的封建礼教。

⑲没齿：指一辈子，终身。

⑳天海按：此为郑克自注，言本篇事出《南史·傅亮传》。

【译文】

西汉景帝时，廷尉上奏囚犯审理情况：防年的继母陈氏杀死了防年的父亲，防年因此杀死陈氏。依照法律杀死母亲要以大逆无道论罪，汉景帝质疑这个案件。汉武帝当时十二岁，已经立为太子，正在景帝身边，于是便问汉武帝，汉武帝回答说：“‘继母如母’，说明继母比不上母亲，因为父亲的缘故，才比之于母亲。如今继母罪大恶极，亲手杀死他的父亲，那在下手杀人的时候，母子的恩义就已经断绝了。应该与一般杀人同罪，不应该以大逆无道罪论处。”事见杜佑所撰《通典》，没有写明出处，旧集《疑狱集》不载此事。

按：南朝宋文帝时，剡县人黄初的妻子赵氏，打死了儿子黄载的妻子王氏，后来遇上大赦，王氏有父母及儿子黄称，依法将赵氏流放迁徙二千里之外。司徒左长史傅隆评议说：“父子是最亲的人，形体分离，但血气相同，黄称对于黄载，即是黄载对于赵氏。虽说是三代人，合起来就是一体。黄称即使创巨痛深，原本就无仇恨祖母的道理。所以古人‘不因父命而拒辞祖父之命’。如果说黄称可以杀死赵氏复仇，那黄载又当如何处事呢？父子祖孙，互相残杀，恐怕不是先王严明刑罚、皋陶立法的本来意旨吧。旧法令规定：‘杀人父母的，要流放迁徙二千里之外’，但不施行于父子祖孙。是说赵氏应当避开王氏近亲千里之外罢了。然而法令又规定：‘凡是被流放迁徙的，同户籍的近亲属想要跟随的，可以听随他们。’赵氏既然被流放迁移，黄载作为她的儿子，如何能不跟从？黄载跟母亲从行而黄称不跟父亲从行，难道是礼义所许可的吗？赵氏即使内心惭愧终身，黄称也会沉痛一辈子。祖孙的情义，永远不能断绝，事理本来就是这样。”事出《南史·傅亮传》。傅隆，是他的兄长。旧集《疑狱集》不载此事。

那防年能够断绝他与继母的关系，是因为父亲的缘故；黄称不能断绝他与祖母的关系，也是因为父亲的缘故。都是负冤悲痛之情，有的可以得到伸张，有的只能忍受委屈，天理存在于此，法律也就因此而制定。

4·2 黄霸处死三男子王尊附

汉宣帝时[1]，燕代之间[2]，有三男共娶一女，而生一子，及将分离，争子兴讼。丞相黄霸断之曰[3]："此非人类，当以禽兽处之。"遂戮三男[4]，以子还母。旧不著出处[5]。

按：元帝时[6]，王尊守槐里令[7]，兼行美阳令事[8]。美阳女子告假子不孝[9]，曰："儿常以我为妻，诟笞我[10]。"尊闻之，遣吏收捕验问，辞服。尊曰："律无妻母之法[11]，圣人所不忍书，此《经》所谓'造狱'者也[12]。"颜师古说[13]："欧阳《尚书》有造狱事[14]，谓为常刑外，造杀伐之事。"尊于是出坐廷上，取不孝子悬磔著树[15]，使骑吏五人张弓射杀之。出《汉书》本传，旧集不载[16]。是亦以禽兽处之也。

【注释】

①汉宣帝：刘询（前91—前49），原名刘病已，汉武帝刘彻曾孙，戾太子刘据之孙，西汉第十位皇帝，前74—前49年在位，是历史上有名的贤君。

②燕代之间：西汉时燕国、代郡之间的地区。燕，郡国名。都蓟（今属北京）。代，郡名。治所在代县（今河北蔚县）。

③黄霸（？—前51）：字次公，淮阳阳夏（今河南太康）人。少学律令，喜为吏。汉武帝末，纳钱得为侍郎谒者，后补左冯翊。迁河东均输长，清正廉洁。授河南丞，吏民爱敬。转廷尉正，执法严明。迁扬州刺史，治绩卓著。迁京兆尹，转颍川太守，文治有方。拜丞

相长史、太子太傅,擢为御史大夫。汉宣帝五凤三年(前55),代替丙吉为相,封为建成侯。病卒于任上,谥定。《汉书》卷八九有传。

④戮:陈尸示众。

⑤天海按:此为郑克自注,言本篇旧《疑狱集》未写明出处。

⑥元帝:刘奭(前74—前33),汉宣帝刘询之子,西汉第十一位皇帝,前49—前33年在位。

⑦王尊:字子赣,涿郡高阳(今河北高阳)人。少孤苦学,为狱小吏。初元中(前46),任虢县令,转任槐里,兼任美阳令。擢安定太守,迁益州刺史,历官光禄大夫、京兆尹、徐州刺史、东郡太守,卒于官。《汉书》卷七六有传。守槐里令:代理槐里县令。槐里,汉县名。治所在今陕西兴平。守,犹摄。暂时署理职务。多指官阶低而署理较高的官职。

⑧美阳:汉县名。战国秦孝公置。治所在今陕西武功。

⑨假子:丈夫的前妻之子,或妻的前夫之子。《汉书·王尊传》:"美阳女子告假子不孝。"王先谦补注引沈钦韩曰:"前妻之子也。"

⑩诟笞:辱骂殴打。

⑪律无妻母之法:法律没有惩治把母亲当作妻子的条文。

⑫《经》:据颜师古注,此应指欧阳《尚书》,参见下注。造狱:现行法律没有规定的死刑条文,另外特定的死刑之法。

⑬颜师古(581—645):名籀,字师古,以字行,雍州万年(今陕西西安)人,祖籍琅邪临沂(今山东临沂)。经学家、训诂学家、历史学家。颜师古的作品有《汉书注》及《匡谬正俗》。颜师古作《汉书注》,参酌二十家注释,对前人注释的甄别采取了不同注法。

⑭欧阳《尚书》:汉欧阳生所传的今文《尚书》。天海按:此为郑克自注。然此注似有误,查今本《汉书》卷七十六,其中颜师古注文为:"晋灼曰:'欧阳《尚书》有此造狱事也。'师古曰:非常刑名,造杀戮之法。"译文即依此。

⑮悬磔（zhé）著树：分裂肢体，然后吊在树上。磔，古代一种酷刑，把肢体分裂开处死。

⑯天海按：此为郑克自注，言本篇事出《汉书·王尊传》，旧《疑狱集》不载此事。

【译文】

西汉宣帝时，燕国与代郡之间，有三个男人共娶一个女人，而后生下一个儿子，到他们将要分离时，为了争夺儿子提起诉讼。丞相黄霸断案说："这不是人类，应该把他们禽兽来处死。"于是将这三个男子处死后陈尸示众，把儿子还给母亲。旧《疑狱集》未写明出处。

按：西汉元帝时，王尊代理槐里县令，兼任美阳县令职事。美阳县一女子状告前夫子不孝，说："此儿经常把我当作妻子，还辱骂殴打我。"王尊知道这个案件后，派遣官吏收捕审问，此子供认服罪。王尊说："法律没有惩治以母亲为妻子的条文，是圣人不忍书写，这就是《经》书所说的'造狱'情形。"《汉书·王尊传》颜师古注："晋灼说：'欧阳《尚书》有此造狱事。'师古说：'是说在不平常的刑律名称之外，要另外制定死刑的条文。'"王尊于是出坐厅堂上，把不孝子分开肢体悬挂树上，命五个骑兵张弓射杀他。事出《汉书·王尊传》，旧《疑狱集》不载。这也是把行为恶劣的人当作禽兽来处置的案件。

4·3　郭躬轻判过失罪按：事出《后汉书·郭躬传》，原本作"郑躬"，误。今从史文改正①。

后汉郭躬②，以郡吏辟公府③。时有兄弟共杀人者，而罪未有所归。明帝以兄不训弟④，故报兄重而减弟死⑤。中常侍孙章宣诏⑥，误言两报重⑦。尚书奏章矫制⑧，罪当腰斩。帝以躬明法律，召入问之，躬对："章应罚金。"帝曰："章矫诏杀人，何谓罚金？"躬曰："法令有故、误⑨，章传命之谬，于事为误，误者其文则轻[10]。”帝曰：“章与囚同县，疑其故也。”躬曰：“‘周道如砥，其直如矢’[11]，‘君子不逆诈’[12]，帝王法天[13]，刑不可委曲生意[14]。”帝称善。迁躬廷尉[15]。出《后汉书》本传，旧集不载[16]。

按：深文峻法[17]，务为苛刻者，皆委曲生意而然也。“君子不逆诈”，盖恶其末流必至于此耳[18]。《传》称[19]：躬之“典理官也[20]，决狱断刑，依于矜恕[21]”，故世传法律，而子孙至公者一人[22]，廷尉七人，侯者三人，二千石、侍中、中郎将者二十余人[23]，侍御史、正、监、平者甚众[24]。积善之庆[25]，不其盛欤[26]！

【注释】

①天海按：此按语当为四库馆臣所写，但明万历本仍作“郭躬”。

②后汉：即东汉，朝代名。从建武元年（25）刘秀（汉光武帝）称帝起，至延康元年（220）曹丕代汉止，共历十二帝，一百九十六年。郭躬（？—94）：字仲孙，后汉颍川阳翟（今河南禹州）人。家世衣冠。父弘，习《小杜律》。躬少传父业，讲授徒众常数百人。后为郡吏，辟公府。召议罪科，显宗称善。迁廷尉正，坐法免。后三迁，拜为廷尉。主张掌法务在宽平，决狱多依矜恕。卒官。《后汉书》卷四六有传。

③郡吏：郡守的属官。辟公府：被三公之府征召任职。公府，三公的府署。西汉今文经学家据《尚书大传》《礼记》等书以为三公指司马、司徒、司空。

④明帝：即东汉明帝刘庄（28—75），初名刘阳，光武帝刘秀第四子，东汉第二位皇帝，57—75年在位。

⑤报兄重而减弟死：判兄重罪处死而减免弟死刑。报，按律定罪，判决罪人。重，指重罪死刑。

⑥中常侍:官名。秦始置,西汉时皇帝近臣,给事左右,职掌顾问应对。东汉初改变西汉制度,多以宦者担任此职。宣诏:宣读皇上诏书。

⑦两报重:两人均判重罪处死。

⑧尚书:官名。东汉时为协助皇帝处理政务的官员。据《后汉书·光武帝本纪》注解:《汉官仪》曰:"尚书四员,武帝置,成帝加一为五。有常侍曹尚书,主丞相御史事;二千石尚书,主刺史、二千石事;户曹尚书,主人庶上书事;主客尚书,主外国四夷事;成帝加三公尚书,主断狱事。"矫制:犹"矫诏"。假托君命行事,指假托君命之人。

⑨故、误:故意犯罪和失误犯罪。

⑩文:法律条文处罚。

⑪周道如砥,其直如矢:此语出自《诗经·小雅·大东》,原意是形容周朝的政治清明,平均如一。砥,磨刀石。矢,箭。

⑫君子不逆诈:君子不预先怀疑别人欺诈。语出《论语·宪问》:"子曰:不逆诈,不亿不信,抑亦先觉者,是贤乎!"逆,逆料,就是预料的意思。

⑬法天:效法自然和天道公正无私。

⑭委曲生意:任意曲解,牵强附会。

⑮廷尉:官名。东汉仍掌审判。凡郡国谳疑罪,皆处当以报。属官有正和左监各一人。又有左平一人,掌平诏狱。

⑯天海按:此为郑克自注,言本篇事出《后汉书·郭躬传》。

⑰深文峻法:严厉的刑罚和严峻的法令。

⑱末流:后列、下等。此指不合格的司法官吏。

⑲《传》:指《后汉书·郭躬传》。

⑳典理官:主持、主管治理狱讼的官吏。此指担任廷尉之职。

㉑矜恕:怜悯宽恕。此指办案宽平。

㉒至公者一人：公，指太尉、司徒、司空三公。据《后汉书·郭躬传》，郭躬从孙郭禧于汉灵帝建宁二年（169）为太尉，故云“至公者一人”。

㉓二千石：汉官秩，又为郡守（太守）的通称。因汉制，郡守俸禄为二千石，故有此称。侍中：古代职官名。秦始置，是列侯以下至郎中的加官，没有定员，为丞相之史，以其往来东厢奏事，故谓之侍中。两汉沿置，为正规官职外的加官之一。因侍从皇帝左右，出入宫廷，与闻朝政，逐渐变为亲信贵重之职。中郎将：古代武官名称。秦汉始置，负责统领皇帝的侍卫。东汉置中郎将以统领皇帝的侍卫，掌宿卫侍从，秩比二千石。天海按：“中郎将”，原文脱“中”字，径补。

㉔侍御史：古代官名。秦朝置，汉朝沿设，在御史大夫之下。如果朝官的高级官员犯法，一般由侍御史报告御史中丞然后上报给皇帝。低级官员可以直接弹劾，或者集体弹劾。正、监、平：均为廷尉属官。据《后汉书·百官志》，廷尉下有正、左监各一人，左平一人。

㉕积善之庆：积善的福赏。庆，福，赏。古代国家或君王有喜庆之事时，都会对臣民有所赏赐，故又由庆贺引申为奖赏、赏赐。受奖赏是幸福的事，所以“庆”又指福泽、福气。此语出自《周易·坤卦》：“积善之家，必有余庆；积不善之家，必有余殃。”指修善积德的个人和家庭，必有更多的吉庆；作恶坏德的，必有更多的祸殃。

㉖不其：犹“岂不”。岂，难道，表示反诘。

【译文】

东汉郭躬，以郡吏身份被公府征召。当时有兄弟二人共同杀人的案件，但是罪责还没有具体落实。汉明帝认为兄长不教导弟弟，所以判处兄长重罪处死，而减免弟弟死刑。中常侍孙章宣读皇上诏书，口误说成两人判处重罪死刑。尚书上奏章告他假传皇上诏命，依罪当处腰斩。汉明帝认为郭躬精通法律，将他召入宫中询问，郭躬回答说：“孙章应处罚金。”汉明帝说：“孙章假传诏命杀人，为什么只处罚金？”郭躬说：“法令有故意犯罪、过失犯罪，孙章传诏命的谬误，在此事上为过失，处罚过失罪的条文就要轻。”汉明帝说：“孙章与囚犯同县，怀疑他是故意犯罪。”郭躬说：“《诗经》说‘周道平如磨刀石，端直如箭杆’，孔子说‘君子不预先怀疑别人有诈’，帝王效法天道公平正直，刑法不可以任意曲解、牵强附会。”汉明帝称赞他讲得很好。提拔郭躬做廷尉。事出《后汉书·郭躬传》，旧《疑狱集》不载此事。

按：严刑峻法，办案务求苛刻的，都是任意曲解、牵强附会才这样做。“君子不预先怀疑别人有诈”，是憎恶那些不合格的司法官吏必定会如此罢了。《后汉书·郭躬传》称：郭躬执掌法官，判案处刑，都依照怜悯宽恕的古训，所以他家世代传授法律，而子孙中官至三公的有一人，做廷尉的七人，封侯的三人，任二千石郡守、侍中、中郎将的二十多人，做侍御史、廷尉正、廷尉监、廷尉平的人更多。积善的福泽，难道不丰盛吗！

4·4 高柔犯颜不枉法游肇附

魏高柔为廷尉[①]，时猎法甚峻[②]。宜阳典农刘龟窃于禁内射兔[③]，其功曹张京诣校事言之[④]。帝匿京名[⑤]，收龟付狱。柔表请告者名，帝大怒曰：“刘龟当死，乃敢猎吾禁地。送龟廷尉，便当考掠[⑥]，何复请告者主名，吾岂妄收龟耶？”柔曰：“廷尉，天下之平也[⑦]，安得以至尊喜怒而毁法乎[⑧]？”重复为奏，辞指深切。帝意寤，乃下京名，即还讯，各当其罪[⑨]。出《魏志》本传[⑩]。

按：法有诬告反考告人[⑪]，所以息奸省讼也[⑫]，安得匿告者名乎？柔可谓能执法矣。

后魏游肇为廷尉时[⑬]，宣武尝敕肇有所降恕[⑭]，执而不从，曰："陛下自能恕之，岂可令臣曲笔[15]。"此亦柔之流亚欤[16]？见《北史》本传。二事旧集并不载[17]。

惟柔与肇，皆诏所指以励士师者[18]，故并著焉。庶几执法之吏，不曲笔以纵有罪，不毁法以陷无辜，而处议合于人心也[19]。

【注释】

①魏：指曹魏，三国朝代名。220年曹丕代汉称帝，国号魏，都洛阳。265年司马炎代魏称晋。共历五帝，四十六年。高柔（174—263）：字文惠，陈留圉县（今河南杞县）人。三国时期曹魏大臣。历任廷尉、太常、司空，以假节行大将军事。进封安国侯，转为太尉。年九十卒，谥曰元。《三国志》卷二四有传。廷尉：官名。或称大理，掌刑狱，为中央九卿之一。

②猎法甚峻：狩猎法特别严峻。《三国志·魏书·高柔传》："是时杀禁地鹿者，身死，财产没官。"

③宜阳：曹魏县名。治所在今河南宜阳。典农：官名。为典农中郎将、典农校尉、典农都尉等官的简称。典农都尉，官名。三国魏置。掌管屯田区的生产、民政和田租，即为该区的行政长官。其后屯田区设立正式的县，典农都尉遂改为县令、长。刘龟：人名，余事未详。禁内：也作"禁中"。封建帝王所居的宫苑。

④功曹：古代官职，亦称功曹史。汉代郡守有功曹史、县有主吏。功曹史简称功曹。除掌人事外，得以参预一郡或县的政务。校事：即校事官。东汉末年曹操置，也称校官、校曹、校郎、抚军校事、抚军都尉。掌侦察、刺探、监督军政大臣，为帝王的耳目。

⑤帝：指魏明帝曹叡（205—239），字元仲，沛国谯县（今安徽亳州）人。魏文帝曹丕长子，三国时期曹魏第二位皇帝，226—239年

在位。

⑥便当考掠：便应当拷打审问。

⑦平：一种衡量的标准，也指称衡器“天平”。此指廷尉是平衡天下的公器，对任何人都应严格依法办事。

⑧至尊：最尊贵，最崇高。此指帝王。

⑨各当其罪：据《三国志·魏书·文帝纪》：“黄初五年春正月，初令谋反大逆乃得相告，其余皆勿听治，敢妄相告，以其罪罪之。”故张京告刘龟射兔也有罪。

⑩天海按：此为郑克自注，言本篇事出《三国志·魏书·高柔传》。

⑪反考：反审原告。

⑫息奸省讼：制止奸恶，减省诉讼。

⑬后魏：鲜卑族拓跋珪于386年建立的政权，也是北朝第一个王朝，史称北魏，都平城（今山西大同）。493年孝文帝迁都洛阳，改姓元，故也称拓跋魏、元魏。534年，北魏分裂。游肇（452—520）：字伯始，广平任县（今河北邢台）人。太和初年，拜为内秘书侍御中散，迁太子中庶子。宣武帝景明末年，授黄门侍郎，迁散骑常侍，迁侍中。孝明帝即位后，迁中书令、光禄大夫、相州大中正。出为使持节、散骑常侍、镇东将军、相州刺史。征为太常卿，迁尚书右仆射。《魏书》卷五五、《北史》卷三四皆有传。

⑭宣武：北魏宣武帝元恪（483—515），司州（今河南洛阳）人。南北朝时期北魏第八位皇帝，孝文帝元宏次子。499—515年在位。敕肇有所降恕：命令游肇对一些案件所处的刑罚要有所减轻和宽恕。

⑮曲笔：此指徇情枉法定案。

⑯流亚：指同一类人物。

⑰天海按：此为郑克自注，言本篇事出《北史·游肇传》。亦见《魏书·游肇传》。

⑱诏：此指绍兴三年（1133）之《恤刑诏》。士师：亦作“士史”。古

代执掌禁令刑狱的官名。

⑲处议：处刑议罪。

【译文】

曹魏时，高柔做廷尉，当时狩猎法特别严峻。宜阳县典农刘龟私自在皇上禁苑内射猎兔子，宜阳县功曹张京到校事官那里报告此事。魏明帝掩藏张京姓名，收捕刘龟交付审理。高柔上表请示原告的姓名，魏明帝大怒说："刘龟应当处死，竟敢在我禁地狩猎。送刘龟到廷尉，就应当拷打审问，为什么又请示原告的姓名，我难道会胡乱收捕刘龟吗？"高柔说："廷尉，是天下的天平，怎么能够凭帝王的喜怒而毁坏法律呢？"又再次上奏，文辞指意深切。魏明帝醒悟了，就下传张京姓名，立即再审，各自承担自己的罪过。事出《三国志·魏书·高柔传》。

按：法律规定有诬告的就要反审原告，是为了制止奸恶、减省诉讼，怎么能够隐藏原告的姓名呢？高柔可以说是能够公正执法了。

后魏的游肇做廷尉时，后魏宣武帝曾经敕命游肇对有些案件的处罚要有所减轻和宽恕，游肇坚执公正办案而不依从，说："陛下自己就能宽恕他们，哪能命令小臣我枉法办案。"这也是高柔一类的人物吧？事见《北史·游肇传》。此二事旧《疑狱集》都不载。

只有高柔与游肇，都是《恤刑诏》所指的可以激励做司法官的人，因此一并著录在此。希望执法的官吏，不徇情枉法定案，以放纵有罪的人；不毁坏法律，以陷害无辜的人；从而处刑议罪合于人心。

4·5 殷仲堪执法忠恕

晋殷仲堪①，为荆州刺史②，有桂阳人黄钦生③，二亲久没④，诈服衰麻⑤，言迎父丧，府曹依律弃市⑥。仲堪曰："原此法意，当以二亲生存而横言死没⑦，情理悖逆，所不忍言，故同于殴詈之科⑧，正以大辟之刑⑨。钦生徒有诞妄之过耳[10]。”遂活之。旧出《晋书》本传[11]。

按：昔人称郭躬“推己以议物，舍状以探情”[12]。夫推己以议物者，恕也；舍状以探情者，忠也。仲堪亦庶几焉[13]。苟非用法忠恕，钦生弃市决矣。此皆俗吏所不能者也。

【注释】

①晋：朝代名。265年，司马炎灭魏，建都洛阳（今河南洛阳），国号晋，史称西晋，316年为匈奴人刘聪所灭。317年，司马睿在建康（今江苏南京）重建晋朝，史称东晋，420年为刘裕所灭。西晋、东晋合称两晋。此处指东晋。殷仲堪（？—399）：陈郡长平（今河南西华）人。东晋末年重要将领、大臣。官至荆州刺史，曾两度响应王恭讨伐朝廷的起事，在王恭死后与桓玄及杨佺期结盟对抗朝廷，逼令朝廷屈服。后来却被桓玄袭击，逼令自杀。《晋书》卷八四有传。天海按：“殷”字，原文因宋人避讳改作“汤”，今据《晋书》卷八四回改。因宋太祖赵匡胤之父名赵弘殷，南唐丞相殷崇义为避其名讳而改名“汤悦”。南唐亡，汤悦归宋，封为光禄大夫，位显三朝。宋代编史，凡殷姓历代高祖皆因避此名讳而改写为汤氏。

②荆州：州名。晋时治所在江陵（今湖北江陵）。

③桂阳：县名。治所在郴县（今湖南郴州）。

④久没：死了很久。没，同“殁”，死亡。

⑤衰（cuī）麻：指丧服。用最粗的生麻布制作，不缉边，表示毫不修饰以尽哀痛。

⑥府曹：府署的僚属，州刺史的佐官。据《晋书·职官志》载，刺史下有别驾、治中从事、诸曹从事等员。弃市：古代的一种刑罚。在闹市执行死刑，并将尸体在大街示众。依照《晋律》规定，诈取父

母宁（丧假），依殴詈法弃市。

⑦横言：即谎言。

⑧殴詈（lì）：殴打辱骂。科：法律条文。

⑨正以大辟之刑：处以死刑。正，治罪。大辟，死刑。

⑩诞妄：荒诞虚妄。

⑪天海按：此为郑克自注，言本篇事出《晋书·殷仲堪传》。

⑫昔人称：前人称赞。此指南朝刘宋范晔在《后汉书·郭躬传》中对郭躬的论赞："若乃推己以议物，舍状以探情，法家之能庆延于世，盖由此也！"

⑬庶几：相近，差不多。又，三国及晋时称有贤德之人为"庶几"。

【译文】

东晋的殷仲堪，做荆州刺史时，有桂阳县人黄钦生，父母双亲死了很久，故意穿上丧服，说是迎接父丧，府曹官吏依照法律判处其死刑弃市。殷仲堪说："推究此条立法的本意，当是指父母亲明明健在却谎称死亡，违背天理人情，为人们所不忍言，所以同于殴打辱骂父母的法条，处以死刑。黄钦生只有荒诞虚妄的罪过。"于是使黄钦生得以活命。旧《疑狱集》从《晋书·殷仲堪传》录出。

按：前人称赞郭躬"设身处地去评议事物，透过现象去探求实情"。设身处地去评议事物，就是宽恕；透过现象去寻求实情，就是忠诚。殷仲堪也差不多是如此了。如果殷仲堪不是执法忠诚宽恕的人，那么黄钦生一定被处以死刑弃市了。这都是一般官吏所不能做到的。

4·6 何承天据实议罪

宋何承天①，义熙初②，刘毅镇姑熟③，板为行参军④。毅尝出行，而鄢陵县吏陈满射鸟⑤，箭误中直帅⑥，虽不伤，处法弃市。承天议曰："狱贵情断⑦，疑则从轻。昔有惊汉文帝乘舆马者[8]，张释之劾以犯跸[9]，罪止罚金[10]。明其无心于惊马也。故不以乘舆之重，加以异制[11]。今满意在射鸟，非有心于中人。《律》[12]：'过误伤人，三岁刑[13]。'况不伤乎？罚之可也。"旧出《南史》本传[14]。

按：此亦"推己议物，舍状探情"者也。

【注释】

①宋：此指刘宋，南朝之一。420年刘裕代晋称帝，国号宋，建都建康。479年为南齐所代。共历八帝，六十年。何承天：南朝刘宋东海郯县（今山东郯城）人。东晋末年为行参军，入刘宋，历官尚书左丞、至御史中丞。博古见今，为时所重。《宋书》卷六四、《南史》卷三三有传。

②义熙：东晋安帝司马德宗的年号（405—418）。

③刘毅（？—413）：字希乐，南朝刘宋彭城沛县（今江苏沛县）人。历州从事，冠军将军、青州刺史，抚军将军、豫州刺史，封南平郡开国公，官至卫将军、开府仪同三司、荆州刺史。《晋书》卷八五有传。镇姑熟：指刘毅任豫州刺史。东晋侨置南豫州，治所设在姑熟，故云"镇姑熟"。姑熟，古城名。故址在今安徽当涂。东晋时为豫州治所。

④板为行参军：任命为行参军。指大臣授下属暂任官职，区别于帝王的正式任命。板，即板授。晋南北朝时，授官有板，板上书授官之辞，地方长官临时授官称"板授"。行参军，即行军参军，为将军府幕僚。晋将军府属官有长史、司马、功曹、主簿、五官，受命出征则置参军。刘毅任豫州刺史时，诏为使持节、都督豫扬五郡诸军事，故可板授行参军。

⑤鄢陵：县名。晋时属豫州颍川郡。治所在今河南鄢陵。

⑥直帅：当值的军帅。此指刘毅，时为都督豫扬五郡诸军事，故称直帅。

⑦情断：按照实际情况断案。

⑧汉文帝：西汉文帝刘恒（前202—前157），前180—前157年在位。乘舆：指皇帝或诸侯所用的车舆。

⑨张释之：字季，堵阳（今河南方城）人。累官至廷尉，后出为淮南王相。汉文帝时，张释之捐官出仕为骑郎，后经袁盎推荐，任为谒者，因向文帝陈说秦汉兴亡之道，而补任为谒者仆射，累迁公车令、中大夫、中郎将等职。后升任廷尉，严于执法，当皇帝的诏令与法律发生抵触时，仍能执意守法，以执法公正不阿闻名。时人称赞"张释之为廷尉，天下无冤民"。汉景帝即位后，因张释之曾弹劾时为太子的景帝"过司马门不下车"，将释之谪为淮南国的国相。《史记》卷一〇二、《汉书》卷五〇有传。犯跸（bì）：冲撞了皇帝出行的车队。跸，本意是帝王出行时开路清道，禁止他人通行，引申指帝王出行的车驾。汉文帝出行至中渭桥，有人从桥下走过，惊吓了驾车的马。事见《汉书·张释之传》。

⑩罪止罚金：天海按：此见《史记集解》引"如淳曰：令乙：跸先至而犯者，罚金四两。"

⑪异制：不同的法制。

⑫《律》：此指《晋律》。

⑬三岁刑：《晋律》刑名，即徒刑三年。

⑭天海按：此为郑克自注，言本篇事出《南史·何承天传》。

【译文】

南朝刘宋何承天，在义熙初年，刘毅镇守姑熟时，任命他为行军参军。刘毅曾经外出时，遇上鄢陵县吏陈满射鸟，箭误中了刘毅，虽然没有伤到人，却要处死刑弃市。何承天议罪说："办案贵在以实际情况裁断，疑案就应从轻。从前有惊扰汉文帝车驾马匹的人，廷尉张释之按照冲撞皇上车驾罪审理,只按罚金定罪。说明那人是无心惊驾的。所以不能够因为皇上车驾的重要,加以不同的法制。今陈满本意在射鸟,不是有心要射中人。按《晋律》:'过失误伤人的,处三年徒刑。'何况没有伤到人呢?处罚金就可以了。"旧《疑狱集》从《南史·何承天传》录出。

按:这也是"设身处地评议事物,透过现象探求实情"的人。

4·7 孔深之据情议罪

宋孔深之[①],为尚书比部郎时[②],安陆应城县人张江陵[③],与妻吴共骂母黄,令死。黄忿恨自缢,已值赦[④]。律:"子贼杀伤殴父母[⑤],遇赦犹枭首[⑥];骂詈弃市,谋杀夫之父母亦弃市;会赦,免刑补冶[⑦]。"江陵骂母,母以自裁[⑧],重于伤殴。若同杀科,则疑重;用伤殴及詈科[⑨],则疑轻。制惟有打母遇赦犹枭首,无詈母致死会赦之科。深之议曰:"夫题里逆心,仁者不入[⑩]。名且恶之,况乃人事?故杀伤咒诅,法所不容,詈之致尽[⑪],理无可宥[⑫]。江陵虽遇赦恩,固合枭首。妇本以义,爱非天属[⑬],黄之所恨,意不在吴,原死补冶[⑭],有允正法[⑮]。"诏如深之议[⑯],吴可弃市。出《南史·孔靖传》,深之,其孙也。旧集不载[⑰]。按:原本文多脱误,今据《南史》传文改正[⑱]。

按:詈之致死,重于殴伤,不以赦原[⑲],于理为允[⑳]。妻若从坐,犹或可赦;吴实共骂,弃市亦当。诏所以补议之阙也[㉑]。

【注释】

①孔深之(?—465):本作"孔渊之",南朝刘宋会稽山阴(今浙江绍兴)人。官尚书比部郎。《宋书》卷五四、《南史》卷二七皆有传。

②尚书比部郎:官名。南朝刘宋于尚书设比部曹,主法制,置郎一人

掌其事。天海按:深之,《宋书》作“渊之”,《南史》因避唐高祖李渊讳,改为“深之”。因郑克按语系据《南史》,故仍之不改。

③安陆:郡名。南朝刘宋孝建元年(454)分江夏郡置,治所在安陆(今湖北安陆)。应城县:安陆郡属县。为古蒲骚之地。南朝宋孝武帝孝建元年(454)析安陆县南境置应城县,属郢州安陆郡。治所在今湖北应城。

④值赦:适值大赦令发布。

⑤贼杀:杀害。

⑥天海按:“遇赦犹”三字原文脱,此据明万历本及《南史》卷二七径补。枭首:死刑之一。斩首后悬头示众。

⑦补冶:即“补冶士”,补罚做冶士服役。补冶士,为六朝刑罚之一,罚作矿山冶炼铸造的刑徒。出自《宋书·武帝纪》:“又制有无故自残伤者补冶士,实由政刑烦苛,民不堪命。”天海按:“冶”字,原文误作“治”,径改。

⑧自裁:自杀。

⑨天海按:原文“伤殴”之下“若同杀科则疑重用伤殴”此十个字脱失,此据《南史》卷二七径补。

⑩题里逆心,仁者不入:题写里名违背人心,仁爱的人不会进入。语出《汉书·邹阳传》邹阳《狱中上梁王书》:“故里名胜母,曾子不入;邑号朝歌,墨子回车。”颜师古注:“曾子至孝,以胜母之名不顺,故不入也。”

⑪致尽:使其母自尽而死。

⑫宥:原谅,宽恕。

⑬天属:天性相连。后称父子、兄弟、姊妹等有血缘关系之亲属为“天属”。

⑭原死补冶:宽宥死罪,补罚做冶士服役。天海按:“冶”字,原文误作“治”,径改。

⑮有允正法：符合按法论罪。正法，按法论罪，以正法典之意。广义的正法指惩治一切违法犯罪行为，狭义的“正法”仅指对判处死刑罪犯的执行。

⑯诏如深之议：皇上诏命同意孔深之的议罪。

⑰天海按：此为郑克自注，言本篇事出《南史·孔靖传》。旧《疑狱集》不载此事。

⑱天海按：此为四库馆臣按语，不必译出。

⑲赦原：赦免，宽恕。

⑳于理为允：在法理上是得当的。

㉑补议之阙：弥补孔深之所议罪的缺漏。即认为不应对吴氏判以“原死补冶”。阙，空缺，缺少。也作“缺”。

【译文】

南朝刘宋的孔深之，做尚书比部郎时，安陆郡应城县人张江陵，与妻子吴氏共同咒骂母亲黄氏，令黄氏去死。黄氏忿恨，上吊自经而死，后来遇上大赦令。律令说：“子女残杀、打伤父母的，遇上大赦还是要处以枭首死刑；辱骂的处以死刑弃市，谋杀丈夫的父母也要弃市；遇上大赦，免死刑，补罚做冶炼士卒。”张江陵辱骂母亲，母亲因此自杀，此罪重于伤害。如果同样以杀害父母处罪，则似乎过重；用伤害及辱骂处罪，则似乎太轻。法令规定只有打伤父母的，遇赦还是要处死刑枭首，没有辱骂母亲致死遇赦的法条。孔深之议罪说：“里名题为‘胜母’违背人心，仁爱的人不入此里。里名尚且被憎恶，何况是人情世故？所以杀伤诅咒父母的，为律法所不容，辱骂而使母亲自尽，情理不可宽恕。张江陵虽然遇上大赦恩典，仍然应当处以枭首之刑。妇人本以情义相合，相爱并非血亲，黄氏所以忿恨，其意不在吴氏，宽恕她的死刑，补罚做冶炼苦役；或者按法论罪，以正法典。”皇上诏命按孔深之的议罪处理，但吴氏可以处以死刑弃市。事出《南史·孔靖传》，孔深之，是他的孙子。旧集《疑狱集》不载此事。

按：辱骂母亲致其死亡，比殴打母亲致伤的罪严重，不因为遇赦宽恕,于情理为公允。妻子如果是从犯,还有可能赦免死罪;吴氏事实上是共同咒骂母亲,处死刑弃市也是应当。皇上的诏命弥补了孔深之议罪的缺漏。

4·8 戴胄犯颜救校尉

唐戴胄[①],为大理少卿时[②],长孙无忌被召[③],不解佩刀入东上阁[④]。尚书右仆射封德彝[⑤],论监门校尉不觉[⑥],罪当死,无忌赎[⑦]。胄曰:"校尉与无忌罪均,臣子于君父不得称误[⑧]。法著[⑨]:'御汤剂、饮食、舟船,误不如法[⑩],皆死。'陛下录无忌功[⑪],原之可也。若罚无忌,杀校尉,不可谓刑。"帝曰[⑫]:"法为天下公,朕安得阿亲戚[⑬]!"诏复议,德彝固执,帝将可[⑭]。胄驳之曰:"校尉缘无忌以致罪,法当轻;若皆过误,不当独死。"由是与校尉皆免。出《唐书》本传,旧集不载[⑮]。

按:胄言"臣子于君父不得称误",所以深责无忌也。校尉缘无忌以致罪,则与无忌罪均,而法当轻也。既免无忌,缘以致罪者,岂得不免乎?胄之力争,亦忠恕之义也。

【注释】

①戴胄(?—633):字玄胤,唐相州安阳(今河南安阳)人。初仕隋,入唐任大理少卿,以检校吏部尚书参与朝政,进爵郡公。《旧唐书》卷七〇、《新唐书》卷九九皆有传。

②大理少卿:官名。为大理寺的副长官,掌折狱、详刑。

③长孙无忌(?—659):字辅机,唐洛阳(今河南洛阳)人。从唐高祖起兵反隋朝,佐太宗定天下,功第一,擢吏部尚书,累官至太尉、检校中书令,兼扬州都督。封赵国公,加太子太师,后与褚遂良同

受顾命。高宗初，进太尉，与褚遂良悉心奉国。因反对立武昭仪为后，许敬宗希武后旨，诬以谋反，削爵流黔州，自杀。他博涉经史，曾撰《隋书志》，在《贞观律》基础上主持制订《唐律疏议》。《旧唐书》卷六五、《新唐书》卷一〇五皆有传。

④东上阁：唐宫城内太极殿西为右上阁，又称西上阁；殿东为左上阁，又称东上阁。均通内宫。按唐律规定：不得持寸刃入上阁，违者斩。见《唐律疏议》卷七"阑入宫殿门及上阁"条。

⑤尚书右仆射：官名。三国魏置，为尚书令之副。尚书省设左右仆射，掌统理六官，为尚书令之副，令缺则总省事。唐代不设尚书令，仆射即为尚书省长官。封德彝（568—627）：本名封伦，字德彝，观州蓨县（今河北景县）人。在隋朝任内史令。后归顺唐朝，拜中书令，封密国公，与李渊结为亲家。选为天策上将府属官，辅佐秦王李世民攻取洛阳，暗中支持隐太子李建成，在二主之间投机取巧。唐太宗即位后，拜尚书右仆射。《旧唐书》卷六三、《新唐书》卷一百皆有传。

⑥论：论议处罪。监门校尉：官名。唐置，为左右监门卫官员，掌守宫禁殿门。

⑦无忌赎：罚长孙无忌以铜赎罪。《旧唐书·戴胄传》："封德彝议以监门校尉不觉，罪当死；无忌误带入，罚铜二十斤。上从之。"

⑧不得称误：不能说是因为过失而犯错。

⑨法著：法律著明。参见《唐律疏议》卷九。

⑩不如法：不合法。

⑪录：记，惦记。

⑫帝：此指唐太宗李世民。

⑬阿：迎合，偏袒。长孙无忌为长孙皇后之兄。

⑭帝将可：太宗将认可封德彝的议罪。

⑮天海按：此为郑克自注，言本篇事出《唐书·戴胄传》。旧《疑狱

集》不载此事。杜佑《通典》卷一六九亦载此事。

【译文】

唐朝戴胄，做大理少卿时，长孙无忌被皇上召见，没有解下身上的佩刀就进入东上阁。尚书右仆射封德彝，奏论监门校尉失察，罪当处死，罚长孙无忌以铜赎罪。戴胄说："监门校尉与长孙无忌的罪过一样，臣子冒犯君父不能只说是失误。法律写明：'皇上用的汤药、饮食、舟船，错误不合法的，都要处死。'陛下惦记长孙无忌的功劳，宽恕他是可以的。如果只是罚长孙无忌以铜赎罪，而杀死监门校尉，这不能说是符合刑罚。"唐太宗说："法律是天下公器，我怎么能够偏袒亲戚！"诏命复查审议，封德彝固执己见，唐太宗将要许可。戴胄反驳封德彝说："监门校尉只是因为长孙无忌而犯罪，依法当轻判；如果都是过失犯罪，不应当只处校尉死刑。"由此，长孙无忌与监门校尉都得到赦免。事出《唐书·戴胄传》，旧集《疑狱集》不载此事。

按：戴胄说"臣子冒犯君父不能称失误"，所以要深刻责备长孙无忌。监门校尉因为无忌而犯罪，就与长孙无忌罪过相同，并依法处以轻罪。既然赦免长孙无忌，那么因为他而犯罪的校尉，难道能够不赦免吗？戴胄的力争，也体现了忠诚宽恕办案的意义。

4·9 徐有功持正议罪

唐徐有功[①]，为司刑丞时[②]，有韩纪孝者[③]，受徐敬业伪官[④]，前已物故[⑤]。推事使顾仲琰奏称"家口合缘坐"[⑥]，诏依，断籍没[⑦]。有功议曰："律：谋反者斩[⑧]。身亡即无斩法，若情状难舍，或敕遣戮尸[⑨]。除非此途，理绝言象[⑩]。缘坐缘因处斩，无斩岂合相缘[⑪]？既所缘之人亡，则所因之罪减。减止徒坐[⑫]，频会赦恩[⑬]。今日却断没官[⑭]，未知据何条例？"诏依有功议，断放[⑮]。由是获免籍没者，凡数百家。出《唐书》本传。史辞太简，今以《通典》补其未备。旧集不载[16]。

按：《易》言[17]："圣人南面而听天下[18]。"是以汉之史官称高祖"好谋，能听"[19]。夫听，固人主之职也。听仲琰之奏，则数百家被籍没；听有功之议，则数百家免籍没。能于此知取舍，亦可谓之明矣。有功之脱祸而成名[20]，夫岂偶然哉？

【注释】

①徐有功（640—702）：名弘敏，字有功，洛州偃师（今河南偃师）人。举明经及第。历经蒲州司法参军、大理寺丞、刑部郎中、侍御史、司仆少卿等。卒后追赠司刑卿，谥忠正。他先后为法官，"不以私害公，强谏枉死者，三经大辟，而执志不渝，武则天重之，酷吏由是少衰"。时人论曰："今有功断狱，天下无冤枉人。"《旧唐书》卷八五、《新唐书》卷一一三皆有传。

②司刑丞：官名。即大理寺丞、大理寺卿的佐官。唐则天光宅元年（684）改大理寺为司刑寺，置卿一人、少卿二人、正二人、丞六人等。

③韩纪孝：《通典》作"韩纯孝"。

④受徐敬业伪官：此指接受徐敬业起兵讨武后时授以的官职。徐敬业，英国公徐勣之孙，少从勣征伐，有勇名，袭爵，坐事贬柳州司马，会武后废中宗，戮唐宗室，徐敬业乃乘人怨，与唐之奇、杜求仁、骆宾王等共讨武氏，兵败，为其下所杀。

⑤物故：亡故，去世。

⑥推事使：官名。即推事院使。推事院又称推事使院或新开狱，是唐代武则天时设置的囚禁要犯的监狱。顾仲琰：人名，生平不详。家口合缘坐：家属应当因他牵连而判罪。缘坐，一人犯罪，株连亲属连坐的制度。参见《唐律疏议》卷一七"谋反大逆"条。

⑦籍没：登记并没收家产入官。唐律规定，凡犯谋反大逆罪，祖孙兄

弟姐妹和部曲资财田宅一律没入官府。

⑧谋反者斩:参见《唐律疏议》卷一七“谋反大逆”条。

⑨戮尸:古代的一种酷刑,掘墓斩尸。为惩罚死者生前的行为,挖坟开棺,将尸体枭首示众。

⑩理绝言象:按理绝口不说象刑。象刑,指戮尸,象征性的刑罚。

⑪相缘:互为因果。

⑫徒坐:坐判徒刑。

⑬频会赦恩:屡逢皇帝赦罪开恩。

⑭却断:天海按,原文作“劫断”,明万历本作“刼断”,皆误。今据《通典》卷一六九《刑法七·守正》,徐有功《驳韩纯孝家口籍没议》径改。没官:即籍没财产,没收入官。

⑮断放:裁决无罪释放。

⑯天海按:此为郑克自注,言本篇事出《新唐书·徐有功传》,并以《通典》卷一六九《刑法七·守正》校补。旧《疑狱集》不载此事。

⑰《易》:《周易》,见卷一《释冤》门(上)1·3条《苻融占梦擒真凶》注。

⑱圣人南面而听天下:出自《周易·说卦传》。南面,即面南。古人以坐北朝南为尊位,故天子南面为君。

⑲汉之史官:此指东汉班固。高祖:指汉高祖刘邦。好谋,能听:见班固所撰《汉书·高帝纪》论赞之语。

⑳脱祸而成名:天海按,徐有功执法守正,犯颜廷争,屡忤武则天,曾数次被免官,三次处死罪,然免而复任,临死则赦,均得脱祸。事见两《唐书》本传。

【译文】

唐朝徐有功,做司刑丞时,有个名叫韩纪孝的人,接受了徐敬业所封的伪官,此前已经死亡。推事使顾仲琰上奏称“他的家属符合连坐的法条”,皇上诏命依从此奏,裁断抄家没收全部财产。徐有功议罪说:“唐律规定:谋反的处以斩首。本人已经死亡就不能斩首,如果情形严重难以赦免，或可敕命遣人前去掘墓戮尸。除非这一途径，按理绝口不言象刑。因为连坐的缘故处斩，没有之前的斩首岂能符合互为因果的条件？既然所因连坐的人已经死亡，那么所因的罪过也应减轻。减轻到连坐只判徒刑，又多次遇上皇上赦免的恩典。如今却要裁断抄家没官，不知所据的是什么条例？”皇上诏命依从徐有功的议罪，裁断赦免释放。由此而获得赦免抄家没官的，共有数百家之多。事出《新唐书·徐有功传》。史书文辞太过简略，现在以《通典》补充其不完备的地方。旧集《疑狱集》不载此事。

按：《周易》说：“圣人南面为君，从而听取天下人的意见。”因此东汉的史官班固称赞汉高祖“好谋，能听”。能听，本来就是君主职责所在。听从顾仲琰的上奏，就会有数百家被籍没抄家；听从徐有功的议罪，就会使数百家免遭籍没抄家。能够在这两者之间知道取舍，也可以说是英明的了。徐有功多次能够从死刑中脱祸，因而成就名声，那难道是偶然的吗？

4·10 窦参处决不免丧

唐窦参①，初为奉先尉②，男子曹芬兄弟隶北军③，醉暴其妹④，父救不止，恚赴井死⑤。参当兄弟重辟⑥，众请俟免丧⑦。参曰：“父由子死，若以丧延，是杀父不坐⑧。”皆榜杀之⑨。出《唐书·窦参传》⑩。

按：唐制，县令断决死罪。参为奉先尉时，殆摄行县事欤⑪？众请俟免丧者，谓其父既赴井死矣，而兄弟又坐法死，则无人持丧也。此盖北军之众，屯于奉先，故为之请，以缓其刑，而欲赇中官⑫，使获免耳。参驳正其说⑬，乃亟决之⑭，盖以此也。

【注释】

①窦参（734—793）：字时中，京兆始平（今陕西兴平）人。以门荫

入仕，累官御史中丞。拜中书侍郎、同平章事，领度支、盐铁转运使。任情好恶，恃权贪利。贬郴州别驾，再贬驩州司马，赐死于邕州。《旧唐书》一三六、《新唐书》一四五皆有传。

②奉先尉：奉先县尉。奉先，唐代县名。西魏废帝二年（553）以地处蒲池置蒲城县。唐开元四年（716）置奉先县，治所在今陕西蒲城。

③隶北军：隶属北衙禁军。唐禁军有南北衙之分，南衙为十六卫，北衙则为左右羽林军、左右龙武军、左右神武军、左右神策军、左右神威军。

④醉暴其妹：醉酒后强暴他们的妹妹。

⑤恚（huì）赴井死：气愤投井而死。

⑥重辟：重罪死刑。

⑦请俟免丧：请求等候其父的丧期满，免除丧服后再执行死刑。天海按："俟"字，原文误作"候"，据明万历本径改。

⑧不坐：不定罪惩处。

⑨榜杀：鞭笞致死。

⑩天海按：此为郑克自注，言本篇事出《唐书・窦参传》。

⑪摄行县事：代理县令职事。

⑫赇中官：贿赂宦官。中官，一般指皇城内的官，就是宦官。天海按：唐朝中期，由宦官统领神策军。故有此说。

⑬驳正：纠正错误。

⑭亟决：立即处决。

【译文】

唐朝窦参，最初做奉先县尉时，有男子曹芬兄弟隶属北军，醉酒后强暴他们的妹妹，父亲援救不能制止，气愤投井而死。窦参判处兄弟二人重罪死刑，众人请求等待他们免除丧服后行刑。窦参说："父亲因为儿子死亡，如果因为服丧延期行刑，这是杀死父亲不予定罪。"此兄弟二人都被鞭笞致死。事出《唐书・窦参传》。

按：唐朝法制，县令断决死罪。窦参做奉先尉时，大概是代行县令职事吧？众人请求等待免除丧服后行刑的原因，是认为他们的父亲既然投井死了，而兄弟又犯法处死，就无人主持丧事了。这是因为北军人数众多，屯驻在奉先县，所以为之请求，以延缓他们的死刑，从而想要贿赂宦官，使二人获得赦免罢了。窦参纠正他们错误的说法，于是立即处决兄弟二人，就是因为这个原因。

4・11 柳浑抗旨救玉工

唐柳浑①，相德宗②。玉工为帝作带，误毁一銙③，工不敢闻④，私市他玉足之⑤。及献，帝识不类，摘之⑥，工人服罪。帝怒其欺，诏京兆府论死⑦。浑曰："陛下遽杀之，则已⑧；若委有司，须详谳乃可⑨。于法：误伤乘舆器服，罪当杖，请论如律⑩。"由是工不死。出《唐书・柳浑传》⑪。

按：误伤之法，罪止于是⑫。若使深文者议之⑬，则必坐以罔上不恭之刑矣⑭。《舜典》曰⑮："宥过无大⑯。"玉工非敢为欺者，乃误毁而备偿耳⑰，实在可宥之科⑱。

【注释】

①柳浑（714—789）：本名载，字夷旷，一字惟深，襄州襄阳（今湖北襄阳）人。早孤，好学。天宝初进士及第，历官单父县尉、衢州司马、监察御史、江南西路都团练判官等职。后为袁州刺史，迁左散骑常侍。又拜兵部侍郎，封宜城县伯。贞元三年（787），加同中书门下平章事，仍判门下省。卒，谥曰贞。大中二年（848），绘像凌烟阁。《旧唐书》卷一二五、《新唐书》卷一四二皆有传。

②德宗：唐德宗李适（kuò，742—805），唐朝第十位皇帝。

③銙（kuǎ）：古代附于腰带上的装饰品，用金、银、铁、犀角等制成。

④不敢闻：不敢向上报告。

⑤私市他玉足之：私自购买其他的玉石凑足数量。

⑥摘：通“擿”，揭露。

⑦京兆府：唐玄宗把长安所在的雍州改为京兆府，京兆府的首长为京兆尹。治所在长安万年（今陕西西安）。论死：论定死罪。

⑧遽杀之，则已：急于杀死他，也就罢了。

⑨详谳（yàn）：仔细审理定案。

⑩论如律：按照法律定罪。《唐律疏议》卷六：“诸乘舆服御物，持护修整不如法者，杖八十；若进御乖失者，杖一百。”

⑪天海按：此为郑克自注，言本篇事见《唐书·柳浑传》。

⑫误伤之法，罪止于是：由失误毁伤器物的法条，判罪也仅止于此。

⑬深文：制定或援用法律条文苛细严峻。

⑭罔上：欺骗君上。不恭：即不敬。于唐律为“大不敬罪”，入十恶，均处斩、绞之刑。

⑮《舜典》：《尚书》篇名。

⑯宥过无大：宽恕罪过无论大小。《尚书·大禹谟》：“皋陶曰：宥过无大，刑故无小。”据蔡沈注：“过误所犯，虽大必宥。”

⑰备偿：唐朝对不法行为造成损害的赔偿。

⑱可宥之科：可以宽免的法条。

【译文】

唐朝的柳浑，做唐德宗的宰相。有玉工为皇帝制作玉带，误毁了玉带上的一个玉饰，玉工不敢向上报告，私自买了别的玉石来凑足数量。到献上玉带时，唐德宗看出玉石不一样，揭露了这件事，工人服罪。唐德宗因为玉工的欺骗而发怒，诏命京兆府论定玉工死罪。柳浑说：“陛下如果立刻杀了他，那就罢了；如果交付官府，就必须详查细审才可以定罪。从法律上说：误伤皇上的车驾器物服用，应当处以杖刑，请按照法律定罪。”因此玉工能够不死。事出《唐书·柳浑传》。

按：按照误伤的法规，判罪只能如此。如果让执法严苛的人来评议这个案件，就必定会以欺君罔上、大不敬之罪来判刑了。《舜典》上说："宽恕过失无论大小。"玉工并非敢做欺骗皇上的事，乃是误毁而赔偿罢了，确实在可以宽恕之列。

4·12 高防复查治脱罪

高防初事周[①]，为刑部郎中[②]。宿州有民剚刃其妻[③]，而妻族受赂，绐州[④]，言病风狂不语[⑤]。并不考掠，以具狱上请[⑥]。大理断令决杖[⑦]，防覆之云[⑧]："某人病风不语，医工未有验状，凭何取证，便坐杖刑？况禁系旬月，岂不呼索饮食？再劾其事，必见本情。"周祖深以为然[⑨]，终置于法[⑩]。

按：折狱之道，必先鞫情而后议罪，今情犹未尽，罪辄先断，于理可乎？此盖受赂，欲庇之耳，是故防之覆议如此。然但请再劾其事，不复推究所司[⑪]，则虽疾恶而亦矜顽[⑫]，且虑枝蔓也[⑬]。

【注释】

①高防（905—963）：字修己，并州寿阳（今山西寿阳）人。五代时，历仕后晋、后汉、后周。后周时任刑部员外郎，后改任开封令，升为本府少尹，任为刑部郎中。北宋建立后，被任为尚书左丞，出知秦州。授枢密院直学士，出任凤翔知府。《宋史》卷二七〇有传。周：即五代时后周。951年郭威灭后汉称帝，都汴（今河南开封），国号周，史称后周，960年为赵匡胤所灭。

②刑部郎中：官名。为刑部尚书、侍郎、丞以下的属吏，掌司法及审覆大理寺与州府刑狱。

③宿州：州名。治所在符离（今安徽宿州）。剚（zì）刃：指用刀剑刺杀。

④绐州：欺骗州府。

⑤风狂不语：疯狂不能说话。

⑥具狱：结案。上请：又称“先请”。古代法律术语。指皇室宗亲、贵族、高官犯法一般司法官吏不得擅自审理，必须奏请皇帝裁决的制度。此外，对于事关重大，但情节可以原宥的案件，法官不敢专决，也须上请。

⑦大理：即大理寺，大理寺掌判处天下疑案，有权重审裁断。断令决杖：判令处以杖刑。

⑧防覆之：高防复核此案。

⑨周祖：后周太祖郭威（904—954），五代后周王朝的建立者，951—954年在位。

⑩置：处置。天海按：本篇事出《宋史·高防传》。

⑪不复推究所司：不再审查追究办错案的有关部门。

⑫矜顽：怜悯姑息顽劣之辈。

⑬枝蔓：此指有所牵连。

【译文】

高防最初仕于后周，做刑部郎中。宿州有个百姓用刀刺杀他的妻子，但是妻子亲族接受贿赂，欺骗州府，说是他患了疯狂病不能说话。并没有进行拷打审问，便结案上报请示皇上处理。大理寺判决令处以杖刑，高防复查这个案件说：“那人患了疯狂病不能说话，医生未有检验笔录，凭什么取证，便判他杖刑呢？况且关押十天半月，难道不呼喊索要饮食吗？再深查此事，必然能够发现原本实情。”周太祖也认为确实是这样，终于将凶手依法处置。

按：断案的道理，必须首先审查案情而后才能评议定罪，如今案情还没有完全查清，就先定罪，这于法理可行吗？这是因为有人接受贿赂，想要庇护凶手罢了，因此高防的复查议罪也是如此。然而只是请示再次审查这个案件，没有审查追究有关部门，则虽然是痛恨恶行，但也怜悯姑息了顽劣之辈，而且担心有所牵连。

4·13 杜镐年幼知类推

杜镐侍郎[①]，兄仕江南为法官[②]，尝有子毁父画像，为近亲所讼者，疑其法未能决，形于颜色[③]。镐尚幼，问知其故，辄曰："僧道毁天尊、佛像[④]，可以比也[⑤]。"兄甚奇之。

按：《荀子》言[⑥]："有法者，以法行；无法者，以类举。"此以类举者也。若夫黄霸戮三男、王尊杀假子[⑦]，盖举其事之类耳。法不禁禽兽聚麀[⑧]，然人杀禽兽无罪，则戮之可也。

【注释】

①杜镐（938—1013）：字文周，常州无锡（今江苏无锡）人。初仕南唐，入宋，历任直秘阁、集贤校理，迁著作佐郎、国子博士，迁驾部员外郎。参修《宋太祖实录》《册府元龟》，拜右谏议大夫、龙图阁直学士。大中祥符三年（1010），迁给事中，工部、礼部侍郎。《宋史》卷二九六有传。侍郎：官名。指杜镐所任工部侍郎和礼部侍郎。侍郎为工部、礼部的副长官。

②江南：指南唐政权。南唐都江南金陵（今江苏南京），故以江南指代南唐。

③形于颜色：疑虑之色表现在脸上。

④天尊：道教术语中的一个尊称。道教用以尊称地位最高的神仙，如元始天尊、灵宝天尊、道德天尊。

⑤比：类比，比附。天海按：宋律中无子毁父画像之法，但有僧道毁天尊、佛像之法。参见《宋刑统》卷一九"盗毁天尊佛像"条。又，本篇事出《宋史·杜镐传》。

⑥《荀子》：荀子的著作集。荀子（约前313—前238），名况，字卿，

战国末期赵国人。思想家、哲学家、教育家，儒家学派的代表人物。著有《荀子》三十二篇。此所引，见《荀子·王制》。

⑦黄霸戮三男、王尊杀假子：事见本书卷四《议罪》门4·2条《黄霸处死三男子》注。

⑧聚麀（yōu）：指两代人的乱伦行为。《礼记·曲礼上》："夫唯禽兽无礼，故父子聚麀。"郑玄注："聚，犹共也。鹿牝曰麀。"禽兽不知父子夫妇之伦，故有父子共牝之事。后以指两代人的乱伦行为。

【译文】

杜镐侍郎的兄长在南唐做司法官吏时，曾经有个做儿子的毁坏了父亲的画像，被近亲所控告。杜镐的兄长不知该用什么法条，未能决断，犹豫之色表现在脸上。杜镐当时还年幼，讯问兄长后知道了原因，就说："僧人、道士毁损天尊像、佛像，可以与之类比啊。"兄长对此特别惊奇。

按：《荀子》说："有法可依的，按照法律行事；无法可依的，可以类比举例。"这就是以类比举例的。至于黄霸处死三男曝尸示众，王尊处决杀死养子，都是举其事相类比罢了。法律不禁止禽兽聚麀，但是人杀禽兽是无罪的，所以杀死他们是可以的。

4·14 马宗元计时救父

马宗元待制少时[①]，父麟殴人被系守辜[②]，而伤者死，将抵法[③]。宗元推所殴时，在限外四刻[④]，因诉于郡，得原父罪[⑤]，由是知名。

按：辜限计日[⑥]，而日以百刻计之，死在限外者，不坐殴杀之罪，而坐殴伤之罪。法无久近之异也[⑦]，虽止四刻，亦是限外。有司议法，自当如此，不必因其子诉而后得原也。苟为卤莽[⑧]，或致枉滥[⑨]，则能诉者亦可称矣。

【注释】

①马宗元:宋人,官至待制,生平事迹不详。待制:古代官员头衔。早唐时为皇帝咨询近臣的称号,晚唐至宋朝时成为高级官员的头衔,位于学士、直学士之下。

②守辜:即保辜。根据伤害手段而令加害人在限期内保养受害人康复,并以康复的程度确定加害人罪刑的制度。也即伤害罪在伤情未定时的待决期限。宋律沿袭唐律:"诸保辜者:手足殴伤人限十日,以他物殴伤人者二十日,以刃及汤火伤人者三十日,折跌支体及破骨者五十日。"见《宋刑统》卷二一"保辜"条。

③抵法:将要按杀人罪判死刑。

④限外四刻:在保辜时限外四刻。"刻"为古代计时单位。古代以漏壶计时,一昼夜共一百刻。一刻约为今14.4分钟,四刻为今57.6分钟,大约为今1小时。宋律,凡保辜"限内死者各依杀人论,其在限外及虽在限内以他故死者,各依本殴伤法"。见《宋刑统》卷二一"保辜"条。

⑤原:宽恕,赦免。此指宽免其父的杀人罪。

⑥辜限计日:保辜时限以日计算。

⑦法无久近之异:法律没有规定时间长短的区别。

⑧卤莽:苟且,马虎。

⑨枉滥:枉法恣肆。谓枉错淫滥,使无辜受害。

【译文】

马宗元待制少年时候,父亲马麟与人斗殴被关押,还在保辜期,受伤的人死了,马麟将要以杀人罪被依法处死。马宗元推算其父与人斗殴的时间,是在保辜时限之外四刻,因此上诉到郡府,得以宽免其父的杀人罪,马宗元从此而知名。

按:保辜期限以日计算,而一日以百刻计算,死在时限之外的,不判斗殴杀人之罪,而判斗殴伤害之罪。法律没有规定时间长短的区别,即使只有四刻时间，也在保辜时限之外。司法官吏议法，自然应当如此，不必因为其子申诉然后才能得到宽恕死罪。如果办案苟且马虎，或者造成枉错淫滥，使无辜受害，那么能够申诉的人也值得称道。

4·15 马亮除害救四人

马亮尚书①，知潭州②，属县有亡命卒剽攻③，为乡村患，或谋杀之。在法当死者四人④，亮谓其僚属曰："夫能为民除害，而反坐以死，岂法意耶？"乃批其案，悉贷之⑤。

按：剽攻之人，于法许捕。若非名捕者⑥，辄以谋杀之⑦，则虑有诬枉⑧，法所不许也。此四人者，为民除害，其事有实，其情可矜，而必诛之，非法意也。然僚属皆拘法之文，则郡将当原法之意⑨，故亮独批其案而悉贷之。若奏听敕裁⑩，则尤为得体也⑪。

【注释】

①马亮（959—1031）：字叔明，庐州合肥（今安徽合肥）人。宋太宗太平兴国五年（980）进士，授大理评事，知潭州。历任工部侍郎、兵部侍郎、尚书右丞、工部尚书等职，以太子少保致仕。《宋史》卷二九八有传。尚书：官名。唐宋时期为吏、户、礼、兵、刑、工六部长官。马亮曾任工部尚书，故尊称之。

②潭州：州名。治所在长沙（今湖南长沙）。

③亡命卒：逃亡的士卒。剽攻：抢劫，掠夺。

④在法当死者：依法判处死罪。

⑤悉贷之：全部宽恕了他们。贷，宽恕，饶恕。天海按：本篇事出《宋史·马亮传》。

⑥名捕：指名逮捕，犹言通缉。

⑦辄：擅自。

⑧虑有诬枉：担心有诬陷冤枉。

⑨郡将：即知州、郡守。

⑩奏听敕裁：上奏朝廷听取皇上敕命裁夺。

⑪得体：言行得当，恰如其分。

【译文】

工部尚书马亮，做潭州知州时，所属县里有逃亡的士兵抢劫，成为乡里的祸患，有人谋划杀死了他。依法处以死罪的有四人，马亮对他的下属说："那些人能为民除害，却反而被判处死罪，这难道是立法的本意吗？"于是批复案件，全部宽恕了他们。

按：抢劫的人，按法律来说是准许捕捉的。如果不是官府指名逮捕的，擅自谋划杀掉他，就担心会有诬陷冤枉，所以法律不准许。这四个人为民除害，其杀人事有实据，其情可以怜悯，一定要处死他们，就并非法律的本意。既然同僚下属都拘守法律条文，那知州就应当推究立法的本意，所以马亮单独批复这个案件，并且全部宽恕了他们。如果上奏朝廷，听从皇上敕命裁断，那就更为适当了。

4·16 王质上疏被降职

王质待制①，知庐州②，有盗杀其党③，并其资而遁④，逻者得之⑤。质抵之死⑥，转运使杨告驳其狱曰⑦："盗杀其徒者，死当原。"质曰："盗杀其徒而自首者，当原。今杀人取其资，非自首而捕得，原死，岂法意乎？"数上疏⑧，不报⑨，降监舒州灵仙观⑩。逾年，韩琦知审刑院⑪，请盗杀其徒而不首者⑫，毋得原⑬。已上五事并见本传⑭。

按：首则原之，许自新也；不首而原，复何谓耶？杀其徒，取其资，遁去捕得，初非悔过，而贷其死，失法意矣。宜乎议者有是请也。

【注释】

①王质(1001—1045):字子野,大名莘县(今山东莘县)人。初以荫补官太常寺奉礼郎,后进士及第,荐为馆阁校勘,改集贤校理,累官尚书祠部员外郎。出知蔡、寿、庐、泰州,迁度支郎中,徙荆湖北路转运使,擢天章阁待制,出知陕州卒。《宋史》卷二六九有传。待制:官名。宋因唐制,于殿、阁均设待制之官,如“保和殿待制”“龙图阁待制”之类,典守文物,位在学士、直学士之下。

②庐州:州名。治所在合肥(今安徽合肥)。

③盗杀其党:强盗杀死其同党。

④并其资而遁:吞并了同伙的资产而逃走。

⑤逻者:巡逻的士卒。

⑥抵之死:按照法律杀人抵命,判处死刑。

⑦转运使:官名。宋太宗时,为削夺节度使的权力,于各路设转运使,称“某路诸州水陆转运使”,其官衔称“转运使司”,俗称“漕司”。转运使除掌握一路或数路财赋外,还兼领考察地方官吏、维持治安、清点刑狱、举贤荐能等职责。宋真宗景德四年(1007)以前,转运使职掌扩大,实际上已成为一路之最高行政长官。杨告:字道之,汉州绵竹(今四川绵竹)人。赐告同学究出身,调庐江尉。再调南剑州判官,知南安、六合、钱塘、宁国县,改大理寺丞、通判江宁州。徙知池州,累迁尚书司封员外郎、开封府推官、开拆司。为淮南转运使,徙制置发运使,除三司户部副使,更度支,安抚河东,改盐铁副使。历祠部、度支、司封郎中,以少府监复为制置发运使。拜右谏议大夫、知郑州,徙江宁府、寿州。杨告之事又见卷五《惩恶》门6·10条《杨告亲擒杀人犯》。可参见《宋史·杨告传》。

⑧上疏：臣下向皇帝进呈奏章。

⑨不报：没有批复，不答复。

⑩降监舒州灵仙观：即降任舒州灵仙观都监。都监，官名。即监军，古代监军大多是由宦官兼任；另外佛教寺院中负责监察事务的官吏也称为都监。舒州：宋州名。治所在怀宁（今安徽潜山）。灵仙观：道观名。宋著名道观之一。

⑪韩琦（1008—1075）：字稚圭，自号赣叟，相州安阳（今河南安阳）人。宋仁宗天圣五年（1027）进士，历任将作监丞、开封府推官、右司谏等职。至仁宗末年拜相。累官永兴节度使、守司徒兼侍中，封爵魏国公。韩琦历相三朝，与富弼齐名，也称"富韩"。《宋史》卷三一二有传。审刑院：宋官署名。宋太宗淳化二年（991）置。掌复查大理寺所断案件，由知院官与详议官提出意见后，报告中书，奏请皇帝决断。宋神宗元丰三年（1080）并归刑部。存在期间，其权势高于大理寺和刑部。

⑫不首：此指不自首。

⑬毋得原：不能宽恕。

⑭天海按：此为郑克自注，言以上五事（4·12～4·16），皆见于宋人《国史》本传。

【译文】

天章阁待制王质，做庐州知州时，有强盗杀死他的同党，吞并了他的财产而逃跑，被巡逻的士卒捕获。王质按照法律杀人抵命，判处他死刑，转运使杨告驳回这个案件，说："强盗杀死自己同伙的情况，应当宽恕死罪。"王质说："强盗杀掉同伙而自首的，才应当宽恕。如今他杀人劫取其财产，并非自首而被捕获，宽恕他的死罪，难道是立法的本意吗？"王质多次上疏皇上，没有得到批复，反而被降职做舒州灵仙观都监。过了一年，韩琦执掌审刑院，奏请"强盗杀死其同伙而不自首的，不能宽恕死罪"。以上五事并见本传。

按：自首的就宽恕他，是准许他改过自新；不自首就宽恕他，又是为什么呢？杀死他的同伙，劫取其财产，逃跑后被捕得，最初并没有悔过，却要宽恕他的死罪，这就失去立法的本意了。审议此事的人有这样的奏请是应当的。

4·17 梁适处妖人死罪

梁适丞相[①]，尝为审刑院详议官[②]，梓州妖人白彦欢[③]，能依鬼神作法诅咒人[④]，有死者，狱上请谳[⑤]，皆以不见伤为疑。适曰："杀人以刃，尚或可拒，今以诅也[⑥]，其可免乎？"卒以重辟论[⑦]。见王珪丞相所撰墓志[⑧]。

按：能依鬼神作法诅咒，是造蓄蛊毒、厌魅之类也[⑨]。鞫得其实，疑不见伤，此盖不知"无法者以类举"之义耳[⑩]。欲决大狱[⑪]，必传古义[⑫]，彼俗吏者，岂能然耶？

【注释】

①梁适（1001—1070）：字仲贤，郓州须城（今山东东平）人。其父梁颢、兄长梁固均为大宋状元，世称"父子状元"。初以父荫为官。举进士。历任秘书省正字，为开封工曹。再知昆山县，徙梧州。任枢密直学士，拜吏部郎中权知延州，兼擢陕州巡按御史事。寻召为京师任审刑详议官，渐升至参知政事，中书门下同平章事。复为观文殿大学士，以太子太保致仕，进太傅。《宋史》卷二八五有传。丞相：即宰相。宋初沿用唐制，以同平章事为宰相的官衔。梁适曾任此职，故尊称之。

②审刑院：官署名。参见上文4·16《王质上疏被降职》注。详议官：官名。凡具狱案牍先由大理寺断谳，然后关报审刑院，即审刑院与本院详议官根据案情写成文章，上奏皇帝。审刑院这种职

能，称为详谳。天海按：《说郛》本作“详谳官”。

③梓州：州名。治所在今四川三台。妖人：有邪法妖术的人。白彦欢：人名，余事未详。

④能依鬼神作法诅咒人：天海按，《说郛》本此句作“能依鬼神作诅咒法”。

⑤狱上请谳：案件上奏，报请朝廷评议审定。

⑥诅也：天海按，《说郛》本作“诅咒”。

⑦重辟：极刑，死罪。

⑧天海按：此为郑克自注，言此事出于王珪丞相所撰《梁适墓志》。

⑨造蓄蛊毒：制造蓄养毒虫。蛊毒，指以神秘方式配制的巫化了的毒物。厌魅：用迷信方法祈祷鬼神以迷惑或伤害别人。《宋刑统》卷第十八《贼盗律·造畜蛊毒（毒药药人，厌魅诅咒）》：“诸造畜蛊毒及教令者，绞。”

⑩无法者以类举：没有法律规定的就举同类事例相推，即按“类推”办理。语出《荀子·王制》：“有法者以法行，无法者以类举。”

⑪大狱：大案，要案。

⑫古义：此指上文所引《荀子》。

【译文】

丞相梁适，曾经任审刑院详议官，梓州妖人白彦欢，能够凭借鬼神作法术，有被诅咒的人死去，案件上奏朝廷，报请审查定案，都以死者不见伤痕为疑案。梁适说：“用刀刃杀人，尚或可以抗拒；今以诅咒杀人，难道可以免去死罪吗？”最终以死刑定罪。事见王珪丞相所撰《梁适墓志》。

按：能够凭借鬼神作法进行诅咒，这是制造蓄养蛊毒、用妖术祈祝鬼神以伤害别人之类的事。审察得到案件实情，又疑惑于不见伤痕，这是不懂得“无法者以类举”的意义罢了。想要判决大案、要案，必须传承古人要义，那些庸俗的官吏，难道能够这样吗？

4·18 曾公亮亲判银沙

曾公亮侍中[①]，在政府时[②]，每得四方奏狱[③]，必躬阅之[④]。密州银沙发民田中[⑤]，有强盗者[⑥]，大理论以死[⑦]。公亮独谓："此禁物也[⑧]，取之虽强，与盗民家物有间[⑨]，罪不应死。"下有司议，卒比劫禁物法[⑩]，盗得不死。先是金银所发，多以强盗坐死，自是无死者。见曾肇内翰所撰行状[⑪]。

【注释】

①曾公亮（999—1078）：字明仲，号乐正，泉州晋江（今福建泉州）人。宋仁宗天圣二年（1024）登进士第，授会稽知县。累升至知制诰、翰林学士、端明殿学士、参知政事、枢密使等职。嘉祐六年（1061）拜吏部侍郎、同中书门下平章事、集贤殿大学士。宋英宗即位后，加中书侍郎兼礼部尚书。宋神宗即位后，加门下侍郎兼吏部尚书、昭文馆大学士，累封鲁国公。之后因年迈罢相，带司空兼侍中出镇河阳三城，又判永兴军，以太傅致仕。《宋史》卷三二一有传。侍中：古代官名。魏晋以后，侍中多作为重臣的加职，唐宋该职沿置以至元。宋时甚少除授，元丰改制，以尚书左仆射兼门下侍郎为宰相，行侍中之职。曾公亮曾得此衔，故尊称之。

②政府：宋朝将"政事堂"设于中书省内，称为中书。宋初年还设立了枢密使，主管军事，其官署称为枢密院。并将中书省和枢密院并称为"二府"。"政事堂"和"二府"合称，即为后来的"政府"。

③奏狱：上报的案件。

④躬：自身，亲自。

⑤密州：州名。治所在今山东诸城。银沙：银沙矿。

⑥强盗者：此指以暴力盗取银沙的人。

⑦大理：即大理寺。

⑧禁物：朝廷下令禁止民间私有之物。宋律规定，民间禁止私采金银矿，故云“禁物”。据《宋刑统》第八卷《卫禁律·议曰》：“禁物者，谓禁兵器及诸禁物、并私家不应有者。”

⑨有间：有区别。

⑩卒比：最终比照。

⑪天海按：此为郑克自注，言本篇事出曾肇所撰《曾公亮行状》。今本曾肇所撰《曲阜集》无此行状。

【译文】

侍中曾公亮，在中央政府任职时，每次得到四方各地上报的案件，必定亲自审阅。密州的民田中发现银沙矿后，有强行盗取的人，大理寺以死罪论。只有曾公亮说：“此银沙是朝廷禁物，虽然是强行盗取，但与抢劫民家财物有区别，不应判死罪。”案件下交有关部门审议，最终比照抢劫禁物的法律，抢劫者得以不死。先前凡是发现金银的地方，很多人因为强行盗取而判死罪，此后再没有因此而被处死的人。事见曾肇内翰所撰《曾公亮行状》。

4·19 赵抃疑案不当死

赵抃参政[①]，初为武安军节度推官[②]，有伪造印者，吏皆以为当死，抃独曰：“造在赦前，用在赦后。赦前不用，赦后不造，法皆不死。”遂以疑谳之[③]，卒免死[④]，一府皆服。见苏轼端明所撰墓志[⑤]。

按：劫禁物、造伪印，其论以法，有不当死，而用法者或处死焉，是枉滥也。则如曾与赵者[⑥]，可谓明且谨矣。昔戴胄“参处法意，至析秋毫”[⑦]，此何愧彼哉。

【注释】

①赵抃（1008—1084）：字阅道，号知非子，衢州西安（今浙江衢州）人。景祐元年（1034）进士及第，出任武安军节度推官，至和元年（1054），授殿中侍御史。历任睦州知州、益州路转运使。宋英宗即位后，除天章阁待制、河北道都转运使，以龙图阁直学士、知成都知府。宋神宗即位后，任右谏议大夫、参知政事。以太子少保致仕。《宋史》卷三一六有传。参政：官名。即参知政事，为宰相之副。是唐宋时期最高政务长官之一，与同平章事、枢密使、枢密副使合称"宰执"。

②武安军：宋行政区划名。治所在长沙（今湖南长沙），后改为潭州。节度推官：官名。唐末、五代为藩镇幕职官，多由藩镇自辟置。宋朝改由朝廷除授，选士人充任，掌审判案件。

③以疑谳之：作为疑案上报定罪。宋制，罪疑者谳。谳，上报审判定罪。

④卒免死：最终伪造官印的人免于死罪。

⑤端明：指端明殿学士。苏轼曾经任此职。天海按：此为郑克自注，言本篇事出苏轼所撰《东坡集》卷三八《赵公墓志铭》。《宋史·赵抃传》亦载此事。

⑥曾与赵：即上文曾公亮与本文赵抃之事。

⑦参处法意，至析秋毫：参悟斟酌立法本意，分析案件细微周密。语见《新唐书·戴胄传》："参处法意，至析秋豪，随类指擿，言若泉涌。"事参见本书卷四《议罪》门4·8条《戴胄犯颜救校尉》。

【译文】

参知政事赵抃，最初做武安军节度推官时，有伪造官印的人，属吏都认为应判处死罪，只有赵抃说："伪造官印在赦令之前，使用官印在赦令之后。赦令之前没有使用伪造的官印，赦令之后没有伪造官印，依法都不应处以死刑。"于是以疑案上报审定处理，最终免于死罪，整个府衙的人都佩服他。事见端明学士苏轼所撰《赵公墓志铭》。

按：抢劫禁物、造伪官印，以法律论处，有的不应判以死罪，但是执法的官吏有时会处死犯人，这是枉法滥刑。就如曾公亮与赵抃这样的人，可以说是明察而且谨严了。从前戴胄“参悟斟酌立法本意，分析案件细微周密”，这两人又何逊于他呢！

4·20 陈奉古据法救卒沈括说二事，何承天议一事附

陈奉古主客[①]，通判贝州时[②]，有卒执盗者，其母欲前取盗，卒拒不与，仆之地[③]，明日死[④]，以卒属吏[⑤]，论为弃市[⑥]。奉古议曰：“主盗有亡失法[⑦]，今人取之，法当得捍；捍而死，乃以斗论[⑧]，是守者不得主盗也。残一不辜[⑨]，而剽夺生事[⑩]，法非是。”因以闻。报至，杖卒。人称服之。见王向主簿所撰墓志[⑪]。

按：古之议罪者，先正名分[⑫]，次原情理[⑬]。彼欲前取者，被执之盗也。母虽亲，不得辄取也[⑭]；此拒不与者，执盗之主也，卒虽弱，不得辄与也。前取之，情在于夺；不与之，情在于捍。夺而捍焉，其状似斗，而实非斗。若以斗论，是不正名分，不原情理也。奉古谓“法非是”，不曰“法当得捍”，夫奈何归咎于法[⑮]？盖用法者缪耳[⑯]。

沈括内翰说[⑰]：寿州有人杀妻之父母、兄弟数口[⑱]，州司以为不道[⑲]，缘坐妻子[⑳]。刑曹驳曰[㉑]：“殴妻之父母，即是义绝[㉒]，况于谋杀？不当复坐其妻。”

邢州有盗杀一家[㉓]，其夫妇即时死，有一子明日乃死，州司以其家财产依户绝法[㉔]，给出嫁亲女。刑曹驳曰：“某家父母死时，其子尚在，财产乃子物。所谓出嫁亲女，乃出嫁

姊妹，不合有分。”见《笔谈》[25]。

寿州之断，失在不原情理也；邢州之断，失在不正名分也。俗吏用法，大率多然，法何咎耶？不唯今耳，古亦有之。

宋文帝时[26]，制[27]：“劫盗同籍期亲补兵[28]。”余杭人蒲道举为劫[29]，从弟代公、道生并大功亲[30]，以代公等母存为期亲[31]，而谓子宜随母补兵。尚书左丞何承天议曰[32]：“妇人三从，夫死从子[33]。今道举为劫，叔父已没，代公、道生并是从弟，不合补谪[34]。乃以叔母为期亲，而令二子随母，既乖大功不谪之制，又失妇人三从之道，谓其母子，并宜见原[35]。”出《南史》本传[36]。夫不辨男女之异，而谪妇人补兵，岂非不正名分，不原情理之甚者欤？此俗吏守文之弊[37]，不可不知也。

【注释】

①陈奉古：宋人。事见本文，其他生平事不详。主客：官名。战国时已有此官，秦及汉初称典客，为九卿之一。汉武帝时称大鸿胪。汉成帝尚书置客曹，主管外交及处理属国间的事务。东汉光武分为南北主客二曹，晋分左右南北四主客，南朝单有主客，唐宋因之。

②通判：宋代官名。多指州府的副长官，掌管粮运、家田、水利和诉讼等事项，亦有监察的责任。避讳时又名同判。贝州：州名。唐天宝元年（742）罢州为清河郡。乾元元年（758）复名贝州。治所在今河北清河。

③仆：指向前仆地而倒。

④明日：第二天。

⑤以卒属吏：将差役交付官吏。

⑥论为弃市：判处死刑弃市示众。

⑦主盗：主管捕盗、看守盗贼囚犯的官吏。亡失法：对主管捕、守盗囚者的关于逃失罪的法律规定。见《宋刑统·捕亡律》。

⑧以斗论：按照斗殴杀人论处。依宋律："斗殴杀人者绞"，见《宋刑统·斗讼律》卷二一"斗殴故殴故杀"条。

⑨不辜：无罪之人。

⑩剽夺：掳掠，抢夺。

⑪天海按：此为郑克自注，言本篇事出王向所撰《陈奉古墓志》。王向，生平事不详，所撰之文已佚。

⑫正：确定。

⑬原：推究，追寻。

⑭辄：擅自，独专。

⑮天海按："夫"字，原文误作"乎"字，明万历本亦误。此据文意径改。归咎：指归罪。

⑯缪（miù）：错误，荒谬。

⑰沈括内翰：参见卷二《释冤》门（下）1·40条《沈括记哨子诉冤》注。

⑱寿州：州名。治所在下蔡（今安徽凤台）。

⑲州司：指州里主管刑法的官署。不道：罪名。指灭绝人道的行为。据宋律，杀一家非死罪三人，为不道，入十恶，犯者皆斩，妻子处流。参见《宋刑统·贼盗律》卷一七"杀一家三人及支解人"及卷一"十恶"。

⑳缘坐：因受牵连而获罪，相当于"连坐"。

㉑刑曹：即刑曹参军，一称司法参军。官名。州的佐官六曹参军之一。掌检定法律，审议、判决案件。

㉒义绝：指夫妻双方中，一方对另一方亲属有殴詈及杀伤等犯罪行为。义绝者，皆强制离婚。参见《宋刑统·户婚律》卷一四"和娶人妻（七出、义绝、和离）"条。

㉓邢州：古代州名。治所在龙冈（今河北邢台）。

㉔户绝：谓一户人死绝后，无男丁。宋律规定，户绝者家财、营葬、功德之外，三分之一给出嫁女，余入官。见《宋刑统·户婚律》卷一二“户绝资产”条。又见《宋刑统·户婚律》所附《丧葬令》：“诸身丧户绝者，所有部曲、客女、奴婢、店宅、资财，并令近亲转易货卖，将营葬事及量营功德之外，余财并与女。”

㉕天海按：此为郑克自注，言以上二事出沈括所撰《梦溪笔谈》卷十一《官政》。

㉖宋文帝：南朝刘宋第三位皇帝刘义隆（407—453），小字车儿，徐州彭城（今江苏徐州）人。参见卷三《鞫情》门3·4条《宋文帝书证定案》注。

㉗制：制度，规定。

㉘同籍：同一户籍的人，指家人。期亲：是指依丧服制应服齐衰期年之服的亲戚，即服丧一年的亲属。补兵：宋代刑罚之一。即罚充兵役。本人或亲属因犯罪发遣到兵营服苦役。

㉙余杭：南朝刘宋时县名。故地在今浙江杭州。

㉚大功亲：服大功九个月之丧的亲属。堂兄弟、未嫁的堂姊妹、已嫁的姑、姊妹等均属之。

㉛存为期亲：存，即“存留养亲”的简称。古代法律规定，徒流罪犯家有祖父母、父母年老或疾病而无其他男丁侍养者，得停止或免除刑罚的执行，返家侍养其亲。

㉜尚书左承：官名。汉成帝建始四年（前29）置尚书，员五人，丞四人。汉光武帝时，减二人，始分左右丞。尚书左丞佐尚书令，总领纲纪；右丞佐仆射，掌钱谷等事。何承天：参见卷四《议罪》门4·6条《何承天据实议罪》注。

㉝妇人三从，夫死从子：语出《仪礼·丧服·子夏传》：“妇人有三从之义，无专用之道。故未嫁从父，既嫁从夫，夫死从子。”

㉞不合补谪：不符合补兵贬谪的法条。谪，被罚戍边。

㉟并宜见原：都应该被宽恕。

㊱天海按：此为郑克自注，言本篇事出《南史·何承天传》。

㊲守文：墨守旧说，恪守成规。

【译文】

主客郎中陈奉古，做贝州通判时，有士卒捕捉到一个盗贼，盗贼的母亲想要上前抢夺盗贼，士卒拒不给她，她扑倒在地，第二天就死了。因此将这个士卒交付官吏，被判处死刑弃市。陈奉古评议说："主管盗贼有逃亡丢失之法，如今被人抢夺盗贼，依法应当捍卫；因为捍卫而死了人，就以斗殴杀人论罪，这样执掌盗贼的人就不能管控盗贼之事了。伤害一个无罪的人，而使抢夺盗贼的人滋生事端，法律不是这样的。"因此上奏朝廷。批复到了，士卒被处以杖刑。人们都称赞佩服他。事见王向主簿所撰《陈奉古墓志》。

按：古时候审议罪犯，先要确定罪名，其次推究情理。那想要前去抢夺的人，要夺回的是被捕捉的盗贼。母亲虽然是亲人，也不能擅自抢夺；这拒不给她的人，是捕捉盗贼的负责人，士卒虽弱小，也不能擅自给她。上前抢夺盗贼，是想要夺取盗贼；不给她，是想要捍卫盗贼不被夺走。有夺取就有捍卫，那情形看似斗殴，而实际上不是斗殴。如果以斗殴论罪，这是不确定罪名，不推究情理的。陈奉古认为"法律不是这样"，不说"法律应当捍卫"，那为什么要归咎于法律呢？是执法的人荒谬罢了。

沈括内翰说：寿州有个人杀了妻子的父母、兄弟数口人，州府司法官认为他犯了大逆不道之罪，因此连坐妻子。刑曹驳回说："殴打妻子的父母，就是情义断绝，何况是谋杀？不应当又牵连他的妻子。"

邢州有强盗杀了一家人，那家夫妇当即就死了，有一个儿子第二天才死去，州府司法部门把那家的财产按照户绝法，给了出嫁的亲生女儿。刑曹驳回说："那家的父母死的时候，他们的儿子还在，财产乃是儿子的财物。所谓出嫁亲生女，乃是出嫁的姊妹，不应当有份。"事见沈括《梦溪笔谈》。

寿州的断案，过失在于不推究情理；邢州的断案，过失在于不确定罪名。一般官吏执法，大概多是这样，法律有何过错呢？不只是当今罢了，古代也有这样的事。

南朝宋文帝时，制度规定："抢劫犯、盗贼的亲属要罚做兵役。"余杭人蒲道举犯了抢劫罪，堂弟代公、道生都是大功亲属，而代公等母亲是存留养亲的期亲，却认为儿子应当跟随母亲补做兵役。尚书左丞何承天评议说："妇人三从，夫死从子。如今蒲道举做了抢劫犯，叔父已死，代公、道生都是堂弟，不符合补兵贬谪的情形。又因为叔母是期亲，却令二子跟随母亲补兵，既违背大功不贬谪的规定，又不合妇人三从之道，我认为他们母子，都应该被宽恕。"事出《南史·何承天传》。那不分辨男女的不同，而贬谪妇人补兵的人，难道不是严重地违背了名分，没有考虑到人情与道理吗？这些俗吏恪守成规的弊端，不能不知晓。

4·21　胡向论断过失罪

胡向少卿[①]，初为袁州司理参军[②]，有人窃食，而主者击杀之，郡论以死，向争之曰："法当杖。"郡将不听[③]，至请于朝，乃如向议。见吕大防丞相所撰墓志[④]。

按：此以名分言之：则被击者，窃食之盗也；击之者，典食之主也[⑤]。以情理言之：则与凡人相殴击异矣，登时击杀[⑥]，罪不至死也。然须击者本无杀意，邂逅致死[⑦]，乃坐杖罪；或用刃，或绝时[⑧]，或残毁[⑨]，则是意在于杀，法所不许也。又当原其情理，岂可一概科断[⑩]？尽心君子，亦宜察焉。

【注释】

①胡向：宋清江（今江西樟树）人。宋仁宗皇祐间进士。历袁州司理参军，累官通判越州，后擢大理卿，奏课为天下第一。决狱仁恕，雪冤免死者甚多。少卿：官名。大理寺、太常寺等中央九寺的

副长官。此当为大理少卿。

②袁州:郡名。治所在宜春(今江西宜春)。司理参军:官名。宋置,掌州郡讼狱、审讯、调查等事。

③郡将:此指知州。东汉魏晋南北朝时期对于地方州牧、州刺史的别称。东汉以后州刺史多掌讨贼事务,后又改州牧统筹军事,所以称之为将。宋代多称知州、知府为州将。

④天海按:此为郑克自注,言本篇事出吕大防丞相所撰《胡向墓志》。

⑤典食:吏职名。唐太子左春坊典膳局掌膳食,置主食六人、典食二百人。

⑥登时:顿时,当时。表示突然出现某种情况。

⑦邂逅:此指偶然。

⑧绝时:相隔一段时间。

⑨残毁:指伤残、毁坏人的肢体。

⑩科断:论处,判决。

【译文】

大理少卿胡向,最初做袁州的司理参军,有人偷窃食物,主管食物的人打死了他,被州府处以死罪,胡向争论说:“依法当处杖刑。”知州不听,奏请朝廷审定,终于如胡向所议。事见吕大防丞相所撰《胡向墓志》。

按:此案从名分上来说:那被打死的人,是窃食的小偷;打死他的人,是典食的主管。从情理上来说:就与一般人相互殴打不同了,当时打杀,罪不致死。然而必须是打人者本无意杀人,偶然致死,才能处以杖刑;如果用刃杀人,如果事后杀人,如果残毁肢体,那就是故意杀人,是法律所不允许的。应当推究案件情理,哪能一概论处?尽心办案的君子,也应当详察此案。

4·22 苏寀详断盗棺案侯瑾、张唐卿二事附

苏寀给事[①],为大理寺详断官时[②],民有父卒母嫁者,

闻母死已葬，乃盗其柩而祔之[3]，法当死。寀独曰："子盗母柩，纳于父墓，岂与发冢取财者比？"请之，得减死。

按：侯瑾少卿[4]，提点陕西刑狱时[5]，河中有民父死母改嫁[6]，十余年亦死，辄盗发冢取其棺与父合葬。法当大辟，有司例从轻，瑾请著于令[7]。此乃用寀所请为例者。盖母与后夫同穴而葬，于是发其冢取其柩，故论以"劫墓见尸之法"而请之[8]，仅得减死也。

张唐卿状元[9]，通判陕州时[10]，民有母再适人而死者[11]，及父之葬，子恨母不得祔，乃盗丧同葬之[12]。有司请论如法，唐卿权府事[13]，乃曰："是知有孝不知有法耳。"遂释之以闻[14]，则异乎寀所请者。盖后夫尚在，而母死未葬，独盗其丧以归，非发冢取棺，则法亦轻矣，虽释之可也。三事并见本传[15]。

【注释】

①苏寀（cài）：字公佐，宋磁州滏阳（今河北磁县）人。进士及第。历大理详断官，利路、湖北、淮南、成都路转运使，三司度支副使诸职。累官给事中，知审刑院。长于刑律，屡为法官，常以奏言受嘉奖。《宋史》卷三三一有传。给事：官名"给事中"的省称。给事中，秦始置，为加官，位次中常侍，无定员。晋始为正官。隋唐以后，成为门下省之属官，掌驳正政令之事。宋承唐制置，属门下省。宋初，诏旨皆由银台司封驳，为寄禄官，元丰改制后，掌封驳政令之失当者。

②大理寺详断官：官名。宋初，掌定断各地申报疑而未决狱案，报送审刑院。元丰元年（1078），规定各地奏案皆归刑部、审刑院详断，置刑部详断官，以大理寺详断官改充。

③祔(fù):合葬。古代多用于夫妻之间的葬仪。通常是丈夫先逝,等妻子亡故之时,将先前丈夫的坟墓掘开,另置棺椁葬妻。

④侯瑾:宋人。历太常博士、提点陕西刑狱,官至少卿。少卿:官名。见上文4·21条《胡向论断过失罪》注。

⑤提点陕西刑狱:提点陕西刑狱公事。提点刑狱公事简称提刑官,是宋代特有的一种官职名称,是提点刑狱司(简称提刑司)的长官,由朝廷选派,三年一换。提刑司是"路"一级的司法机构,主要掌管刑狱之事,并总管所辖州、府、军的刑狱公事、核准死刑等,也有权对本路的其他官员和下属的州、县官员实施监察。陕西,即陕西路,北宋设置的一级行政区,"至道十五路"之一,治京兆府(今陕西西安)。

⑥河中:即河中府。辖境约今山西西南部龙门山以南,稷山、运城、芮城等以西及陕西大荔东南部等地。北宋属永兴军路。治所在河东(今山西永济)。

⑦瑾请著于令:侯瑾上奏朝廷,请将此从轻处理的案例著录于法令。

⑧劫墓见尸之法:据《宋刑统》卷十九《贼盗律》:"诸发冢者,加役流,(发、彻,即坐;招魂而葬亦是。)已开棺椁者,绞;发而未彻者,徒三年;其冢先穿及未殡而盗尸柩者,徒二年半;盗衣服者,减一等;器物砖版者,以凡盗论。"

⑨张唐卿(1010—1037):字希元,青州(今山东青州)人。景祐元年(1034),举进士第一,有名一时,通判陕州,素习吏事,按俗断狱。未几,以丧父毁瘠呕血致死。其事迹见韩琦撰《安阳集》卷四七《张君墓志铭》等,宋代张镃有《次韵张唐卿》的诗。天海按:明万历本亦作"张唐卿",查今本《宋史》卷二〇二有《孙唐卿传》而张唐卿无传,但孙唐卿之生平事与张唐卿全同,疑今本《宋史》有误。

⑩通判:官名。参见上文4·20条《陈奉古据法救卒》注。陕州:宋

州名。北魏孝文帝太和十一年(487)置陕州,天宝元年(742),改陕州为陕郡,乾元元年(758),又改郡为州。治所在今河南三门峡。

⑪适人:女子出嫁。

⑫丧:此指人的尸体、骨殖。

⑬权府事:暂代陕州府长官职务。权,唐宋以来称试官或暂时代理官职为"权"。

⑭释之以闻:释放了他并报告朝廷知道。本篇事出韩琦《安阳集》卷四七《张君墓志铭》。

⑮天海按:此为郑克自注,言以上苏寀、侯瑾、张唐卿三事皆见于宋朝人所撰《国史》本传。明万历本亦有此注文。然苏寀、侯瑾、张唐卿三人姓名皆不见于今《宋史》本传,唯张唐卿之事见于今本《宋史·孙唐卿传》。

【译文】

给事中苏寀,做大理寺详断官时,有个人的父亲去世后母亲改嫁,他知道母亲死后已经下葬,就盗发母亲的棺木与父亲合葬,依法应当判处死刑。只有苏寀一人说:"儿子盗取母亲灵柩,葬于父亲墓中,哪能与挖掘墓冢盗取财物的人相比?"此案奏请朝廷之后,得以减免死罪。

按:少卿侯瑾,提点陕西刑狱时,河中府有人父亲死后母亲改嫁,十几年后母亲也死了,就盗发坟冢取出母亲棺木与父亲合葬。依法应判处死刑,有关司法部门依照此例从轻判处,侯瑾奏请朝廷,将此从轻处理的案例著录于法令。这就是采用苏寀所奏请的案件作为例子的。因为母亲与后夫同穴而葬,于是发掘母亲坟冢盗取母亲棺木,所以论罪以"劫墓见尸之法"而奏请朝廷,只能减免死罪。

状元张唐卿,做陕州通判时,有人母亲再嫁人后死去,到父亲下葬时,儿子遗憾母亲不能合葬,就盗取母亲灵柩与父亲同葬。有关衙门请求依法论罪,张唐卿当时代理知府公事,就说:"这是只知道有孝心而不知道有法制啊。”于是释放了他，并奏报朝廷知道，这就与苏寀所奏请的不一样了。因为母亲的后夫还在，而母亲死后未葬，只是盗取他母亲的遗体以归葬，并非发掘墓冢盗取棺木，所以违法也轻，即使释放他也是可以的。上三事均见于《国史》本传。

4·23 陈希亮舍状探情

陈希亮大卿[①]，为开封府司录时[②]，有青州男子赵宇[③]，上言元昊必反[④]，坐责为文学参军[⑤]，福州安置[⑥]，明年元昊果反。宇自讼[⑦]，所部不受，亡至京师[⑧]，执政令劾以“在官无故亡”法[⑨]。希亮奏，乞以宇所上封事付有司[⑩]，即其言验[⑪]，不当加责。宇由是得释。见本传[⑫]。

按：此论其状，则宇为文学参军，福州安置，而亡至京师，劾以“在官无故亡法”可也；论其情，则宇岂无故亡哉？本坐言元昊反而责之，今果反矣，尚何劾焉？希亮可谓能舍状以探情也[⑬]。

【注释】

①陈希亮（1000—1065）：字公弼，北宋眉州青神（今四川青神）人。进士及第，为官三十余年，历任知县、知州、知府、转运使等地方官，也曾在开封府及朝廷任职。宋英宗即位，迁太常少卿，致仕。《宋史》卷二九八有传。大卿：宋代俗称中央各寺的正职长官。宋赵与时《宾退录》卷三：“世俗称列寺卿曰大卿，诸监曰大监，所以别于少卿监。”但据《宋史·陈希亮传》以及《东坡集·陈公弼传》，陈希亮只官至太常少卿。此或为尊称。

②开封府：府名。治所在开封（今河南开封）。司录：官名。宋代府司录参军事之简称。《宋史·职官志》：“司录参军一人。”宋孙逢

吉《职官分纪》卷三八《开封府》:“司录参军国朝司录参军事一人,正七品以上朝官充,通管府院事。诸府为司录,诸州为录事。”天海按:“时”,此字原文作“事”,此据明万历本与上下文例径改。

③青州:州名。治所在东阳城(今山东益都)。赵宇:《宋史·陈希亮传》《东坡集·陈公弼传》均作“赵禹”,南宋王称《东都事略》亦作“赵宇”,与此文同。

④上言:向上进呈言词,向上级禀告事由。元昊(1003—1048):西夏景宗李元昊,党项族,银州米脂寨(今陕西米脂)人。西夏王朝开国皇帝。初,宋封他为夏国王,但他长期在内部称帝。与北宋决裂而称帝时,放弃旧姓名,改为嵬名(姓)曩霄(名)。1047年恢复李姓。

⑤坐责:因此受到责罚。文学参军:官名。宋大都督府、都督府,除录事、司户、司法、司士、司理参军外,又有文学参军一职。

⑥福州:州名。治所在闽县(今福建福州)。安置:宋朝对犯罪官员的一种处分。宋朝官吏被贬谪,轻者称送某州居住,稍重者称安置,更重者称编管。《宋史·陈希亮传》作“宰相以禹狂言,徙建州”。

⑦自讼:自诉,为自己诉讼。

⑧亡:逃跑。

⑨执政:此指宰相。“在官无故亡”法:《宋刑统·捕亡律》卷二八《在官无故逃亡》规定:“诸在官无故亡者,一日,笞五十;三日,加一等,过杖一百;五日,加一等。边要之官加一等。”

⑩封事:密封的奏章。古时臣下上书奏事,防有泄漏,用皂囊封缄,故称。

⑪即其言验:倘若赵宇所言元昊必反得到验证。

⑫天海按:此为郑克注文。言本篇事出宋人《国史》陈希亮本传。

⑬舍状以探情:舍弃现象去探求实情。此乃南朝宋范晔对郭躬的论赞:“若乃推己以议物,舍状以探情,法家之能庆延于世,盖由此

也!”见《后汉书·郭躬传》。参见本卷4·5条《殷仲堪执法忠恕》注。

【译文】

大卿陈希亮,做开封府司录时,有青州男子赵宇,向朝廷进言说元昊必会反叛,因此贬谪为文学参军,遣送福州安置,第二年元昊果然反叛。赵宇为自己申诉,所部上司不予受理,逃亡到京城,执政宰相命令以“在官无故亡”法查办他。陈希亮上奏朝廷,请求以赵宇所上封事交付有关部门,倘若他所言得到验证,就不应当加以责罚。赵宇因此得到释放。事见《国史》陈希亮本传。

按:此案论其现状,那赵宇作为文学参军,在福州安置,却逃亡至京城,以“在官无故亡”法查办他,是可以的;论其实情,那赵宇难道是无故逃亡吗?本因进言元昊反叛而受到责罚,如今元昊果真反叛了,那为什么还要查办他?陈希亮可以说是能够透过现象而探究到实情了。

4·24 贾黯以犯意议罪

贾黯侍读[①],判流内铨时[②],益州推官桑泽在蜀三年[③],不知其父死,及代还[④],铨吏不为领文书[⑤],始去发丧。既除服[⑥],且求磨勘[⑦]。黯言:“泽与父不通问者三年,借非匿丧[⑧],是岂为孝乎?”卒使坐废田里[⑨]。见王珪丞相所撰墓志[⑩]。

按:黯议泽罪,若深文者[⑪],盖以名教不可不严,是《春秋》诛意之义也[⑫]。

【注释】

①贾黯(1022—1065):字直孺,河南邓州穰县(今河南邓州)人。以直言敢谏闻名。宋仁宗庆历六年(1046)擢进士第一。历官直集贤院判尚书刑部、左司谏,累迁知制诰判吏部流内铨、翰林学士

判昭文馆、知审刑院、左司郎中知开封府、给事中权御史中丞,以翰林侍读学士知陈州,未行,卒。《宋史》卷三〇二有传。侍读:官名。陪侍帝王读书论学或为皇子等授书讲学。宋、元、明皆有翰林侍读学士及侍读。

②判:唐宋官制,以高位兼低职或出任地方官。流内铨:官署名。唐代置,为吏部三铨之一,掌流内官铨选之事。宋初沿置,掌文臣自初仕至幕职州县官之铨选注拟及对换差遣、磨勘功过等事。设判流内铨事二人,以御史知杂以上充任。神宗元丰改制,厘为吏部侍郎左选。

③益州:州名。北宋太平兴国六年(981)改成都府置益州,治成都、华阳二县。辖境相当于今四川成都及周围地区。端拱元年(988)复改成都府。淳化五年(994)又为益州,后复为成都府。治所在成都(今四川成都)。推官:官名。唐朝始置,节度使、观察使、团练使、防御使、采访处置使下皆设一员,位次判官、掌书记,掌推勾狱讼之事。宋朝三司各部设一员,主管各案公事。开封府亦设左、右厅推官各一员,分日轮流审判案件。诸州幕职亦有节度、观察推官。州推官为幕职官,主管本州司法事务。桑泽:天海按,原文误作"乘泽",此据李焘《续资治通鉴长编》卷一七六、刘攽《彭城集·贾黯行状》径改。

④代还:指朝臣出任外官者重新被调回朝廷任职。

⑤铨吏:吏部流内铨官吏。

⑥除服:守孝期满,除去丧服。

⑦磨勘:唐宋官员考绩升迁的制度。唐时文武官吏由州府和百司官长考核,分九等注入考状,期满根据考绩决定升降,并经吏部和各道观察使等复验,称"磨勘"。宋代设审官院主持此事。

⑧借:即使。匿丧:古代官员祖父母、父母死,不呈报,不服丧,对外隐瞒或另择时日。匿丧属于严重犯罪行为,参见《宋刑统》卷第十

《职制律·匿哀》:“诸闻父母若夫之丧,匿不举哀者,流二千里。”

⑨卒使坐废田里:最终使他因为不孝,罢职回乡,终身废弃不用。

⑩天海按:此为郑克自注,言本篇事出王珪丞相所撰《贾黯墓志》。然今本王珪所撰《华阳集》无此墓志。此事见于李焘所撰《续资治通鉴长编》卷一七六。

⑪深文:谓制定或援用法律条文苛细严峻。

⑫《春秋》:《春秋》即《春秋经》,又称《麟经》或《麟史》等,儒家典籍“六经”之一,是我国第一部编年体史书,也是周朝时期鲁国的国史,据传由孔子修订而成。《春秋》用于记事的语言极为简练,然而几乎每个句子都暗含褒贬之意,被后人称为“春秋笔法”“微言大义”。诛意:单纯以行为人意图和动机论罪,不问实际结果如何。语出《后汉书·霍谞传》:“谞闻春秋之义,原情定过,赦事诛意,故许止虽弑君而不罪,赵盾以纵贼而见书。”又见《盐铁论·刑德》:“春秋之治狱,论心定罪。志善而违于法者免,志恶而合于法者诛。”所谓“春秋决狱”是指以《春秋》的“微言大义”作为司法审判的根据,特别是作为决断疑难案件的重要依据。其要旨是根据案件事实追究行为人的犯罪动机。如果行为人的主观动机严重违反《春秋》中儒家倡导的精神,则即使没有造成严重后果的也要认定为犯罪并予以惩罚。相反,如果行为人的主观动机符合《春秋》中儒家倡导的精神,则即使其行为构成社会危害也可以减免刑罚。

【译文】

侍读学士贾黯,兼任流内铨时,益州推官桑泽在蜀地三年,不知自己的父亲死了,等到被调回朝廷任职时,考察官吏不给他领取相关文书,这才去办理丧事。守孝期满,除去丧服后,来请求考绩决定升降。贾黯说:“桑泽与父亲不通音讯有三年,即使不是隐瞒父丧,这难道是孝行吗?”最终使他因此罢职回乡,终身废弃不用。见王珪丞相所撰《贾黯墓志》。

按：贾黯评议桑泽的罪过，似若引用法律过于苛细严峻，那是因为礼教不能不严肃，这也是《春秋》惩罚犯罪动机的意义。

4·25 陈巽依法律论罪

陈巽宾客①，为常州团练推官时②，案察官有欲重郡狱者③，曹掾承意④，舞文成之⑤。巽曰："非罪，杀人以法，与杀人以刃无异也。"竟论如律⑥。见本传⑦。

按：舞文巧诋⑧，入人之罪，君子不为也。而利诱之，势胁之，能不失其守者，难矣。巽岂不谓之贤乎？

【注释】

①陈巽（xùn）：字公顺，北宋德化（今江西九江）人。大中祥符八年（1015）进士。历官常州团练推官、武安军节度推官、岳州军事判官，监潭州茶米仓。又以秘书省著作佐郎知庐陵县、资阳县。改秘书丞、戎州通判、太常博士、潭州通判。后历知抚州、安州、蜀州、蕲州。以善治狱闻。神宗即位时以太子宾客辞官归。事见曾巩《元丰类稿》卷四七《陈公墓志铭》。宾客：官名。即太子宾客。唐代始置，为太子东宫属官，掌调护侍从规谏等。宋、元、明因之，多以他官兼任。

②常州：州名。治所在晋陵（今江苏常州）。宋代，常州属两浙西路。团练推官：官名。团练使名义下的幕职官。团练推官与州推官同，掌勘问刑狱。

③案察官：即按察官。宋制，称按察官者，指诸司通判以上之官，及知州通判各于本部职事相统摄者。依宋《职制令》规定："诸按察官知所部有犯，若事理重者，躬亲廉察，余事听先委不干碍清强者，体究有无实迹，结罪保明，申所委官司，于按章内明坐，所差官

体究到事因,并不得出榜召人首告,即犯赃私罪,虽已离任,被告论或因事彰露者,听按治。"

④曹掾:分曹治事的属吏,胥吏。州府分六曹治事,各有属吏。承意:秉承按察官的意旨。

⑤舞文:即舞文弄法。玩弄、歪曲法律条文。

⑥竟论如律:最终依照法律判处刑罚。《元丰类稿》:"是时公起家少年,及遇事坚争,不可夺其守,老吏皆惊,盗卒得不死。"

⑦天海按:此为郑克注文。言事见宋朝《国史》陈巽本传。今本《宋史》无传,本篇事见曾巩《元丰类稿》卷四七《陈公墓志铭》。

⑧舞文巧诋:玩弄文字,诋毁构陷。

【译文】

太子宾客陈巽,做常州团练推官时,有按察官想要重判州郡狱案,曹掾秉承他的意旨,舞文弄法判成死刑。陈巽说:"不是死罪,而用法律杀人,与用刀杀人没有区别。"最终依照法律论罪。事见《国史》陈巽本传。

按:玩弄文字,诋毁构陷,陷害人入罪的事情,君子是不做的。但是以利益诱惑他,以权势威胁他,能不丧失自己操守的人,太难得了。陈巽难道不能称为贤人吗?

4·26 蒲慎密抗争廷尉

蒲慎密郎中[①],初为万州南浦令[②],尝摄幕官[③]。时廷尉驳州狱失出死罪[④],慎密以为:"法者,天下共守。今罪于法不当死,不争则不可。"州将曰[⑤]:"可与廷尉争耶!"慎密愈执不夺[⑥]。及诏下他司议,而卒得不入死,州将始愧服。见曾肇内翰所撰墓志[⑦]。

按:古人守法,如张释之、徐有功[⑧],皆与天子争者也。而谓"不可与廷尉争",缪矣[⑨]。且苟惮我之争,则不恤彼之死，岂君子哀矜之义耶[⑩]？

【注释】

①蒲慎密：字叔荣，果州（今四川南充）人。宋仁宗宝元元年（1038）进士，为泾州保定、庆成军荣河、开封府长垣县主簿，擢南浦令，知醴泉、闽、沛三县，通判安州，历太常博士、尚书屯田、都官职方员外郎，以屯田郎中致仕。《宋史》无传。天海按：蒲慎密，原文作“蒲谨密”，疑“慎”字因避南宋孝宗赵昚（shèn）之讳而改为“谨”。此据今本王珪《华阳集》卷三八《蒲君墓志铭》径改。郎中：官名。即屯田郎中。宋在工部下亦设屯田司，置屯田郎中、员外郎，掌屯田、营田、职田、学田、官庄之政令及其租入种刈、兴修给纳诸事。

②万州：州名。治所在南浦（今重庆万州）。南浦：县名。蜀汉建兴八年（230）始置，元代至元二十年（1283），南浦县并入万州。唐宋时亦有同名词牌曰“南浦”。

③摄幕官：暂时代理州幕职官。

④廷尉：此指大理寺。古代官名。秦代设置，掌管刑狱，为九卿之一。西汉曾一度称大理。东汉后称廷尉、大理或廷尉卿。北齐到清皆称大理寺卿。宋代不设廷尉，此指代大理寺。失出：古代法律术语。此指重罪轻判或应判刑而未判刑。

⑤州将：即知州。参见卷三《鞫情》门3·8条《葛源有守忤知州》注。

⑥愈执不夺：更加坚执，不改变自己的意见。

⑦天海按：此为郑克自注，言事见于翰林学士曾巩所撰墓志。然而今本曾肇所撰《曲阜集》并无《蒲慎密墓志》，却见于今本王珪所撰《华阳集》卷三八《蒲君墓志铭》。

⑧张释之：参见本卷《议罪》门4·6条《何承天据实议罪》注。徐有功：参见本卷《议罪》门4·9条《徐有功持正议罪》注。

⑨缪:通"谬",错误,荒谬。

⑩哀矜:哀悯,怜悯。《尚书·周书·吕刑》:"皇帝哀矜庶戮之不辜。"《论语·子张》:"上失其道,民散久矣。如得其情,则哀矜而勿喜。"这是说统治者丧失治道,民心散乱很久了。法官若审出犯罪实情,应怀有哀怜之心,切莫沾沾自喜。

【译文】

屯田郎中蒲慎密,当初做万州南浦县令时,曾经暂时代理州幕府官。当时大理寺驳回州府上报的轻判死罪案,蒲慎密认为:"法律,天下人应该共同遵守。如果罪犯于法不应当判死刑,就不可以不争辩。"知州说:"能与大理寺争辩吗!"蒲慎密更加坚持不改变自己的意见。等到皇上诏命交付其他部门议罪,犯人最终没有被判处死罪,知州这才惭愧佩服。事见曾肇内翰所撰《蒲慎密墓志》。

按:古人坚守法制,如张释之、徐有功二人,都是与天子争辩的人。如果说"不能与大理寺争辩",那就错了。再说如果自己畏惧争辩,那就是不顾惜他人之死,这难道是君子同情百姓的意义吗?

4·27 强至依律定赃罪

强至郎中[①],初为泗州司理参军[②],尝摄司法事[③]。漕运卒盗官米[④],狱具[⑤],议赃,抵死者五人[⑥]。至言:"议赃未应律[⑦]。"州疑其事以奏,而大理寺果纠正,如至言,皆得不死。官吏皆被罪,独至不预[⑧]。见曾肇内翰所撰行状[⑨]。

按:议赃以律而未应律,盖于意义有不通也。罪不应死,乃抵死焉,则其不讲[⑩],过亦大矣。是故汉以律为专门之学,唐置博士弟子员以讲之[⑪]。尽心君子,亦焉可忽[⑫]!

夫议罪之事,自古甚多,今但略举二十七条,亦因旧集概言之耳。其详见于《通典》《会要》[⑬],不可悉载也。

【注释】

①强至：见卷二《释冤》门（下）1·29条《张尧佐再审释冤》注。郎中：此为祠部郎中。官名。隋代祠部之主官初称“祠部郎中”，唐五代及宋代皆沿用“祠部郎中”之名。宋元丰改制后，设祠部郎中、员外郎各一员为长贰，掌全国祀典、道释、祠庙、医药之政令，兼领医官磨勘、医生试补等事。

②泗州：州名。北宋时为淮南东路泗州，州治泗州城，治所在临淮（今江苏泗洪）。司理参军：官名。简称司理。宋太宗太平兴国四年（979）改诸州司寇参军置，掌本州讼狱勘鞫之事。

③司法事：即司法参军事。司法参军，亦为州的幕职官，掌议法断刑。

④漕运卒：参与漕运的士卒。漕运，古代江河水道运输。

⑤狱具：罪案已定。

⑥抵死：判处死刑。

⑦议赃未应律：议定赃罪没有依照相应的法律。

⑧不预：不在其中。按宋制，州府的判决虽以知州名义对外，但参预判决的判官或推官，以及司理司法各参军，仍负连带责任。因此，对判决如有异议，应申请知州更正，或另具反对意见的文书呈送提刑司，称为议状。以后倘发现判决有重大错误，有议状在先者，得免连带处罚。强至的不预罪责，即因他事前提出过异议。

⑨天海按：此为郑克自注。言本篇事出曾肇所撰《强至行状》。

⑩讲：讨论研习学问。

⑪置：安排，放置。博士：古代专掌经学传授的学官。弟子员：汉以后对太学生、明清对县学生员的称谓。

⑫亦焉可忽：又岂可忽视。

⑬《通典》：“十通”之一。唐代政治家、史学家杜佑所撰，是中国历史上第一部体例完备的政书，专叙历代典章制度的沿革变迁。《会要》：书名。是以某一朝代的国家制度、历史地理、风俗民情等

为主要收辑内容的一种史书。《会要》之创修，始自唐代。最早编成的会要是《唐会要》。

【译文】

祠部郎中强至，最初做泗州司理参军，曾经代理司法参军事。有漕运士卒盗窃官米，已经定案，议定赃罪，判处死刑的有五人。强至说："议定赃罪没有适用相应的法律。"知州对此事有疑虑而上奏朝廷，大理寺果然纠正此案，如同强至所言，五人都能够不死。参与审判此案的官吏皆被处罪，只有强至不在其中。事见曾肇内翰所撰《强至行状》。

按：议定赃罪要依据法律来进行，却没有适用相应的法律，那是对于法律的意义有不理解的地方。罪犯不应处死，就判处他们死刑，那就是相关人员对法律没有研习，过错也是很大的了。因此汉代将法律当作专门的学业，唐朝设置博士、弟子员以讲习法律。尽心于法律的君子，又岂能忽视！

至于评议罪案的事例，自古以来就有很多，现在只是略举了二十七条，也是因循《疑狱集》概而言之罢了。那些详细的事例见于《通典》《会要》，不能完全记载。

五、宥过

（四库本注曰："按：此门原本缺标题"，今补入。天海按：此门标题明万历本作《原贷》，注曰："凡十一条"。）

【题解】

"宥过"一词，最早当见于《尚书·大禹谟》："宥过无大，刑故无小。"古人将犯罪分为故意和过失两类，这二者必须区别对待。即过失犯罪无论多大也要实行宽赦，故意犯罪无论多小也要用刑罚惩治。因此，"宥过"即宽恕或赦免过失犯罪。在《议罪》门中已有不少案例体现了这种司法精神。

然而,在办案实践中,“宥过”也可以理解为宽宥案犯的罪过。本门选录主案10条,附2事,共12事,就是根据案件具体情节宽宥案犯罪过的实例。

正如作者按语所言:“情苟可恕,过无大矣。”“孝子之杀牛”(见本门5·1条《陈矫上表赦孝子》)、“义士之逾狱”(见本门5·2条《温恢嘉义士减罪》)、“兄弟之争死”(见本门5·4条《袁象原心免死罪》),都是这样的。但像违犯宵禁虽然是轻罪(见本门5·3条《王承送书生归家》),如果务必树立威名而不推究实情,那么犯宵禁的书生又岂能得到宽恕?

本门有三条所记,皆为损害官家财物的案件。官吏丢失官家财物,如果期限满后寻求不得,那么依法是应当判罪的。但是亏空、丢失,主要在于赔偿。如果能够赔偿了,何必对当事人判刑、使当事人破家,然后为快呢!韦丹审理亏空粮食(5·5条《韦丹理赔释仓吏》),马亮审理丢失官物(5·7条《马亮尽心理赔案》亲事官失金楪一事附),以填补亏空、缴纳钱财责罚,宽恕他们的违法行为,确实是君子办案尽心啊!

总之,作者认为对于过失犯罪、轻微犯罪、情有可原的犯罪,都应该根据犯罪情节、认罪态度以及对社会的危害程度,适当减轻和免除处罚。

5·1　陈矫上表赦孝子

魏陈矫[①],为魏郡西部都尉[②],是时耕牛少,杀者罪至死。曲周民父病[③],以牛祷[④],县结正弃市[⑤]。矫曰:“此孝子也。”表赦之[⑥]。出《魏志》本传,旧集不载[⑦]。

【注释】

①魏:三国之一。220年曹丕称帝,国号魏,都洛阳(今河南洛阳),史称曹魏。共历五帝,四十六年。陈矫(?—237):字季弼,广陵东阳(今江苏盱眙)人。本姓刘,因过继与母族而改姓陈。早年

避乱江东，后广陵太守陈登请为功曹。曹操辟为丞相掾属，迁任相县令，转任征南长史。又为彭城、乐陵太守，迁任魏郡西部都尉。曹操东征，拜丞相长史，转西曹属、尚书。曹丕称帝，领吏部事，封高陵亭侯，迁尚书令。明帝继位后，进爵东乡侯，后转侍中，加光禄大夫，又拜司徒。景初元年(237)去世，谥贞侯。《三国志》卷二二有传。

②魏郡：郡名。治所在邺县(今河北临漳)。都尉：官名。郡守统兵的佐官。典兵禁，备盗贼。东汉光武时曾省，后又继置东部都尉、西部都尉。

③曲周：县名。治所在今河北曲周。三国魏时曲周、斥漳二县先属魏郡，后属广平郡。

④以牛祷：用宰杀的牛为父祈祷。

⑤结正弃市：结案定罪处死，在闹市行刑示众。弃市，是在人众集聚的闹市，对犯人执行死刑，以示为大众所弃的刑罚。《礼记》："刑人于市，与众弃之。"

⑥表赦：上表奏请赦免。

⑦天海按：此为郑克自注，言本篇事出《三国志·魏书·陈矫传》。

【译文】

三国曹魏陈矫，做魏郡西部都尉，当时耕牛少，杀牛的人处罪当死。曲周县有平民的父亲生病，杀了牛来为父亲祈祷，县衙结案定死罪弃市。陈矫说："这是孝子。"上表请求赦免了他。事出《三国志·魏书·陈矫传》，旧集《疑狱集》不载此事。

5·2 温恢嘉义士减罪

魏孙礼[①]，为司空军谋掾[②]。初，丧乱时[③]，礼与母相失，同郡马台求得礼母[④]，礼推家财尽以与台。台后坐法当死，礼私导令逾狱[⑤]，乃自首。既而[⑥]，台曰："臣无逃亡之义。"

径诣刺奸主簿温恢[7]，恢嘉之[8]，具白太祖[9]，各减死一等[10]。

出《魏志·孙礼传》，旧集不载[11]。

【注释】

①孙礼：字德达，涿郡容城（今河北容城）人。三国时期曹魏将领。孙礼早年被曹操征为司空军谋掾。历任河间郡丞、荥阳都尉及山阳、平原、平昌、琅琊、阳平太守，后入为尚书。魏明帝临崩，以其为大将军长史辅曹爽。曹爽诛后，入为司隶校尉，他在所治理过的七郡五州皆有威信，后迁司空，封大利亭侯。《三国志》卷二四有传。

②司空军谋掾：官名。司空府属官，三国魏置，掌参谋议论。

③丧乱：死亡祸乱。此指时势或政局动乱。

④马台：人名，余事未详。

⑤逾狱：越狱逃跑。

⑥既而：一会儿。指上件事情发生后不久。

⑦径诣：直接求见。刺奸主簿：官名。东汉献帝建安年间，曹操置为属官，掌管司法事务，刺举官吏违法犯罪。温恢（178—223）：字曼基，太原祁县（今山西祁县）人。三国时期魏国大臣。少有大志，举孝廉，历任廪丘县长、鄢陵县令、广川县令、彭城相、鲁国相，颇有政绩。得到曹操赏识，授丞相主簿，出任扬州刺史。曹魏建立后，授侍中，出任魏郡太守。黄初四年（223），迁凉州刺史，持节领护羌校尉，在赴任途中病逝。《三国志》卷一五有传。

⑧天海按：此处“嘉之”上，四库本脱一“恢”字，此据明万历本径补。

⑨具白：完全禀告。太祖：开国皇帝的庙号。此指曹魏太祖曹操。

⑩减死一等：减死罪一等，即从死刑减为比死刑低一等的刑罚。原先判的是死罪，但执行时减刑处理，刑罚降低一等。按照汉代的情况，多数情况是减死后执行徙刑（即后世的流刑），把犯人迁往

边远地带。也有减死后执行其他刑罚的。

⑪天海按：此为郑克自注，言本篇事出《三国志·魏书·孙礼传》。

【译文】

三国曹魏时孙礼，做司空军谋掾。最初，逢时局动乱时，孙礼与母亲失散，同郡的马台寻找到孙礼的母亲，孙礼将家财完全送给了马台。马台后来因为犯法被判处死罪，孙礼私下引导让他越狱逃跑，自己就去自首。过后不久，马台说："我没有逃亡的道理。"他直接求见刺奸主簿温恢投案自首。温恢嘉奖了他，将此事全部禀告了曹操，马台和孙礼各减死罪一等。事出《三国志·魏书·孙礼传》，旧《疑狱集》不载。

5·3 王承送书生归家

晋王承①，为东海太守②，吏录一犯夜人③。承问何处来，云："从师家受书还④，不觉日暮。"承曰："鞭挞甯越以立威名⑤，恐非致理之本⑥。"使吏送令归家。出刘义庆《世说》，旧集不载⑦。

【注释】

①晋：朝代名。265年司马炎代魏称帝，国号晋，都洛阳（今河南洛阳），史称西晋。317年偏安江南，都建康（今江苏南京），史称东晋，420年为刘裕所代。两晋共历十五帝，一百五十六年。王承（约273—318）：字安期，太原晋阳（今山西太原）人。曹魏司空王昶之孙，西晋汝南太守王湛之子。东晋初年第一名士。永宁初，为骠骑参军，迁司空从事中郎。东海王越镇许，以为记室参军，迁东海太守，在太守任上为政清简、宽容。《晋书》卷七五有传。

②东海：郡名。治所在郯（今山东郯城）。太守：官名。郡的最高行政长官。除治民、进贤、决讼、检奸外，还可以自行任免所属掾史，

历代沿袭不变。

③录:逮捕。犯夜:违犯宵禁的法令。古代法律规定,凡于关闭城门鼓响后、开城门鼓响前行走者,皆为犯夜,须受鞭、笞等处分。

④受书:接受老师上课。

⑤甯越:战国时中牟人。《吕氏春秋·博志》:"甯越,中牟之鄙人也。苦耕稼之劳,谓其友曰:'何为而可以免此苦也?'其友曰:'莫如学。学三十岁则可以达矣。'甯越曰:'请以十五岁。人将休,吾将不敢休;人将卧,吾将不敢卧。'十五岁而周威公师之。"

⑥致理:犹致治。达到治理。《晋书·王承传》作"恐非政化之本"。

⑦天海按:此为郑克自注,言本篇事出刘义庆《世说新语·政事》。事又见《晋书·王承传》。

【译文】

东晋王承,做东海太守时,差吏拘捕了一个违犯宵禁法令的人。王承问他从何处来,他说:"从老师家听课回来,没有察觉天已经晚了。"王承说:"鞭打甯越这样好学的人来树立威名,恐怕不是达到治理社会的本意。"便派差吏送他归家。事出刘义庆《世说新语》,旧书《疑狱集》不载。

5·4 袁彖原心免死罪

南齐袁彖[①],为庐陵王子卿谘议参军[②]。子卿镇荆州时[③],南郡江陵县人苟将之[④]按:《南史·袁彖传》作"苟蒋之"[⑤]。弟胡之妇[⑥],为曾口寺沙门所淫[⑦]。夜入苟家,将之杀沙门,为官司所检[⑧]。将之列家门秽行[⑨],欲告则耻,忍则不可,实己所杀。胡之列又如此,兄弟争死。江陵令启刺史博议[⑩]。彖曰:"将之、胡之,原心非暴[⑪]。"辨谳之日[⑫],义哀行路[⑬]。昔文举引谤[⑭],获漏疏网[⑮]。二子心迹[⑯],同符古人,陷以深刑[⑰],实伤为善。于是兄弟皆得免死。出《南史·袁湛传》,彖,其族也。旧集不载[18]。

按:情苟可恕,过无大矣。孝子之杀牛、义士之逾狱、兄弟之争死[19],皆是也。如犯夜虽轻罪[20],苟务立威而不原情[21],亦岂能恕之?此可为宥过之鉴也。

【注释】

①南齐:南北朝时期南朝的第二个朝代,萧道成于479年所建,定都建康(今江苏南京),国号齐,史称南齐,一称萧齐。502年为梁所代。共历七帝,二十四年。袁彖(tuàn,447—494):字伟才,陈郡阳夏(今河南太康)人。仕宋为武陵内史,太傅相国主簿,秘书丞。入齐,为中书郎,兼官太子庶子。又御史中丞,后拜庐陵王谘议。出为冠军将军,监吴兴郡事。后为侍中,卒,谥靖。袁彖著有文集五卷,《隋书·经籍志》传于世。《南齐书》卷四八、《南史》卷二六皆有传。

②庐陵王子卿:萧子卿(468—494),字云长,南兰陵(今江苏常州)人。南朝萧齐宗室大臣,齐武帝萧赜第三子。建元元年(479),封临汝县公,历任郢州、荆州、南豫州刺史,拜中军将军,封庐陵王,横行藩镇,营造服饰,多违制度。累官侍中、卫将军,迁司徒。隆昌元年(494),为萧鸾所害,时年二十七。《南史》卷二六、《南齐书》卷四八皆有传。谘议参军:官名。也称谘议参军事。西晋置,为镇东大将军、丞相府僚属,掌顾问谏议之事。名取谘询谋议军事为意。东晋、南朝,州军府遂沿此制,但不常置,位列曹参军之上。

③荆州:古代州名。秦属南郡,定治江陵(今湖北江陵),故常以南郡喻荆州。南北朝时,齐和帝、梁元帝、后梁萧铣皆以荆州为国都。

④南郡:郡名。始置于秦朝,位于汉江南岸。治所在江陵(今湖北

江陵),东汉末年和三国时期治所在公安(今湖北公安)。唐代南郡更名为江陵郡,后来又改为江陵府。江陵:县名。南齐时为南郡属县。

⑤天海按:此按语明万历本无,当为四库馆臣所加。

⑥天海按:“妇”字,明万历本作“妻”。

⑦曾口寺:古代寺庙名,具体未详。沙门:和尚,僧人。

⑧检:考查,察验。

⑨列:陈述,叙述。

⑩刺史:古代地方官名。西汉划分全国为十三部(州),每部设刺史,主管巡察,官阶低于郡守。东汉末将一部分刺史改为州牧,居郡守之上。魏晋后一般称刺史。博议:全面详尽地讨论或评议。

⑪原心:推究本意。

⑫辨谳:指议罪定案。

⑬义哀行路:即“行路哀义”,路人都为兄弟争死的义行而哀伤。

⑭文举:孔融(153—208),字文举,鲁国(今山东曲阜)人。为孔子的二十世孙。汉献帝时期,他历任北军中侯、虎贲中郎将、北海国相等职,时称孔北海。不久,被朝廷征为将作大匠,迁少府,又任太中大夫。他生性喜结宾客,抨议时政,言辞激烈,终在建安十三年(208)因触怒丞相曹操而被杀。《后汉书》卷七〇有传。引谤:招引祸端。此指孔融代兄收留逃人,事泄被捕事。

⑮获漏疏网:从疏松的法网中得以脱漏不死。疏网,稀疏的网。比喻宽大的法律。语出《老子》:“天网恢恢,疏而不失。”据《后汉书·孔融传》载,名士张俭为逃避州郡捉拿,逃到孔褒家中,孔褒不在。当时孔融年仅十六岁,看见张俭窘迫的样子,就代替哥哥收留张俭住在家中。后来孔褒、孔融都被捕入狱。但他们兄弟二人都争着赴死,郡县迟疑不能决断,于是向朝廷请示。诏书最后定了孔褒的罪,孔融因此事而闻名。

⑯心迹：思想与行为。

⑰深刑：严刑，重刑。

⑱天海按：此为郑克自注，言本篇事出《南史·袁湛传》。

⑲杀牛、逾狱：参见上文5·1条《陈矫上表赦孝子》、5·2条《温恢嘉义士减罪》。

⑳犯夜：参见上文5·3条《王承送书生归家》。

㉑原情：推究实际情况。

【译文】

南齐的袁彖，做庐陵王萧子卿谘议参军。萧子卿做荆州刺史时，南郡江陵县人苟将之的弟弟苟胡之的媳妇，被曾口寺和尚奸淫。和尚夜里进入苟家，苟将之杀死了和尚，被官府追查。苟将之陈述说：家中出现如此污秽之行，想要告官又觉得羞耻，想要隐忍又不能，确实是自己杀死了和尚。苟胡之的陈述又如此，兄弟二人争着领受死罪。江陵县令禀告刺史，全面详尽地讨论议罪。袁彖说："苟将之、苟胡之，推究本意并非残暴行凶。"议罪定案那一天，路人都为兄弟争死的义行而哀伤。从前孔融为了兄长招引祸端，最终获得宽宥。这二人的思想与行为，与古人相符，以重刑判罪，实在是伤害行善的人。于是兄弟二人都得以免除死罪。事出《南史·袁湛传》，袁彖，是他的族孙。旧《疑狱集》不载此事。

按：如果情理上可以宽恕，罪过就不算大了。孝子杀牛为父亲祈祷、义士越狱自首、兄弟争相抵死，都是这样的。但像违犯宵禁虽然是轻罪，如果务必树立威名而不推究情理，又岂能宽恕他？这些可以作为宽免罪过的借鉴。

5·5 韦丹理赔释仓吏

唐韦丹[①]，镇江西[②]，有吏掌仓十年，数盈五十万，因覆量，欠负三千余石[③]。悯之曰："欠负如此，岂皆自取费用，必为权势所须[④]。”乃令搜索家私文字验之[⑤]，其分用名历具在[⑥]。因谓诸吏曰：“汝等恃权势以取索于仓吏，今其欠负[⑦]，岂独赔填？又将贷汝之罪[⑧]，可各据所得，限一月纳足。”皆顿首曰：“君侯以至明察下[⑨]，准法合当刑责[⑩]，既释重罪，填纳不辞。”仓吏由是得释。旧不著出处，盖唐人小说所载。今《新唐书》修入《丹传》[⑪]。

按：侵盗官物，其入己，其与人，罪等耳[⑫]。然入己之情，贪于货利，是君子所疾也；与人之情，迫于权势，是君子所矜也[⑬]。夫州吏之胁取，仓吏之盗与，岂不知法，但幸其不败耳[⑭]。以其可矜而宥仓吏，则不可独加州吏罪，故并宥焉。且欠负赔填，既已足矣，亦有可恕之道，则置而不问者，乃许其悔过，非纵恶弗治也。

【注释】

①韦丹（753—810）：字文明，唐朝京兆万年（今陕西西安）人。少孤，从外祖颜真卿学。登明经第，又登通五经科。历校书郎、咸阳尉，迁邠宁军佐、监察御史，入为殿中侍御史、太子舍人、起居郎。迁吏部司封郎中、御史中丞，出任太中大夫、容州刺史、容管经略招讨使。历任梓州、晋州、洪州三刺史兼任观察使，进封武阳郡公，兴修水利，发展生产，颇有功绩。《新唐书》卷一九七有传。

②镇江西：此指任官江南西道观察使。唐代观察使即为一道行政长官，所以与节度使同为一方节镇，故称“镇江西”。江西，即江南西道。道名。治所在洪州（今江西南昌）。

③欠负：亏空。

④须：取用，索取。须，通假为“取”。

⑤家私文字:家中私下所存文字。

⑥名历具在:姓名、经历全部记在上面。

⑦天海按:“今”,原文误作“又”,此据明万历本径改。

⑧贷:宽恕。此字原文误作“代”,此据明万历本径改。

⑨君侯:汉以后,对达官贵人或地方高级官吏的敬称。至明:最贤明。

⑩准法:依照法律。

⑪天海按:此为郑克自注,言本篇之事《疑狱集》没有注明出处,或是唐人小说所载,《新唐书》将此事修入《韦丹传》。

⑫天海按:参见《唐律疏议》卷一九《监临主守自盗》:“监临主守自盗,及盗所监临财物者,加凡盗二等,三十匹绞。”

⑬矜:表示怜悯、怜惜。

⑭幸其不败:侥幸自己的行为不败露。

【译文】

唐朝韦丹,任官江南西道观察使,有仓吏掌管粮仓十年,粮食数量本该盈余五十万石,因此复查数量,却亏空三千余石。韦丹怜悯他说:“亏空如此之多,哪能都是自己取出花费耗用的,一定是被权势人物所取用。”于是下令搜索仓吏家中私存文字检验,那些分用粮食的人的姓名和经过全都记在上面。因此对那些官吏说:“你们这些人依仗权势向仓吏索取粮食,如今粮食亏空,难道让仓吏独自赔偿填补?现在准备宽恕你们的罪过,可以根据各自所得,限期一个月缴纳充足。”众官吏都叩头说:“君侯最贤明,体察下属,依照法律,我们应当受到刑罚,既然免除重罪,不会拒绝赔偿填补。”仓吏因此得到免罪。旧《疑狱集》未写明出处,大概是唐人小说所载。现《新唐书》将此事修入《韦丹传》。

按:侵吞盗取官家财物,或归入己有,或给予他人,罪过是等同的。但是归入己有的情况,是贪于财货利益,这是君子所痛恨的;给予他人的情况,是迫于权势,这是君子所同情的。那州吏的胁迫索取,仓吏的盗窃给予,难道是不懂法律?只是侥幸自己的行为不会败露罢了。因其可同情而宽恕仓吏，就不可单独加罪于州吏，所以一并宽恕他们。而且亏空赔偿填补，既然已经补足了，也有可以宽恕的道理。那搁置而不追究的原因，就是允许他们悔过，并非放纵邪恶不予惩治。

5·6 张咏智断染料案

张咏尚书①，再知益州②，先有百姓告论官染院③，大破色料④，偷瞒入己，禁四十余人，前政不能决⑤。咏到，虑问⑥，谓告事者：“汝是陈利便人⑦，今一料官物⑧，合使几何⑨？”对曰：“使若干。”咏曰：“甚善，可作利便状来⑩。”判令今后依所陈利便施行，不得有违。主典各杖六十⑪，余并放⑫。见李畋虞部所撰语录⑬。

按：染院色料，乃旧例定额，非主典大破，虽有宽剩，岂为偷瞒？但应言上而不言上⑭，亦不得无罪尔。是故断杖六十，而干连人悉宥之⑮，盖以罪不在彼也。吏或苛暴，则将劾大破之罪⑯，理偷瞒之赃，无所不至矣。是安知君子宥过之道哉！

【注释】

①张咏（946—1015）：字复之，自号乖崖，濮州鄄城（今山东鄄城）人。太平兴国五年（980）进士。累擢枢密直学士，加左谏议大夫。咸平初，入拜给事中、户部使，改御史中丞。官至工部尚书。是北宋太宗、真宗两朝的名臣，尤以治蜀著称。《宋史》卷二三九有传。尚书：此指工部尚书。雅称大司空，古代官职名。工部是古代中央六部之一，掌管全国屯田、水利、土木、工程、交通运输、官办工业等，工部尚书为其长。

②再知益州:第二次出任益州知州。益州,州名。治所在成都(今四川成都)。

③告论:向官府控告。论,论罪。染院:官署名。北宋太宗太平兴国三年(978),改染坊置,分东、西二院,隶少府监,掌染丝枲币帛。

④大破色料:在染物时大量耗费颜料。破,耗费。

⑤前政:前任当政者,即前任知州。

⑥虑问:对囚犯进行审问。

⑦陈利便人:陈述染事便利的人。利便,此指染事的便利,亦即染事的程序、用料定额。

⑧一料官物:计量一下官家染料的用量。料,称量,核计。官物,公物,官家的物品、财产。

⑨合使几何:应当使用多少染料。

⑩利便状:关于染事定额的文状。

⑪主典:主管官吏。

⑫天海按:"余",此字原文脱,此据明万历本径补。

⑬天海按:此为郑克自注,言本篇事出李畋所撰《张忠定公语录》,此书今已佚。李畋:其人生平未详。虞部:虞部盖古虞人之遗职。后为尚书省六部中工部的子司。

⑭言上:向上报告。

⑮干连:牵连。

⑯劾大破之罪:判处大量耗费色料之罪。劾,审理,判决。

【译文】

工部尚书张咏,第二次做益州知州时,先前有百姓控告官家染院犯罪,大量耗费色料,并偷偷隐瞒纳为己有,因此拘禁了四十多人,先前当政的官员不能裁决。张咏到任后,审问囚犯,对告发此事的人说:"你是陈述染事便利的人,如今计量官家染料一次的用量,应当使用多少?"回答说:"应当使用若干。"张咏说:"很好,可以写一个使用染料便利的文案来。”于是判令今后依据他所陈述染料便利的文案施行，不得有违犯。主管官吏各处杖刑六十，其余的人一并释放。事见李畋虞部所撰《张忠定公语录》，今已佚。

按：染院的染料，乃是旧例有定额，并非主管官吏故意大量耗费，即使有剩余，怎能认定是偷偷隐瞒呢？但是应该向上禀告而没有禀告，也不能无罪罢了。因此处主管杖刑六十，而受牵连的人全部宽恕赦免，那是因为罪过不在他们。有的官吏苛刻残暴，就会判处过分耗费之罪，追究隐瞒赃物，无所不用其极了。这样的人哪里懂得君子宽恕罪过的道理啊！

5·7 马亮尽心理赔案亲事官失金楪一事附

马亮少保[①]，初以殿中丞通判常州[②]，吏有亡失官物者，械系妻子[③]，干连数十百人[④]。亮一切纵去，许其自偿所负，不逾月而尽输之[⑤]。见本传[⑥]。按：《宋史》本传载吏民有因缘亡失官钱，籍资犹不足偿，与书中所云异[⑦]。

按：丁谓丞相说[⑧]：真宗朝[⑨]，因宴，有亲事官失却金楪一片[⑩]，左右奏云：“且与决责[⑪]。”上曰：“不可，且令寻访。”又奏：“只与决小杖[⑫]。”上曰：“自有寻访日限，若限内寻得，只小杖亦不可行也。”至尊守法尚尔[⑬]，臣子理合如何[⑭]？见《丁晋公谈录》[⑮]。

常州之吏亡失官物，盖限满求不得，于法当决罪者也。然欠负、亡失，要在备偿。苟能偿矣，何必刑其人、破其家，而后为快乎！韦丹之理欠负[⑯]，马亮之理亡失，责以填纳，恕其违犯，诚君子之用心也[⑰]！

【注释】

①马亮（959—1031）：字叔明，庐州合肥（今安徽合肥）人。为宋太宗太平兴国五年（980）进士，授大理评事。历任工部侍郎、兵部侍郎、尚书右丞、工部尚书等职，晚年以太子少保致仕，获赠尚书右仆射，谥忠肃。《宋史》卷二九八有传。少保：指太子少保。为东宫官职，负责教习太子。

②殿中丞：官名。殿中省佐贰官。北宋前期为五品寄禄官，神宗元丰改制后罢，徽宗崇宁二年（1103）复置，员一人。通判：官名。官制始于宋朝时期，多指州府的副长官，掌管粮运、家田、水利和诉讼等事项，对州府的长官有监察的责任。常州：州名。治所在晋陵（今江苏常州）。

③械系：用刑具拘押。

④干连：牵连，关涉。天海按：数，《说郛》本无此字。

⑤尽输之：全部把赔偿的钱缴纳上来。

⑥天海按："见本传"此三字为郑克原注，言此事见于宋朝《国史》本传。

⑦天海按：此段按语为四库馆臣所撰。籍资：抄没全部财产。

⑧丁谓（966—1037）：字公言，苏州长洲（今江苏苏州）人。支持宋真宗完成泰山封禅，颇受宠信，历任三司使、参知政事、吏部尚书、保信军节度使等要职。授昭文馆大学士，封晋国公。宋仁宗即位，授司徒兼侍中，位列三公，显赫无比。因包庇宦官之事，受到群臣弹劾，被一贬再贬，明道年间，以秘书监致仕。《宋史》卷二八三有传。丞相：宋朝以同中书门下平章事为宰相，丁谓曾任此职，故称。

⑨真宗：北宋皇帝赵恒庙号。宋真宗赵恒，997—1022年在位。

⑩亲事官：负责宴会中具体事务的官吏。金楪（dié）：即金盘。楪，通"碟"。器皿名。底平浅，比盘子小。多用于盛食物。后多作"碟"。

⑪决责:杖责。此指杖刑的处罚。

⑫小杖:古代刑具之一。《通典·刑制中》:"(梁律)杖皆用生荆,长六尺,有大杖、法杖、小杖三等之差……小杖,围寸一分,小头极杪。"此指荆条轻刑,故称小杖。

⑬至尊:至高无上的地位。多指君、后之位,用为皇帝的代称。

⑭理:此指审理案件。

⑮天海按:此为郑克自注。《丁晋公谈录》:北宋潘汝士笔录宋真宗时期权臣丁谓言谈的一部笔记。现有《百川学海》本、《历代小史》本、《说郛》本等。

⑯韦丹之理欠负:参见上文5·5条《韦丹理赔释仓吏》。

⑰天海按:"常州之吏"及以下74字本为郑克原本按语,然四库馆臣漏录此文。刘俊文《折狱龟鉴译注》、杨奉琨《折狱龟鉴校释》皆未录。现据明万历本径补。

【译文】

太子少保马亮,最初以殿中丞做常州通判时,有官吏丢失官家财物,拘押了他的妻子和孩子,还牵连了数十上百人。马亮把所有人都释放了,允许他们自己赔偿所亏欠的财物,不到一个月就全部缴纳完毕。事见《国史》马亮本传。按:《宋史》本传载吏民因某些缘由丢失官家钱财,抄没他们的家产还不够赔偿,与书中所讲相异。

按:丁谓丞相说:真宗朝,举行宴会时,有亲事官丢失金碟一个,皇上身边的人禀奏说:"暂且处以他杖刑。"皇上说:"不可,先令寻访再说。"身边的人又奏道:"只给他处以小杖轻刑。"皇上说:"自有寻访日期限定,如果在期限内寻找到,只用小杖轻刑也不可行。"皇上守法尚且如此,做臣子的审理案件应当如何呢?事见《丁晋公谈录》。

常州的官吏丢失官家财物,如果期限满后寻求不得,依法是应当判罪的。但是亏空、丢失,关键在于赔偿。如果能够赔偿了,何必对当事人判刑、使当事人家庭破碎,然后称快呢!韦丹审理仓库亏空,马亮审理丢失官物，以填补亏空、缴纳钱财为责罚，宽恕他们的违法行为，确实是君子办案尽心啊！

5·8 胡则轻财重人命刘承规附

胡则侍郎[①]，提举江南路银铜场铸钱监[②]，得吏所匿铜数万斤，吏惧且死，则曰："马伏波哀重囚而纵之亡[③]，吾岂重货而轻数人性命？"止籍为羡余[④]。

按：刘承规留后[⑤]，尝督封禅漕运[⑥]，有铸钱监工匠，诉前后官吏盗铜瘗地仅数千斤[⑦]。承规佯为不纳[⑧]，密遣人发取送官，不问其罪。殆亦有伏波之意欤？

【注释】

①胡则（963—1039）：字子正，婺州永康（今浙江永康）人。宋端拱二年（989）进士，历仕太宗、真宗、仁宗三朝，先后知浔州、睦州、温州、福州、杭州、陈州等十州，任尚书户部员外郎、礼部郎中、工部侍郎、兵部侍郎、权三司使等官职。以兵部侍郎致仕。《宋史》卷二九九有传。侍郎：此指兵部侍郎。官名。为兵部尚书之副贰。

②提举：宋代以后设主管专门事务的职官，即以"提举"命名。江南路：宋朝行政区划，治所在江宁（今江苏南京）。宋至道三年（997）置，今江西、安徽长江以南大多数土地均属于江南路。银铜场：银铜矿场。铸钱监：官署名。宋代在盛产铜铁的地方各州、县普遍设置铸钱监，役使工匠开凿矿山，鼓冶铸钱。

③马伏波：即马援（前14—49），字文渊，东汉扶风茂陵（今陕西兴平）人。新朝末年，马援投靠陇右军阀隗嚣，甚得器重。后来归顺光武帝刘秀，为东汉统一立下了赫赫战功。马援领兵征战，西破陇羌，南征交趾，北击乌桓，累官至伏波将军，封新息侯，世称

"马伏波"。哀重囚而纵之亡：此指马援为郡督邮时，送囚犯至司命府，囚有重罪，援哀而纵之逃。事见《后汉书·马援传》："为郡督邮，送囚至司命府，囚有重罪，援哀而纵之，遂亡命北地。"

④籍为羡余：抄没作为盈余。抄没追缴回来的数万斤铜作为盈余。

⑤刘承规（949—1012）：本名承珪，字大方，北宋楚州山阳（今江苏淮安）人。宋初宦官，历事三朝，深受皇帝倚信。历官北作坊副使、左骁骑上将军，以安远军节度观察留后致仕。他掌管内藏三十年，对度量衡很有研究，为宋朝的权衡改制，做出了突出的贡献。《太宗实录》及《册府元龟》等史籍的编修，也有刘承规的心血。另外还曾参与封查府库、平定土民动乱、防备契丹等事件。刘承规是宋代宦官中较有作为的人物。《宋史》卷四六六有传。留后：官名。观察使缺位时设置的代理职称。即节度观察留后。宋削夺藩镇实权，但仍保留节度观察留后而无职掌，不驻本州，无定员，仅为武臣寄禄官。位在节度使下，观察使上。

⑥督封禅漕运：督办为封禅事的水运物资供应。督，督办。封禅，封为"祭天"（多指天子登上泰山筑坛祭天），禅为"祭地"（多指在泰山下的小丘除地祭地），古代帝王祭天地的大典，又称封祀、封峦、封岳。漕运，利用江河、海道调运粮食、物资的专业运输。

⑦瘗（yì）地：埋在地下。瘗，掩埋，埋葬。仅：将近，几乎。

⑧佯为不纳：假装不予受理。

【译文】

兵部侍郎胡则，主管江南路银铜矿场铸钱监时，查得官吏隐藏了铜数万斤，官吏惧怕将被处以死罪。胡则说："马伏波哀怜重囚犯而放他逃亡，我岂能重财货而轻视数人的性命？"于是只把抄没的数万斤铜作为盈余处理。

按：节度观察留后刘承规，曾经督办封禅的漕运公事，有铸钱监的工匠，诉讼前后几任官吏盗窃矿场的铜，埋藏在地下将近数千斤。刘承规假装不予受理，秘密派人发掘取出送到官府，不再追问他们的罪过。大概也有马伏波哀怜囚犯的意思吧？

5·9 赵师民不问犯禁

赵师民龙学[①]，知耀州[②]，民有犯盐铁禁者[③]，乃曰："障其利而罪之[④]，是罔民也[⑤]。"一切不问。

按：此诚仁人之言也，然稍宽之，斯亦可矣。若一切不问，则奸猾之民，争出于此，顾将奈何[⑥]？君子宥过，不当如是。

【注释】

①赵师民：字周翰，宋青州临淄（今山东淄博）人。举进士第，领诸城主簿。除齐州推官、青州教授，更天平军节度推官。仁宗时历官崇正说书，迁宗正丞。除龙图阁直学士，知耀州。三迁刑部郎中，复领宗正卒。《宋史》卷二九四有传。龙学：指龙图阁直学士。官名。宋真宗景德四年（1007）置，位在枢密直学士下，无吏守，无职掌，惟出入侍从备顾问。多以特恩加赐内外官，带此职者皆享受超迁官阶的优待。为本官之外所加的荣衔。

②耀州：州名。治所在华原（今陕西耀州）。

③盐铁禁：盐铁禁令。古代实行盐铁专卖政策，食盐业和铸铁业都是政府专营，禁止私人进入这两个行业，因此贩运和售卖私盐都是重罪，铁制品更被政府严格管制。

④障其利而罪之：阻碍他们谋利又加罪于他们。

⑤罔民：陷害百姓。罔，同"网"。比喻设网以陷人入罪。

⑥顾：又。

【译文】

龙图阁直学士赵师民，做耀州知州时，有百姓违犯盐铁禁令，他却说："阻止他们谋利又加罪于他们，这是陷害百姓啊。"一律都不追究。

按：这确实是仁人的言谈，然而稍微宽恕他们，这也是可以的。但如果一律都不追问，那奸猾的人，由此争相出现，又将怎么办呢？君子宽恕罪过，不应当如此。

5·10 姚涣发奸不受赏

姚涣大卿[①]，初监益州交子务时[②]，发奸隐几万缗[③]，主吏皆当死。涣请于使者[④]，愿发其所欺[⑤]，而无及赏典[⑥]，由是得全者众。涣，治平二年终于光禄卿[⑦]。已上四事并见本传[⑧]。

按：君子不忍以货利致人于死，而欺弊不可不革也[⑨]，奸隐不可不发也，于是不得已而为之请使。官物无所亏陷，而追理责罚亦足以惩矣，贷其死可也。长吏于法可以专行[⑩]，故得吏所匿铜，止籍为羡余，而不问其罪监[⑪]。当请官事不敢专[⑫]，若不避赏，何以宥过？涣之用心，斯亦至矣。然奸欺之恶，君子不疾欤？曾子有言曰[⑬]："上失其道，民散久矣。得其情，则哀矜而勿喜[⑭]。"籍为羡余，不问其罪，哀矜之心也。惟犯名教乃深疾之。或冒法禁[⑮]，则必悯之。若以货利致人于死，君子所不忍也[⑯]。

【注释】

①姚涣：字虚舟，普州（治今四川安岳）人。宋仁宗景祐元年（1034）进士，官任监益州交子务。后历任峡州、涪州知州，于光禄卿任上去世。本篇事出《宋史·姚涣传》。大卿：宋代俗称中央各寺的正职长官为大卿。此指光禄寺卿，即光禄寺正职长官，中央九卿之一，掌酒醴膳羞之事。宋赵与时《宾退录》卷三："世俗称列寺

卿曰大卿,诸监曰大监,所以别于少卿监。”

②监:掌管,主管。益州:州名。治所在成都(今四川成都)。交子务:宋代掌管纸币流通事务的官署。大观元年(1107)改称“钱引务”。交子,世界上最早使用的纸币,最早出现于四川地区。

③发奸隐几万缗:揭发奸人隐藏的纸币价值几万缗。缗,成串的铜钱,每缗一千文。

④使者:受命出使的人,泛指奉命办事的人。此指上级主管。

⑤所欺:此指奸人所欺瞒的价值几十万缗纸币。

⑥赏典:赏赐恩典。

⑦治平二年:即1066年。治平,北宋宋英宗赵曙的年号(1064—1067)。天海按:“涣”以下10字,明万历本、四库本均误作注文,在注文“已上四事并见本传”之下,现据《宋史·姚涣传》及本书文例移正。

⑧天海按:此当为郑克注文。明万历本作“以上五事并见本传”。

⑨欺弊:欺诈蒙骗。

⑩长吏:地位较高官吏的统称。秦汉一般指秩六百石以上官吏,县丞、尉禄秩虽低,亦可称长吏。魏晋以后,多指县令长和郡守。专行:独断独行。

⑪罪监:此指上文5·8条《胡则轻财重人命》中犯罪的铸钱监官吏。

⑫官事:犹官司。诉讼之事。

⑬曾子(前505—前435):姒姓,曾氏,名参,字子舆,春秋时鲁国南武城(今山东平邑,一说山东嘉祥)人。春秋末年思想家,孔子晚年弟子之一,儒家学派的重要代表人物。

⑭“上失其道”几句:统治者丧失道义,民心离散已经很久了。如果察到犯罪的实情,就应当同情他们,而不能因为明察就沾沾自喜啊。此语出自《论语·子张》。

⑮冒:冒犯,违犯。

⑯天海按：此以上按语181字，四库本原文漏录。刘俊文《译注》与杨奉琨《校释》皆不录，现据明万历本径补。

【译文】

姚涣大卿，最初监管益州交子务时，揭发奸人隐瞒几万缗钱，主管官吏都判处死罪。姚涣向上司请示，只愿意揭发那些官吏欺瞒的罪过，而不愿提及赏赐恩典，由此能够保全性命的人很多。姚涣在治平二年去世，终于光禄卿任上。以上五事并见《国史》本传。

按：君子不忍心因为货利致人于死地，但是欺瞒的弊端不能不革除，奸人隐匿之事不能不揭发，于是不得已而为此请示上级。官家财物没有什么亏损，而追查审理责罚完全可以惩治了，宽免其死罪也可以。长吏于法可以独断专行，所以查得官吏所藏匿的铜，只是抄没作为盈余，而不追查问罪那监管的官吏。应当请示的官司不敢专断，如果不回避赏赐，凭什么宽恕罪过？姚涣的用心，这也很周到了。然而奸邪欺瞒的罪恶，君子不痛恨吗？曾子有这样的说法："居上位者丧失道义，民心离散已经很久了。如果了解到百姓的情况，就应当同情他们，而不能因为明察而自喜啊。"抄没作为盈余，不追究主管的罪过，是怜悯之心。只有那些触犯名教纲常的行为，君子才会深深憎恶。有人违犯法禁，就一定怜悯他。如果因为货利致人于死地，君子是不忍心的。

卷五

六、惩恶

【题解】

“惩恶”一词，始见于《左传·成公四十年》：“惩恶而劝善，非圣人谁能修之。”从司法角度讲，“惩恶”就是依法惩治邪恶与故意犯罪。

《惩恶》为《折狱龟鉴》第六门。选录主案18条，其中重出无文1条，附6事，共23事。其中宋之前8事，宋朝15事。“鞫情”是全面深入地审查案情，“议罪”是根据案情与法律量刑定罪，而“宥过”与“惩恶”就是量刑定罪后如何区别运用宽宥与严惩，从而体现了古代刑罚宽与严、张与弛的法制精神。

本门以惩治邪恶犯罪为主，所采案例有妖言惑众、土豪劣绅杀人、黑恶势力横行、杀人抢劫、恶吏欺人等13件之多。然而其中也有轻罪重罚、残酷滥杀、法外行刑的几起案例。作者对此深恶痛绝，并进行尖锐批判。

比如6·2条《孔琇之治罪小儿》所附王敬则一事，就特别恶劣。南齐的王敬则，做吴兴太守时，郡中过去多有抢劫掠夺的事，有十几岁的小儿在路上拾取遗落的财物，王敬则将其杀死示众。自此之后路不拾遗，郡里没有抢劫的强盗。王敬则为了威慑抢劫的强盗，将拾取遗物的十多岁小儿杀死示众，这可以说是骇人听闻的暴政。故作者在按语中说：王敬则想要吓唬众人树立权威所以这样做。那些小儿没有见识,见路上有遗落之物而去拾取,并非抢劫掠夺,哪里值得深入究罪?将其杀死示众,这就是残酷滥杀,是前代长吏擅自刑杀留下的弊端。

又如6·14条《孙沔用计刑乞丐》中,枢密副使孙沔,做杭州知州时,有个手臂残疾的乞丐偷盗了平民的一只鼎锅,反说事主诬赖他。孙沔设计验证后,斩断了他其余的手指,并下令在集市示众。于是作者按语说:惩治邪恶的事情,本非中正大道,不得已而为之。乞丐偷盗鼎锅,事情极其微小,用诈术获得实情,在法外对他施刑,又如何忍心啊!这是世俗所夸赞的执法严明,但是君子不会赞成的。特地著录这件事,并且辨析其意义,希望惩治邪恶的人能够以此为鉴。

如果说“宥过”是在法律之内加以宽容赦免,也可以是法外施恩;那么“惩恶”就是在法律之内依法严办,也可以是在法外加刑施行诛杀;这就完全不同于议罪定刑。议罪处罚判决,寻究本源都有所依据,或轻或重,没有不依法制裁的。假如法律不应当处死,而以便宜行事滥刑杀戮,难道不是在法律之外滥加诛杀吗?

所以作者在6·18条《薛仪依法惩恶吏》的按语中说:君子惩治邪恶,不必都要在法外施行诛杀。如果是强横奸猾之人,肆意谋取非法利益,没有人敢依法惩治他,就有人专门以法律制裁他,也足以惩罚了。所以著录此二事(6·17条《周沆撤室治大吏》、6·18条《薛仪依法惩恶吏》),使审理案件的人以此作为借鉴。

6·1 李崇袁君正附

已见释冤门[1]。

按:梁袁君正[2],为豫章内史[3],性不信巫,郡有万世荣为巫师[4],君正小疾,主簿熊岳荐之[5]。师云:“须疾者衣为信命[6]。”君正以所著襦与之[7]。事讫取襦,云“神将送与北斗君”[8]。君正使检诸身，于衣里获之，以为乱政[9]，即刑于市而焚其神，一郡无敢行巫者。出《南史·袁湛传》。君正，其族孙也。旧集不载[10]。

是皆恶其妄言惑人故耳。情苟可责，恶无小矣[11]，此之谓也。然《王制》云[12]：“执左道以乱政[13]，杀；假鬼神以疑众[14]，杀。”李崇鞭笞女巫[15]，虽亦有意惩恶，殆不知《王制》，故未能正法欤[16]？

【注释】

①已见释冤门：参见卷一《释冤》门（上）1·5条《李崇设计辨诬告》。天海按：此条原本作卷四《宥过》门最后一条，但1·5条篇后附郑克注：“鞭巫事又见《惩恶》门”，而此条按语所附“袁君正一事”正言“惩恶”之旨意，可原本卷五《惩恶》门又缺第一条。故知郑克原本当置此条于《惩恶》门第一条，现移正于此。

②梁：朝代名。南朝之一。502年萧衍灭南齐后建立，建都建康（今江苏南京）。国号梁，也称萧梁，557年为陈所灭。共历六帝，五十六年。袁君正：字世忠，梁陈郡阳夏（今河南太康）人。历位太子庶子，为豫章内史，迁吴郡太守。《南史》卷二六有传。

③豫章：郡名。治所在南昌（今江西南昌）。内史：官名。西汉初于诸侯国置，专掌治民。魏晋南北朝时改郡王国相为内史，职同太守。袁君正所任豫章内史，相当于后世的豫章郡太守，为地方最高行政长官。

④巫师：对会施巫术之人的通称，或专指以装神弄鬼替人祈祷为职业的人。古代施术者女称巫，男称觋。

⑤主簿：官名。郡守的佐官。各级主官属下掌管文书的佐吏。

⑥信命：鬼神传达的命令或信息。

⑦襦：短衣，短袄。

⑧北斗君：即"鬼官北斗君"。梁陶弘景《真诰》卷一五："非道家之北斗也，鬼官别有北斗君，以司生杀。"

⑨乱政：指败坏、扰乱朝政。是一种妖言惑众扰乱社会治安的行为。

⑩天海按：此为郑克自注，言本篇事出《南史·袁湛传》。旧《疑狱集》不载此事。

⑪情苟可责，恶无小矣：情节如果可以责罚，罪恶就无论大小了。

⑫《王制》：为《礼记》篇目，内容涉及封国、职官、爵禄、祭祀、丧葬、刑罚、建立城邑、选拔官吏以及学校教育等方面的制度。《王制》是较早的对国家法律制度进行阐述的篇章之一，为我国古代君主治理天下的规章制度。

⑬左道：又称邪道，古代罪名。邪门旁道，多指非正统的巫蛊。

⑭假鬼神以疑众：假托鬼神以惑乱大众。《礼记·王制》："假于鬼神、时日、卜筮以疑众，杀。"

⑮李崇鞭笞女巫：事见卷一《释冤》门(上)1·5条《李崇设计辨诬告》。

⑯正法：按法论罪，以正法典之意。广义的正法，指惩治一切违法犯罪行为，狭义的正法仅指对判处死刑罪犯的执行。此指将罪犯当场处死。

【译文】

李崇之事已见于《释冤》门。

按：南梁袁君正，做豫章太守，生性不信巫术，郡内有个万世荣是巫师。袁君正生了小病，主簿熊岳推荐这个巫师来治病。巫师说："需要病人的衣服来传达鬼神的旨意。"袁君正把自己所穿的短衣给了巫师。法事结束后去取短衣，巫师说"神将送给北斗君"。袁君正使人检查他的身上，在衣服里边查获了短衣，于是认为他扰乱社会，即刻在市上行刑处死，并焚烧了他的神像。一郡之内，没有敢再施行巫术的人。事出《南史·袁湛传》。袁君正,是他的族孙。旧书《疑狱集》不载此事。

这些都是憎恶巫师胡言乱语迷惑骗人的故事。如果在情理上可以责罚,罪恶就不论大小了,说的就是这类事情。然而《礼记·王制》中说:“以邪门歪道来扰乱政治的,杀;假借鬼神来迷惑众人的,杀。”李崇鞭笞骗人的女巫,虽然也是有意惩治邪恶,但大概不知《王制》的要义,所以未能将女巫处死吧?

6·2 孔琇之治罪小儿王敬则附

南齐孔琇之[①],为吴令[②]。有小儿年十岁,偷刈邻家稻一束[③],琇之付狱案罪[④]。或谏之,答曰:“十岁已能为盗,长大何所不为。”县中皆震。出《南史·孔靖传》。琇之,靖之孙也,旧集不载[⑤]。

案:南齐王敬则[⑥],为吴兴太守[⑦],郡旧多剽掠[⑧],有十数岁小儿于路拾取遗物,敬则杀之以徇[⑨]。自此路不拾遗,郡无劫盗。出《南史》本传,旧集不载[⑩]。敬则欲骇众立威故尔。夫小儿无识,路有遗物而拾取之,非剽掠也,何足深罪?杀之以徇,斯为酷滥[⑪],是前代长吏专杀之弊也[⑫]。若琇之所按者,庶可以惩恶矣。

【注释】

①南齐:朝代名。是南北朝时南朝的第二个朝代。479年,萧道成迫使宋顺帝刘准禅位,自立为帝,建立南齐,定都建康(今江苏南京)。国号齐,史称南齐,以别于北朝的北齐。502年为南梁所代。共历七帝,二十四年。孔琇(xiù)之:南齐会稽山阴(今浙江绍兴)人。孔子的第二十八世孙。先为乌程令,有吏能。迁尚书左丞,又以职事知名。历官临海太守,在任清约。出监吴兴郡,寻拜

太守。郁林王隆昌元年(494),迁晋熙王萧銶冠军长史、江夏内史,行郢州事。时萧鸾专政,杀诸王。欲令杀晋熙王,琇之辞,不许,遂不食死。《南齐书》卷五三有传。

②吴令:吴县(今江苏苏州)县令。

③偷刈(yì):偷割。刈,割草。本作"乂",形声。

④付狱案罪:交付监狱治罪。

⑤天海按:此为郑克自注,言本条事出《南史·孔靖传》,旧《疑狱集》不载此事。然《宋书·孔靖传》不载此事。此事见于《南齐书·孔琇之传》。

⑥王敬则(435—498):本名王恒,字敬则,一说为临淮射阳(今江苏宝应)人,一说为晋陵南沙(今江苏常熟)人。南朝齐开国将领。凭借武艺,选入刘宋前废帝宫中,为宿卫武官。宋明帝时,授直阁将军。后废帝时期,成为南齐高帝萧道成心腹,参与弑杀宋后废帝。南齐建立后,拜侍中,册封寻阳郡公。齐武帝即位,迁司空、太尉。齐明帝即位,拜大司马。受到疑忌,举兵反叛。建武五年(498),兵败被杀。《南齐书》卷二六、《南史》卷四五有传。

⑦吴兴:郡名。治所在乌程(今浙江吴兴)。

⑧剽掠:抢劫掠夺。

⑨徇:示众,对众宣示。

⑩天海按:此为郑克自注,言本条事出《南史·王敬则传》,旧《疑狱集》不载此事。《南齐书·王敬则传》亦载此事。

⑪酷滥:残酷滥杀。

⑫长吏:地位较高的官吏。也指郡守或县令。郡守为郡的长吏,县令为县的长吏。专杀:无须禀命,擅自刑杀。天海按:隋朝之前,州郡长吏对罪犯有生杀之权。隋朝开皇十二年(592)始定制:天下死罪,诸州不可便决,皆令大理复治。唐朝贞观中定制:凡死罪,必须复奏报决。

【译文】

南齐孔琇之，做吴县县令。有个十岁的小儿，偷偷割了邻居家一束稻子，孔琇之将他交付监狱立案治罪。有人劝止他，孔琇之回答说：“十岁已能做盗贼了，长大后有什么事不敢做。”县里人都感到震惊。事出《南史·孔靖传》。孔琇之，是孔靖的孙子，旧《疑狱集》不载此事。

按：南齐的王敬则，做吴兴太守时，郡中过去多有抢劫掠夺的事，有十几岁的小儿在路上拾取遗落的财物，王敬则将其杀死示众。自此之后路不拾遗，郡里没有抢劫的强盗。事出《南史·王敬则传》，旧《疑狱集》不载此事。王敬则想要吓唬众人树立权威所以这样做。那些小儿没有见识，路上有遗落之物而去拾取，并非抢劫掠夺，哪里值得深入究罪？将其杀死示众，这就是残酷滥杀，是前代长吏擅自刑杀留下的弊端。像孔琇之那样立案治罪，差不多就可以惩治邪恶了。

6·3 李杰杖杀淫道士曾孝序附

唐李杰[①]，为河南尹[②]，有寡妇告其子不孝，杰物色非是[③]，谓寡妇曰：“汝寡居惟一子，今告之，罪至死，得无悔乎？”妇言：“子无状[④]，宁复悔[⑤]。”杰曰：“审如此[⑥]，可买棺来取儿尸。”因使觇其后[⑦]。寡妇出与一道士语曰：“事了矣。”俄将棺至[⑧]，杰即令捕道士劾问[⑨]，具服与寡妇通[⑩]，为子所制[⑪]，故欲除之。于是杖杀道士[⑫]，纳于棺。旧出《唐书》本传[⑬]。

按：曾孝序资政[⑭]，知秀州[⑮]，有妇人讼子，指邻人为证。孝序视其子颇柔懦[⑯]，而邻人举止不律[⑰]，问其母，又非亲。乃责邻人曰：“母讼子，安用尔为？事非涉己。”因并与其子杖之，闻者称快。盖以继母私邻人[⑱]，而忌其子间之[⑲]，故致讼。

见近时小说[20]。邻人与道士类矣。然彼教寡妇讼其子以死罪，故杀之；此教继母讼其子，罪不致死也，故杖之而已。虽轻重有异，其为惩恶一也[21]。觇妇、责邻二事，又见《察奸》门[22]。

【注释】

①李杰（？—718）：本名务光，相州滏阳（今河北磁县）人。考中明经，授齐州参军，累迁吏部员外郎。出任山南道采访使，神龙年间，授卫尉少卿，出任河东道巡察使，政绩考核第一。先天年间，迁陕州刺史、水陆发运使。开元初，守河南尹，征为御史大夫，监修桥陵有功，受封武威县子。遭人诬陷，外放衢州刺史，拜任扬州长史，坐罪免官。去世后追赠户部尚书。《旧唐书》卷一百、《新唐书》卷一二八有传。

②河南尹：河南府最高行政长官，府治在洛阳（今河南洛阳）。唐朝设京兆（长安）、河南（洛阳）、太原为三府（三京），府设牧、尹、少尹等官职。

③物色：访求，调查。

④无状：罪大不可言状。

⑤宁：副词，表示反问，相当于“岂能”。

⑥审：真的，确实。

⑦觇（chān）：窥探，侦察。

⑧俄：一会儿。

⑨劾问：审问。

⑩具服：完全服罪。通：私通。

⑪制：限制。

⑫杖杀：古代刑罚，即杖毙。杖杀就是用木杖将罪犯打死，是唐朝运用极其普遍的一种刑罚。

⑬天海按：此为郑克自注，言本篇由《疑狱集》录自《新唐书·李杰

传》。然《大唐新语》《太平广记》亦可见。

⑭曾孝序（1049—1127）：字逢原，宋泉州晋江（今福建泉州）人。以荫补将作监主簿。累官环庆路经略、安抚使。忤宰相蔡京，被贬斥。京罢相，授显谟阁待制，两知潭州，进龙图阁直学士，知青州。高宗即位，升延康殿学士，青州民诣南都乞留。后为部将王定所害。谥“威愍”。《宋史》卷四五三有传。资政：官职名。宋景德二年（1005）置资政殿大学士，以授罢职宰相，偶授其他大臣，通称资政。天海按：《宋史·曾孝序传》不载任资政事。

⑮秀州：宋州名。州治在嘉兴（今浙江嘉兴）。包括旧嘉兴府（除海宁外的今嘉兴地区）与旧松江府（上海吴淞江以南部分）。

⑯柔懦：优柔懦弱或指弱小者。

⑰不律：放荡不拘，不守规矩。

⑱私：私通。

⑲间：非难，指责。

⑳天海按：此为郑克自注，言“见近时小说”，或指《太平广记》。

㉑天海按：“为”字，四库本原文脱，此据钱熙祚《守山阁》校本补。

㉒天海按：此为郑克自注，言本篇“觇妇”“责邻”二事，又见本卷《察奸》门7·9条《李杰》及所附曾孝序事。

【译文】

唐朝的李杰，做河南尹时，有个寡妇状告她的儿子不孝，李杰查访后知道不是这样，就对寡妇说：“你寡居只有一个儿子，现在控告他，将判处死罪，能不后悔吗？”寡妇说：“儿子罪大不可言状，哪能再后悔。”李杰说：“真的如此，可以买棺材来取回你儿子的尸体。”于是便派人在寡妇身后窥察。寡妇出去后与一个道士交谈说：“事情了结了。”不一会儿棺材送到，李杰立即命令逮捕道士审问，道士全部交代了与寡妇私通的事，因为被寡妇儿子所限制，所以想要除掉他。于是李杰杖杀这个道士，将他尸体收入棺中。此事旧《疑狱集》出自《新唐书·李杰传》。

按：资政殿大学士曾孝序，做秀州知州时，有个妇人控告儿子，指邻人做证。曾孝序观察她的儿子很是优柔懦弱，而邻人举止放荡，询问他的母亲，又非亲生母亲。就责问邻人说："母亲控告儿子，为什么要你作证？这事与你无关。"于是将他与妇人儿子一并处以杖刑，知道的人都拍手称快。那是因为继母私通邻人，但忌怕她的儿子指责他们，所以前来告状。事见近代小说。邻人与道士是一类的情形。但是那道士教唆寡妇以死罪控告自己的儿子，所以杀死他；此邻人教唆继母控告自己的养子，罪过还不至于判死刑，所以对他处杖刑罢了。虽然处罪轻重有不同，但在惩治邪恶方面则是一样的。"窥察寡妇""责罚邻人"二事，又见于《察奸》门。

6·4　崔黯治幻惑愚俗

唐崔黯[①]，镇湖南[②]，有恶少自髡钳为佣隶[③]，依托佛教，幻惑愚俗[④]，积财万计。黯始下车[⑤]，恐其事败，乃持牒诣府[⑥]，云："某发愿焚修三年[⑦]，今已毕，请脱钳归俗[⑧]。"黯问："三年教化，所得几何？"曰："逐旋用[⑨]，不记数。"又问："费用几何？"曰："三千缗不啻[⑩]。"黯曰："费者有数，纳者不记，岂无欺隐？"命搜其室，妻孥蓄积[⑪]，甚于俗人。既服矫妄[⑫]，即以付法。旧不著出处，"脱钳"事又见《察奸》门[⑬]。

按：矫妄幻惑，乃妖民也[⑭]，与假鬼神以疑众、执左道以乱政者同矣[⑮]，可不惩欤？

【注释】

①崔黯：字直卿，卫州（今河南卫辉）人。崔蠡弟。唐代大和二年（828），进士擢第，官至谏议大夫。《旧唐书》卷一一七、《新唐书》卷一四四有传。

②镇湖南:坐镇湖南。指任湖南节度使之类的方镇高官。

③恶少:品行恶劣的年轻无赖。髡钳(kūn qián):本为古代一种刑罚。谓剃去头发,用铁圈束颈。佣隶:仆役,奴隶。

④幻惑:犹眩惑。谓迷乱人心以行诈骗。愚俗:世俗,普通百姓。

⑤下车:此指初即位或刚到任。

⑥牒:此指寺庙度牒(登记文册)。唐代把官府往来文书统称为文牒。唐、宋时期,牒已经成为国家规定的文种名称,用于不相统属的各官府之间行文,上行、下行、平行文都用。

⑦焚修:焚香修行。

⑧脱钳归俗:摘掉项上铁圈回归世俗。

⑨逐旋:逐渐,渐渐。

⑩缗(mín):成串的铜钱,每缗一千文。不啻(chì):不止,不只。

⑪妻孥(nú):妻子和子女的统称。

⑫服矫妄:招认了"假冒妄为,巧诈狂妄"的罪过。

⑬天海按:此为郑克自注。言旧《疑狱集》没有注明此事的出处。"摘掉项上铁圈"的事又见于本卷《察奸》门7·11条《崔黯》。

⑭妖民:以妖术作乱之人。

⑮天海按:此二句参见上文6·1条《李崇》注。

【译文】

唐朝的崔黯,镇守湖南时,有个品行恶劣的年轻人,自己剃光头发、脖子上套上铁圈,到寺庙做仆役。他依托佛教,迷乱人心以诈骗愚弄百姓,积聚财富以万计。崔黯刚到任,这个无赖害怕诈骗的事情败露,就拿上度牒到官府,说:"我发愿焚香修行三年,现在已经结束,请求摘掉铁圈回归世俗。"崔黯问他:"这三年施行教化,得到多少钱财?"他说:"逐渐花掉了,不记得数目。"崔黯又问:"花费了多少?"他曰:"不止三千缗。"崔黯说:"花费的钱有数,收纳的钱不记数,难道没有欺瞒隐藏吗?"命令搜查他的住所,还有妻子儿女的积蓄,数量超过一般人。他已经招认了

“假冒妄为，巧诈狂妄”的罪过，即时将他依法制裁。旧《疑狱集》未写明出处，“摘掉项上铁圈”事又见本卷《察奸》门。

按：假冒妄为，迷乱人心以行诈骗，就是玩弄妖术的人，与假借鬼神来惑乱众人、用歪门邪道来扰乱社会的人是相同的，难道可以不惩处吗？

6·5 张铬入穴诛妖僧

晋高祖[①]，镇邺时[②]，魏州冠氏县华村僧院[③]，有铁佛一躯，高丈余，忽云佛能语，以垂教戒[④]。徒众称赞，闻乎乡县，士庶云集[⑤]，施利填委[⑥]。高祖命衙将赍香设供[⑦]，且验其事虚实。张铬请与偕行[⑧]。至则尽遣僧出，乃开其房，搜得一穴，通佛座下。即由穴入佛身，厉声以说诸僧过恶[⑨]，衙将遂擒其魁[⑩]，高祖命就彼戮之[⑪]。旧不著出处，“入穴”事又见《察奸》门[⑫]。

按：此亦以矫妄幻惑而戮之也[⑬]。

【注释】

①晋高祖：此指后晋高祖石敬瑭（892—942），太原（今山西太原）人。五代十国时期后晋开国皇帝，936—942年在位。本为沙陀部人，后唐时为河东节度使，镇守太原。清泰三年（936），勾结契丹贵族灭后唐，并受契丹册封为帝，建都于汴（今河南开封），国号晋，史称“后晋”。

②镇邺时：此指后唐明宗天成三年（928）四月，石敬瑭任邺都留守时。邺，邺城，古代著名都城。范围包括今河北邯郸临漳西、河南安阳北郊一带。

③魏州：州名。唐代魏州辖境相当今河北大名、魏县、馆陶，河南南乐、清丰、范县、台前，山东冠县、莘县、阳谷等县地。后唐李存勖

称帝于魏州，升为兴唐府，后晋改称广晋府。故治在今河北大名东。冠氏县：后晋时魏州属县。治所在今山东冠县冠城。华村：乡村名。天海按：今本《疑狱集》载此事作“画林”，《棠阴比事》载此事亦作“华村”。僧院：佛教寺庙、寺院的总称。

④垂：施与，赐予。教戒：教导和训诫。

⑤士庶：士人和普通百姓。云集：比喻许多人从各处来，聚集在一起，极言聚合人众之盛。

⑥施利填委：布施的财利堆积。填委，纷集，堆积。

⑦衙将：也作“牙将”，古代一种军衔。领兵五千人设正、偏牙将，一万人设正、副将军。后泛指低级军官。天海按：《棠阴比事》载此事作“牙将尚谦”。赍（jī）香：带着香。赍，拿着。

⑧张辂：人名，生平事未详。《疑狱集》中载张辂因此事“奏授长河县主簿以酬奖之”。《棠阴比事》亦同。

⑨厉声：声音尖锐严厉。

⑩魁：头领，首恶。

⑪就彼戮之：就在那寺院处死他。

⑫天海按：此为郑克自注，言本篇旧《疑狱集》不注明出处，“张辂入穴”事又见《察奸》门。然而本卷《察奸》不载此事，只见于卷六《核奸》8·4条《张辂》，存目而已。

⑬天海按：此按语四库本有，而钱熙祚《守山阁》本、刘俊文《译注》、杨奉琨《校释》本皆漏录。

【译文】

后晋高祖石敬瑭，镇守邺城时，魏州冠氏县华村的寺院内，有一尊铁佛竖像，高一丈有余，忽然听说这铁佛能够说话，并赐予教导与训戒。僧徒们称赞，传遍乡县，士人、百姓云集，布施的财物堆积。高祖命牙将带上香烛摆设供桌，并且检验这事情的虚实。张辂请求与牙将同行。到寺院后就把僧人都打发出去，然后打开那个房间，搜寻到一个地洞，一直通到铁佛座下。即刻由地洞进入铁佛身内,高声数说众僧人的过错罪恶,牙将于是擒拿了首犯,高祖命令就地处死他。旧《疑狱集》未写明出处,“张辂入穴”事又见《察奸》门。

按:这也是因为假冒妄为、迷乱人心以诈术行骗而被处死的。

6·6 安重荣箭毙继母

晋安重荣[①],镇常山[②],有夫妇共讼其子不孝者,重荣面加诘责[③],抽剑令自杀之[④]。其父泣言不忍,其母诟詈逐之[⑤],乃继母也。重荣咄出[⑥],一箭毙之[⑦],闻者称快。旧不载出处,“抽剑”事又见《擿奸》门[⑧]。案:此事今载《五代史·安重荣传》[⑨]。

按:古之后妇疾前妻子[⑩],亦已多矣,苟得其情,则切责而严戒之可也,何必取快一时,加之非法乎[⑪]?《语》曰[⑫]:“不教而杀谓之虐[⑬]。”重荣固不足道,此事亦非所取[⑭],旧集载之[⑮],故略辨焉。

【注释】

①晋:即后晋。参见上文6·5条《张辂入穴诛妖僧》注。安重荣(?—942):小字铁胡,朔州(今山西朔州)人。五代十国时期后唐、后晋将领。颇有膂力,精于骑射。后唐长兴年间,出任振武道巡边指挥使。支持河东节度使石敬瑭起兵夺位,灭后唐,担任成德军节度使。通晓文吏,勤于政事。天福七年(942),因反对后晋高祖石敬瑭向契丹称臣,起兵反叛,兵败被杀。《旧五代史》卷九八、《新五代史》卷五一有传。

②镇常山:指任成德军节度使,镇守常山。常山,即成德军所辖之恒州,唐初称恒州,天宝元年(742),改恒州为常山郡,治所在真定(今河北正定)。

③诘责：质问谴责。

④令自杀之：令告状夫妇自己杀死其子。

⑤诟詈逐之：辱骂着追赶他们的儿子。

⑥咄出：呵斥继母出去。

⑦毙之：射杀。

⑧天海按：此为郑克自注，言本篇旧《疑狱集》不注明出处，其事又见于卷六《擿奸》门。本书卷六《擿奸》门9·6条《安重荣》引此有目无文。

⑨天海按：此为四库馆臣按语，言此事出于《旧五代史·安重荣传》。其文曰："尝有夫妇共讼其子不孝者，重荣面加诘责，抽剑令自杀之，其父泣曰：'不忍也。'其母诟詈，仗剑逐之。重荣疑而问之，乃其继母也，因叱出，自后射之，一箭而毙，闻者莫不快意。由此境内以为强明，大得民情。"

⑩后妇：后妻。后娶之妻。

⑪加之非法：以非法手段施加于她。

⑫《语》：此指《论语》，儒家经典之一。《论语》是春秋时期思想家、教育家孔子弟子及再传弟子记录孔子及其弟子言行而编成的语录文集，成书于战国前期。全书共20篇492章，以语录体为主，叙事体为辅。

⑬不教而杀谓之虐：不事先施教便杀戮叫作暴虐。语见《论语·尧曰》。

⑭此事亦非所取：此事也不是我要选取的案例。

⑮旧集：此指《疑狱集》。

【译文】

后晋的安重荣，坐镇常山时，有对夫妇共同诉讼他们的儿子不孝，安重荣当面加以质问斥责，并抽出宝剑，令他们杀死自己的儿子。那父亲流泪说不忍心，那母亲辱骂着追赶儿子，她是孩子的继母。安重荣呵斥继母出去，一箭射死了她，听说的人都拍手称快。旧书《疑狱集》不载出处，“抽剑”事又见《擿奸》门。案：此事今载于《五代史·安重荣传》。

按：古代后妻忌恨前妻子女的事，也已经多了，如果查得实情，就深刻斥责并严厉训戒就可以了，何必为了图一时痛快，以非法手段施加于她呢？《论语》说：“事先不教育而杀死他，叫作暴虐。”安重荣所为固然不值得称道，此事也不是我要选取的，旧书《疑狱集》记载了它，所以对此略加辨析。

6·7 张咏斩猾吏立威兵士决杖乞剑一事附

张咏尚书[①]，淳化五年知益州[②]，兼充西川同捉贼招安使[③]。时李顺初破[④]，余党犹盛，因责决一吏[⑤]，辄枝词不伏[⑥]。咏曰：“这的莫要剑吃[⑦]！”吏云：“决不得，吃剑则得！”咏令牵出斩之以徇[⑧]，军吏愕眙相顾[⑨]，自是俱服咏之威信，令出必行。见《张忠定公语录》[⑩]。

按：咏始下车[⑪]，人情观望，于斯时也，吏因责决，枝词不伏，奸猾甚矣。能以威信折猾吏奸[⑫]，则令无不行，众无不服，是故卒能平定蜀地也。

丁谓丞相说[⑬]：真宗朝[⑭]，有兵士作过[⑮]，于法合死[⑯]，特贷命于横门[⑰]，决脊杖二十除配[⑱]。不伏决杖，叫唤乞剑[⑲]，把捉不得[⑳]，遂奏取进止[㉑]。传宣云[㉒]：“须决却杖二十后，别取处分。”寻决讫[㉓]，再取旨。真宗云：“只是怕吃棒。后如此，即以决了便送配所，更不须问[㉔]。”见《丁晋公谈录》[㉕]。

盖彼猾吏枝词不伏，岂只是怕吃棒？意谓书生畏懦，不敢容易斩人，故以此尝试咏耳[㉖]。兵士之情，既与彼异，且朝廷威令行乎四海，不待斩此卒而后立焉，则置不复问可也。

夫惩恶者体兹矜谨之意[27]，安有枉滥之咎乎？

【注释】

①张咏：参见卷四《宥过》门5·6条《张咏智断染料案》注。

②淳化：宋太宗的年号（990—994）。知益州：做益州知州。益州，州名。治所在成都（今四川成都）。

③西川：宋十五路之一。治所在益州（今四川成都）。唐肃宗至德二年（757），将剑南节度使分为剑南东川节度使和剑南西川节度使，剑南东川简称“东川”，剑南西川则简称“西川”。到了宋代，又设置了西川路。捉贼招安使：临时官职。负责所辖地区剿贼招安事务。

④李顺（？—994）：青城（今四川都江堰）人。茶农出身，北宋初期的农民起义领袖。淳化四年（993），以王小波为首的农民在青城起义。王小波阵亡后，众推李顺为领袖。五年（994），起义军攻占成都，李顺自称大蜀王，改元“应运”，设官置署。宋太宗震恐，派宦官王继恩等率禁军分两路前往镇压，李顺阵亡。

⑤责决：即决责，杖责。

⑥枝词：无关要旨或浮华不实的言辞。也作“支词”。

⑦这的：这人。指示人、事物或处所。王锳《诗词曲语辞例释》：“这的，指示代词，指示人或事物时相当于‘这个’，指示处所时相当于‘这里’。”莫要剑吃：莫非想要吃剑。意指想要找死。

⑧徇：示众。

⑨愕眙（chì）相顾：惊骇得瞪眼相互对看。眙，瞪眼看。

⑩天海按：此为郑克自注，言本篇事出《张忠定公语录》。此书又名《张乖崖语录》，宋李畋辑。最早见于晁公武《郡斋读书志》卷九，著录为《张忠定公语录》四卷。

⑪下车：此指官吏到任。

⑫猾吏:刁滑的小吏。

⑬丁谓丞相:参见卷四《宥过》门5·7条《马亮尽心理赔案》注。

⑭真宗朝:参见卷四5·7条《马亮尽心理赔案》注。

⑮作过:做坏事。特指叛乱、闹事等。

⑯合死:就是该死的意思。

⑰贷命:谓免于死罪。横门:栅栏门,营门。

⑱脊杖:古时一种施于背部的杖刑。除配:即除名配流。除去名籍,发配流放。

⑲乞剑:乞求吃剑。意即要求处死。

⑳把捉不得:把握不住,不好把握。

㉑进止:意旨,命令。此指圣旨。

㉒传宣:传达宣示朝廷旨意。

㉓寻:不久。决讫:杖决完毕。

㉔更不须问:不必再请示朝廷。

㉕天海按:此为郑克自注,言本篇事出《丁晋公谈录》。《丁晋公谈录》,亦作《晋公谈录》,作者丁谓,宋代文言琐谈小说。记录北宋真宗时宰相丁谓(封晋国公)的言谈。一说为丁谓甥潘延之所作。

㉖尝试:试探。

㉗体兹矜谨之意:体察此慎重严谨的意义。

【译文】

工部尚书张咏,宋真宗淳化五年做益州知州,兼任西川同捉贼招安使。那时李顺刚刚被击破,残余势力还强盛,因此杖刑责罚一小吏,他就言词浮华不服处罚。张咏说:“这人莫非要吃剑找死!”这个小吏说:“杖刑不服,吃剑就服!”张咏命令拉出去斩首以示众,军吏们惊愕得相互对看。从此都敬服张咏的威信,令出必行。事见《张忠定公语录》。

按:张咏刚到任,人们都有观望之情,在这个时候,那个小吏因为受到杖刑责罚,言词浮华不服处罚,太奸诈狡滑了。张咏能以威信挫败猾吏的奸诈，就会令无不行，众无不服，所以最终能够平定蜀地。

丁谓丞相说：在真宗时代，有个兵士闹事，于法应当处死，特赦免其死罪，只在军营门口脊杖二十，除名配流。他不服杖刑处罚，叫喊着要求吃剑受死，执法吏不好把握，于是上奏听取皇上旨意。朝廷传达宣示说："必须杖刑二十棒后，再另行请示处分。"不一会儿杖刑完毕，再领取皇上旨意。宋真宗说："他只是害怕挨棒。以后如有此类情况，就在杖刑结束后便送到发配的地方，不必再请示。"事见《丁晋公谈录》。

那个狡猾的小吏言词油滑不服，难道只是怕挨棒打吗？他心中认为书生畏缩怯懦，不敢轻易斩人，故意以此试探张咏罢了。兵士的情况，又与那小吏不一样。再说朝廷威令行于四海，不须斩此士卒而后立威信，所以置而不再问是可以的。惩治奸恶的人，体察这慎重严谨的意义，哪会有枉法滥刑的过错呢？

6·8 马亮发奸诛土豪

马亮尚书[①]，知饶州[②]，有土豪白氏，多持吏短长[③]，尝杀人，以赦免，而愈骜横[④]，为闾里患[⑤]。亮发其奸而诛之，部中畏慑[⑥]。见本传[⑦]。

按：亮提点福建刑狱时[⑧]，覆讯冤狱[⑨]，全活数十人。其诛奸豪，必无枉滥，盖以惩恶当如是也。

【注释】

①马亮：参见卷四《宥过》门5·7条《马亮尽心理赔案》注。

②饶州：州名。治所在鄱阳（今江西鄱阳）。唐武德初称饶州，天宝元年（742）改为鄱阳郡，乾元元年（758）复为饶州，辖境缩小，仅限今鄱江流域及信江下游地区。两宋时属江南东路。

③短长：此指短处，弊端。

④骜横：桀骜蛮横。

⑤闾里：里巷，乡里，平民聚居之处。

⑥部中：所辖州内。

⑦天海按：此为郑克自注，言本篇事出宋朝《国史》马亮本传。

⑧提点福建刑狱：提点刑狱为古代官职名称，宋淳化二年（991）设置。主管路所属各州的司法、刑狱和监察，兼管农桑。福建，路名。福建路是北宋时期福建的行政区划，相当于明清的省。

⑨覆讯：审讯，复审。

【译文】

工部尚书马亮，做饶州知州时，州内有豪族白氏，掌握了很多官吏的短处，曾经杀过人，因此被赦免，因而更加桀骜蛮横，成为乡里的祸患。马亮揭发他的奸恶并且诛杀了他，于是州内人都敬畏慑服。事见《国史》马亮本传。

按：马亮做福建路提点刑狱时，复审冤狱，保全救活了数十人。他诛杀奸豪，必无枉法滥刑，那是因为惩恶应当如此。

6·9 薛颜籍社杖土豪薛元赏附

薛颜大卿[①]，知耀州[②]，有豪姓李甲者，结客数十人，号“没命社”，或不如意，则推一人以死斗[③]，数年为乡人患，莫敢发之。颜至[④]，大索其党，会赦当免[⑤]，特杖甲流海上[⑥]，余悉籍于军[⑦]。见本传[⑧]。

按：唐薛元赏[⑨]，为京兆尹[⑩]，都市多恶少年，以黛墨镵肤[⑪]，夸诡力[⑫]，剽夺坊闾[⑬]。元赏到府三日，收恶少[⑭]，杖死三十余辈，陈诸都市。余党惧，悉以火灭其文[⑮]。出《唐书》本传[⑯]。盖惩恶如此者，省狱讼之术也[⑰]。颜之籍社[⑱]，颇相类矣。

【注释】

①薛颜(953—1025):字彦回,河中万泉(今山西万荣)人。早年应贡举,以"三礼"科及第,被任命为嘉州司户参军,任满后被提拔为将作监丞、监华州酒税。后以秘书省著作郎的身份巡察夔州路和峡州路,审理刑事案件。后改太子左赞善大夫,出知云安军、渝州和阆州,又被提拔为三司盐铁判官。又历任峡路、河东路、陕西路、河北路转运使,以后历知河阳府、杭州、徐州、江宁府、河南府、应天府、耀州等州府。天圣三年(1025),薛颜以光禄卿分司西京,不久病逝于家,终年73岁。《宋史》卷二九九有传。大卿:诸寺正卿,与少卿相对而言。此指光禄寺卿。为光禄寺长官,掌酒醴膳羞之事。

②耀州:州名。今陕西耀州。

③天海按:"以"字《说郛》本无。

④天海按:"颜至"二字,《说郛》本无"至"字。

⑤会赦当免:适遇大赦判处免于死罪。

⑥特杖甲流海上:《彭城集·薛公神道碑》云:"会大赦,公不肯释,以事上闻,诏减罪一等,流海岛。"天海按:此句《说郛》本"流"下有"甲"字。

⑦籍于军:登记在兵役名册。

⑧天海按:此为郑克注文,言本篇事出《国史》薛颜本传。事又见刘攽《彭城集·薛公神道碑》。

⑨薛元赏:唐太和时累迁司农卿、京兆尹,出为武宁节度使,徙邠宁。会昌中进工部尚书,领诸道盐铁转运使。宣宗立,下除袁王傅,拜昭义节度使,卒。《新唐书》卷一九七有传。

⑩京兆尹:官名。为三辅(治理京畿地区的官员,即京兆尹、左冯翊、右扶风)之一,治所在长安(今陕西西安),主管今陕西西安及其附近地区。

⑪黛墨镵（chán）肤：用青黑色的颜料刺皮肤纹身。镵，刺，凿。

⑫诡力：异于常人的力气，即特异功能。

⑬剽夺坊间：劫夺街坊乡里。

⑭恶少：指品行恶劣的年轻无赖。

⑮灭其文：用火烫掉刺在身上的花纹。

⑯天海按：此为郑克自注，言本篇事出《新唐书·薛元赏传》。

⑰狱讼：诉讼。

⑱颜之籍社：即上文薛颜将“没命社”登记入籍兵役事。

【译文】

大卿薛颜，做耀州知州时，有个豪族大姓李甲，纠集门客数十人，号称“没命社”，倘若有谁不如他意，就推出一人以死相斗，数年成为乡人祸患，没有人敢告发他们。薛颜到任后，大力追查他的党羽，适逢大赦，判处免去死罪，薛颜特地杖刑李甲后，流放到海上，其余的都登记入军籍服兵役。事见《国史》薛颜本传。

按：唐朝薛元赏，做京兆尹时，京城街市中多有无赖恶少，用青黑色的颜料纹身，夸耀自己有特异功能，抢劫掠夺街坊乡里。薛元赏到府衙三天，收捕无赖恶少，杖刑击毙三十多人，陈尸于都市。余党畏惧，都用火烫灭自己身上的花纹。事见《新唐书·薛元赏传》。如此惩治无赖恶少，也是减少诉讼的方法。薛颜将“没命社”登记入籍兵役的事，与此很相似。

6·10 杨告亲擒杀人犯田瑜附

杨告谏议[①]，初为洪州丰城簿[②]。邑有贼杀人，投尸于江，里中人虽知主名[③]，而畏不敢言。告闻，亲往擒之。会赦原[④]，杀人原赦，盖乾兴初登极，赦也[⑤]。有言贼欲报怨者，告不为之动。既而果乘夜来刺告，复捕得之，卒置于法[⑥]，境内肃然[⑦]。

按：田瑜龙学[⑧]，知青州时[⑨]，城中有杀人投尸井中者，吏以无主名，而不以闻[10]。瑜廉得之[11]，曰："岂有奸盗杀人而纵之耶？"厚以金帛募人告捕[12]。后数日，果于邻郡获贼。是亦能惩恶者也。然郡将为此[13]，比之主簿，则差易矣[14]。

【注释】

①杨告：字道之，汉州绵竹（今四川绵竹）人。父死，赐杨告同学究出身，调庐江尉。改丰城主簿，再调南剑州判官。知南安、六合、钱塘、宁国县，改大理寺丞、通判江宁州。徙知池州，累迁尚书司封员外郎、开封府推官、开拆司。判三司凭由、理欠司，为淮南转运使，徙制置发运使，除三司户部副使，更度支，安抚河东，改盐铁副使。历祠部、度支、司封郎中，以少府监复为制置发运使。拜右谏议大夫、知郑州，徙江宁府、寿州。杨告通晓法令，颇知财利，而不务苛刻，时号能吏，然喜事权贵以要进。事见《宋史·杨告传》。谏议：官名。此指右谏议大夫。秦代置谏议大夫之官，专掌论议。唐德宗贞元四年（788），分置左、右。北宋前期，为寄禄官。神宗元丰改制，升从四品，复专掌讽喻规谏，左隶门下省，右隶中书省。

②洪州：宋州名。治所在豫章（今江西南昌）。丰城：宋洪州属县。治所在今江西丰城。簿：主簿。官名。知县的佐官，位在丞下尉上，主管文书簿籍。

③主名：当事者或主犯的姓名。

④会赦原：适遇大赦宽恕。

⑤天海按：此为郑克自注。乾兴初登极，乾兴是北宋真宗赵恒最后一个年号（1022）。宋真宗当年二月去世，宋仁宗赵祯即皇位，颁布大赦令。登极，指皇上继位。

⑥卒置于法：最终依法处置。

⑦肃然：此指社会安定平静，秩序良好。

⑧田瑜：字资忠，寿安（今河南宜阳）人。进士出身，历任袁州、郢

州、合州三州军事推官，大理寺丞和蒙州、江州知州，因有善政，提升为尚书司封员外郎，掌管两广刑狱。后晋升为龙图阁直学士，知青州，徙知澶州，卒。事见《宋史·田瑜传》。龙学：指龙图阁直学士。官名。宋真宗景德四年（1007）置，位在枢密直学士下，无吏守，无职掌，唯出入侍从备顾问。

⑨青州：宋州名。治所在东阳城（今山东青州）。

⑩而不以闻：而不把此案件上报。

⑪廉：引申指察考、访查。

⑫募人告捕：招募人告发逮捕。

⑬郡将：郡太守。当时对于知州的别称。

⑭差易：比较容易。差，副词。略微，比较。

【译文】

右谏议大夫杨告，最初做洪州丰城县主簿。县里有强盗杀了人，投尸于江中，里巷的人虽然知道案犯的姓名，但是畏惧不敢言。杨告知道后，亲自前往擒拿他。适逢大赦宽恕，杀人犯被宽恕赦免，是因为乾兴年初，宋仁宗登位，大赦天下。有人说强盗想要报仇的事，杨告不为之所动。不久，强盗果然乘黑夜前来行刺杨告，杨告再次捕获他，最终依法处死，丰城县境内安定平静，秩序良好。

按：龙图阁直学士田瑜，做青州知州时，城中有杀人投尸井中的案件，办案官吏因为不知作案人姓名，就没有将此案上报。田瑜查访获知这个情况，说："难道有奸恶盗贼杀了人而放纵他的吗？"便以多赏赐金钱绢帛为条件招募人告发追捕。后来没几天，果然在邻郡擒获盗贼。这也是能够惩治奸恶的人。然而郡太守做此事，比起县主簿来，就比较容易了。

6·11 李若谷肢解劫盗

李若谷参政①，知潭州时②，有盗上下洞庭间③，邀劫舟船[4]，杀人即投于湖中没其尸。及捕获，辄蒙谳得减死[5]，黥配他州[6]。既而逃归，为患滋甚，若谷潜使人擒到，条前后杀人状[7]，磔于市[8]。

按：《书》曰[9]："怙终贼刑[10]。"谓怙其奸慝，终不悛改[11]，以贼害人，当刑杀之，此先王惩恶之义也。告之捕置于法[12]，若谷之擒磔于市[13]，傅诸古义[14]，亦庶几焉[15]。

【注释】

①李若谷：字少渊，徐州丰县（今江苏丰县）人。进士出身，历仕宋太宗、宋真宗、宋仁宗三朝，曾任工部侍郎、龙图阁学士、参知政事、资政殿大学士，吏部侍郎，以太子少傅致仕。事见《宋史·李若谷传》。参政：指参知政事。唐代参知政事始正式作为宰相官名。到宋代，设中书门下，参知政事作为常设官职，任为副宰相。

②潭州：宋州名。治所在长沙（今湖南长沙）。

③上下：往来出没。洞庭：即今湖南洞庭湖。

④邀劫：拦路抢劫。

⑤蒙谳（yàn）得减死：受到宽判得减死罪一等。

⑥黥配：古代刑罚名。在犯人脸上刺字，并发配到边远的地方。宋代判流配者均加杖刺字，故称黥配或刺配。

⑦条：条陈，逐条公布。

⑧磔（zhé）于市：在街市肢解处死。磔，古代一种酷刑，把人的肢体分裂处死。

⑨《书》：《尚书》，儒家五经之一，又称《书经》。它是我国最早的一部历史文献汇编。

⑩怙（hù）终贼刑：坚持始终残害人而不改过的，应当刑杀。语见《尚书·舜典》："怙终贼刑。"孔颖达疏："怙恃奸诈，欺罔时人，以

此自终，无心改悔，如此者，当刑杀之。”

⑪怙其奸慝（tè），终不悛（quān）改：坚持其邪恶，始终不悔改。天海按：此二语意义同成语“怙恶不悛”，指坚持作恶，不肯悔改。

⑫告之捕置于法：见上文6·10条《杨告亲擒杀人犯》。

⑬若谷之擒磔于市：事见本文。

⑭傅：通“附”，比附。古义：古书的义理。即所引《尚书》之语。

⑮庶几：差不多，近似。

【译文】

参知政事李若谷，做潭州知州时，有强盗出没于洞庭湖一带，拦路抢劫过往舟船，杀人后就投入湖中淹没受害人的尸体。等到捕获他后，又受到宽判得减死罪一等，刺字发配到他州。不久就逃了回来，为害更加严重，李若谷暗中派人擒拿到他，逐条陈述他前后杀人的罪状，在街市上将他分尸处死。

按：《尚书》上说：“坚持终身做贼的，刑杀。”是说坚持做邪恶的事，始终不悔改，并且残害人的，应当对他处以死刑，这是先王惩治邪恶的道理。杨告捕盗依法处死，李若谷擒盗分尸于市，比之于古书上的道理，也差不多吧。

6·12　刘湜捕强盗焚尸

刘湜待制[①]，初知耀州富平县[②]，有盗掠人子女者，既擒获，辄诈死，伺间即逸去[③]；再捕得，复诈死，湜趣令焚之[④]。已上四事并见本传[⑤]。

按：因其诈死，遂以为实而即埋之[⑥]，亦足以折奸而惩恶矣，何必焚之耶？将虑其徒或能掘取而复活耶？掠人子女之罪，于法不至戮尸[⑦]，不为焚尸事可也。

【注释】

①刘湜:字子正,徐州彭城(今江苏徐州)人。举进士,为澶州观察推官,再调湖南节度推官,改秘书省著作佐郎、知益都县,徙阴平。再迁太常博士、通判剑州。审阆州狱,活死囚七人,擢知耀州。拜监察御史,历开封府推官、三司盐铁判官,迁殿中侍御史。贬知沂州、兖州、海州。起为河东转运使,迁户部员外郎,复为盐铁副使兼领河渠事。擢天章阁待制、知江宁府,迁龙图阁直学士、知庆州,改知密州,卒。《宋史》卷三〇四有传。待制:指天章阁待制。官名。宋仁宗天圣八年(1030)置,以他官兼任,掌侍从备顾问,有所献纳则请对或奏对。位在殿阁学士、直学士之下。

②耀州:参见卷四《宥过》门5·9条《赵师民不问犯禁》注。富平县:宋为耀州属县,治所在今陕西富平。

③伺间:伺机。逸去:逃走。

④趣令:急令。焚之:烧掉他。

⑤天海按:此为郑克注文,言以上四事出自宋朝《国史》本传。

⑥遂以为实而即埋之:就认为是真的死了便埋了他。

⑦戮尸:古代酷刑的一种。陈尸示众,以示羞辱。

【译文】

天章阁待制刘湜,最初做耀州富平县知县时,有强盗抢劫别人子女,擒获他后,他就装死,伺机又逃走;再次捕获他,他又装死,刘湜急令烧掉他。以上四事并见宋朝《国史》本传。

按:因为罪犯装死,就以为确实死了而马上埋了他,也足以挫败奸邪而惩治罪恶了,何必烧死他呢?或是考虑他的党徒有可能将他挖掘出来而复活吗?抢劫别人子女的罪行,依法不至于戮尸,不做焚烧尸体的事也是可以的。

6·13　吕公绰法外斩卒

吕公绰侍读[①]，知开封府时[②]，虎翼卒刘庆告变[③]，下吏案验[④]。乃庆始谋，众不从，反诉以诬众[⑤]，且觊幸得赏[⑥]。公绰言："京师卫兵多，若使奸人得计，则无以安众心。"卒论庆法外[⑦]。见王珪丞相所撰墓志[⑧]。

【注释】

①吕公绰（999—1055）：字仲裕，寿州（今安徽凤台）人。初以荫补将作监丞、知开封府陈留县。累迁太常博士、同判太常寺。历知制诰、龙图阁直学士、集贤殿修撰。再改枢密直学士、知秦州。又知开封府，罢府事，进翰林侍读学士。卒赠左谏议大夫。《宋史》卷三三一有传。侍读：指翰林侍读学士，官名。北宋真宗咸平二年（999），始置翰林侍读学士、侍讲学士。为皇帝进读书史，讲释经义，备顾问应对。

②开封府：府名。治所在开封、浚仪（今河南开封）二县，是北宋京都官吏的行政、司法衙署。天海按：此事见于王珪撰《华阳集·吕公墓志铭》及《宋史·吕公绰传》，言发生于吕公绰任纠察在京刑狱时。此作"知开封府时"，其中应有一误。

③虎翼：即虎翼军，宋代禁军建制番号。告变：告发士兵哗变事件。

④下吏案验：交付司法官吏立案查办。

⑤天海按：反诉，据王珪所撰《华阳集·吕公墓志铭》作"反讦"，于义为长。

⑥觊（jì）幸：希图侥幸。

⑦卒论庆法外：最终在法定刑罚之外判处刘庆死刑。《宋史·吕公绰传》作"遂斩庆以徇"。

⑧天海按：此为郑克自注，言本篇事见王珪所撰《华阳集》卷三八

《吕公墓志铭》。

【译文】

翰林侍读学士吕公绰，做开封府知府时，禁卫营士兵刘庆告发有人哗变，交付司法官吏立案查办。原来是刘庆最初谋划哗变，众人不听从，于是反告有兵变来诬陷众人，而且希图侥幸获得赏赐。吕公绰说："京师禁卫士兵多，如果让奸人计谋得逞，那就不能安定众人之心了。"最终在法定刑罚之外判处刘庆死刑。事见王珪丞相所撰《吕公墓志铭》。

6·14 孙沔用计刑乞丐

孙沔副枢[①]，知杭州[②]。有丐者左臂无一手，右臂唯两指。盗细民镬[③]，相竞至庭。丐者举臂泣曰："细民诬我。无指之人，岂能盗镬。"沔即然之[④]，叱细民出，抚劳丐者，因与其镬。始弗能受，再三安慰，丐者不知其计也，以指撮镬[⑤]，徐以臂举，戴于首而去。沔追还，断其指，令于市[⑥]。见近时小说[⑦]。

按：惩恶之事，本非中道[⑧]，不得已而为之。论卒法外者[⑨]，谓不如是无以安众心也。事体所系大矣，则其为此惊詟群奸[⑩]，于理或可也。丐者盗镬，事极微末，谲得其情[⑪]，法外刑之，亦何忍哉！此世俗所夸以为严明，而君子不取者也。特著其事，且辨其义，庶惩恶得以鉴焉。

【注释】

①孙沔（miǎn,996—1066）：字元规，越州会稽（今浙江绍兴）人。北宋天禧三年（1019）进士，补赵州司理参军。因协助狄青平定侬智高有功，授枢密副使。英宗即位，起为资政殿学士、知河中府，又以观文殿学士知庆州，徙延州，道卒。参见卷一《释冤》门（上）1·4条《辛祥察色获真凶》所附孙沔事。副枢：古代官名，

枢密副使的简称。为枢密院副长官。

②杭州:州名。治所在钱塘(今浙江杭州)。

③细民:小民,平民。镬(huò):鼎锅,古时指无足的鼎。今南方称锅子叫镬。有三个足架空,可以燃火,两耳可用铜钩和横杠抬举。

④然之:赞成他的说法。

⑤撮:用手指取物,抓取。

⑥令于市:下令在集市示众。

⑦天海按:此为郑克自注,言本篇事出“当时小说”。

⑧中道:中正大道。《孟子·尽心下》:“孔子岂不欲中道哉?”赵岐注:“中正之大道也。”

⑨论卒法外者:于法外对士卒论罪。此指上文6·13条《吕公绰法外斩卒》事。

⑩惊詟(zhé):使惊恐,震慑。

⑪谲得其情:用诈术获得案情。

【译文】

枢密副使孙沔,做杭州知州。有个乞丐左臂没有手,右臂的手只有两个手指。他偷盗了平民的一只鼎锅,两人相争到了府衙。乞丐举起左臂哭泣说:“这个小民诬赖我。我是没有手指的人,岂能偷盗鼎锅。”孙沔随即赞同他的说法,将平民喝叱出去,安抚慰劳乞丐,又把鼎锅交给他。乞丐开始不能接取,孙沔再三安慰他,乞丐不知这是计谋,就用右臂的两个手指撮起鼎锅,慢慢用左臂举起,顶在头上而去。孙沔派人追回鼎锅还与平民,斩断乞丐的其他手指,下令在集市示众。事见近时小说。

按:惩治邪恶的事情,本非中正大道,不得已而为之。在法外对士卒治罪,认为不如此就无以安定众人之心。若事情关系重大,那吕公绰因此震慑群奸,于理或许是可以的。乞丐偷盗鼎锅,事情极其微小,用诈术获得实情,在法外对他施刑,又如何忍心啊!这是世俗所夸赞的执法严明,但君子是不会赞成的。特地著录这件事,并且辨析其意义,希望惩治邪恶的人能够以此为鉴。

6·15 吴中复法外行刑

吴中复龙学①，知江宁府时②，属郡邮兵苦巡辖者苛刻③，辄共拘缚鞭之。及狱具，乃不应死，中复以便宜戮其首恶④，余悉配流⑤，奏著于令⑥。见本传⑦。

按：是时厢军无阶级法⑧，故不应死。中复带本路兵马钤辖⑨，故以便宜戮之。夫宥过者或纵舍于法中，惩恶者或诛戮于法外。所以异乎议罪者，彼其处决，有所推本⑩，若轻若重，无非法也。今法不应死，以便宜戮之，岂非诛于法外乎？

【注释】

①吴中复（约1011—1078）：字仲庶，兴国永兴（今湖北阳新）人。进士及第，知峨眉县，累迁殿中侍御史。风节峻厉，仁宗飞白书“铁御史”三字赐之。先后弹罢宰相梁适、刘沆。改右司谏。擢天章阁待制、知泽州，移河东都转运使，进龙图阁直学士，知江宁府。历成德军、成都府、永兴军，有善政。《宋史》卷三二二有传。龙学：龙图阁直学士的简称。

②江宁府：府名。治所在江宁（今江苏南京）。北宋时期，天禧二年（1018）改昇州为江宁府。江宁府是江南东路的首府。

③邮兵：即驿站士卒。巡辖：即巡辖使臣，又称“巡辖马递铺官”。是宋代邮传驿站系统中的监察官，承担定时巡查邮传递铺、检查簿历、究查违滞和监督邮传铺兵等职责。

④便宜：即便宜行事，不必请示，自行随机决断处置。

⑤配流：指把罪人发配、流放到边远荒僻之地。

⑥奏著于令：上奏朝廷作为通行法令。

⑦天海按：此为郑克注文，言本篇事出宋朝《国史》吴中复本传。

⑧厢军：宋初选诸州募兵之壮勇者，送京师充禁军。其余留驻各州，不加训练，只充劳役，称为厢军。也叫厢兵。阶级法：宋朝军法名。该法确立了厢都指挥使至士兵上下级间的绝对隶属关系，凡士兵违忤、陵犯或论告长官，即属犯“阶级”，应处死或流放。

⑨本路：指江宁府所属江南东路。兵马钤辖：南宋建炎元年（1127）六月，沿河、沿淮、沿江置帅府、要郡、次要郡，次要郡以文臣知州带兵马钤辖，武臣一员带兵马副钤辖。路兵马钤辖，掌管禁军驻屯、守御、训练之政令。

⑩有所推本：寻究根源有所依据。

【译文】

龙图阁直学士吴中复，做江宁府知府时，所属郡驿站士兵怨恨巡辖官吏苛刻，就共同拘缚鞭打了他。等到结案，这些士兵不应处死，吴中复以便宜行事处死了其中的首犯，其余的人全部发配流放，并上奏朝廷将此例著于法令。事见《国史》吴中复本传。

按：当时厢军还没有制定阶级法，所以不应当判处死罪。吴中复兼任本路兵马钤辖，故而以便宜行事杀死首犯。宽宥罪过的人有时在法律内加以放纵赦免，惩治邪恶的人有时在法律外加以诛杀。这些行为之所以不同于常规的议刑定罪，是因为探寻它们的出发点，都有所依据，或轻或重，没有不依法制裁的。假如法律不应当处死，而以便宜行事杀戮他们，难道不是在法律之外加以诛杀吗？

6·16　彭思永一日结案

彭思永中丞①，尝为益州路转运使②。成都阙守③，摄领府事④。吏盗官钱数百万，付狱已三岁，出入自若⑤。思永视事⑥，一日即具狱⑦。见本传⑧。

按：思永疾吏庇奸，则固善矣，然其为转运使，亦可劾吏正法也[9]。乃必待摄领府事，而后一日具狱，何哉？此唯通判为之[10]，乃可称耳，在于监司[11]，不足道也。但其惩恶，亦有取焉，故特著之。

【注释】

①彭思永（1000—1070）：字季长，庐陵（今江西吉州）人。进士及第，知南海县、分宁县。又知潮、常州，寻召为侍御史。累擢天章阁待制、河北都转运使，治平中召为御史中丞。熙宁三年（1070）以户部侍郎致仕。《宋史》卷三二〇有传。中丞：指御史中丞。宋代监察机关御史台设有御史大夫和御史中丞。元丰改官制后，御史中丞实际上是御史台的真正长官，须由皇帝亲擢。上至宰相，下至一般小官，都在御史监察弹劾之列。

②益州路：北宋咸平四年（1001）分西川路置益州路，益州路治益州（今四川成都）。转运使：官名。唐代始设。宋初改设专职都转运使和转运使，掌一路或数路财赋，后又兼理治安、巡察等，成为居府州之上的行政官职。

③阙守：指暂缺知府。

④摄领府事：代理成都府知府公事。

⑤出入自若：出入监狱，神情如常。

⑥视事：指就职治事。

⑦具狱：结案。

⑧天海按：此为郑克注文，言本篇事见宋朝《国史》彭思永本传。

⑨劾吏：检举揭发官吏罪状。正法：按法论罪，以正法典之意。

⑩通判：官名。官制始于宋朝，地位次于州府长官，但握有连署公事和监察官吏的实权。掌管粮运、农田、水利和诉讼等事项，对州府的长官有监察的责任。

⑪监司:负有监察之责的官吏。宋代转运使、提举常平使、安抚使和提点刑狱有监察一路官吏的责任,故又称监司。

【译文】

御史中丞彭思永,曾经做益州路转运使。成都府缺知府,他临时代理知府公事。有官吏盗窃官钱数百万,交付监狱已经三年,却还出入监狱,神情如常。彭思永到任办公,一天就审结此案了。事见《国史》彭思永本传。

按:彭思永痛恨官吏包庇奸恶,那固然是好事了,但是他作为转运使,也可以检举揭发官吏罪状,按法论罪以正法典。却一定要等到代理知府公事,然后才一日结案,是为什么呢?此案唯有通判这样做,才值得称道罢了,彭思永本身就在监司职位,不值得称道。但他惩治邪恶,也有可取之处,所以特地著录这件事。

6·17 周沆撤室治大吏

周沆侍郎①,尝知渤海县②,滨州大吏恃府势筑室障民居③,害其出入。民诉县以十数,前令莫敢直④。沆立表撤室⑤,收吏抵罪,豪猾愓息⑥。见司马光丞相所撰神道碑⑦。

【注释】

①周沆(hàng):字子真,青州益都(今山东青州)人。举进士后,授官渤海知县。历任沂州知府、潭州知府、河东转运使,皆有政绩,迁度支副使。侬智高叛乱时,仁宗命其安抚广西。后历任陕西、河北、河东转运使。进授枢密直学士,以户部侍郎致仕。《宋史》卷三三一有传。侍郎:此指户部侍郎。户部的副长官。户部,中央六部之一,掌管全国土地、户籍、赋税、财政收支等事务。

②渤海县:为宋朝滨州属县名。在今山东滨州。

③滨州：宋州名。治所在渤海县。大吏：大官。此指州府部将。

④莫敢直：不敢公正处理。

⑤立表撤室：立即拆除他修建的房屋。立表，白日立木并观察其影子而计时。

⑥豪猾：强横奸猾之人。惕息：谓心跳气喘。形容极其恐惧。

⑦天海按：此为郑克自注，言本篇事出司马光所撰《周公神道碑》。

【译文】

户部侍郎周沆，曾经做渤海县知县，滨州部将倚仗府衙势力修建房屋，遮挡了民居，妨碍居民出入。居民诉讼到县衙十多次，前任县令不敢公正处理。周沆立即拆除了他修建的房屋，交付司法官吏治罪，豪强猾吏心惊胆战。事见司马光丞相所撰《周公神道碑》。

6·18　薛仪依法惩恶吏

薛仪殿丞[①]，通判渭州[②]。守将武人[③]，不能谨廉[④]，大吏郝正把其阴事[⑤]，招权受赂[⑥]，人莫敢诘[⑦]。仪请治之，将内窘[⑧]，以情告。仪曰："止欲去恶吏，必不使及君。"将即移疾[⑨]，仪摄州事[⑩]，乃发正私出塞市马[⑪]，收案伏法[⑫]。将不染于辞[⑬]，深德之[⑭]。见司马光丞相所撰墓志[⑮]。

按：君子之惩恶，不必皆于法外诛戮也。若豪猾之人，恣为奸利[⑯]，莫敢治之以法，而独以法绳之，亦足以惩恶矣。故著此二事，使折狱者以为鉴也。

【注释】

①薛仪：字式之，宋河东（今山西永济）人。以荫恩为太庙斋郎，除守将作监主簿，监凤翔府商税。历知鄠县、安邑，通判渭、鄜二州，迁知深州，终殿中丞、知商州。《宋史》无传。殿丞：官名。即殿中

丞，殿中省佐贰官。宋殿中省置监、少监、丞各一人，监掌供奉皇帝衣食住行。少监为之贰，丞参领之。

②渭州：州名。北宋时辖境相当于今甘肃平凉、华亭、崇信及宁夏泾源等地。治所在平凉（今甘肃平凉）。

③守将：即知州。宋朝习惯称知州、知府为州将或守将。武人：犹武夫、军人。天海按："武人"，原文误作"五人"，此据《司马文正公集》卷七九《薛君墓志铭》校改。

④谨廉：谨慎廉正。

⑤大吏：古代军队中的下级将领。此指州府部将。阴事：隐秘的事情，不可告人的事情。

⑥招权受赂：揽权力，受贿赂。

⑦诘：责问，追究。

⑧内窘：内心难堪，为难。

⑨移疾：旧时指官员上书称病离职。

⑩摄州事：代理知州公务。

⑪私出塞市马：私自出边塞买卖马匹。天海按，宋律严禁私出边塞与外邦人交易，违者治罪。见《宋刑统》卷八"越度缘边关塞共化外人交易姻婚"条。

⑫收案伏法：拘捕案问，处以死刑。

⑬将不染于辞：没有沾染、牵连知州的言词。

⑭深德之：特别感激薛仪。德，感恩，感激。

⑮天海按：此为郑克自注，言本篇事出司马光所撰《薛君墓志铭》。

⑯恣为奸利：肆意谋取非法的利益。

【译文】

殿中丞薛仪，做渭州通判。知州是个武人，做不到谨慎廉洁，州内将领郝正掌握了他的隐私，弄权受贿，没人敢责问追究。薛仪请求惩治他，知州心中难堪，以实情相告。薛仪说："只想要除去恶吏，一定不使此事牵连到你。”知州就上书称病离职，薛仪代理知州公事，就揭发郝正私自出塞买卖马匹，将他收案查办处以死刑。没有牵连知州的言词，知州深深感激薛仪。事见司马光丞相所撰《薛君墓志铭》。

按：君子惩治邪恶，不必都要在法外施行诛杀。如果是强横奸猾之人，肆意谋取非法利益，没有人敢依法惩治他，却有人专门以法律制裁他，也足以惩恶了。所以著录此二事，使审理案件的人以此作为借鉴。

七、察奸

【题解】

“奸”字的异体“姦”为会意字，本为淫乱之意，又有干犯之意。故“奸”又为事行奸邪，虚伪狡诈，暗中所为不可告人之事，故为奸诈、奸邪、狡诈、邪恶之意。也泛指违法犯罪的坏人坏事。从法律意义上讲，察奸，就是侦察、审察、辨察奸邪、狡诈的犯罪。武则天时有酷吏来俊臣，在他所撰的《罗织经》中，也专门列有《察奸》一卷。但其中主要是针对“奸诈”与“忠诚”行为的认识与表述，不能与此相提并论。

《察奸》为《折狱龟鉴》第七门，选录主案22条，其中重出无文2条，附15事，共计35事。此《察奸》门与卷六的《核奸》《擿奸》二门分别是惩治奸恶犯罪的三个方面，而“察奸”则着重在侦察、审察、辨察罪犯作奸犯科的事实与情节。正如作者在本门7·17条《孙长卿破杀弟案》按语中所说：“奸人之匿情而作伪者，或听其声而知之，或视其色而知之，或诘其辞而知之，或讯其事而知之。盖以此四者得其情矣，故奸伪之人莫能欺也。”

其实，作者所言“听其声”“视其色”“诘其辞”“讯其事”四种察奸的方法，也是从《周礼·秋官·小司寇》“五听”之说中演绎而出的。本门7·1条《子产闻哭知其奸》与所附庄遵、韩滉、张咏、郭申锡四事，就是通过闻其哭声、察其神色“惧而不哀”来察知谋杀亲夫、谋杀亲弟的典型案例。

法制与刑罚，是历代统治者执政的重要手段。孔子曾经评价子产执政时说过："政宽则民慢，慢则纠之以猛；猛则民残，残则施之以宽。宽以济猛，猛以济宽，政是以和。"本门7·3条《尹翁归执法宽严》中，作者评价尹翁归治政就与子产接近。说尹翁归闻知执政有峻急的呼声时，就稍微宽缓一些，这就是所谓"宽政用来调济猛政"；官吏百姓稍有怠慢时，就打开记录查办犯罪者，就是所谓"猛政用来调济宽政"。他不在无事时捕取所有罪犯，必定通过考核官吏大会以及外出巡行各县时收捕罪犯。他虽然完全知道奸邪之人及其罪名，却不完全查办使他们入罪，只是以一警百，从而官吏百姓皆服，所以他使用宽政可以说是简约严明了。因此能使人人恐惧，改过自新。察办奸恶之道，没有比这样更好的了。那苛察细小之事，恐骇威服众人，以此夸耀自己贤明的人，与尹翁归相比，有什么值得称道呢！

作者还认为：如果只用自己的耳目审察奸恶，不如利用众人的耳目审察奸恶广泛而且详尽。利用众人耳目察奸，最便利的方法就是设置举报箱。远在战国时期，魏国魏文侯任用国相李悝，就建立了举奸揭凶、惩污治吏的举报制度。他于"僻巷"处设立"蔽竹"，其形状就是一个圆形的竹筒，长约尺许，上方有一个大约三寸见方的小口，以便检举人将写有揭发内容的竹简塞入筒内。而后真正将举报箱的功能定型的，则是西汉时期的颍川太守赵广汉发明的"缿（xiàng）筒"，即"告密筒"。本门7·2条《赵广汉设告密筒》中赵广汉就是以此受理告密、告发检举的案件，惩治贪官污吏及其奸党，使他们离散败落，然后利用他们做耳目，监督侦察盗贼，由此使邪恶者望而生畏，敬服收敛。

作者还特别强调说：审察奸恶的情况，有专门以其神色审察的，有兼以其言谈审察的。其神色不正常，言谈有怪异，必定有奸诈。但是不能事先怀疑别人。见其有异，见其非常，然后审问他，就能获得实情。如果事先怀疑别人，那就与怀疑邻居的儿子偷了斧子的人类似了。因此事

先怀疑别人欺诈来显示自己英明的人,不能够算是善于审察奸恶的人。(见7·6《荀攸善察亡命徒》)

7·1 子产闻哭知其奸庄遵、韩滉、张咏、郭申锡四事附

郑子产[①],闻妇人哭,使执而问之,果手刃其夫者[②]。或问:"何以知之?"子产曰:"夫人之于所亲也,有病则忧,临死则惧,既死则哀。今其夫已死,不哀而惧,是以知其有奸也。"旧出《独异记》[③]。

【注释】

①郑:诸侯国名。即春秋时的郑国,在今河南新郑一带。子产(? —前522):公孙氏,名侨,字子产,一字子美,春秋时期郑国人。郑穆公之孙,郑公子发之子,法家先驱。其事见于《左传》与《史记·郑世家》。

②手刃:亲手所杀。

③天海按:此为郑克自注,言本篇旧《疑狱集》出自《独异记》。又见《韩非子》卷十六《难三》载"子产闻哭"之事。《独异记》:一说即《独异志》。唐李亢撰。原本十卷已散佚,传世明抄本与《稗海》本均为三卷。此书《新唐书·艺文志》《宋史·艺文志》皆署作者为李亢,《崇文总目》作李元,《四库全书》作李冘,疑皆形近而讹。此书所录,皆"世事之独异"者。时间上,上至远古三皇五帝,下至近世隋唐,笔涉历代,总括古今,是一部轶事兼志怪的小说集。书中除记述唐代流传的奇闻异事外,主要记载了唐以前的各种传说,起到了保存文献的作用。

【译文】

春秋时郑国的子产,听到有妇人啼哭,便派人将她捉来审问,果然是

亲手杀害了自己丈夫的人。有人问道:“凭什么知道她是杀死了自己丈夫的人呢?”子产说:“人们对于自己的亲人,有病了就担忧,临近死去就恐惧,已经死了就会悲哀。如今她的丈夫已经死去,哭声不悲哀而是恐惧,因此知道其中有奸情。”旧《疑狱集》出自《独异记》。

按:《疑狱集》又载两事[①]:

庄遵为扬州刺史[②],曾巡行部内[③],忽闻哭声,惧而不哀。驻车问之,答曰:“夫遭火烧死。”遵令吏守其尸,乃有蝇集于首,披髻视之[④],得铁钉焉,因知此妇与人共杀其夫也。

韩滉在润州[⑤],宴于万岁楼,忽闻哭声,惧而不哀。问左右:“在何所?”对曰:“在某街。”即命捕之,乃妇丧夫也。信宿[⑥],狱不成[⑦],吏惧,守于尸侧。有青蝇集其首,因发髻视之,脑有大钉。果妇私邻人,醉其夫而钉杀之也。二事旧不著出处[⑧]。

【注释】

①《疑狱集》:书名。是五代后晋和凝、和𪓐父子编著的法学案例著作,共四卷,辑录了汉至五代的情节复杂、争讼难决而最后获得了正确处理的案件一百多例。书成上表朝廷,刊印传世。

②庄遵:参见本书卷一《释冤》门(上)1·17条《庄遵放嫂擒奸夫》注。扬州刺史:参见同上。

③巡行部内:巡察所部辖区境内。

④披髻:打开发髻。髻,古代男子束发,在头顶挽成的发鬏。

⑤韩滉(723—787):字太冲,京兆长安(今陕西西安)人。唐代中期的政治家和画家,历经玄宗至德宗四帝,从地方官到藩镇节度使、宰相,是拥护统一、反对藩镇割据的政治家。他在书法、绘画

上也都有很突出的成就，尤擅长人物画和畜兽画。《旧唐书》卷一二九、《新唐书》卷一二六有传。润州：州名。治所在丹徒（今江苏镇江）。韩滉任镇海军节度使，治润州。

⑥信宿：连住两夜，也表示两夜。

⑦狱不成：案件不能成立。即不能定案。

⑧天海按：此为郑克自注，言“庄遵”“韩滉”二事《疑狱集》未注明出处。今见“庄遵”事出晋陈寿所撰《益都耆旧传》，为《太平广记》卷一七一所引；“韩滉”事出唐段成式《酉阳杂俎》续集卷四。

【译文】

按：《疑狱集》又载两件事：

庄遵做扬州刺史时，曾经巡行所辖地区，忽然听到有哭声，恐惧而不悲哀。停车询问那人，她回答说：“丈夫遭遇火灾被烧死了。”庄遵命令差吏守护那尸体，竟有苍蝇聚集在尸体头上，打开发髻查看，发现有铁钉在头顶，因此知道是妇人与别人一起杀死了她的丈夫。

韩滉在润州任职时，在万岁楼设宴，忽然听到有哭声，恐惧而不悲哀。问左右的侍从说：“啼哭的人在哪里？”回答说：“在某街。”随即命令将其逮捕，原来是妇人死了丈夫。过了两夜，此案未破，官吏畏惧，守候在尸体旁边。有苍蝇聚集在尸体头上，因此打开发髻查看，脑袋上有枚大钉子。果然是妇人与邻人私通，灌醉她的丈夫后又用铁钉杀死了他。此二事旧《疑狱集》未写明出处。

近时小说亦载一事：张咏尚书镇蜀日[①]，因出过委巷[②]，闻人哭，惧而不哀，亟使讯之，云：“夫暴卒[③]。”乃付吏穷治。吏往熟视，略不见其要害[④]，而妻教吏：“搜顶发，当有验。”及往视之，果有大钉陷其脑中。吏喜，辄矜妻能[⑤]，悉以告咏。咏使呼出，厚加赏劳。问所知之由，令并鞫其事[⑥]。盖尝害夫，亦用此谋。发棺视尸，其钉尚在。遂与哭妇俱刑于市⑦。

【注释】

①张咏尚书：参见卷四《宥过》门5·6条《张咏智断染料案》注。镇蜀日：指张咏任益州知州的时候。

②委巷：僻陋小巷。

③暴卒：得急病突然死亡。

④略：全，皆。要害：身体上致命的地方。

⑤矜：夸耀。

⑥鞫：审问。

⑦俱刑于市：一起在集市上处以死刑。

【译文】

近时小说也载有一事：张咏尚书坐镇四川时，因外出经过偏僻的小巷，听到有人啼哭，哭声恐惧而不悲哀，立即派人前去讯问啼哭的人，这人说："丈夫生急病突然死亡。"于是将她交付官吏彻底查办。官吏前往仔细查看，完全不见死者身体上有致命的地方，官吏的妻子指点官吏说："搜寻头顶发髻，应当会有验证。"等官吏前往查看，果然有大钉陷入死者脑中。官吏大喜，就夸耀妻子能干，把全部情况都报告给张咏。张咏让他唤出妻子，多加赏赐慰劳。并问她从何处知道的原由，命令一并审查她的事情。原来她曾经杀害过前夫，用的也是这种计谋。开棺查看前夫尸体，那铁钉还在。于是与啼哭的妇人一起在集市上处以死刑。

此三事始末略同，皆用子产语以察奸者也。或疑张、韩之事，后人傅会为之①。然则上虞孟尝、临淄曹摅所论孝妇②，亦可疑矣。古今虽殊，事理无异，适然相似③，何足致诘④？当知子产言犹可用。

【注释】

①傅会：同“附会”。牵强凑和。

②上虞孟尝、临淄曹摅所论孝妇：此二事见本书卷一《释冤》门（上）1·2条《曹摅为孝妇雪冤》。

③适然：偶然。

④何足致诘：哪里值得招致诘问。

【译文】

这三件事始末大略相同，都是用了子产的话语来审察奸恶。有人怀疑张咏、韩滉的事情，是后人附会而为之。这样的话，那上虞的孟尝、临淄的曹摅为孝妇议罪，也可以怀疑了。古今时代虽然不同，但事理没有区别，偶然相似，哪里值得质疑诘问？应当知道子产的话还是可以采用的。

郭申锡给事[①]，初为常州晋陵尉[②]，民有号泣诉其弟为人所杀者。申锡察其色惧而不哀，曰：“吾得贼矣。”执而讯之，果兄杀弟。见本传[③]。此其事异而理不异，岂非亦用子产之言以察奸乎？盖言苟中理[④]，无时不验。非若谲诈[⑤]，忌人窥测[⑥]；已陈刍狗[⑦]，用辄为祟也[⑧]。王者发政[⑨]，必占古语[⑩]。尽心君子，焉可忽哉！

【注释】

①郭申锡（998—1074）：字延之，魏县（今河北魏县）人。第进士，为晋陵尉，知博州。曾任御史台推直官、侍御史、盐铁副使，旋加直史馆、知江宁府，再副盐铁，进天章阁待制、知邓州、河中。著有《边鄙守御策》。以给事中致仕，卒，年七十七。事见《宋史·郭申锡传》。给事：即给事中。宋初给事中为寄禄官，无职事。神宗元丰改制后，复为职事官，正四品，四人，分治门下省日常公务，

审读内外出纳文书，驳正政令、授官之失当者，日录奏章以进，纠治其违失。

②常州：州名。治所在晋陵（今江苏常州）。晋陵：县名。宋为常州属县，州治所在地。尉：县尉。县令的佐官，掌讼狱治安。

③天海按：此为郑克注文，言本篇事见宋朝《国史》郭申锡本传。

④苟中理：如果符合道理。

⑤谲诈：欺诈，玩弄手段。

⑥窥测：于隐蔽处偷看，窥探。

⑦已陈刍狗：忌惮陈列草狗以祭祀。刍狗，草扎之狗，古代用来祭祀，祭祀后丢弃。

⑧用辄为祟：用了就会成为灾祸。祟，鬼神予人的灾祸。

⑨王者发政：帝王发布政令，施行政治措施。

⑩必占古语：必定参看古人说的话。

【译文】

给事中郭申锡，最初做常州晋陵县县尉时，县里有人哭号流泪，诉说他的弟弟被人杀了。郭申锡观察他的神色恐惧而不悲哀，就说："我知道杀人凶手了。"逮捕他加以审讯，果然是兄长杀了弟弟。事见《国史》郭申锡本传。这件事与前面的事情不同，但道理相同，难道不是也采用了子产的话来审察奸恶吗？言语如果符合道理，就没有什么时候不能验证。不像欺瞒狡诈，忌惮人窥察；如同已经陈列过的草狗，使用后就引来灾祸。帝王发布政令，一定要参用古人的话。尽心审案的君子，哪能忽略呢！

7·2　赵广汉设告密筒

汉赵广汉[①]，为颍川太守[②]，吏俗朋党[③]。广汉患之，厉使其中可用者受记[④]，出有案问[⑤]，既得罪名，行法罚之。广汉故漏泄其语[⑥]，令相怨咎[⑦]。又教吏为缿筒[⑧]，及得投书[⑨]，削去主名[10]，而托以为豪杰大姓子弟所言。其后强宗大族，家家结为仇雠，奸党散落，风俗大改。吏民相告讦[11]，广汉得以为耳目，盗贼以故不发，发又辄得[12]。一切治理，威名流闻。出《汉书》本传，旧集不载[13]。

按：吏俗朋党，壅蔽为奸[14]，则太守势孤而为众所制矣。是故广汉以受记、案问、投书、告讦之事，破坏其党，使之散落，然后用为耳目，督察盗贼，而皆畏戢[15]，乃可治理。察奸之术，有在是者，故特著之也。

【注释】

①赵广汉（？—前65）：字子都，西汉涿郡蠡吾（今河北博野西南）人。少为郡吏。后历任州从事、平准令、阳翟令、京辅都尉、守京兆尹等职。赐爵关内侯。迁颍川太守。后为京兆尹，精明干练，严于吏治。地节三年（前67）以杀害无辜，事下丞相御史案验。下廷尉狱，腰斩。《汉书》卷七六有传。

②颍川：西汉郡名。治所在阳翟（今河南禹州）。太守：官名。又称郡守，郡的行政长官，于战国时开始设置。南北朝时，太守权为州刺史所夺，至隋初遂存州废郡，以州刺史代太守之任，此后太守不再是正式官名。

③吏俗朋党：官吏习惯于拉帮结派，互相勾结。

④厉："励"的古字。勉励，激励。受记：受理公文（案件）。记，古代的公文，此指案件。

⑤出有案问：外出有案件审理。

⑥漏泄其语：泄漏案件中的言语。

⑦怨咎：怨恨，怪罪。

⑧缿（xiàng）筒：古代官府接受告密文书的器具。缿，状如瓶，留小

孔，可入而不可出。颜师古曰："缿，若今盛钱臧瓶，为小孔，可入而不可出。"

⑨投书：投交告发信。

⑩主名：此指原告的姓名。

⑪告讦（jié）：责人过失或揭人阴私。

⑫辄得：总是能够破获。

⑬天海按：此为郑克自注，言本篇事出《汉书·赵广汉传》，旧《疑狱集》不载此事。

⑭壅蔽：隔绝蒙蔽。多指用不正当手段有意隔绝别人的视听，使人不明真相。

⑮畏戢（jí）：畏惧收敛。

【译文】

西汉时的赵广汉，做颍川郡太守时，郡中官吏习惯于拉帮结派。赵广汉为此忧虑，他勉励其中可以使用的人，让他们受理案件。外出有案件审理，已经查实罪名后，就按法行事惩罚他们。赵广汉故意泄漏其中言语，使他们互相怨恨怪罪。又让官吏做告密筒，等收到告密书信，就削去告密者姓名，而假托豪强大姓子弟所言。其后强宗大族，家家结为仇人，奸党瓦解败落，风俗大为改变。官吏百姓互相检举揭发，赵广汉能够以他们作为耳目，抢劫与偷窃的案件因此不再发生，发生了又总是能够破获。郡中一切都得到治理，赵广汉威名流传。事出《汉书·赵广汉传》，旧《疑狱集》不载此事。

按：官吏们习惯结成朋党，隔绝蒙蔽视听，为非作歹，那郡太守就势孤力单而为众人所钳制了。因此赵广汉以受理案件、审问、投告密信、告发检举等事，破坏他们的朋党，使他们离散败落，然后利用他们做耳目，监督侦察盗贼，而后他们都畏惧收敛，这才可以治理。察办奸恶的方法，有的就在于此，所以特地著录此事。

7·3 尹翁归执法宽严赵广汉、江文遥、黄霸三事附

汉尹翁归[1]，为东海太守[2]，郡中吏民贤不肖，及奸邪罪名尽知之。县县各有记籍[3]，自听其政[4]。有急名则少缓之[5]，吏民少解[6]，辄披籍[7]。县县收取黠吏豪民[8]，案致其罪，高至于死。收取人必于秋冬课吏大会中及出行县[9]，不以无事时。其有所取也[10]，以一警百，吏民皆服，恐惧改行自新。出《汉书》本传，旧集不载[11]。

按：赵广汉使吏民相告讦，乃得以为耳目，翁归所以尽知吏民贤不肖及奸邪罪名者，何也？《传》称[12]："广汉为人强力[13]，天性精于吏职。见吏民，或不寝至旦。尤善为钩距[14]，以得事情[15]。""郡中盗贼，闾里轻侠[16]，其根株窟穴所在[17]，及吏受取请求铢两之奸[18]，皆知之。"则用为耳目者，不独相告讦之吏民也。

【注释】

①尹翁归（？—前62）：字子兄，西汉河东平阳（今山西临汾西南）人。初为狱小吏，晓习文法。河东太守田延年署为督邮。后历任缑氏尉、都内令、弘农都尉，迁东海太守。为政任刑，不以行能骄人，故甚得名誉于朝廷。卒后家无余财。《汉书》卷七六有传。

②东海：西汉郡名。郡治在郯（今山东郯城北）。

③记籍：登记名册。

④自听其政：亲自处理诸县政事。

⑤有急名则少缓之：有了严厉峻急的名声便稍加宽缓。

⑥吏民少解：官吏百民稍有懈怠。解，通"懈"。

⑦披籍：翻开记录有罪者的名册。谓揭露其罪行。

⑧收取黠吏豪民：逮捕奸猾之吏和有钱有势之人。

⑨课吏大会：考核官吏政绩的大会。行县：巡行所主管之县。

⑩其有所取：他所逮捕的人犯。天海按："其"字，四库本脱，此据钱熙祚《守山阁》校本补。

⑪天海按：此为郑克自注，言本篇事出《汉书·尹翁归传》，旧《疑狱集》不载此事。

⑫《传》：此指《汉书·赵广汉传》。

⑬强力：倔强，强硬。天海按：以下两段话皆见于《汉书·赵广汉传》。

⑭钩距：辗转推问，究得情实。

⑮事情：事物的实际情形。

⑯闾里：街坊乡里。轻侠：轻生忘死的侠士。此指亡命犯禁的人。

⑰根株窟穴：此形容贼人的老窝及分居巢穴。

⑱铢两之奸：微小的坏事。铢两，此指极少量。

【译文】

西汉尹翁归，做东海郡太守时，对于郡中官吏、百姓的贤良和不正派，以及为奸作恶的罪行都完全知道。每县各自都有登记名册，他亲自处理政事。有执法峻急的呼声时，他就稍加宽缓；官吏百姓稍有懈怠，就披露登记名册。逐县收捕奸猾官吏和豪强刁民，审判他们的罪行，重刑至于死罪。收捕人必定在秋冬官吏考核的大会中及外出巡县时，不在平常无事时进行。他这样逮捕人犯，是为了以一警百，官吏百姓都顺服，惊恐畏惧，改过自新。事出《汉书·尹翁归传》，旧《疑狱集》不载此事。

按：赵广汉让官吏百姓互相告发检举，就能够使他们成为自己的耳目；尹翁归能够完全知道郡中官吏百姓的贤良和不正派，以及各种为奸作恶犯的罪行，是何原因呢？《汉书·赵广汉传》称："赵广汉为人刚强有力，天生精于官场职务。接见官吏百姓，有时不睡觉到天明。尤其善于用辗转推问的方法，以此获得事件的实情。""郡中盗贼，街坊乡里亡命犯禁的侠士，他们的老窝及分居巢穴所在，以及官吏接受贿赂、请托等哪怕极小的奸邪之事，全都知道。”那么赵广汉用作耳目的人，不只是互相告发检举的官吏百姓了。

后魏江文遥[①]，为咸阳太守[②]，勤于礼接[③]，终日坐厅事[④]，至者见之，假以恩颜[⑤]，屏人密问[⑥]。于是民所疾苦，大盗姓名，奸滑吏长，无不知悉。亦以精强之力，钩距之术，而得人皆为其耳目也。

是故史言黄霸在颍川时[⑦]，“吏民见者，语次寻绎[⑧]，问他阴伏[⑨]，以相参考”。人咸畏服，称为神明。翁归所以能尽知者，殆亦然欤？

【注释】

①后魏：即北魏，是鲜卑族拓跋珪建立的政权，也是北朝第一个王朝。江文遥（474—528）：济阳考城（今河南民权东北）人。少有大度，轻财好士。正始二年（505），除步兵校尉。永平初年，袭封安平县子，拜前军，出为咸阳太守，治行为雍州第一。迁骁骑将军，进号征虏将军。孝明帝即位后，拜平原太守，迁安州刺史。善于绥纳，甚得人心。《魏书》卷七一、《北史》卷四五有传。

②咸阳：十六国前秦苻坚置咸阳郡。北魏沿置，属雍州。郡治在池阳（今陕西泾阳西北）。

③礼接：礼遇，以礼接待。

④厅事：亦作“听事”，指官署视事问案的厅堂。

⑤假以恩颜：给他们以恩惠的表情。恩，此指和颜悦色，态度和蔼。

⑥屏人密问：退去侍从，秘密询问。

⑦史言：此指《汉书·黄霸传》所言。黄霸（？—前51），字次公，淮阳阳夏（今河南太康）人。少有大志，攻读法律之学，一生经历汉

武帝、汉昭帝和汉宣帝三朝。汉武帝末年，捐官出仕，授侍郎谒者，候补左冯翊二百石卒史。迁河东均输长，清正廉洁。授河南太守丞，吏民爱敬。宣帝时，转廷尉正，执法严明。迁扬州刺史，治绩卓著。迁京兆尹，转颍川太守，文治有方。拜太子太傅，擢为御史大夫。汉宣帝五凤三年（前55），代替丙吉为丞相，封为建成侯，总揽朝纲。甘露三年（前51），去世，谥号为定。在颍川时：指黄霸为颍川郡太守时。

⑧语次寻绎：言谈之间反复玩索、推究。寻绎，抽引推求。

⑨阴伏：隐秘不为人知的坏事。天海按：以上数语皆见于《汉书·黄霸传》。

【译文】

后魏的江文遥，做咸阳郡太守时，勤于以礼待人，整日坐在公堂上，来人就接见他们，和颜悦色地对待他们，屏退侍从秘密讯问。于是百姓的疾苦，大盗的姓名，奸滑的官吏，无不知悉。他也是以精明强干之力，辗转推问的方法，从而能够使人们都成为他的耳目。

因此史书上说，黄霸在颍川郡做太守时，“官吏百姓来求见的，他在言谈之间反复玩索推究，讯问他们知道的隐秘之事，以便互相参考”。人们都敬畏信服，称赞他为神明。尹翁归所以能够完全知道官吏百姓的情况，大概也是这样吧！

盖以己耳目察奸，不若以众耳目察奸之广且尽也，第恐为彼所欺耳，故于精强钩距，亦有取焉。若翁归之可取者，则不独此也。仲尼之言曰：“政宽则民慢①，慢则纠之以猛②；猛则民残③，残则施之以宽④。宽以济猛⑤，猛以济宽，政是以和⑥。”翁归之政近之矣。有急名则少缓之者，宽以济猛之谓也；吏民少解，辄披籍案罪者，猛以济宽之谓也。

又不以无事时有所取，必因课吏大会及出行县，则其用猛可谓谨重矣。虽尽知奸邪罪名，而不尽案致其罪，但以一警百，而吏民皆服，则其用宽可谓简严矣⑦。是故能使人人恐惧，改行自新，和可知也⑧。察奸之道，莫善于此。若夫苛察细事，骇伏众人，以矜其明者，于翁归何足道哉！拟诸古之良吏，其郑子产之流亚欤⑨？史称薛宣为世吏师⑩，宣特一世之吏师耳，翁归乃百世之吏师也。

【注释】

①慢：消极，怠慢。

②猛：苛急，暴力。

③残：残害，摧残。

④宽：宽缓，宽松。

⑤济：调济，补救。

⑥政是以和：政事因此和美。天海按：以上引语见《左传·昭公二十年》孔子赞子产"为政宽猛"。

⑦简严：简约而严明。

⑧和可知：执政和美可想而知。

⑨流亚：同一类的人物。

⑩史称：此指《汉书·薛宣传赞》所言。天海按："史"字，四库本原讹作"吏"，此据钱熙祚《守山阁》校本改。薛宣为世吏师：见《汉书·薛宣传》中班固赞薛宣语。薛宣，字赣君，东海郯县（今山东郯城）人。西汉末年丞相，敬武公主之夫，以知人善任而著称。历任不其县丞、乐浪都尉丞、宛句令、长安令。成帝时，诏补御史中丞，执法殿中，外总部刺史。嘉鸿元年（前20）正月，任御史大夫。四月，任丞相，封高阳侯。永始二年（前15）十一月，免薛宣

相位。薛宣为官赏罚分明,用法公平,宽厚仁爱,使民有利。

【译文】

如果只用自己的耳目审察奸恶,不如以众人的耳目审察奸恶广泛而且详尽,只是怕被他们所欺骗罢了,所以对于辗转推问的方法,也有所取吧。像尹翁归的可取之处,就不只是如此了。孔子有言论说:“政治宽松百姓就怠慢,怠慢就用猛政纠正他们;用猛政百姓就会受到伤害,受到伤害就施以宽松的政治。宽政用来调济猛政,猛政用来调济宽政,政治因此和美。”尹翁归治政与此接近了。有峻急的呼声就稍微宽缓一些,就是所谓“宽政用来调济猛政”;官吏百姓稍有怠慢,就翻开记录查办犯罪者,就是所谓“猛政用来调济宽政”。又不在无事时捕捉所有罪犯,必定通过官吏考核大会以及外出巡行各县时收捕罪犯,那么他采用猛政可谓谨严慎重了。他虽然完全知道奸邪之人及其罪名,却不完全查办使他们入罪,只是以一警百,从而官吏百姓都顺服,那么他使用宽政可以说是简约严明了。因此能使人人恐惧,改过自新,执政和美可想而知。察办奸恶之道,没有比这样更好的了。那苛察细小之事,恐骇威服众人,以此夸耀自己贤明的人,与尹翁归相比,有什么值得称道的呢!诸多古代的良吏,应该是郑国子产一类的人吧?史书称道薛宣为世上官吏的师表,薛宣只不过是一世的官吏师表罢了,尹翁归乃是百世的官吏师表啊。

7·4 黄昌密察奸有术

后汉黄昌[①],为宛令[②],政尚严猛,好发奸伏[③]。有盗其车盖者[④],昌初无所言,后乃密遣亲客[⑤],至门下贼曹家掩取得之[⑥],悉收其家,一时杀戮。大姓战惧,皆称神明。出《后汉书》本传,旧集不载[⑦]。

按:贼曹主盗贼事,而盗令君车盖[⑧],正如周纡为召陵侯相[⑨],廷掾惮其严明[⑩],欲损其威,而晨取死人断手足立寺门[11]，是奸猾之吏，与令为戏者也[12]。有以胜之，则其党皆畏戢[13]；无以胜之，则其党皆侮玩[14]。故昌初无所言，犹兵法“初如处女，敌人开户”也[15]；掩取得之，犹兵法“后如脱兔，敌不及拒”也[16]。此其所以胜奸之术也。夫一车盖，亦何所直。尝试县令[17]，人必非远；察其情状，犹涉疑似[18]；验其物色[19]，遂见端的[20]；于是掩取，理无不得也。昌发奸伏，可谓有术，然悉收其家，一时杀戮，则残酷已甚矣。此乃前代长吏法许专诛之过也[21]。今但取其察奸之术耳，酷吏之事，善人所恶，何足道哉！

【注释】

①后汉：即东汉，与西汉统称两汉。黄昌：字圣真，会稽余姚（今浙江余姚）人。初仕州郡，后历任宛令、蜀郡太守、陈相、将作大匠、太中大夫等职。政尚严明，敢于诛戮豪强；断狱公允，胥吏不敢欺诈。卒于官。《后汉书》卷七七有传。

②宛令：宛县县令。宛，县名。秦昭襄王置县。治所在今河南南阳宛城。汉时为南阳郡治所。

③奸伏：隐藏而未暴露的坏人坏事。

④车盖：古代车上遮雨蔽日的篷子，形圆如伞，下有柄。

⑤亲客：亲近的宾客。

⑥门下贼曹：官名。汉朝郡县置，因与长官关系亲近，故冠以“门下”，为门下五吏之一，掌盗贼警卫事。东汉光武帝以二千石曹掌中都官水火、盗贼、词讼、罪法。各郡皆置，为郡之佐吏。《通典·职官四·历代尚书》：“二千石曹。”注：“掌中都官、水火、盗贼、辞讼、罪法，亦谓之贼曹。”掩取：乘其不意而夺取或捕捉。

⑦天海按：此为郑克自注，言本篇事出《后汉书·黄昌传》，旧《疑狱

集》不载此事。

⑧令君：对县令的尊称。

⑨周纡（yū）：字文通（？—97），下邳徐县（今江苏泗洪）人。为人刻削少恩，好韩非之术。少为廷尉史。历任勃海太守、御史中丞等。永元七年（95），迁将作大匠。永元九年（97），卒于官。《后汉书》卷七七有传。参见本书卷六《核奸》门8·1条《周纡与死人共语》。召陵侯相：官名。即召陵侯国的相。汉、魏时在诸王侯之国设相，职同郡太守。召陵侯国国都在今河南漯河召陵。

⑩廷掾：汉代县令的属吏。主祭祀，兼有督邮之职，经常巡行乡下。

⑪寺：衙署。此指县衙。

⑫与令为戏：与县令做游戏。此指戏弄县令。天海按：此事出自《后汉书·周纡传》。又见本书卷六《核奸》门8·1条《周纡与死人共语》。

⑬畏戢：畏惧收敛。

⑭侮玩：轻慢戏弄。

⑮初如处女，敌人开户：开始时像处女一样沉静，诱使敌人露出空档。

⑯后如脱兔，敌不及拒：然后像奔脱的兔子一样突然出现，使敌人来不及抵抗。上二处引语，均见于《孙子兵法·九地篇》。

⑰尝试县令：以偷县令车盖作为试探。

⑱犹涉疑似：尚且是事涉嫌疑，似是而非。

⑲物色：此指各种物品。

⑳端的：事情的究竟，底细。

㉑长吏：指地位较高的官员。法许专诛：法律上允许不请命而自行诛杀。

【译文】

东汉黄昌，做宛县县令时，执政崇尚严厉，好揭发隐藏的坏人坏事。有人偷了他的车盖，黄昌开始时什么也不说，然后就秘密派遣亲近的门客,到下属贼曹家中乘其不意而取得车盖,收捕贼曹全家,一起杀死。豪族大姓战栗恐惧,都称道他英明。事出《后汉书·黄昌传》,旧《疑狱集》不载此事。

按:贼曹主管盗贼之事,却盗取县令的车盖,正如周纡做召陵侯国相时,廷掾忌惮他的严明,想要损害他的威望,就在清晨取来死人,弄断手脚立在县衙门口,这是奸猾小吏戏弄县令的做法。如果有办法战胜他,那么他的同党都会畏惧收敛;没有办法战胜他,那么他的同党都会轻慢戏弄自己。所以黄昌开始什么也不说,犹如《孙子兵法》所说:"开始时像处女一样沉静,诱使敌人露出空档";乘其不意而捕捉他,犹如《孙子兵法》所说:"然后像奔脱的兔子突然出现,使敌人来不及抵抗。"这就是他能够战胜奸恶的方法。那一个车盖,又能够值多少钱。以此试探县令,这人一定不在远处;审察他的神情行状,还是事涉嫌疑,似是而非;查验他的物品,终于知晓了事情的底细;于是乘其不意而搜捕,没有不能破获的道理。黄昌揭发隐藏的奸恶,可以说是很有方法,但是收捕贼曹全家,一起杀死,就过于残酷了。这就是前代法律允许地方长官不请命而诛杀的过错啊。如今只取其中审察奸恶的方法罢了,酷吏的做法,是善良的人所憎恶的,哪里值得称道啊!

7·5 冯绲辨伪诏救父刘文裕附

后汉冯绲父焕[①],为幽州刺史[②],疾忌奸恶,数致其罪。怨者乃诈作玺书谴责焕[③],赐以欧刀[④]。又下辽东都尉庞奋[⑤],使速行刑,奋即收焕。焕欲自杀,绲疑诏文有异[⑥],止焕曰:"大人在州,志欲去恶,实无他故,必是凶人妄诈[⑦],规肆奸毒[⑧]。愿以事自上[⑨],甘罪无晚[⑩]。"焕从其言,上书自讼,果诈者所为,追奋抵罪[⑪]。绲由是知名。出《后汉书》本传,旧集不载[⑫]。

按:刘文裕观察[⑬],太平兴国三年[⑭],领秦陇徼巡[⑮]。会李飞雄伪乘传[16]，矫制[17]，执缚韦韬、周承瑨、田仁朗、王侁、梁崇赞、马知节[18]，洎文裕等数辈[19]，将以逗挠戮于秦州[20]，因劫守卒，据城叛。文裕与语，觉其诈，乃与仁朗等擒飞雄，具状以闻[21]。狱成[22]，诛之，夷其三族[23]。见本传[24]。文裕察奸，与绲类矣，盖见语言有异，而觉其诈也。

【注释】

①冯绲（？—168），字鸿卿，东汉巴郡宕渠（今四川渠县）人。冯绲早年因帮助父亲洗罪而闻名，历任郎中、广汉属国都尉、御史中丞等职。建康元年（144），以御史中丞持节、都督扬州诸郡军事，与滕抚共同击破扬州盗贼。后调任陇西太守、辽东太守，在辽东时招纳鲜卑。入朝拜为京兆尹，转司隶校尉，迁廷尉、太常。又历官将作大匠、河南尹、屯骑校尉等职，多次受宦官诬陷，最终逊位归家。《后汉书》卷三八有传。焕：指冯焕（？—121），字平侯，冯绲之父。勤奋好学，博览文武典籍。入朝任尚书、侍郎。安帝时，为幽州刺史。因受奸臣陷害入狱，其子绲鼓励其上书自讼，安帝派监察御史查实，但冯焕已病逝狱中。安帝闻讯，非常痛惜，赐钱十万安抚其亲属，以其子冯绲为郎中。在其故里宕渠县立"故尚书侍郎河南京令豫州幽州刺史冯使君神道"阙，此即今国家重要文物保护单位"冯焕阙"。

②幽州：州名。汉武帝所置十三刺史部之一。东汉治所在蓟县（今北京西南）。刺史：官名。汉代刺史制度是对秦代监御史制度的继承。西汉划分全国为十三部（州），每部设刺史，主管巡察，官阶低于郡守。东汉末将一部分刺史改为州牧，居郡守之上，掌握一州的军政大权。

③玺书：古代以泥封加印的文书，秦以后专指皇帝的诏书。

④欧刀：古代欧冶子所铸之剑。后泛指刑人之刀或良剑。《资治通鉴·汉安帝延光元年》："赐以欧刀。"胡三省注："古欧冶子善作剑，故谓剑为欧刀。"

⑤辽东都尉：东汉安帝时分辽东、辽西两郡地置辽东属国都尉。治所在昌黎（今辽宁义县）。辽东，指辽河以东地区，主要包括今辽宁省的东部和南部。战国、秦、汉至南北朝设辽东郡。都尉，郡军事长官。秦、西汉初设郡尉，景帝中元二年（前148）改名都尉，秩比二千石。协助太守典掌军事，维护治安，统率、训练本郡军队，职权颇重。庞奋：东汉和帝永元八年（96），庞奋以行度辽将军及领中郎将与冯柱大败匈奴军，斩右温禺犊王。十二年（100），迁河南尹。后为辽东属国都尉。安帝建光元年（121），因冯焕一案，使庞奋行刑，庞奋即斩姚光、囚冯焕。事发后，庞奋因此抵罪。

⑥诏文：即诏令文书。帝王向所属臣民发布的各种文书的统称。

⑦妄诈：诬妄欺诈。

⑧规肆奸毒：恣纵阴谋，奸险害人。毒，害。

⑨自上：自己上书。

⑩甘罪：甘心服罪。

⑪追奋抵罪：追究庞奋并治罪。

⑫天海按：此为郑克自注，言本篇事出《后汉书·冯绲传》，旧《疑狱集》不载此事。

⑬刘文裕（944—988）：字以宁，北宋保州保塞（今河北清苑）人。起家补殿直，出为秦陇巡检，擒获李飞雄有功，迁军器库使。太平兴国七年（982），调任高阳关都监。雍熙初，领顺州团练使。雍熙三年（986），跟从潘美北征辽国，导致杨业战死，削籍流放登州。后任端州团练使、容州观察使、镇州兵马部署。端拱元年（988）去世，时年四十五，追赠宁远军节度使。事见《宋史·刘文裕传》。观察：官名。唐代后期出现的地方军政长官，全称为观

察处置使。宋于诸州置观察使,无职掌,无定员,亦不驻本州,仅为武臣准备升迁之寄禄官,实系虚衔。此指容州观察使。

⑭太平兴国三年:978年。太平兴国,宋太宗年号(976—984)。

⑮领:兼任。汉代以后,以地位较高的官员兼理较低的职务,谓之“领”。也称“录”。秦陇徼(jiào)巡:此指担任秦、陇二州的巡检使。徼巡,即巡检、巡查。官署名巡检司,官名巡检使,省称巡检。宋时于沿边、沿江、沿海置巡检司,掌训练甲兵,巡逻州邑,职权颇重,后受所在县令节制。

⑯李飞雄:为太保致仕李鳞之孙,秦州节度判官李若愚之子。宋太宗太平兴国三年(978),官宦无赖恶少李飞雄在秦陇地区假传圣旨,捆绑守边将帅七人,制造了夺取兵权的谋反事件,事败被诛三族。乘传:指乘坐驿车奉命出使。传,驿站的马车。

⑰矫制:假托君命行事。制,制书。

⑱执缚:逮捕捆绑。天海按:“田仁朗”,四库本原文误作“田仁昭”,此据《宋史·刘文裕传》改。下文同此。

⑲洎(jì):及。天海按:以上七人皆当时秦陇地区守边将帅。

⑳逗挠:亦作“逗桡”,谓因怯阵而避敌。

㉑具状以闻:备办公文上报朝廷。

㉒狱成:案件审理终结,相当于现在的结案。

㉓夷其三族:诛灭三族之极刑。三族,一说以父母、兄弟、妻子为三族,一说以父族、母族、妻族为三族。

㉔天海按:此为郑克注文,言本篇事见《国史》刘文裕本传。

【译文】

东汉冯绲的父亲冯焕,做幽州刺史时,特别憎恨奸恶之人,多次将他们治罪。怨恨他的人就伪造皇上诏书谴责冯焕,并赐以行刑的宝剑。又下诏给辽东都尉庞奋,命他迅速行刑,庞奋立即收捕冯焕。冯焕想要自杀,冯绲怀疑诏书文字有异常,就阻止冯焕说:“父亲大人在幽州,立志要除去奸恶，实在没有其他缘故，必定是凶恶之人诬妄欺诈，恣纵阴谋，奸险害人。希望您将此案上诉，然后甘心领罪不迟。”冯焕听从了他的话，上书自讼，果然是奸诈者所为，并追究庞奋治罪。冯绲因此知名。事出《后汉书·冯绲传》，旧书《疑狱集》不载此事。

按：观察使刘文裕，在太平兴国三年，兼任秦、陇二州巡检使。遇上李飞雄乘驿车假装奉命出使，假托君命，逮捕捆绑了韦韬、周承瑨、田仁朗、王侁、梁崇赞、马知节，及刘文裕等数人，要以怯阵避敌之罪在秦州将他们处死，并劫持守边士卒，占据城池叛变。刘文裕与李飞雄交谈，发觉他是欺诈蒙骗，就与田仁朗等人生擒李飞雄，备办公文上奏朝廷。结案后，处死李飞雄，诛灭了他的三族。事见《国史》刘文裕本传。这刘文裕审察奸恶，与冯绲类似了，他发现言语有异常，就察觉出李飞雄是欺诈了。

7·6 荀攸善察亡命徒孟表附

魏荀攸[①]，少孤[②]，祖父广陵太守昙卒[③]，故吏张权求守昙墓[④]。攸年十三，疑之，谓叔父衢曰[⑤]：“此吏有非常之色[⑥]，殆将有奸。”衢寤，乃推问权[⑦]，果杀人亡命[⑧]。出《魏志》本传，旧集不载[⑨]。

按：后魏孟表[⑩]，镇涡阳[⑪]，南齐遣裴叔业攻围六十余日[⑫]。表抚循将士[⑬]，戮力固守[⑭]。初，有一南人，自云姓边，字叔珍，携妻息从寿春投表[⑮]，未及送阙[⑯]，会叔业围城。表后察叔珍言色颇有异，即推核[⑰]，乃是叔业姑儿，规为内应[⑱]，所携妻息，并亦假妄，遂斩之，人情乃安。出《北史》本传，旧集不载[⑲]。

夫察奸者，或专以其色察之，或兼以其言察之。其色非常，其言有异，必奸诈也，但不可逆疑之耳[⑳]。见其有异，见其非常，然后案之[㉑]，未有不得其情者。苟逆疑之，则与意其邻之子窃铁者类矣㉒。是故逆诈示明者㉓,不得为善察奸也。

【注释】

①魏:此指三国时曹魏。荀攸(157—214):字公达,豫州颍川颍阴(今河南襄城)人。三国时曹魏著名的军事家。荀攸祖父荀昙,官至广陵太守,荀攸被曹操征为汝南太守,入为尚书,以功封陵树亭侯。建安十二年(207),转为中军师,魏国初建,又被封为尚书令,从征孙权时,卒于道。《三国志》卷十有传。

②少孤:从小失去父亲。

③广陵太守:官名。广陵郡长官。郡治东汉时在广陵(今江苏扬州)。昙:荀昙,字元智。出身累世衣冠的颍川荀氏,官至二千石,拜广陵太守。正身疾恶。志除宦官,其支党宾客有在郡者,纤罪必诛。后以兄昱谋诛宦官不克,禁锢终身。其事迹附于《后汉书·荀淑传》后。

④故吏:以前的下属官吏。张权:人名,生平不详。

⑤衢:荀衢,荀昙之子,荀攸叔父,代理族政。

⑥非常之色:神色不正常。

⑦推问:审问,讯问。

⑧亡命:流亡逃命在外。

⑨天海按:此为郑克自注,言本篇事出《三国志·魏书·荀攸传》,旧书《疑狱集》不载此事。

⑩后魏:即南北朝时期的北魏。孟表(435—515):字武达,济北蛇丘(今山东肥城)人。原任南齐马头太守,后投北魏。除南兖州刺史,领马头太守,赐爵谯县侯,镇涡阳。后历济州刺史、散骑常侍、光禄大夫、济州刺史,进号平西将军。齐州刺史任上卒。《魏书》卷六一、《北史》卷三七有传。

⑪镇涡阳:指孟表任南兖州刺史时,治所在涡阳。涡阳,县名。今属

安徽亳州。

⑫南齐：南北朝时期南朝的第二个朝代。479年为萧道成所建，定都建康（今江苏南京）。502年为南梁取代，共历七帝，二十四年。裴叔业（438—500）：河东闻喜（今山西闻喜）人。南朝齐建立后，出任屯骑校尉，迁宁朔将军，支持齐明帝萧鸾夺位，拜给事黄门侍郎，受封武昌县伯。参加淮汉之战有功，出任冠军将军、徐州刺史，防御北魏。东昏侯萧宝卷即位后，受到猜忌，率兵投顺北魏，授散骑常侍、征南将军、豫州刺史，册封兰陵郡公，食邑三千户。《南齐书》卷五一、《魏书》卷七一、《北史》卷四五有传。

⑬抚循：指安抚、慰问。

⑭戮力：同心协力。

⑮妻息：妻子儿女。寿春：古县名。治所在今安徽寿县。

⑯送阙：即送往朝廷。

⑰推核：审问。

⑱规为内应：谋划作为内应。

⑲天海按：此为郑克自注，言本篇事出《北史·孟表传》。

⑳逆疑：事先怀疑。

㉑案之：考察讯问。

㉒意其邻之子窃𫓧者：疑心他邻居的儿子是偷窃斧子的人。𫓧，同“斧”。此语出自《吕氏春秋·去尤》：“人有亡斧者，意其邻之子。视其行步，窃斧也；颜色，窃斧也；言语，窃斧也；动作态度无为而不窃斧者也。掘其谷而得其斧，他日复见其邻之子，动作、态度皆无似窃斧者。”《列子·说符》与此略同。

㉓逆诈：谓事先猜疑别人存心欺诈。

【译文】

曹魏荀攸，从小失去父亲，做广陵太守的祖父荀昙去世时，从前的下属张权请求为荀昙守墓。荀攸当时年仅十三岁，他怀疑这个人，就对叔父荀衢说："此人神色不正常，恐怕会有奸诈。"荀衢醒悟，于是就审问张权，果然是杀人后逃命在外。事出《三国志·魏书·荀攸传》，旧书《疑狱集》不载此事。

按：北魏孟表，镇守涡阳，南齐派遣裴叔业攻打围困涡阳六十多天。孟表安抚慰问将士，同心协力固守涡阳。当初，有一个南方人，自称姓边，字叔珍，带着妻子儿女从寿春来投靠孟表。还未来得及送他们去京城，遇上裴叔业围城。孟表后来观察到边叔珍说话表情有异，立即审问，乃是裴叔业姑妈的儿子，谋划作为内应；所带的妻子儿女，一并也是假冒的。于是将他们斩首，涡阳人心这才安定。事出《北史·孟表传》，旧书《疑狱集》不载此事。

至于审察奸恶的情况，有的专门以其神色审察他，有的兼以其言谈审察他。其神色不正常，其言谈有怪异，必定有奸诈，但是不能事先怀疑别人罢了。见到他言谈有异，见到他神色不正常，然后审问他，未曾有不获得实情的。如果事先怀疑别人，那就与臆测其邻居的儿子偷窃斧子的人类似了。因此，事先怀疑别人欺诈来显示自己英明的人，不能够算是善于审察奸恶的人。

7·7 薛胄察假冒郡守

隋薛胄[①]，为兖州刺史[②]，有陈州人向道力伪作高平郡守[③]，将之官[④]。胄遇诸途，察其有异，将留诘之。司马王君馥固谏[⑤]，乃听诣郡。既而悔之，即遣主簿追道力[⑥]。部人徐俱罗尝任海陵郡守[⑦]，先是已为道力伪代之。比至秩满[⑧]，公私不悟[⑨]。俱罗语君馥云："向道力经代为郡，岂容疑之。"君馥又以俱罗所陈固请。胄呵之，乃止。遂收之[⑩]，道力惧而引伪[⑪]。时称神明。出《北史·薛辨传》。胄，其四世孙也。旧集不载[⑫]。按：《北史》作"薛辩"。又，其事并见《隋书》薛胄本传[⑬]。

按：徐俱罗、王君馥皆不觉道力有异，而胄独能察之，斯可谓明矣。明苟不足，岂能察奸？然不可妄以逆诈为明也⑭。

【注释】

①隋：朝代名。581年，杨坚灭北周，称隋文帝。隋开皇三年（583）都大兴（今陕西西安），九年灭陈，统一全国。618年隋炀帝被杀于江都，隋亡。共历二帝，三十八年。薛胄（？—604）：字绍玄，河东汾阴（今山西万荣）人。北周明帝宇文毓时，袭封文城郡公，屡立战功，迁上仪同三司、司金大夫，拜上开府。隋文帝杨坚受禅即位后，历任鲁州刺史、代理庐州总管、兖州刺史、郢州刺史。入为卫尉卿、大理卿，迁刑部尚书，执法宽松平允。隋文帝仁寿四年（604），检校相州刺史，卷入汉王李谅叛乱，削掉官爵，发配岭南戍边，卒于途中。《北史》卷三六、《隋书》卷五六有传。

②兖州：州名。州治在瑕丘（今山东兖州）。

③陈州：州名。治所在宛丘（今河南淮阳）。向道力：人名，生平不详。高平：郡名。郡治在高都（今山西晋城）。隋初为兖州属郡，后废。

④将之官：将前去赴任。

⑤司马：官名。为州郡佐官，掌管军事。魏晋南北朝时，诸将军开府，府置司马一人，位次将军，掌本府军事。王君馥：人名，生平未详。固谏：再三谏阻。

⑥主簿：官名。州的佐官。州郡县官署均置此官，以典领文书，办理事务。

⑦部人：部下属员。徐俱罗：人名，生平未详。海陵：郡名。郡治在今江苏泰州。南梁置郡，开皇初废。

⑧比至秩满：等到任期届满。

⑨公私不悟：官府与民间都没有察觉。

⑩收之：逮捕了向道力。

⑪引伪：招认了假冒伪装的罪行。

⑫天海按：此为郑克自注，言本篇事出《北史·薛辨传》。薛胄，是他的第四代孙子。旧书《疑狱集》不载此事。

⑬天海按：此为四库馆臣按语，言“薛辨”《北史》作“薛辩”。其事又并见《隋书·薛胄传》。

⑭逆诈：谓事先猜疑别人存心欺诈。

【译文】

隋朝时，薛胄做兖州刺史，有陈州人向道力假冒高平郡守，将要前去赴任。薛胄在途中遇见他，观察到他有异样，将要拘留查问他。司马王君馥一再劝阻，就听任他到郡赴任。薛胄不久又后悔了，立即派遣主簿追赶向道力。他的下属徐俱罗曾经担任过海陵郡守，在此之前已被向道力假冒代替过他。等到任期届满，官府与民间都没有觉察。徐俱罗对王君馥说：“向道力已经代替我做过郡守，哪能容人怀疑他。”王君馥又把徐俱罗的话转告薛胄，再三请求薛胄不要管这件事。薛胄呵斥他，这才停止。于是就收捕了向道力，向道力恐惧而招认了假冒郡守的罪行。当时人们称赞薛胄神明。事出《北史·薛辨传》。薛胄，是他的第四代孙子。旧书《疑狱集》不载此事。按：《北史》作“薛辩”。又，此事并见《隋书》薛胄本传。

按：徐俱罗、王君馥都没有察觉向道力有异常，但薛胄却能明察他的情况，这可以说是英明了。如果不够明智，怎能审察奸诈？然而不能胡乱以事先猜疑别人有欺诈来显示自己英明。

7·8 李至远识姓察奸包拯附

唐李至远①，为天官侍郎②，知选事③，疾令史受贿谢④，多所黜易⑤，吏肃然敛手⑥。有王忠者，被放⑦，吏缪书其姓为“士”⑧，欲拟讫增成之⑨。至远曰：“调者三万⑩，无士姓，此必王忠也。”吏叩头服罪。出《唐书·李素立传》。至远，其孙也。

旧集不载[11]。

按：善察奸者，吏不能欺，至远是也。虽然小人为奸，亦颇难防。包拯副枢知开封府[12]，号为严明，有民犯法，罪当杖脊[13]，吏受赇[14]，与之约曰："今见尹[15]，必付我责状[16]，汝第号呼自辨[17]。我与汝分罪，汝决杖[18]，我亦决杖。"既而拯引囚问毕，果付吏责状[19]。囚如吏言，分辨不已，吏大声诃之曰："但受脊杖出去，何用多言！"拯谓其招权[20]，捽吏于庭[21]，杖之十七[22]。特宽囚罪，止从杖坐[23]，以折吏势。不知乃为所卖，卒如素约[24]。见《笔谈》[25]。此盖防其招权，不防其见卖也。大抵察奸不可有意，吏果招权，杖之可矣。矫枉过正，遂宽囚罪，为彼窥测，以至见卖，失在有意折吏之势也[26]。然则善察奸者，可不鉴于此哉？

【注释】

①李至远：一名鹏，又名至远，赵州高邑（今河北高邑）人。始调蒲州参军，累补乾封尉。高宗上元时制策高第，授明堂主簿，以守丧去职。后调鸿胪主簿，擢监察御史里行。忤权贵而遭外贬。久之，入任司勋、天官员外郎。武后长寿中擢天官郎中，迁天官侍郎。后为李昭德所挤，出为壁州刺史。《旧唐书》卷一五八、《新唐书》卷一九七皆有传。

②天官侍郎：即吏部侍郎。官名。吏部副长官。吏部，掌全国官吏的任免、考课、升降、调动等事务。唐武后光宅元年（684）改吏部为天官，因此后世亦称吏部为天官。

③知选事：掌管官吏铨选事务。

④令史：隋、唐、宋、金、元的台、省、院、部均设令史，除金外，皆为低

级办事吏员。贿谢:赠礼酬谢。

⑤黜易:罢免撤换。

⑥肃然敛手:畏惧收手。

⑦被放:被外放。从京城调往外地叫“放”。

⑧缪(miù)书:故意写错。缪,错误。

⑨拟讫增成之:拟定官员名单结束后再增补上去。

⑩调者:被调动的人。

⑪天海按:此为郑克自注,言本篇事出《唐书·李素立传》。李至远,是他的孙子。旧书《疑狱集》不载此事。

⑫包拯(999—1062):字希仁,庐州合肥(今安徽合肥)人。登进士第,累迁监察御史,历任三司户部判官及京东、陕西、河北路转运使,后入朝担任三司户部副使。知谏院时,多次论劾权贵。再授龙图阁直学士、河北都转运使,移知瀛、扬诸州,历权知开封府、权御史中丞、三司使等职。嘉祐六年(1061),升任枢密副使。追赠礼部尚书,谥号“孝肃”,后世称其为“包孝肃”。《宋史》卷三一六有传。副枢:指枢密副使。官名。枢密院副长官。枢密院为宋代最高军事机关,掌军国机务、兵防、边备、军马等政令,出纳机密命令,与中书分掌军政大权,合称“二府”。开封府:府名。治所在开封(今河南开封)。

⑬杖脊:以杖挞脊背。杖刑中最重的一种。

⑭受赇:接受贿赂。

⑮尹:府尹。开封府的知府,指包拯。

⑯责状:执行刑罚。

⑰第:但,只管。

⑱决杖:处以杖刑。用大荆条或棍棒抽击人的背、臀或腿部。

⑲责状:施行刑罚。

⑳招权:越权,弄权。

㉑捽（zuó）：揪住。

㉒杖之十七：据《宋史·刑法志》记载，"折杖法"为"脊杖十七，并配役一年"；"徒、流、笞，通用常行杖，徒罪决而不役"。

㉓杖坐：处杖罪。即原为流徒罪，现只处以杖罪。

㉔卒如素约：最终正如先前的约定。

㉕天海按：此为郑克自注，言此事出自宋沈括《梦溪笔谈》。今见《梦溪笔谈·谬误》："有编民犯法当杖脊，吏受赇，与之约曰：'今见尹，必付我责状，汝第呼号自辩，我与汝分此罪，汝决杖，我亦决杖。'既而包引囚问毕，果付吏责状。"

㉖有意：存心。指本身带有自身主观的意向来处理一些事情。

【译文】

唐朝的李至远，做吏部侍郎时，掌管官吏铨选事务。他痛恨令史收受贿赂酬谢，对这些官吏多有罢免更换，官吏们因此惧怕收手。有个名叫王忠的人，被外放任职，差吏故意写错他的姓为"士"，想要拟定官员名单结束后再增补上去。李至远说："被调动的人有三万，其中没有士姓，此人必定是王忠。"差吏叩头服罪。事出《唐书·李素立传》。李至远，是他的孙子。旧书《疑狱集》不载此事。

按：善于审察奸恶的人，官吏不能欺骗他，李至远就是这样的人。即使这样，小人做坏事也很难防备。枢密副使包拯，做开封府知府时，号称严正英明。有人犯了法，定罪判处杖脊，差吏收受了贿赂，与那人相约说："如果见到知府，一定会交给我行刑，你只管大声呼叫，自我辩解。我与你分担罪责，你处以杖刑，我也处以杖刑。"不久，包拯审问囚犯完毕，果然交给差吏执行刑罚。那囚犯正如差吏所说，大声分辨不已，差吏大声呵斥他说："你只管接受脊杖出去，何必多说什么！"包拯认为他越权，将差吏揪往公庭，杖击十七。特别宽免那个囚犯的罪过，只判处了杖刑，以此挫折差吏的气势。却不知为差吏所出卖，最终正如他们先前的约定。事见沈括《梦溪笔谈》。这就是防止了差吏越权，不能防止自己被出卖。大抵审察奸恶不能存心为之，差吏如果越权，杖刑他就可以了。矫枉过正，因此宽免囚犯的罪过，被他们窥测到机会，以至于被出卖，过失在于存心削弱差吏的气势。既然如此，那善于审察奸恶的人，能不借鉴这样的事吗？

7·9 李杰葛源、曾孝序二事附

已见《惩恶》门[①]。

按：葛源郎中[②]，为吉水令时[③]，有毛氏寡妇告其子不孝，源以恩义喻之，不听。使人微捕得与间语者[④]，验其对[⑤]，乃书寡妇告状者也。鞫之[⑥]，具服"为私，谋诬其子"[⑦]。此乃用李杰觇妇之术也[⑧]。见王安石丞相所撰墓志[⑨]。

曾孝序杖邻人事，亦见《惩恶》门[⑩]。盖以寡妇指邻人为证，既在讼庭，事可立决，故不待觇而知之。若其能察奸，则与源无异也。葛源"验对事"又见《核奸》门[⑪]。

【注释】

①天海按：参见卷五《惩恶》门6·3条《李杰杖杀淫道士》。

②葛源：参见卷三《鞫情》门3·8条《葛源有守忤知州》注。郎中：参见同上。

③吉水令：吉水县令。吉水，县名。县治在今江西吉水。

④微捕：秘密捕获。间语：私语，密语。

⑤验其对：核对寡妇的诉状。

⑥鞫之：审问他。

⑦具服：完全认罪。为私，谋诬其子：为了私情，图谋诬陷寡妇的儿子。

⑧觇（chān）：暗中察看。参见卷五《惩恶》门6·3条《李杰杖杀淫道士》。

⑨天海按：此为郑克自注，言本篇事出王安石所撰《临川集》卷九六《葛公墓志铭》。

⑩天海按："曾孝序杖邻人"一事亦参见卷五《惩恶》门6·3条《李杰杖杀淫道士》篇所附曾孝序之事。

⑪天海按：此为郑克自注，言葛源"验对事"又见卷六《核奸》门8·8条《葛源亲审奸赇案》。

【译文】

李杰之事已见于《惩恶》门。

按：葛源郎中做吉水县令时，有个姓毛的寡妇状告她的儿子不孝顺，葛源以母子恩义来开导她，寡妇不听。葛源派人秘密捕获与寡妇私下交谈的人，核对寡妇的诉状，乃是为寡妇书写诉状的人。审问他，完全招认"因为有私情，图谋诬陷寡妇的儿子"。这就是采用了李杰暗中侦查寡妇的方法。事见王安石丞相所撰《葛公墓志铭》。

曾孝序杖刑邻人的事，也见《惩恶》门。那是因为寡妇指定邻人作证，已经在公堂诉讼，案件可以立即判决，所以不用等待侦查就能够知道案件实情。像他这样能够审察奸伪，就与葛源没有区别。葛源"验对事"又见于卷六《核奸》门。

7·10 裴均追查害夫案河间妇人一事附

唐裴均[①]，镇襄阳[②]。部民之妻[③]，与其邻通，托疾谓夫曰[④]："医者言食猎犬肉即差[⑤]。"夫曰："吾家无犬奈何？"妻曰："东邻犬常来，可击而屠之。"夫用其言，以肉饷妻[⑥]。邻人遂讼于官，收捕鞫问[⑦]，立承，且云妻所欲也。均曰："此乃妻有外情，踬夫于祸耳[⑧]。"追劾之[⑨]，果然。妻及奸者皆服罪，而释其夫。旧不著出处[⑩]。

按：柳宗元说[⑪]：河间淫妇托疾[⑫]，令其夫夜召鬼解除，即使人告其夜祠咒诅不道[13]。吏讯验[14],笞杀之[15]。与屠犬者类矣,均能察其奸,斯亦可称也。

【注释】

①裴均(750—811):字君齐,绛州闻喜(今山西闻喜)人。唐大历中,明经及第。初为诸暨县尉,迁膳部郎中。贞元十九年(803),为荆南节度使,加检校吏部尚书。元和三年(808),入为尚书右仆射,判度支。寻出为检校左仆射、同平章事,充山南东道节度使,累封郇国公,卒于任。《新唐书》卷一〇八有传。

②襄阳:郡名。治所在今湖北襄阳。

③部民:辖区内的百姓。

④托疾:假托有病。

⑤差(chài):通"瘥",病愈。

⑥饷:吃,进餐。

⑦鞠问:审讯。

⑧踬:本意为绊倒、受挫折。此引申为使人入罪。

⑨追劾:追捕审问。

⑩天海按:此为郑克自注,言本篇旧《疑狱集》未写明出处。

⑪柳宗元(773—819):字子厚,祖籍河东(今山西永济)。唐代著名文学家、思想家,唐宋八大家之一,与韩愈并称"韩柳",与刘禹锡并称"刘柳"。第进士,中博弘词,拜监察御史,坐王叔文党贬永州司马,徙柳州刺史。《旧唐书》卷一六〇、《新唐书》卷一六八皆有传。

⑫河间:郡名。隋至唐属河间郡或瀛州。别名瀛州,今属河北沧州。

⑬夜祠咒诅:夜间祈祷诅咒。不道:刑律名。"不道"作为法律罪名,是在《北齐律》中的"重罪十条"。后来隋《开皇律》在北齐"重罪十条"的基础上创立"十恶"制度。"十恶"罪名从唐到清相沿

不改。“不道”为“十恶”之五。《唐律疏议·名例·十恶》:“五曰不道。谓杀一家非死罪三人,支解人,造畜蛊毒、厌魅。”厌魅、咒诅亦属“不道”,犯者严加惩治。

⑭讯验:审讯查验。

⑮笞杀之:以杖刑杀死淫妇的丈夫。天海按:此事出《柳河东集·河间传》。

【译文】

唐朝的裴均,镇守襄阳。所辖区域内有个百姓的妻子,与她的邻居私通。她假托有病,对丈夫说:“医生说吃了猎犬的肉,病很快就好了。”丈夫说:“我家没有狗,怎么办?”妻子说:“东边邻居家的狗经常来,可以打死它。”丈夫听从妻子的话,把狗肉拿给妻子吃。邻居于是到官府告状,官府收捕了这个丈夫进行审问,立即承认了杀狗之事,并且说是妻子想要吃的。裴均说:“这是妻子有外遇,陷害丈夫于灾祸罢了。”追捕审问了妻子与邻居,果然是这样。妻子以及奸夫都服罪,因而释放了她的丈夫。此事旧《疑狱集》未写明出处。

按:柳宗元说:河间淫妇假托生病,让她的丈夫夜里召唤鬼神解除疾病,又立即使人告发她的丈夫夜里祈祷诅咒,犯了“不道”大罪。官吏审讯查验,以杖刑杀死了淫妇的丈夫。这件案子与前面杀狗的事相类似,但裴均能够审察其中的奸恶,这也是值得称赞的。

7·11 崔黯

已见《惩恶》门①。

【注释】

①天海按:崔黯事已见于卷五《惩恶》门6·4条《崔黯治幻惑愚俗》。

【译文】

崔黯事已见于《惩恶》门。

7·12 张保雍察奸善后王晦叔附

张保雍刑部①，知汉州②，四卒夜叩府，告禁兵两营变③，佐吏骇惧。保雍徐出，械四卒掠之，趣作诬状④，徇两营⑤。至明鞫得实，乃四卒与伍中谋⑥，幸授己甲⑦，因即以叛⑧。遂及同谋者九人，弃之市。见曾巩舍人所撰神道碑⑨。

按：保雍所以察其为奸者，军若已变，则告者何独四卒？军若未变，则何用夜叩府告？其械而掠之，趣作诬状者，盖虑军情因此不安，欲徇两营也。此不惟善察奸，抑亦善处事矣。

王晦叔丞相⑩，知益州⑪，有卒夜告其军将乱，晦叔覆状⑫，立辨其伪而斩之。与此事颇相类，故附著焉。见尹洙龙图所撰《神道碑》⑬。

【注释】

①张保雍：参见卷二《释冤》门（下）1·27条《张保雍免死多人》注。刑部：指刑部郎中。

②汉州：州名。治所在今四川广汉。

③禁兵：亦称“禁军”，原指皇帝的亲兵，北宋时用作正规军的称号。

④趣作诬状：促使作出诬告供状。

⑤徇两营：押解到禁军两营示众。

⑥伍中谋：在伍人中谋划。伍，古代军队的最小单位，由五个人编成。

⑦幸授己甲：希冀借此机会授给自己兵甲。

⑧因即以叛：随即乘机叛变。天海按：“即”字，四库本误作“白”，此据《元丰类稿》卷四七《张府君神道碑》改。

⑨天海按：此为郑克自注，言此事见于曾巩所撰《元丰类稿》卷四七

《张府君神道碑》。

⑩王晦叔：见卷二《释冤》门（下）1·23条《向敏中密访捕凶》注，所附王晦叔事。

⑪益州：州名。州治在成都（今四川成都）。

⑫覆状：审察士卒的情状。

⑬天海按：此为郑克自注，言此事见于龙图阁学士尹诛所撰《河南集》卷十二《王公神道碑铭》。

【译文】

刑部郎中张保雍，做汉州知州时，有四个士兵夜里叩击府门，告发两营禁军发生兵变，佐吏惊骇恐惧。张保雍缓缓走出来，将这四个士兵带上刑具拷打，促使他们作出虚假供状，押解到两营禁军示众。到天明审讯得到实情，是这四个士兵在伍人中谋划，希望借此机会授予自己兵器甲仗后，乘机发动叛变。于是将他们以及同谋者九人，在街市上处以死刑。事见曾巩舍人所撰《张府君神道碑》。

按：张保雍之所以审察到那四个士兵是行奸作伪的人，是因为禁军如果已经叛变，那告发的人为何只有四个士兵？禁军如果没有兵变，那何必在夜里叩府告发？将他们戴上刑具并拷打，促使他们作出虚假供状，是因为考虑到军心因此不安，想要押解到禁军两营示众。这样就不只是善于察奸，而且也是善于处理事变了。

王晦叔丞相做益州知州时，有士卒夜里告发他所在的军队将要叛乱，王晦叔审查士兵情状，立即辨明他是伪报而斩首。与此事颇相类似，所以附录在此。事见尹洙龙图所撰《王公神道碑铭》。

7·13 任颛察色斩奸细贾昌朝附

任颛侍郎①，知潭州时②，依智高陷岭南九郡③，宣抚司移文称宣毅卒有功④，补为本军校⑤。卒至，颛察其色动⑥，曰："必有奸。"即付所司，搜其家，得细书文字⑦，记潭之军伍、兵仗、城郭、道路，乃智高所用为内应者。颛令枭首以徇[8]，遂大为守备[9]。见本传[10]。

按：征战之际，卒有功者，虽补为将校，亦当留军前，岂可发归本营？颛得宣抚司移文，固已疑之矣，其卒至而色动，其有奸灼然[11]，是以即付所司，且搜其家也，亦可谓善察奸矣。

贾昌朝丞相[12]，判大名府时[13]，妖人王则[14]，谋举大名反河南北[15]，使其党挟书妄言[16]，冀得近而为变[17]。昌朝察其有奸，考问具服。于是则惶恐，独婴贝州以反[18]。即遣将驰兵，操攻具往[19]。见王安石丞相所撰神道碑[20]。

夫言之异者，必有奸也，收捕考问而得其情，奸何能为？此与颛事略相似也。

【注释】

①任颛（zhuān）：字诚之，青州寿光（今山东寿光）人。举进士，为盐铁判官，出为京西转运使，改知凤翔府。进直史馆，擢盐铁判官，迁河东转运使。官至户部侍郎。卒赠吏部尚书。《宋史》卷三三〇有传。侍郎：官名。此指户部侍郎。户部副长官。户部，中央六部之一，掌管全国土地、户籍、赋税、财政收支等事务，长官为户部尚书。

②潭州：州名。州治在长沙（今湖南长沙）。

③侬智高：安德州（今广西靖西）人。北宋中期广源州少数民族首领，傥犹知州侬全福的儿子。庆历元年（1041），侬智高不堪忍受交趾国的欺压盘剥，归附宋朝得不到收纳，自行建立“南天国”，号称仁惠皇帝，年号“景瑞”。皇祐四年（1052）四月，攻破邕州

(今广西南宁),建立“大南国”,年号“启历”。皇祐五年(1053),受到名将狄青讨伐,兵败于昆仑山之战,流亡大理后去世。事见《宋史》卷四九五。岭南九郡:指宋五岭以南的九州。即横州(治今广西横州)、贵州(治今广西贵港)、浔州(治今广西桂平)、龚州(治今广西平南)、藤州(治今广西藤县)、梧州(治今广西梧州)、封州(治今广东封开)、康州(治今广东德庆)、端州(治今广东肇庆)。

④宣抚司:官署名。是朝廷设置在某一地区的监司机构。朝廷派遣大臣赴某一地区传达皇帝命令并安抚军民、处置事宜,称为“宣抚使”。多以执政充任,亦兼用武将,或加“处置”二字,称“宣抚处置使”。移文:指行于不相统属的官署间的公文。亦泛指平行文书。宣毅:宋朝禁军侍卫司所属步兵番号名。

⑤校:军中低级武官。

⑥色动:脸色改变。

⑦细书:详细书写。

⑧枭首以徇:将首级斩下,悬挂在闹市示众。

⑨大为守备:大力加强防御准备。

⑩天海按:此为郑克注文,言本篇事出宋朝《国史》任颛本传。

⑪灼然:十分明显貌。

⑫贾昌朝(998—1065):字子明,宋真定获鹿(今河北石家庄)人。赐同进士出身,任为国子监说书。宋仁宗朝,历任天章阁侍讲、参知政事、枢密使、同平章事、判大名府等职,累官至左仆射、观文殿大学士、判尚书都省,封爵魏国公。丞相:宋朝以同中书门下平章事为宰相,贾昌朝曾任此职,故尊称之。《宋史》卷二八五有传。

⑬判大名府:兼任大名府知府。唐宋官制,以高官兼低职称判。大名府,宋府名。治所旧址在今河北邯郸。

⑭妖人:会施巫术或邪法迷惑人的人。王则(?—1048):涿州(治

今河北涿州）人。北宋起义军领袖。原隶属宣毅军为小校。宋仁宗时，以弥勒佛再世为号召，率众据贝州起义，创建安阳帝国，自称“安阳武烈皇帝”，1048年被宋军镇压，一说被斩，一说逃亡，不知所终。《宋史》卷二九二有传。

⑮谋举大名反河南北：图谋攻占大名府，在黄河南北地区造反。

⑯挟书妄言：挟带书信谎言告密。据《皇宋通鉴长编纪事本末》卷四九、《宋史》卷二九二载此事：“会党人潘方净怀刃以书，谒北京留守贾昌朝，事觉被执。”

⑰冀得近而为变：希望接近贾昌朝制造事变。

⑱独婴贝州以反：独自占据贝州以造反。婴，环绕，盘踞。贝州，州名。辖境包括今河北清河、山东临清及武城、夏津等地。宋属河北东路，辖境缩小。庆历七年（1047）王则起兵于此。次年失败后，改名恩州。

⑲操攻具往：携带攻城器具前往。

⑳天海按：此为郑克自注。言此事见于王安石撰《临川集》卷八七《贾魏公神道碑》。今又见王珪所撰《华阳集·贾昌朝神道碑》。

【译文】

户部侍郎任颛，做潭州知州时，侬智高攻陷岭南九郡，宣抚司发送文书称宣毅军一个士卒有功，要补充做本军校官。这个士卒来到后，任颛观察到他的脸色改变，就说：“此人必有奸情。”立即交付有关部门，搜查他的家中，获得详细的文字，记载着潭州的军队、武器装备、城市道路，乃是侬智高所利用做内应的人。任颛下令将其斩首示众，于是大力加强防守准备。事见《国史》任颛本传。

按：征伐战斗之时，有功的士卒，即使补为将校军官，也应当留在军前，哪能发回本营呢？任颛得到宣抚司行文，本来就已经怀疑这件事了，等到士卒来到而且脸色改变，其中很明显有奸情，因此立即交付有关部门，并且搜查他的家，也可以说是善于审察奸细了。

丞相贾昌朝，兼任大名府知府时，妖人王则，谋图攻下大名府在黄河南北地区造反，派他的党羽挟带书信谎言告密，希望接近贾昌朝制造事变。贾昌朝察觉到他有奸情，拷打审问后完全认罪。于是王则惊惶恐惧，独自盘踞贝州造反。贾昌朝立即派遣将领调动军队，携带攻城器具奔驰前往。事见王安石丞相所撰《贾魏公神道碑》。

那言谈异常的人，必定有奸情。收捕拷打审问而得到实情，奸计如何能行？此事与任颛的事大略相似。

7·14　俞献卿察色识奸凡一门之事，虽皆以时代为次，亦或以事类相从，庶便于观览，故任颛在俞献卿前。他皆仿此。

俞献卿侍郎[①]，初为寿州安丰尉[②]。有僧积施财甚厚[③]，其徒杀而瘗之[④]，乃告县曰："师出游矣。"献卿揣其有奸，诘之曰："师与吾善，不告而去，何也？"其徒色动，因执之，得所瘗尸，一县大惊。见本传[⑤]。

按：僧之富者，必不能出游。出游也，则必治装告别[⑥]，亦不能如打包僧[⑦]，翩然往也[⑧]。来告之辞，已可疑矣，被诘之色，又可见矣，有奸灼然，是故执之。献卿亦可谓善察奸也。

【注释】

①俞献卿（970—1045）：字谏臣，徽州歙（shè）县（今安徽歙县）人。宋咸平二年（999）进士，授安丰县尉。后调昭州军事推官。继改任大理寺丞，再迁太常博士，任南雄州、潮州知州。后迁福建转运使、刑部郎中、盐铁副使、右谏议大夫、集贤院学士、杭州知州。最后知应天府，以刑部侍郎致仕。《宋史》卷三〇〇有传。侍郎：指刑部侍郎。官名。刑部副长官。刑部，隋以后"三省六部"制中的司法部门，主管刑罚。元丰改制后掌刑法、狱讼、奏谳、赦

宥、叙复等事。

②寿州安丰尉：寿州安丰县县尉。县令的佐官，掌全县刑狱治安。寿州，州治在下蔡（今安徽凤台）。安丰县，治在今安徽寿县。

③积施财：积蓄施主施舍的钱财。天海按：《宋史·俞献卿传》记此僧人名叫“贵宁”。

④瘗（yì）之：掩埋尸体。

⑤天海按：此为郑克注文，言本篇事出宋朝《国史》俞献卿本传。

⑥治装：置办行李。

⑦打包僧：指到处云游的僧人。

⑧翩然：形容动作轻松潇洒貌。

【译文】

刑部侍郎俞献卿，当初做寿州安丰县县尉。有个名叫贵宁的僧人，积蓄了很多施主施舍的钱财，他的徒弟杀死并掩埋了他的尸体，又报告县府说：“师父出游了。”俞献卿揣测其中有奸情，盘问他说：“贵宁师父与我友好，不告而别，是为什么呢？”那个徒弟脸色有变，因此逮捕了他，查获到他掩埋的尸体，一县为之大惊。事见《国史》俞献卿本传。

按：富有的僧人，必定不会出游。如果出游，就一定要置办行李与人告别，也不会像云游僧人那样，轻松潇洒地前往。徒弟来报告的言辞，已经可疑了，被盘问时脸色有变，也可以察见了，很明显有奸情，因此逮捕了他。俞献卿可以说是善于侦察奸情的人了。

7·15　张昪井边察奸情

张昪丞相[①]，知润州[②]。有妇人夫出数日不归，忽闻菜园井中有死人，即往视之，号哭曰：“吾夫也！”遂以闻官[③]。昪命属吏集邻里就其井，验是其夫否。皆言井深不可辨，请出尸验之。昪曰：“众皆不能辨，妇人独何以知其为夫？”收付所司鞫问[4]，果奸人杀其夫，而与闻其谋也。见沈括内翰《笔谈》[5]。

【注释】

①张昪（biàn，992—1077）：字杲卿，韩城（今陕西韩城）人。举进士。历知绛、邓、庆、秦诸州及开封府。宋至和二年（1055），擢御史中丞，论时事无所回避。嘉祐三年（1058），除枢密副使。拜参知政事、枢密使。英宗立，告老，以彰信军节度使、同中书门下平章事判许州，改镇河阳三城。以太子太师致仕，卒，赠司徒兼侍中，谥康节。《宋史》卷三一八有传。

②润州：州名。治所在丹徒（今江苏镇江）。

③闻官：报告给官府。

④收付所司鞫问：逮捕交付主管官吏审问。

⑤天海按：此为郑克自注，言本篇事出沈括所撰《梦溪笔谈》。

【译文】

丞相张昪，做润州知州。有个妇人的丈夫外出数日不归，忽然听说菜园井中有死人，立即前往查看，并大声号哭说："是我的丈夫啊！"于是把这件事报告给官府。张昪命下属官吏召集邻里到那口井边，查验是否是其丈夫。都说井太深不能辨别，请求捞出尸体来查验。张昪说："众人都不能辨别，凭什么唯独这个妇人知道是她的丈夫？"于是收捕她，交付主管官吏审问。果然是与她通奸的人杀死了她的丈夫，她也参与了其中的谋划。事见沈括内翰所撰《梦溪笔谈》。

7·16 李绎密查杀侄案

李绎谏议[1]，知华州[2]。有蒲城县民李蕴[3]，诉盗杀其侄者。绎问："若有仇耶[4]？"曰："无。""若有亡失耶？"曰："无。"绎曰："吾得之矣，汝第归[5]。"因使人密刺之[6]，乃蕴有阴罪[⑦],惧其事暴[⑧],杀以灭口也。见本传[⑨]。

【注释】

①李绎:字纵之,京兆万年(今陕西西安)人。初,以父使交阯有劳,补太庙斋郎,改太常寺太祝。举进士中第,除将作监丞。累迁尚书屯田员外郎、知华州。终右谏议大夫。《宋史》卷三〇七有传。谏议:此指右谏议大夫。官名。宋初为寄禄官,须另有诏令方赴谏院供职。元丰改制后,定左、右谏议大夫为谏院长官,专掌讽谏。

②华州:州名。治所在郑县(今陕西华州)。

③蒲城县:治所在蒲城(今陕西渭南)。

④若:你。人称代词。后同此。

⑤汝第归:你尽管回去。

⑥密刺:暗中侦查。

⑦阴罪:隐藏的罪行。

⑧事暴:事情暴露。

⑨天海按:此为郑克注文,言此事见于宋朝《国史》李绎本传。

【译文】

谏议大夫李绎,做华州知州。有个蒲城县的县民李蕴,诉讼有强盗杀死了他的侄儿。李绎问他:"你有仇人吗?"他说:"没有。"又问:"你有丢失的东西吗?"他说:"没有。"李绎说:"我知道了,你尽管回去吧。"因此派人秘密侦查李蕴,原来是李蕴有不可告人的罪行,害怕他的事情暴露,杀死侄儿以灭口。事见《国史》李绎本传。

7·17 孙长卿破杀弟案

孙长卿侍郎[①],知和州[②]。民有诉弟为人所杀者,察其言不情[③],乃问:"汝户几等[④]?"曰:"上等也。""汝家几人?"曰:"唯一弟与妻子耳。"长卿曰:"杀弟者,兄也,岂将并有其资乎⑤?”按之,果然。见王珪丞相所撰墓志⑥。

按:奸人之匿情而作伪者⑦,或听其声而知之,或视其色而知之,或诘其辞而知之,或讯其事而知之。盖以此四者得其情矣,故奸伪之人莫能欺也。然苟非明于察奸之术,则亦焉能与于此哉。

【注释】

①孙长卿(1004—1069):字次公,北宋扬州(今江苏扬州)人。以荫任为秘书省校书郎。诏迁知楚州粮料院,通判河南府。提点益州路刑狱,历开封盐铁判官、江东淮南河北转运使、江浙荆淮发运使,加集贤院学士、河东都转运使,拜龙图阁直学士、知定州,转兵部侍郎。《宋史》卷三三一有传。侍郎:指兵部侍郎。官名。兵部副长官,兵部,中央六部之一。掌仪仗、武举、厢军、乡兵、土兵、蕃兵、边境少数族首领官封、承袭等事务。长官为兵部尚书。

②和州:州名。州治在历阳(今安徽和县)。

③不情:不近人情,不合情理。

④汝户几等:天海按,据宋制,以拥有土地之户为主户,与人佃作之户为客户。主户按田产高下分为五等:其有田产在三顷以上乃至百顷者,为第一等户;三顷以下、一顷以上为第二、三等户;一顷以下为第四、五等户。第一、二、三等户为上等户,习称上三等。

⑤资:资产。

⑥天海按:此为郑克自注,言本篇事见王珪所撰《孙长卿墓志》。

⑦匿情:隐瞒真情。

【译文】

兵部侍郎孙长卿,做和州知州。有人诉讼他的弟弟被人杀死了,孙长卿觉察到他的言语不合情理,就问他:“你是几等户?”他说:“上等户。”又问:“你家有几人?”回答说:“只有一个弟弟与妻子罢了。”孙长卿说:“杀死弟弟的人,就是兄长,难道不是想要吞并弟弟的资产吗?”审问后,果然是这样。见王珪丞相所撰《孙长卿墓志》。

按:奸人隐瞒实情而做假案的,或是听他的声音就知道,或是观察他的面色就知道,或是责问他的言辞就知道,或是查讯他的事迹就知道。以此四种方式就能获得实情了,所以诡诈虚假的人就不能欺瞒。然而如果不是明于察奸的方法,那又怎么能够做到这样呢!

7·18 朱寿隆捕纵火犯

朱寿隆大监①,知彭州九陇县时②,吏告一家七人以火死③。寿隆曰:“岂有一家焚而无一人脱者,此必有奸。”逾月获盗,果杀其人而纵火。寿隆,熙宁四年终于少府监④。见本传⑤。

按:此盖知其有奸而严于察捕,故能获盗也。若信吏所告,不以为意,则彼得幸免矣。

【注释】

①朱寿隆:字仲山,北宋密州诸城(今山东诸城)人。因荫庇为九陇县知县,后升任宿州知府。为人有谋略,施政宽仁,民众多得其利。历任盐铁度支判官,京东转运使,又以少府监知扬州。《宋史》卷三三三有传。大监:指少府监。官名。少府监正长官。宋初,少府监任掌造门戟、神衣、旌节,郊庙诸坛祭玉、法物、铸牌印朱记,百官拜表案、褥之事。元丰改制,始置监、少监、丞等官,掌百工伎巧之政令。皇帝服御、宝册、符印、旌节、度量权衡标准,以及祭祀、朝会展采备物,皆率下属机构供应。

②彭州:州名。治所在九陇(今四川彭州)。九陇县:县名。为彭州

属县和州治所在地。治所在今四川彭州。

③以火死：因为火灾死亡。

④天海按："寿隆"及以下11字，四库本原文误录在注文"见本传"下，现据本书文例移正。熙宁四年：1071年。熙宁，北宋时宋神宗赵顼的年号（1068—1077）。

⑤天海按：此为郑克注文，言本篇事见于宋朝《国史》朱寿隆本传。

【译文】

少府监朱寿隆，做彭州九陇县知县时，差吏报告有一家七口人因为火灾死亡。朱寿隆说："哪有一家被火焚而无一人逃脱的，此中必定有奸情。"过了一个月，擒获了强盗，果然是他杀了那家人后纵火烧房。朱寿隆，熙宁四年死于少府监任上。事见《国史》朱寿隆本传。

按：这应该是知道其中有奸情，而严加侦查搜捕，所以能够捕获强盗。如果相信差吏所报告的，不放在心上，那强盗就会侥幸逃脱了。

7·19 向纬密查杀夫案

向纬郎中[①]，知郓州阳谷县[②]。有土豪杀人而遗其妻金，以故久不发，纬密得其状[③]。一日悉逮捕至庭下，而人莫知也。讯之服罪。见王珪丞相所撰墓志[④]。

按：土豪杀人而遗其妻金，与夫被人杀而受其仇金，皆为奸者，不可不察也。若容其幸免，则愈无忌惮。强者害政[⑤]，弱者伤教[⑥]，无所不至矣。此君子所疾，故察而治之，不少贷也[⑦]。

【注释】

①向纬：字丰之，宋开封（今河南开封）人。为向敏中之孙。历知郓州阳谷县，官太子中书，终郎中。郎中：官名。郎中属员外级，分

掌各司事务,是仅次于丞相、尚书、侍郎的高级官员。

②郓州:州名。治所在须城(今山东东平)。阳谷县:郓州属县,治所在今山东阳谷。

③密得其状:秘密侦察获得他隐瞒的罪状。

④天海按:此为郑克自注,言本篇事见王珪所撰《向纬墓志》。然今本王珪《华阳集》无此墓志。

⑤害政:有害国家政事。

⑥伤教:有伤道德教化。

⑦少贷:稍加宽恕。

【译文】

向纬郎中,做郓州阳谷县知县。有个土豪杀了人,而后送给死者妻子金钱,因此罪行长久不被揭发,向纬秘密侦查获得他的罪状。一天将死者妻子与土豪全都逮捕到公堂下,而人们还不知道为什么。审讯后二人服罪。事见王珪丞相所撰《向纬墓志》。

按:土豪杀人而送给死者妻子金钱,与丈夫被人杀而受其仇人金钱,都是作恶的人,不能不查办。如果容忍他们侥幸免罪,那他们就更加没有忌惮了。强横的人有害国家政事,软弱的人有伤道德教化,那就没有什么坏事做不到了。这是君子所痛恨的,所以详察而惩治他们,不能稍加宽恕。

7·20　章频验证假田契此亦以事类相从,故章频在向纬后。

章频侍御[①],知彭州九陇县时,眉州大姓孙延世[②],伪券夺族人田。久不能辨,转运使委频验治之[③]。频曰:“券墨浮朱上[④],必先盗用印而后书之。”既引伏,狱未上[⑤]。而其家人复诉于转运使,更命知益州华阳县黄梦松覆按[⑥],无所异。梦松用此召入为监察御史,频乃坐不即具狱[⑦],降监庆州酒[8]。频，景祐元年使契丹道中，病卒[9]。见本传[10]。

【注释】

①章频：字简之，宋建州浦城（今福建南平浦城）人。与弟皆以进士试礼部预选，会诏兄弟毋并举，频即推其弟，弃去。后六年，乃擢第。自试秘书省校书郎，知南昌县，改大理寺丞。知九陇县时，因此案降监庆州酒，徙知长洲县。后迁殿中丞。为度支判官，累迁刑部郎中。因忤旨，出知宣州，改殿中侍御史，迁侍御史。终刑部郎中。《宋史》卷三〇一有传。侍御：指侍御史。官名。宋承唐制，侍御史掌纠兴举百官，作为御史大夫、御史中丞的佐贰。辅助御史中丞处理御史台事务。

②眉州：州名。治所在眉山（今四川眉山）。大姓：世家大族，势力强大的土豪。

③转运使：官名。宋太宗时，为削夺节度使的权力，于各路设转运使，称“某路诸州水陆转运使”，其官衔称“转运使司”，俗称“漕司”。转运使除掌握一路或数路财赋外，还兼领考察地方官吏、维持治安、清点刑狱、举贤荐能等职责。验治：查验处治。

④墨浮朱上：墨迹在朱印之上。

⑤既引伏，狱未上：已经招认服罪，还未结案上报。

⑥益州：州名。治所在成都（今四川成都）。华阳县：益州属县。在宋时有八乡，与成都府、华阳县共治一城，治所在今四川成都。黄梦松：原名琰五，字思琬，因科场考试做梦，皇上赐名“梦松”，江西鄱阳（今江西鄱阳）人。宋咸平三年（1000）进士。官拜华阳县令，监察御史至兵部尚书。覆按：重加察验，覆审。

⑦不即具狱：没有即时结案上报。

⑧监庆州酒：掌管庆州酒税的官职。庆州，州名。治所在安化（今甘肃庆阳）。

⑨天海按:“频”及以下12字,四库本原文误录在注文“见本传”后,此据本书文例移正。景祐:宋仁宗赵祯的年号(1034—1038)。契丹:907年,辽太祖耶律阿保机成为契丹可汗,916年始建年号,建国号“契丹”,定都上京临潢府(今内蒙古赤峰巴林左旗)。947年,辽太宗耶律德光率军南下中原,攻占汴京(今河南开封),于汴京登基称帝,改国号为“大辽”,改年号为“大同”。983年复更名“大契丹”。1007年辽圣宗耶律隆绪迁都中京大定府(今内蒙古赤峰宁城)。1066年辽道宗耶律洪基复国号“大辽”。1125年被金朝所灭。

⑩天海按:此为郑克注文,言本篇事见宋朝《国史》章频本传。

【译文】

侍御史章频,做彭州九陇县知县时,眉州大姓孙延世,伪造地契掠夺族人田产。长久不能辨明,转运使委托章频查验处治这个案件。章频说:“地契上墨迹在朱印之上,一定是先盗用官印而后书写而成的。”孙延世已经招认服罪,但未结案上报。而孙延世的家人又向转运使申诉,就改命益州华阳县知县黄梦松重加查验,结果与章频所查没有什么不同。黄梦松因此被召入朝廷做监察御史,章频则因为没有即时结案,被降职做庆州监酒。章频,于景祐元年出使契丹道中,因病去世。事见《国史》章频本传。

7·21　江某撕纸察伪券

江某郎中,知陵州仁寿县[①]。有洪氏尝为里胥[②],利邻人田[③],绐之曰[④]:“我为若税,免若役。”邻人喜划其税[⑤],归之名于公上[⑥],逾二十年[⑦]。具伪券[⑧],茶染纸,类远年者[⑨],以讼[⑩]。某取纸即伸之[⑪],曰:“若远年纸,里当白。今表里一色,伪也。”讯之,果服。见李泰伯主簿所撰墓志[⑫]。江,衢州开化人，失其名[13]。

按：伪券之奸，世多有之，巧诈百端，不可胜察。著此二事，亦足以鉴也。

【注释】

①陵州：州名。北周始置，隋废，唐复置。治所在今四川仁寿。仁寿县：宋陵州属县和州治所在地。

②里胥：乡里小吏。

③利：贪爱，喜好。

④绐：欺骗。

⑤刬（chǎn）其税：削免他的赋税。刬，削。

⑥归之名于公上：田产姓名归于洪氏上报官府。公上，朝廷，官府。

⑦逾二十年：把向官府纳税的时间上推二十年。

⑧具伪券：准备了伪造的纳税契券。

⑨类远年者：类似年代久远的样子。

⑩以讼：以此向官府提起诉讼。

⑪伸之：将纸撕开。

⑫天海按：此为郑克自注，今已不见此文。李泰伯：生平未详。

⑬天海按：此为郑克自注，言江某之名已佚。衢州开化：开化县建于北宋太平兴国六年（981），今属浙江衢州。

【译文】

郎中江某，做陵州仁寿县知县。有洪氏曾经做过乡里小吏，他贪图邻人的田产，欺骗邻人说："我为你交税，免去你的徭役。"邻人为免去赋税而高兴，将田产姓名归于洪氏上报官府，就这样过了二十年。洪氏准备了伪造的契券，用茶水将纸染色，类似年代久远的样子，以此向官府提起田产诉讼。江某取来契券，立即将纸撕开，说："如果真是年代久远的纸，里面应当是白的。如今这纸表里一色，是伪造的。"审讯洪氏，果然服罪。事见李泰伯主簿所撰《江某墓志》。江某,是衢州开化人,不知其名。

按:伪造契券这类欺诈之事,在世上很常见,手段花样百出,不能完全审察。著录这两件事,也完全可以借鉴了。

7·22 薛向监察偷商税

薛向枢密[1],初为京兆府户曹参军[2],兼监商税[3]。有贾人过税务[4],出银二箧[5],书其上曰:"枢密使遗泾原都监[6]。"向曰":此必伪也。岂有大臣饷人物[7],乃使贾人致之耶?"执诣府治之,果服诈。见吕大防丞相所撰墓志[8]。

按:《折狱龟鉴》之为书也,以《释冤》《辨诬》《鞫情》《议罪》《宥过》《惩恶》《严明》《矜谨》八篇为正,而奸、慝、盗、贼十有二篇[9],特为《惩恶》言之耳。古之治此四者[10],主于严明[11],佐以矜谨[12]。《易》曰:"君子以明慎用刑,而不留狱[13]。"是故列此四种之事在彼二篇之前[14]。览者尽心,庶亦有补也。

【注释】

①薛向(1016—1081):字师正,北宋河中万泉(今山西万荣)人。以祖荫任太庙斋郎,为永寿主簿,权京兆户曹。为邠州司法参军。入为开封度支判官,权陕西转运副使、制置解盐。宋神宗知向材,以为江、浙、荆、淮发运使,进龙图阁直学士。加枢密直学士、给事中、知定州。迁工部侍郎。元丰元年(1078),召同知枢密院。后知颍州。又改知随州,卒年六十六。史称"向干局绝人,尤善商财",《宋史》卷三二八有传。枢密:指同知枢密院事。官名。亦称"同知枢"。北宋太宗淳化二年(991)始置,为枢密院副长官,

神宗元丰改制，定为正二品。

②京兆府：府名。治所在万年（今陕西西安）。户曹参军：官名。专管户籍的州县属官。

③监商税：掌管商业税收。

④贾人：商人。过税务：经过办理税收事务的机关。

⑤箧（qiè）：指小箱子，藏物之具。大曰箱，小曰箧。

⑥枢密使：官名。宋沿唐置，为枢密院长官。宋太祖建隆三年（962）罢宰相兼任，专掌佐皇帝管理军政，为国家最高军事长官，号称执政，与宰相同执朝政，有发兵之权，无拥兵之重。神宗元丰改制，另置知枢密院领其职。南宋高宗绍兴七年（1137）复以宰相兼，定为从一品，迄宋亡不改。泾原：即泾原路。北宋旧置泾原路经略、安抚使，统辖泾州、原州、渭州、仪州、德顺军、镇戎军。治所在渭州（今甘肃平凉）。都监：官名。宋代设有路"都监"，掌管本路禁军的屯戍、训练和边防事务。有州府"都监"，掌管本城厢军的屯驻、训练、军器和差役等事务。资历浅的武官担任"都监"职务时，称"押监"。天海按：《宋史·薛向传》记此事作："薛向，字师正。以祖颜任太庙斋郎，为永寿主簿，权京兆户曹。有商胡赍银二箧，出枢密使王德用书，云以与其弟。向适监税，疑之曰：'乌有大臣寄家问而诿胡人者？'鞫之，果妄。"

⑦饷人物：赠送别人礼物。

⑧天海按：此为郑克自注，言本篇事见吕大防所撰《薛向墓志》。

⑨奸、慝、盗、贼十有二篇：指《察奸》《核奸》《擿奸》；《察慝》《证慝》《钩慝》；《察盗》《迹盗》《谲盗》；《察贼》《迹贼》《谲贼》十二门。

⑩四者：奸、慝、盗、贼四种犯罪。

⑪严明：严正明察。

⑫矜谨：悯恤慎重。

⑬君子以明慎用刑，而不留狱：君子以明察审慎使用刑罚，而不稽留

狱案。此引语见《周易·旅卦》:“君子以明慎用刑而不留狱。”孔颖达疏:“此以静止明察,审慎用刑而不稽留狱讼。”

⑭四种之事:此指奸、慝、盗、贼四种犯罪事例。二篇:指《严明》《矜谨》二门。意思是这四种十二门类的事例,是对《惩恶》篇的说明,应附于《惩恶》之后;并将此四者列于《严明》《矜谨》二篇之前。

【译文】

同知枢密院薛向,最初做京兆府户曹参军时,兼任掌管商税。有商人经过税务机关,取出两小箱银子,上面书写道:“枢密使送泾原路都监。”薛向说:“这一定是假的。哪有大臣赠送别人礼物,却派商人送达的呢?”捉拿他到官府治罪,果然招认了诈骗罪。事见吕大防丞相所撰《薛向墓志》。

按:《折狱龟鉴》这本书,以《释冤》《辨诬》《鞫情》《议罪》《宥过》《惩恶》《严明》《矜谨》八篇为主,而《察奸》《核奸》《擿奸》《察慝》《证慝》《钩慝》《察盗》《迹盗》《谲盗》《察贼》《迹贼》《谲贼》十二篇,特地为《惩恶》作说明罢了。古人惩治这奸、慝、盗、贼四种犯罪,以严正明察为主,以悯恤慎重为辅。《周易》说:“君子以明察审慎使用刑罚,而不稽留狱案。”因此列出这四种案例在《严明》《矜谨》二篇之前。阅读此书的人用心领会,希望也有所补益。

卷六

八、核奸

【题解】

核奸，核查狡诈的犯罪。此为《折狱龟鉴》第八门，选录主案20条，其中重出无文1条，附8事，共27事。察明奸人犯罪，必须核实奸人作案实情，而核实案情最重要的环节就是落实人证、物证。在推究核实证据之时，切忌粗枝大叶，马虎草率了事。故作者说“凡善核奸者，必善鞫情也。若不得实情，则后必翻异，而奸人得计矣。推核之际，戒在疏略”。

在本门中，核查的谋杀案就有12件之多。主办案件的官吏都能够深入实地，仔细推究案情，在核证查实后依法处置杀人凶犯。如8·10条《朱寿昌审替死囚（侯咏附）》中有两个案例，主案中，有大姓雍子良多次杀人，挟财与势，收买乡民为他顶罪。知州朱寿昌能够察探乡民收受贿赂替凶犯顶罪的事实，于是晓以利害，使乡民醒悟而泣下，最终使雍子良难逃法网。附事中，录事参军侯咏查知土豪赵宝杀人，诬其佣人，令佣人替代死罪，并且贿赂狱吏办成此案。侯咏辨察实情，随之公正治狱吏之罪。这都是善于核察奸恶的案例。

本门还有匿名诽谤、投书诬告、伪造书契、假冒年齿的7事，田地争讼、作弊逃税的6事，都是主办官吏细心核查笔迹、追查历史档案、实地检验考察，最终使奸人欺诈败露，受到法律制裁的案件。

正如作者按语所说：“凡为巧诈，必有缺漏，推核已至，奸欺自露。如检户籍以视孤女所冒之非（8·15条《尹洙检籍识冒产》），校年齿以验老父所记之妄（8·16条《程颢查假冒生父》），皆此术也。”

8·1　周纡与死人共语

后汉周纡[①]，迁召陵侯相[②]。廷掾惮纡严明[③]，欲损其威，乃晨取死人，断手足，立寺门。纡闻，便往至死人边，若与死人共语状。阴察视口眼有稻芒[④]，乃密问守门人曰：“悉谁载藁入城门者[⑤]？”对曰：“唯有廷掾耳[⑥]。”又问铃下[⑦]：“外颇有疑吾与死人语者否？”对曰：“廷掾疑君。”乃收廷掾考问，具服[⑧]：“不杀人，取道边死人。”后人莫敢欺者。旧出《后汉书》本传。“语尸事”又见《擿奸》门[⑨]。

按：纡视口眼有稻芒者，迹也[⑩]；若与死人共语者，谲也[⑪]。以迹推核其事，以谲发擿其情[⑫]，乃复密问，以相参考，而奸人得矣。是故后人莫敢欺也。

【译文】

①后汉：朝代名。即东汉。25年，刘秀重建汉朝，都洛阳（今河南洛阳），史称后汉或东汉。220年为曹丕所代，共历十二帝，一百九十六年。周纡（yū，？—97）：字文通，下邳徐县（今江苏泗洪）人。为人刻削少恩，好韩非之术。自奉廉洁公正。少为廷尉史。历任渤海太守，御史中丞等。永元七年（95），迁将作大匠。永元九年（97），卒于官。《后汉书》卷七七有传。参见卷五《察奸》门7·4条《黄昌密察奸有术》注。

②迁:古代称调动官职,一般指升职。召陵侯相:官名。即召陵侯国的相。汉、魏时在诸王侯之国设相,职同郡太守。召陵侯国国都在今河南漯河。

③廷掾(yuàn):汉代县令的属吏。地位较高,祭祀时可排在功曹之前,兼有督邮之职,经常巡行乡下。

④阴察:暗中察看。稻芒:禾芒,稻尖细刺。

⑤悉:知悉,知道。藁(gǎo):收割后的稻草。

⑥天海按:"对曰","曰"字原文脱;"唯有","有"字原文脱;据上下文例与《后汉书·周纡传》径补。

⑦铃下:管辖之下,部下。

⑧具服:完全服罪招供。

⑨天海按:此为郑克自注,言本篇事出《后汉书·周纡传》;"与尸体说话事"又见本书卷六《擿奸》门9·3条《周纡》,存目而无文。

⑩迹:追寻踪迹。

⑪谲:使用诈术。

⑫以迹推核其事,以谲发擿其情:跟据踪迹推究核查案犯的作案事实,使用诈术揭发检举案犯的作案动机。

【译文】

东汉的周纡,调任召陵侯国国相。廷掾惧怕周纡严正明察,想要损害他的威信,就在清晨取来死人尸体,砍断其手足,竖立在寺庙门口。周纡听说后,便前往死人身边,做出一副与死人交谈的样子。他暗中察看死人口眼处有稻芒,就秘密讯问守门人说:"知道是谁装载稻草进入城门吗?"回答说:"只有廷掾罢了。"又问他的部下:"外面有怀疑我与死人交谈的人吗?"回答说:"廷掾怀疑你。"于是就收捕廷掾拷打审问,全部招认:"我没有杀人,只取了道边死人。"后来就没有人敢欺瞒他了。旧《疑狱集》出自《后汉书·周纡传》。"与尸体说话事"又见卷六《擿奸》门。

按:周纡查看死人口眼处有稻芒,是为了追寻案犯踪迹;做出一副与死人对话的样子，是采取诱骗之术。根据踪迹推究核查案犯的作案事实，使用诈术揭发检举案犯的作案动机，再秘密讯问以相参考，由此而查得坏人。因此后来就没人敢欺瞒他了。

8·2　国渊对比查谤书王安礼、葛源二事附

魏国渊①，为魏郡太守时②，有投书诽谤太祖者③。太祖疾之，必欲知其主名④。渊请留其本书⑤，而不宣露。书中多引《二京赋》⑥，乃敕功曹曰⑦："此郡既大，今在都辇⑧，而少学者。其简开解少年⑨，欲遣就师。"功曹差三人，临遣引见，训以"所学未及《二京赋》，此博物之书也，世人忽略，少有其师，可求能读者从受之。"旬日得能读者，遂往受业。吏因请使作笺⑩，比方其书⑪，似出一手。收问服罪。旧出《魏志》本传⑫。

按：王安礼右丞⑬，知开封府时⑭，或投书告一富家有逆谋，都城惶恐，安礼不以为然。后数日，有旨根治，搜验富家，事皆无迹。因问曾与谁为仇，对以"数月前，鬻状马生者⑮，有所贷而弗与，颇积怨言。"于是密以他事绾马生至对款⑯，取匿名书校之，字无少异，讯鞫引伏⑰。此乃用渊核奸之术也。见近时小说⑱。

葛源郎中，为吉水令时⑲，捕与寡妇间语者，验其对事⑳，已见《察奸》门㉑。是亦用渊核奸之术者也。

【注释】

①魏：三国之一。220年曹丕代汉称帝，都洛阳（今河南洛阳），国号魏，历史上又称曹魏。265年为司马炎所代，共历五帝，四十六年。

国渊：字子尼，三国魏乐安盖县（今山东沂源）人。师事郑玄。曹操辟为司空掾属，使典屯田。相土处民，明功课之法，五年中仓廪丰满。累迁魏郡太守、太仆。布衣蔬食，恭俭自守。卒官。《三国志》卷十一有传。

②魏郡太守：官名。汉魏时期一郡的最高行政长官。魏郡郡治在邺县（今河北临漳）。

③有投书：有人投匿名信。太祖：即曹操。太祖，为其子曹丕称帝后所追上的皇帝庙号。

④主名：事主的姓名。

⑤本书：此指匿名书原件。

⑥《二京赋》：东汉辞赋，为张衡的代表作。《二京赋》包括《西京赋》《东京赋》两篇。由于其结构的严谨精密，被多数人认为是汉赋中的精品。二京，指汉的西京长安与东京洛阳。

⑦敕（chì）：命令。功曹：古代官职，亦称功曹史。西汉始置，为郡守、县令的主要佐吏。主管考察记录业绩。东汉各州亦有功曹，而名称略有变更。属司隶校尉者称功曹从事，下设门功曹书佐等协助处理选用人员等事。

⑧都辇（niǎn）：京城，国都的别称。

⑨简：选择，选用。开解：开悟解惑。

⑩天海按："吏"字，原文无，此据《三国志·魏书·国渊传》径补。作笺（jiān）：作注释。笺，笺注。

⑪比方其书：比照投书的字迹。

⑫天海按：此为郑克自注，言本篇之事，旧《疑狱集》出自《三国志·魏书·国渊传》。

⑬王安礼（1034—1095）：字和甫，抚州临川（今江西抚州）人。安石弟。嘉祐六年（1061），考中进士。宋神宗继位，任崇文院校书郎，出知润、湖二州，同修起居注、知制诰。元丰二年（1079），出

任翰林学士、开封知府，善于断案，执法严明。元丰四年（1081），拜尚书右丞，迁左丞（副相），参与执政议事。出任端明院学士、江宁知府。宋哲宗继位，授资政院学士，先后治理扬州、青州、蔡州、舒州、永兴军。绍圣二年（1095）任太原知府，卒于任所。赠金紫光禄大夫、太师、魏国公。《宋史》卷三二七有传。右丞：即尚书右丞，宋时与参知政事同为执政官，为宰相佐贰。

⑭知开封府：开封府长官。府治在开封（今河南开封）。宋为都城所在地。

⑮鬻（yù）状：售卖代人书写的各种文状。代人书写文书、诉状以谋利。

⑯绾（wǎn）：控制。此指拘押。对款：应对供词。

⑰讯鞫：审讯。引伏：认罪，服罪。

⑱天海按：此为郑克自注，言本篇事出"近时小说"。

⑲葛源郎中，为吉水令：参见卷三《鞫情》门3·8条《葛源有守忤知州》注，卷五《察奸》门7·9条《李杰》注。

⑳对事：犹对质。此指对案供词。

㉑《察奸》门：参见卷五《察奸》门7·9条《李杰》所附葛源之事。

【译文】

三国时曹魏的国渊，做魏郡太守时，有人投匿名信诽谤太祖曹操。曹操痛恨这件事，一定要知道投信人的姓名。国渊要求留下那匿名信的原件，但是不向外宣布泄露。匿名信中多处引用《二京赋》，就命令功曹说："这魏郡很大，现在又是国都所在，但是缺少有学问的人。那就选择能够开悟解惑的少年，要派遣他们去跟从老师学习。"功曹派了三个人，临出发时引见给国渊，国渊训导说："你们还未学过《二京赋》，这是一本知识广博的书，世人忽略了它，很少有人传授它，可以寻求能够解读的人，从而跟从学习。"十多天便找到能够解读的人，于是前去跟从老师学习。差吏顺便要求解读人作出笺注，然后比照那封匿名信的字迹，似乎出自同一人之手。收捕审问后，那人认罪。旧《疑狱集》出自《三国志·魏书·国渊传》。

按：尚书右丞王安礼，做开封府知府时，有人写匿名信告发一家富人有叛逆阴谋，都城的人都惶恐不安，王安礼不以为然。几天后，有圣旨要求彻底查办，于是搜查检验富人家，此事皆无痕迹。因此问富人曾与谁人结仇，回答说："数月前，替人代写书状的马生，向我借贷而没有给他，很有些积怨的话。"于是秘密以别的事拘押马生，让他写出对答供词，取来匿名信相互比较，字迹没有一点差别，审讯后马生认罪。这就是采用了国渊核查奸邪的方法。事见近时小说。

尚书度支郎中葛源，做吉水县县令时，逮捕与寡妇私下密谈的人，检验他的对案供词，已经见于《察奸》门。这也是采用了国渊核查奸邪的方法。

8·3　韦皋剑南查黑店陈执方附

唐韦皋[①]，镇剑南[②]，有逆旅停止大贾[③]，资货万计，因病毒之[④]，十隐七八，遂以致富。皋知其事，未及发觉[⑤]。复以北客苏延病死报于府。延，太原人，商贩蜀川。使验其簿[⑥]，已被换易，寻究经过，辞多异同。遂敕店主与司店者[⑦]，立承欺隐，凡数千缗，诸胥分受者二十余人，悉以付法。由是剑南客免横死[⑧]。旧不著出处[⑨]。

按：陈执方大卿[⑩]，知均州时[⑪]，汉上舟子数溺商旅[⑫]，取货财，辄以险为解[⑬]。执方捕案，悉置于法。因取近滩数家，除其徭役，使表水险[⑭]，涉者因此得不横死[⑮]。与皋核奸之术颇同也。见王安石丞相所撰墓志[⑯]。

【注释】

①韦皋(745—805):字城武,京兆(今陕西西安)人。唐大历初为建陵挽郎。拜殿中侍御史、权知陇州行营留后事。贞元初,为剑南西川节度使时,派人和好南诏,与之联合击退吐蕃。唐顺宗时诏检校太尉。卒赠太师,谥忠武。《旧唐书》卷一四八、《新唐书》卷一五〇皆有传。

②镇剑南:此指任剑南西川节度使。剑南,唐方镇名。治所在益州(今四川成都)。领昆明军及益、彭、蜀、汉、眉等二十五州,其后辖境屡有扩大。

③逆旅:客舍,旅店。停止:住宿。大贾:大商人。

④因病毒之:趁着他生病而将其毒死。

⑤未及发觉:没有等到阴谋或罪迹被察觉、举发。

⑥验其簿:查验客栈登记簿。

⑦敕:训斥,告诫。司店者:掌管店务的人。天海按:原文作"同店者",此据《疑狱集》校正。

⑧横死:因自杀、被害或意外事故而死亡。天海按:此句《疑狱集》作"由是剑南无横死之客",于义为长。

⑨天海按:此为郑克自注,言本篇旧《疑狱集》未写明出处。

⑩陈执方:字良器,宋洪州南昌(今江西南昌)人。累官太子中舍,殿中丞,少府监,司农卿,历知曹、郑、扬、庐、均、陈诸州。《宋史》无传。大卿:此指所任司农卿。司农卿为司农寺长官。司农寺,掌粮食积储、仓廪管理及京朝官员禄米供应等事务。

⑪均州:州名。宋朝均州属武当郡。治所在武当(今湖北丹江口)。古均州已在修建丹江口大坝时被淹没。

⑫汉上:汉水之上。舟子:驾船的船夫。商旅:客商。流动的商人。

⑬辄以险为解:又以江水险恶做解释。

⑭使表水险:使他们标记水急滩险之处。

⑮涉者：渡水的人。

⑯天海按：此为郑克自注，言本篇事见于王安石所撰《陈执方墓志》。

【译文】

唐朝的韦皋，任剑南西川节度使时，有家客栈接待过一个大商人住宿，他的资产货物数以万计，生病之时被店家毒死，店家瞒下了他七八成的财产，于是因此致富。韦皋知道了这件事，还没有来得及揭发处理。那家客栈又将北方客人苏延病死的消息向官府报告。苏延，是太原人，经商来到了蜀川。韦皋派人查验客栈登记簿，已被偷换改变，推寻查究经过，供词多有矛盾。于是告诫店主与掌管店务的人，立即交待欺瞒隐藏的罪行，总共数千缗钱，众小吏分受财物的有二十多人，全部依法处置。从此剑南客商免于被害而冤死的情况。旧《疑狱集》录此事，未写明出处。

按：大卿陈执方，做均州知州时，汉水上驾船的船夫多次溺死客商，窃取货物钱财，又以水势险恶来为自己辨解。陈执方逮捕他们归案，全部依法处置。于是找到靠近水急滩险处的几户人家，免除他们的徭役，让他们标记水险的地方，渡水的人因此能够避免意外死亡。这与韦皋核查奸邪的方法很像。事见王安石丞相所撰《陈执方墓志》。

8·4 张辂

已见《惩恶》门①。

【注释】

①天海按："张辂事"已见于本书卷五《惩恶》门6·5条《张辂入穴诛妖僧》。

【译文】

"张辂事"已见于本书《惩恶》门。

8·5 狱吏测梦擒凶僧

江南大理寺[①]，尝鞫杀人狱[②]，未能得其实。狱吏日夜忧惧，乃焚香恳祷，以求神助。因梦过枯河，上高山。寤而思之，曰："河无水，'可'字；山而高，'嵩'字也。"或言崇孝寺有僧名可嵩，乃白长官下符摄之[③]。既至，讯问亦无奸状，忽见屦上墨污[④]。因问其由，云："墨所溅。"使脱视之，乃墨涂也。复诘之，僧色动[⑤]。涤去其墨，即是血痕。以此鞫之，僧乃服罪。见吴淑校理《秘阁闲谈》[⑥]。

按：可嵩事与冯昌类矣[⑦]，然未见奸状时，若不著血污之屦，将何以核其奸乎？盖获冥助[⑧]，如萧俨祷神而雷震牛死[⑨]，非智算所及也。和凝尝曰[⑩]："洁诚斋戒[⑪]，祈获祐于上穹[⑫]；锐意典坟[⑬]，思有得于邃古[⑭]。"兼此二者，用以折狱，谅无难矣[⑮]。

【注释】

①江南：此指五代十国时期的南唐政权。南吴天祚三年(937)，徐知诰篡夺南吴政权，定国号为"大齐"，都金陵(今江苏南京)。昇元三年(939)，徐知诰恢复李姓，改名为昪，自称为李唐宗室之后，改国号为"唐"，并为唐高祖李渊、唐太宗李世民立庙，为了与唐朝加以区分，史称"南唐"。975年，宋兵攻占金陵，李煜投降，南唐覆灭。大理寺：官署名。专门负责刑狱案件的审理，是全国最高的法律机构。大理寺一般设卿一人，从三品；少卿二人，从四品上。

②鞫杀人狱：审理杀人案件。

③白：禀告。下符摄之：下传票捉拿僧人。符，本义是古代朝廷传达

命令或征调兵将用的凭证。此指拘传人的传票。

④屦(jù):本指用麻、葛等制成的一种鞋。此处泛指鞋。

⑤色动:脸色改变。

⑥天海按:此为郑克自注,四库本误录作:“见吴叔校理《秘阆闲谈》”,本应作“见吴淑校理《秘阁闲谈》”,此据《宋史》校正。吴淑(947—1002):字正仪,润州丹阳(今江苏丹阳)人,幼年随父文正迁蕲州(今湖北蕲春)定居。仕南唐,以校书郎直内史。入宋,试学士院,授大理评事,预修《太平御览》《太平广记》《文苑英华》《秘阁闲谈》等书。历官太府寺丞、著作佐郎、秘阁校理。《宋史》卷四四一有传。《秘阁闲谈》:文言志怪小说。宋初吴淑撰。此书记录作者在秘阁任职校理期间与同僚燕谈所及的遗闻杂事,故名。原书共五卷,《郡斋读书志》《直斋书录解题》《宋史·艺文志》均著录,今已佚。

⑦冯昌:“冯昌事”参见本书卷一《释冤》门(上)1·3条《苻融占梦擒真凶》。

⑧冥助:谓神佛的佑助。

⑨萧俨祷神:事见本书卷二《释冤》门(下)1·21条《萧俨祷神破冤案》。

⑩和凝(898—955):字成绩,郓州须昌(今山东东平)人。五代词人。和凝一生历仕梁、唐、晋、汉、周五代。所撰《疑狱集》是现存最早的一部案例选编,由和凝从前代史书中编录,其子和㠓又增益事类,于宋太宗雍熙初年表上。此书在宋代已有刻本,很多宋人著作都有著录。

⑪洁诚斋戒:洁身虔诚斋戒。

⑫上穹:上天。

⑬锐意典坟:专心致志于各种典籍。

⑭邃(suì)古:远古。

⑮谅：推想，想必。

【译文】

南唐的大理寺，曾经审理杀人案，未能获得案件实情。狱吏日夜忧惧，就焚香恳切祈祷，以此求助神灵。他梦见渡过干枯的河流，登上高山。醒来后思索这个梦境，说："河字无水，就是'可'字；山高，就是'嵩'字。"有人说崇孝寺有个僧人名叫"可嵩"，于是就禀告长官下传票捉拿那个僧人。僧人捉来后，审讯拷问也没有查出他作奸犯科的情形，忽然看见他的鞋上有墨汁污渍。便讯问他墨汁的来由，僧人说："是墨汁所溅。"让他脱下鞋查看时，却是涂上去的墨汁。再次审问他，僧人脸色改变。洗去鞋上墨汁后，却是人血的痕迹。凭此审问他，僧人于是认罪。事见吴淑校理所撰《秘阁闲谈》。

按："可嵩"之事与冯昌杀人事很像，然而未见他作奸犯科的行状时，如果僧人不穿上血迹污染的鞋子，那将凭什么查到僧人的奸恶呢？至于获得神灵佑助，如同萧俨祈祷神灵，因而天空打雷震死牛一样，不是靠智慧谋算所能得到的。和凝曾经说："洁身虔诚斋戒，向上天祈求获得祐助；专心致志于博览各种典籍，希望从远古事迹中有所收获。"兼有这两种态度，用来审理案件，想必不会有困难了。

8·6 王利疑奸查凶手

王利屯田①，通判沧州时②，遣三卒至都下③。二人者共害一卒，取其赍装④，反以卒逃状闻。利疑其奸，密遣吏自郡至都，以物色求之⑤，得其实，二人即服罪。见尹洙龙图所撰墓志⑥。

按：利所以疑其奸者，卒之色、辞必有异也⑦。君子固不可逆诈⑧，亦不可受欺。疑而核之，理当然也。

【注释】

①王利：参见本书卷二《释冤》门（下）1·25条《王利观气貌雪冤》注。屯田：指屯田郎中，官名。屯田，官署名。属工部。元丰改制后设郎中、员外郎，掌屯田、营田、职田、学田、官庄等事务。

②通判沧州：参见本书见卷二《释冤》门（下）1·25条《王利观气貌雪冤》注。

③都下：京都。

④赍（jī）装：携带的行装。

⑤物色：按照形貌进行查访。

⑥天海按：此为郑克自注，言本篇事出尹洙所撰《河南集》卷一三《王公墓志铭》。

⑦色：神色。辞：言谈。

⑧逆诈：事先推测别人存心欺诈。

【译文】

屯田郎中王利，做沧州通判时，派遣三个士卒到京城。其中两人共同害死另一士卒，劫取死者所携带的行装，谎报说该士卒逃跑了。王利怀疑其中有奸情，秘密派遣差吏从本郡到京都，按照死者的形貌寻找他。获得了真实情况，那二人随即服罪。此事见龙图阁学士尹洙所撰《王公墓志铭》。

按：王利之所以怀疑那二人作奸犯科，是因为两个士卒的神色、言词必有异常。君子固然不事先推测别人存心欺诈，也不可受欺瞒。怀疑而后核实情况，理所当然。

8·7 张式穷究杀妻案李景略附

张式郎中[①]，知寿州[②]。民有缢其妻以自杀告者，吏受赇[③]，实之[④]。式穷诘[⑤]，立服，人称其明。见王安石丞相所撰墓志[⑥]。

按：唐李景略[⑦]，初辟李怀光朔方节度府巡官[⑧]。五原将张光杀其妻[9]，以资市狱[10]。前后不能决，景略核实，论杀之[11]。既而有若女厉者[12]，进谢廷中，如光妻云[13]。出《唐书》本传，旧集不载[14]。

式之核奸，颇亦类此。且人缢之与其自缢，伤迹有异，验则知矣。吏既受赇，以非为是，必于验状有可疑者。苟能听察[15]，以理穷诘，彼虽巧诈，将何所逃。人称其明，不为过也。凡附著之事，或以后证前，或以古明今，随事变文，无定例也[16]。

【注释】

①张式（989—1050）：字景则，宋代建州建安（今福建浦城）人。宋天禧三年（1019）进士，为将乐县主簿、闽县主簿，除开封府祥符县尉，改秘书省著作佐郎、知福州古田县，迁知虔州，又知濠、寿二州，征为开封府推官，再改知濠州、寿州，再召为开封府推官。官至尚书祠部郎中。后出知岳州卒。《宋史》无传。郎中：指任尚书祠部郎中。祠部郎中，官名。属礼部。元丰改制后主管官员申请坟寺，僧道账籍、度牒、赐紫衣师号、主持教门、祠祭奏告、奉安、祷，神庙加封赐额等。

②寿州：州名。州治在下蔡（今安徽凤台）。

③受赇：收取贿赂。

④实之：坐实妻子自杀的假案。

⑤穷诘：深入追究审问。

⑥天海按：此为郑克自注，言本篇事见王安石所撰《张式墓志》。

⑦李景略（750—804）：幽州良乡（今北京房山良乡）人。契丹族，唐朝中期任丰州刺史，有谋略，忠于朝廷。后任大理司直，监察御史。不久升任殿中侍御史兼丰州刺史、西受降城使。后任丰州刺史兼御史大夫、天德军西受降城都防御使。迁左羽林将军，卒赠

工部尚书。《旧唐书》卷一五二、《新唐书》卷一七〇皆有传。

⑧辟:应召被推举授官。李怀光(729—785):本姓茹,渤海(治今吉林敦化)人。靺鞨族。朔方将军李嘉庆(茹常)之子。少从军,累迁御史大夫、朔方军都虞候。从平安史之乱,授邠宁节度使。唐德宗即位,检校刑部尚书、邠泾庆三州都将,迁朔方节度使。建中三年(782),泾原兵变后,攻打贼将朱泚,拜副元帅、检校太尉兼中书令,册封连城郡王。遭宰相卢杞构陷,遂举兵反唐。贞元元年(785),为部将所杀。《旧唐书》卷一二一、《新唐书》卷二二四皆有传。朔方节度府:即朔方节度使官府。朔方节度使又称灵州节度使、灵武节度使、灵盐节度使,是唐朝在西北地区为防御后突厥汗国设置的节度使。朔方节度使治所在灵州(今宁夏灵武)。巡官:官名。唐朝节度使、观察使、团练使、防御使属官,位判官、推官之下。

⑨五原:唐郡名。郡治在九原县(今内蒙古包头),隶属于朔方节度使。

⑩以资市狱:用财物收买办案的官吏。资,财货。市狱,收买办案的官吏。

⑪论杀之:定罪后杀死他。

⑫女厉:女厉鬼。厉,即厉鬼,指恶鬼、鬼怪。为自杀或者暴死的人怨气所致的鬼。

⑬如光妻云:传说好像是张光的妻子。云,传说。

⑭天海按:此为郑克自注,言本篇事出《唐书·李景略传》,旧《疑狱集》不载此事。

⑮听察:探听审察。

⑯天海按:此为郑克自注,说明本书附录之事随机行文,没有固定体例。

【译文】

祠部郎中张式,做寿州知州。有一个州民用绳子勒死自己的妻子,却上报官府说妻子自杀,官吏收受贿赂,坐实了自杀的假案。张式深入追究审问，立即使罪犯服罪，人们称赞他的明察。事见王安石丞相所撰《张式墓志》。

按：唐朝的李景略，最初应召任李怀光朔方节度府巡官。五原郡偏将张光杀死自己妻子，用财物收买办案的官吏。前后巡官都不能判决，李景略核实罪状，定罪杀死他。不久就有像女厉鬼一样的人，进入公堂中拜谢他，好像张光的妻子。事出《唐书·李景略传》，旧《疑狱集》不载此事。

张式核察奸恶，与此也很类似。再说故意勒死他人与自缢，伤势、痕迹有所不同，检验后就知道了。官吏既然收受贿赂，以假为真，必定在检验伤痕时有可疑的地方。如果能够探听察访，按照事理深入追究，那罪犯即使奸巧狡诈，又将逃往何处。人们称赞张式明察，不算是过分的。凡是附录的案例，或者以后事证前事，或者以古事明今事，随事情而行文，没有固定的体例。

8·8 葛源亲审奸赇案

葛源郎中①，提点湖北刑狱时②，鄂州崇阳大姓与人妻谋杀其夫③，而州受赇，出之④。源使再劾，劾者又受赇，狱如初，而源终以为不直⑤。其弟诉于转运使⑥，虽他在事者⑦，亦莫不以为冤⑧。遂亲往鞫问，不复置狱⑨。卒得其奸赇状⑩，论如法⑪。见王安石丞相所撰墓志⑫。

按：此盖布耳目察民事，而先知其为奸受赇者，故再劾不得其情，而终以为不直，亲往鞫问，然后得之。罪状既明，议者自服⑬。监司之职⑭，当如是也。

【注释】

①葛源郎中：参见卷三《鞫情》门3·8条《葛源有守忤知州》注。

②提点湖北刑狱：官名。设于各路，主管所属州的司法、刑狱和监

察,兼管农桑。湖北,路名。即荆湖北路。治所在江陵府(今湖北江陵)。

③鄂州:州名。治所在江夏(今湖北武昌)。崇阳:县名。宋属鄂州,治所在今湖北崇阳。大姓:某一地域人数众多、势力强大的姓氏。亦即当地豪门。

④出之:免除其罪。指把有罪判为无罪或重罪判为轻罪。

⑤不直:不公正。

⑥转运使:官名。北宋前期转运使职掌扩大,实际上已成为一路之最高行政长官,掌管一路的财赋、监察,简称为"漕",有诸路转运使、都转运使、行在转运使、随军转运使等。后陆续设立了提点刑狱司、安抚司等机构分割转运使的权力。

⑦他在事者:其他办理此案的人。

⑧不以为:天海按,"以"字,原文脱,据王安石《临川集》卷九六《葛公墓志铭》补。

⑨不复置狱:不再搁置此案。

⑩奸赇状:奸吏受贿的情形。

⑪论如法:依法处治。

⑫天海按:此为郑克自注,言本篇事见王安石所撰《葛公墓志铭》。

⑬议者:参与议罪的人。

⑭监司:此指提点刑狱。宋代转运使和提点刑狱都有监察一路官吏的责任,故称监司。

【译文】

度支郎中葛源,做湖北路提点刑狱时,鄂州崇阳豪门有人与他人妻子谋杀其丈夫,但是州府官吏收受贿赂,使案犯免除罪名。葛源命再审,再审的官吏又收受贿赂,案件结果和原初一样,但葛源始终认为不公正。死者的弟弟向转运使申诉,即使其他参与办案的人,也没有人不认为这是冤案。葛源于是亲自前往审问,不再搁置此案。最终获得奸吏受贿的真实情况，于是依法论处。事见王安石丞相所撰《葛公墓志铭》。

按：这应该是葛源安排耳目察访民事，而事先知道那些做坏事收受贿赂的人，所以再审不能获得案件真实情况，就始终认为不公正，亲自前往审问，然后查明案件真相。罪状既然查明，参与议罪的人自然信服。监司的职责，就应当如此。

8·9 李兑查井中死尸李应言附

李兑尚书知邓州①，有富人搏其仆至死②，系颈弃井中③，以自缢为解④。兑曰："投井固不自缢，自缢岂复投井？此必吏受赇，教富人使不承耳。"已而案之，果然。兑，熙宁五年终于工部尚书⑤。

按：李应言谏议⑥，为开封府判官时⑦，京师富民陈氏杀佣作者⑧，而诬以自经死⑨，事觉，辄逃匿不获。应言指其豪横，交结权要，请严捕之。及出知河阳⑩，而事遂缓。应言，庆历三年，终于右谏议大夫⑪。二事并见本传⑫。

此皆善核奸者，唯陈氏幸免，为可惜也。

【注释】

①李兑（995—1070）：字子西，许州临颍（今河南漯河）人。登进士第，以屯田员外郎为殿中侍御史，改同知谏院，擢天章阁待制知谏院，累擢龙图阁直学士，历知广州、邓州等。宋英宗时积官尚书右丞，转工部尚书致仕。《宋史》卷三三三有传。尚书：此指所任工部尚书，雅称大司空。工部是古代中央六部（吏、兵、户、礼、刑、工）之一，掌管全国屯田、水利、土木工程、交通运输、官办工业等，工部尚书为其长。邓州：州名。治所在穰县（今河南邓州）。北宋初，仍设武胜军，领穰县、内乡和南阳三县。

②搏：打击。

③系颈：用绳子系在死者脖颈上。

④以自缢为解：以上吊自缢作为辩解。

⑤天海按："兑"及以下11字，原文误录作小字注文，此据全书体例校正。又，本篇事出《宋史·李兑传》。熙宁：北宋时期宋神宗赵顼的年号（1068—1077）。

⑥李应言：人名。据下文"庆历三年，终于右谏议大夫"，其他不详。谏议：指右谏议大夫。官名。宋置谏院，以左、右谏议大夫为谏院之长。

⑦判官：官名。始于隋朝。至唐，节度使、观察使、防御使均置判官，为地方长官的僚属，辅理政事。宋沿唐制，并于团练、宣抚、制置、转运、常平诸使亦设置判官。

⑧佣作：受雇为人劳作。

⑨自经：自缢，自己上吊。

⑩河阳：府名。治所在今河南孟州。

⑪天海按："应言"及以下13字，原文误录作小字注文，此据全书体例校正。庆历：宋仁宗赵祯的年号（1041—1048）。

⑫天海按：此为郑克注文，言本篇二事出于宋朝《国史》李应言本传。然李应言不见于今本《宋史》。

【译文】

工部尚书李兑做邓州知州时，有个富人把他的仆人打死了，给死者脖子上系上绳子丢弃在井中，以仆人上吊自缢作为辩解。李兑说："投井的人固然不会去上吊，上吊的人难道又去投井吗？这一定是官吏收受贿赂，教唆富人，使富人不承认罢了。"后来立案审理，果然如此。李兑，熙宁五年，卒于工部尚书任上。

按：右谏议大夫李应言，做开封府判官时，京城富人陈氏杀死了给他做佣工的人，反而诬陷说佣工因自缢而死，事情被发觉后，就逃跑藏起来，没有捕获。李应言指控他强横霸道，结交权贵要人，请求对他严加逮捕。等到他出任河阳知府后，案件就暂且搁置了。李应言，庆历三年，卒于右谏议大夫任上。上二事均见于《国史》本传。

这些都是善于核察奸恶的案例，只是富人陈氏侥幸脱罪，实为可惜。

8·10 朱寿昌审替死囚侯咏附

朱寿昌中散[①]，知阆州[②]，大姓雍子良屡杀人，挟财与势，故得不死。时又杀人，赇其里民，使出就吏[③]。狱具[④]，觉其奸，引囚屏左右[⑤]，讯之，囚对如初。寿昌告之曰："尔以死代人，毋令有悔。吾闻子良与汝钱十万，纳汝女为子妇，许嫁其女汝家，有之乎？"囚色动。又告之曰："汝且死，书券抑汝女为婢[⑥]，指十万为佣直[⑦]，而嫁其女于他人，汝将奈何？"囚悟泣下，乃以实对。立取子良置于法[⑧]，一郡以为神明。见曾肇内翰所撰墓志[⑨]。

按：大理评事侯咏[⑩]，为虢州录事参军时[⑪]，土豪赵宝者杀人，诬其佣，令代死，且赇吏成其狱。咏辨状，立正之。见尹洙龙图所撰墓志[⑫]。与子良事颇相类也。一赇狱吏，使以佣代；一赇里民，使以身代，其为奸等耳。咏能辨狱吏受赇之状，而正其罪；寿昌能探里民受赇之情，而得其实，是皆善核奸者也。

【注释】

①朱寿昌（1010—1080）：字康叔，宋扬州天长（今安徽天长）人。荫袭父亲功名，出而为官，通判陕州、荆南，知岳州、阆州。他幼年母子分离，后辞官寻母，以孝闻天下。诏使复官，又知鄂州，提举

崇禧观，累官司农少卿，易朝议大夫，迁中散大夫。《宋史》卷四五六有传。中散：此指任职中散大夫。中散大夫简称中散，王莽时置，或为东汉光武置，掌论议政事，员额三十人。历代沿置。宋初为正五品上阶文散官，元丰改制后为新寄禄官。

②阆州：州名。治所在阆中（今四川阆中）。

③使出就吏：让里民出来顶替他接受官吏审讯。

④狱具：结案。

⑤屏左右：屏退身边的人。

⑥书券：契约文书。抑：或者。表示可以选择的情况。

⑦佣直：雇婢女的工钱。

⑧置于法：依法处置。置，处置。

⑨天海按：此为郑克自注，言本篇事见曾肇所撰《朱寿昌墓志》。亦见《宋史·朱寿昌传》。

⑩大理评事：官名。北宋初与大理正、丞分掌断狱，其后别置详断官，本官遂为寄禄官。元丰改制，置十二员，凡隶佐断刑之事务则与大理司直详断。侯咏：字子复，宋河南洛阳（今河南洛阳）人。历河东、河阴主簿，虢州录事参军，改武信军节度推官，知寿安、冠氏、渑池三县，官至大理评事。《宋史》无传。

⑪虢州：州名。治所在弘农（今河南灵宝）。录事参军：官名。晋始置，亦称录事参军事。为王、公、大将军的属员，掌总录众曹文簿，举弹善恶。宋亦在京府置司录参军，各州置录事参军，成为州的佐官。掌管各曹文书，纠察府事。

⑫天海按：此为郑克自注，言本篇事见尹洙所撰《侯咏墓志》。

【译文】

中散大夫朱寿昌，做阆州知州时，有大姓雍子良多次杀人，依仗钱财与势力，所以能够免于死罪。那时他又杀了人，贿赂乡里的人，让其出来顶罪接受官吏审讯。结案后，朱寿昌发觉其中有奸情，把囚犯拉过来，屏退左右的人，讯问囚犯，囚犯的回答跟当初一样。朱寿昌告诉他说："你代人领受死罪，不要让自己后悔。我听说雍子良给你十万钱，要纳你女儿做儿媳妇，把他的女儿嫁到你家，有这样的事吗？"囚犯脸色改变。朱寿昌又告诉他说："你就要死了，文书契券如果将你的女儿写为婢女，指认十万钱是给婢女的工钱，又将他家女儿嫁给别人，你能怎么办？"囚犯醒悟流泪，于是供出实情。朱寿昌立即收捕雍子良依法处置，全州的人都认为他神明。事见曾肇内翰所撰《朱寿昌墓志》。

按：大理评事侯咏，做虢州录事参军时，有土豪赵宝杀了人，诬赖他的佣人，让佣人代替他去死，并且贿赂办案官吏，促成此案。侯咏察辨案情，立即纠正了这个冤案。事见尹洙龙图所撰《侯咏墓志》。这与雍子良的案件很类似。一个是贿赂狱吏，使他以佣人顶罪；一个是贿赂乡民，使他以自身顶罪，他们所做的坏事是一样的。侯咏能够辨别狱吏收受贿赂的情状，因而公正治狱吏之罪；朱寿昌能够察探乡民收受贿赂的事实，因而获得案件实情，这都是善于核察奸恶的事例。

8·11 范纯仁详查毒酒

范纯仁丞相[①]，知河中府时[②]，录事参军宋儋年会客罢[③]，以疾告，是夜暴卒。盖其妾与小吏为奸也[④]。纯仁知其死不以理[⑤]，遂付有司案治。会儋年子以丧柩归[⑥]，移文追验其尸[⑦]，九窍流血[⑧]，睛枯舌烂，举体如漆[⑨]。有司讯囚，言"置毒鳖胾中"[⑩]。纯仁问："鳖胾在第几巡[⑪]？岂有中毒而能终席耶[⑫]？必非实情。"命再劾之，乃因客散醉归[⑬]，置毒酒杯中而杀之。此盖罪人以儋年不嗜鳖，而为坐客所共知，且其后巡数尚多[⑭]，欲为他日翻异逃死之计尔[⑮]。见范忠宣公《言行录》[⑯]。

按：凡善核奸者，必善鞫情也。若不得实情，则后必翻异，而奸人得计矣。推核之际，戒在疏略[17]。是故《汉史》称严延年之治狱也[18]，“文案整密，不可得反[19]。”虽酷吏无足道，然于此一节，亦有取焉耳。

【注释】

①范纯仁（1027—1101）：字尧夫，宋吴县（今江苏苏州）人。范仲淹次子。皇祐元年（1049）进士，父殁始出仕，知襄城县，迁侍御史，知谏院，言王安石失，出知河中府，历转和州、庆州，有惠政。哲宗时累官尚书仆射、中书侍郎。徽宗立，连除观文殿大学士。卒谥忠宣，高宗追封许国公。《宋史》三一四有传。丞相：宋元丰改革官制，以左、右仆射为宰相，又称丞相。

②河中府：府名。治所在河东（今山西永济）。

③录事参军：官名。见上文8·10条《朱寿昌审替死囚》注。

④天海按：“为奸也”三字，《说郛》本作“为奸之故”。

⑤不以理：不合情理。

⑥以丧柩归：把棺柩运送回故乡。

⑦移文追验：行文当地官府追查检验。移文，旧时官府平行公文，用于不相统属的官署间。

⑧九窍：指人体眼、耳、鼻、口七孔加尿道和肛门二孔，合称九窍。

⑨举体如漆：整个尸体如同黑漆一样。

⑩胾（zì）：切成的大块肉。

⑪巡：酒席上给全座人依次斟酒一遍称为一巡。

⑫天海按：“终席”二字，《说郛》本作“归席”。

⑬天海按：“乃因客散醉归”，《说郛》本作“云初因客散醉归”。

⑭而为坐客所共知，且其后巡数尚多：天海按，“知”字原文脱，此据钱熙祚《守山阁丛书》本补。又，此二句《说郛》本作“而为坐客

所弄,宜其后巡尚多”。

⑮翻异:翻案。

⑯天海按:此为郑克自注,言本篇事出范忠宣公《言行录》。范忠宣公:即范纯仁,卒谥忠宣。有《范忠宣集》二十卷、《弹事》五卷、《国论》五卷、《言行录》二十卷。今存文集二十卷,奏议二卷,遗文一卷。

⑰疏略:疏忽,忽略,粗心大意。

⑱《汉史》:此指《汉书·严延年传》颜师古注。严延年(? —58):字次卿,西汉东海下邳(今江苏睢宁)人。宣帝时,任涿郡太守,镇压豪强东高氏、西高氏。继迁河南太守,又摧折豪强,诛杀甚多,被称为“屠伯”。后坐诽谤朝廷,被杀。事见《汉书·酷吏传·严延年》。

⑲文案整密,不可得反:案卷文档完整严密,不可能得到平反。天海按:此语见《汉书·酷吏传·严延年》:“案其狱,皆文致不可得反。”颜师古注曰:“致,至密也。言其文案整密也。”

【注释】

丞相范纯仁,做河中府知府时,录事参军宋儋年一次宴会客人结束后,报告说生了病,当天夜里突然死去。那是他的小妾与小吏通奸的缘故。范纯仁知道他的死不合常理,于是派官吏立案查办。时遇宋儋年的儿子扶丧运柩归葬故乡,便行文到当地官府,追查检验宋儋年的尸体。发现尸体九窍流血,眼睛干枯,舌头腐烂,全身漆黑。官吏审讯囚犯,囚犯称“毒药置于鳖肉之中”。范纯仁问:“鳖肉是在斟第几回酒时上的菜?难道有中了毒还能坚持到散席的吗?必定不是实情。”下令再次审问囚犯。原来是罪犯趁宾客散后,宋儋年醉后回房,把毒酒放在杯中而杀死他。这是罪犯因为宋儋年不爱吃鳖肉,而坐中客人都知道这件事,而且上鳖肉之后,斟酒的回数还多,想要为他日后翻案逃脱死罪而做的计谋。事见范忠宣公《言行录》。

按：凡是善于核察奸邪的人，必定善于审查实情。如果不获得实情，那以后必定会翻案，由此则奸人得逞其计了。审问核察之际，切忌疏忽大意。因此《汉书》称严延年治理狱案，“案件文档严谨，不可能得到平反”。虽说酷吏的事不值得称道，然而对于这个环节，也有可取之处。

8·12 李行简拒收重金

李行简给事[①]，初为彭州军事推官[②]，富民陈子美者，继母诈为父遗书逐出之，累诉不得直[③]，转运使檄行简劾正其事[④]。及代还[⑤]，子美乃以金五百两饯，行简怒不纳，感泣而去[⑥]。

按[⑦]：彼劾正继母诈为父遗书者，亦必有以核之，惜乎史辞太简，故失其传耳。

【注释】

①李行简（955—约1026）：字易从，同州冯翊（今陕西大荔）人。北宋书法家、藏书家。初任陇州司理参军，徙彭州军事推官。举进士登第后，改秘书省著作郎，再迁太常博士、知坊州。擢至龙图阁侍制，监察御史，再迁侍御史。历尚书刑部郎中，拜右谏议大夫、集贤院学士。乾兴初，改给事中。以足疾请外，得知河中府，徙虢州，卒。《宋史》卷三〇一有传。给事：此指给事中。宋太宗淳化四年（993），置同知给事中，为寄禄官，无职事。神宗元丰改制后，复为职事官，分治门下省日常公务，审读内外出纳文书，驳正政令、授官之失当者，日录奏章以进，纠治其违失。

②彭州：州名。治今四川彭州。军事推官：官名。宋代各州、府设置的佐官，掌军政及推勘刑狱。

③不得直：得不到公正处理。

④转运使：官名。掌一路财赋，监察地方官吏，后职掌扩大，兼理边

防、治安、钱粮、巡察等事，成为州府以上的行政长官。檄：古代官府往来的下行文书之一。劾正：审核纠正。

⑤代还：指朝臣出任外官者重新被调回朝廷任职。

⑥天海按：四库馆臣案语认为此条原本“佚去前半段”，即“劾正其事”之下缺少如何核查及处置案犯之文。本篇事出《宋史·李行简传》，记此事文字亦甚简略。

⑦天海按：“按”字原本脱，此据全书体例径补。又，此按语原文本在下文8·13条《郎简对比查伪券》之后，然文意不属，故径移此。

【译文】

给事中李行简，最初做彭州军事推官时，有富人陈子美，被继母伪造父亲遗书逐出家门，多次诉讼得不到公正处理，转运使下文给李行简核查纠正此案。等到李行简外任期满调回朝廷时，陈子美送给他黄金五百两为他饯行。李行简生气不接受，陈子美感动流泪而离去。

按：那李行简核查纠正继母伪造其父遗书的案件，也必定有用来核查案件的方法，可惜史书文辞太过简略，所以失传罢了。

8·13 郎简对比查伪券

郎简侍郎①，尝知窦州②，有县吏死，子幼，赘婿伪为券收其田③。后子长，屡诉不得直，因诉于朝。下简劾治④。简以旧案示之曰⑤：“此尔妇翁书耶？”曰：“然。”又取伪券示之，弗类也⑥。

【注释】

①郎简（968—1056）：字叔廉，一字简之，杭州临安（今浙江杭州）人。景德二年（1005）进士，补试秘书省校书郎。后担任宁国县令，大中祥符中期，任福清县令，官至刑部侍郎。入判大理寺，出

知越州，复归判尚书刑部，出知江宁府。历右谏议大夫、给事中、知扬州，徙明州。以尚书工部侍郎致仕。《宋史》卷二九九有传。侍郎：指工部侍郎。工部副长官。工部是管理全国工程事务的机关。凡全国之土木、水利工程、机器制造工程（包括军器、军火、军用器物等）、矿冶、纺织等官办工业无不综理，并主管一部分金融货币和统一度量衡。

②窦州：州名。治所在今广东信宜。

③赘婿：指就婚、定居于女家的男子。以女之父母为父母，所生子女从母姓，承嗣母方宗祧。

④下简劾治：下交郎简核查审理。

⑤旧案：旧有的文书。

⑥弗类：笔迹不相同。天海按：此文之下《宋史·郎简传》有"始服罪"三字。四库馆臣案语认为此条原本"佚去后半段"，意即文末"弗类也"后佚去了"始服罪"以及"按语之类"的文字。

【译文】

工部侍郎郎简，曾经做窦州知州时，有个县吏死了，儿子年幼，入赘的女婿伪造契券文书接收了他的田产。后来县吏的儿子长大了，多次诉讼得不到公正处理，因此诉讼到朝廷。朝廷下交郎简核查审理。郎简把县吏旧时写的文书给赘婿看，说："这是你媳妇父亲写的吗？"赘婿回答说："是的。"郎简又取出他伪造的契券给他看，字迹完全不同。

8·14 刘沆问邻查伪券

刘沆丞相[①]，知衡州时[②]，有大姓尹氏欲买邻人田，莫能得。邻人老而子幼，乃伪为券，及邻人死，即逐其子，二十年不得直[③]。沆至，又出诉。尹氏出积岁所收户抄为验[④]，沆诘之曰："若田千顷[⑤]，户抄岂特收此乎？始为券时，尝问他邻乎？其人固多在者，可以取为证也。”尹氏不能对，遂服罪。

按：卖田问邻，成券会邻，古法也[⑥]。使当时法不存，则将何以核其奸乎？近年有司苟取小快[⑦]，遂改此法，未之思欤[⑧]？

【注释】

①刘沆（995—1060）：字冲之，号庐山，吉州永新（今江西永新）人。宋天圣八年（1030）进士，授大理评事，通判舒州。累迁太常博士、工部侍郎。皇祐三年（1051），拜参知政事。至和元年（1054），拜同平章事、集贤殿大学士，以“长于吏事”著称。后罢应天知府，徙知陈州。《宋史》卷二八五有传。

②衡州：州名。治所在衡阳（今湖南衡阳）。

③不得直：不能公正处理。

④户抄：亦即“户钞”，为纳税人的收据。两宋纳税凭证由“户钞”“县钞”“监钞”和“住钞”组成。“户钞”由纳税人作为收据；“县钞”由收纳税物仓库送县销注簿籍；“监钞”由监督纳税的官员收掌；“住钞”由纳税币、税物的仓库保管；“税钞”未用印时称“白钞”，用印后称“朱钞”，只有“朱钞”能作为纳税凭证。

⑤若田千顷：天海按，原文误作“若曰不顷”，不辞。四库馆臣案语云：“疑当作‘若田百顷’。”此据《宋史·刘沆传》径改。顷，百亩为一顷。

⑥“卖田问邻”几句：田宅买卖先问亲邻之法早已存在，唐代就以法律形式确定了亲邻先买权。宋初立法也规定：“典卖、倚当物业，先问房亲；房亲不要，次问四邻；四邻不要，他人并得交易。”《庆元重修田令》曰：“诸典卖田宅满三年，而诉以应问邻而不问者，不得受理。”

⑦有司：指官吏。古代设官分职，各有专司，故称。苟取：苟且贪求

而取得。小快:小的利益。

⑧未之思欤:没有想过这样的事吗?天海按:本篇事出《宋史·刘沆传》。

【译文】

刘沆丞相,做衡州知州时,有个大户尹氏想要买邻人的田产,没能得到。邻人年老而儿子幼小,他就伪造契券,等到邻人死后,立即驱赶邻人的儿子,此案二十年也没得到公正处理。刘沆到任后,邻人的儿子又出来告状。尹氏拿出多年收存的纳税收据作为证据,刘沆盘问他说:"你的田产有千顷,纳税收据难道只收存了这些吗?当初买田立契券时,曾经问过其他邻人吗?那些人一定大多健在,可以从他们那里取证。"尹氏回答不了,于是认罪。

按:卖田要问邻人,买田立契券时要请邻人作证,这是自古以来的成法。假使当时此法不存在,那又将用什么办法来核察尹氏的奸诈呢?近年有些官吏贪求微小利益,就改变此法,没有想过这样的事吗?

8·15 尹洙检籍识冒产

尹洙龙图[①],尝知河南府伊阳县[②]。有女幼孤而冒贺氏产者[③],邻人证其非是而没之官[④]。后邻人死,女复诉,且请所没产,久不能决。洙问:"汝年几何?"曰:"三十二。"乃检咸平年籍[⑤],二年贺死,而妻刘为户[⑥]。诘之曰:"若五年始生[⑦],安得贺姓耶?"女遂服。以上四事并见本传[⑧]。

【注释】

①尹洙(1001—1047):字师鲁,宋河南(治今河南洛阳)人。天圣二年(1024)进士,屡迁太子中允,出放监唐州酒税。为韩琦所深知,官至起居舍人、直龙图阁、知潞州。《宋史》卷二九五有传。龙

图：宋朝有龙图阁学士等官，为优礼大臣及文学之士的荣衔。尹洙曾任直龙图阁，故称。

②河南府：府名。治所在洛阳（今河南洛阳）。伊阳县：宋河南府辖县，治所在今河南洛阳汝阳。

③冒：冒充，冒领。

④没之官：没收财产入官府。

⑤咸平：宋真宗赵恒年号（998—1003）。籍：此指户籍。

⑥为户：为户主。

⑦若五年始生：你是咸平五年才出生的。

⑧天海按：此为郑克注文，言此以上李行简、郎简、刘沆、尹洙四篇之事，均出自宋朝《国史》本传。

【译文】

龙图学士尹洙，曾经做河南府伊阳县知县。有个女子小时候成了孤儿，却冒领了贺氏的财产。邻人证明那财产不是她的，因而被官府没收。后来邻人死了，那女子又起诉，并且请求发还所没收的财产，长久不能判决。尹洙问她："你多大年纪了？"她说："三十二岁。"于是就查验咸平年间的户籍，咸平二年贺氏去世，因而妻子刘氏做户主。尹洙盘问她说："你是咸平五年才出生的，怎么能够姓贺呢？"那女人于是服罪。以上四事并见《国史》本传。

8·16 程颢查假冒老父

程颢察院[①]，知泽州晋城县时[②]，有富民张氏子，其父死未几[③]，晨起有老父在门曰[④]："我，汝父也，来就汝居。"具陈其由。张氏子惊疑莫测，相与诣县，请辨之。老父曰："业医，远出治疾。妻生子贫不能养[⑤]，以与张氏。某年月日，某人抱去，某人见之。"颢谓："岁月久矣[⑥]，尔何说之详也？"

老父曰："某归而知之，书于药法册后。"因怀中取册以进，其记曰："某年月日，某人抱儿与张三翁[⑦]。"颢问张氏子："尔年几何？"曰："三十六。""尔父在年几何？"曰："七十六。"谓老父曰："是子之生，其父年四十，人已谓之'三翁'乎[⑧]？"老父惊骇服罪。闻之前辈[⑨]。

按：凡为巧诈，必有缺漏，推核已至[⑩]，奸欺自露。如检户籍以视孤女所冒之非[⑪]，校年齿以验老父所记之妄[⑫]，皆此术也。唯尽心者则能之耳。

【注释】

①程颢（1032—1085）：字伯淳，号明道，世称"明道先生"，河南洛阳（今河南洛阳）人。宋代著名理学家。宋仁宗嘉祐二年（1057）进士，历官鄠县主簿、上元县主簿、泽州晋城令、太子中允、监察御史里行。后出监汝州酒税、镇宁军节度判官，知扶沟县等职。《宋史》卷四二七有传。察院：官署名。唐、宋御史台所属有台院、殿院、察院。监察御史属察院。程颢曾权监察御史里行（以寄禄官阶低者为御史时称里行），故尊称为"察院"。

②泽州：州名。治所在晋城（今山西晋城）。晋城县：泽州属县，兼州治所在地。

③未几：没有多久时间。

④老父：对老人的尊称。天海按，《说郛》本无"老"字。

⑤妻生子：天海按，《说郛》本作"妻子"。

⑥岁月：天海按，《说郛》本无"月"字。

⑦抱儿与：天海按，《说郛》本作"抱时与"。

⑧人已谓之三翁乎：天海按，《说郛》本作"人何得已谓之三翁"。

⑨天海按：此为郑克自注，言本篇之事"闻之前辈"。

⑩推核已至：审问核查已经极致周到。

⑪天海按：事见上文8·15条《尹洙检籍识冒产》。

⑫天海按：即本条《程颢查假冒老父》一事。

【译文】

察院监察御史程颢，做泽州晋城县知县时，有富人张氏的儿子，他的父亲死后不久，早晨起来有个老人在门口说："我是你的父亲，来与你一起居住。"还详细陈述了其中原由。张氏的儿子惊讶疑惑，难以理解此事，与他一起到县衙，请求县令辨明真相。老人说："我行医，远出为人治病。妻子生下儿子，家贫不能抚养，把他交与张氏。某年某月某日，某人抱走，某人见证这件事。"程颢说："时间已经那么久了，你为何说得这么详细呢？"老人说："我归家后就知道了这件事，书写在药法手册后面。"于是从怀中取出手册进上程颢。那上面记载："某年某月某日，某人抱走儿子与张三翁。"程颢问张氏儿子："你今年多大了？"回答说："三十六岁。""你父亲在世的话年纪多大？"回答说："七十六岁。"程颢对那老人说："这个儿子出生时，他的父亲四十岁，人们就已经称他为'三翁'了吗？"老人惊骇认罪。此事是从前辈那里听说的。

按：凡是做奸巧欺诈之事，必然有缺失漏洞，只要仔细审问核察，奸诈欺瞒自会暴露。像检验户籍以查明孤女所假冒的身份不对，对校年齿以检验老父记事的错误，都是这种方法。只有尽心的人才能做到罢了。

8·17 吴元亨实地查田范讽附

同州冯翊令吴元亨[①]，为政不苟[②]。县与华阴接境[③]，以漆沮为界[④]，中间洲上有美田，民与相争之，五十余年，吏不能决。元亨檄华阴令会境上，尽案两乡之籍[⑤]，遍履其田[⑥]，执度以度之[⑦]，皆得其实。自是民不敢复争，时人称之。见司马光丞相所撰墓志[⑧]。

按：范讽给事[9]，尝知郓州平阴县[10]。会河决王陵埽[11]，水去而土肥，阡陌不复辨[12]。民数争不能决，讽为手书，分别疆理[13]，民皆持去以为定券[14]，自是无复争者。见本传[15]。元亨事颇类此，核得其实，奸无所容，是省狱讼之术也[16]。

【注释】

①同州：州名。治所在冯翊（今陕西大荔）。冯翊令：冯翊县令。冯翊，宋代县名。治在今陕西大荔。吴元亨：字子正，宋金乡（今山东金乡）人。补太庙斋郎，迁许州司士参军，选授永康尉，改冯翊令，天圣九年（1031）卒。《宋史》无传。

②不苟：指不随便、不马虎。

③华阴：宋县名。属永兴军路华州。治所在今陕西华阴。

④漆沮：二水名。漆水河，又名漆水；沮水，又名东沮水、沮河。二水皆为渭河支流，流经陕西中部偏西北，界于冯翊、华阴二县之间。因合流于洛，故亦称为洛水支流。

⑤尽案两乡之籍：全部审查附近两乡的土地登记册。

⑥遍履其田：步行走遍那里的田地。

⑦执度以度之：手拿丈尺实地测量田地的面积。天海按：前一“度”为名词，即丈量土地的工具；后一“度”为动词，即丈量、测量。《汉书·律历志》：“度者，分、寸、尺、丈、引也，所以度长短也。”

⑧天海按：此为郑克自注，言本篇事出司马光所撰《吴元亨墓志》。

⑨范讽：字补之，北宋齐州（治今山东济南）人。以荫补将作监主簿，知平阴县。后登进士第。迁大理评事，通判淄州、郓州。入为右谏议大夫、权御史中丞。迁光禄卿、知陕州。官至给事中，卒。《宋史》三〇四有传。给事：给事中。官名。宋太宗淳化四年（993），置同知给事中，为寄禄官，无职事。神宗元丰改制后，复

为职事官，治门下省日常公务，审读内外出纳文书，驳正政令、授官之失当者，日录奏章以进，纠治其违失。

⑩郓州：州名。北宋时属济州济阴郡。今属山东菏泽。平阴县：宋郓州属县。北宋时属京东路郓州。今属山东济南。

⑪会河决王陵埽（sào）：遇上黄河在王陵堤地段决口。埽，堤坝。

⑫阡陌不复辨：田界道路不能再辨别。

⑬分别疆理：划分区别出边界、界限。

⑭定券：确定的地契。

⑮天海按：此为郑克注文，言本篇事出宋朝《国史》范讽本传。

⑯省狱讼：减少案件诉讼。

【译文】

同州府冯翊县县令吴元亨，治理政事严肃认真。冯翊县与华阴县接境，以漆水、沮水为界，中间岛上有良田，两县乡民相互争夺，五十多年以来，官吏不能解决。吴元亨传文约华阴县令在边界相会，遍查两乡的田地登记文册，走遍了那里的田地，手拿测量工具丈量那里的土地，完全获得土地真实数据。自此以后，乡民不敢再有争执，当时人们都称赞他。事见司马光丞相所撰《吴元亨墓志》。

按：给事中范讽，曾经做郓州府平阴县知县。遇上黄河在王陵堤决口，洪水退去后，土地变得更加肥沃，但田界道路已经不能辨认。乡民多次争执不能解决，范讽亲手写成文书，划分疆域区别界限，乡民都拿走作为确定的地契，自此之后，没有再争田地的事了。事见宋朝《国史》范讽本传。吴元亨的事很类似于此，核察得到真实情况，奸伪无处藏身，这就是减少案件诉讼的方法。

8·18 任术用诈治地讼

延州临真尉任术有智数①，监司使治地讼②。其地山险，不可登陟③，由此，数为讼者所欺。术呼讼者，告之曰：

“吾不忍尽尔[4]，当贳尔半[5]。尔所有之田，两亩止供一亩，谨不可欺，欺则尽覆入官矣[6]。”民信之，尽其所有供半。既而指一处覆之，文致其参差处[7]，责之曰：“我戒尔勿欺，何为见负[8]？今尽入尔田矣。”凡供一亩者，作两亩收之，更无一犁得隐[9]。见沈括内翰《笔谈》[10]。

按：此乃兵法诈谋之类也。偶然使中，遂以为奇。已泄之机，安可再用？民若狡猾，将反见欺。夫欲核奸，谲不若正，履而度之者[11]，是也。

【注释】

①延州：府名。北宋哲宗元祐四年（1089），升为延安府。治所在肤施（今陕西延安）。临真：县名。宋延州府属县，治所在今陕西甘泉。任术：宋人，曾官延州临真县县尉。智数：智谋，算计。

②监司：负有监察之责的官吏。汉以后的司隶校尉和督察州县的刺史、转运使、按察使、布政使、提点刑狱等通称为监司。地讼：关于土地边界的争讼。《周礼·地官·小司徒》：“凡民讼，以地比正之；地讼，以图正之。”郑玄注：“地讼，争疆界者。”贾公彦疏：“谓民于疆界之上横相侵削者也。”据本文所知，此“地讼”是关于土地数量多少的争讼。

③登陟（zhì）：攀登，上爬。

④尽尔：尽收你们的全部田税。

⑤当贳（shì）尔半：将赦免你们一半的田税。贳，宽纵，赦免。

⑥尽覆入官：全部覆查没收入官。

⑦文致其参差：玩弄文字使其与所报田产有差错。

⑧见负：被辜负。

⑨一犁：指一犁地之宽。形容极少的土地。

⑩天海按：此为郑克自注，言本篇事出沈括所撰《梦溪笔谈》。

⑪履而度之者：实地踏勘而且丈量土地的人。此指上文8·17条《吴元亨实地查田》。

【译文】

延州府临真县县尉任术有智谋心机，监司让他治理田地争讼案件。那地方山高险峻，不容易攀登。因此，多次被争讼的人所欺骗。任术叫来争讼的人，告诉他们说："我不忍心尽收你们的全部田税，将赦免你们一半的田税。你们所有的田产，两亩只供一亩之税，千万不可欺瞒。如有欺瞒，就全部没收入官。"乡民信了他的话，将自身所有的田产提供一半。不久，任术指出一处田产复查，玩弄文字使其有差错的地方，责备他说："我告诫你不要欺瞒，为何要辜负我？如今要把你的田产全部没收入官了。"凡是提供一亩田产的，要作两亩收税，再无一犁之地能够隐瞒。事见沈括内翰《梦溪笔谈》。

按：这就是兵法上的诈谋之类的手段。偶然使用成功，就以为奇妙。已经泄露了的计谋，哪里能够再使用？乡民如果狡猾，将反被欺瞒。想要核查奸伪，用诈术不如用正道，实地踏勘而且丈量土地的做法，才是正确的。

8·19　王罕设置检田法吕惠卿附

王罕大卿[①]，初知常州宜兴县时[②]，县临溯湖[③]，民岁诉水[④]，多幸免[⑤]。罕因农休，召封内父老各列其田之高下[⑥]，绘而为图，明年既得诉状，乃亲往按之。其临一乡，辄曰："某户输可免[⑦]，某户不可免。"众环视无一辞[⑧]。是时范仲淹知润州[⑨]，乃奏罕《检田法》，下诸路。见王珪丞相所撰墓志[⑩]。

按：吕惠卿参政《治县法·灾伤门》云[⑪]："要使实被灾者不至枉纳分数[⑫]，而不被灾者，莫敢妄诉以求幸免，则宜居常按视县图[13]，究知乡村地形高下。仍以小图子分为九等[14]，出入下乡，复更穷按[15]。有不尽者，随手改正。遇有水旱，于未收刈前先行巡省[16]。已知被灾人户田土多寡之大数，其积水所占年例灾伤田土[17]，皆先度见顷亩数目[18]，至披诉时[19]，将状内顷亩比对，即免夹带之弊。”罕《检田法》，殆亦类此欤，是皆以正核奸者也。

【注释】

①王罕大卿：参见本书卷二《释冤》门（下）1·39条《王罕为疯妇伸冤》注。

②常州：州名。治所在晋陵（今江苏常州）。宜兴县：宋常州属县，治所在今江苏宜兴。

③泖（mǎo）湖：湖泊名。在上海松江，由上泖、中泖、下泖汇集而成。

④民岁诉水：乡民年年申诉水灾。

⑤多幸免：多侥幸豁免赋税。

⑥封内父老：辖境之内乡里小吏。父老，乡里小吏。汉置，掌劝民为善防奸等。

⑦输：赋税。

⑧众环视：众人相互对望。

⑨范仲淹（989—1052）：字希文，苏州吴县（今江苏苏州）人。大中祥符八年（1015）进士及第，授广德军司理参军。后历任兴化县令、秘阁校理、陈州通判、苏州知州、权知开封府等职，为陕西经略安抚招讨使。庆历三年（1043），召为枢密副使，改参知政事，推行“庆历新政”。新政受挫后自请出京，历知邠州、邓州、杭州、青州。皇祐四年（1052），改知颍州，在扶疾上任的途中逝世，年六十四。宋仁宗亲书其碑额为“褒贤之碑”。后累赠太师、中书令

兼尚书令、魏国公,谥号“文正”,世称范文正公。《宋史》卷三一四有传。润州:州名。治所在丹徒(今江苏镇江)。

⑩天海按:此为郑克自注,言本篇事出王珪所撰《王罕墓志》,然今本王珪所撰《华阳集》中无此文。

⑪吕惠卿(1032—1111):字吉甫,号恩祖,宋晋江(今福建泉州)人。嘉祐二年(1057)进士,为真州推官。历任翰林学士、知军器监、参知政事、知太原府等职。《宋史》卷四七一有传。参政:指参知政事。官名。宋初以同中书门下平章事为宰相,以参知政事为副相,元丰改制时废。《治县法》:吕惠卿所撰书名,今佚。

⑫分(fèn)数:份额数量。

⑬居常按视:平常察看。

⑭小图子:小图形,图样。九等:上中下各三等,共九等。

⑮穷按:深入追究。

⑯巡省:巡行视察。

⑰年例:常年比例。

⑱度见:根据丈量所见。

⑲披诉:批阅诉状。

【译文】

大卿王罕,最初做常州宜兴县知县时,宜兴县靠近泖湖,乡民年年因水灾向官府申诉,多次侥幸免除赋税。王罕趁农休之际,召县内小吏各自列出他们所在地区田地地势的高低,绘制成地图。第二年又收到诉状,就亲自前往审查情况。他每到一乡,就说:“某户赋税可以免除,某户不可免除。”众人互相对视,没有话说。当时范仲淹做润州知州,就上奏王罕的《检田法》,朝廷将其下达各路执行。事见王珪丞相所撰《王罕墓志》。

按:参知政事吕惠卿的《治县法·灾伤门》说:“要使真正遭受灾害的人不至于枉纳赋税份额,而不受灾的人不敢胡乱申诉以求侥幸免税,就应该平常查看县里地图,熟知乡村地形高下。还要把小地图分为九等，进出乡村时，又再次深入查看。有不完善的地方，随手改正。遇有水灾旱灾时，于未收割之前先行巡行视察。已知受灾人口户数田地的大概数目，那积水所占田地常年灾伤比例，都要事先丈量出所涉及的数目，到有人申诉时，与诉状内田地的数目比对，就能避免有人夹带虚假信息的弊端。”王罕的《检田法》，大概也与此类似吧，这都是用正道核查奸伪的事例。

8·20 李南公清查逃税

李南公尚书[1]，初知长沙县[2]。诸村各有诡名户[3]，税存而户亡，每年户长代纳之[4]。南公悉召其豪右谓曰[5]：“此田不过汝曹典买耳[6]。与汝一月限，为我推究出[7]，不然，汝曹均分输纳[8]。”及期，尽得其人，使之承税[9]。闻之士林[10]。

按：诡户之税，非独豪右作此弊也，盖其乡司相与为奸[11]。今专责豪右而乡司获免，殆亦于理有未尽欤？善核奸者，宜并按之。抑又有说焉，若专令乡司任责，则豪右愈更得计，必以厚赂使填逋欠[12]，税数之外，物力所减，固亦多矣。内外相比[13]，以欺县官[14]，何由可得其实乎？然则责豪右宜急，责乡司宜缓，南公之意当在此也。

【注释】

①李南公尚书：参见卷三《鞫情》门3·10条《李南公塞鼻取供》注。

②长沙县：县名。治所在今湖南长沙。

③诡名户：捏造假名立户。按宋制，宋代对于假报的户口和财产，称为“诡户”或“诡名挟户”。宋代乡村纳税户将自己的田产寄托于享有免役特权的官户、形势户（地方豪强）名下，自己冒充佃户。其两税负担通过庇主输纳于州县。

④户长：宋代负责督催赋税的差役。

⑤豪右：富豪家族，世家大户。

⑥汝曹：你们这些人。典买：承典人支付典金占有出典人田地财产的行为。承典人有权在双方约定的典期内享有该田地财产的使用权和收益权。典当届满，承典人返还田地财产，收回典金。

⑦推究出：把诡名户主清查出来。

⑧输纳：缴纳。

⑨承税：承担赋税。

⑩天海按：此为郑克自注，言本篇之事是从士人中听说的。士林，文人士大夫阶层。

⑪乡司：宋县役之一。本为乡书手，隶于里正，掌催收赋税，参与推排户、编造五等丁产簿等。天圣以后由第三、第四等户充任。后升为县役，称为乡司，职掌仍旧。

⑫逋（bū）欠：拖欠。

⑬相比：相互勾结。

⑭县官：皇帝的称谓，此指代朝廷。

【译文】

户部尚书李南公，最初做长沙县知县。诸村各有假名所立户籍，税务还在而户税丢失，每年由户长代替缴纳。李南公召来县里所有的地方豪强、世家大户，对他们说："这些田产不过是你们典买的罢了。给你们一月期限，给我清查出田主来，不然，你们就平均分摊他们该缴纳的赋税。"到期后，把相关的人都找到了，让他们承担赋税。此事从士人中听说。

按：假冒户籍逃税，不只是地方豪强、世家大户造成了这个弊端，大概那里的乡间差役也与他们一起作恶。如今只责罚地方豪强而乡间差役却能逃脱，大概也于情理有所不周吧？善于核察奸伪的人，应该一并查办他们。或者又有一种说法，如果专门让乡间差役承担责任，那地方豪强就更加得逞了，必定以丰厚的财物贿赂他们来填补拖欠的税款，税款数额之外，物资的损失，当然也多了。他们内外勾结，以此欺瞒朝廷，从哪里可以得到真实的情况呢？既然如此，那责罚地方豪强就应该迅速，责罚乡间差役就应该缓慢，李南公的本意应当在此。

九、擿奸

【题解】

擿（tī），揭发。擿奸，也同于成语“擿奸发伏”，即揭露检举隐秘的奸人和坏事。语出《三国志·魏书·仓慈传》：“自太祖迄于咸熙，魏郡太守陈国吴瓘、清河太守乐安任燠、京兆太守济北颜斐、弘农太守太原令狐邵、济南相鲁国孔乂，或哀矜折狱，或推诚惠爱，或治身清白，或擿奸发伏，咸为良二千石。”

《擿奸》为《折狱龟鉴》第九门。选录主案6条，其中重出无文4条，附3事，共5事。在本门，擿奸主要是指揭露奸诈狡猾的犯罪。

本门主案第一条《黄霸计断夺子案》与所附3事，为争夺幼儿3事、争夺耕牛1事。作者此条按语认为，凡是审案有两种方法：一是审察情理，一是依据证据。审理案件的曲直，以此确定是非。依据证据的，核察奸伪时用这个方法；审察情理，揭发奸伪时用这个方法。证据有时难以掌握，而情理也难于察觉，于是采用诈术来揭发隐藏的坏人坏事，然后获得案件实情。由此可知，擿奸难免要采用诈谋技巧来诱使罪犯暴露奸情，这对于审理难于取证的疑难案件，无疑具有积极作用。本门所选案例都是如此。

在本门，有4条重出有目无文，分别见于见本书卷六《核奸》门8·1条《周纡与死人共语》，卷三《辨诬》门2·8条《张行岌抗旨辨诬》附载崔思兢事，卷一《释冤》门（上）1·17条《庄遵放嫂擒奸夫》，卷五《惩恶》门6·6条《安重荣箭毙继母》。可见门类虽然所列不同，但是使用“核奸以正，擿奸以谲”的方法却是一样的。

"擿奸钩慝之术,皆与鞫情相似,而必用谲焉。"就是说核实犯罪案情时要以正当的司法手段,揭露检举隐秘的奸人和坏事时可以采取诈谋技巧。揭发奸邪犯罪与诱使隐藏的罪犯落网的方法,都与深入追查案情相似,必须使用诈术侦破疑难案件。核察奸伪要用正当手段,揭发奸伪可以用诈术,这就是其不同之处。

9·1 黄霸计断夺子案李崇、于仲文、张咏三事附

前汉时[①],颍川有富室兄弟同居[②],其妇俱怀妊,长妇胎伤匿之,弟妇生男,夺为己子,论争三年不决。郡守黄霸使人抱儿于庭中[③],乃令娣姒竞取之[④]。既而长妇持之甚猛,弟妇恐有所伤,情极凄怆[⑤]。霸乃叱长妇曰:"汝贪家财,固欲得儿,宁虑或有所伤乎[⑥]?此事审矣[⑦],即还弟妇儿!"长妇乃服罪。旧出《风俗通》[⑧]。

按:《疑狱集》又载一事,与此相类。后魏李崇为扬州刺史[⑨],部民苟泰有子三岁失之,后见在郭奉伯家[⑩],各言己子,并有邻证,郡县不能决。崇乃令二父与儿各别禁数日,忽遣吏谓曰:"儿已暴死,可出举哀[⑪]。"泰闻之悲不自胜,奉伯嗟叹而已,殊无痛意。遂以儿还泰[⑫]。出《北史》本传[⑬]。此乃用霸擿奸之术者也。

别载一事,亦颇相似。后周于仲文[⑭],为安固太守[⑮],有任、杜两家各失牛,后得一牛,两家俱认,久不能决。仲文令各驱其家牛群至,乃放所认者,牛遂向任氏群中。又使人微伤其牛,任氏嗟惋[⑯],杜氏自若。遂呵杜氏,服罪而去。出《北史·于栗磾传》。仲文,其八世孙也[⑰]。此亦用霸擿奸之术者也。

隋襄州总管裴正云[⑱]:"凡推事有两:一察情,一据证。

审其曲直，以定是非。”据证者，核奸用之；察情者，擿奸用之。盖证或难凭，而情亦难见，于是用谲以擿其伏[19]，然后得之。此三事是也。于仲文放牛事又见《惩恶》门[20]。

近时小说亦载一事云：张咏尚书镇蜀日[21]，市有二婴孩同戏，其一为奔马所毙，孩母二人竞认生者为己子，私证无所验[22]，有司不能决。咏佯怒，谓二妪曰：“若当时二子尽毙马足，尔亦何所争耶！”乃令健卒取儿将掷于井中。一母前走，急往护之；一母后行，其意差懒[23]。遂以子还前行者。此乃妄人傅会为之也[24]。夫始生而夺之者，儿固未能识母也；三岁而失之者，儿或已忘其父也；二婴孩同戏，纵未能言，当已识母。非历时长久，亦不应便忘。且于仲文放所认牛向任氏群，而杜氏服罪，若放所认儿则必向其母，而非母者服罪矣。岂得云私证无所验，而复用擿奸之术，佯为掷井之怒乎？无足取者，聊附之耳[25]。

【注释】

①前汉：即西汉。前202年，刘邦称帝，国号汉，都长安（今陕西西安），史称西汉或前汉。以别于后来刘秀建立的以洛阳（今河南洛阳）为都城的东汉。8年，西汉政权被王莽取代。西汉共历十二帝，二百一十年。

②颍川：郡名。秦置。以颍水得名，治所在阳翟（今河南禹州）。

③郡守：秦置郡、县，每郡设郡守，成为一郡的最高官职。西汉景帝刘启时改称太守。黄霸：参见卷四《议罪》门4·2《黄霸处死三男子》注。黄霸曾经做过颍川郡守。

④娣姒（dì sì）：妯娌。兄妻为姒，弟妻为娣。《尔雅·释亲》：“长妇

谓稚妇为娣妇，娣妇谓长妇为姒妇。”

⑤凄怆：悲伤，凄惨。

⑥宁虑：难道不考虑。

⑦审矣：知道了，清楚了。

⑧天海按：此为郑克自注，言本篇之事《疑狱集》出自《风俗通》。《风俗通》，即《风俗通义》，东汉应劭撰。记述东汉社会风俗的史书。原书三十卷，今存十卷。此篇之事见于《风俗通义·佚文卷三》（引自《意林》《太平御览》）。

⑨后魏李崇：参见卷一《释冤》门（上）1·5条《李崇设计辨诬告》注。扬州：后魏州名。治所在寿春（今安徽寿县）。刺史：官名。州的长官。中央在每个州设立刺史一名，专职监察地方。西汉末到东汉，刺史改称州牧，级别提高，成为最高地方行政长官。州也成为最高地方行政区划。

⑩郭奉伯：天海按，《疑狱集》作“赵奉伯”。

⑪举哀：此指举办丧事。

⑫天海按：此文后，《疑狱集》有“奉伯伏罪”四字。

⑬天海按：此为郑克自注，言本篇事出《北史·李崇传》。

⑭后周：南北朝时北朝之一。557年，宇文护废西魏恭帝，拥立宇文泰嫡子宇文觉为周天王，建立周，定都长安（今陕西西安），称北周。因为北周之前已经有西周、东周，故又称北周为后周。577年北周灭北齐，统一北方。581年为隋所代。共历五帝，二十五年。于仲文（545—612）：字次武，河南洛阳（今河南洛阳）人。鲜卑族。北周太师于谨之孙，上柱国于寔之子。北周时期，历赵王属官、安固太守、仪同三司，迁东郡太守。授开府仪同三司、大将军，领河南道行军总管。入隋拜行军元帅，击突厥。仁寿初拜太子右卫率。炀帝立，迁右翊卫大将军，掌管文武选事。讨高丽军败，被关禁发病而卒。《北史》卷二三、《周书》卷一五、《隋书》

卷六〇皆有传。

⑮安固：郡名。西秦建义元年（385）置，治所在今甘肃临洮。

⑯嗟惋：慨叹惋惜。

⑰天海按：此为郑克自注，言本篇事出《北史·于栗磾传》中，于仲文是于栗磾的八世孙。唐代魏徵写有《于仲文传》，其中亦载此事。

⑱襄州总管：襄州最高军政长官。襄州位于鄂西北，地处汉水中游，孝武帝于太元十四年（389）以襄阳为中心侨置雍州。西魏改称襄州，置总管府。州治在襄阳（今湖北襄阳）。裴正：即裴政，字德表，河东闻喜（今山西闻喜）人。北周时，位至少司宪。隋初，转率更令，加位上仪同三司。进位为散骑常侍，转左庶子。出为襄州总管。卒于任。《北史》卷七七、《隋书》卷六六有传。以下所引语见《北史》《隋书》本传。

⑲擿其伏：检举揭发隐匿的坏人坏事。

⑳按：《惩恶》门中并无此事。

㉑张咏尚书：参见卷四《宥过》门5·6条《张咏智断染料案》注。镇蜀日：指张咏做益州知州的时候。

㉒私证：私人见证。

㉓差懒：比较迟疑、懒散。

㉔妄人傅会：无知妄为的人附会。傅会，同“附会”，凑合。

㉕聊：姑且，勉强。

【译文】

西汉时，颍川郡有富家兄弟共同居住生活，他们的媳妇同时怀孕了，长嫂流产却隐瞒了消息，弟媳生下一男孩，长嫂抢夺孩子作为自己的儿子，为此论争了三年都不能解决。郡太守黄霸派人将这个小儿抱到公堂上，命这妯娌俩去抢。不久，长嫂拉扯小儿力量太猛，弟媳恐怕对小儿有伤害，神情极为凄凉悲怆。黄霸于是就喝叱长嫂说：“你为了贪图家中财产，一心想要得到儿子，难道不担心会对小儿有伤害吗？这件事情很清楚了，立即把小儿还给弟媳!”长嫂于是认罪。旧《疑狱集》出自应劭《风俗通义》。

按:《疑狱集》又记载了一件事情,与此事相类似。北魏李崇做扬州刺史时,辖内居民苟泰有个三岁的儿子丢失了,后来看见孩子在郭奉伯家中,双方都说是自己的儿子,并有邻居作证,郡县不能判决。李崇就命这两个父亲与孩子各自分别关押几天,忽然派遣差吏对他们说:“孩子已经暴病死亡,可以出去举办丧事了。”苟泰听说后悲痛得不能自禁,郭奉伯只是感叹惋惜罢了,毫无悲痛之意。于是就判决将孩子还给苟泰。事出《北史·李崇传》。这就是运用了黄霸揭发奸伪的方法。

《疑狱集》中还记载了一件事,也很相似。北周于仲文做安固太守时,有任、杜两家各自丢失了牛,后来找到了一头牛,两家都要认领,久久不能判决。于仲文令他们各自驱赶自己家的牛群到这里,然后放出所要认领的牛,这头牛就走向任氏的牛群中。于仲文又派人轻伤了这头牛,任氏为此慨叹惋惜,杜氏则若无其事。于是呵斥杜氏,杜氏服罪而离开。事出《北史·于栗磾传》。于仲文,是于栗磾的八世孙。这也是采用了黄霸揭发奸伪的方法。

隋朝襄州郡总管裴正说:“凡是审案有两种方法:一是审察情理,一是依据证据。审明案件的曲直,以此确定是非。”依据证据的,核察奸伪时用这个方法;审察情理的,揭发奸伪用这个方法。证据有时难以掌握,而情理也难于察觉,于是采用诈术来揭发隐藏的坏人坏事,然后获得案件实情。这三件事正是这样。于仲文放牛事又见于卷五《惩恶》门。

近代小说也载有一件事说:张咏尚书坐镇益州时,集市有两个婴孩一同游戏,其中一个被奔马踩死,两个小孩的母亲争着认活着的小孩是自己的儿子,私人证据无法验证,司法官吏不能判决。张咏假装发怒,对两个妇人说:“假若当时两个小孩都死于马蹄下,你们又争什么呢!”于是就令健壮的士卒领小儿来,将要投入井中。一个母亲往前奔跑,急忙前去护住小儿;一个母亲在后行走,神情迟缓懒散。于是把小儿还给跑在前面的母亲。这乃是狂妄无知的人编造附会的。那刚刚出生就被夺走的婴儿,当然不能认识母亲;三岁就丢失了的小儿,也许已经忘记了他的父亲;两个小孩一同游戏,即使不能说话,应当已经认识母亲。没有经历长久的时间,也不应该随便忘记。再说于仲文放出所争认的牛奔向任氏牛群,而杜氏服罪;如果放开所争认的小儿,就必定奔向自己的母亲,那不是母亲的就服罪了。哪里能够说私人证据无法验证,而又用揭发奸伪的方法,伪装发怒做投井的事呢?这不值得取法,姑且附录在此罢了。

9·2 薛宣断绢察诈骗

前汉时,临淮有一人持匹缣到市卖之[①],道遇雨披覆,后一人至,求共庇荫[②]。雨霁当别[③],因相争斗,各云"我缣",诣府自言。太守薛宣核实良久[④],莫肯首服[⑤]。宣曰:"缣直数百钱,何足纷纭[⑥],自致县官[⑦]?"呼骑吏中断缣[⑧],人各与半。使追听之,后人曰"太守之恩",缣主乃称冤不已。宣知其状,诘之服罪。旧出《风俗通》[⑨]。

按:此与黄霸抱儿之术同也[⑩]。薛宣用于断所争之缣,于仲文用于伤所认之牛[⑪],以其事异而理同,故尔后有善擿奸者,则霸之术犹可用也。

【注释】

①临淮:郡名。西汉始置,郡治在徐县(今江苏泗洪),属徐州刺史部。缣:双丝的细绢。

②庇荫:遮蔽,避雨。

③雨霁:雨停了,也引申为雨过天晴。

④薛宣:见本书卷五《察奸》门7·3条《尹翁归执法宽严》注。

⑤首服:自首,自己认罪。

⑥纷纭:纷争,纠纷。

⑦县官:此指官府。

⑧骑吏:出行时,骑马随侍左右的吏员。

⑨天海按:此为郑克自注,言本篇旧《疑狱集》录自应劭《风俗通》。此篇之事亦见于《风俗通义·佚文卷三》(引自《意林》《太平御览》)。

⑩黄霸抱儿:天海按,参见上文9·1条《黄霸计断夺子案》。

⑪所认之牛:天海按,参见上文9·1条《黄霸计断夺子案》。

【译文】

西汉时,临淮郡有一个人带着一匹细绢到集市上去卖,路上遇雨,便将细绢披在身上。后来有一个人来了,请求一起在细绢下避雨。雨停后在分别时,便相互争斗,各自都说"这是我的绢",于是到官府自诉。太守薛宣核实了很久,都不肯首先认罪。薛宣说:"这绢只值数百钱,有什么值得争夺的,还自诉到官府?"叫来骑吏将绢从中断开,一人各给一半。又命骑吏追上去听他们说话,后到避雨的那个人说"多谢太守的恩惠",细绢的主人却喊冤不止。薛宣知道这个情况后,盘问那个后到避雨的人使他服罪。旧《疑狱集》出自应劭《风俗通义》。

按:这件事与黄霸抱儿投井的方法相同。薛宣用之于裁断二人所争之绢,于仲文用之于轻伤两家所认之牛,这些事不同但是道理相同,所以此后有善于揭发奸伪的人,那黄霸的方法还是可以采用的。

9·3 周纡

已见《核奸》门①。

按:纡察死人状而得稻芒焉,因以求为奸之迹,是核奸者也。与死人语而使疑怪焉,因以动怀奸之心②,是擿奸者也。核奸以正,擿奸以谲,此其所以异也。

【注释】

①天海按:参见本书卷六《核奸》门8·1条《周纡与死人共语》。

②动怀奸之心:牵动做坏事者狐疑之心。

【译文】

周纡之事已见于《核奸》门。

按:周纡核察死人情状而发现死人口鼻处有稻芒,以此而寻求做坏事者的踪迹,这就是核察奸伪者的方法。周纡与死人说话而使做坏事的人产生疑虑,以此来触动怀有奸邪之心的人,这就是揭发奸伪者的方法。核察奸伪要用正当手段,揭发奸伪可以用诈术,这就是他们的不同之处。

9·4 崔思兢

已见《辨诬》门[①]。

【注释】

①天海按:参见卷三《辨诬》门2·8条《张行岌抗旨辨诬》中附载“崔思兢诈语访妾”一事。

【译文】

崔思兢之事已见于《辨诬》门。

9·5 庄遵

已见《释冤》门[①]。

【注释】

①天海按:参见本书卷一《释冤》门(上)1·17条《庄遵放嫂擒奸夫》。

【译文】

庄遵之事已见于《释冤》门。

9·6 安重荣

已见《惩恶》门[①]。

按：擿奸钩慝之术[②]，皆与鞫情相似，而必用谲焉，尽心君子亦不可忽也。

【注释】

①天海按：参见本书卷五《惩恶》门6·6条《安重荣箭毙继母》。

②擿奸钩慝：揭露奸诈犯罪、诱使隐藏的罪犯落网。钩慝，司法人员故布疑阵，诱使犯罪嫌疑人露出马脚甚至自投罗网。

【译文】

安重荣之事已见于卷五《惩恶》门。

按：揭发奸邪犯罪与诱使隐藏的罪犯落网的方法，都与审查案情相似，因而必须使用诈术侦破，尽心于此的君子也不可忽视。

十、察慝

【题解】

慝（tè），会意字。从匿，从心；匿，隐藏，隐藏邪念。本义即邪恶，恶念。《经典释文》："慝，言隐匿其情以饰非。"察慝，即辨察隐讳的犯罪。此为《折狱龟鉴》第十门，选录主案4条，附1事，共5事。从条目总数看，此门是本书条目最少的一门。

作者在本门第一条按语中说："慝"与"奸"不同的地方是，"奸必巧诈，慝唯隐讳"。如本书卷五《察奸》门7·1条《子产闻哭知其奸》中妻子以铁钉杀其夫，却说"遭火烧死"，就是巧诈。而本门所采4事，杀人三件，断腕一件，皆是重大刑事案件。罪犯皆不留线索，或者没有踪迹，这就是隐讳。

作者又在10·2条《胡质察色审书吏》按语中说：高柔知道窦礼没

有仇人而与人有钱财交往，这是窦礼死亡的原因，所以审察擒获焦子文。胡质知道卢显没有仇人而有年少的妻子，这是卢显死亡的原因，所以审察擒获李若。人与人之间相互杀害的原因，如果没有仇恨，要是不因为钱财，就一定是因为美色。推断这两个原因，就完全能够查获犯罪之人了。然而能够用来调查的方法，都不过是详查罪犯的神色与言辞，也只有聪明的人，才不能被欺瞒。这就是说，在杀人案件中，必须首先追究死者的被害原因，才能顺藤摸瓜查获罪犯。在审理罪犯时，必须耳聪目明，详查罪犯的神色与言辞，才是辨察隐讳犯罪的有效方法。

色与辞，即神色与言辞。《周礼·秋官·小司寇》："以五声听狱讼，求民情：一曰辞听，二曰色听，三曰气听，四曰耳听，五曰目听。"跟据郑玄的注释，辞听是"观其出言，不直则烦"，即观察当事人的语言表达，理屈者则语无伦次；色听是"察其颜色，不直则赧然"，即观察当事人的面部表情，理屈者则面红耳赤；气听是"观其气息，不直则喘"，即观察当事人陈述时的呼吸，理亏则气喘；耳听是"观其聆听，不直则惑"，即观察当事人的听觉反应，理亏则听觉失灵；目听是"观其眸子视，不直则眊然"，即观察当事人的眼睛，理亏则不敢正视。可见"以五声听狱讼，求民情"，是历代审理案件官吏所依循的方法。

10·1 高柔察色审暗杀

魏高柔为廷尉[①]，护军营士窦礼近出不还[②]，营以为亡[③]，表言逐捕[④]，没其妻盈及男女为官奴婢[⑤]。盈称冤自讼，莫有省者[⑥]，乃诣廷尉。柔问："何以知夫不亡？"盈泣对曰："夫非轻狡不顾室家者[⑦]。"又问："汝夫不与人有仇乎？"曰："夫良善，与人无仇。""汝夫不与人交钱物乎[⑧]？"曰："尝出钱与同营士焦子文，求不得。"时子文适坐事系狱[⑨]，柔乃召问所坐[⑩]。语次，问："曾举人钱否[⑪]？"对曰："单贫不敢举人钱[12]。”察其色动，遂复问：“汝曾举窦礼钱，何言不耶？”子文怪，知事露，应对不次。柔诘之曰：“汝已杀窦礼，便宜早服[13]。”子文于是叩头服罪。旧出《魏志》本传[14]。

按：慝与奸异者：奸必巧诈，慝唯隐讳。如钉杀其夫而云“遭火烧死”[15]，是巧诈也；如举窦礼钱而云“单贫不敢”，是隐讳也。礼近出不还，疑为人所杀，故首问其仇，次问交钱物者。尝出钱与焦子文而求不得，或缘嫌恨以致此祸[16]，于是察其色动，辞对不次，则隐讳之情得矣，故诘之服罪。是善察慝者也。

【注释】

①魏：朝代名。此指三国时曹魏。高柔：参见本书卷四《议罪》门4·4条《高柔犯颜不枉法》注。廷尉：官名。参见同上。

②护军：魏晋以后，设护军将军或中护军，掌军职的选用，亦与领军将军或中领军同掌中央军队。《册府元龟》：“魏武置中领军与护军，皆领禁兵。”营士：士卒。

③亡：逃亡。

④表：上表给朝廷。

⑤没：古代刑罚，将罪人的家属、奴仆及财产没收充公。男女：此指男女奴仆。封建时代对地位卑下者的称呼。

⑥莫有省者：没有人理会。

⑦轻狡：轻佻而狡诈。

⑧交钱物：钱财交往。

⑨适坐事系狱：适逢因犯法被关进监狱。

⑩所坐：所犯何罪。

⑪举：举债，借钱。

⑫单贫：孤贫。

⑬便宜早服：趁早认罪对你有利。

⑭天海按：此为郑克自注，言本篇旧《疑狱集》出自《三国志·魏书·高柔传》。

⑮钉杀其夫：事见本书卷五《察奸》门7·1条《子产闻哭知其奸》。

⑯嫌恨：怨恨。

【译文】

三国曹魏时高柔做廷尉，护军营士兵窦礼最近外出没有归来，营里以为他逃亡了，就上表朝廷报请追捕，并将其妻子盈以及家中男女奴仆籍没为官府奴婢。盈喊冤自己申诉，没有人理会她，于是她就告到廷尉府。高柔问她："凭什么知道你的丈夫不会逃亡？"盈流泪回答说："丈夫不是轻佻狡诈不顾家室的人。"高柔又问："你丈夫和别人没有仇吧？"盈说："丈夫善良，与人无仇。"高柔又问："你丈夫和别人没有钱财交往吧？"盈说："曾经借钱给同营士兵焦子文，要求他还钱没有得到。"当时焦子文恰好犯事被关押在监狱，高柔就传唤他，问他所犯何罪。谈话之间，问他："曾经借过别人的钱吗？"焦子文回答说："我贫困，不敢借别人的钱。"高柔察看他的神色有变，于是又问："你曾经借了窦礼的钱，为什么说没有呢？"焦子文吃惊，知道事情败露，应对语无伦次。高柔盘问他说："你已经杀死了窦礼，趁早认罪对你有利。"焦子文于是叩头认罪。旧《疑狱集》出自《三国志·魏书·高柔传》。

按：隐藏的犯罪与奸邪的犯罪是不同的：奸邪的犯罪必然奸巧狡诈，隐藏的犯罪只是隐瞒遮蔽。比如像用铁钉杀死自己的丈夫却说"遭火灾烧死"，这就是奸巧狡诈；像借窦礼的钱却说"我贫困不敢借钱"，则是隐瞒说谎。窦礼最近外出不归，怀疑是被人所杀，所以首先讯问他的仇人，其次问有钱财交往的人。曾经借钱给焦子文而索求不还，可能因此怨恨而造成此祸。于是观察他的脸色变动，言辞对答语无伦次，那隐瞒的情况就知道了，所以盘问他，他就服罪。这是善于详察隐藏犯罪的案例。

10·2 胡质察色审书吏

魏胡质[①],为常山太守[②],迁任东莞[③]。士卢显为人所杀,质曰:“此士无仇而有少妻,所以死乎!”悉集其比居少年[④],书吏李若见问而色动[⑤],遂穷诘情状。若即自首,罪人斯得。旧出《魏志》本传[⑥]。

按:高柔知窦礼无仇而与人交钱物,所以死也,故察得焦子文。胡质知卢显无仇而有少妻,所以死也,故察得李若。夫人之相杀害者,苟无仇恨,若不因财,则必因色。推此二者,足以得其人矣。然所以察之者,皆不过色与辞之间[⑦],亦唯聪明[⑧],故不可欺也。

【注释】

①胡质(? —250):字文德,淮南寿春(今安徽寿县)人。曹操召为顿丘令。黄初中为吏部郎,出任常山、东莞太守。以为官清廉著称。后迁荆州任刺史,加振威将军,爵关内侯。迁征东将军、假节、都督青徐二州诸军事、徐州刺史。《三国志》卷二七有传。

②常山:郡名。郡治在元氏(今河北元氏)。

③东莞:郡名。东汉末至建安初年,设东莞郡,历经魏晋。位于今山东沂水、莒县北部一带。治所在今山东沂水。

④比居:邻居,近邻。

⑤书吏:承办官府文书案牍的吏员。见问而色动:被讯问而脸色改变。

⑥天海按:此为郑克自注,言本篇《疑狱集》出自《三国志·魏书·胡质传》。

⑦色与辞:即神色与言辞。《周礼·秋官·小司寇》:“以五声听狱讼,求民情:一曰辞听,二曰色听,三曰气听,四曰耳听,五曰目听。”根据郑玄的注释,辞听是“观其出言,不直则烦”,即观察当

事人的语言表达，理屈者则语无伦次；色听是“察其颜色，不直则赧然”，即观察当事人的面部表情，理屈者则面红耳赤；气听是“观其气息，不直则喘”，即观察当事人陈述时的呼吸，理亏则气喘；耳听是“观其聆听，不直则惑”，即观察当事人的听觉反应，理亏则听觉失灵；目听是“观其眸子视，不直则眊然”，即观察当事人的眼睛，理亏则不敢正视。

⑧聪明：听觉和视觉灵敏。

【译文】

三国曹魏时的胡质，做常山太守，又做东莞太守。士人卢显被人杀死，胡质说：“此士人没有仇家而有年轻的妻子，这是他死亡的原因吧！”胡质就把卢显住所附近的年轻人全部召集到一起，书吏李若被讯问时脸色改变，于是就深入追查他的情况。李若立即自首认罪，罪犯就这样擒获了。旧《疑狱集》出自《三国志·魏书·胡质传》。

按：高柔知道窦礼没有仇人而与人有钱财交往，这是他死亡的原因，所以审察擒获焦子文。胡质知道卢显没有仇人而有年少的妻子，这是他死亡的原因，所以审察擒获李若。人与人之间相互杀害的原因，如果没有仇恨，要是不因为钱财，就一定是因为美色。推断这两个原因，就完全能够捕获犯罪之人了。然而能够用来调查的方法，都不过是详查罪犯的神色与言辞，也唯有聪明人才能不被欺瞒。

10·3　蔡高明察识真凶 褚裒附[①]

蔡高[②]，调福州长溪尉[③]，民有夫妇皆出，而盗杀其守舍子者[④]。高亟召里民毕会[⑤]，环坐而熟视之，指一人曰：“此杀人者也。”讯之果服。见欧阳修参政所撰墓志[⑥]。

按：民子被杀，无所猜执[⑦]，则其夫妇必皆良善，而于同里亦无仇怨，忍杀其守舍子者，乃凶残人也。凶残之人，气貌当异，故不待问之而色动，诘之而辞屈，唯环坐而熟视之，其人已得矣。高之明察，尤可称也。昔孟嘉在坐[⑧]，褚裒未识[⑨]，而庾亮使裒自求之[⑩]，眄睐良久[⑪]，乃指嘉曰："此人小异，得无是乎？"虽善恶有殊，而物理何别[⑫]，高之视裒[⑬]，谅无愧焉。

【注释】

①天海按：此注文四库本原文无，此据全书体例径补。

②蔡高：见本书卷二《释冤》门（下）1·37条《蔡高海上寻尸案》注。

③福州长溪尉：参见同上。

④守舍子：看家的儿子。

⑤毕会：全部会集。

⑥天海按：此为郑克自注，言本篇事出欧阳修所撰《蔡高墓志》。

⑦无所猜执：没有猜测判断的依据。

⑧孟嘉：字万年，东晋江夏鄳（méng）县（今河南罗山）人。少有才名，历任庐陵从事、江州别驾、征西参军等职。从事中郎，迁征西长史。《晋书》卷九八有传。

⑨褚裒（póu，303—349）：字季野，河南阳翟（今河南禹州）人。东晋时期名士。晋康帝即位后，以后父身份被征拜为侍中，迁任尚书，外出为建威将军、江州刺史。固请居藩，改授左将军、兖州刺史，领琅邪内史。晋康帝时授都督，镇京口。《晋书》卷九三有传。孟嘉与褚裒二人事见《晋书·孟嘉传》。

⑩庾亮（289—340）：字元规，东晋颍川鄢陵（今河南鄢陵）人。早年被琅邪王司马睿召为西曹掾，先后任丞相参军、中书郎等职。明帝立，累迁中书监，加左卫将军。成帝初徙中书令，迁都督江荆豫益梁雍六州诸军事。代陶侃镇武昌，为征西将军，兼领江、荆、豫三

州刺史，都督七州诸军事。卒谥文康。《晋书》卷七三有传。

⑪眄睐（miǎn lài）：此指凝视的样子。

⑫物理：事物的道理、规律。

⑬高之视裒：以蔡高的明察来看褚裒。

【译文】

蔡高调到福州长溪县做县尉，县里有一对夫妇都外出了，而强盗杀死了他们守家的儿子。蔡高立即召集里坊居民全部会集，人们环坐在一起，蔡高仔细观察他们，指着一个人说："这是杀人者。"审讯后，他果然服罪。事见欧阳修参政所撰《蔡高墓志》。

按：县民儿子被杀，没有什么可疑的对象，那么这对夫妇必定都很善良，而与同里坊的人也没有仇怨，残忍杀害他们守家儿子的，是凶残的人。凶残的人，神气与相貌当然与众不同，所以不待审问他就会脸色改变，审问他就会理屈词穷。只要人们环坐在一起来仔细观察，那杀人者就找到了。蔡高的明察，尤其值得称赞。从前孟嘉在座，褚裒不认识他，而庾亮让褚裒自己去寻找，褚裒观察了很久，才指着孟嘉说："此人气貌与人稍异，恐怕是他吧？"虽然善恶之人有区别，但是事物的道理是一样的，蔡高与褚裒相比，想来也无愧吧。

10·4　吕公绰查仇断腕

吕公绰侍读，知开封府①。有营妇夫戍未还②，夜盗入舍，断腕而去。主名不立③，都人喧言骇异④。公绰谓："非其夫仇，不宜快意戕害至此。"亟遣驰诘其夫，果获同营韩元者，具奸状，伏诛⑤。见王珪丞相所撰墓志⑥。

按：此盖知营妇为人非不良者，故特疑其夫仇戕害之也。既得其事，乃察其实，彼之隐慝，将何所遁？斯可以谓之明矣。

【注释】

①吕公绰侍读,知开封府:参见本书卷五《惩恶》门6·13条《吕公绰法外斩卒》注。

②营妇:军人之妇。戍未还:守卫边防没有回家。

③主名不立:主犯姓名不能确定。

④都人:京城的人。开封为北宋的都城。喧言骇异:惊骇怪异议论不休。

⑤具奸状,伏诛:招认犯罪情形,依法被处死刑。

⑥天海按:此为郑克自注,言本篇事出王珪丞相所撰《吕公绰墓志》。今见王珪所撰《华阳集》卷三八《吕公墓志铭》。

【译文】

侍读吕公绰,做开封府知府。有一个营妇的丈夫守卫边防没有回家,夜里有强盗进入家中,割断了她的手腕后离开。主犯的姓名不能确定,都城的人惊骇异常,议论不休。吕公绰说:"如果不是她丈夫的仇人,不应该如此残忍地伤害她。"他立即派遣快骑去盘问她的丈夫,果然查获同军营的士兵韩元,韩元完全交代了犯罪情形,被依法处死。事见王珪丞相所撰《吕公墓志铭》。

按:这大概是知道营妇的为人并非不好,所以特别怀疑她丈夫的仇人残忍地伤害了她。既然知道这样的事,于是就核查落实,那些隐藏的邪恶之人,又将从何处逃脱?这可以称之为明察了。

十一、证慝

【题解】

察慝,是指明察隐藏的坏人坏事及其犯罪;而证慝,则是通过各种证据来证实隐藏的坏人坏事及其犯罪。此为《折狱龟鉴》第十一门。选录主案13条,附5事,共18事。

本门第一条《孙宝称馓断纠纷》中，京兆尹孙宝以一枚馓散之重为证，计算出卖馓散人诳言三百枚的诬陷；并在所附"曹冲称象"的著名典故中强调"片言可以折狱"，而被人信服，就是因为断案的人智慧过人而所言符合道理。

本门第二条《张举烧猪取灰证》作者按语说："孙宝以馓散一枚之重为证，而诳言三百枚之慝显矣；张举以死猪口中之灰为证，而诳言夫烧死之慝显矣；是谓慝未显者以物证之，则不可讳也。"这就是说，办案人不仅要有过人的智慧，而且要善于运用智慧，特别注重破案的关键证据，使奸慝之人无可隐讳。

在案件审理中，凡是依据证据审理的，不只是讯问知见人的供词，还应当检验勘查案件的事实，审查验证案件的物证、书证、痕迹证据等，以此作为破案的证据。

在本门第十条《韩亿引乳医为证》中，作者再次引用裴正所说，审理案件有两个方法：一是审察情理，一是掌握证据。并且特别指出，两者固然应当兼而用之，然而证据有难于掌握的，就不如审察情理，可以打中当事人肺腑中的隐情；情理有时难于察见的，就不如依靠证据，可以使当事人在口舌之争中屈服。两者交替运用，各自运用在适宜的地方。那诬蔑侄子为他姓的人，所引用的证据，想来也不止一种，唯独未曾引用接生婆为证。所以韩亿将李甲的亲党全部召集，把接生婆的证明出示给他们，既有以此打中他们肺腑隐情的作用，又有以此使他们在口舌之争中屈服的作用，这样众人就没有什么辩解之词，于是奸慝得以揭露，冤案终于辨明。

从旁搜取佐证，可能会有伪证。直接取实物验证，这才是实证。比如本门第十一条《程颢查地中埋钱》，那人说地下的钱是他父亲所埋的，取钱来查验，都是古钱，谁又会选择古钱来藏入地下呢？以此为证，妄诉明矣。是故其人不敢不服也。因为即使有人证，也容易作伪证；以实物为证，就一定可以查得实情，使奸慝者服其罪。

除了人证、物证外，还有书证也很重要，"此亦以籍为证者也"。争田地的诉讼,纳税登记簿可以作为证据;分财产的诉讼,户口簿可以作为证据。即使隐藏罪恶而好打官司的人,也会悚然畏惧而屈服了。

凡是杀人、斗殴的案件,检验伤痕作为证据也是至关重要的。本门第七条《欧阳晔给食察凶》,通过给嫌犯进食,发现独他左手持匀,而死者伤右肋致死,此为铁证无疑。

这些都是验证隐藏罪恶的方法,即使在今天,也是值得借鉴的宝贵经验。

11·1 孙宝称饘断纠纷 曹冲附[①]

汉孙宝[②],为京兆尹[③]。有卖饘散者[④],偶与村民相逢,击落饘散尽碎,村民认填五十枚[⑤],卖者坚言三百枚,因致喧争。宝令别买饘散一枚,称见分两,乃都称碎者[⑥],纽折立见元数[⑦],众皆叹服。旧不著出处[⑧]。

按:魏太祖时[⑨],孙权致巨象[⑩],欲知其斤重,访之群下,莫能出其理[⑪]。邓哀王冲方数岁[⑫],请置象大船之上[⑬],刻水痕所至[⑭],而秤物以载之,校可知也[⑮]。与秤饘散之理同矣。宝以饘散一枚之重,校碎者之重,其枚数立见;冲以载象所至之痕,校秤物之痕,而斤重可知;皆其智有余也。夫"片言可以折狱者"[⑯],何其为人信服至于如此哉?盖以智有余而言中理,故尔。欺诳之慝,以此为证而不可讳矣,彼焉得不服耶?是故片言可以折狱也。

【注释】

①天海按:此注文四库本原文无,此据全书体例径补。

②孙宝:字子严,西汉颍川鄢陵(今河南鄢陵)人。初以明经为郡

吏。御史大夫张忠荐为议郎，迁谏大夫。历任益州刺史、冀州刺史、广汉太守、京兆尹、司隶校尉、光禄大夫、大司农等。后因罪而被免官，老死家中。《汉书》卷七七有传。

③京兆尹：汉代官名，为三辅（治理京畿地区的三位官员，即京兆尹、左冯翊、右扶风）之一。主管今陕西西安及其附近地区，地位相当于京城的主管。

④馔（xuàn）散：即由面粉制作的油炸馓子。用面拉成细条，相连成环形。

⑤认填：认赔。

⑥都：完全，全部。

⑦纽折：反复折算。元数：个数，枚数。

⑧天海按：此为郑克自注，言本篇《疑狱集》不注明出处。

⑨魏太祖：魏武帝曹操（155—220），字孟德，一名吉利，小字阿瞒，一说本姓夏侯，沛国谯县（今安徽亳州）人。三国时杰出的政治家、军事家、文学家、书法家、诗人。儿子曹丕代汉称帝后，追尊曹操为太祖武皇帝。

⑩孙权（182—252）：字仲谋，吴郡富春（今浙江杭州）人。三国时期东吴开国皇帝。

⑪莫能出其理：没有人能说出称象的办法。

⑫邓哀王冲：曹操之子曹冲（196—208），字仓舒，年十三岁夭亡。太和五年（231），给曹冲加谥号为邓哀王。天海按：上述事参见《三国志・魏书・武文世王公传》。

⑬置：天海按，原文作“致”，此据《三国志・魏书》径改。

⑭至：天海按，原文作“致”，此据《三国志・魏书》径改。

⑮校（jiào）：此指称量、计算。

⑯片言：一句话，几句话。也指只言片语。折狱：断案，判决诉讼案件。片言折狱，简单一句话就能判决讼事。此语见《论语・颜

渊》:“子曰:片言可以折狱者,其由也与?”

【译文】

西汉孙宝,做京兆尹。有个卖馓散的人,偶然与村民相撞,他的馓散被撞落完全碎了。村民认赔五十枚,卖馓散的人坚持说是三百枚,因此引起喧闹争执。孙宝下令另外买一枚馓散,称出重量,然后把全部碎了的馓散的重量称出来,反复折算,立即就知道碎了的馓散是多少枚,众人都感叹佩服。旧《疑狱集》未写明出处。

按:三国曹操时,东吴孙权送给他一头巨大的象,他想要知道大象的重量,就访遍群臣,没有人能够说出称象的办法来。曹冲当时只有几岁,请求把大象安置在船上,在船上刻划水压的痕迹所到处,又装载上别的东西来称重量,经过计算就可以知道大象的重量。这与称馓散的道理是相同的。孙宝以一枚馓散的重量,计算破碎馓散的重量,那破碎馓散的枚数立刻就能知道;曹冲以载大象所至的水痕,计算所称东西的水痕,因而大象的重量可以知道;都是因为他们富有智慧。那凭只言片语就可以断案的人,为什么被人信服到如此程度呢?大概是因为智慧过人而所言符合道理,所以如此。欺骗迷惑别人隐藏罪过的,用这种方法验证,就不能隐瞒了,他哪能不服呢?因此,只言片语也可以断案。

11·2 张举烧猪取灰证

张举[①],吴人也[②],为句章令[③]。有妻杀夫,因放火烧舍,称火烧夫死。夫家疑之,诉于官,妻不服。举乃取猪二口,一杀之,一活之,而积薪烧之,活者口中有灰,杀者口中无灰。因验尸口,果无灰也,鞫之服罪。旧不著出处[④]。按:和凝所著二十九条,皆以时代为次。其书举事在吴人之末,晋人之前,岂非孙氏之臣乎?但先既云吴废帝孙亮[⑤],则此宜云“吴张举”,不当于姓名下言“吴人”耳。句章,属会稽郡[⑥]。

按：孙宝以馓散一枚之重为证[7]，而诳言三百枚之慝显矣；张举以死猪口中之灰为证，而诳言夫烧死之慝显矣；是谓慝未显者以物证之，则不可讳也。然则庄遵守尸[8]，而首有蝇集，为核奸有效，岂若张举验尸而口无灰入，为证慝尽理乎？

【注释】

①张举：吴人，事如本文，其他未详。

②吴人：三国时东吴人。

③句章：县名。秦置，属会稽郡。治所在今浙江余姚。令：此指县令。

④天海按：此为郑克自注，言旧《疑狱集》录此事没有写明出处。

⑤吴废帝孙亮：参见本书卷三《辨诬》门2·3条《孙亮破鼠屎查诬》注。

⑥天海按：此以上为四库馆臣按语。言和凝《疑狱集》录此事亦言张举为“吴人”，但此语有歧义。“吴人”可以说是“吴地人”，也可以说是“三国东吴人”。所以有的资料说他是东汉吴人，而此按语则倾向于后者。故桂万荣《棠阴比事》录此事就直接称为“吴张举”。因史料未详，故译文暂从此说。

⑦馓散一枚：参见上文11·1条《孙宝称馓断纠纷》事。

⑧庄遵守尸：参见本书卷五《察奸》门7·1条《子产闻哭知其奸》所附“庄遵闻哭守尸”事。

【译文】

张举是三国时东吴人，曾经做句章县县令。有个妻子杀死了丈夫，便放火烧毁房舍，声称火灾烧死了丈夫。丈夫家人怀疑这件事，告到官府，妻子不认罪。张举就找来两口猪，一口杀死，一口活着，又堆积柴火烧这两口猪。活着被烧死的猪口中有灰，先杀死的猪口中无灰。于是检验她丈夫尸体口中，果然无灰，审讯后她服罪。旧《疑狱集》未写明出处。按：和凝所著录的二十九条事件，都以时代为次序。他记载张举的事在吴人之后，在晋人之前，难道不是孙吴的臣子吗？但先前已经说“吴废帝孙亮”，那此处应该说“吴张举”，不当在姓名下说“吴人”。句章县，属会稽郡管辖。

按：孙宝以一枚馓散的重量为证据，因而谎称馓散三百枚的隐恶就暴露了；张举以死猪口中之灰为证据，因而谎称丈夫烧死的隐恶就暴露了；这就是说隐恶未暴露时用物证证明，那就不可隐瞒。然而庄遵派人守护死者尸体，尸体头上有苍蝇飞集，使核察奸伪有效验，哪里像张举验尸而死者口中没有进灰，来验证隐恶更为合理呢？

11·3 傅琰杀鸡破嗉囊许宗裔附

宋傅琰[①]，为山阴令[②]，有两人争鸡。琰问鸡早何食，一云粟，一云豆。乃杀鸡破嗉[③]，而有粟焉，遂罚言豆者。旧出《南史》本传[④]。

按：《释冤》门许宗裔之验赃也[⑤]，问绸线胎心用何物[⑥]，一云杏核，一云瓦子[⑦]，开见杏核，而罪言瓦子者。其术盖本于此。

【注释】

①宋：朝代名。此指南北朝时南朝的刘宋。傅琰（？—487）：字季珪，北地灵州（今宁夏灵武）人。初为宁蛮参军，历诸暨、武康、山阴令。山阴为大县，狱讼繁多，琰在县明察，无敢为偷盗者。升明二年（478）迁益州刺史。齐高帝时，征为骁骑将军、黄门郎。武帝授以南郡内史，行荆州事。永明五年（487）卒。《南史》卷七〇、《北齐书》卷五三皆有传。

②山阴：县名。秦置，属会稽郡，以在会稽山之北而得名。治所在今浙江绍兴。

③嗉（sù）：嗉囊。禽鸟类喉咙下装食物的地方。也叫鸡嗉子。

④天海按:此为郑克自注,言本篇旧《疑狱集》出自《南史·傅琰传》。

⑤许宗裔之验赃:见卷二《释冤》门(下)1·20条《许宗裔验赃雪冤》注。

⑥绸线胎心:用来缠绕丝绸线团的轴心物。

⑦瓦子:此指瓦块。

【译文】

南朝刘宋时,傅琰做山阴县县令,有两个人争夺一只鸡。傅琰问鸡早上吃的什么食物,一个说是小米,一个说是豆子。于是杀鸡破开鸡嗉子,而里面有小米,就处罚了那个说是吃豆子的人。旧《疑狱集》出自《南史·傅琰传》。

按:《释冤》门许宗裔查验赃物,审问绸线轴心用的是什么东西,一个人说是杏核,一个人说是瓦块,打开后看见的是杏核,于是将说是瓦块的人处罪。他的方法大概是源于这里。

11·4 顾宪之放牛回栏于仲文附

宋顾宪之[①],元徽中为建康令[②]。时有盗牛者,被主者所认,盗者亦称己牛,二家辞理等[③],前后令莫能决[④]。宪之至,覆其状,谓二家曰:“无为多言,吾得之矣。”乃令解牛任其所去,牛径还本主宅[⑤],盗者始伏其辜[⑥]。发奸擿伏[⑦],多如此类,时人号曰神明[⑧]。旧出《南史·顾觊之传》。宪之,其孙也[⑨]。

按:证以人,或容伪焉,故前后令莫能决;证以物,必得实焉,故盗者始服其罪。于仲文放牛事[⑩],已见《擿奸》门,与此正相类。其异者,彼之家远而有牛群,此之家近而无牛群也。随事制宜,然后放之,理无异焉。

【注释】

①宋:朝代名。此指南北朝时南朝的刘宋。顾宪之(436—509):字

士思，吴郡吴县（今江苏苏州）人。刘宋孝建初举秀才，历太子舍人、尚书比部郎、抚军主簿。元徽中，为建康令，迁车骑功曹。南齐高帝执政，以为骠骑录事参军、太尉西曹掾、齐台中书侍郎。除衡阳内史。永明初，为太尉从事中郎，历随王东中郎长史，行会稽太守，迁巴陵王南中郎长史，行婺州事，历给事黄门侍郎，兼尚书吏部郎中，出行南兖州事。建武中，迁太子中庶子，出为晋陵太守。永元初，历豫章太守。中兴末，征为扬州别驾从事，未拜。《南史》卷三五、《南齐书》卷四六、《梁书》卷五二皆有传。

②元徽：南朝刘宋后废帝刘昱的年号（473—477）。建康：县名。县治在今江苏南京。建康是南京在六朝时期的名称，东吴、东晋、刘宋、南齐、南梁、南陈六代京师之地。

③辞理等：争讼的诉辞与理由相同。

④前后令：前后的县令。

⑤径：径直，直接。

⑥伏其辜：招认了盗牛的罪行。

⑦发奸擿伏：检举揭发隐藏未露的犯罪。

⑧神明：英明，圣明。

⑨天海按：此为郑克自注，言旧《疑狱集》出自《南史·顾觊之传》。顾觊之（392—467）：字伟仁，吴县（今江苏苏州）人。南朝南宋大臣。初为郡主簿，后升任尚书吏部郎、御史中丞、湘州刺史、吏部尚书等职，并三任吴郡太守。卒，追赠镇军将军，谥号简子。顾宪之是他的孙子。

⑩于仲文放牛：参见本书卷六《擿奸》门9·1条《黄霸计断夺子案》中所附“于仲文放牛”事。

【译文】

南朝刘宋时，顾宪之在元徽年间做建康县县令。当时有盗窃耕牛的人，被牛的主人认出，偷盗者也声称是自己的牛。两家的诉辞和理由相同，前后几任县令不能判决。顾宪之到任后，复审他们的诉状，对两家说："不要多说什么，我已经知道牛是谁家的了。"于是就下令解开牛绳，放任牛自由行走，那牛就直接回到了主人的牛栏中，盗牛的人这才招认了偷牛的罪行。顾宪之检举揭发隐藏未露的犯罪，大多像这样，当时人们称他为英明。旧《疑狱集》出自《南史·顾觊之传》。顾宪之是他的孙子。

按：以人为证，有时会出现伪装的情况，所以前后几任县令不能判决；以物为证，必定会得到实情，所以盗牛的人这才招认自己的罪行。于仲文放牛的事情，已见于《擿奸》门，正与此类似。不同的地方，是那一处家远而有牛群，此处家近而无牛群。因事制宜，然后放牛来判断，这道理是没有差别的。

11·5 李惠拷羊皮察奸傅琰附

李惠为雍州刺史[①]，人有负盐负薪者，同释重担息于树阴，二人将行，争一羊皮，各言藉背之物[②]。惠遣争者出，顾州纲纪曰[③]："以此羊皮拷，知主乎？"群下以为戏言，咸无应者。惠令人置羊皮席上，以杖击之，见少盐屑，曰："得其实矣。"使争者视之，负薪者乃伏而就罪。凡所察究，多如此类，由是吏民莫敢欺犯。旧出《北史》本传[④]。

按：傅琰之为山阴令也[⑤]，有卖糖姥与卖针姥争丝一团，琰令挂丝鞭之，有少铁屑焉，乃罚卖糖姥。鞭丝、击皮，事异理同，皆以物为证者也。

【注释】

①李惠（？—478）：北魏中山安喜（今河北定州）人。北魏献文思皇后的父亲。历任散骑常侍、侍中、开府仪同三司，秦、益、雍、青

四州刺史。明察秋毫，善于断案，政绩突出，进封南郡王。孝文帝即位后，受到冯太后猜忌。太和二年（478），以图谋叛国罪，坐罪赐死。宣武帝即位，平反昭雪，追赠使持节、骠骑大将军、开府仪同三司、定州都督、中山郡公。《魏书》卷八三、《北史》卷八〇有传。雍州：州名。辖五郡三十三县。北魏、北周两朝，定都长安，雍州治所也在长安（今陕西西安）。

②藉背：垫背。

③州纲纪：州刺史的僚属，参与机要，总领府事。北朝魏多指州别驾，即州主簿。魏晋南北朝时，州、郡国、县府所属掾诸曹、理众事，地位最尊。

④天海按：此为郑克自注，言此事旧《疑狱集》出自《北史·李惠传》。

⑤傅琰之为山阴令：参见上文11·3条《傅琰杀鸡破嗉囊》。本篇事见《南史·傅琰传》。

【译文】

北魏李惠做雍州刺史，有背着盐、背着柴的人，同时放下身上的重担在树下休息。二人将要上路时，争夺一张羊皮，都说这是自己垫背的东西。李惠让争夺的人出去，回看州主簿说："将此羊皮拷问，能够知道它的主人吗？"众下属以为是玩笑话，都没有回应他。李惠令人将羊皮放置在桌子上，用木棒敲击它，看见有少许碎盐屑，便说："我知道真相了。"让争夺的人前来观看，背柴的人于是就认罪了。凡是他所察究的案件，大多像这样，从此以后，吏民没人敢再欺瞒犯罪。旧《疑狱集》出自《北史·李惠传》。

按：傅琰做山阴县县令的时候，有个卖糖的老妇与卖针的老妇争夺一团丝。傅琰令人挂起那团丝用鞭子抽打它，有少许铁屑落下，于是就处罚卖糖的老妇。鞭抽丝团、杖击羊皮，事情不同而道理相同，都是以实物为证的案件。

11·6 慕容彦超查盗食

汉慕容彦超[①]，帅郓[②]，有役人盗食樱桃[③]，主吏白之不服[④]，彦超慰喻曰："汝辈岂敢盗吾所食之物，主吏诬执[⑤]，不须忧惧。"各赐以酒，密令人藜卢散于酒中[⑥]，既饮即吐，有樱桃在焉。于是服罪。此盖和嵘所闻之事[⑦]。

按：俗有"入口无赃"之语[⑧]，此说足以破之。然事既细微，谲亦刻薄，何足道哉。

【注释】

①汉：政权名。此指五代时之后汉。后汉是五代十国之一，五代的第四个朝代，由后晋的河东节度使刘知远于947年建立，950年灭亡。共历二帝，立国仅四年，是五代十国中国祚最短的政权。慕容彦超（？—952）：曾冒姓阎，号阎昆仑，沙陀族，五代时后汉大将，刘知远同母异父弟。初事后唐明宗李嗣源，为军校，累迁至刺史。后任镇宁军节度使，徙镇泰宁，因智诈而为郭威所忌。郭威起兵后，败逃兖州。后周广顺二年（952），联络南唐、北汉反周，兵败投井而死。《旧五代史》卷一三〇、《新五代史》卷五三有传。

②帅郓：慕容彦超曾任天平军节度使。后汉天平军节度使治所在郓州，故云帅郓。郓州州治在须昌（今山东东平）。

③役人：服差役的人。

④主吏：官名。即功曹。秦置，掌官府人事，居掾属之首。

⑤诬执：谓捏造罪名，加以陷害。

⑥藜卢散：以藜卢制成的催吐药粉。藜卢，百合科，可入药。黎芦苦寒毒烈，可催吐浊痰，兼治疥癣，杀诸虫，点痣，去息肉。

⑦天海按：此为郑克自注，言本篇大概是和嵘所听说的事情。和嵘（950—995）：字显仁，和凝第四子，宋太平兴国八年（983）擢进

士，曾任地方司法官佐和刑部详覆官，继承父业，编成《疑狱集》一书。后官至水部员外郎，知制诰，判吏部。宋元人著录《疑狱集》都称此书为三卷67条（现存66条），上卷29条为和凝所编，中卷、下卷共38条为和嵘续纂。今本四卷疑后人所增添。

⑧入口无赃：食物被窃，吃下后就没有赃证了。

【译文】

五代时后汉慕容彦超，镇守郓州。有服役的人偷吃了樱桃，主管官吏报告了慕容彦超，那些役夫不服。慕容彦超安慰他们说："你们这些人哪里敢偷盗我要吃的东西，这是主管差吏的诬告，不必担忧害怕。"分别赐酒给他们喝，又暗中令人将藜卢散放入酒中。那些人饮酒后立即呕吐，呕吐物中有樱桃在。于是他们认罪。这大概是和嵘所听说过的事情。

按：俗话有"入口无赃"之语，这个说法完全可以打破。不过事情既然末小，手段奸诈又苛刻，不值得称道。

11·7 欧阳晔给食察凶

欧阳晔都官[①]，知端州[②]，有桂阳监民争舟相殴死[③]，狱久不决。晔出囚，坐廷中[④]，去其桎梏而饮食之[⑤]。讫，皆还于狱[⑥]，独留一人。留者色动，晔曰："杀人者，汝也。"囚不知所以然。曰："吾视食者，皆以右手持匕[⑦]，汝独以左。今死者伤右肋，此汝杀之明也。"囚泣曰[⑧]："我杀之，不敢以累他人。"见欧阳修参政所撰墓志[⑨]。

按：晔已观其验状，云伤右肋死，故因饮食视所用手。彼独左手持匕者，乃是殴杀之人也。以此为证，其辞自屈[⑩]。与钱维济辨诬之术同矣[⑪]。苟非尽心察狱，则亦岂能然耶？

【注释】

①欧阳晔（958—1037）：字日华，江西庐陵（今江西吉安）人。系欧阳修叔父。宋真宗咸平三年（1000）举进士甲科，宋大中祥符年间为随州推官，历南雄州判官，随、阆二州推官，江陵府掌书记，以太子中允监兴国军盐酒税，太常丞知汉州、雒县，博士知端州、桂阳监，屯田员外郎知黄州，迁都官知永州，皆有能政。《宋史》无传。天海按："晔"，四库本原文作"煜"，为避康熙玄烨名讳而改，此据《欧阳文忠公集》与《说郛》本回改。都官：官名。隋初沿置，设侍郎二员为长官，开皇三年（583）称都官司，隶刑部，唐宋因之。宋代刑部有都官司，设都官郎中、都官员外郎，掌徙流配隶。欧阳晔曾任都官员外郎，故尊称都官。

②知端州：宋代派朝臣为州一级的地方行政长官，称"知某州事"，简称"知某州"。端州，州名。治所在高要（今广东肇庆）。宋代，端州境域属广南东路。

③桂阳监：宋监名。治所在平阳（今湖南桂阳）。监，宋代的特别行政区划名。于坑冶、铸钱、牧马、产盐等地区设置。一种与府、州同级，隶属于路；一种与县同级，隶属于府、州。北宋桂阳监为全国唯一的州级矿冶监，隶荆湖南路。天海按：考《欧阳文忠公集》卷二七《欧阳公墓志铭》，欧阳晔曾以太常博士知端州桂阳监，本条所记当即彼时之事。

④坐廷中：天海按，《说郛》作"于庭中"。

⑤桎梏（zhì gù）：古代的一种刑具，在手上戴的为梏，在脚上戴的为桎。类似于近世的手铐脚链。

⑥皆：天海按，"皆"字，原文缺，此据《疑狱集》补。

⑦匕（bì）：古代的一种取食工具。长柄浅斗，形状像汤勺、匙之类。天海按，《说郛》无"匕"字。

⑧囚泣曰：天海按，《说郛》作"囚告曰"。

⑨天海按：此为郑克自注，言本篇事见于欧阳修所撰《欧阳公墓志铭》。

⑩其辞自屈：他的供词自然屈服。

⑪钱惟济辨诬：事参见本书卷三《辨诬》门2・16条《钱惟济给食验伤》。

【译文】

都官员外郎欧阳晔，做端州知州时，桂阳监有乡民争夺船只相互斗殴而死，案件长久不能判决。欧阳晔叫出囚犯，让他们坐在院中，去掉他们的刑具并给他们食物。吃完后，让他们都回到监狱，只留下一人。留下的人脸色改变，欧阳晔说："杀人的凶手，就是你。"囚犯不知道他为什么这样说。欧阳晔说："我观察吃饭的人，都是用右手拿勺子，只有你用左手。如今死者伤的是右肋，这就是你杀人的明证。"囚犯流泪说："是我杀了他，不敢以此连累他人。"事见欧阳修参政所撰《欧阳公墓志铭》。

按：欧阳晔已经看到验尸的文状，说是死者伤右肋而死，因此通过吃饭观察罪犯所用之手。那唯一一个用左手拿汤勺的人，才是殴打杀人的人。以此为证，凶手的言词自然屈服了。这与钱维济辨别诬陷的方法是相同的。如果不是尽心审察案件，又岂能做到这样呢？

11・8　王璩以书信为证

王璩寺丞[①]，尝为襄州中卢令[②]。有贼系狱，讯治久之[③]，不能得情。偶于贼橐中得故简[④]，而揭示之，乃房陵商人道为贼所掠者[⑤]。贼即引伏，不尔几脱[⑥]。见王珪丞相所撰墓志[⑦]。

按：此非知算所及[⑧]，偶然得之耳，亦可见璩之治狱能尽其心。鞫狱之情，昔人赖于证也，欧阳晔以右肋之伤为证[⑨]，而殴杀者辞穷；王璩以橐中之简为证，而劫掠者情得。证慝之术，焉可忽哉。

【注释】

①王璩（qú）：宋人，生平事未详。寺丞：官名。此或为大理寺丞。大理寺的主官为大理寺卿，其次是大理寺少卿、大理寺寺正、大理寺丞。大理寺丞之职在正刑之轻重，并分管大理寺的各项事务。

②襄州：宋州名。治所在襄阳（今湖北襄阳）。北宋时，属京西南路襄州。宣和元年（1119）属京西南路襄阳府。中卢：县名。属襄州。宋太平兴国元年（976）更义清县名为中卢县。故治在今湖北南漳。

③讯治：审理查办。

④橐（tuó）：口袋，行囊。故简：旧的信件。

⑤房陵：县名。为房州州治。故地在今湖北房县。

⑥不尔几脱：不是这样的话，罪犯几乎逃脱。

⑦天海按：此为郑克自注，言此事见于王珪丞相所撰墓志。但今本王珪撰《华阳集》不见《王璩墓志》。

⑧知算：即智算。谋划，计谋。

⑨欧阳晔：参见上文11·7条《欧阳晔给食察凶》。

【译文】

大理寺丞王璩，曾经做过襄州中卢县县令。有一个强盗被关押在监狱，审讯查办了很久，不能查出实情。偶然在他的行囊中搜得一封旧的信件，就拆开看，原来是房陵商人在路上被强盗所抢劫去的。这强盗随即招认服罪，不是这样的话，罪犯几乎逃脱了。事见王珪丞相所撰《王璩墓志》。

按：这不是靠计谋所能够做到的，是偶然得到的情况罢了，也可见王璩审理案件能够尽心尽责。审查案件的实情，前人依赖于证据。欧阳晔以右肋伤情为证据，因此斗殴杀人者理屈词穷；王璩以行囊中的书信为证据，因此抢劫者的情况得以查明。验证隐藏罪恶的方法，难道能够忽视吗？

11·9 王曾查税判田界曾谔附

王曾丞相[1],少时谒郡僚[2],有争负郭田者[3],封畛既泯[4],质剂且亡[5],未能断决。曾谓验其税籍[6],曲直可判。郡将从之[7],其人乃服。见《沂公言行录》[8]。

按:界至不明[9],故起争讼;契书不存,故难断决;唯有税籍,可为证据。辞与籍同者,其理直也;辞与籍异者,其理曲也。曲直既判,焉得不服。

大观间[10],有曾谔朝议者[11],知越州诸暨县[12]。四明富民[13],初唯一子,后通其仆之妻,又生一子而收养之。年十六,富民亡,子与母谋,以还其仆。后数年,所生母与嫡母皆死[14],乃归持服[15],且讼分财,累年不决。监司委谔推治[16],历讯不能屈。因索本邑户版[17],验其丁齿[18],而富民尝以幼子注籍,遂许其分。见近时小说[19]。此亦以籍为证者也。争田之讼,税籍可以为证;分财之讼,丁籍可以为证[20]。虽隐慝而健讼者[21],亦耸惧而屈服矣[22]。此证慝之术,所以可贵也。

【注释】

①王曾(978—1038):字孝先,青州益都(今山东青州)人。北宋仁宗时名相。咸平年间,连中三元,以将作监丞通判济州。累官吏部侍郎,两拜参知政事。宋仁宗即位后,拜中书侍郎、同中书门下平章事,后罢知青州。景祐元年(1034),为枢密使,次年复拜相,封沂国公。罢,出判郓州。《宋史》卷三一〇有传。

②谒:拜见。郡僚:州府的僚属吏员。

③负郭田:靠近外城的田。即城郊的田地。

④封畛(zhěn)既泯:封地的边界已经消失。封畛,疆界。泯,消灭,

丧失。

⑤质剂：谓券书。古代买卖时用的契券。此指田契。

⑥税籍：官府收取税款的登记册。

⑦郡将：此指知州。

⑧天海按：此为郑克自注，言本篇事出《沂公言行录》。此文今已不存。沂公，即王曾，因封沂国公，故称沂公。

⑨界至：边界四至的界限。

⑩大观：宋徽宗赵佶的年号（1107—1110）。

⑪曾谔：字正臣，新城（今浙江富阳）人。宋神宗熙宁六年（1073）进士。徽宗崇宁末，历知诸暨县，以朝散大夫知歙州。事见《新安志》卷九。朝议：朝议大夫。官名。宋朝文阶官，元丰改制后为寄禄官。

⑫越州：州名。治所在会稽（今浙江绍兴）。诸暨县：宋越州属县。治所在今浙江诸暨。

⑬四明：浙江旧宁波府的别称，以境内有四明山得名。

⑭嫡母：古代妾所生的子女称父亲的正妻为嫡母。

⑮持服：守孝，服丧。

⑯监司：负有监察之责的官吏。汉以后的司隶校尉和督察州县的刺史、转运使、按察使、布政使等通称为监司。宋代转运使和提点刑狱有监察一路官吏的责任，故称监司。推治：审理查办。

⑰户版：户口版籍制度。

⑱丁齿：人丁年龄。

⑲天海按：此为郑克自注，言本篇之事"见近时小说"。

⑳丁籍：户口名册。

㉑隐慝：别人不知道的罪恶，不可告人的罪恶。健讼：指好打官司。

㉒耸惧：极其恐惧。耸，通"悚"。

【译文】

丞相王曾，年少时拜见州府官员。有两人争夺城郊的田地，因为田界已经消失，地契也丢失了，不能裁断判决。王曾说查验官府的纳税登记簿，可以判定是非曲直。知州听从了他的建议，那争田地的人这才服气。事见《沂公言行录》。

按：田界不明确，所以引起争讼；地契不存在，所以难于断决；只有纳税登记簿，可以作为证据。诉辞与登记簿相同的，他的理由正当；诉辞与登记簿不同的，他的理由不正当。是非已经判明，哪能不服气。

宋徽宗大观年间，有个朝议大夫曾谔，做越州诸暨县知县。四明境内有个富人，最初只有一个儿子，后来与他仆人的妻子私通，又生了一个儿子并收养了他。这个儿子十六岁时，富人死亡了，长子与母亲谋划，把小儿子还给他们的仆人。数年后，小儿子的生母与嫡母都死了，他回来守孝服丧，并且起诉要求分财产，多年都不能判决。上司委托曾谔审理查办，多次审讯都不能使当事人屈服。于是索取本县户口名册，查验他们的年龄，而富人曾经把小儿子登记在名册上，于是准许他分得家产。事见近时小说。这也是以登记册作为证据的案例。争田地的诉讼，纳税登记簿可以作为证据；分财产的诉讼，户口名册可以作为证据。即使是隐藏罪恶而好打官司的人，也会悚然畏惧而屈服了。这就是验证隐藏罪恶的方法可贵的原因。

11·10 韩亿引乳医为证

韩亿参政[①]，知洋州时[②]，土豪李甲者，兄死迫嫁其嫂，因诬其子为他姓，以专其资[③]。嫂历诉于官，甲辄赂吏使掠服之，积十余年，其诉不已。亿视旧牍[④]，未尝引乳医为证[⑤]。一日，尽召其党，以乳医示之，众无以为辞，冤遂辨。见本传[⑥]。

按[⑦]：尝云推事有两[⑧]：一察情，一据证，固当兼用之也。

然证有难凭者，则不若察情，可以中其肺腑之隐；情有难见者，则不若据证，可以屈其口舌之争。两者迭用，各适所宜也。彼诬其子为他姓者，所引之证，想亦非一，独未尝引乳医，则其情可见矣。故尽召其党，以乳医示之，既有以中其肺腑之隐，又有以屈其口舌之争，则众无以为辞，而冤遂辨，不亦宜乎？

【注释】

①韩亿（972—1044）：字宗魏，祖籍真定灵寿（今河北灵寿），后徙居开封雍丘（今河南杞县）。宋咸平五年（1002）登进士第，知永城县。景德二年（1005），通判陈、郓、许诸州。大中祥符三年（1010），迁知洋州，又知相州。入为侍御史，除河北转运使。天圣二年（1024），知青州。次年，判大理寺。天圣四年（1026），授枢密直学士。明道元年（1032），拜谏议大夫，累迁同知枢密院事。景祐四年（1037），授参知政事，后罢知应天府。庆历二年（1042），以太子少傅致仕。《宋史》卷三一五有传。参政：参知政事。官名。宋元丰改制前为副宰相。

②洋州：州名。治所在今陕西洋县。

③专其资：独占全部财产。

④旧牍：旧有的案卷文书。

⑤乳医：古代称接生的医生。也指接生员，俗称稳婆。

⑥天海按：此为郑克注文，言本篇事见宋朝《国史》韩亿本传。

⑦按：天海按，此字四库本原文脱，据全书文例径补。

⑧推事：审理案件。参见卷六《擿奸》门9·1条《黄霸计断夺子案》，裴正云："凡推事有两：一察情，一据证。审其曲直，以定是非。"

【译文】

参知政事韩亿，做洋州知州时，有土豪李某，在其兄长死后逼迫嫂子改嫁，趁机诬蔑嫂子的儿子是他姓，借以独占全部家产。嫂子曾经多次向官府起诉，李某就贿赂差吏拷打她使她屈服。案件积压了十多年，嫂子还是不停地诉讼。韩亿查阅旧有的案卷文书，未曾让接生人作证。一天，韩亿召集了李某的全部亲党，把接生人的证词出示给他们，众人都无言以对，这个冤案终于辨明。事见宋朝《国史》韩亿本传。

按：裴正曾说审理案件有两个方法：一是审察情理，一是掌握证据，两者固然应当兼而用之。然而证据有难于掌握的，就不如审察情理，可以击中当事人内心深处的隐情；情理有难于察见的，就不如依靠证据，可以使当事人在口舌之争中屈服。两者交替运用，各自运用在适宜的地方。那诬蔑侄子是他姓的人，所引用的证据，想来也不止一种，唯独没有引用接生人作证，那案件的实情就可以察见了。所以将李某的亲党全部召集，把接生人的证词出示给他们，既有以此击中他们内心隐情的作用，又有以此使他们在口舌之争中屈服的作用，这样众人就没有什么辩解之词，于是冤案终于辨明，不也是适宜的吗？

11·11 程颢查地中埋钱

程颢察院[①]，初为京兆府鄠县主簿[②]。民有借其兄宅以居者，发地中藏钱，兄之子诉曰："父所藏也。"令言："无证左[③]，何以决之？"颢曰："此易辨耳。"问兄之子曰："尔父藏钱几年矣？"曰："二十年。"遣吏取千钱，视之，谓曰："今官所铸钱，不五六年则遍天下，此钱皆尔父未居前数十年所铸，何也？"按：《宋文鉴》及《伊洛渊源录》皆作[④]："尔父藏钱几何时矣？"曰："四十年矣。""彼借宅居几何时矣？"曰："二十年矣。"即遣吏取钱十千，视之，谓借宅者曰："今所铸官钱，不五六年即遍天下。此钱皆尔父未藏前数十年所铸，何也？”文义较明晰[⑤]。其人遂服。令大奇之。见程颐侍讲所撰《行状》[⑥]。

按：旁求证左，或有伪也。直取证验，斯为实也。彼言地中藏钱是其父所藏者，取钱验之，皆古钱也，又岂能选择古钱藏之耶？以此为证，妄诉明矣。是故其人不敢不服也。

【注释】

①程颢（1032—1085）：字伯淳，世称明道先生，洛阳（今河南洛阳）人。北宋哲学家、教育家、北宋理学的奠基者。程颢举进士后，历官鄠县主簿、上元县主簿、泽州晋城令、太子中允、监察御史、监汝州酒税、镇宁军节度判官等职。《宋史》卷四二七有传。察院：唐、宋御史台所属有台院、殿院、察院。御史台官员有侍御史、殿中侍御史、监察御史三种。监察御史属察院，程颢神宗朝任监察御史里行，故尊称“察院”。

②京兆府：府名。北宋京兆府下辖十三县，治所在长安万年（今陕西西安）。鄠（hù）县：县名。属京兆府，又称户县，治所在今陕西鄠邑。主簿：官名。《文献通考》卷六十三：“盖古者官府皆有主簿一官，上自三公及御史府，下至九寺五监以至州郡县皆有之。”县署则仍称主簿，系低级之事务官。辅佐县令，掌管文书。

③证左：在场亲见其事而可以证明实际情形的人，亦即证人。天海按，“证左”，《说郛》本作“证佐”。二词义同。

④《宋文鉴》：北宋诗文总集。原名《皇朝文鉴》。南宋吕祖谦奉宋孝宗之命编辑。“所得文集凡八百”，搜罗广博。共一百五十卷，编为六十一类。《伊洛渊源录》：宋朱熹撰。十四卷。本书主要记载宋理学家周敦颐、程颐、程颢及其门下弟子的言行。身列程门而言行无所表见者，亦录其姓名字号。天海按：本篇之事又见

《宋史·程颢传》。

⑤天海按：此为四库馆臣所撰按语。刘俊文《译注》以为钱熙祚《守山阁》本按语，非。

⑥天海按：此为郑克自注，言本篇事见《伊川先生文集·明道先生行状》。程颐（1033—1107），字正叔，世称伊川先生，洛阳（今河南洛阳）人。北宋理学家、教育家。程颢胞弟。历官汝州团练推官、西京国子监教授。元祐元年（1086）除秘书省校书郎，授崇政殿说书。侍讲：宋初曾置崇政殿说书，其后废罢，景祐元年（1034）复置。四年（1037），改为天章阁侍讲。

【译文】

察院监察御史程颢，最初做京兆府鄠县主簿。有百姓借他兄长的住宅居住，发掘出了地下埋藏的钱。兄长的儿子起诉说："这是我父亲埋藏的。"县令说："没有证人，凭什么判决给你？"程颢说："这很容易辨别的。"他问兄长的儿子说："你父亲藏钱有几年了？"回答说："二十年。"程颢于是派遣差吏取出千枚钱，仔细查看后，说："如今官府所铸之钱，不到五六年就遍布天下了，这些钱都是你父亲尚未在此居住之前数十年所铸的钱，是为什么呢？"按：《宋文鉴》及《伊洛渊源录》皆写作："你父亲藏钱有多久了？"回答说："四十年了。""那人借住有多久了？"回答说："二十年了。"程颢随即派遣差吏取出钱十贯，仔细查看后，对出借住宅的人说："如今官府所铸之钱，不到五六年就遍布天下。这些钱都是你父亲尚未藏钱的数十年前所铸，是为什么呢？"意思更为清晰。那人于是服罪。县令对此大为惊奇。事见程颐侍讲所作《明道先生行状》。

按：从旁搜取佐证，可能会有伪证。直接取实物验证，这才是实证。那人说地下的钱是他父亲所埋的，取钱来查验，都是古钱，又哪能选择古钱来藏入地下呢？以此为证，那人是妄诉就明显了。因此那人不敢不服罪。

11·12 李南公捏肤验伤

李南公尚书[1]，知长沙县时[2]，有斗者，甲强而乙弱，各有青赤痕[3]。南公召使前，自以指捏之，曰："乙真而甲伪也。"讯之果然。盖南方有榉柳[4]，以叶涂肤，则青赤如殴伤者。剥其皮横置肤上，以火熨之，则如棓伤者[5]，水洗不落。但殴伤者血聚则硬，而伪者不然，南公乃以此辨之也。闻之士林[6]。

按：斗殴之讼，以伤为证，而有此伪，岂可不辨，故特著焉。

【注释】

①李南公：字楚老，郑州（今河南郑州）人。进士及第，调浦江令。历河北转运副使，知长沙县、瀛州及延安、成都、真定、河南诸府，户部尚书等。以龙图阁直学士致仕。《宋史》卷三五五有传。尚书：此指户部尚书。参见卷三《鞫情》门3·10条《李南公塞鼻取供》注。

②长沙县：县名。治所在今湖南长沙。

③青赤痕：淤青红肿的伤痕。

④榉柳：落叶乔木。羽状复叶，互生，小叶长椭圆形，有毒。分布于淮河以南地区。叶、皮可作药用。

⑤棓（bàng）：同"棒"，棒子。

⑥天海按：此为郑克自注，言本篇之事从士人中听说。

【译文】

户部尚书李南公，做长沙县知县时，有斗殴的人，甲强而乙弱，各自都有淤青红肿的伤痕。李南公召唤他们上前，自己用手指捏他们的伤痕，说："乙是真伤，而甲是假伤。"审讯甲发现果然如此。因为南方有榉柳树，用它的树叶汁涂在皮肤上，就有青红颜色如同殴伤一样。剥下树皮横放在皮肤上，用火熨烫它，就如同被棒子打伤一样，水洗不掉。但是殴伤的皮肤血液凝聚就会发硬，而假伤就不这样，李南公就是以此来辨别真伪的。此事从士人中听说。

按：斗殴的诉讼，以伤痕为证，故而有这样伪装伤痕的，哪能够不辨别，所以特地著录在此。

11·13 李处厚纳言洗尸

太常博士李处厚[①]，知庐州慎县[②]。尝有殴人死者，处厚往验尸，以糟胾灰汤之类薄之[③]，都无伤迹。有一老父求见，曰："邑之旧书吏也[④]，知验伤不见迹。请用赤油伞日中覆之[⑤]，以水沃尸[⑥]，迹必立见。"处厚如其言，伤迹宛然[⑦]。自此，江淮间往往用其法。见沈括内翰《笔谈》[⑧]。

按：凡据证折狱者，不唯责问知见辞款[⑨]，又当检勘其事，推验其物[⑩]，以为证也。则验伤者宜尽心焉。故书南公捏痕事，又以处厚沃尸事继之也。

【注释】

①太常博士：官名。属太常寺。元丰改制前为寄禄官。李处厚：字载之，宋福建连江（今福建连江）人。庆历二年（1042）进士，历知庐江慎县、太常博士、屯田员外郎，终朝奉郎，提举淮南等六路茶税。事见宋淳熙《三山志》卷二六。

②庐州：宋州名。治所在合肥（今安徽合肥）。慎县：县名。治所在今安徽肥东。天海按：慎县，四库本原文作"真县"，因避清朝雍正皇帝爱新觉罗·胤禛讳而改，此据《梦溪笔谈》回改。

③糟胾（zì）：大块醪糟。灰汤：石灰水。薄：通"敷"。此处是"涂敷""覆盖"的意思。古代验尸时用石灰水清洗尸体，除臭；用醪糟块敷抹尸体以验伤。

④书吏:在衙门中担任书写工作的小吏。

⑤赤油伞:红色油纸伞。

⑥沃尸:清洗尸体。

⑦宛然:真切,清楚可见。

⑧天海按:此为郑克自注,言本篇事见于沈括所撰《梦溪笔谈》。

⑨责问:诘问,谴责。知见:看见、知道案情和事实的人。也指证人。辞款:口头和书面的证词。

⑩检勘其事,推验其物:检验勘察案件的事实经过是否真实,审查验证案件的物证是否可靠。

【译文】

太常博士李处厚,做庐州慎县知县。曾经有一起殴打人致死的案件,李处厚前往验尸,用酵糟块、石灰水之类敷抹尸体,都看不见伤痕。有一老人求见,说:“我是县衙过去的文书小吏,知道您验伤没有看见痕迹。请用红色油纸伞在太阳正当午时覆盖尸体,用水清洗尸体,伤痕必定立刻可见。”李处厚按照他的话去做,伤痕清楚可见。自此以后,江淮间常用这种办法验尸。事见沈括内翰《梦溪笔谈》。

按:凡是依据证据审理案件的,不只是讯问知情人的供词,还应当检验勘查案件的事实经过,审查验证案件的物证,以此作为证据。这就要求验伤的人尽心办案。所以在写了李南公亲手捏伤痕的事后,又接着记载李处厚清洗尸体的事。

卷七

十二、钩慝

【题解】

钩慝，钩出隐匿的坏人坏事。此指运用诈术计谋诱引出隐匿不明的犯罪真象。所谓“钩”，犹如投钓诱使鱼儿上钩。“钩慝”为《折狱龟鉴》第十二门，选录主案4条，其中重出无文1条，附4事，共7事。

“钩慝之术”最早源起于西汉赵广汉的“钩距法”，此种方法是作为审理案件时“引蛇出洞”的重要侦查手段。

赵广汉善于使用钩距之法获得事实真相。晋灼解说道：“钩，就是获得；距，就是隐闭。”那是因为把隐藏自己的意图称为“距”，而能使对方不知是计为“钩”。由于罪行隐藏深而不可获得，所以用“钩”来获得实情；对方如果知道这是在用“钩”，那他一定会隐藏更深，就像鱼儿逃入深渊而最终不可获得了。因此史书称：“只有赵广汉运用这种方法最精妙，其他仿效的人都比不上他。”直白地说，“钩慝”就是运用计谋，巧设机关，以诈谋的手段诱使嫌犯露出马脚，或者自投法网。

本门第一条《李崇》虽然存目无文，但在本书卷一《释冤》门（上）1·5条《李崇设计辨诬告》出现后，其后各门就有四次分别从不同角度重复引用此案。如《辨诬》门2·5条，《钩慝》门12·1条，《惩恶》门

6·1条,《擿奸》门9·1条等。可见作者对于李崇运用计谋使案犯自我暴露、自投罗网的破案技巧特别推崇。

在本门第二条《张允济智判牛案》中,作者认为,以智谋诱出隐藏奸恶的方法,就是循吏"钩慝之术"。所附西门豹惩治"河伯娶妇"之事,应该就是后世循吏"钩慝"惩恶的先例。第三条《赵和设计审赖账》、第四条《包拯计审割牛舌》以及所附二事,皆如"张允济智判牛案"一样,以看似幽默诙谐的方式,轻松巧妙地侦破了难以采证的疑难案件。

12·1 李崇

已见《释冤》门①。

按:崇之谲,以"举哀"擿争儿奸②,与其术同。盖自其巧诈而言之,则谓之奸;自其隐慝而言之,则谓之慝。其实无异也,故术亦同焉。

【注释】

①天海按:李崇之事首见于本书卷一《释冤》门(上)1·5条《李崇设计辨诬告》。

②"举哀"擿(tī)争儿奸:事见本书卷六《擿奸》门9·1条《黄霸计断夺子案》中所附。李崇做扬州刺史时,曾用举办丧事的办法来揭露争夺小儿的奸恶。

【译文】

李崇的事迹已见于《释冤》门。

按:李崇设计破骗局的诈术,用"举办丧事"来揭露争夺小儿的奸伪,与"钩慝"的方法相同。因为从罪犯的巧诈来说,就叫作"奸";从罪犯隐藏罪恶来说,就叫作"慝"。其实没有区别,所以办案的方法也相同。

12·2 张允济智判牛案西门豹、裴子云二事附[1]

唐张允济[2]，隋大业中为武阳令[3]，务以德教训下[4]，百姓怀之。元城县与其邻接[5]，有人以牸牛依其妻家者八九年[6]，牛孳生至十余头[7]。及将异居，妻家不与，县司累政不能决[8]。其人诣武阳质于允济[9]，允济曰："尔自有令[10]，何至此也？"其人垂泣不止，且言所以。允济遂令左右缚牛主，以衫蒙其头，将诣妻家村中，云捕盗牛贼。召村中牛悉集，各问所从来处。妻家不知其故，恐被连及，指其所诉牛曰："此是女壻家牛也[11]，非我所知。"允济遂发蒙，谓妻家人曰："此即女壻，可以归之。"妻家叩头服罪。旧出《唐书》本传[12]。

按：《史记》以西门豹附《滑稽传》后[13]。豹，古循吏也[14]，特以其止河伯娶妇事巧而捷[15]，乃发于俳者[16]，故曰"滑稽"耳。允济，其豹之俦欤[17]？理邻邑赘婿牛[18]，亦以发于俳，故能巧而捷，与止河伯娶妇事相类矣，然乃循吏钩慝之术也。

《疑狱集》又载新乡令裴子云一事云[19]：部民王敬戍边[20]，牸牛六头，于舅李璡家养五年，产犊三十头。敬还索牛，舅曰："牸牛二头已死，乃还四头老牸，余非汝牛所生。"敬诉于县，子云以敬付狱，追盗牛贼李璡，璡惶怖而至。子云叱责曰："贼引汝同盗牛三十头，藏汝庄内。"唤贼对辞[21]，乃以布衫笼头，立南墙下。璡急吐款云[22]："三十头牛，是外甥牸牛所生，非盗得来。"子云令除敬头布衫，璡惊曰："此是外甥！"子云曰："是，即还牛，更欲何语？"璡默然。复谓璡曰："五年养牛辛苦，特与五头，余并还敬。闻者叹服。旧不著出处[23]。

此乃用允济钩慝之术者，但部民则易追[24]，而非部民则难追矣，故允济诣彼村中捕盗也。然越境有所捕，召集一村牛，亦是当时可以为此。若在异日，止合移文追而诘之[25]，如赵和者是也[26]。但欲巧捷者，势须为此耳。

【注释】

①天海按：原文标题“张元济”之下有四库馆臣按语：“《新唐书》本传作‘允济’，《册府元龟》亦作‘元济’，与此本同。”此按语现略去。又，“西门豹、裴子云二事附”此注文四库本原文缺，此据全书体例径补。

②张允济：四库本原文作“张元济”，此据两《唐书》本传径改。张允济，青州北海（今山东潍坊）人。隋末、唐初官员。在武阳令任上以善政闻，县内路不拾遗，风化大行。贞观初年，升任刑部侍郎，封武城县男，卒于幽州刺史任上。《旧唐书》卷一八五将其列入“良吏”之列。《新唐书》卷一九七亦有传。

③大业：隋炀帝年号（605—618）。武阳：县名。隋时属武阳郡。大业三年（607），废魏州，复置武阳郡，治所设在莘县（今山东莘县），武阳县属之。县治在今山东阳谷。

④务以德教训下：务必以道德教化训诲下属。

⑤元城县：县名。天海按：四库本原文作“元武县”，据《隋书·地理志》，武阳郡只有元城县，并与武阳县邻接。隋文帝开皇六年（586），元城县、魏县从贵乡县分出，复置，并从元城分一部分建马陵县，属魏州。此疑笔误，径改。

⑥牸（zì）牛：母牛。

⑦孳生：也做滋生，意思是繁殖。

⑧县司：县府，县衙。累政：几任执政者。

⑨质：评断。

⑩有令：有县令。

⑪女聟（xù）：女婿。聟，同“婿”。

⑫天海按：此为郑克自注，言本篇之事《疑狱集》出自《唐书·张允济传》。

⑬西门豹：战国时期魏国（今山西运城一带）人。魏文侯时曾任魏国邺城令，破除“河伯娶妇”的迷信活动，凿渠灌田，民得饶足。《史记·滑稽列传》称：“故西门豹为邺令，名闻天下，泽流后世，无绝已时，几可谓非贤大夫哉！”

⑭循吏：奉公守法的官吏。司马迁《史记》始作《循吏列传》，后世因之，代有《循吏传》。

⑮止河伯娶妇事：魏文侯时，西门豹为邺城令。当地巫祝、三老勾结廷掾、豪长，假借河神娶妇，以少女投河，诈取百姓财物。西门豹微服私访，洞察其情，将计就计。三月十五日为河神娶妇之期，西门豹亲至河边送亲，故指新妇容貌不佳，命巫祝、三老、廷掾禀明河神，容重选佳丽，将三人相继投入河中。百姓醒悟，河神娶妇之事遂绝。巧而捷：巧妙而敏捷。

⑯俳（pái）者：古代指杂戏、滑稽戏或者演诙谐幽默戏的艺人。

⑰俦（chóu）：同类之人，同等之人。

⑱赘婿：指就婚、定居于女家的男子。以女之父母为父母，所生子女从母姓，承嗣母方宗祧。

⑲新乡：县名。唐时属卫州。县治在今河南新乡。裴子云：事如本文，其余未详。

⑳王敬：原文作“王恭”，天海按：宋太祖赵匡胤祖父名“敬”，此为郑克避讳而改。据唐张鷟所撰《朝野佥载》卷五记此事作“王敬”，改。

㉑对辞：对质，对证。

㉒吐款:吐露真情。

㉓天海按:此为郑克自注,言本篇之事《疑狱集》不注明出处。本篇事出唐张鷟所撰《朝野佥载》卷五。

㉔部民则易追:所辖之民就容易追查。

㉕移文:各衙署之间、平级官员之间正式使用的平行文书,用于不相隶属机关的往来公务联系。

㉖赵和:人名。事见下条。

【译文】

唐朝的张允济,隋朝大业年间做武阳县令,务求以德政教化训导下属,百姓感怀他。元城县与武阳县邻接,有人把一头母牛寄养在妻子家有八九年,母牛生下小牛达十多头。等到他将要迁居异地,妻子家不给他牛,县衙几任县令都不能判决。那人到武阳县请张允济评断,张允济说:“你那里自有县令,为何要到这里呢?”那人流泪不止,并且说明缘由。张允济于是令左右的人捆绑牛的主人,用布衫蒙住他的头,将他带到妻子家所在的村中,说是逮捕了盗牛贼。召唤村民把村中的牛全部集中在一起,各自讯问他们的牛从哪来。妻子家的人不知其中原故,恐怕被牵连,指着所诉讼的牛说:“这是女婿家的牛,我不知道从何而来。”张允济于是打开蒙在那人头上的布衫,对妻子家的人说:“这就是你们的女婿,可以把牛归还他。”妻子家的人叩头认罪。旧《疑狱集》出自《唐书·张允济传》。

按:《史记》把西门豹附在《滑稽列传》之后。西门豹,是古代奉公守法的官吏,只不过因为他制止河伯娶妇的事巧妙而敏捷,乃是出自诙谐幽默的原因,所以说“滑稽”罢了。张允济也该是西门豹之类的人吧?审理邻县上门女婿的牛,也是出自幽默诙谐,所以能够巧妙而敏捷,这与制止河伯娶妇的事相类似了,然而也是循吏以智谋诱出隐藏奸恶的方法。

《疑狱集》又记载了新乡县令裴子云的一件事情:县民王敬戍边,家中母牛六头，交与舅舅李琎家养了五年，产下牛犊三十头。王敬回家后要求还牛，舅舅李琎说："母牛已死二头，只能归还四头老母牛，其余的牛不是你的牛生的。"王敬诉讼到县衙，裴子云将王敬交付监狱，追查盗牛贼李琎，李琎惊惶恐惧地到来。裴子云呵叱指责他说："盗贼招供你与他共同盗牛三十头，藏在你的庄园内。"召唤盗贼来对质，就用布衫笼住头，站立在南面墙下。李琎急忙吐露实情说："那三十头牛，是外甥的母牛所生，并非偷盗得来。"裴子云令人除去王敬头上的布衫，李琎吃惊地说："这是我外甥！"裴子云说："是你外甥，就立即还牛给他，还想要说什么？"李琎沉默不说话。裴子云又对李琎说："你养牛五年辛苦，特给你五头牛，其余的一并还给王敬。"听说的人都感叹佩服。旧《疑狱集》未写明出处。

这就是采用了张允济以智谋诱出隐藏奸恶的方法。只不过是县内居民就容易追查，如果不是县内居民就难以追查了，所以张允济要到那村中去捕盗。然而越境去逮捕罪犯，能够集中全村的牛，也是当时可以这样做才行。如果在别的时候，只能够行文追查盘问他，像下文赵和所做的那样。如果想要巧妙而敏捷地处理，势必这样做罢了。

12·3 赵和设计审赖账侯临附

唐江阴令赵和[①]，咸通初[②]，以折狱著声[③]。淮阴有二农夫[④]，比庄通家[⑤]。东邻尝以庄契质于西邻[⑥]，后当取赎，先送八百千[⑦]，自恃密熟，不取文证。再赍余镪至[⑧]，西邻遂不认。东邻诉于县，又诉于州，皆不获伸理[⑨]，遂来诉于江阴。和曰："县政甚卑[⑩]，何以奉雪[⑪]？"东邻泣曰："至此不得理，则无处伸诉矣。"问："尔果不妄否？"曰："焉敢厚诬[⑫]。"乃召捕贼之干者[⑬]，赍牒淮阴[⑭]，云："有劫江贼，案劾已具[⑮]，其同恶在某处，姓名状貌悉以西邻指之。请梏付差去人[⑯]。"

西邻自恃无迹[17]，初不甚惧，至则械于庭。和厉声诘之，因泣诉其枉。和曰："事迹甚明，尚敢抵讳！所劫之物，藏汝庄中，皆可推验，汝具籍资产以辩之[18]。"因不虞东邻之越诉[19]，乃供："折谷若干[20]，庄客某人者；细绢若干，家机所出者；钱若干，东邻赎契者。"和复审问，乃谓之曰："汝非劫江贼，何得隐讳东邻赎契钱八百千？"遂引其人，使之对证，于是惭惧服罪。梏回本县，检付契书，置之于法。旧不著出处[21]。

按：和所用之术，盖亦本于张允济也[22]。近时小说载侯临侍郎一事云[23]：临为东阳令时[24]，他邑有民，因分财产，寄物姻家，遂被讳匿[25]，屡诉弗直[26]。闻临治声[27]，来求伸理。临曰："吾与汝异封[28]，法难以治。"止令具物之名件而去。后半年，县获强盗，因纵令妄通有赃物寄某家[29]。乃捕至下狱，引问，泣诉盗所通金帛，皆亲党所寄。临即遣人追民识认，尽以还之。此乃用和钩慝之术者[30]，虽巧捷不逮[31]，而沉密过之[32]。譬犹持重之将[33]，不苟出于奇，亦必依于正[34]。以此用谲，则无败事，尤可贵也。

【注释】

①江阴：县名。宋朝属两浙路常州。县治在今江苏江阴。赵和：唐朝咸通初年任江阴令，其他不详。天海按：五代高彦休《唐阙史》记此事作"咸通初，有天水赵宏者，任江阴令，以片言折狱著声"。

②咸通：唐懿宗年号（860—874）。

③折狱：断案。著声：著名，著称。

④淮阴：县名。治所在淮阴（今江苏淮阴）。

⑤比庄：邻村。通家：犹世交。彼此世代交谊深厚、如同一家。

⑥庄契:此指田庄地契。质:抵押。

⑦八百千:即八百贯。古代铜钱以一千为贯,"八百千"即八百贯。

⑧赍(jī)余镪(qiǎng):带上余下未还的钱币。镪,古代称成串的钱。

⑨伸理:辨其曲直,加以审理。

⑩县政甚卑:此指县令的职位很低微。

⑪何以奉雪:如何为你伸雪。

⑫厚诬:谓重大诬蔑。

⑬干者:精明干练的人。

⑭赍牒:带上公文。

⑮案劾已具:查核审理已毕。

⑯梏(gù)付差去人:将人犯戴上刑具交付派去的人。

⑰自恃无迹:自认为没有犯罪行为。

⑱具籍资产以辩之:详细开具财产清单加以辩明。

⑲不虞:意料不到。越诉:超越管辖权起诉。

⑳折谷若干:谷子折算当时价值若干。

㉑天海按:此为郑克自注,言本篇之事《疑狱集》不注明出处。今见本篇事出五代高彦休《唐阙史》,又见《太平广记·精察二》,然文字多有不同。

㉒张允济:事见上文12·2条《张允济智判牛案》。

㉓侯临:人名,《宋史》无传。据《北宋经抚年表》,侯临,字敦夫,宋温州(今浙江温州)人。宋徽宗时,历官陕西转运副使、龙图阁学士知庆州,移知延安府。余事不详。侍郎:官名。朝廷六部长官为尚书,尚书之次为侍郎。

㉔东阳:县名。治所在今浙江金华。

㉕讳匿:隐瞒藏匿。

㉖屡诉弗直:屡次起诉不能公正审理。

㉗治声:为政有成绩,而获得的声誉。

㉘异封：不同管辖范围。此指地域不同，没有司法权限。

㉙纵令妄通有赃物寄某家：故意让盗贼乱招与某家串通藏有赃物。

㉚用和钩慝之术：采用赵和用智谋诱出隐藏犯罪的方法。

㉛巧捷不逮：巧妙敏捷不及。

㉜沉密过之：慎重周密胜过他。沉密，深沉。

㉝持重：谨慎稳重。

㉞不苟出于奇，亦必依于正：不随便使用奇计，又必须依靠正道。天海按：奇正，为古代军事术语，是孙武在《孙子兵法·势篇》提出的。他说“凡战者，以正合，以奇胜”。一般地说，就是以变幻莫测的手段，实施出敌意外的攻击为“奇”，采用常规战法为“正”。

【译文】

唐朝的江阴县令赵和，在咸通初年，以善于断案而著名。淮阴县有两个农夫，邻村居住，世代交好。东村的曾经用田庄地契向西村的作抵押，后来当他要赎取时，先送了八百贯钱过去，自认为关系密切熟悉，没有收取文书凭证。他再带上余下的欠款前去时，西村的竟然不认账。东村的诉讼到县府，又诉讼到州府，都得不到审理，于是来到江阴县诉讼。赵和说：“县令的职位很低微，如何能够为你昭雪？”东村的流泪说：“到您这里都得不到审理，那就无处申诉了。”赵和问道：“你果真不是妄诉吗？”回答说：“我岂敢乱加诬蔑。”赵和就传召捕贼干练的差吏，带上公文到淮阴县，说：“有个在长江的劫贼，审理查核已经结案，他的同犯在某处，姓名、状貌全都是东村所指认的西村人那样。请将他带上刑具交付派去的差人。”西村的人自恃没有犯罪的行为，最初不很畏惧，到了江阴县后就被铐上公堂。赵和厉声责问他，囚犯哭泣诉说他的冤枉。赵和说：“事实已经很清楚了，还敢抵赖隐瞒！所抢劫的财物，就藏在你的田庄中，都可以查办验证，你详细开具全部财产清单，再加以辩明。”囚犯没有料到东村的人越过县境诉讼，就招供：“谷子折算若干钱，是庄客某人的；细绢若干钱，是自家机子所产出的；钱若干，是东村人赎田庄地契的。”赵和又审问他，就对他说：“你并非长江上的劫贼，为何要隐瞒东村人赎田庄地契的八百贯钱呢？”于是引出东村的人，使他们对证，这样囚犯就惭愧畏惧认罪。带上刑具押回本县，查验并交付地契文书，依法处置了他。旧《疑狱集》未写明出处。

按：赵和所用的方法，大概也是源于张允济。近时小说载有侯临侍郎的一件事，说：侯临做东阳县令时，外县有县民，因分到财产，寄存财物在姻亲家中，后来被隐瞒藏匿，多次诉讼不能得到公正审理。听说侯临执政良好的声誉，就来请求审理。侯临说：“我与你地域不同，依法难以查办。”只是让他开具财物的名称件数后离开。之后半年，县里擒获强盗，侯临便让强盗妄招串通某家并寄存有赃物。于是就将那人逮捕下狱，传讯审问，他哭泣诉说强盗所供勾结寄存的金帛，都是亲戚同乡寄放的。侯临立即派遣人追传那外县民来辨认，全都归还了他。这就是采用赵和诱导出隐藏犯罪的方法的案件，虽说巧妙敏捷赶不上，但沉着周密超过了他。好比谨慎稳重的将军，不随便使用奇计，又必须依靠正道。以此使用诈术，就不会有失败的事，这是特别可贵的。

12·4　包拯计审割牛舌钱和附

包拯副枢[①]，初知扬州天长县时[②]，有诉盗割牛舌者。拯密喻令归，屠其牛而鬻之[③]。遂有告其私杀牛者[④]，拯诘之曰：“何为割某家牛舌而又告之？”其人惊服。见本传[⑤]。

按：近时小说载朝散大夫钱和一事[⑥]，云：和尝知秀州嘉兴县[⑦]，有村民告牛为盗所杀，和令亟归，勿言告官，但召同村解之，遍以肉馈知识[⑧]，或有怨即倍与。民如其言。明日，有持肉告民私杀牛者，和即收讯，果其所杀。

此乃用拯钩慝之术者，盖以揣知非仇不尔[⑨]，故用此谲，使复出告也。昔赵广汉善为钩距[⑩]，以得事情[⑪]。晋灼云[12]："钩，致也；距，闭也。"盖以闭其术为"距"，而能使彼不知为"钩"也。夫惟深隐而不可得，故以钩致之；彼若知其为钩，则其隐必愈深，譬犹鱼逃于渊而终不可得矣。是故史称[13]："唯广汉至精能用之，他人效者莫能及也。"此数君子，材智过人，亦庶几焉[14]。

【注释】

①包拯（999—1062）：字希仁，宋庐州合肥（今安徽合肥）人。天圣五年（1027）进士，累迁监察御史，历任三司户部判官，京东、陕西、河北路转运使。入朝担任三司户部副使，改知谏院，多次论劾权贵。授龙图阁直学士、河北都转运使，移知瀛、扬诸州，再召入朝，历权知开封府、权御史中丞、三司使等职。嘉祐六年（1061），任枢密副使。因曾任天章阁待制、龙图阁直学士，故世称"包待制""包龙图"。参见本书卷五《察奸》门7·8条《李至远识姓察奸》所附包拯事。副枢：即枢密副使简称。包拯曾任此职，故称。

②扬州：州名。治所在江都（今江苏扬州）。天长县：县名。治所在今安徽天长。

③屠其牛而鬻之：杀掉那牛而卖其肉。

④私杀牛：据《宋刑统》卷十五《厩库律·故杀误杀官私马牛并杂畜》："诸故杀官私马牛者徒一年半……主自杀马牛者徒一年。"

⑤天海按：此为郑克注文，言本篇事出宋朝《国史》包拯本传。

⑥朝散大夫：官名。隋文帝始置，为正四品文散官。炀帝大业三年（607）为从五品。唐沿置，从五品下。北宋初沿唐制，神宗元丰三年（1080）废罢文散官，改为新寄禄官，定为从六品。钱和：字岊（jié）仲，又字岊甫，钱塘（今浙江杭州）人。北宋藏书家。官至秘阁，知荆南府。以藏书多而知名。余事未详。《宋史》无传。

⑦秀州:州名。治所在嘉兴(今浙江嘉兴)。嘉兴县:县名。宋属秀州,兼州治所在地。

⑧馈知识:赠送给熟识的人。

⑨揣知:猜知,测知。

⑩赵广汉:参见本书卷五《察奸》门7·2条《赵广汉设告密筒》。钩距:辗转推问,究得情实。犹机谋。参见卷五《察奸》门7·3条《尹翁归执法宽严》所附赵广汉之事注。

⑪事情:事实真相。

⑫晋灼:晋河南(今河南洛阳)人。仕为尚书郎。集《汉书》诸家注为一部,以意增益,辩其当否,成《汉书集注》。天海按:此下引语见《汉书·赵广汉传》晋灼注。

⑬史称:此指《汉书·赵广汉传》。天海按:此下引语见《汉书·赵广汉传》:"广汉为人强力,天性精于吏职,见吏民,或夜不寝至旦。尤善为钩距,以得事情。钩距者,设预知马贾,则先问狗,已问羊,又问牛,然后及马,参伍其贾,以类相准,则知马之贵贱不失实矣。唯广汉至精能行之,它人效者莫能及也。"

⑭庶几:差不多,近似。

【译文】

枢密副使包拯,最初做扬州天长县知县时,有人来控诉,自己家牛的舌头被人偷偷割掉了。包拯暗中吩咐让他回去,把那头牛杀了卖肉。于是就有人控告他私自杀牛,包拯责问那人说:"为什么割了别人家牛的舌头而又来控告他呢?"那人惊恐服罪。事见宋朝《国史》包拯本传。

按:近时小说载有朝散大夫钱和的一件事,说:钱和曾经做秀州嘉兴县知县时,有村民控告自己家的牛被盗贼杀死了。钱和让他立即回去,不要说已经告官了,只是召集同村人来分割死牛,把牛肉送给所有熟识的人,如果是有仇怨的人就加倍给予。村民按照他的话做。第二天,就有带着牛肉来控告村民私自杀牛的人,钱和立即将他收捕审讯,果然那牛是他所杀。

这就是采用了包拯诱取隐藏犯罪的方法，那是因为揣测知道除非是有仇的人否则不会如此，所以使用这种诈术，诱使他再次出来控告。从前赵广汉善于使用钩距之法，以此获得事实真相。晋灼解说道："钩，就是获得；距，就是隐闭。"那是因为把隐藏自己的意图称为"距"，而能使对方不知为"钩"。由于罪行隐藏深而不可获得，所以用钩来获得实情；对方如果知道这是在用钩，那他隐藏得一定更深，像鱼儿逃入深渊那样而最终不可获得了。因此史书称："只有赵广汉运用这种方法最精妙，其他仿效的人都比不上他。"这几位君子，才智过人，也差不多达到赵广汉的水平了。

十三、察盗

【题解】

《折狱龟鉴》这本书，以《释冤》《辨诬》两门开篇，突出对平反冤狱的特别关注；以《鞫情》《议罪》《宥过》《惩恶》四门，显示审理案件的必经程序与量刑处罚的宽严适用；而列于卷末的《严明》《矜谨》二门，总结全书，引用《周易》说："君子以明察审慎使用刑罚，而不稽留狱案。"强调审理案件必须以严正明察为主，以悯恤慎重为辅。而中间《察奸》《核奸》《擿奸》《察慝》《证慝》《钩慝》《察盗》《迹盗》《谲盗》《察贼》《迹贼》《谲贼》等十二门，只不过为《惩恶》门作说明罢了。古人审理与惩治这奸、慝、盗、贼四种犯罪，以察、核、擿，锄除公开现行的奸恶；以察、证、钩，揭露隐藏的罪恶；以察、迹、谲，擒获偷盗与杀人越货的罪犯。因此将此四种的案例序列在《严明》《矜谨》二门之前。

根据作者的分类，"奸"，就是狡诈的犯罪；"慝"，就是隐蔽的犯罪；"盗"，在古代主要是指盗窃财物的犯罪；"贼"，在古代常常是指抢劫财物、杀人越货的严重刑事犯罪。

“察盗”，即善于督察和明于辨察盗窃财物的犯罪。此为《折狱龟鉴》第十三门，选录主案14条，其中重出无文1条，附4事，共17事。

本门第一条《张敞擒贼先擒王》(黄昌附)，京兆尹张敞擒贼先擒王，以偷盗治偷盗，作为督察群盗蜂起之术，莫善于此，所以首先著录。第四条《韩褒以盗息盗患》(尹赏附)，刺史韩褒纠察盗贼与张敞类似，也是善于驾驭群盗，以盗治盗。

本门第六条《张允济五听查葱》，虽然是一件查实偷窃老妇之葱的小案，但作为县令的张允济却能召集住在葱地附近的人，一一查问审理，最终揪出偷窃之人。作者在按语中引《周礼》所说：“用五听审理案件，寻求民间实情。一是辞听(观察他说话，不正直就会烦杂)；二是色听(观察他的神色，不正直就会脸红)；三是气听(观察他的气息，不正直就会气喘)；四是耳听(观察他的听觉反应，不正直就会惶惑)；五是目听(观察他的目光，不正直就会游移不定)。”张允济召集葱地左右居住的人，传呼他们上前，逐一审查他们，最终揪出盗葱的人，那就是运用了“五听”这个方法。这就与郤雍视察盗贼(见《列子·说符》)，观察他眉眼之间的表情，从而得到案件的实情，没有什么不同。作者还认为，如果不能使人以盗窃为耻，不如听由老妇人自己去守护葱地。这就是说，教育与预防犯罪比查办和惩罚更为重要。

第三条《苏琼广耳目查盗》(本传盗牛一事附)，苏琼能查获寺庙丢失的铜像、村民被盗的耕牛，是因为他广布耳目以察盗贼。第十条《阎济美料事如神》中，阎济美能够察知船夫盗窃客商银锭沉入江中，就是“善料事者，譬犹用兵善料敌也”，取出赃银使窃贼认罪。第十一条《欧阳颖审富家子》、第十二条《何中立穷治释囚》，皆以其事情理察之，以赃物为证，使盗贼认罪。本门第十四条《彭思永擒盗充军》中，彭思永捕获盗贼一人，命盗贼写出全部同党姓名，然后收捕，将他们全部刺面涂墨发配到各军营，盗贼因此停息。虽然他以严法惩治盗窃，却无酷吏之名。

13·1 张敞擒贼先擒王黄昌附

汉张敞[①]，为京兆尹[②]，长安市偷盗多，百贾苦之[③]。敞既视事[④]，求问父老[⑤]，偷盗酋长数人[⑥]，居皆温厚[⑦]，出从童骑[⑧]，闾里以为长者[⑨]。敞皆召见责问，因贳其罪[⑩]，把其宿负[⑪]，令致诸偷以自赎。偷长曰："今一旦召诣府，恐诸偷惊骇，愿一切受职[⑫]。"按：职，《汉书》作"署"[⑬]。敞皆以为吏，遣归休，置酒，小偷悉来贺，饮且醉，按：《汉书》作"且饮醉"[⑭]。偷长以赭污其衣裾[⑮]，吏坐闾里阅出者，污赭辄收缚之，一日捕得数百人。穷治所犯，或一人百余发[⑯]，尽行法罚。由是桴鼓稀鸣[⑰]，市无偷盗。出《汉书》本传，旧集不载[⑱]。

按：盗贼不得，狱讼必多，其当察而治之，亦与奸慝等矣。是以旧集有"彭城书菜""元膺擒舆"之类[⑲]，凡十余事，今则因而列此六门也[⑳]。

敞以偷盗治偷盗，督察之术[㉑]，莫善于此，故首著焉。若后汉黄昌[㉒]，为蜀郡太守[㉓]，密捕盗帅一人，胁使条陈诸县强暴姓名居处，分遣掩讨[㉔]，无有遗脱。宿恶大奸[㉕]，奔走他境。则又猛政之尤者，抑亦用敞察盗之术欤[㉖]？

【注释】

①张敞（前？—前48）：字子高，西汉茂陵（今陕西兴平）人。祖父张孺为上谷太守，父张福事汉武帝，官至光禄大夫。张敞以太中大夫事宣帝，时徙居杜陵（今陕西西安）。历任山阳太守、胶东相、京兆尹、冀州刺史、太原太守等职。官终豫州刺史。《汉书》卷七六有传。

②京兆尹：汉代官名。为京畿地区三辅之一（即京兆尹、左冯翊、右

扶风)。太初元年(前104)改右内史为京兆尹,分原右内史东半部为其辖区,因地属畿辅,故不称郡。职掌相当于郡太守,但参与朝议,隶属司隶校尉部,治所在长安(今陕西西安)。

③百贾(gǔ):各行各业的商人。

④视事:就职治事。

⑤父老:古时乡里管理公共事务的人,多由有名望的老人担任。也指地方乡官。

⑥偷盗酋长:偷盗集团的首领。

⑦温厚:富足。

⑧出从童骑:外出有僮仆骑马跟随。

⑨闾里以为长者:街坊以为是当官的人。

⑩贳(shì):赦免,宽纵。

⑪把其宿负:掌握他们的旧债。宿负,此指拖欠的赋税。

⑫愿一切受职:希望一律授以吏职。

⑬天海按:此为四库馆臣注文。不出译文。

⑭天海按:此为四库馆臣注文。不出译文。

⑮偷长:指偷盗集团的首领。赭(zhě):红土。

⑯百余发:百多次犯案。

⑰桴鼓稀鸣:报警的鼓声很少敲响。桴鼓,亦作"枹鼓"。古时设于里巷的警鼓。遇有火、盗等即击鼓报警。

⑱天海按:此为郑克自注,言本篇之事出自《汉书·张敞传》,旧《疑狱集》不载此事。

⑲彭城书菜:天海按,事见于《疑狱集》卷一《书菜认贼》(四库本),又见本书《迹盗》门14·2条《高湝推赃迹察盗》。元膺擒舆:事见于《疑狱集》卷一《元膺知丧诈》(四库本),又见本书卷七《察贼》门16·5条《吕元膺开棺擒贼》。

⑳六门:即本书卷七所列《察盗》《迹盗》《谲盗》《察贼》《迹贼》

《谲贼》六门。

㉑督察之术：监督察办盗犯的方法。

㉒黄昌（？—142）：字圣真，东汉会稽（今浙江余姚）人。晓习文法。初仕州郡，历任宛令及蜀郡、河内、颍川太守，为政严猛，好发奸宄。顺帝汉安元年（142）迁大司农，左转太中大夫。卒于官。《后汉书》卷七十七有传。参见卷五《察奸》门7·4条《黄昌密察奸有术》注。

㉓蜀郡：郡名。郡治在成都（今四川成都）。

㉔掩讨：袭击讨伐。

㉕宿恶大奸：元凶大恶。

㉖抑亦：副词，表示推测，也许，或许。

【译文】

西汉的张敞，做京兆尹时，长安市中偷盗案件很多，各行各业的商人深受其苦。张敞就任后，向地方长老询问情况，了解到有偷盗团伙头领数人，生活都很富足，出入有僮仆骑马随从，街坊都以为他们是当官的人。张敞把他们都传召来责问，便暂缓追究他们的罪过，掌握他们拖欠的旧账，令他们协助擒获其他盗窃犯来为自己赎罪。盗窃犯头领说："现在一旦传召我们到官府，恐怕其他偷窃犯惊恐害怕，希望暂时给我们授予职务。"张敞就任命他们都做差吏，让他们回去休息，他们回去后置办酒宴，小偷们都来祝贺，小偷们饮酒将醉，盗犯头领就用红土弄脏小偷们的衣服，官府差吏坐在街坊门口查看出门的人，有衣服被红土弄脏的人就将其收捕捆绑起来，一日之内就捕得几百人。彻底追究他们所犯的案件，有的一人就作案百多起，将他们全部依法惩处。从此以后，长安市中很少有警鼓敲响，市上再也没有偷盗发生。事出《汉书·张敞传》，旧《疑狱集》不载此事。

按：盗贼不能擒获，诉讼案件必然增多，那应当侦察并且治理，也与惩治隐藏的犯罪一样。因此旧《疑狱集》有"彭城书菜""元膺擒舆"之类的事,共有十多起案件,现在就根据情况列出六个门类。

张敞以偷盗治理偷盗,监督侦察的方法,没有比这更好的了,所以首先著录在此。像后汉的黄昌,做蜀郡太守时,秘密逮捕匪首一人,威胁他逐条列出各县强盗罪犯的姓名居处,然后分别派遣差吏突然袭击,无人遗漏逃脱。元凶大恶,逃跑到辖境以外。这又是实行严政特别突出的事例,或许也是采用了张敞侦察盗贼的方法吧?

13·2 曹摅循理察栅栏

晋曹摅[①],为洛阳令[②]。大雪,宫门夜失行马[③]。摅使收门士,众谓不然。摅曰:"宫掖禁严[④],非外人所敢盗,必是门士以燎寒耳[⑤]。"讯之,果服。旧出《晋书》本传[⑥]。

按:此以事理察之也。摅若不善察盗,姑徇众人所见[⑦],则有罪者幸免,而无辜者滥及,狱讼不胜其繁矣。是故折狱之术,亦有取于此也。

【注释】

①曹摅(? —308):字颜远,谯国谯县(今安徽亳州)人。西晋文学家,官至襄城太守、征南司马。入为尚书郎,转洛阳令,仁惠明断,百姓怀之。《晋书》卷九十有传。

②洛阳:县名。县治在今河南洛阳。

③行马:拦阻人马通行的木架。一木横中,两木互穿以成四角,施之于官署前,作为路障。

④宫掖:宫廷,皇宫。掖,掖廷。宫中的旁舍,妃嫔居住的地方。西晋时,洛阳为都城所在地。

⑤燎寒:烧火取暖以御寒。

⑥天海按:此为郑克自注,言本篇旧《疑狱集》事出《晋书·曹摅传》。

⑦姑徇：一味顺从。

【译文】

西晋的曹摅，做洛阳县令。天降大雪，宫门处夜里丢失了拦马栅栏。曹摅收捕了守门的卫士，众人都认为这样做不对。曹摅说："宫掖禁严之地，栅栏不是外人所敢盗取的，一定是守门卫士用来烤火驱寒了。"经过审讯，卫士果然服罪。旧《疑狱集》出自《晋书·曹摅传》。

按：这是按照事理审察案件的。曹摅如果不善于察盗，一味顺从众人的看法，那有罪之人就会侥幸逃脱，而无罪之人就会泛滥连及，案件诉讼就不堪繁多了。因此断案的方法，也能在这样的事例中有所借鉴。

13·3 苏琼广耳目查盗本传盗牛一事附

北齐苏琼[①]，为徐州行台左丞[②]，行徐州事[③]。城中五级寺忽被盗铜像一百躯[④]，有司搜检四邻防宿[⑤]，及踪迹所疑[⑥]，逮系数十人。琼一时放遣，寺僧怨不为推贼[⑦]。琼曰："便且还寺，得像自送尔。"后十日，抄贼姓名及赃处所，径收掩[⑧]，悉获之。出《北史》本传，旧集不载[⑨]。

按：《传》又载一事，云：琼为南清河太守时[⑩]，有魏双成者失牛，疑其村人魏子宾，列送至郡[⑪]。一经穷问[⑫]，知其非盗，而便放之。双成云："府君放贼去[⑬]，百姓牛何处可得？"琼不理其语，密遣访获盗者。与此相类。盖能广耳目以察盗贼也。《传》言[⑭]："郡中有旧贼一百余人，悉充左右，人间善恶及长吏饮人一杯酒，无不即知。"此其耳目欤？然既曰"旧贼"，必非志实[⑮]，岂可深信，乃见亲委耶[⑯]？魏、吴校事[⑰]，窃权害政，人皆患苦，久乃诛戮。琼之驾驭，何以胜彼，而能免斯患耶？张敞召偷长悉受职[⑱]，特取其一时之用而已矣，未尝置之左右，任以耳目，岂非虑患深欤？琼广耳目察盗贼可也，此一事不足法，略辨其理云。

【注释】

①北齐：南北朝时期的北朝政权之一。550年由东魏权臣高欢次子高洋所建，577年被北周所灭。历经六帝，享国二十八年。苏琼：字珍之，北齐武强（今河北武强）人。高澄引为刑狱参军。迁南清河太守，在郡六年，民吏肃然，奸盗止息。累迁三公郎中，多申雪冤狱，时人语曰“断决无疑苏珍之”。后为大理卿。齐亡，仕周为博陵太守。隋文帝开皇初卒。参见卷一《释冤》门（上）1·8条《苏琼穷审查盗赃》注。

②徐州：州名。治所在彭城（今江苏徐州）。天海按，四库本原误作“齐州”，此据《北史》《北齐书》校改。行台：台省在外者称行台。魏晋始有之，为出征时随其所驻之地设立的代表中央的政务机构，北朝后期，称尚书大行台，设置官属无异于中央，自成行政系统。唐贞观以后渐废。左丞：官名。“行台尚书左丞”的省称。掌台内分职仪、禁令、报人章，督录近道文书章表奏事，纠诸不法。

③行徐州事：代行徐州太守职务。行事，南北朝时官职制度。亦称行某州或某府事，还有行某戍或某州军事等。指以他官代行某官职权。南朝多以较低官阶代行较高官职，如以长史、司马、太守代行刺史职权等。

④五级寺：官修的五级佛塔的寺庙。也叫作“五重寺”。

⑤防宿：夜间守卫。

⑥踪迹所疑：跟踪怀疑的人。

⑦推贼：审问贼人。

⑧径收掩：直接进行袭击收捕。

⑨天海按：此为郑克自注，言本篇事出《北齐书·苏琼传》，旧《疑狱

集》不载此事。

⑩南清河：郡名。西晋分平原郡置，治所在灵县（今山东高唐）。北齐废。

⑪列送至郡：照例押送到郡府。列送，即例送，循例解送。列，通“例”。

⑫穷问：深入追究审问。

⑬府君：对郡太守的尊称。

⑭《传》：此指《北齐书·苏琼传》。以下所引，皆见于此传。

⑮志实：心意诚实。

⑯亲委：亲信委任。

⑰魏、吴校事：三国时魏、吴两国皆设置校事官，置掌侦察刺探官民情事。是皇帝或执政的耳目。

⑱张敞召偷长悉受职：事见上文13·1条《张敞擒贼先擒王》。

【译文】

北齐的苏琼，做徐州行台左丞时，代行徐州太守职务。城中官修的五级寺忽然被盗走铜像一百尊，有关部门搜寻查访寺院的四邻及夜间守卫人员，并跟踪所怀疑的人，逮捕关押了数十人。苏琼当时一并释放，寺庙僧人埋怨他不审问贼人。苏琼说：“你们暂且回寺，获得铜像后自然送回给你们。”十日后，抄写了贼人姓名以及藏赃物的地方，直接派人袭击收捕，擒获了全部的贼人。事出《北史·苏琼传》，旧《疑狱集》不载此事。

按：《北史·苏琼传》又载有一件事，说：苏琼任南清河太守时，有个名叫魏双成的人丢失了牛，怀疑他村子里的人魏子宾，依例将魏子宾送到郡府。经过一番深入审问，知道他不是盗贼，随即便释放了他。魏双成说：“太守放走了盗贼，我的牛去哪里找呢？”苏琼不理睬他说的话，秘密派人查访擒获盗牛的人。与此事相似。大概苏琼也是能够广布耳目以侦察盗贼的。《苏琼传》说：“郡中原有贼人一百多个，全部充任左右随从，民间善恶之事以及官吏喝别人一杯酒这样的事，没有不立即知道的。”这些人就是他的耳目吧？既然说是“旧贼”，一定不会心意诚实，哪能深信，又被亲信委任呢？三国时魏国、吴国设置校事官，窃取权力、祸害政治，人们都深受其苦，很久才诛灭他们。苏琼驾驭他们，如何能够胜过三国时的魏国、吴国，而能免此祸患呢？张敞传召偷窃首领全部授以职务，只不过取其利用一时罢了，未曾安置在自己身边充任耳目，难道不是考虑到祸患会加深吗？苏琼广布耳目侦查盗贼是可以的，但这一件事不值得效法，大略辨明其中的道理而已。

13·4　韩褒以盗息盗患尹赏附

后周韩褒[①]，为北雍州刺史[②]。州带北山[③]，多有盗贼。褒密访之，并豪右所为也，而阳不之知，厚加礼遇[④]，谓曰：“刺史起自书生，安知督盗？所赖卿等共分其忧耳。”乃悉召桀黠少年[⑤]，素为乡里患者，置为主帅，分其地界[⑥]，有盗发而不获者，以故纵论。于是惶惧首服曰：“前盗发者，并某等为之。”所有徒侣，皆列其姓名，或亡命隐匿者，亦悉言其所在。褒乃取盗名簿藏之，因大榜州门曰[⑦]：“自知行盗者[⑧]，可急来首[⑨]，即除其罪。尽今月不首者，显戮其身[⑩]，籍没妻子[⑪]，赏先首者。”旬日之间，诸盗咸悉首尽。褒取名簿勘之[⑫]，一无差异，并原其罪，许以自新。由是群盗屏息[⑬]。出《北史》本传，旧集不载[⑭]。

按：褒之察盗，与张敞类矣。若尹赏为长安令[⑮]，则不然。部勒户曹、掾史[⑯]，与乡吏、亭长、里正、父老、伍人[⑰]，杂居长安中轻薄少年恶子[⑱]，无市籍商贩作业[⑲]，而鲜衣凶服者[⑳]，悉籍记之，得数百人。一朝会长安吏，车数百两，分行收捕，皆劾以为通行饮食群盗[㉑]。赏亲阅，见十置一[㉒]，其余悉纳虎穴中，穿地，方深各数丈，致令辟为郭，以大石覆其口，名曰虎穴[23]。百人为辈[24]，数日一发视，皆相枕藉死[25]。后世县令不能会吏、车如此之多，亦不敢为虎穴，使数百人相枕藉死，盖时异则法异也[26]。所置数十百人，乃其魁宿[27]，或故吏善家子[28]，失计随轻黠愿自改者[29]，贯其罪[30]，诡令立功以自赎[31]。尽力有效者，因亲用之为爪牙，追捕甚精。郡国亡命散走[32]，各归其处，不敢窥长安。见《汉书》本传[33]。

赏虽亦以偷盗治偷盗，善于驾驭，称其职任，然异乎张敞不纯用诛罚，故号酷吏[34]，为万世戒。唯褒之察盗，视敞可以无愧。其不同者，彼穷治所犯，纠之以猛也；此首原其罪[35]，施之以宽也。敞之猛不至于民残[36]，而市无偷盗；褒之宽不至于民慢[37]，而群盗屏息。则是同归于治也。

【注释】

①后周：南北朝时期的北朝政权之一。由西魏权臣宇文泰奠定国基，557年由宇文觉在宇文护的拥立下正式建立。国号周，都长安（今陕西西安），577年灭北齐，统一中国北方，又称北周（五代以后，为避免与郭威建立的后周相混淆而称）。581年灭亡。历五帝，共二十四年。韩褒（？—572）：字弘业，北朝颍川颍阳（今河南登封）人。少好学而不守章句，有远略。北魏末，归依夏州刺史宇文泰，泰为丞相，授录事参军。西魏大统初，征拜丞相府司马，进爵为侯。出为北雍州刺史。大统十二年（546），除西凉州刺史，抑制豪强，优抚贫弱，加骠骑大将军，进爵为公。北周保定三年（563），出为汾州刺史。后以年老致仕。《周书》卷三七、《北史》卷七〇有传。

②北雍州：州名。永安元年（528）于鸿宾栅置北雍州（今陕西淳化）。后徙治华原县（今陕西耀州）。西魏废帝三年（554）改为宜州。北周因之。

③州带北山：北雍州北面多山。带，环绕。北山，泛指北面的山。

④阳不之知，厚加礼遇：假装不知道这件事，对他们多加礼待。阳，通“佯”。

⑤桀黠：凶悍而狡诈。

⑥天海按：“其”，此字原文作“为”，此据《北史》卷七〇径改。

⑦大榜：大张布告。

⑧行盗者：做了强盗的事情。

⑨首：自首。

⑩显戮：明正典刑，公开处决。

⑪籍没：登记罪犯一切财产、家属，没入官府。

⑫勘：勘察，核对。

⑬屏息：敛迹，消失。形容恐惧不敢出。

⑭天海按：此为郑克自注，言本篇事出《北史·韩褒传》，旧《疑狱集》不载此事。

⑮尹赏：字子心，巨鹿杨氏（今河北宁晋）人。西汉酷吏。历官楼烦县长、粟邑县令、频阳县令、郑县县令、长安县令、江夏太守。善于捕盗，后因“残贼”罪免官。后复起用为右辅都尉、执金吾，负责督察大奸盗。三辅吏民对他非常畏惧。《汉书》卷九〇有传。长安令：长安县县令。长安县治在今陕西西安。

⑯部勒：部署，约束。户曹：州郡掌管民户、祠祀、农桑等的官员。掾史：州郡的佐官。汉以后中央及各州县皆置掾史，分曹治事。多由长官自行辟举。

⑰伍人：古代军队或户籍编在同伍的人。

⑱轻薄：轻佻浮薄。恶子：即恶少。

⑲市籍：秦汉时对市内商人专立的户籍制度，后世沿袭这一制度。有市籍是商人在市内做买卖的必备条件，违者要受检举治罪。

⑳鲜衣凶服：华美的衣服和便于打斗的装束。

㉑劾以为通行饮食群盗：检举为私通和资助群盗饮食的犯罪。

㉒见十置一：见十人放一人。

㉓天海按：此为郑克注文，专门解释“虎穴”的做法。引自《汉书·尹赏传》。

㉔百人为辈：百人为一批。

㉕相枕藉死：横七竖八地倒地死去。

㉖天海按：此为郑克自注。

㉗魁宿：头领惯犯。

㉘故吏善家子：以前官吏家的良家子弟。

㉙失计随轻黠：失算跟随轻佻狡猾之徒。

㉚贳（shì）其罪：宽赦其罪。

㉛诡令：责令。

㉜亡命散走：逃亡而四散奔走。

㉝天海按：此为郑克自注，言此事出自《汉书·尹赏传》。

㉞酷吏：使用严刑峻法的官吏。

㉟首原其罪：宽免自首之人的罪过。

㊱民残：百姓受到伤害。语出《左传·昭公二十年》中《子产论为政宽猛》。

㊲民慢：百姓散慢懈怠。语出《左传·昭公二十年》中《子产论为政宽猛》。

【译文】

北周的韩褒，做北雍州刺史。北雍州北面群山环绕，多有盗贼出没。韩褒秘密查访，得知这一切都是豪门大姓所造成的。韩褒假装不知道这个情况，对他们多加礼待，说道：“我是书生起家，哪里懂得督查盗贼之事？只有依赖诸位共同分担这个忧患啊。”于是就传召凶悍而狡诈的年轻人，他们一向是乡里的祸患，任命为头领，给他们划分地界，如果有盗贼作案而不捕获的，以故意放纵罪论处。于是他们惶恐畏惧地服罪说："先前发生的盗窃案件，都是我们这些人做的。"还把所有同伙的姓名都列出来，有逃亡隐藏起来的人，也全部说明他们在什么地方。韩褒就取来盗贼名册收藏好，于是在州城门口大张告示说："知道自己行窃过的人，可立即前来自首，马上除去他的罪过。在本月结束时不来自首的，公开处决他，抄没家产妻子儿女，奖赏首先自首的人。"十天的时间，所有的盗贼全都自首完毕。韩褒取来名册核对，没有一个差错，一并宽免他们的罪过，允许他们改过自新。从此之后群盗惊恐收敛、不敢活动。事出《北史·韩褒传》，旧《疑狱集》不载此事。

按：韩褒纠察盗贼的做法，与张敞类似了。像尹赏做长安县令，就不是这样。他部署勒令户曹、掾史，与乡吏、亭长、里正、父老、伍人，共同检举长安县里轻浮浅薄的年轻恶少，没有市籍的商贩、手工作业者，还有穿着华服与打斗服装的人，全都登记在册，获得几百人。一天早上，他会集长安众多官吏，出动车数百辆，分道收捕，全部以私通群盗饮食罪查办。尹赏亲自检阅，每十人中留下一人，其余的都送入虎穴之中，挖地，四边及深各有数丈，将四周垒成墙，上面以大石头封口，名为虎穴。百人为一批，几天打开一次查看，都横七竖八相枕而死。后世县令不能会集官吏、车辆如此之多，也不敢造虎穴，使数百人相枕而死，大概是时代不同法律也不同。他所留下的数十上百人，乃是盗贼头领惯犯，或者是过去官吏、良家子弟，一时失足随从轻薄狡黠之辈而愿意自我改正的，暂缓追究他们的罪过，责令他们立功来赎罪。尽力而有成效的人，便亲信任用作为爪牙，让他们追捕盗贼很是有效。郡国逃跑的盗贼四散奔走，各自回归自己的住处，不敢窥视长安。事见《汉书·尹赏传》。

尹赏虽然也是以偷盗者治理偷盗事，但是善于驾驭群盗，使他们任其职责，当然与张敞不单纯采用诛罚不同，所以号称酷吏，成为万世的警戒。只有韩褒的纠察盗贼,比起张敞来可以无愧。他们不同的地方是,张敞彻底惩治罪犯,是用严刑来纠察惩处;韩褒却是宽免自首者的罪过,用宽厚的态度来对待他们。张敞的严刑不至于使百姓受到伤害,而且市内没有了偷盗现象;韩褒的宽赦不至于使百姓散漫懈怠,而且让群盗畏惧收敛。这两种做法最终都达到了治理好地方治安的目的。

13·5 柳庆

已见《释冤》门[①]。

【注释】

①天海按:参见本书卷一《释冤》门(上)1·9条《柳庆问饮酒察盗》。

【译文】

柳庆察盗之事已见于本书《释冤》门。

13·6 张允济五听查葱

唐张允济[①],初仕隋为武阳令时[②],道中见一姥种葱,结庵守之[③]。允济曰:"但归,不烦守此。遇盗,即来告。"姥归一宿而葱大失,允济乃召集葱地左右居人,呼令前,一一听之[④],遂得盗葱者。旧出《唐书》本传[⑤]。

按:《周礼》[⑥]:"以五声听狱讼[⑦],求民情。一曰辞听观其出言,不直则烦;二曰色听观其颜色,不直则赧[⑧];三曰气听观其气息,不直则喘;四曰耳听观其听聆,不直则惑[⑨];五曰目听观其顾视,不直则眊[⑩]。"允济召集葱地左右居人,呼令前,一一听之,遂获盗葱者,盖用此术也。然其意度颇涉矜炫[⑪],非不得已而用之,则与郤雍视盗[⑫],察其眉睫之间,而得其情者,何以异哉。苟未能使人耻为盗，不若听姥守之也。

【注释】

①张允济：参见本书卷七《钩慝》门12·2条《张允济智判牛案》注。

②武阳令：参见同上条。

③结庵：搭建草屋。

④听之：审查他们。

⑤天海按：此为郑克自注，言本篇事出《唐书·张允济传》。

⑥《周礼》：书名。《周礼》是记载周王室官制和战国时代各国制度的书籍。汉代称《周官》，又称《周官经》。西汉末年，刘歆改称其为《周礼》。是儒家十三经之一，对历代礼制的影响最为深远。

⑦以五声听狱讼：孙诒让《周礼正义》："此五声亦谓之五听。"天海按：以下所引见《周礼·秋官·小司寇》："以五声听狱讼，求民情。一曰辞听，二曰色听，三曰气听，四曰耳听，五曰目听。"郑玄疏："观其出言，不直则烦；观其颜色，不直则赧然；观其气息，不直则喘；观其听聆，不直则惑；观其眸子视，不直则眊然。"小字为郑玄疏注，四库本录作大字正文，此改以小字录出。

⑧赧（nǎn）：因羞愧而脸红。

⑨惑：困惑，惶惑。

⑩眊（mào）：眼睛看不清楚。此引申为目光游移不定。

⑪矜炫：夸耀，炫耀。

⑫郤雍视盗：此事出自《列子·说符》："晋国苦盗，有郤雍者，能视盗之貌，察其眉睫之间而得其情。"郤雍，春秋时晋国大夫，以善于观察人的面部表情以抓获盗贼而出名。后被盗贼所杀。

【译文】

唐朝的张允济，最初在隋朝做武阳县县令时，在道路上看见一个老妇人种葱，还搭建了草棚来守护葱地。张允济说："你只管回去，不必劳烦守护在此。遇见盗窃的，立即来报告。”老妇人回去一个夜晚就丢失了一大半葱。张允济于是召集葱地左右居住的人，呼唤他们上前，逐一审查他们，终于查得盗葱的人。旧《疑狱集》出自《唐书·张允济传》。

按：《周礼》上说：“用五声审理案件，寻求民众的真实情况。一是辞听观察他说话，不正直就会烦杂；二是色听观察他的神色，不正直就会脸红；三是气听观察他的气息，不正直就会气喘；四是耳听观察他的听觉反应，不正直就会惶惑；五是目听观察他的目光，不正直就会游移不定。”张允济召集葱地左右居住的人，传呼他们上前，逐一审查他们，最终获得盗葱的人，那就是用了这个方法。然而他的做法很有些炫耀的嫌疑，除非不得已而采用这个方法，那就与郤雍视察盗贼，观察他眉眼之间的表情，从而得到案件的实情，没有什么不同。如果不能使人以盗窃为耻，不如听由老妇人自己去守护葱地。

13·7 苏无名清明擒盗

唐则天时[①]，太平公主库中失所赐宝器[②]，天后怒[③]，督捕甚峻[④]，官吏震恐。有湖州别驾苏无名[⑤]，善擒奸擿伏[⑥]。游徼衢中遇无名，相与请之至县[⑦]，请见长史[⑧]。长史问之，请闻朝廷。天后召见，无名对曰：“请宽府、县[⑨]，尽以捕盗吏卒付臣。不过数日，决为陛下获盗。”天后许之。无名戒吏卒于东北门伺察。有人十余辈，衣衰绖[⑩]，出赴北邙[⑪]，即踵以报[⑫]。果见诸人至一新冢设奠，哭而不哀。既彻奠[⑬]，又巡行冢旁，相视而笑。无名喜曰：“得之矣！”遂使吏卒尽执之，而发其冢，剖棺视之，宝器在焉。天后问以何术获盗，对曰：“臣无他术，但识盗耳。臣到都日，正见此辈出葬，便知是盗，但未知葬处。今清明拜扫，计必出城，寻逐踪迹，可以得之。哭而不哀者，所葬非人也；巡冢而笑者，喜其无伤也。向若陛下迫促府、县，此贼计急[14]，必取而逃矣。”天后称善，迁秩二等[15]。旧不著出处[16]。

【注释】

①则天：即武则天（624—705），唐高宗皇后，称为天后。683年起临朝称制，690年改唐为周，正式称帝，705年病死。原名武媚娘，称帝后改名武曌（zhào），取意“日月当空”。她是中国历史上唯一一位女皇帝，尊为武周圣神皇帝。

②太平公主（？—713）：唐高宗李治与武则天的小女儿，唐中宗和唐睿宗的妹妹。极受其母武则天的宠爱，权倾一时。705年，参与复辟李唐王朝，拥中宗李显即位，受封镇国太平公主。710年，参与诛灭韦后行动，拥睿宗李旦即位。713年因涉嫌谋反，被唐玄宗发兵擒获，赐死于家中。《旧唐书》卷一八三、《新唐书》卷八三有传。

③天后：武则天14岁入后宫为才人，唐太宗赐名媚，人称“武媚娘”。为高宗皇后时，上尊号称“天后”。

④督捕甚峻：督查收捕盗贼的限期很严厉紧急。天海按：《太平广记》引唐牛肃《纪闻》作：“公主言之，天后大怒。召洛州长史谓曰：‘三日不得盗，罪。’长史惧，谓两县主盗官曰：‘两日不得贼，死。’尉谓吏卒、游徼曰：‘一日必擒之，擒不得，先死。’吏卒、游徼惧，计无所出。”

⑤湖州：州名。治所在乌程（今浙江吴兴）。别驾：官名。别驾从事史，亦称别驾从事，简称“别驾”。汉置，为州刺史的佐官。因其地位较高，出巡时不与刺史同车，别乘一车，故名。隋初废郡存州，改别驾为长史。唐初改郡丞为别驾，唐高宗时又改别驾为长史，另以皇族为别驾。苏无名：唐人，曾官湖州别驾，仅见于唐牛

肃《纪闻》,其他不详。

⑥擒奸擿伏:捕捉奸贼,揭发隐藏的犯罪。

⑦游徼(jiǎo)衢中遇无名,相与请之至县:天海按,四库本原文仅作“游徼至县”四字,文意不全,此据《太平广记》卷一七一“衢中遇湖州别驾苏无名,相与请之至县”补之。游徼,县乡低级差役,掌巡察缉捕盗贼。秦末始为官名,汉以后沿设。至县,到洛阳县衙。

⑧长史:官名。唐代州刺史下设立长史官,名为刺史佐官,却无实职。但大都督府的长史则地位非常高,相当于上州刺史,甚至会充任节度使。

⑨请宽府、县:请求宽缓府县捕盗的期限。

⑩衣衰绖(cuī dié):穿着丧服。衰,用粗麻布制成,披于胸前。绖,麻带,围于首和腰部。

⑪北邙:山名。即邙山。位于河南洛阳北,黄河南岸,是秦岭山脉的余脉,崤山支脉。它是洛阳北面的一道天然屏障,也是军事上的战略要地,历代多有帝王名人身葬于此,于是有“生在苏杭,葬在北邙”之说。

⑫即踵以报:立即跟踪并报告他们的行踪。

⑬既彻奠:此指已经祭奠完毕。古代丧礼仪式之一。据《通典》卷一四〇载:“既彻奠,吉凶仪仗依式进引,灵车动,鼓吹振作而行。”

⑭计急:情急生计。

⑮迁秩:指官员晋级。

⑯天海按:此为郑克自注,言旧《疑狱集》不注明出处。本篇事见于《太平广记·精察一》卷一七一,称引自唐牛肃《纪闻》。

【译文】

唐朝武则天时,太平公主库中丢失了武则天所赐给的珍宝器物,天后发怒,督查搜捕特别严厉,官吏震惊惶恐。时有湖州别驾苏无名,善于擒拿奸贼揭发隐藏的罪犯。洛阳县差吏在街上遇见苏无名,邀请他到洛阳县衙，请求面见府长史。长史问他捕盗之事，他请求上奏朝廷。天后召见了他，苏无名对天后说："请求宽缓府、县的捕盗期限，把捕盗的吏卒全都交给我。不出几日，一定为陛下擒获盗贼。"天后同意了他的请求。苏无名告诫吏卒在东北门侦察。有十多个人，身穿丧服，出东北门前往北邙山，立即派人跟踪并回报。果然看见那些人到了一座新坟前摆设祭奠，但是哭声并不悲哀。祭奠之后，他们又在坟旁巡查一番，互相对看而笑。苏无名高兴地说："查得盗贼了！"于是派吏卒将他们全部逮捕，并且挖开那座坟，打开棺材查看，珍宝器物都在里面。天后问他用的什么方法擒获了盗贼，苏无名回答说："我没有其他方法，只不过能识别盗贼罢了。我到都城那天，正好看见这些人出葬，便知道是盗贼，但还不知道埋葬的地方。今天是清明节祭拜扫墓的日子，想来他们一定会出城，跟随追寻踪迹，就可以查得盗贼。哭声并不悲哀，是因为所埋葬的不是人；查看坟墓而发笑，是为坟墓没有被损害而高兴。先前如果陛下急迫催促府、县搜捕，这些贼人情急生计，一定会取出宝物而逃走。"武则天称赞他善于办案，给他升官二级。旧《疑狱集》未写明出处。

13·8 董行成察盗驴贼

唐怀州河内县董行成[①]，善察盗。有人从河阳长店盗一驴并囊袋[②]，天欲晓，至怀州。行成市中见之，叱曰："彼贼住！"盗下驴即承伏[③]。少顷，驴主寻踪至。或问"何以知之？"曰："此驴行急而汗，非长行也[④]；见人即引驴远过，怯也。是故知其为盗也。"旧不著出处[⑤]。

按：苏与董非闻人也[⑥]，特以察盗尺寸之长[⑦]，著于旧集[⑧]，传于今世。与贺怀智琵琶、米嘉荣歌、李謩笛[⑨]，托名唐人诗中者类矣。苟无所长，谁复称之？使不泯没[⑩]，亦足劝能也[⑪]。

【注释】

①怀州:州名。治今河南沁阳,范围相当今河南焦作、济源所辖地域。河内:县名。唐怀州属县和州治所在地。董行成:生平不详。

②河阳:县名。治所在今河南孟县。长店:村庄名。即今河南孟州长店。

③承伏:认罪。

④长行:长途远行。天海按:"行"下,四库本有"人"字,于义未通。此据张鷟《朝野佥载》卷五、《太平广记·精察一》删。

⑤天海按:此为郑克自注,言此事旧《疑狱集》未写明出处。本篇事出《朝野佥载》卷五,又见《太平广记·精察一》。

⑥闻人:社会上很有名望的人。

⑦尺寸之长:形容很微小的长处。

⑧旧集:此指《疑狱集》。

⑨贺怀智琵琶:贺怀智是唐玄宗开元中乐师,尤善琵琶,其乐器皆以石为槽,鹍鸡筋作弦,用铁拨弹之。元稹的《琵琶歌》中就记录了这一状况:"玄宗偏许贺怀智,段师此艺还相匹。"贺怀智事又见唐段安节撰《乐府杂录·琵琶》、沈括《梦溪笔谈》。米嘉荣歌:米嘉荣,唐元和中西域米国人,以善歌著名。刘禹锡有《与米诗》云:"三朝供奉米嘉荣,能变新声作旧声。近来时世轻先辈,好染髭须事后生。"又有诗云:"唱得凉州意外声,旧人惟有米嘉荣。"事见卢言撰唐代小说集《卢氏杂说》,已轶,《太平广记》存此书六十五条。李謩(mó):唐长安(今陕西西安)人。开元时宫廷乐工。善吹笛,时称天下第一。玄宗曾召为歌伎许永新伴奏,曲终管裂,其妙如此。元稹《连昌宫词》有"李謩压笛傍宫墙,偷得新翻数般曲"之句。自注云:"玄宗曾于上阳宫夜后按新翻一曲,属明夕正月十五日潜游灯下。忽闻酒楼上有笛奏前夕新曲,大骇之。明日,密遣捕捉笛者,诘验之,自云:其夕窃于天津桥玩月,闻

宫中度曲，遂于桥柱上插谱记之，臣即长安少年善笛者，李謩也。玄宗异而遣之。”

⑩泯没：形迹或功绩等消灭或消失。

⑪劝能：勉励有才能之人。

【译文】

唐朝怀州河内县有个叫董行成的人，善于侦察盗贼。有人从河阳县长店村盗走一头驴和一袋东西，天快亮时，到了怀州。董行成在市中看见他，呵斥说："那个贼子停住！"盗贼下驴后就立即认罪。不一会儿，驴的主人追寻踪迹而到。有人问董行成："凭什么知道他是盗贼呢？"董行成说："这头驴行走得急促而流汗，并非长途行走；他看见有人就拉开驴往远处避开，这是胆怯的表现。因此知道他是盗贼。"旧《疑狱集》未写明出处。

按：苏无名与董行成并非知名人士，只不过凭借侦察盗贼的微小长处，被记录在《疑狱集》里，传到今天。这与贺怀智善弹琵琶、米嘉荣善于唱歌、李謩善于吹笛，留名于唐人诗中的情况类似。如果没有专长，谁又会称赞他们？让他们的事迹不湮灭，也能够勉励有才能的人。

13·9 裴度大度查失印 许仲宣附

唐裴度在中书时[①]，堂吏忽报亡失省印[②]，同列惊愕[③]，皆欲究治，度略不顾问[④]。良久，复报印在故处。度笑谓同列曰："此必吏人盗印驿券也[⑤]。向若急之，则投诸水火矣。"同列乃服。出赵璘《因话录》，旧集不载[⑥]。

按：此盖以事理察盗者也。其略不顾问，则与苏无名请宽府、县之意同矣[⑦]。彼缓以伺之，获为盗之人；此缓而待之，获所盗之物；皆可谓善处事也。

许仲宣[⑧]，汉乾祐初登进士第[⑨]，为曹州济阴簿[⑩]。先是县印令与簿昼夜更掌[11]，时令有妾与室争宠[12]，不能禁，妾恚恨，欲陷其主于罪，窃取印藏之。封缄如故[13]，仲宣受之。翌日吏将用印，开但空匣，因逮捕县吏及令、簿、仆厮家人[14]，系狱验问，果得之于令舍灶突中[15]。初失印，众皆恐，仲宣晏然不为之动，既而果获，人服其量[16]。

此乃量足以处事，识足以察盗者也。夫吏盗省印，以有所欲故尔；妾盗县印，以有所忿故尔。此两者可以得盗之情矣，则当用是察之也。仲宣后事本朝[17]，终于给事中[18]。见本传[19]。

【注释】

①裴度（765—839）：字中立，河东闻喜（今山西闻喜）人。唐德宗贞元五年（789）进士。唐宪宗时累迁御史中丞。他支持宪宗削藩，升为宰相。督统诸将平定淮西之乱，以功封晋国公，世称“裴晋公”。此后历仕穆宗、敬宗、文宗三朝，数度出镇拜相，官终中书令。卒获赠太傅，谥号“文忠”。《旧唐书》卷一七〇、《新唐书》卷一七三皆有传。在中书时：在中书省任职时。裴度曾任中书侍郎平章事。

②堂吏：唐宋时中书省的办事吏员。自中央各机构抽补。省印：中书省的印鉴。

③同列：犹同僚。

④略不顾问：全不加过问。

⑤驿券：凭以乘用驿站车马、使用夫役的纸券。

⑥天海按：此为郑克自注，言本篇事出赵璘《因话录》，旧《疑狱集》不载此事。经查，此事不见于今本赵璘《因话录》，而见于唐人撰《玉泉子》（作者佚名）中。又见《太平御览·器量二》。

⑦苏无名请宽府、县之意：参见上文13·7条《苏无名清明擒盗》。

⑧许仲宣（929—990）：宋青州（今山东青州）人。后汉乾祐中，登进士第。后周时为淄州团练判官。宋初任太子中允。受诏知北海军。开宝四年（971）升任荆南转运使。开宝九年（976），知永兴军府事。太宗嗣位后，迁兵部郎中，历任西川、广南转运使，甚有政绩。太平兴国八年（983），升任左谏议大夫。端拱中，迁给事中。《宋史》卷二七〇有传。

⑨汉：后汉。朝代名。五代之一。947年后晋河东节度使、沙陀部人刘知远建立，950年灭亡，共历二帝，四年。乾祐：后汉高祖刘知远开始使用的一个年号，乾祐元年（948）二月汉隐帝刘承祐即位沿用，从948至950年，一直到后汉灭亡。吴越忠懿王钱俶、荆南文献王高从诲、贞懿王高保融、楚废王马希广亦用此年号。北汉世祖刘旻、睿宗刘钧从951年沿用此年号到956年。

⑩曹州：州名。治所在济阴（今山东曹县）。济阴：县名。因在济水之南而得名。宋为曹州属县和州治所在地。簿：主簿。各级主官属下掌管文书的佐吏。隋、唐以后，主簿是部分官署与地方政府的事务官。

⑪昼夜更掌：日夜轮换掌管。

⑫与室争宠：与正室争宠。

⑬封缄如故：包封标记依旧。

⑭仆厮：仆人。

⑮果得之于令舍灶突中：果然在县令家灶房的烟囱中找到。天海按：四库本原文作"果得于令舍人窦大烟煤中"，文意晦涩，此据《宋史·许仲宣传》校正。

⑯人服其量：人们佩服他的大量。

⑰本朝：此指宋朝。本书作者郑克为宋人，故称宋为"本朝"。

⑱给事中：官名。因侍从皇帝左右，备顾问应对，参议政事，执事于

殿中,故名。隋唐以后,成为门下省之属官,掌驳正政令之事。

⑲天海按:此为郑克注文,言本篇事出宋朝《国史》许仲宣本传。

【译文】

唐朝裴度在中书省任职时,堂吏忽然报告说丢失了中书省的印鉴,同僚们很惊异,都要求追究查办,裴度概不过问。稍久,又报告说印鉴还在原处。裴度笑着对同僚说:"这一定是吏人盗用此印去印驿券了。先前如果急于追究,就会投之于水火之中了。"同僚们这才信服。事出赵璘所撰《因话录》,旧《疑狱集》不载此事。

按:这就是按照事理来侦察盗贼的案例。裴度概不过问,就与苏无名请求宽缓府、县捕盗限期的意思相同了。苏无名是缓期以侦察盗贼,终于擒获为盗之人;而裴度是放缓节奏来等待,找到了所盗之物;都可以说是善于处理案件的人。

许仲宣,后汉乾祐初年登进士第,做了曹州济阴县主簿。在此之前,县印由县令与主簿日夜轮换掌管。当时县令的小妾与正室争宠,县令不能禁止,小妾怀恨在心,想要陷害她的主人犯罪,私自窃取县印藏了起来。印匣封口依旧,许仲宣接过了印匣。第二天,吏人将要用印,打开后只见空匣,因此逮捕县吏及县令、主簿、仆从家人,关进监狱查验审问,果然从县令家中厨房的烟囱中搜得县印。最初丢失县印时,众人都很恐慌,许仲宣神情安然而不为之动容,不久果然查获,人们都佩服他的度量。

这就是有度量能够处理案件,有胆识能够侦察盗贼的人。那堂吏盗用中书省的印,是因为有所图才如此;小妾盗窃县印,是因为有所忿恨才如此。从这两种情况可以了解盗贼作案的缘由和心理,就应当根据这些来侦察盗贼。许仲宣后来在本朝为官,最后官至给事中。事见《国史》本传。

13·10 阎济美料事如神

唐阎济美[①],镇江南[②]。有舟人,佣载一贾客[③],物甚繁碎，密隐银十锭于货中。舟人窥见，伺其上岸，盗之，沉于泊船之所。夜发至镇，旦阅诸货，而失其银，乃执舟人诣官。济美问："船上有何物？"曰："搜索皆无。""昨夜宿何处？"曰："去此百里浦汊中④。"亟令武士与船夫同往索之。密谕武士曰："必是舟人盗之，沉于江中矣。可令楫师沉钩取之⑤，获当重赏。"武士依命获篋，银在其中，封题犹全⑥，舟人遂服罪。旧不著出处⑦。

按：治民之官，每患奸盗敢为欺蔽。善料事者，譬犹用兵善料敌也。济美所以知舟人盗银沉于江中者，此耳。是亦可称也。

【注释】

①阎济美：郑州荥阳（今河南荥阳）人。代宗朝登进士第。历官婺州刺史、福建观察使、华州刺史、秘书监。以工部尚书致仕。卒年九十余。谥温。《旧唐书》卷一八五、《新唐书》卷一九五皆有传。

②镇江南：指任福建、浙西观察使。江南，道名。唐贞观十道之一，辖境包括今浙、闽、赣、湘诸省及苏、皖、鄂、川之江南部分的广大地区。

③佣载：被雇载货。贾客：商人。

④浦汊：江、河分岔的地方。

⑤楫师：船工。此指能够熟练操船的人。

⑥封题：物品封装妥善后，在封口处题签。

⑦天海按：此为郑克自注，言旧《疑狱集》不注明出处。

【译文】

唐朝阎济美，镇守江南。有个船夫，受雇载一客商，装载的货物很是繁杂零碎，客商暗中将十锭银子藏在货物中。船夫暗中窥见，趁客商上岸之机，盗窃了银子，并沉于停船的地方。夜里发船到了镇上，早上客商查阅所有货物，发现他的银子丢失了，就扭送船夫到官府。阎济美问："船上有什么东西？"差吏说："搜索了都没有。"又问道："船昨夜停宿在何处？"回答："距离此地百里的江汉中。"阎济美立即命令武士与船夫一同前往找寻银子。他秘密告知武士说："一定是船夫盗窃了银子，沉到江水中了。可令船工沉钩捞取，获得银子当有重赏。"武士依命行事，从江中捞到一个竹筐，银子就在其中，封条题签还齐全，船夫于是认罪。旧《疑狱集》未写明出处。

按：治理百姓的官吏，常常担心被奸盗欺骗蒙蔽。善于预料事情的人，就好像用兵时善于推断敌人的情况一样。阎济美之所以知道船夫将盗窃的银子沉于江中，就是如此。这也是值得称道的。

13·11 欧阳颖审富家子

欧阳颖郎中①，知歙州②。富家有盗启其藏③，捕甚急，久不获，有司苦之。颖曰："勿捕。"独召富家二子，械付狱鞫之④。吏民皆曰："是素良子也⑤。"大怪之。二子服罪，犹疑不胜楚掠而自诬⑥，及取其所盗某物于某处，皆是。乃欢曰："公神明也。"见欧阳修参政所撰墓志⑦。

【注释】

①欧阳颖：字孝叔，宋吉州（今江西吉安）人。咸平进士。初任峡州军事判官，知建宁县。有能名，即拜秘书省著作佐郎。从担任著作佐郎开始，按次第升迁到秘书丞、太常博士、尚书屯田、都官、职方三员外郎、郎中。还担任过万州、峡州、鄂州、歙州、彭州、岳州、阆州、饶州、嘉州的知府。明道二年（1033）以老乞分司南京。《宋史》无传。郎中：即兵部尚书职方郎中，官名。兵部职方司长

官。掌天下地图及城隍、镇戍、堡寨、烽候，及沿边少数民族内附等事。

②歙（shè）州：州名。治所在歙县（今安徽歙县）。隋开皇九年（589）置，治所在海宁县。隋末移治歙县。唐武德四年（621）复为歙州，治所仍在歙县。北宋宣和三年（1121）改名徽州。

③启其藏：打开了他家的库藏。

④械付狱鞫之：带上刑具，交付监狱，审讯他们。

⑤素良子：就是平常良家子弟。

⑥不胜楚掠而自诬：不能忍受拷打而屈招。

⑦天海按：此为郑克自注，言本篇出自欧阳修所撰《欧阳公墓志铭》。今见《欧阳修全集》中《尚书职方郎中分司南京欧阳公墓志铭》。

【译文】

兵部尚书职方郎中欧阳颖，做歙州知州。有一富人家被盗贼打开了他家的库藏，差吏搜捕很是急迫，长时间不能擒获盗贼，相关官吏为此很是烦恼。欧阳颖说："不必搜捕了。"单独传召富人家的两个儿子，带上刑具，交付监狱，进行审问。吏人、百姓都说："这两人就是平常良家子弟。"对此感到非常奇怪。这两个儿子认了罪，人们还是怀疑他们是忍受不了拷打而屈招。直到取来他们于某处所藏的盗窃的某物，都是赃物。大家才高兴地说："欧阳公真是神明。"事见欧阳修参政所撰《尚书职方郎中分司南京欧阳公墓志铭》。

13·12　何中立穷治释囚

何中立龙学[①]，知开封府[②]。先有盗慈孝寺神御服器者[③]，知府李绚尝以属吏[④]，不服而释之。及中立视事[⑤]，或复执所释囚至，中立熟视之曰："此真盗也。"遂穷治之，尽得其赃。见本传[6]。

按[7]：盗之服罪，必以赃证，然后可见非自诬者。彼所以独械富家二子付狱[8]，盖以其事情理察之也；此所以穷治既释复执之囚，盖以其人气貌察之也。赃证具在，罪状明白，安得不服乎？此皆可谓之善察矣。

【注释】

①何中立：字公南，许州长社（今河南许昌）人。第进士。授大理评事，历金书镇安、武胜二镇节度判官，迁殿中丞，权发遣开封府事，太常博士、修起居注，知制诰等，除龙图阁直学士、知秦州。改庆州，进枢密直学士。改知许州，徙陈州，又徙杭州，病死。《宋史》卷三〇二有传。龙学：龙图阁直学士，官名。宋真宗景德四年（1007）置，位在枢密直学士下，无吏守，无职掌，唯出入侍从备顾问。多以特恩加赐内外官，带此职者皆享受超迁官阶的优待。为文臣本职之外所加的荣衔，次于学士，高于待制。

②开封府：府名。治所在开封（今河南开封）。为宋代都城所在地。

③神御服器：神像及所用器物。慈孝寺供奉的是宋仁宗养母章献皇太后的遗像与服用器物。

④李绚：字公素，邛州依政（今四川邛崃）人。擢进士第，再授大理评事、通判邠州。还为太子中允、直集贤院，历开封府推官、三司度支判官，为京西转运使。出知润州。改太常丞，徙洪州。复修起居注，权判三司盐铁勾院，复纠察在京刑狱。以右正言、知制诰奉使契丹，知审官院，迁龙图阁直学士、起居舍人、权知开封府，治有能名。初，慈孝寺亡章献太后神御物，盗得，而绚误释之，绌知苏州，未行，卒。《宋史》卷三〇二有传。

⑤视事：到职任事。

⑥天海按：此为郑克注文，言本篇事出宋朝《国史》何中立本传。

⑦天海按：此以下按语78字，四库本皆脱，此据钱熙祚《守山阁丛书》本径补。

⑧彼：此指上条13·11《欧阳颖审富家子》。

【译文】

龙图阁直学士何中立，做开封府知府。先前有盗窃慈孝寺章献皇太后的神像与服用器物的囚犯，前知府李绚曾经交付属吏审讯，因为罪犯不认罪而释放了他。直到何中立到任，有人又捉住先前释放的囚犯送来，何中立仔细审视囚犯说："这就是真正的盗窃犯。"于是彻底追究治办，将他盗窃的赃物全部查获。事见《国史》本传。

按：盗贼认罪，必须以赃物为证，这样才能证明不是自己屈招的。那欧阳颖之所以单独将富家二子戴上刑具交付监狱，是根据案件的情理审察的；这何中立之所以彻底追究查办已经释放又捉回来的囚犯，是根据那人的神态、外貌来审察的。赃物证据都在，罪行情状分明，哪能不服呢？这些都可以称之为善于侦察了。

13·13　徐的籍恶灭火灾

徐的省副[①]，知荆南府[②]。荆南故多火[③]，奸人缘以为盗，有一夕十发者。的籍诸恶少为保伍[④]，使更相伺察，由是火几息[⑤]。见本传[⑥]。

按：此盖用韩褒察盗之术也[⑦]。若火发处有盗不获，同保伍人以故纵论，则彼焉敢不察奸盗乎[⑧]？由是火几息。盖火乃奸盗为之也。

【注释】

①徐的（988—1045）：字公准，建州建安（今福建建瓯）人。擢进士

第，补钦州军事推官。迁大理寺丞、知吴县，移梁山军，通判常州。历尚书屯田员外郎，擢广南西路提点刑狱，改知舒州，徙荆湖北路转运使。以兵部员外郎为淮南、江、浙、荆湖制置发运副使。摄江陵府事，迁工部郎中，除三司度支副使、荆湖南路安抚使。卒于桂阳，追赠吏部侍郎。《宋史》卷三〇〇有传。省副：即中书省、门下省、尚书省三省的副职。此指三司度支副使，即度支部副长官。

②荆南府：即江陵府。宋荆湖路治所在荆州，后升为江陵府（今湖北江陵）。

③故多火：过去多次发生火灾。

④的：徐的。籍：编户籍。保伍：古代百姓五家为伍，又立保相互统摄。因此以“保伍”泛称基层户籍编制。

⑤几息：几乎熄灭，不再发生。

⑥天海按：此为郑克注文，言本篇事出宋朝《国史》徐的本传。

⑦韩褒察盗：参见前文13·4条《韩褒以盗息盗患》。

⑧彼：指那些互为保伍的恶少。

【译文】

三司度支副使徐的，做江陵府知府。荆南曾多次发生火灾，奸人趁此机会进行盗窃，有时一夜发生十次。徐的登记当地那些恶少互为保伍，使他们互相督察，从此之后，火灾几乎不再发生。事见《国史》本传。

按：这大概是用韩褒侦察盗贼的方法。如果火灾发生的地方有盗贼不能擒获，互为保伍的人要以故意放纵罪犯论处，那么那些恶少岂敢不督察奸盗呢？因此火灾几乎不再发生。那是因为火灾就是奸盗造成的。

13·14　彭思永擒盗充军

彭思永侍郎[①]，为益州路转运使时[②]，摄成都府事[③]。蜀民以交子贸易[④]，多置衣带中，而盗于爪甲间挟刃[⑤]，伺便微取之[6]，至十百而不败[7]，民甚病之[8]。思永捕获一人，使尽疏其党[9]，悉黥隶诸军[10]，盗以衰息。见本传[11]。

按：此盖用黄昌捕盗帅一人[12]，胁使条陈诸县强暴，分遣掩讨之术也[13]。若非有以胁之，岂肯尽疏其党，无所隐漏乎？若非分遣掩讨，岂能黥隶诸军，无所遗脱乎？虽以严治而无酷名，止用其察盗之术，而不为其残民之政，此又贤于黄昌远矣。

【注释】

①彭思永（1000—1070）：字季长，庐陵（今江西吉安）人。宋仁宗天圣五年（1027）进士，授南康军判官，移知广州南海县。又知潮州、常州，不久召为侍御史。除荆湖北路转运使，改益州路转运使，召为户部副使。以天章阁待制充陕西都转运使。宋英宗治平初，召为御史中丞。宋神宗即位，出知黄州，改太平州。熙宁三年（1070），以户部侍郎致仕。事见《明道文集》卷三《故户部侍郎致仕彭公行状》。《宋史》卷三二〇有传。侍郎：此指户部侍郎。官名。户部副长官。

②益州路：路名。北宋咸平四年（1001）分西川路置益州路，益州路治益州（今四川成都）。转运使：官名。唐代以后各王朝主管运输事务的中央或地方官职，有水陆转运使、诸道转运使、盐铁转运使等。北宋前期转运使职掌扩大，实际上已成为一路之最高行政长官，掌管一路的财赋、监察，简称为“漕”，有各路转运使、都转运使、行在转运使、随军转运使等。

③摄成都府事：兼理成都府知府事务，即兼任成都府知府。

④交子：世界上最早使用的纸币，最初出现于宋代四川地区。最初的交子实际上是一种存款凭证。1023年，在宋朝益州（今四川成

都)出现了为方便商人保管现金业务的“交子铺户”。存款人把现金交付给铺户,铺户把存款数额填写在用楮纸制作的纸卷上,再交还存款人,并收取一定的保管费。这种临时填写存款金额的楮纸券便谓之“交子”,后来成为宋代通行的纸币。

⑤爪甲间挟刃:天海按,原文为“爪甲挟刀”,此据《说郛》本径改。爪甲,指甲。

⑥伺便微取之:伺机暗中窃取纸币。

⑦至十百而不败:偷至十次百次而不败露。

⑧病之:痛恨这些盗贼。

⑨思永捕获一人,使尽疏其党:天海按,此二句,《说郛》本作“思永捕之,一吏人尽疏其党”。尽疏其党,全部书写出他的同党。

⑩悉黥隶诸军:尽数黥面刺配充军隶属各军营。黥,黥刑,脸上刺字涂墨。隶,隶属,充军。天海按:黥,《说郛》本作“默”,通“墨”。墨,亦即黥刑,脸上刺字涂墨。

⑪天海按:此为郑克注文,言本篇事出宋朝《国史》彭思永本传。

⑫黄昌捕盗帅:参见前文13·1条《张敞擒贼先擒王》所附黄昌之事。

⑬分遣掩讨:分道派人突袭收捕。

【译文】

户部侍郎彭思永,做益州路转运使时,兼任成都府知府事务。蜀地百姓以纸币进行贸易,大多将其放置在衣带之中,因而盗贼在指甲中挟带刀片,伺机暗中窃取纸币,偷至十次百次而不败露,百姓很是痛恨这些盗贼。彭思永捕获盗贼一人,命他详细写出同党姓名,全部收捕刺面涂墨发配到各军营,盗窃案件因此衰败停息。事见《国史》本传。

按:这大概是用了黄昌逮捕盗帅一人,威胁他逐条陈列各县的强暴之徒,然后分道突袭搜捕的方法。如果不是有办法威胁他,他岂肯写出全部同党,无所隐瞒遗漏呢?如果不是分道突袭搜捕,岂能将盗贼全部刺字充军,无所遗漏逃脱呢?虽然以严法惩治却无酷吏之名,只用了黄昌察盗的方法，而不施行伤害百姓的政策，这又远比黄昌贤明了。

十四、迹盗

【题解】

迹盗，就是查询窃犯踪迹，追查缉捕盗窃财物的罪犯。此为《折狱龟鉴》第十四门。选录主案5条，附1事，共6事。

本门第一条《尹翁归类推缉盗》，西汉尹翁归使用类推方法追踪盗贼所经过与抵达的地方，常常如尹翁归所言，没有罪犯能够遗漏逃脱。使用追踪寻迹的方法，是“迹盗”门中最主要的方法，所以首先著录。

第二条《高湝推赃迹察盗》，例举高湝推寻赃迹三事，皆运用类推之法，追寻赃物踪迹，然后顺藤摸瓜擒获盗贼。

第三条《高湝留旧靴察盗》，高湝留下被偷换的旧靴子，是要将此靴作为线索来寻求作案之人。他故意以谎言欺骗众老妇人，就是兼用诈术来获取证据。这与高湝高价收买牛皮的事很相似，都是根据赃物的踪迹查获偷窃的罪犯。

第四条《张鷟放驴查失鞍》，却是效法了所附管仲“老马识途”一事，放驴寻踪，擒获盗窃犯。

14·1 尹翁归类推缉盗

汉尹翁归[①]，守右扶风[②]，奸邪罪名，县各有籍[③]。盗贼发其比伍中[④]，翁归辄召其县长吏，晓告以奸黠主名[⑤]，教使用类推迹盗贼所过抵[⑥]，类常如翁归言[⑦]，无有遗脱。出《汉书》本传，旧集不载[⑧]。

按：翁归之治奸邪也，虽各有名籍，不比而诛之[⑨]，必待盗贼发其比伍中，乃召长吏教使推迹[⑩]，无有遗脱，则与尹赏、黄昌异矣[11]。是故彼有恶名[12]，而此得美誉[13]，盖其材颇同，而德弗类也。迹盗之术，此其大者，故首著焉。

【注释】

①尹翁归：参见本书卷五《察奸》门7·3条《尹翁归执法宽严》注。

②守右扶风：署理右扶风。右扶风，官名。秦时主爵都尉，掌列侯，汉景帝中元六年（前144）更名都尉，武帝太初元年（前104）更名右扶风，取扶助风化之意。治所亦在长安（今陕西西安）。职掌相当于郡太守。守，此指以较低官阶署理较高官阶之职。

③有籍：有登记名册。

④比伍：古代居民的基层编制。此指乡里。《周礼·地官·族师》："五家为比，十家为联。五人为伍，十人为联。"

⑤奸黠：诡诈，狡猾。

⑥类推：类比推理。迹：追踪。所过抵：所经过的地方与到达处。

⑦类：大抵，大都。

⑧天海按：此为郑克自注，言本篇事出《汉书·尹翁归传》。

⑨比：比附，比照。

⑩推迹：指根据迹象推求，追踪寻迹。

⑪尹赏：参见前文13·4条《韩褒以盗息盗患》所附尹赏事。黄昌：参见前文13·1条《张敞擒贼先擒王》所附黄昌之事。

⑫恶名：此指尹赏在《汉书》，黄昌在《后汉书》，皆入《酷吏传》。

⑬美誉：此指尹翁归在《汉书》本传有嘉誉。《汉书·尹翁归传》称："翁归为政虽任刑，其在公卿之间清洁自守，语不及私，然温良谦退，不以行能骄人，甚得名誉于朝廷。"

【译文】

西汉尹翁归，署理右扶风一职。奸邪罪犯的姓名，各县都有登记名册。盗贼在他们居住的乡里发案，尹翁归就传召那县里的长吏，明白告知狡诈盗贼的姓名，教他们使用类推方法追踪盗贼所经过与抵达的地方，常常如尹翁归所言，没有遗漏逃脱。事出《汉书》本传，旧《疑狱集》不载此事。

按：尹翁归惩治奸人邪恶，虽然各县都有名册，但不比照名册来诛杀他们，一定要等待盗贼在他们居住的乡里发案，才传召长吏，教他们使用追踪寻迹的方法，没有遗漏逃脱，这就与尹赏、黄昌的察盗不同了。因此尹赏、黄昌在史书中有恶名，而尹翁归得到美誉，那是因为他们的才能颇为相似，而德行却不同。追踪盗贼的方法，这是其中主要的，所以首先著录在此。

14·2 高潡推赃迹察盗

北齐彭城王潡[①]，为沧州刺史[②]。有一人从幽州来[③]，驴驮鹿脯[④]，至沧州界，脚痛行迟，偶会一人为伴，盗驴及脯去。明旦告州，潡乃令左右及府僚吏分市鹿脯[⑤]，不限其价。其主见识之[⑥]，推获盗者[⑦]。

转都督、定州刺史时[⑧]，有人被盗黑牛，背上有白毛。长史韦道建[⑨]，谓中从事魏道胜曰[⑩]："使君在沧州[⑪]，擒奸如神。若捉得此贼[⑫]，定神也。"潡乃诈为上府市牛皮[⑬]，倍酬价直。使牛主识之，因获其盗。建等叹服。

又有老母姓王，孤独，种菜三亩，数被偷。乃令人密往，书菜叶为字。明日，市中看菜叶有字[⑭]，获贼。尔后境内无盗，政化为当时第一[⑮]。旧出《北史》本传[⑯]。

按：前二事皆有迹可求，而菜之迹颇难辨，故以书字验之。若夫诈为上府买皮而倍酬其直，乃兼以谲取之者也[⑮]。

【注释】

①北齐：南北朝时的北方王朝之一。550年，由文宣帝高洋取代东魏建立，国号齐，建元天保，建都邺（今河北临漳），史称北齐。亦称“高齐”。577年为北周所灭。共历六帝，二十八年。彭城王浟（yóu）：即高浟（533—564），字子深，勃海蓨县（今河北景县）人。高欢第五子。东魏孝静帝元象二年（539），为通直散骑常侍。武定六年（548）出为沧州刺史，为政严察，号为神明。转都督、定州刺史。北齐文宣帝天保初封彭城王。后征为侍中，累迁尚书令、太保。武成帝即位，迁太师、录尚书事。河清三年（564），群盗谋劫浟为主，不从，被杀。《北史》卷五一、《北齐书》卷一〇皆有传。

②沧州：州名。北魏孝明帝熙平二年（517）设立沧州，辖浮阳、乐陵和安德三郡。州治在饶安（今河北盐山）。

③幽州：州名。治所在今北京。

④鹿脯：鹿肉干。

⑤分市鹿脯：分别去买鹿肉干。

⑥其主见识之：鹿脯的原主人认识这是自己的鹿肉干。

⑦推：推迹，即根据迹象推求。此处指推究鹿肉干的踪迹。天海按，此句之后，四库本《疑狱集》尚有“迁定州刺史”五字。又，四库本《疑狱集》此条题名为《王浟市鹿脯》。显然拟题有误，依《疑狱集》原书体例，应该题作《高浟市鹿脯》。

⑧都督：官名。都督官职兴于三国，其后发展成为地方军事长官、地方军政长官。魏晋以后，都督诸州军事，往往兼任所驻州的刺史，总揽本区军、政、民大权。定州：州名。北魏天兴三年（400），拓跋珪改安州为定州，治所在中山（今河北定州）。

⑨长史：官名。魏晋南北朝时州郡长官下多设长史，为州郡长官的佐官。

⑩中从事：官名。州郡长官的僚属。全称治中从事史，亦称治中从

事。《北史》《北齐书》避唐高宗李治讳,省作“中从事”。

⑪使君:汉代用于称呼太守、刺史。汉以后用作对州郡长官的尊称。

⑫贼:天海按,四库本原文脱“贼”字,此据《北史·彭城王浟传》补。

⑬上府:上级官署,上司。

⑭菜叶:天海按,四库本原文讹作“菜菜”,此据《北史·彭城王浟传》径改。

⑮政化:政治和教化。

⑯天海按:本篇三事皆出自《北史·彭城王浟传》。

【译文】

北齐彭城王高浟,做沧州刺史。有一人从幽州过来,用驴驮着鹿肉干,到了沧州地界,因脚痛行走迟缓,偶然遇上一个人结伴而行,那个人盗走驴子和鹿肉干离去。第二天一早他告到州府,高浟就命令左右随从及府中同僚属吏分别去买鹿肉干,不论价格多少。鹿肉干原主从中辨识出自己的鹿肉干,由此追查,擒获了偷盗者。

高浟转任都督、定州刺史时,有人被盗走一头黑牛,牛背上有白毛。长史韦道建,对治中从事魏道胜说:“刺史在沧州时,擒拿奸贼如同神明。如果捉得这个偷牛贼,一定是神了。”高浟便假称为上级官府买牛皮,价格加倍酬付。买来牛皮后让牛的主人来识别,因而擒获了那个盗牛贼。韦道建等人赞叹佩服。

又有姓王的老妇人,孤独一人,种了三亩菜地,数次被人偷窃。高浟就命人秘密前往菜地,在菜叶上写了字。第二天,在市场上看见有字的菜叶,就擒获了盗贼。从此之后,定州境内没有偷盗发生,政绩教化在当时名列第一。旧《疑狱集》出自《北史·彭城王浟传》。

按:前二事都有踪迹可以寻求,而偷菜之事的踪迹却很难辨别,所以用写字的方法来查验。至于假称为上级官府买牛皮而价格加倍酬付,却是兼用诈术抓获盗贼的。

14·3 高湝留旧靴察盗

北齐任城王湝①，领并州刺史②。一妇人临水浣衣③，有骑马人换其新靴驰去，妇人持故靴诣府诉。湝留靴，召居城诸妪，以靴示之，绐曰④："有乘马于路，被贼杀害，遗此靴，焉得无亲戚乎？"一妪拊膺哭曰⑤："儿昨着此靴向妻家。"如其语，捕获之，一时称明察。旧出《北史》本传⑥。

按：湝留故靴者，将以迹求之也⑦；绐诸妪者，兼以谲取之也；与湔买皮事颇相类。然居城诸妪所以可召者，北齐承后魏丧乱之后⑧，并州城中居人不多，虽尽召之，亦不为扰。苟或蕃庶⑨，当如"杨津下教"而已⑩。此在随事制宜也。

【译文】

①任城王湝（jiē）：高湝（？—577），字子道，勃海蓨县（今河北景县）人。北齐政权奠基者高欢之第十子，北齐皇帝高洋的兄弟。天保元年（550），封为任城王，负责镇守晋阳，总理并州事务，迁检校司徒、太尉公、并州录尚书事。天统三年（567），迁检校太保、并州刺史，明察秋毫。位任宰相。武平元年（570），迁检校太师、司冀二州刺史，迁太宰、右丞相、都督中外诸军事、青州刺史。武平五年（574），迁左丞相、瀛州刺史，累迁大丞相。承光元年（577）正月，北周破邺灭北齐，伏诛。《北史》卷五一、《北齐书》卷一〇皆有传。

②并州：州名。治所在晋阳（今山西太原）。

③浣衣：洗衣。

④绐（dài）：欺骗。

⑤拊膺（yīng）：用手拍打胸口。

⑥天海按：此为郑克自注，言本篇事出《北史·任城王湝传》。

⑦以迹求之：以此踪迹寻找案犯。

⑧后魏丧乱：东魏时期，连年战乱。永熙三年（534），北魏分裂为东魏与西魏。东魏武定八年（550），高洋接受孝静帝禅让，建立北齐。西魏恭帝三年（556）禅位于宇文觉，北周建立，元魏（拓跋魏）宣告结束。

⑨苟或蕃庶：假如繁衍的人口众多。

⑩杨津下教：事见本书卷七《谲贼》门18·3条《杨津凭衣马缉盗》。

【译文】

北齐任城王高湝，兼任并州刺史。一妇人在河边洗衣服，有一个骑马的人换走了她的新靴后驰马而去，妇人拿着那旧靴子到官府告状。高湝留下靴子，传召居住在城中的所有老年妇人，把靴子给她们看，骗她们说："有个乘马的人，在路上被贼人杀害，遗留下这双靴子，难道他没有亲戚吗？"一个老妇拍打着胸口哭诉说："我儿昨天穿着此靴到他妻子的娘家去了。"以她所说为证，捕获了那个偷换靴子的人，当时人们都称赞他明察善断。旧《疑狱集》出自《北史·任城王湝传》。

按：高湝留下旧靴子，是要将此靴子作为线索来寻找作案之人；欺骗众老妇人，是兼用诈术来获取证据；这与高湝买牛皮的事很相似。然而城中的众老妇之所以能够传召，是因为北齐承后魏丧乱之后，并州城中的居民不多，即使全部召来，也不算扰民。假如人口众多，就应当像"杨津下教令"那样。这就在于随事制宜了。

14·4 张鷟放驴查失鞍管仲附①

唐张鷟②，为河阳尉③。有客驴缰断，并鞍失之，三日访不获，诣县告。鷟推穷甚急④，乃夜放驴出而藏其鞍。鷟曰："此可知也。"遂令不秣饲驴⑤，去辔放之⑥。驴寻向昨夜喂处，乃搜索其家，于草积下得之。人服其智。旧不著出处⑦。

按：管仲之相齐侯也[8]，伐山戎还[9]，而迷失道。仲令解纵老马，军随以行，乃得之。鹜盖采用此术也。夫故道有迹可求，而人莫能识。彼皆识故道者[10]，则宜假以求之矣，是亦君子善假于物之义也[11]。顾宪之任牛索主[12]，亦以此欤？

【注释】

①天海按：此注文四库本原文无，现据全书通例径补。

②张鹜：参见卷三《辨诬》门2·9条《张鹜掩书查字迹》注。

③河阳尉：河阳县县尉。河阳，县名，治今河南孟州。

④推穷：推究追查。

⑤不秣（mò）饲驴：不用饲料喂驴。

⑥辔（pèi）：指套在骡马等头上的笼头，用来系缰绳，有的并挂嚼子。

⑦天海按：此为郑克自注，言旧《疑狱集》未写明出处。本篇事出张鹜所撰《朝野佥载》，又见《太平御览·精察》。

⑧管仲（？—前645）：姬姓，管氏，名夷吾，字仲，春秋齐国颍上（今安徽颍上）人。齐桓公元年（前685），得到鲍叔牙推荐，担任国相，辅佐齐桓公成为春秋五霸之首。对内大兴改革、富国强兵；对外尊王攘夷，九合诸侯，一匡天下，被齐桓公尊称为"仲父"。齐侯：此指齐桓公（？—前643），姜姓，吕氏，名小白。姜姓齐国第十六位国君，前685—前643年在位，春秋五霸之首。任内励精图治，起用管仲为相，推行改革，使齐国逐渐强盛。打出"尊王攘夷"的旗号，九合诸侯，成为第一个中原霸主。晚年昏庸，任用小人，国力复衰。

⑨山戎：春秋时期的北方民族。活动地区在今河北北部。据《春秋》《汉书》等史书记载，山戎以"射猎禽兽为生"，也为燕、齐诸国之边患。前664年齐桓公兴兵救燕伐山戎，灭掉令支、孤竹等山戎部

族。约战国晚期，山戎逐渐销声匿迹。

⑩识故道：此指“老马识途”。事见《韩非子·说林上》：“管仲、隰朋从桓公伐孤竹，春往冬返，迷惑失道。管仲曰：‘老马之智可用也。’乃放老马而随之。遂得道。”

⑪善假于物：善于借助外物以为己用。语出《荀子·劝学》：“君子生非异也，善假于物也。”

⑫顾宪之任牛索主：参见卷六《证慝》门11·4条《顾宪之放牛回栏》。

【译文】

唐朝的张鷟，做河阳县县尉。有个客商的驴子缰绳断了，连同鞍鞯一并丢失，查访三日都没有找到，他到县府告状。张鷟追查得很急，盗贼就在夜里放驴出去，却藏起了鞍鞯。张鷟说：“这就可以察知了。”于是下令不给驴子喂草料，去掉笼头放走驴子。驴子便向昨夜喂它的地方找寻而去，于是就搜查那一家，在草堆下搜到了鞍鞯。人们都佩服他的智慧。旧《疑狱集》未写明出处。

按：管仲做齐桓公相国时，攻伐山戎回国，却迷失了道路。管仲下令解开老马的缰绳，让军队跟随老马前进，才得以找到归路。张鷟大概也采用了这个方法。那故道有踪迹可以寻求，但是人不能识别。它们都认识故道，就应该利用它们来寻找故道，这也是君子善于利用外物为己所用的意义。顾宪之放牛寻找主人，也是因为这个道理吧？

14·5 桑怿察贼盗尸衣

桑怿崇班①，尝居汝、颍间②。诸县多盗，自请补耆长③，往来察奸匪。因召里中恶少年，戒之曰：“盗不可为，吾不汝容也④。”有顷，里老父⑤，子死未敛⑥，盗夜脱其衣去，父不敢告官。怿疑少年王生者为之，夜入其室，得其衣，而王生未之知也。明日见而问之，曰："尔许我不为盗，今盗里老父之子尸衣[⑦]，非尔耶？"少年色动，即推仆地[⑧]，缚之。诘共盗者姓名，尽送县，皆按以法。见欧阳修参政所撰怿传[⑨]。

按：朱邑为桐乡啬夫[⑩]，而死有遗爱[⑪]；仇览为蒲亭长[⑫]，而时称大化[⑬]。怿之贤虽不逮古人，请为耆长，事亦可书，故卒能立功当世[⑭]，垂名太史[⑮]。此特称其迹盗之一节尔，亦足以劝也[⑯]。

【注释】

①桑怿：开封雍丘（今河南杞县）人。早年参加科举，两次落榜。请补耆长，擒盗有功，授右班殿直。历任郏城尉、永安巡检，与泾源路兵马督监，驻扎于镇戎军。后以平蛮功，迁阁门祗候。迁内殿崇班、鄜延路兵马都监。与任福遇敌于好水川，力战而死。欧阳修有《桑怿传》。《宋史》卷三二五有传。崇班：官名。即内殿崇班，宋代武臣阶官。淳化二年（991）置，政和六年（1116）改修武郎。为武臣第四十四阶。

②汝、颍间：汝水、颍水流域附近及所建置的汝南、颍川二州所辖地域（今河南汝河与颍河之间）。

③耆（qí）长：乡役名。又名三大户，始于后周。《文献通考·职役考一》记显德五年（958）"诏诸道州府令团并乡村，大率以百户为一团，每团选三大户为耆长，凡民家之有奸盗者，三大户察之，民田之有耗登者，三大户均之"。耆长选举，每隔三年举行一次。北宋前期沿用此制，轮差第一至第三等户充任，作为乡役，维持治安，并参与推排户等，编造五等丁产簿。熙宁三年（1070）实行免役法，耆长改为雇役。熙宁六年（1073）实行保甲法后，由保正取代耆长。

④不汝容：不能容忍你们。

⑤天海按：四库本原文缺“老”字，此据欧阳修《桑怿传》与《宋史·桑怿传》径补。

⑥未敛：尚未入棺下葬。

⑦天海按：四库本原文作“今盗里父子尸”，与内容不符。此据欧阳修《桑怿传》与《宋史·桑怿传》径补为“今盗里老父之子尸衣”。

⑧仆地：向前跌倒在地。

⑨天海按：此为郑克自注，言本篇事见于欧阳修参政所撰《桑怿传》。

⑩朱邑（？—前61）：字仲卿，庐江舒县（今安徽舒城）人。西汉宣帝时任桐乡啬夫，管理地方诉讼和赋税，受到吏、民的爱戴和崇敬。后被举贤良，迁大名府农丞，继而升迁北海太守。后选拔入京，任职大司农，为朝廷掌管租税钱谷盐铁等项，尽职尽责，受到皇帝器重、廷臣尊敬，跃居卿位。《汉书》卷八十九有传。桐乡：古地名。汉属舒县，在今安徽桐城。啬夫：秦汉时的乡官，掌管诉讼和赋税。

⑪遗爱：仁爱遗留于后世。指留于后世而被人追怀的德行、恩惠、贡献等。

⑫仇览：一名香，字季智，东汉陈留考城（今河南民权）人。年四十，县召补吏，选为蒲亭长。在县设制科会，劝课农桑，兴办教育。对游手好闲者则予重罚，处以劳役。劝人生业，期年称大化。为考城主簿，后入太学，为郭泰所称。学毕归乡里，州郡并请，皆辞。复征方正，遇疾而卒。为当世著名循吏。蒲：地名。在河南考城县境。亭长：汉代官名。汉时十里一亭，十亭一乡，亭设亭长，掌治安警卫，兼理民事。

⑬大化：教化广远深入。

⑭卒：最终，终于。

⑮垂名太史：留名于青史。太史，《汉书·光武纪》注：“史官之长

也。”秦朝称太史令，汉朝属太常，掌天文历法。司马迁的官职即为太史，所以“太史”一词有时也指他所著的《史记》。此指史书。

⑯劝：勉励，鼓励。

【译文】

内殿崇班桑怿，曾经居住在汝水、颍水之间的地区。那里各县多有盗贼，于是他自请补任耆长，往来各县侦察奸匪。他召集乡里、村中恶劣青年，告诫他们说：“偷盗的事不可以做，不然我不会容忍你们的。”不久，里中有个老人，他的儿子死去还未下葬，有盗贼夜里脱去死者的衣服逃跑，老父不敢告官。桑怿怀疑是少年王生所为，于是夜里进入他的室内，搜得死者的衣服，但王生还不知道这件事。第二天桑怿看见王生就问他，说：“你答应我不做偷盗的事，如今盗取乡里老父儿子的尸衣，不是你吗？”少年王生脸色一变，桑怿就立即将他推倒在地，捆绑起来。审问共同盗窃者的姓名，全部送到县衙，都依法查办。事见欧阳修参政所撰《桑怿传》。

按：朱邑做桐乡啬夫，死后仍被人们爱戴；仇览做蒲亭长，而当时称颂他教化广远深入。桑怿的贤能虽然不及古人，但他自请做耆长，事迹也值得书写传颂，所以最终能够在当世立功，留名青史。这只不过是称赞他追查盗贼的一件事而已，也足以勉励人们了。

十五、谲盗

【题解】

谲（jué），权诈也（《说文解字》）；谲，欺也（《广雅》）。谲盗，就是使用诱骗之术引出盗窃犯。

“谲盗”是《折狱龟鉴》第十五门。选录主案4条，其中重出无文1条，附1事，共4事。

本门第一条《高谦之诱捕诈犯》，第二条《慕容彦超查伪银》及所附钱惟济一事，皆为用假银子进行诈骗犯罪。主办案件的官吏采取以毒攻毒的办法，运用诈术诱使诈骗者自行暴露落入法网。故作者按语说："谲盗之术，与擿奸同，彼亦用谲以擿之也。"本书《擿奸》《钩慝》《谲盗》《谲贼》四门，对于狡诈的犯罪、隐秘的犯罪、偷窃以及抢劫、杀人越货的犯罪，都毫无例外地采用了诈术来侦察案件，擒获罪犯。

但是，对于一些老奸巨猾的盗贼，用诈术是诱导不出来的。这是为什么呢？或者是盗贼已将赃物转移到其他地方，或者是盗贼知道这是诈术。因此采用诈术应当秘密而迅速，与兵法的道理相同。

总的说来，作者认为用诈术并非正道，然而有些案件却赖以办成，那又岂能废止。不过也可以说"正道不摒弃诈术，就可以成功；诈术不偏离正道，正道就可以通行"。对于使用诈术缉拿盗贼的方法，取其有益的一个方面罢了，有时是不能要求完美的。

15·1 高谦之诱捕诈犯

后魏高谦之[①]，为河阴令[②]。有人囊盛瓦砾，指作金，诈市人马，因而逃去[③]。诏令追捕甚急[④]，谦之乃伪枷一囚，立于马市，宣言是前诈市马贼，今欲刑之。密遣腹心，察市中私议者。有二人相见欣然，曰："无复忧矣！"执送案问[⑤]，悉获其党。旧出《北史·高恭之传》。谦之，其兄也[⑥]。

按：谲盗之术，与擿奸同，彼亦用谲以擿之也。

【注释】

①后魏：即北魏，是鲜卑族拓跋珪建立的政权，也是北朝第一个王朝。高谦之（486—527）：字道让，北魏勃海蓨县（今河北景县）人。博学多能，少事后母以孝闻，初为奉朝请，加宣威将军。孝昌初为河阴县令，后除国子博士。其弟道穆为御史时，曾纠检相州

刺史李世哲。李世哲弟李神轨为太后所宠，遂被其谮害狱中。曾修《凉书》十卷，已佚。《北史》卷五十、《魏书》卷七七皆有传。

②河阴令：河阴县县令。河阴县，因在黄河之南而得名。治所在今河南荥阳。

③因：趁便，趁机。

④诏令：皇帝发布命令。

⑤执送案问：逮捕送官府审问。

⑥天海按：此为郑克自注，言本篇之事旧《疑狱集》录自《北史·高恭之传》。

【译文】

后魏的高谦之，担任河阴县县令。有人用布袋装上瓦砾，谎称是金子，诈骗买人马匹，趁机逃脱。朝廷下令紧急追捕此人，高谦之假装给一个囚犯戴上枷锁，让他站立在马市，宣称是先前用瓦砾诈骗买马的贼子，现在就要处死他。高谦之又秘密派心腹之人，侦察集市中私下议论的人。发现有二人相见后高兴地说："不用再担忧了！"于是将他们逮捕押送官府审问，将他们的同党全部抓获。旧《疑狱集》出自《北史·高恭之传》。高谦之，是他的兄长。

按：以诈术缉盗的方法，与揭发奸邪的方法相同，那也是用诈术来揭发奸邪的。

15·2　慕容彦超查伪银钱惟济附

汉慕容彦超，为郓帅日[①]，置库质钱[②]。有奸民以伪银二铤[③]，质钱十万，主吏久之乃觉[④]。彦超阴教主吏夜穴库墙[⑤]，尽徙其金帛于他所而以盗告[⑥]。彦超即榜于市[⑦]，使民自占所质以偿之[⑧]。民皆争以所质物自言，已而得质伪银者，执之服罪。旧出《五代史》本传[⑨]。

按:钱惟济留后[10],知成德军[11]。有以伪银质钱者,其家告官,惟济密谓曰:"第声言被盗[12],而立赏捕之,质伪银者必来责余直[13]。"果然。乃用彦超谲盗之术者也。见本传[14]。彼有谲之不出者,何哉?或盗转而之他[15],或盗知其为谲也。是故用谲宜密而速,与兵法同矣。

【注释】

①汉慕容彦超,为郓帅日:参见本书卷六《证慝》门11·6条《慕容彦超查盗食》注。

②置库质钱:设置典当库以物典当钱币。

③铤(dìng):同"锭"。熔铸成条块等固定形状的金银,其重数两至数十两不等。

④主吏:秦汉时郡县官的属吏。此指主管典库事务的官吏。天海按:"主吏",原文误作"主使",据下文径改。《旧五代史》卷一三〇、《新五代史》卷五三亦作"主吏"。

⑤夜穴库墙:夜里在库房墙上打洞。

⑥以盗告:以被盗窃报告。

⑦榜于市:在集市张榜公告。榜,布告,公告。

⑧自占所质:自报所典当之物及抵押的价钱。

⑨天海按:此为郑克自注,言本篇事出《五代史·慕容彦超传》。

⑩钱惟济(978—1032):字岩夫,宋钱塘(今浙江杭州)人。五代十国吴越王钱俶第六子。从父归宋,历知绛、潞、定州,拜检校司空,迁武昌军节度观察留后。留后:唐安史之乱后,节度使不服朝命,遇事或年老不能任事,常以子弟或亲信代行职务,称节度留后或观察留后。五代仍有留后。北宋置节度观察留后,成为正式官名,后改称承宣使。

⑪成德军：宋朝行政区名。属真定府，军额为成德军，守臣为“知成德军府事（兼真定府路安抚使）”，兼知镇州，治所在今河北正定。

⑫第：但。

⑬责余直：要求偿付多余的价值。

⑭天海按：此为郑克注文，言本篇事出宋朝《国史》钱惟济本传。

⑮转而之他：将赃物转到其他地方。

【译文】

五代时，后汉的慕容彦超，做郓州主帅时，设置了典当库，以财物抵押兑换钱币。有个刁民用伪造的银子二锭，抵押了十万钱，主管官吏过了很久才发觉这件事。慕容彦超暗中让主吏夜里在库房墙上打洞，把钱财物资全部搬到其他地方，然后报告说财物被盗。慕容彦超随即在集市张榜公布，让人们自己申报所抵押的物资并进行赔偿。人们都争着自诉所抵押的物品，后来就查出抵押假银子的人，逮捕他后就认了罪。旧《疑狱集》出自《五代史》本传。

按：节度观察留后钱惟济，做成德军知府。有人用假银子抵押钱币，被骗的那家人告到官府，钱惟济秘密对他说：“只管宣称家中的钱财被盗了，并且立即出赏金追捕盗贼，抵押假银的人必定前来追索多余的价值。”果然如此。这就是采用了慕容彦超诱导盗贼的方法。事见《国史》本传。那有的盗贼诱导不出来，是为什么呢？或者是盗贼转移赃物到其他地方，或者是盗贼知道这是诈术。因此采用诈术应当秘密而迅速，与兵法的道理相同。

15·3 孙沔

已见《惩恶》门①。

【注释】

①天海按：孙沔之事，已见于本书卷五《惩恶》门6·14条《孙沔用

计刑乞丐》。又见于本书卷一《释冤》(下)1·4条《辛祥察色获真凶》所附孙沔之事;又见于下文《察贼》门16·1《赵广汉善用钩距》所附孙沔事。

【译文】

孙沔之事已见于本书《惩恶》门。

15·4 陈述古摸钟察盗

陈述古密直[①],尝知建州浦城县[②]。富民失物,捕得数人,莫知的为盗者[③]。述古绐曰[④]:“某庙有一钟至灵,能辨盗。”使人迎置后阁祠之[⑤],引囚立钟前,喻曰:“不为盗者摸之无声,为盗者则有声。”述古自率同职祷钟甚肃[⑥],祭讫帷之[⑦],乃阴使人以墨涂钟。良久,引囚以手入帷摸之。出而验其手,皆有墨,一囚独无墨,乃见真盗,恐钟有声不敢摸者。讯之即服。见沈括内翰《笔谈》云。此亦古法,出于小说[⑧]。

按:谲非正也,然事有赖以济者[⑨],则亦焉可废哉。抑又闻之:正不废谲,功乃可成;谲不失正,道乃可行。是于谲盗之术[⑩],取其一端而已,盖亦未可责备也[⑪]。然“与镬”“摸钟”[⑫],皆用谲钩慝,颇似鞫情之术矣[⑬]。但意所主者,特在于盗,故以附《谲盗》门也。

【注释】

①陈述古(1017—1080):名襄,字述古,宋福州侯官(今福建福州)人。庆历进士,调浦城主簿,摄令事。入为开封府推官、盐铁判官。出知明州。同修起居注,知谏院,改侍御史知杂事。出知陈州,徙杭州,以枢密院直学士知通进、银台司兼侍读,判尚书都省。

卒，赠给事中。《宋史》卷三二一有传。密直：对枢密院直学士的略称。

②建州：宋州名。治所在建安（今福建建瓯）。浦城：县名。建州属县，治所在今福建浦城。

③的：究竟，到底。此作疑问词“谁”。

④绐：欺骗。

⑤后阁：后院阁楼。祠之：供奉祭祀。

⑥同职：同僚。祷钟：向钟祈祷。

⑦祭讫帷之：祭祀之后用帷幕围起来。

⑧天海按：此为郑克自注，言本篇事出沈括《梦溪笔谈》。

⑨济：成功，完成。

⑩谲盗：使用诈术缉拿盗贼。

⑪责备：要求完善、完美。

⑫与镬（huò）：此指本书卷五《惩恶》门6·14条《孙沔用计刑乞丐》。摸钟：即此文陈述古引囚摸钟之事。

⑬鞫情：深究案件实情。

【译文】

枢密院直学士陈述古，曾经做建州浦城县知县。有富人丢失了财物，已经逮捕了几个人，不知道究竟谁是真的盗贼。陈述古假称：“某个寺庙里有一口钟最灵验，能够辨别盗贼。”派人前去迎回，安置在后院阁楼中祭拜它，拉来囚犯们站立在钟前，告诉他们说：“不是盗贼的人摸钟不会发出声音，是盗贼的人摸钟就会有响声。”陈述古亲自率领同僚庄重地向钟祷告，祭拜之后用布帷把钟围起来，然后暗中派人将墨涂在钟上。不久，让囚犯们把手伸入布帷中摸钟。出来后就检验他们的手，都有墨迹，只有一个囚犯没有墨迹，这个人就是真的盗贼，他害怕摸钟会有声音而不敢摸钟。审讯后他立即认罪。事见沈括内翰《梦溪笔谈》所说。此事也是古代的方法，出于小说之中。

按:用诈术并非正道,然而有些案件却赖以办成,那又岂能废止呢。不过又听说:正道不摒弃诈术,就可以成功;诈术不偏离正道,就可以通行。对于使用诈术缉拿盗贼的方法,取其有益的一个方面罢了,大概也不能对它求全责备。然而“与镬”和“摸钟”二事,都使用了诈术来诱出隐藏的坏人,很像是审讯案件获取实情的方法了。但其主要目的在于侦察盗贼,因此把它附在《谲盗》门。

十六、察贼

【题解】

“贼”与“盗”异,害物曰“贼”,攘物曰“盗”;窃取曰“贼”,劫取曰“盗”。

察贼,就是善于督察和明于辨察抢劫财物、杀人放火等社会危害极大的罪犯。此为《折狱龟鉴》第十六门。选录主案7条,其中重出无文1条,附2事,共8事。

本门第一条《赵广汉善用钩距》(孙沔附),作者引用《汉书》评价说:史书称赞赵广汉善于使用钩距的方法,以此得到案件实情。所谓钩,就是使用计谋取得案犯潜伏隐藏的罪行,使之不得逃避;距,就是隐藏侦查的形迹,使罪犯不能窥探。赵广汉在全书四次出现,都是以其“钩距”之术获得实情,侦破案件。并且,《折狱龟鉴》书中《察慝》《钩慝》《察盗》《谲盗》《察贼》《谲贼》六门,审理案件擒获罪犯,莫不以“钩距”之术贯穿其中。本门“察贼”的最主要方法之一,就是以广布耳目,具体落实“钩距”之术。

“广布耳目”主要是利用密探,暗中侦查。除此之外,审理案件的官吏还必须深入调查研究,善于分析事理人情。如第三条《柳崇审情获真贼》,柳崇审理盗马案时,不直接查问盗马之事,因为被囚之人会隐匿实情,而是查问囚犯们的亲属老人是否安好、农业收入多少,使之吐露实情。这样真情就表现在囚犯们的神色与言辞之中，由此即可暗中侦查以擒获真正的盗贼。第六条《张咏视牒审凶手》，张咏认真审视僧人的戒牒文书，从中发现端倪，初步认定其为杀人凶手。然后当堂亲自审问，以嫌犯额头上系头巾的痕迹断定他是假冒僧人。罪犯自然招供服罪。

利用暗探，秘密侦查；深入实际，调查研究；注重事理人情，分析识别假象……诸多办案方法，至今仍然有积极的借鉴意义。

16·1 赵广汉善用钩距孙沔附

汉赵广汉[①]，为京兆尹[②]。郡中盗贼，闾里轻侠[③]，其根株窟穴所在[④]，及吏受取请求铢两之奸[⑤]，皆知之。长安少年数人，会穷里空舍谋行劫[⑥]，坐语未讫，广汉使吏捕治，具服。出《汉书》本传，旧集不载[⑦]。

按：此广耳目以察贼者也。孙沔副枢知徐州时[⑧]，淮阳军有强盗数人[⑨]，捕之急，过徐境，沔即知之。方晏客，淮阳檄至[⑩]，召吏谕曰："淮阳贼几人，易衣冠舍某处。"少顷，皆捕至庭下。见《孙威敏公遗事录》[⑪]。与广汉类矣。

史称广汉善为钩距[⑫]，以得事情[⑬]。谓钩，致其隐伏，使不得遁；距，闭其形迹，使不可窥也[⑭]。世言沔所用为耳目者，虽左右亲信之人，亦莫能晓，殆亦挟此术欤？

【注释】

①汉赵广汉：参见本书卷五《察奸》门7·2条《赵广汉设告密筒》注。又见于本书卷五《察奸》门7·3条《尹翁归执法宽严》所附赵广汉之事注。

②京兆尹：官名。汉代负责京城管理的官职，为三辅（治理京畿地

区的三位官员，即京兆尹、左冯翊、右扶风）之一。京兆尹中的京，是极大的意思，兆则表示数量众多。定名“京兆”，显示大国之都的气派与规模。

③闾里轻侠：此指街坊乡里轻浮好斗无视礼法的人。

④根株窟穴：比喻老窝与分支巢穴。

⑤铢两之奸：形容极其轻微的罪行。铢两，一铢一两。引申为极轻微的分量。

⑥穷里空舍：深巷空房。

⑦天海按：此为郑克自注，言本篇事出《汉书·赵广汉传》，旧《疑狱集》不载此事。

⑧孙沔副枢：参见本书卷五《惩恶》门6·14条《孙沔用计刑乞丐》注。又见于本书卷一《释冤》（下）1·4条《辛祥察色获真凶》所附注。副枢：宋代枢密副使的省称。主要的职责是辅佐宰相，分掌军政，即掌管统军治国相关的事务。徐州：州名。治所在彭城（今江苏徐州）。

⑨淮阳军：北宋太平兴国七年（982）置。治下邳县（今江苏睢宁），属京东东路。辖境相当今江苏邳州、睢宁、宿迁、泗阳、新沂等地。

⑩檄：古代官府往来文书的下行文种名称之一。

⑪天海按：此为郑克自注，言本篇事出《孙威敏公遗事录》。孙威敏公，即孙沔，卒后谥号“威敏”，故称“威敏公”。《孙威敏公遗事录》今佚。

⑫钩距：辗转推问，究得情实。犹机谋。赵广汉善为钩距事见《汉书·赵广汉传》，详见本书卷五《察奸》门7·3条《尹翁归执法宽严》所附赵广汉之事注。

⑬事情：案件实情。

⑭天海按：此上对“钩距”解释的数语，为《汉书·赵广汉传》晋灼注文发挥。

【译文】

西汉的赵广汉，做京兆尹。郡县中的盗贼，街坊乡里的亡命斗狠之辈，他们的老窝与分支巢穴所在，以及官吏接受贿赂、托人办事等轻微的不法行为，他都知道。有几个长安青年，聚集在深巷空房中谋划抢劫之事，坐在一起话还未说完，赵广汉就派遣差吏逮捕审问他们，全部认罪。事出《汉书·赵广汉传》，旧《疑狱集》不载此事。

按：这是赵广汉利用耳目来侦察盗贼的案例。孙沔枢密副使做徐州知州时，淮阳军有强盗几人，官府搜捕很急，强盗经过徐州境内，孙沔立即就知道了。正值宴请客人，淮阳军搜捕的檄文送到，孙沔传召吏人告诉他们说："淮阳的盗贼几人，更换了衣冠住在某处。"不一会儿，都逮捕到庭下。事见《孙威敏公遗事录》。这就与赵广汉利用耳目之事类似。

史书称赞赵广汉善于使用钩距的方法，以此得到案件实情。所谓钩，就是取得案犯潜伏隐藏的罪行，使之不得逃避；距，就是隐藏侦查的形迹，使罪犯不能窥探。世人说孙沔所用作耳目的人，即使是左右亲信的人，也不能知晓，大概也是采用了这个方法吧？

16·2 苻融

已见《释冤》门[1]。

【注释】

①天海按：苻融之事见本书卷一《释冤》（上）1·3条《苻融占梦擒真凶》。又见卷三《辨诬》门2·4条《苻融验奔跑辨诬》。

【译文】

苻融之事已见本书《释冤》门。

16·3 柳崇审情获真贼

后魏柳崇[1]，为河中太守[2]。郡人张明失马，疑执十余人[③]。崇初到郡，见之，不问贼事，人别借以温颜[④]，更问其亲老存否，农业多少，而微察其辞色[⑤]。即获真贼吕穆等二人，余并放遣。郡中畏服，境内帖然[⑥]。出《北史》本传，旧集不载[⑦]。

按：崇不问贼事者，恶彼匿其情也。问以亲老存否、农业多少者，欲彼吐其情也。于是真情见乎辞色，乃可微察以获真贼，是亦用鞫情之术者也。"贼"与"盗"异：害物曰"贼"[⑧]，攘物曰"盗"[⑨]；窃取曰"贼"，劫取曰"盗"。此失马者，殆被劫欤？不然，何以疑执十余人也？

【注释】

①后魏：南北朝时期由鲜卑族拓跋珪建立的北方政权，也是北朝的第一个王朝。386年，拓跋珪称王，建代国，同年改国号为"魏"，史称"北魏"。后太武帝拓跋焘统一北方，孝文帝拓跋宏迁都洛阳，开始大举改革。北魏后来分裂为东魏与西魏，分别被北齐与北周取代。柳崇：字僧生，祖籍河东（今山西永济），徙居崇安（今福建武夷山）。射策高第，解褐太尉主簿，转尚书右外兵郎中。又诏柳崇持节与州郡经略，还，迁太子洗马、本郡中正。累迁河北太守。卒于官，赠岐州刺史，谥曰穆。《魏书》卷四五、《北史》卷二七有传。

②河中：河中郡。唐开元八年（720）升蒲州置，治河东县（今山西永济）。北魏时无河中郡，据《魏书·柳崇传》："出为河北太守。"疑当从《魏书》作"河北"。

③疑执：被怀疑逮捕。

④人别借以温颜：对人分别给予温和的颜色。

⑤微察：暗中观察。

⑥帖然：安定，安静。

⑦天海按：此为郑克自注，言本篇事出《北史·柳崇传》，旧《疑狱集》不载此事。

⑧害物：指残害人类。此“物”指人。

⑨攘物：指偷窃财物。此“物”指财物、动物等。

【译文】

北魏的柳崇，做河中太守。郡中人张明丢失了马匹，被怀疑逮捕的有十多人。柳崇刚到郡任职，看见这些人，不问偷盗的事，分别以温和的态度对他们，再问他们的亲人父老还在不在，农业收入有多少，同时暗中观察他们的言辞与神色。就这样擒获了真正的盗贼吕穆等二人，其余的人一并释放遣散。郡中人敬畏信服，境内安定。事出《北史·柳崇传》，旧《疑狱集》不载此事。

按：柳崇不问偷盗的事情，是厌恶他们隐瞒真实情况。问他们亲人父母还在不在、农业收入有多少，是要他们吐露实情。于是真实情况在言辞神色上表现出来，就可以暗中观察，以此擒获真正的盗贼，这也是使用了审查神情的方法。“贼”与“盗”不同：残害人的叫“贼”，偷窃财物的叫“盗”；窃取财物的叫“贼”，抢劫财物的叫“盗”。这丢失马匹的人，大概是被抢劫了吧？不然，为什么怀疑拘捕了十多人呢？

16·4　韦鼎用耳目察贼

隋韦鼎[①]，为光州刺史[②]。州中有土豪，外修边幅[③]，而内行不轨[④]，尝为劫盗。鼎于都会时谓之曰[⑤]：“卿是好人，那忽作贼。”因条其徒党奸谋逗遛[⑥]，其人惊惧，即自首服[⑦]。出《南史·韦叡传》。鼎，其孙也。旧集不载[⑧]。

按：此亦广耳目以察贼者。用于鞫情之术，则以中其忌讳，故能使之首服也。

【注释】

①韦鼎(515—593):字超盛,京兆杜陵(今陕西西安)人。南梁时,累官至中书侍郎。南陈时,官为黄门郎,廷尉卿加散骑常侍。陈宣帝太建年间,为聘北周主使,累官至太府卿。陈亡入隋,授任上仪同三司,除光州刺史。史称韦鼎博通经史,又通阴阳相术,善于逢迎,亦有政绩。《隋书》卷四三有传。

②光州:州名。州治在光城(今河南光山)。

③边幅:本指布帛的边缘,此比喻人的仪表、衣着。

④内行不轨:私生活品行超出常规或不合乎法则。

⑤都会:都市,京都。

⑥条:逐条,条陈。奸谋:犯罪计划。逗遛:行动轨迹。

⑦首服:自首服罪。

⑧天海按:此为郑克自注,言本篇事出《南史·韦叡传》,旧《疑狱集》不载此事。

【译文】

隋朝的韦鼎,做光州刺史。州中有个土豪,注重修饰自己的外表,私生活品行却不合法度,曾经做过抢劫的盗贼。韦鼎在京都时对他说:"你是个好人,怎么会突然做了盗贼呢?"于是便逐条说出党羽的奸谋计划与行动轨迹,那人惊恐畏惧,立即自首认罪。事出《南史·韦叡传》。韦鼎,是他的孙子。旧《疑狱集》不载此事。

按:这也是广布耳目侦察盗贼的案例。用于审查案犯神情的方法上,就能够说中罪犯的忌讳,所以能使罪犯自首认罪。

16·5 吕元膺开棺擒贼柳公绰附

唐吕元膺[①],镇岳阳[②]。因出游览,有丧舆驻道左[③],男子五人衰服随之[④]。元膺曰:"远葬则汰[⑤],近葬则简,此必诈也。”亟令左右搜索，棺中皆兵刃，乃擒之。诘其情，对曰：“欲过江劫掠，故假为丧舆，使渡者不疑。又有同党数辈，已在彼岸期集[6]。”悉捕获，以付法。旧不著出处[7]。

按：苏无名察盗之术[8]，正与元膺察贼相类。

《柳氏叙训》有一事云[9]：柳公绰为襄阳节度使[10]。岁歉[11]，邻境尤甚。有齐衰者[12]，哭且献状曰[13]：“迁三世十二丧于武昌[14]，为津吏所遏[15]，不得出。”公绰览之，即命军候擒其人[16]。破其柩，皆实以稻米。盖葬于歉岁，不应并举三世十二丧，故知其诈耳。虽非劫取者，而与元膺搜舆事颇相类也，故附著之。然议者以为闭籴非美[17]，不足为法。今但取其明察，虑有他奸，故著为察贼之鉴耳。

【注释】

①吕元膺（749—820）：字景夫，郓州东平（今山东东平）人。策贤良高第，调安邑尉，辟长春宫判官。累擢给事中，俄为同州刺史。兼皇太子侍读，进御史中丞。拜鄂岳观察使，入拜尚书左丞。改河中节度使，入拜吏部侍郎，以疾改太子宾客。卒，赠吏部尚书。《旧唐书》卷一五四、《新唐书》卷一六二皆有传。

②镇岳阳：此指任鄂岳观察使。辖鄂、岳二州。镇所设在岳州，治所岳阳（今湖南岳阳）。

③丧舆：载着死者灵柩的车辆，也叫灵车。

④衰（cuī）服：丧服，穿着丧服。衰，通“缞”。古代丧服。用粗麻布制成，披在胸前。《左传·襄公十七年》“晏婴粗衰斩”。唐孔颖达疏：“衰，用布为之，广四寸，长六寸，当心。故云‘在胸前’也。”

⑤汰：奢汰，挥霍奢侈。

⑥期集：等候聚集。

⑦天海按：此为郑克自注，言旧《疑狱集》未写明出处。

⑧苏无名：参见本书卷七《察盗》门13·7条《苏无名清明擒盗》。

⑨《柳氏叙训》：又名《柳氏训序》或《柳氏序训》《柳氏家训》。一卷，唐柳玭撰。记叙其祖父柳公绰以下内外事迹，宋以后佚。《新唐书·艺文志二》《宋史·艺文志二》"史部·传记类"均有著录。

⑩柳公绰（765—832）：字宽，又字起之，京兆华原（今陕西铜川）人。唐朝名臣、书法家，太子太保柳公权之兄。应制举，以贤良方正直言极谏科登第，授秘书省校书郎，后授渭南尉，历任开州刺史、侍御史、吏部员外郎等职。唐宪宗时拜御史中丞，出为鄂岳观察使，参与讨平淮西吴元济之乱。唐穆宗时拜京兆尹，迁尚书左丞。唐敬宗宝历元年（825），又拜检校左仆射。唐文宗即位后，出任河东节度使，镇抚沙陀。后任兵部尚书。卒，获赠太子太保，谥号"元"。《旧唐书》卷一六五、《新唐书》卷一六三皆有传。襄阳节度使：此指襄州刺史、山南东道节度使。山南东道治所在襄州（即襄阳，今湖北襄阳），故亦称襄阳节度使。

⑪岁歉：年成歉收。

⑫齐衰（zī cuī）：亦作"齐缞"。古代丧服。"五服"中列位二等，次于斩衰。其服以粗疏的麻布制成，缘边部分缝缉整齐，故名。为继母、慈母服期三年；孙为祖父母、夫为妻服一年；为曾祖父母服五个月；为高祖父母服三个月。

⑬献状：投献的状纸。

⑭三世十二丧：三代十二口丧柩。

⑮津吏：古代管理渡口、桥梁的官吏。

⑯军候：唐代专指主军纪的军官。

⑰闭籴（dí）：禁止买入粮食。籴，买进粮食。

【译文】

唐朝的吕元膺，做鄂岳观察使镇守岳阳。外出游览时，见有丧车停驻在路旁，有男子五人身穿丧服跟随丧车。吕元膺说：“远葬就过于奢侈，近葬就过于简省，这丧车必定有奸诈。”急忙命令左右随从搜索，棺材中都是兵刃，于是就逮捕了他们。审问其中情由，回答说：“将要过江去抢劫，所以假装做成丧车，使摆渡的人不起疑心。还有几个同党，已在对岸等候聚集。”吕元膺将他们全部捕获，并依法处置。旧《疑狱集》未写明出处。

按：苏无名审察盗贼的方法，正与吕元膺审察盗贼的方法相类似。《柳氏叙训》记载了一件事情：柳公绰做襄阳节度使。有一年收成不好，邻境州县更为严重。有个身穿丧服的人，哭着献上诉状说：“要迁葬三代十二口丧棺到武昌，被津吏所阻止，不得出境。”柳公绰观看诉状后，立即命军候擒拿那个人。打开那些棺材，里面都装满了稻米。如果在歉收年迁葬，不应该同时迁走三代十二口丧棺，因此知道其中有诈。虽然不是行劫的人，但与吕元膺搜索丧车的事很相似，所以附录在此。然而议论的人认为禁止买入粮食并非好事，不值得效法。只是取其明察，担心存在其他奸情，所以记录下来作为审察盗贼的借鉴罢了。

16·6 张咏视牒审凶手

张咏尚书[①]，知江宁府[②]。有僧陈牒出凭[③]，咏据案熟视久之[④]，判“送司理院勘杀人贼”[⑤]。翌日，群官聚厅，不晓其故[⑥]。咏乃召问：“为僧几年？”对曰：“七年。”又问：“何故额有系巾痕？”即惶怖服罪。盖一民与僧同行，于道中杀之，取其祠部戒牒[⑦]，自披剃为僧也[⑧]。见李畋虞部所撰《忠定公语录》[⑨]。

按：善察贼者，必有以识之，使不能欺也；善鞫情者，必有以证之，使不可讳也。咏实兼此二术矣，可不谓之明乎？

【注释】

①张咏尚书：参见本书卷四《宥过》门5·6条《张咏智断染料案》注。

②江宁府：府名。北宋天禧二年（1018）复昇州为江宁府。江宁府是江南东路的首府。治所在上元、江宁（今江苏南京）。

③陈牒：同“呈牒”。牒，戒牒。旧制僧道出家，官府给以文凭，称作度牒。因僧尼须受戒，故又称戒牒。出凭：出示凭证。

④据案：双手扶案。

⑤判：判词。司理院：宋代州的审判机构之一，掌刑狱。即司理参军的衙门。勘：审问。

⑥群官聚厅，不晓其故：天海按，此二句《说郛》本作“群官聚问，皆不晓其故”。

⑦祠部：官署名。宋代为礼部所属四司之一，掌祠祀、享祭、卜筮、医药、僧尼等事。戒牒：戒牒是由僧官机构及传戒师签发给受戒僧尼以证明其所取得的资格的凭证。宋代由祠部发给。有牒者得免地租徭役。

⑧披剃：披袈裟剃头发。袈裟，即和尚的僧服。

⑨天海按：此为郑克自注，言本篇之事出自李畋虞部所撰《张忠定公语录》。今已佚。李畋，其人生平未详。虞部，古职官名。《周礼·地官》有山虞、泽虞。虞部盖古虞人之遗职。后为尚书省六部中工部的虞部子司。宋元丰改制，设虞部郎中、员外郎，掌矿冶、茶、盐、矾等事务。

【译文】

工部尚书张咏，做江宁知府。有个僧人呈上戒牒出示凭证，张咏双手扶案仔细看了很久，批示“送交司理院以杀人犯审问”。第二天，群官聚集在大厅，不明白其中缘故。张咏就传召僧人问道：“做僧人几年了？”僧人回答说：“七年。”张咏又问：“为什么额头上有系头巾的痕迹？”僧人立即惊惶地认罪。原来他是一个俗人，与僧人同行，在途中杀死了僧人，窃取了僧人的祠部戒牒,自己披上袈裟剃掉头发做了僧人。事见李畋虞部所撰《忠定公语录》。

按:善于审察盗贼的人,必定有识别他的理由,使盗贼不能欺瞒;善于审察案件实情的人,必定有证明他的道理,使案犯不能隐讳。张咏实在是兼有这二种方法,能不认为他是英明的吗?

16·7　乔某察颜色识盗

乔某虞部[①],知果州西充县时[②],有强寇夜出剽掠,罪人久不获。民或争财而讼于庭,某察其物色有异[③],乃曰:“是必前日盗也。”收诘之,果服。见吕大监正字所撰墓志[④]。某,华阴郡人,失其名[⑤]。

按:昔鲁两生有大臣节[⑥],而史失其名,然迹之著不可掩也[⑦]。今江某之核奸[⑧],乔某之察贼,其事必传矣。虽失其名,亦何憾哉?

【注释】

①乔某:郑克自注“某,华阴郡人,失其名”。虞部:参见16·6条《张咏视牒审凶手》。

②果州:州名。治今四川南充。唐朝始置,两宋因之。南宋时升为顺天府。西充县:县名。唐代析置西充县,隶果州。因县境位于南充之西,治内有西充山,故名西充。

③物色:此指人的形貌神色。

④吕大监:人名,生平未详。正字:官名。北齐始置,为秘书省属官。宋神宗元丰改制后,秘书省置二人,从八品,掌编集书籍,校正脱误。

⑤天海按:此以上为郑克自注。言本篇之事见于吕大监正字所撰墓志,此文今已佚。

⑥鲁两生：此指西汉初年鲁国的两位儒生。有大臣节：此指具有古代大臣忠贞刚正的气节。据《史记·叔孙通列传》，叔孙通奉命为刘邦制定朝仪，征召鲁地儒生三十多人。有两个儒生拒不应征，说："您所奉事的将近十位君主，都是靠当面阿谀奉承取得亲近、显贵的。如今天下刚刚平定，死去的还来不及埋葬，伤残的还欲动不能，又要制定礼乐法规。而礼乐的兴起，只有积累功德百年以后，才能实行。我们不违心替您办这种事。您办的事不合古法，我们不去。您还是走吧，不要玷辱了我们！"

⑦迹之著：他们的事迹显著。

⑧江某：指本书卷五《察奸》门7·21条《江某撕纸察伪券》。

【译文】

工部郎中乔某，做果州西充县知县时，县内有强盗夜出抢劫，罪犯长久不能擒获。有人因为争夺财产而到县衙诉讼，乔某观察那人形貌神色有异常，就说："这人一定是前些日子的盗贼。"收捕后审问他，果然认罪。事见吕大监正字所撰墓志。乔某，是华阴郡人，其名已佚。

按：从前鲁国两个儒生有大臣应有的气节，史书佚失其姓名，然而他们的事迹显著不能被掩没。如今江某的核察奸邪，乔某的审察盗贼，他们的事迹必定传于后世。虽然佚失他们的姓名，又何必遗憾呢？

十七、迹贼

【题解】

迹，就是跟踪追查罪犯踪迹。迹贼，即追踪缉捕抢劫、杀人越货、放火、投毒等对国家、人民生命财产安全以及社会道德风尚造成严重危害的罪犯。"迹贼"与"迹盗"的破案手段是相同的，区别只在于案犯的性质。盗，以偷窃财物为主，社会危害性较轻；而"贼"则指抢劫、杀人放火、投毒等重大刑事犯罪。

此为《折狱龟鉴》第十七门,选录主案5条,其中重出无文3条,附1事,共3事。本门与《擿奸》门一样,实际上主案只录有2事,是全书采主案最少的两门。

本门第二条《魏昶追踪投毒犯》中,办案官吏魏昶首先传唤被毒害人的家奴,选出三个相貌端正的年轻人,用布衫蒙住头部,是想要用诈术获取案犯;又传唤卫士四人,问十天以来何人曾经寻找过被害人的家,是想要用追踪的方法获取案犯。虽然兼用了这两种方法,但是以诈术获贼没有效果,而追踪获贼有了效果。就好像捕得雀鸟,是用网的一个孔眼,但不可能用只有一个孔眼的网捕得雀鸟一样。作者主张追踪罪犯可以同时采用多种方法,而不是只用一种方法。

本门第五条《桑怿闭栅捕盗贼》(虞诩附),此二事皆为采用兵法平息匪患的事例。主案中桑怿先闭栅示弱,诱使群贼自大不逃,又通过老妇了解群贼的活动踪迹,使其不能觉察防备,然后将他们全部擒获。所附后汉虞诩一事,为剿灭匪贼数千人,先诱使群匪出巢肆行抢掠,然后伏兵将其剿杀。又暗中派遣内应佣作贼衣,以彩线缝贼人衣裾为标识,有出入市里者,官吏就擒获他。由此,数千贼人惊骇四散,不攻自破。

本门重出3事,已见卷一《释冤》门(上)1·6条《司马悦刀鞘辨凶》;《释冤》门(上)1·16条《刘崇龟换刀擒凶》;卷一《释冤》门(下)1·19条《府从事开坟验尸》。此三事皆为查办杀人凶案,主办官吏运用智谋,追查踪迹,使罪犯落网,故又列入此门。

17·1 司马悦

已见《释冤》门①。

按:此与高湝"留靴"之术同②,但彼谲而此正耳。

【注释】

①天海按:司马悦之事已见于本书卷一《释冤》门(上)1·6条《司

马悦刀鞘辨凶》。

②高湝“留靴”：参见本书卷七《迹盗》门14·3条《高湝留旧靴察盗》。

【译文】

司马悦之事已经见于本书《释冤》门。

按：此事与高湝“留靴查偷换”的方法相同，只是高湝使用诈术，而司马悦使用的是正当手段罢了。

17·2 魏昶追踪投毒犯

唐中书舍人郭正一[①]，破平壤得一高丽婢[②]，名玉素，极姝艳[③]，令专知财物库[④]。正一夜须浆水粥，玉素遂毒之。良久，觅婢不得，又失金银器四十余事[⑤]。敕令捕贼，鼎沸三日[⑥]。长安万年捉不良[⑦]，有主帅魏昶[⑧]，请唤舍人家奴，取少年端正者三人，布衫笼头；又传卫士四人，问：“十日以来，何人曾觅舍人家[⑨]？”卫士云：“有投化高丽留书与舍人捉马奴[⑩]，书见在。”取验之，但言“金城坊中有一空宅”[⑪]，更无他语。昶乃往金城坊，应空宅并搜之[⑫]。果至一宅，封锁甚密，即时打开，婢及投化高丽皆在。乃是投化高丽与捉马奴藏之。敕斩于东市[⑬]。旧不著出处[⑭]。按[⑮]：《唐书·郭正一传》云：正一与郭待举、魏玄同、岑长倩并相高宗[⑯]，唐平章事自正一等始[⑰]。正一为中书舍人，不当出征高丽[⑱]。酷吏周兴诬而杀之[⑲]，非为婢所毒也[⑳]。其征高丽者有郭待封，乃孝恪之子[㉑]，武将。其后乃以中书舍人副薛仁贵伐吐蕃[㉒]，败绩贬死[㉓]。附见《薛仁贵传》中，亦无为婢所毒事。此盖小说所载，传闻缪说[㉔]，不足信者。姑取其事之迹可也。

按：昶唤舍人家奴，取少年端正者三人布衫笼头，欲以谲取之也[25]。又传卫士四人,问十日以来何人曾觅舍人家,欲以迹求之也[26]。虽兼用二术,然谲贼不效而迹贼效矣。譬犹得雀者,网之一目[27],而不可以一目之网捕雀也。昶虽小人[28],而善捕贼,与苏无名、董行成类矣[29]。特著其事,以劝能者,不为无补也。

【注释】

①中书舍人:官名。魏晋时于中书省内置中书通事舍人,掌传宣诏命。南朝沿置。至梁,除“通事”二字,称中书舍人,任起草诏令之职,参与机密,权力日重。隋唐时,中书舍人在中书省掌制诰。郭正一(?—689):定州鼓城(今河北晋州)人。唐太宗贞观年间,进士及第,历任弘文馆学士,迁中书舍人。唐高宗即位,迁中书侍郎、同平章事,册封颍川县男。武后称制,授国子祭酒,迁检校陕州刺史。永昌元年(689),受酷吏周兴诬陷,坐罪处死。《旧唐书》卷一九〇、《新唐书》卷一〇六皆有传。

②破平壤:唐乾丰二年(667),以李勣为行军大总管兼安抚大使的部队进军高句丽,围平壤;总章元年(668),与其他部队会师,攻拔高句丽都城平壤(今朝鲜首都平壤),高句丽投降。唐朝在平壤置安东都护府,以薛仁贵为都护。高丽:即高句丽,朝鲜古代国名。

③姝艳:美丽,美好。

④专知:专门掌管。

⑤“良久”几句:天海按,张鷟《朝野佥载》卷五作:“正一急曰:‘此婢药我。’索土浆、甘草,服解之,良久乃止。”

⑥敕令捕贼,鼎沸三日:天海按,此句《朝野佥载》卷五作:“录奏,敕令长安、万年捉不良,脊烂求贼,鼎沸三日,不获。”敕令,皇帝下诏令。鼎沸,比喻喧闹、不安定。

⑦长安万年捉不良：天海按，原文作“长安万年尉石良”，《朝野佥载》卷五作“录奏，敕令长安万年捉不良”，此据改。万年，唐朝县名。属京兆府，治所在京都长安（今陕西西安）。捉不良，唐代缉捕盗贼的差役，犹后世的捕快。

⑧有主帅魏昶：天海按，《朝野佥载》作“不良主帅魏昶有策略”。不良，唐代主管侦缉逮捕的官吏，称为“不良”或“不良人”。差役叫“捉不良”，统管的人叫不良主帅。魏昶，唐时人，曾任长安万年县不良主帅，其他不详。

⑨觅：寻找。

⑩投化高丽：投顺归化的高丽人。捉马奴：管马奴，马夫。

⑪金城坊：万年城中街坊名称。

⑫昶乃往金城坊，应空宅并搜之：此句《朝野佥载》作：“不良往金城坊空宅，并搜之。”应，所有，全部。

⑬东市：唐长安城中有东市、西市。自汉以来即为处决死囚之地。后因以东市指刑场。

⑭天海按：此为郑克自注，言旧《疑狱集》未写明出处。此事见于唐张鷟所撰《朝野佥载》卷五，又见《太平广记·精察一》。

⑮天海按：此“按”以下之文，当为郑克所撰。

⑯正一与郭待举、魏玄同、岑长倩并相高宗：天海按，据《新唐书·郭正一传》载，郭待举、魏玄同、岑长倩三人与郭正一在高宗永隆中并拜同中书门下平章事，即宰相之职，故云“并相高宗”。

⑰唐平章事自正一等始：据《新唐书·百官志》载，贞观八年（634），仆射李靖以疾辞位，诏疾小瘳，三两日一至中书门下平章事，而“平章事”之名盖起于此。永淳元年（682），以黄门侍郎郭待举、兵部侍郎岑长倩等同中书门下平章事，“平章事”入衔，自待举等始。自是以后，终唐之世不能改。平章事，即同中书门下平章事，意谓合中书、门下为一，共议国政。

⑱不当：天海按，“不”字原文脱，此据上下文意径补。

⑲酷吏周兴诬而杀之：天海按，《旧唐书·郭正一传》作：“永昌元年，为酷吏所陷，流配岭南而死，家口籍没，文集多遗失。”

⑳非为婢所毒也：天海按，《朝野佥载》卷五作：“正一急曰：‘此婢药我。’索土浆、甘草，服解之，良久乃止。”可见郭正一并未被毒死。

㉑郭待封，乃孝恪之子：郭待封，唐初名将郭孝恪次子。唐高宗时，得裴行俭提拔，升官至左豹韬卫将军。咸亨中，与薛仁贵率兵讨吐蕃，于大非川之战战败，减死除名。孝恪，即郭孝恪，唐许州阳翟（今河南禹州）人。唐初名将，官至昆丘道副大总管。《新唐书》卷一一一、《旧唐书》卷十三皆有传。

㉒副薛仁贵伐吐蕃（tǔ bō）：唐高宗咸亨元年（670），吐蕃入寇，命薛仁贵为逻娑道行军大总管，将军阿史那道真、郭待封为副帅，率兵击之，大败于大非川。薛仁贵，唐绛州龙门（今山西河津）人。唐初名将，累官左武卫将军。《旧唐书》卷八三、《新唐书》卷一一一皆有传。吐蕃，古时藏族在青藏高原建立的政权。自松赞干布至朗达玛传位九代，延续两百多年。吐蕃本属西羌，唐初兼诸羌，据有西藏。

㉓败绩贬死：据《新唐书·郭孝恪传》，郭待封随薛仁贵伐吐蕃，战于大非川，战败，免死为民。

㉔传闻缪说：口头荒谬传说的事情。

㉕欲以谲取之：想要用诈术查获案犯。

㉖欲以迹求之：想要追寻踪迹查获案犯。

㉗网之一目：网的一个孔眼。

㉘小人：无名小辈。

㉙苏无名：其事参见本书卷七《察盗》门13·7条《苏无名清明擒盗》。董行成：其事参见本书卷七《察盗》门13·8条《董行成察盗驴贼》。

【译文】

唐朝中书舍人郭正一，在攻破平壤后得到一个高丽婢女，名叫玉素，特别美丽，让她专门掌管财物库房。郭正一夜里要喝浆水稀粥，玉素于是下毒害他。过了很久，找不到这个婢女，又丢失了金银器物四十多件。皇上命令搜捕贼人，城中多日喧嚷不安。长安万年县捉贼的差役，有主帅魏昶，要求传唤舍人的家奴，选取三个相貌端正的年轻人，用布衫笼住头；又传唤四名卫士，问道："十天以来，有何人曾经寻找过舍人的家？"卫士说："有投顺归化的高丽人留下书信给舍人的马夫，书信还在。"取来书信查验，上面只是说"金城坊中有一空宅"，再无其他言语。魏昶于是前往金城坊，将所有的空宅一并搜查。果然到一处空宅，封锁得很严密，立即打开，婢女以及投顺的高丽人都在。这是投顺的高丽人与马夫的藏身之处。皇上下令在东市处斩。旧《疑狱集》未写明出处。按：《唐书·郭正一传》载：郭正一与郭待举、魏玄同、岑长倩三人同时做唐高宗宰相，唐朝同中书门下平章事自郭正一等人开始。郭正一任中书舍人，不应当出征高丽。他是被酷吏周兴诬陷而死的，并非婢女所毒害的。那时征讨高丽的人有郭待封，是郭孝恪的儿子，也是个武将。其后就以中书舍人的身份做薛仁贵副手讨伐吐蕃，战败贬死罪。事附见于《薛仁贵传》中，也没有为婢女所毒害的事。这大概是小说所载，口头荒谬传说的事情，不值得相信。姑且选取其中追寻贼人踪迹这一方面就可以了。

按：魏昶传唤舍人家奴，选出三个相貌端正的年轻人用布衫蒙住头部，是想要用诈术来获取案犯。又传唤四名卫士，问十天以来何人曾经寻找过舍人的家，是想要用追踪的方法获取案犯。虽然兼用了两种方法，但是以诈术获贼没有效果而以追踪获贼有了效果。这就好像捕得雀鸟，是用网的一个网眼，但不可能用一个孔眼的网捕得雀鸟一样。魏昶虽然是无名小辈，但是善于捕贼，与苏无名、董行成是一类的人。特地著录这件事，以此勉励有才能的人，也不是没有益处的。

17·3 刘崇龟

已见《释冤》门[1]。

【注释】

①天海按：刘崇龟之事已见于本书卷一《释冤》门（上）1·16条《刘崇龟换刀擒凶》。

【译文】

刘崇龟之事已见于《释冤》门。

17·4 府从事

已见《释冤》门[1]。

【注释】

①天海按："府从事"之事已见于本书卷一《释冤》门（下）1·19条《府从事开坟验尸》。

【译文】

"府从事"之事已见于《释冤》门。

17·5 桑怿闭栅捕盗贼虞诩附

桑怿崇班[1]，初以右班殿直为永安县巡检[2]。明道末[3]，京西旱蝗[4]，有恶贼二十三人，枢密院召怿至京师[5]，授以贼姓名，使往捕[6]。怿曰："盗畏吾名，必溃，溃则难得矣，宜先示之以怯。"至则闭栅，戒军吏不得一人辄出。居数日，其下不知所为，数请出自效[7]，辄不许。夜，与数卒服盗服，迹盗所尝行处[8]。入民家，老小皆走，独一媪留[9]，为治饮食，如事群盗。怿归，闭栅三日，复往，自携具就媪馔[10]，而以余遗媪。媪以为真盗，乃稍就，与语及群盗。媪曰："彼闻桑殿直来[11]，皆遁去。近闭营不出，知其不足畏，今皆还矣。某在某处，某在某所。"怿又三日往，厚遗之[12]，遂以实告曰："我桑殿直也，为我察其实，勿泄，后三日复来。"又三日而往，媪尽得居处之实以告怿。明日，部分军士[13]，尽擒诸盗。其尤强梁者[14]，怿自驰马取之。见本传[15]。

按：怿先闭栅，谲贼使不走[16]，乃因媪迹贼，使不觉，然后悉擒之，皆兵法也。

后汉虞诩[17]，为朝歌长时[18]，贼甯季等数千人，攻杀长吏[19]，屯聚连年，州郡不能禁。诩到官，既诱令劫掠[20]，伏兵杀之。又潜遣贫人能缝者，佣作贼衣[21]，以彩线缝其裾为识[22]，有出市里者，吏辄擒之。贼遂骇散，咸称神明。出《后汉书》本传[23]。是亦兵法也。然于迹贼之术，悉皆有所考焉[24]，顾用者如何耳[25]。故并著之，以备采择也。

【注释】

①桑怿崇班：参见本书卷七《迹盗》门14·5条《桑怿察贼盗尸衣》注。

②右班殿直：官名。武臣阶官。北宋前期置，系三班小使臣。元丰改制，定为正九品。政和二年（1112）改名保义郎。永安县：县名。宋置，治所在永安镇（今河南巩义）。永安县因赵匡胤父亲赵弘殷的陵墓永安陵而得名，县域范围主要是北宋的陵区，至金代取消。巡检：官名。官署名巡检司，官名巡检使，省称巡检，始于五代后唐庄宗。宋时于京师府界东西两路，各置都同巡检二人，京城四门巡检各一人。以武臣充任，归州县指挥。

③明道：宋仁宗年号（1032—1033）。

④京西：汴京（今河南开封）以西地区。旱蝗：旱灾和蝗灾。

⑤枢密院：封建时代中央官署名。五代至元的最高军事机构。唐始设枢密使，掌文书，以宦官任之。后唐时枢密使辅佐宰相，分掌军政。宋设枢密院与“中书”分掌军政大权，号称“二府”。京师：京都。宋指京城开封（今河南开封）。

⑥使往捕：天海按，原文脱此三字，此据欧阳修《桑怿传》径补。

⑦自效：自愿贡献力量或生命。

⑧迹盗：追踪侦察强盗的行迹。

⑨媪（ǎo）：老年妇人。

⑩自携具就媪馔（zhuàn）：自带餐具到老妇家饮食。

⑪桑殿直：此称右班殿直桑怿。

⑫厚遗之：多送礼物给老妇。

⑬部分军士：部署分派军队。

⑭尤强梁者：特别凶猛强悍的。

⑮天海按：此为郑克注文，言本篇事出宋朝《国史》桑怿本传。

⑯谲贼使不走：用诈术使贼不致逃跑。

⑰后汉：即东汉。虞诩：字升卿，小字定安，陈国武平（今河南鹿邑）人。东汉名臣。举孝廉出身，拜郎中。外放朝歌长、迁怀令，平定朝歌叛乱。升武都太守，以计大败羌人，安定武都，政绩卓然。历任司隶校尉、尚书仆射、尚书令等职，刚正不阿，多次得罪权贵。《后汉书》卷五八有传。

⑱朝歌长：朝歌县长。县治在今河南淇县。

⑲长吏：称地位较高的县级官吏。

⑳诱令劫掠：诱使贼人抢劫掠夺。

㉑佣作贼衣：受雇为盗贼做衣服。

㉒裾：衣服的前襟。为识（zhì）：做标志、记号。

㉓天海按：此为郑克自注，言本篇事出《后汉书·虞诩传》。

㉔有所考焉：对此有所参考。

㉕顾：副词，表轻微转折，不过。

【译文】

内殿崇班桑怿，最初以右班殿直的身份出任永安县巡检。宋仁宗明道末年，京西发生旱灾蝗灾，有恶贼二十三人作乱，枢密院召桑怿到京城，把恶贼姓名交给他，派他前往搜捕。桑怿说："盗贼畏惧我的名声，知道我去必定溃散，溃散后就难于捕获了，应当先示以怯弱的样子给盗贼看。"桑怿到后就紧闭军营栅门，告诫军吏不得一人擅自外出。过了几日，他的部下不知道他要做什么，多次请求出战自愿效命，桑怿就是不准许。夜里，桑怿与几个士卒穿上盗贼衣服，追寻盗贼曾经出没过的地方。进入一户民家，这家老小都走了，只留下一个老妇，老妇为他们置办饮食，如同事奉群盗一样。桑怿回来后，紧闭栅门三天，再次前往老妇家，自行携带餐具请老妇做饮食，并把剩余的饮食送给老妇。老妇以为他们是真的盗贼，就稍稍接近，与他们谈及群盗的事。老妇说："那些盗贼听说桑殿直要来，都逃遁而去。近来军队紧闭营门不出，知道军队不值得畏惧，现在都回来了。某人在某处，某人在某地。"桑怿又过了三天前往，送给老妇许多礼物，然后把实情告诉老妇："我就是桑殿直，为我查明盗贼实情，不要泄露机密，三天后我再来。"又过了三天前往，老妇完全得到盗贼驻地的实情并报告给桑怿。第二天，桑怿部署分派军士，全部擒获了那些盗贼。其中特别强横凶恶的盗贼，桑怿亲自骑马捉拿他。事见《国史》桑怿本传。

按：桑怿先紧闭军营栅门，用诈术使盗贼不逃走，又通过老妇追寻盗贼踪迹，使盗贼不能觉察，然后全部擒拿，都是用的兵法。

东汉的虞诩，做朝歌县长时，贼人甯季等数千人，攻杀县里长吏，驻扎聚集好几年，州郡不能禁止。虞诩到官后，就诱使盗贼出来抢劫，并埋伏军队袭杀盗贼。又暗地派遣那些会缝纫且贫穷的人，受雇为盗贼做衣服，把彩线缝在盗贼衣服的前衣襟上作为标志，凡穿着这种衣服进入市里的，差吏就将其擒拿。贼人于是惊骇逃散，人们都称他神明。事出《后汉书·虞诩传》。这也运用了兵法。然而对于追寻盗贼踪迹的方法，这些事例全部都有可以参考的地方，就看如何运用了。所以一并著录在此，以备后人选择采用。

十八、谲贼

【题解】

谲贼，即用诈术设计诱捕重大刑事犯罪罪犯。

此为《折狱龟鉴》第十八门。选录主案6条，其中重出无文2条，附1事，共5事。

第一条《苏秦死后诛凶手》，讲述的是战国时苏秦在齐国被刺，临死前为齐王设计，以诈谋诱出凶手为自己报仇。

第二条《陆云放妻擒奸夫》，西晋的陆云做县令时，有县民被杀害，但是不能确定杀人凶手。陆云就逮捕了死者的妻子，十多天后，放她出去。陆云又密令差人跟随在那妇人身后，对差人说："不出十里地，应当有男子等候与她说话，就将其逮捕捆绑送来。"后来果然如此。审问那男子，完全服罪，说："是我与死者妻子共同谋杀的。听说她能够出来，想要和她一起说话。害怕靠近县城，所以在远处相约等候。"这是因为陆云觉察到死者妻子有与人通奸的迹象，所以拘押了她，后来又放出她，是以诈术诱骗那通奸的男人，使他心有疑惑而主动出现。

第三条《杨津凭衣马缉盗》，此与卷七《迹盗》门14·3条《高湝留旧靴察盗》中高湝留靴诱骗老妇的方法相同。那是以留下旧靴子为追踪线索，这是以口述盗贼衣服与马匹的颜色为追踪线索，而且都是用诈术取得成功。二者不同的地方是，高湝的方法得到丢失的靴子，主要在于追寻踪迹兼用诈术；而杨津言说衣服与马匹的颜色，主要在于运用诈术并追寻贼人踪迹。

第四条《柳庆诈诱抢劫犯》，北周的柳庆在审理抢劫案时，认为贼人是乌合之众，可以用诈术找到他们。就冒充贼人写匿名信，张贴在官府大门上，说："我等共同抢劫胡人家，同伙人多混杂，最终担心事情会泄露。如今想要自首，害怕不能免于诛杀。如果准许先自首的人免罪，就随即前来告发。"于是柳庆就发布自首免罪的文告。过了两天，广陵王元欣的家奴将自己捆绑起来，在文告之下自首，因此将盗贼党羽全部捕获。

作者认为：对于逃避隐藏的贼人，用诈术使他现身，免除了追捕的麻烦，这个方法不能废除。不仅逃跑隐藏的贼人可以用诈术擒获，而且隐藏的案件实情也可以用诈术获取。《擿奸》《钩慝》所载的案件，都是用诈术获取案件实情的，因此这三门又与《鞫情》门的方法相似。

18·1 苏秦死后诛凶手

苏秦在齐[①]，大夫与之争宠[②]，使人刺之，不殊而去[③]。求贼不得。秦且死，谓齐王曰："臣死之后，王车裂臣[④]，以徇于市[⑤]。曰：'苏秦为燕作乱于齐[⑥]。'如此，则刺臣之贼必得矣。"王如其言，贼果出，乃诛之。旧出《春秋后语》[⑦]。

【译文】

①苏秦（？—前284）：己姓，苏氏，名秦，字季子，雒阳（今河南洛阳）人。战国时期著名的纵横家、外交家和谋略家。早年投入鬼谷子门下，学习纵横之术。随后，刻苦攻读《阴符》，游说列国，得到燕文公赏识，出使赵国，提出"合纵"六国以抗秦的战略思想，并最终组建合纵联盟，任"纵约长"，兼佩六国相印，使秦国十五年不敢出兵函谷关。联盟解散后，齐国攻打燕国，苏秦说齐归还燕国城池。后自燕至齐，从事反间活动，被齐国任为客卿。齐国

众大夫因争宠派人刺杀了他，苏秦死前献策诛杀了刺客。著作有《苏子》31篇，收于《汉书·艺文志》，早佚。《战国纵横家书》存有苏秦游说辞及书信十六篇，其中十一篇不见于现存传世古籍。齐：西周到春秋战国时期的诸侯国，被周天子封为侯爵，分为姜齐（前1046—前387）和田齐（前386—前221）两个时代，疆域位于现今山东大部、河北南部。始封君为太公望（姜子牙），姜姓，都营丘（后称临淄，今山东淄博）。春秋时齐桓公任用管仲，成为霸主。后田氏夺得政权，成为战国七雄之一。

②大夫与之争宠：《史记·苏秦列传》："齐宣王卒，湣王即位，说湣王厚葬以明孝，高宫室、大苑囿以明得意，欲破敝齐而为燕。燕易王卒，燕哙立为王。其后齐大夫多与苏秦争宠者，而使人刺苏秦，不死，殊而走。齐王使人求贼，不得。苏秦且死，乃谓齐王曰：'臣即死，车裂臣以徇于市，曰"苏秦为燕作乱于齐"，如此，则臣之贼必得矣。'于是如其言，而杀苏秦者果自出，齐王因而诛之。燕闻之曰：'甚矣，齐之为苏生报仇也！'"大夫，古代职官的级名。西周以后先秦诸侯国中，在国君之下有卿、大夫、士三级。争宠，争夺国君的宠信。

③不殊而去：未死而逃走。不殊，谓刺杀未死。此"殊"字，为死亡之意。《史记·苏秦列传》作"不死，殊而走"，此"殊"字为"受创"之意。裴骃集解云："苏秦时虽不即死，然是死创，故云'殊'。"

④车裂：古代一种残酷的死刑。就是把人的头和四肢分别绑在五辆车上，套上马或牛，分别向五个不同的方向拉，把人的身体硬撕裂为五块，所以名为车裂。

⑤徇于市：在街市示众。

⑥燕：周朝的诸侯国之一。前1044年，周武王灭商后，封其弟姬奭于燕地，是为燕召公。姬姓，都蓟（今北京）。战国时七雄之一。

⑦天海按：此为郑克自注，言本篇之事《疑狱集》出自《春秋后语》。

现又见于《史记·苏秦列传》。《春秋后语》是晋代孔衍创作的国别体史书。又名《春秋后国语》,十卷。原书已佚,今传本系后人所辑。是书所记,上承春秋,始自秦穆公,迄于楚汉之际。按秦、齐、楚、赵、魏、韩、燕七国分别记载,且以记言为主。故称《春秋后语》《春秋后国语》。

【译文】

苏秦在齐国时,齐国大夫与他争宠,并派人刺杀他,未死而贼人逃离。寻求贼人未得。苏秦将要死时,对齐王说:"我死之后,大王将我车裂,在街市上示众。就说:'苏秦为燕国在齐国制造祸乱。'这样,那刺杀我的贼人就必定擒得了。"齐王按照苏秦的话做,贼人果然出现了,于是就诛杀了他。旧《疑狱集》出自《春秋后语》。

18·2 陆云放妻擒奸夫

晋陆云①,为浚仪令②。民有被杀,而主名不立者③,云录其妻④,而无所问。十许日遣出,密令人随其后,谓曰:"不出十里,当有男子候之与语,便缚来。"既而果然。问之具服,云:"与其妻同谋杀之。闻得出,欲共语。畏惮近县,远相要候⑤。"人皆叹服。旧出《晋书》本传⑥。

按:此盖察其妻有奸状,故拘录之⑦,以谲奸人,使疑而出也。

【注释】

①陆云(262—303):字士龙,吴郡吴县(今江苏苏州)人。三国东吴后期至西晋初年文学家。东吴丞相陆逊之孙,大司马陆抗第五子,与其兄陆机合称"二陆"。陆云先后曾任浚仪令、尚书郎、侍御史、太子中舍人、中书侍郎、清河内史等职。世称"陆清河"。

其兄陆机死于“八王之乱”而被夷三族后，陆云也受牵连入狱，最终遇害。《晋书》卷五四有传。

②浚仪令：浚仪县令。浚仪，古县名。西汉置，治今河南开封，属陈留郡。

③主名不立：主犯姓名不能确定。

④录：逮捕。

⑤畏惮近县，远相要候：畏惧靠近县城，相约在远处等候。要，邀约。

⑥天海按：此为郑克自注，言本篇之事，旧《疑狱集》录自《晋书·陆云传》。

⑦拘录：拘押逮捕。

【译文】

西晋的陆云，做浚仪县县令。有县民被杀害，但是主犯姓名不能确定，陆云逮捕了死者的妻子，却什么也没有问她。十多天后放她出去，陆云又密令差人跟随在那妇人身后，对差人说：“不出十里地，应当有男子等候与她说话，就将其逮捕捆绑送来。”后来果然如此。审问那男子，完全服罪，说：“我与死者妻子共同谋杀了他。听说她能够出来，想要一起说话。害怕靠近县城，所以在远处相约等候。”人们都为此感叹佩服。旧《疑狱集》出自《晋书·陆云传》。

按：这是因为觉察到死者妻子有与人通奸的迹象，所以拘押逮捕了她，以此诈术诱骗通奸的男人，使他心有疑惑而主动出现。

18·3 杨津凭衣马缉盗

后魏杨津[①]，为岐州刺史[②]。有武功人赍绢三匹[③]，去城十里，为贼所劫。时有使者驰骑而至[④]，被劫人因以告之。使者到州，以状白津[⑤]。津乃下教[⑥]，云：“有人著某色衣，乘某色马，在城东十里被杀，不知姓名。若有家人，可速收视。"一媪哭而出[⑦]，云是己子。遣骑追收，并绢俱获。旧出《北史·杨播传》。津，其子也[⑧]。

按：此与高湝留靴给妪术同[⑨]，彼以靴为迹，此以衣与马之色为迹[⑩]，而皆用谲取之。其异者，彼实得靴，则主于迹而兼以谲；此空言衣与马之色，则主于谲而示以迹也。

【注释】

①后魏：此为南北朝时的北魏。杨津（469—531）：原字延祚，北魏孝文帝赐字罗汉，弘农华阴（今陕西华阴）人。北魏洛州刺史杨懿的儿子，侍中杨播之弟。历岐州、华州刺史，皆有声誉。孝昌中除定州刺史，官至司空。普泰初遇害。《魏书》卷五八、《北史》卷四一有传。

②岐州：州名。州治在雍县（今陕西凤翔）。

③武功：县名。治所在今陕西武功。赍绢：携带。三匹：天海按，原文作"三百匹"，此据《北史·杨津传》《魏书·杨津传》径改。

④使者：指受命出使的人，泛指奉命办事的人。此指驿站传送公文的使者。

⑤以状白津：把被劫人所告诉的情况禀告杨津。

⑥下教：下告示。教，古代文体的一种，为官府或长上的对下告谕。

⑦一媪：《北史·杨津传》《魏书·杨津传》皆作"一老母"。

⑧天海按：此为郑克自注，但此注文或有误。本篇事出《北史·杨津传》。杨津之父是杨懿，杨津是杨播之弟，而非杨播之子。译文径改。

⑨高湝留靴：参见本书卷七《迹盗》门14·3条《高湝留旧靴察盗》。

⑩为迹：作为追踪的线索。

【译文】

南北朝时北魏的杨津，做岐州刺史。有个武功县人携带三匹绢，在距离州城十里的地方，被贼人所抢劫。当时有驿站使者驰马经过，被劫的人便把被抢劫的情况告诉了他。驿站使者到了州府，把情况禀告给杨津。杨津就下达告示说："有人穿某色衣，骑某色马，在城东十里处被杀，不知道他的姓名。如果有家人，可速来收尸查看。"一个老妇人哭着走出来，说是自己的儿子。杨津就派遣差吏骑马追查收捕，盗贼与绢一并获得。旧《疑狱集》出自《北史·杨津传》。

按：这与高湝留靴诱骗老妇的方法相同，那是以靴子为追踪线索，这是以盗贼衣服与马的颜色为追踪线索，而且都是用诈术取得成功。其不同的地方是，高湝实际上得到靴子，那主要凭借追踪线索而兼施诈术；这杨津虚言衣服与马的颜色，就主要在于运用诈术以显示有追踪线索。

18·4 柳庆诈诱抢劫犯

后周柳庆[①]，领雍州别驾[②]。有胡家被劫[③]，郡县按察[④]，莫知贼处，邻近被囚者甚众。庆以贼是乌合[⑤]，可以诈求之。乃作匿名书，榜官府门曰[⑥]："我等共劫胡家，徒旅混杂[⑦]，终恐泄露。今欲首服[⑧]，惧不免诛。若听先首免罪[⑨]，便欲来告。"庆乃复施免罪之牒[⑩]。居二日，广陵王欣家奴面缚自告牒下[⑪]，因此尽获党与。旧出《北史·柳虬传》。庆，其弟也[⑫]。

【注释】

①后周：即南北朝时的北周。柳庆（516—566）：字更兴，河东解县（今山西永济）人。北魏孝武帝时期，凭借门荫入仕，任散骑侍郎，授相府东阁祭酒、户曹参军。大统八年（542），升任大行台郎中、北华州长史。兼任雍州别驾，执法不阿，震慑广陵王元欣等贵戚。累迁民部尚书、尚书右仆射、骠骑大将军，册封平齐县公。北周建立后，赐姓宇文氏，授京兆尹，出任宜州刺史。卒，赠鄜、绥、丹三州刺史，谥

景。《北史》卷五二、《周书》卷一四有传。

②领：汉代以后，以地位较高的官员兼理较低的职务，谓之“领”；也称“录”。雍州：州名。治所在长安（今陕西西安）。别驾：官名。后魏于诸州置别驾从事史，掌总理众务。参见本书卷一《释冤》门上1·9条《柳庆问饮酒察盗》注。

③胡家：西域胡人家。古代称北方和西方的民族为“胡”“胡人”。

④按察：巡察，考查。

⑤乌合：如群乌暂时聚合。指暂时凑合的一群人。

⑥榜：张贴。

⑦徒旅：同行的伙伴或徒众。

⑧首服：投案自首。

⑨听先首：准许首先自首。

⑩复施免罪之牒：又施行自首者免罪的文告。

⑪广陵王欣（？—554）：元欣，字庆乐，河南洛阳（今河南洛阳）人。北魏宗室大臣，魏献文帝拓跋弘之孙，广陵惠王元羽之子。孝庄初，封沛郡王，后封淮阳王。孝武时，加太师、开府，复封广陵王。面缚：双手反绑于背而面向前。古代常用以表示投降、自首。

⑫天海按：此为郑克自注。其中原注文中“柳蚪”为“柳虬”笔误，径改。又，本篇之事见于《北史·柳庆传》，原注有误，译文径改。

【译文】

北周的柳庆，西魏时兼任雍州别驾。有家胡人被抢劫，郡县进行巡察，不知道贼人在哪里，附近很多人被囚。柳庆认为贼人是乌合之众，可以用诈术寻找他们。于是就冒充贼人写了匿名信，张贴在官府大门上称：“我等共同抢劫胡人家，同伙人多混杂，最终担心事情泄露。如今想要自首，害怕不能免于诛杀。如果准许先自首的人免罪，就随即前来告发。”柳庆就又下发自首免罪的文告。过了两天，广陵王元欣的家奴将自己捆绑起来，在文告之下自首，因此将盗贼党羽全部捕获。旧出《北史·柳庆传》。

18·5 蒋常张松寿附[1]

已见《释冤》门[2]。

按:常之留媪,盖用陆云录妻之术[3],谲贼使出,乃可捕获也。

唐张松寿任长安令时[4],昆明池边有劫杀贼[5],敕限十日捕获,督责甚峻[6]。松寿至行劫处检踪,见一老姥路傍卖饭,即以从骑驮归县中[7]。供酒食三日,却驮送旧处。令一腹心人密往伺察之,有人来问贼事,即收缚。果有一人问曰:"明府若为推勘[8]?"遂擒送县,一问款服[9],并赃皆获。旧不著出处[10]。此又用蒋常留妪之术者也[11]。

【注释】

①天海按:"寿"字原文脱,此据按语正文径补。

②天海按:参见本书卷一《释冤》门(上)1·11条《蒋常留老妇察奸》。

③陆云录妻:参见本书上文18·2条《陆云放妻擒奸夫》。录,拘押。

④张松寿:唐时人,生平未详。长安令:长安县令。

⑤昆明池:湖沼名。西汉汉武帝元狩三年(前120)于长安(今陕西西安)西南郊所凿。池周四十里,广三百三十二顷。宋以后湮没。劫杀贼:抢劫杀人的案犯。

⑥督责甚峻:督促责备很是严厉。

⑦从骑:骑马的随从。

⑧明府若为推勘:县令是怎样审问的。明府,汉代原为对太守的尊称,唐以后多用以专称县令。若为推勘,怎样审问。

⑨款服:罪人自供实情而服罪。

⑩天海按:此为郑克自注,言本篇旧《疑狱集》未写明出处。今见本

篇事出张鷟《朝野佥载》，又见《太平广记·精察》。

⑪妪：老年妇女的通称。媪、姥，皆与此同。

【译文】

蒋常之事已见于《释冤》门。

按：蒋常留老妇察奸，也是采用陆云拘押死者妻子的方法，诱使贼人自动出现，就可以将其捕获。

唐朝的张松寿任长安县令时，昆明池边有贼人抢劫杀人，皇上诏命限十日内捕获，督促查办很是严厉。张松寿到抢劫发生的地方查看踪迹，看见一老妇人在路边卖饭，随即让随从用马将她驮回县衙中。供给她酒食三天，又把她驮送回原来的地方。让一个心腹秘密前往观察她，如果有人来问贼人的事，立即逮捕捆绑。果然有一个人问她说："县令是怎样审问的？"于是将其擒拿送到县衙，一经审问就供述认罪，连同赃物一并查获。旧《疑狱集》未写明出处。这也是用了蒋常拘留老妇的方法。

18·6 刘崇龟

已见《释冤》门[①]。

按：贼逃匿者，谲使出焉，免于追捕之烦，其术固不可废。然人之逃匿既可谲取之矣，则情之隐匿亦可谲取之也。《擿奸》《钩慝》[②]，是谲取其情者也，故彼两门又与《鞫情》之术相似也[③]。

【注释】

①天海按：刘崇龟之事已见于本书卷一《释冤》门（上）1·16条《刘崇龟换刀擒凶》。

②《擿奸》：此门在本书卷六。《钩慝》：此门在本书卷七。

③《鞫情》：此门在本书卷三。

【译文】

刘崇龟之事已见于本书《释冤》门。

按：对于逃避隐藏的贼人，用诈术使他现身，免除了追捕的麻烦，这个方法固然不能废除。然而逃避隐藏的贼人就可以用诈术抓住他了，那隐藏的案情也可以用诈术获取。《擿奸》《钩慝》所载的案件，就是用诈术获取案件实情的，所以这两门又与《鞫情》的方法相似。

卷八

十九、严明

【题解】

“严明”一词，较早见于《吴子·励士》：“武侯问曰：‘严刑明赏，足以胜乎？’起对曰：‘严明之事，臣不能悉。虽然，非所恃也。’”指的是以“严刑明赏”激励将士奋勇杀敌。而法制意义上的“严明”则是指严于执法、明察秋毫，断案公正、量刑适当。

“严明”为《折狱龟鉴》第十九门。选录主案18条，附7事，共25事。

在本门所录案例中，作者所谓“严明”者，就是“谨持法理，深察人情”。如第一条《何武夺财治恶婿》（张咏附），此二事皆为富人死前为保幼子安全，立遗嘱时故意将财产大部分留与女婿。待幼子成年后提起诉讼，张咏审理悉夺家产与幼子，此之谓法理；分三成与女婿，此之谓人情。何武之所以为严正断案者，是因为女婿不如约将宝剑交给幼子；张咏之所以明察断案，是因为女婿请求如约分与幼子家财。两案虽小异而大同，都是严明执法断案的范例。

审理诉讼的官吏，有时依从案件情理，有时依从当事人陈述之辞。在第二条《钟离意以情责兄》中，孙常之弟孙并死后，年岁饥荒，孙常也施舍一些米粟给孙并妻儿，但总是计算价值写作条据，以此吞没夺取了孙并妻儿的田产。孙并儿子长大后，状告孙常。郡府掾史都说孙并儿子挨饿时，依赖孙常的救济长大成人，现在却又争田诉讼，不是孝顺恭谦的行为。只有钟离意评议说："孙常身为伯父，应当抚养孤儿弱女，却因为稍微给了一些粮食，就夺取孙并的田产，心怀奸诈，贪利忘义，请夺回被吞没的田产，归还给孙并妻儿。"那孙常夺取孙并妻儿田产，当然有他的说辞。但是他心怀奸诈、有贪利忘义之情，钟离意独以情理责罚孙常，就是不听从他的说辞，而依从其情理，能不认为他是办案严明吗？

"严明者，非若世俗以苛为严，以刻为明也；持循事理，照察物情之谓也。"作者认为，所谓"严明"，并非世俗所说的苛刻就是严明，而是要坚持遵循事情常理，明察人之常情。如第十六条《孙甫舂粟能明察》，官仓粟米腐败，照例仓吏应当赔钱数百万。孙甫审理此案，取一斗粟来舂米，可以抛弃的才十分之一二，只不过赔钱十万罢了，仓吏于是能够减轻重负，官府也能够保有旧时的积粟，这就是遵循明察的效果。以事物的道理而言，那仓粟虽然有一些腐败，但不应该完全抛弃；以事理人情而言，欠下数百万钱，仓吏将用什么来赔偿呢？所以说孙甫能够"持循事理，照察物情"，是严明断案的良吏。

在本门最后一条《王罕明察善息讼》按语中，作者指出：严正明察的方法，在于察见物理人情，善于裁处案件事体。王罕在审理十多年未决的财产争讼案中，让分得财产的人多少资助一些钱财给争产的人，让他远去他乡谋生，分得财产的人损失钱财不多，还可以免受追究拘押之苦；争产的人所得钱财不少，而且能够摆脱寒饥之困扰。由此争讼多年的案件停息，难道不是能够察见物理人情，并善于裁断处理吗？倘若忿恨他申辨上诉，加以严酷的处罚，那事理人情就必受损伤，案件体制也有所损害，称此为严正明察，这就丧失了法制的意义。如果是君子，就会光明正大地深入洞察，毫不犹豫地坚决实行，而且沉着稳重、符合法理人情，没有什么伤害，难道不是严正明察的美德吗？

19·1 何武夺财治恶婿张咏附[1]

前汉时[2],沛县有富家翁[3],资二千万[4],一男才数岁,失母,别无亲属。一女不贤,翁病困思念[5],恐其争财,儿必不全[6],遂呼族人为遗书,悉以财属女,但余一剑,云:"儿年十五付之。"后亦不与,儿诣郡诉。太守何武因录女及婿[7],省其手书[8],顾谓掾史曰[9]:"女既强梁[10],婿复贪鄙。畏贼害其儿[11],又计小儿正得此财不能全护[12],故且付女与婿,实寄之耳[13]。夫剑所以决断,限年十五,智力足以自居[14]。度此女婿不还其剑[15],当闻州县[16],或能明证[17],得以伸理。此凡庸何思虑深远如是哉!"悉夺其财与儿,曰:"弊女恶婿[18],案:"弊"字,《通典》作"蔽"[19]。温饱十年,亦已幸矣。"闻者叹服。旧出《风俗通》[20]。案:此事亦见杜佑《通典》,原本多误字,谨依《通典》改正[21]。

按:张咏尚书知杭州[22]。先有富民病将死,子方三岁,乃命婿主其资,而与婿遗书云:"他日欲分财,即以十之三与子,七与婿。"子时长立[23],以财为讼,婿持书诣府,请如元约[24]。咏阅之,以酒酹地[25],曰:"汝之妇翁[26],智人也。时以子幼,故此嘱汝,不然,子死汝手矣。"乃命以其财三分与婿,七分与子,皆泣谢而去。见李畋虞部所撰《忠定公语录》[27]。此正类何武事也。

夫所谓严明者,谨持法理[28],深察人情也。悉夺与儿,此之谓法理;三分与婿,此之谓人情。武以严断者,婿不如约与儿剑也;咏之明断者,婿请如约与儿财也。虽小异而大同,是皆严明之政也。

【注释】

①张咏附：天海按，“张咏附”三字原文无，此据全书通例径补。

②前汉：即西汉。

③沛县：县名。治所在今江苏沛县。

④资：钱财计量。

⑤病困：病危。

⑥不全：性命财产不能保全。

⑦太守：郡长官。何武时任沛郡太守。何武（？—3）：字君公，蜀郡郫县（今四川成都郫都）人。西汉大臣。历任鄠县县令、谏大夫、扬州刺史、丞相司直、清河郡太守、兖州刺史、司隶校尉、京兆尹、楚国内史、廷尉。绥和元年（前8），为御史大夫，更为大司空，封汜乡侯。哀帝时改任前将军。元始三年（3），王莽掌权时被诬自杀，谥号剌侯。《汉书》卷八六有传。录：逮捕。

⑧省其手书：反复查看审阅老翁亲手留下的遗书。

⑨掾史：汉以后中央及各州县皆置掾史，分曹治事。掾史多由长官自行辟举。在郡县，诸曹长官称“掾”，其副职称“史”，故掾、史为正副二职。

⑩强梁：强横凶暴。

⑪贼害：残害。

⑫正得：正当取得。全护：安全守护。

⑬实寄之耳：实际上是暂时寄存在那里罢了。

⑭自居：自处。自己对待处理。

⑮度（duó）：推测，估计，料想。

⑯当闻州县：当会诉讼到州县。

⑰明证：查明证据。天海按：《风俗通·佚文》《通典·决断》皆作“证察”。

⑱弊女恶婿：女儿德行败坏，女婿心地险恶。

⑲天海按:此案语或为郑克所撰。“弊”字,与《风俗通》同。

⑳天海按:此为郑克自注,言本篇事出《风俗通》。

㉑天海按:此或为《永乐大典》编修案语。可参见《通典·决断》。

㉒张咏尚书:参见本书卷四《宥过》门5·6条《张咏智断染料案》注。杭州:州名。治所在钱塘(今浙江杭州)。

㉓子时长立:富人的儿子当时已长大成人,足以自立。

㉔元约:原先的契约。元,通“原”。

㉕以酒酹(lèi)地:把酒浇在地上,表示祭奠。

㉖妇翁:妻子的父亲。

㉗天海按:此为郑克自注,言本篇事出李畋所撰《张忠定公语录》。

㉘谨持法理:严格掌握执法的原则。

【译文】

西汉时,沛县有个富家老人,资产总计二千万,有一个儿子才几岁,失去了母亲,没有别的亲属。有一个女儿不贤惠,老人病危时思索此事,恐怕他们争夺财产,小儿必定不能保全性命,于是招呼族人写下遗书,把财产全部留给女儿,只留下一把剑,说:“儿子年满十五岁再交给他。”后来女儿女婿也不把宝剑交给儿子,儿子自己到郡府诉讼。太守何武便拘捕了女儿和女婿,反复审阅老人的亲笔遗书,回头对掾史说:“女儿既然强横凶暴,女婿又贪心卑鄙。老人害怕伤害到他的儿子,又想到儿子就算正当取得财产也不能安全守护,因此暂且交付女儿与女婿,实际上是暂时寄存在他们那里罢了。那宝剑的含义是可以决断,限年到十五岁,儿子的智慧能力完全能够自处。预料到这个女婿不会还给儿子宝剑,定会诉讼到州县,有人能够查明证据,从而得以伸张正义。这个普通的老人为何考虑得如此深远啊!”于是全部夺回老人的财产交与儿子,说:“坏女恶婿,案:“弊”字,《通典》作“蔽”。享受十年温饱,也已经很幸运了。”知道的人都感叹佩服。旧《疑狱集》出自《风俗通》。案:此事又见杜佑所撰《通典》,原本多有误字,谨依从《通典》改正。

按：尚书张咏做杭州知州。先前有富人患病将死，儿子才三岁，就命女婿主管他的资产，并给女婿遗书，说："以后要分财产，就以十分之三给儿子，十分之七给女婿。"儿子如今已经长大成人，以财产分割提起诉讼，女婿拿着遗书到州府，请求按照原先的契约办。张咏阅览了遗书，把酒浇在地上，说："你妻子的父亲，是个有智慧的人。那时因为儿子年幼，所以这样嘱咐你，不然的话，儿子就死在你手上了。"于是命令把富人的财产分三成给女婿，七成给儿子，他们都流泪道谢而去。事见李畋虞部所撰《忠定公语录》。这正类似何武的事情。

至于所说的办案严明，就是严格执行法理原则，深入洞察人情。全部夺回财产给儿子，这就是所谓的法理；三成分给女婿，这就是所说的人情。何武之所以严格断案，是因为女婿不如约交给儿子宝剑；张咏之所以明察断案，是女婿请求如约交与儿子财产。虽然小有不同但大体相同，这都是严明执政啊。

19·2 钟离意以情责兄

后汉钟离意[1]，为会稽北部督邮[2]。有乌程男子孙常与弟并分居[3]，各得田四十顷。按：四十顷，《通典》作"十顷"[4]。并死，岁饥，常稍以米粟给并妻子，辄追计直作券[5]，没取其田[6]。并儿长大，讼常。掾史皆言并儿遭饿[7]，赖常升合长大成人[8]，而更争讼，非顺逊也[9]。意独议曰："常身为伯父，当抚孤弱，而稍以升合，券取其田[10]，怀挟奸诈，贪利忘义，请夺其田，畀并妻子[11]。"众议为允。见《通典》，不著出处，旧集不载[12]。

按：听狱者，或从其情，或从其辞。夫常取并妻子田，固有辞矣，奈其怀挟奸诈、贪利忘义之情何[13]？意独以情责常，是不从其辞，而从其情也，可不谓之严明乎？

【注释】

①后汉：东汉。钟离意（约10—74）：字子阿，会稽山阴（今浙江绍兴）人。建武年间任会稽郡督邮，历任瑕丘县令、堂邑县令、尚书、尚书仆射、鲁相等官职。为官三十余年，历光武帝和明帝两朝，一生清正廉洁，勇于直谏，且能体恤民情，颇得朝廷和吏民钦崇。《后汉书》卷四一有传。

②会（kuài）稽：东汉郡名。顺帝时移治山阴县（今浙江绍兴）。东汉中期，分会稽郡浙江以北诸县置吴郡；会稽郡治移山阴，领十五县。督邮：官名。始置于西汉中期，为郡守属吏，掌监属官。汉时位轻权重，凡传达教令、督察属吏、案验刑狱、检核非法等，无所不管。郡分部者，部皆置，如西部督邮、东部督邮等。

③乌程：县名。东汉为会稽郡属县。治所在下菰城（今浙江湖州）。

④天海按：此为郑克自注。见于唐杜佑所撰《通典·决断》。

⑤追计直作券：追补计算价值写成条据。

⑥没取：吞没占取。

⑦掾史：汉以后中央及各州县皆置掾史，分曹治事。掾史多由长官自行辟举。在郡县，诸曹长官称“掾”，其副职称“史”，故掾、史为正副二职。

⑧赖常升合：依赖孙常给予的少量粮食。升合：容量单位。汉制十合为升，十升为斗。此指代少量米粟。

⑨顺逊：顺从，恭顺。

⑩券取其田：凭条据夺取其田。

⑪畀（bì）：赐予，给予。

⑫天海按：此为郑克自注，言事见《通典》，但未注明出处。旧《疑狱集》不载此事。

⑬奈……何：无奈……又能如何？表示转折与反问。

【译文】

东汉的钟离意,做会稽郡北部督邮。有个乌程县的男子孙常与弟孙并分居,各分得田地四十顷。按:四十顷《通典》作“十顷”。孙并死后,年岁饥荒,孙常稍微施舍一些米粟给孙并妻儿,总是追补计算价值写作条据,吞没夺取了孙并妻儿的田产。孙并儿子长大后,状告孙常。郡府掾史都说孙并儿子挨饿时,依赖孙常给的一点粮食长大成人,却又争田诉讼,不是孝顺恭谦的行为。只有钟离意评议说:“孙常身为伯父,应当抚养孤儿弱女,却稍微给一些粮食,就凭条据夺取孙并的田产,心怀奸诈,贪利忘义,请夺回被吞没的田产,归还给孙并妻儿。”众人议论,认为这样很公允。事见《通典》,未写明出处,旧《疑狱集》不载此事。

按:审理案件的人,或者依从案件情理,或者依从当事人陈述之辞。那孙常夺取孙并妻儿田产,当然有他自己的说辞了,无奈他心怀奸诈、有贪利忘义之情,又能如何?钟离意唯独依据情理责罚孙常,就是不听从他的说辞,而依从其情理,能不认为他办案严明吗?

19·3 陈矫明慎不留狱

魏陈矫[①],为魏郡太守[②]。时系囚千数,有至历年。矫以为周有三典之制[③],汉约三章之法[④],今惜轻重之理,而忽久系之患,可谓谬矣。自览罪状,一时论决[⑤]。出《魏志》本传。旧集不载[⑥]。

按:此盖罪状已定,而轻重有疑,吏不敢决者也。使有罪不论,无罪久系,自古以为患矣,然拘文之吏[⑦],每每如此,谬可知也。《易》曰:“君子以明慎用刑而不留狱[⑧]。”矫自览罪状,所谓“明慎”也;一时论决,所谓“不留狱”也。若罪状未定者,虑有冤诬,理当考核,岂可取决一时耶?君子于此,宜尽心焉。

【注释】

①魏：三国之曹魏。陈矫（？—237）：字季弼，广陵东阳（今属江苏如皋）人。本姓刘，因过继与母族而改姓陈。早年避乱江东，后广陵太守陈登请为功曹。曹操辟为丞相掾属，迁任相县令，转任征南长史。又为彭城、乐陵太守，迁任魏郡西部都尉。曹操东征，拜丞相长史，转西曹属、尚书。曹丕称帝，领吏部事，封高陵亭侯，迁尚书令。明帝继位后，进爵东乡侯，后转侍中，加光禄大夫，又拜司徒。卒，谥贞侯。《三国志》卷二二有传。

②魏郡：郡名。治所在邺县（今河北临漳）。

③周有三典之制：见《周礼·秋官·大司寇》："大司寇之职，掌建邦之三典，以佐王刑邦国，诘四方。一曰，刑新国用轻典；二曰，刑平国用中典；三曰，刑乱国用重典。"

④汉约三章之法：见《史记·高祖本纪》："与父老约，法三章耳：杀人者死，伤人及盗抵罪。余悉除去秦法。"后世据此典故引申出成语"约法三章"。此指刘邦率军进入关中后与父老约法三章：杀人者死，伤人及盗抵罪。

⑤论决：判决。

⑥天海按：此为郑克自注，言本篇事出《三国志·魏书·陈矫传》。旧《疑狱集》不载此事。

⑦拘文之吏：拘泥于成法的官吏。

⑧君子以明慎用刑而不留狱：出自《周易·旅卦》。孔颖达疏："此以静止明察，审慎用刑而不稽留狱讼。"明慎，明察审慎。不留狱，不滞留狱案。

【译文】

三国时曹魏的陈矫，做魏郡太守。当时关押的囚犯数以千计，有的已经关押多年。陈矫认为周朝有三典的制度，西汉有约法三章，如今顾惜判决轻重的原理，而忽视了长久关押的祸患，可以说是荒谬了。于是他亲自审阅案犯罪状，很快就判决完毕。事出《三国志·魏书·陈矫传》。旧《疑狱集》不载此事。

按：这是因为案犯罪状已经确定，只是对判轻判重还有疑惑，因而官吏不敢决定。假使有罪的不能判决，无罪的长久关押，自古以来就认为是有害的，然而拘守成法的官吏，常常如此，可知其荒谬。《周易》说："君子以明察谨慎用刑，但不滞留狱案。"陈矫亲自审阅案犯罪状，就是所谓的"明察慎刑"；及时判决，就是所谓的"不滞留狱案"。如果罪状未能确定的，考虑到有冤枉诬陷，理当考察审核，哪能一时之间就做出决断呢？君子对于这种情况，就应当尽心竭力去处理好案件。

19·4 王敬则惩治小偷

南齐王敬则①，为吴兴太守②。录得一偷③，召其亲属于前鞭之。令偷身长扫街路④。久之，乃令举旧偷自代⑤。诸偷恐为所识，皆逃去，境内以清。出《南史》本传，旧集不载⑥。

按：偷之冒法，初不畏罪，设此二事⑦，令其厌苦，庶或可戢也⑧。

【注释】

①南齐：朝代名。南北朝时期南朝的第二个朝代。479年为萧道成所建，定都建康（今江苏南京），又称"萧齐"。王敬则（435—498）：本名王恒，字敬则，晋陵南沙（今江苏常熟）人。南朝齐开国将领。刘宋明帝时，授直阁将军。后废帝时期，成为南齐高帝萧道成心腹，参与弑杀宋后废帝。南朝齐建立后，拜为侍中，封为寻阳郡公。齐武帝即位，迁司空、太尉。齐明帝废主自立后，拜大司马。明帝疑忌旧臣，王敬则惧祸及身，举兵反叛，兵败被杀。《南齐书》卷二六、《南史》卷四五有传。

②吴兴：郡名。郡治在乌程（今浙江吴兴）。

③录：逮捕。

④偷身：偷贼自身。

⑤举旧偷自代：检举过去认识的偷贼代替自己长期打扫街道。

⑥天海按：此为郑克自注，言本篇事出《南史·王敬则传》。旧《疑狱集》不载此事。

⑦二事：此指上文所言“在亲属面前受鞭打”“长期打扫街道”二事。

⑧戢（jí）：停止，收敛。

【译文】

南齐的王敬则，做吴兴郡太守。逮捕了一个小偷，便传召他的亲属前来，当面鞭打他。又命令小偷自己长期打扫街道。这样过了很久，就又令他检举旧日认识的小偷来代替自己。众小偷恐怕被他认出，都逃走了，吴兴境内因此清静。事出《南史·王敬则传》，旧《疑狱集》不载此事。

按：小偷犯法，起初不怕治罪，王敬则设立这两种方法，使小偷厌恶烦苦，或许能够使小偷收敛吧。

19·5 裴侠许畏罪自首

后周裴侠[①]，为户部中大夫时[②]，有奸吏主守仓储，积年隐没至千万者。及侠在官，励精擿发[③]，旬日之间，奸盗略尽[④]。转工部中大夫[⑤]。有大司空掌钱物典[⑥]，悲泣。按：《北史》作“掌钱物典，李贵乃于府中悲泣。”[⑦]或问其故，对曰：“所掌钱物，多有费用[⑧]。裴公清严，惧遭罪责。”侠闻之，许其自首。出《北史》本传，旧集不载[⑨]。

按：彼未知惧也，侠则治之；此已知惧也，侠则宥之。其治之者，可以为严矣；其宥之者，可以为明矣。明者无他，灼见物情也[⑩]。

【注释】

①后周：南北朝时期的北周，557年建立。北周是南北朝北方主要的政权之一，灭掉了北齐，统一了整个北方。581年，杨坚受禅代周称帝，改国号为隋，北周亡。裴侠（？—559）：字嵩和，河东解县（今山西运城）人。历官左中郎将、清河县伯、行台郎中、河北郡守、郢州刺史，加仪同三司。孝闵时授司邑下大夫，加骠骑大将军、开府仪同三司，进爵为公。迁户部中大夫、工部中大夫，人称“独立使君”，以清严闻名。《北史》卷三八、《周书》卷三五有传。

②户部中大夫：官名。西魏恭帝三年（556）置，北周沿置。地官府民部司长官，员二人，掌管民户数额。

③励精擿发：尽力揭发犯罪。

④略尽：将尽，大体除尽。

⑤工部中大夫：官名。西魏恭帝三年（556）置，北周沿置。冬官府工部司长官。承司空之事，掌百工之籍，申明其禁令。

⑥大司空：北周为冬官，谓之为大司空卿。《文献通考》：“掌邦事，以五材九范之徒，佐皇帝，富邦国。大祭祀，行洒扫。庙社四望则奉豕牲。”掌钱物典：掌管钱财物资进出的官吏。

⑦天海按：此为郑克自注按语。语见《北史·裴侠传》。

⑧多有费用：多有花费耗用。

⑨天海按：此为郑克自注，言本篇事出《北史·裴侠传》。旧《疑狱集》不载此事。

⑩灼见物情：明白透彻地见知人情。

【译文】

北周的裴侠，做户部中大夫时，有个奸吏主管仓库储藏，多年隐藏吞没的财产价值数达千万。到裴侠上任后，尽全力揭发犯罪，十天之间，奸诈盗窃之人大都清查完毕。之后裴侠转任工部中大夫。大司空官署有个掌管钱财物资进出的官吏，悲哀哭泣。按：《北史》作“掌钱物典，李贵乃于府中悲泣。”有人问他为什么哭泣,他回答说:“所掌管的钱财物资,有很多被花费了。裴公清正严明,害怕会遭到责罚。”裴侠听说这件事后,允许他自首。事出《北史·裴侠传》,旧《疑狱集》不载此事。

按:那个奸吏不知道畏惧,裴侠就惩治他;这个官吏已经知道畏惧,裴侠就宽恕他。他惩治奸吏,可以说是严厉了;宽恕那个官吏,可以说是明察了。明察没有其他原因,就是能够明白透彻地察见人情。

19·6 赵煚载蒿赐盗者

隋赵煚①,为冀州刺史②。尝有人盗煚田中蒿③,为吏所执。煚曰:“此乃刺史不能宣风化④,彼何罪也?”慰谕遣之⑤,令人载蒿一车赐盗者,愧耻过于重刑⑥。见《北史》本传,旧集不载⑦。

按:严明者,不必厉威刑也。察见物情,中其忌讳,有过于市朝之挞者⑧。煚载蒿赐盗,盖以此耳。不然,则彼将玩侮⑨,尚何愧耻哉?

【注释】

①赵煚(jiǒng,532—599):字贤通,天水西县(今甘肃天水)人。举秀才出身,西魏时期,起家宇文泰丞相参军。随攻洛阳,受封平定县男,累迁中书侍郎。北周立国后,迁陕州刺史,授开府仪同三司、荆州长史。历任民部中大夫、益州长史、天官司会,累迁御正上大夫,加位上开府,迁大宗伯。隋文帝杨坚登基后,授大将军,赐爵金城郡公。历任相州刺史、右仆射、陕冀二州刺史。《北史》卷七五、《隋书》卷四六皆有传。

②冀州:州名。州治在信都(今河北冀州)。

③煚田中蒿:赵煚职田中的蒿草。职田,亦称“职分田”或“食租

田”。北魏以后政府按官职品级授给官吏作为俸禄的田地，即以租田收取的租粟为俸禄。至隋代，京官一品者给田五顷，每品以五十亩为差距，至九品为一顷。外官也有职分田。

④宣风化：宣扬教育感化。

⑤慰谕：抚慰，宽慰晓喻。

⑥愧耻过于重刑：《北史·赵煚传》作“盗愧过于重刑”，《隋书·赵煚传》作“盗者愧恧，过于重刑”。

⑦天海按：此为郑克自注，言本篇事出《北史·赵煚传》。旧《疑狱集》不载此事。

⑧市朝之挞：在集市当众鞭打。

⑨玩侮：轻慢不恭。

【译文】

隋朝的赵煚，做冀州刺史。曾经有人盗窃他职田中的蒿草，被吏人捉住。赵煚说：“这是我做刺史的不能宣扬道德教化，他有什么罪呢？”他安慰教育盗贼后就将其打发走了，并派人装载一车蒿草送给盗贼。盗贼惭愧羞耻，比受重刑还要难过。事见《北史·赵煚传》，旧《疑狱集》不载此事。

按：执政严明的人，不一定靠严厉的威刑。察见案情，切中案犯的忌讳，甚至比在集市当众鞭打他效果还要好。赵煚装载蒿草送给盗贼，大概是因为这个道理吧。不这样的话，那盗贼将对律法轻慢不恭，哪里还会惭愧羞耻呢？

19·7 王锷焚书瞒其众萧嶷附

唐王锷[①]，为淮南节度使[②]。有遗匿名书于前者[③]，左右取以授锷，锷纳之靴中，先有他书以杂之。吏退，锷探取他书焚之，人信其匿名书亦焚也。既归，而省所告[④]。异日，以他微事连所告者[⑤]，禁系按验[⑥]，以谲其众[⑦]。下吏以为神明。出《唐书》本传，旧集不载[8]。

按：南齐豫章王嶷[9]，不乐闻人过失。左右投书相告，置靴中，竟不视，取焚之。锷盖乐闻人过失者，则其谲也，不若嶷之正也。昔朱博"每迁徙易官，所到辄出奇谲，以明示下，为不可欺者"[10]。锷岂慕其为人欤？

【注释】

①王锷（740—815）：字昆吾，太原（今山西太原）人。早年为湖南团练府营将，后历任容管经略使、岭南节度使、淮南节度使、河中节度使、河东节度使等职，有治绩。以护送回鹘使节与摩尼教士之功，升为检校司空、同平章事，位列使相。卒，赠太尉，谥号"魏"，后世称其为"王魏公"。《旧唐书》卷一五一、《新唐书》卷一七〇皆有传。

②淮南节度使：官名。唐朝时期淮南道的行政长官。淮南节度使长期管辖扬州、楚州、滁州、和州、庐州、寿州、舒州等。淮南道治所在扬州（今江苏扬州）。

③遗：此指投送。

④省所告：查看匿名书所告之人。省，查看。

⑤以他微事连所告者：以其他小事牵连到匿名书所告之人。

⑥禁系按验：拘禁审问，调查罪证。

⑦以谲其众：以此欺骗他的部众。

⑧天海按：此为郑克自注，言本篇事出《唐书·王锷传》。旧《疑狱集》不载此事。

⑨豫章王嶷：即萧嶷（444—492），字宣俨，东海兰陵（今山东兰陵）人。南朝齐高帝萧道成次子。刘宋时期，起家太学博士、长城令，迁左民郎中、钱唐令。迁通直散骑侍郎，平定桂阳刘休范之乱，迁

中书郎、武陵内史、中领军、江荆二州刺史。南齐建立后,受封豫章郡王。齐高帝即位,历任尚书令、司空等职。齐武帝时期,历任扬州牧、太尉公、大司马、中书监等职。《南史》卷四二、《南齐书》卷二二皆有传。天海按:本篇事出《南史·齐高帝诸子传》。

⑩朱博:字子元,杜陵(今陕西西安)人。家贫,少时给事县为亭长,稍迁为功曹。汉成帝时,历任冀州刺史、琅琊太守、左冯翊、大司农、犍为郡太守、光禄大夫、廷尉、后将军。他每易官,辄以奇谲服人。汉哀帝时,为京兆尹、大司空、御史大夫。后弹劾丞相孔光,继任丞相,封阳乡侯。朱博为人节俭清廉,敢诛杀,宾客满门。因为依附傅太后,弹劾大将军傅喜,被汉哀帝派廷尉调查,朱博自杀。此下语出《汉书·朱博传》。迁徙易官,调动改任官职。奇谲,奇计诈谋,奇特而有计谋。

【译文】

唐朝的王锷,做淮南节度使。有人在他跟前投送匿名信,左右随从取来交给王锷。王锷收入靴子中,靴子中先前已有其他书信混杂在一起。差吏退下后,王锷从靴子中探取其他书信烧掉,使人相信那封匿名信也烧掉了。回去后,王锷就查看匿名信所告之人。后来,以其他小事牵连出所告发的人,将其拘禁关押,审问调查罪证,以此迷惑他的部众。下属官吏认为他神明。事出《唐书·王锷传》,旧《疑狱集》不载此事。

按:南齐豫章王萧嶷,不喜欢听到他人的过失。左右有人投书相互告发,就放置在靴中,竟然不看,取出就烧掉。王锷大概喜欢听到他人的过失,那他的欺诈手段,不如萧嶷的正直。从前朱博“每次调动改任官职,所到之处就出奇计诈谋,以明察示下,让人以为自己不可被欺瞒”。王锷难道是羡慕他的为人吗?

19·8 张希崇明断田产

晋张希崇①,镇邠州②。按:张希崇镇邠宁在后唐明宗时,书中作“晋”，当作“后唐”为是[3]。有民与郭氏为义子，自孩提以至成人[4]，后因愎戾不受训[5]，遣之。郭氏夫妇相继俱死。有嫡子[6]，已长，郭氏诸亲教义子讼，云是真子，欲分其财，前后数政不能决[7]。希崇判曰：“父在已离，母死不至。虽云假子[8]，辜二十年养育之恩；傥是亲儿，犯三千条悖逆之罪[9]。甚为伤害名教[10]，岂敢理认田园[11]？其生涯尽付嫡子[12]，所有讼者与其朋党，委法官以律定刑。”闻者皆服其断。旧不著出处[13]。

按：唐制选人，试判三条[14]，辞理惬当[15]，决断明白，乃为合格，谓之拔萃[16]。希崇之判，盖本于此。惟其惬当明白，是故闻者皆服也。

【注释】

①晋：指五代的后晋，是五代第三个政权。清泰三年（936）夏，太原留守、河东节度使石敬瑭勾结契丹，认契丹皇帝耶律德光为父，并以幽云十六州为代价，在契丹扶持下于太原登基称帝，国号为晋，史称后晋。947年为契丹所灭。张希崇（888—939）：字德峰，五代时幽州蓟县（今北京）人。后唐昭宗天祐年间，为幽州偏将，戍守平州。后被契丹所俘，任平州节度使。率所部归降后唐，任汝州防御使、灵武节度使和邠州节度使。《旧五代史》卷八八、《新五代史》卷四七皆有传。

②邠州：州名。唐开元十三年（725）改豳州为邠州。治所在新平（今陕西彬州）。

③天海按：此按语或为四库馆臣所加。张希崇经历后唐、后晋两朝，本传载于《晋书》，原书作“晋”，可从。

④孩提：幼年或幼儿，儿童。

⑤愎戾：指执拗乖僻的人。天海按：原文脱“愎”字，此据《旧五代史·张希崇传》径补。

⑥嫡子：亲生儿子。

⑦前后数政：前后几任执政者。

⑧假子：养子，义子。

⑨三千条悖逆之罪：三千，指代所有的刑罚。见《尚书·吕刑》：“墨罚之属千，劓罚之属千，剕罚之属五百，宫罚之属三百，大辟之罚其属二百，五刑之属三千。”悖逆，违反正道，犯上作乱，忤逆不孝。

⑩名教：指以正名定分为主的封建礼教。

⑪理认田园：论理认领田园财产。

⑫生涯：财产。此指赖以谋生的田产。

⑬天海按：此为郑克自注，言旧《疑狱集》未写明此事出处。本篇事出《旧五代史·张希崇传》。

⑭试判三条：唐代选拔人才的考试项目之一。考察其审定文字的能力以断定其文理是否优长。清顾炎武《日知录·判》：“试判，起于唐高宗时，初吏部选才，将亲其人覆其吏事，始取州县案牍疑议，试其断割，而观其能否……限未至而能试文三篇，谓之‘宏词’；试判三条，谓之‘拔萃’，亦曰‘超绝’。”参见《新唐书·选举志下》。

⑮惬当：恰如其分，合乎情理。

⑯拔萃：才能出众。亦为唐代考选科目之一。

【译文】

五代时后晋的张希崇，做过邠州节度使。按：张希崇镇邠宁在后唐明宗时，书中作“晋”，当作“后唐”为是。有人给郭氏做义子，从幼儿直到成人，后来因为个性执拗乖僻不接受教诲，被赶走了。郭氏夫妇相继都死去。有个亲生儿子，已经长大。郭氏的一些亲戚教唆那个义子诉讼，说自己是真的儿子，要分郭氏夫妇的财产，前后几任地方官都不能解决。张希崇下判词：“父亲在时已经离开，母亲死后不来奔丧。虽说是义子，却辜负了二十年的养育之恩；倘若是亲生儿子，就触犯了刑法忤逆不孝的大罪。十分伤害礼制教化，怎么敢来要求分得田园财产。郭氏夫妇的财产全部交付亲生儿子，所有参与诉讼的人与其同伙，交付法官按照法律定罪。”听到的人都佩服他的判断。旧《疑狱集》未写明出处。

按：唐朝选拔人才的制度，要考判词三条，文辞条理恰当，决断明白清楚，才算合格，叫作“拔萃”。张希崇的判词，大概就是本源于此。只是因为他的判词恰当明白，所以听到的人都佩服他。

19·9 张齐贤智断分财王延禧附

张齐贤丞相在中书时[①]，戚里有争分财不均者[②]，更相诉讼，又因入宫自理于上前[③]，更十余断[④]，不服。齐贤曰：“此非台省所能决也[⑤]，臣请自治之。”上既许，乃坐相府，召讼者问曰：“汝非以彼所分财少乎？”皆曰：“然。”即命各供状结实[⑥]，且遣两吏趣徙其家[⑦]，令甲家入乙舍，乙家入甲舍，货财皆安堵如故[⑧]，文书则交易之[⑨]。讼者乃止。明日奏状[⑩]，上大悦曰：“朕固知非卿莫能定也。”出司马光丞相《涑水纪闻》[⑪]。

按：曾肇内翰撰《王延禧朝议墓志》云[⑫]：“延禧任岳州沅江令时[⑬]，有兄弟分财者，弟弱，所得田下[⑭]，诉不均。诘其兄，曰：‘均矣。’即令二人以所得更取之。兄诉于州，州守笑曰：‘此张咏尚书断狱法也[⑮]。’”岂彼所闻异乎？

【注释】

①张齐贤（942—1014）：字师亮，曹州冤句（今山东菏泽）人。太平兴国二年（977），登进士第，先后担任通判、枢密副使、兵部尚书、同中书门下平章事、吏部尚书、司空等职，还曾率领边军与契丹作战，颇有战绩。为相前后二十一年，对北宋初期政治、军事、外交等方面做出了极大贡献。《宋史》卷二六五有传。丞相：宋初沿唐制，以同中书门下平章事为宰相。中书：中书省的简称。中书省作为正规的宰相机构，掌管制令决策，是中央最高权力机关，其长官中书令是制度规定的首席宰相。俗称中书门下为内省，在朝堂之西，为宰相议事处。

②戚里：帝王外戚居住的地方。此借指皇上外戚。

③自理于上前：自己在皇帝面前论理。上，此指宋真宗，下文与此同。

④更十余断：变更十多次裁断。

⑤台省：中央三省（尚书、门下、中书）的总称或三省及御史台的合称。

⑥供状结实：立下供状具结属实。

⑦趣徙其家：催促他们搬家。趣，通“促”。

⑧安堵如故：安定不动，跟过去一样。

⑨交易：互相交换。

⑩明日奏状：第二天把情况奏明皇上。

⑪天海按：此为郑克自注，言本篇事出司马光《涑水纪闻》。《涑水纪闻》是司马光的一部语录体笔记。比较详尽地记载了北宋六朝（960—1070）的国故时政，内忧外患，揭示矛盾，反映了许多社会问题，为后世留下极其珍贵的史料。事亦见《宋史·张齐贤传》。

⑫曾肇（1047—1107）：字子开，号曲阜先生，宋建昌军南丰（今江西南丰）人。治平四年（1067）进士，起家黄岩县主簿。为官四十年，经历英、神、哲、徽四朝，担任过礼、吏、户、刑四部侍郎和中书舍人，翰林学士兼侍读、龙图阁学士，对朝中事敢直抒胸臆；在

外任州府地方官时，多有政绩，为人称颂。《宋史》卷三一九有传。内翰：宋翰林学士的尊称。王延禧：字仲祥，熙宁中，知夔州，官至朝议大夫。其他不详。事见曾肇所撰《曲阜集·王延禧墓志》。

⑬岳州：州名。治所在巴陵（今湖南岳阳）。沅江：县名。县治在今湖南沅江。宋为岳州属县。

⑭田下：下等田。

⑮张咏尚书：参见本书卷四《宥过》门5·6条《张咏智断染料案》注。

【译文】

张齐贤丞相在中书省时，皇上外戚中有人因分财不均而相互诉讼，又因便于入宫在皇上面前亲自申诉，变更十多次判决裁断，都不服。张齐贤说："这不是台省所能决断的，我请求自己来处治这件事。"皇上允许后，张齐贤就坐在相府，传召诉讼的人问道："你们不是认为先前所分的财产少吗？"都说："是的。"张齐贤就命他们各自在供状上具结落实，又派遣两个差吏催促他们搬家，令甲家入住乙家房屋，乙家入住甲家房屋，财物都安顿不动，如同以前一样，文书则互相交换。于是诉讼的人就停止了。第二天张齐贤将情况奏明皇上，皇上大悦说："我本来就知道，除了你没人能判定此事。"事出司马光丞相《涑水纪闻》。

按：曾肇内翰所撰《王延禧朝议墓志》说："王延禧任岳州沅江县令时，有兄弟二人分财产，弟弟弱小，所分得的是下等田，诉讼说不公平。审问他的兄长，兄长说：'是公平的。'王延禧就令二人以所得财产相互交换。兄长控诉到州府，知州笑道：'这就是张咏尚书断案的方法呀。'"难道他所听到的与此不同吗？

19·10 燕肃依理治斗殴 鞠真卿附

燕肃侍郎[①]，知明州[②]。俗悍，轻喜斗[③]。肃推先殴者[④]，虽无伤必加以罪；后殴者，非折跌支体[⑤]，皆贷之[⑥]，于是斗者为息[⑦]。见本传[⑧]。

按：民之斗殴，伤有轻重，理有曲直，不治其伤而治其理者[9]，乃息斗之术也。若折跌支体，则理虽直而伤已甚，斯不可贷矣。譬犹斗杀用刃，以故杀论[10]，盖其情重也[11]。

沈括内翰说[12]：鞠真卿知润州时[13]，民有斗殴者，本罪之外，别令先下手者出钱以与后应者。小人靳财[14]，兼不甘输钱于敌人，终日纷争相视[15]，无敢先下手者。盖无赖之民，不畏杖责，故设此事以折伏之。与王敬则治偷之术同也[16]。见《笔谈》[17]。

近时州县间，固有使民输下拳钱者[18]，然官自取之，则不足以惩恶，而适所以招怨，斯失其本矣，岂若不治其伤而治其理之简易乎[19]？

【注释】

①燕肃（961—1040）：字穆之，又字仲穆，青州益都（今山东青州）人。举进士，补凤翔府观察推官。北宋淳化中，寇准荐为秘书省著作佐郎、知临邛县。通判河南府，迁殿中侍御史，授定王府记室参军，判刑部。权知审刑院，判太常寺兼大理寺，官至礼部侍郎致仕。工诗善画，为时人所重，人称“燕龙图”。《宋史》卷二九八有传。侍郎：指礼部侍郎，为礼部副长官。

②明州：州名。治今浙江宁波。

③俗悍，轻喜斗：民俗彪悍，轻易喜欢斗殴。天海按：此文《说郛》本作：“俗轻悍善斗。”

④推：追究。

⑤折跌支体：折断四肢或跌打骨节错位。

⑥皆贷之：都加以宽免。

⑦于是斗者为息：天海按：《说郛》本作：“于是闻者骇息。”

⑧天海按：此为郑克注文，言本篇事出宋朝《国史》燕肃本传。

⑨治：查明。

⑩以故杀论：按照故意杀人论罪。天海按：参见《宋刑统·斗讼律》。

⑪情：情节。

⑫沈括内翰：参见本书卷二《释冤》门（下）1·40条《沈括记哨子诉冤》注。

⑬鞠真卿：字颜叔，北宋仁宗庆历年间常州主簿，嘉祐中期苏州政事，升任润州知州，旋以太常丞集贤校理知普州。宋英宗治平年间，任两浙提点刑狱。事见《吴郡志》卷一一、《北宋经抚年表》卷八六。

⑭靳财：吝惜钱财。

⑮纷争：天海按，原文作"分争"，此据沈括《梦溪笔谈》径改。

⑯王敬则治偷：参见本书本卷19·4条《王敬则惩治小偷》。

⑰天海按：此为郑克自注，言本篇事出沈括《梦溪笔谈》。

⑱输下拳钱：交付先动手的罚款。

⑲岂若：不如。

【译文】

礼部侍郎燕肃，做明州知府。当地民俗彪悍，轻易喜欢与人斗殴。燕肃追究先动手斗殴的人，即使没有造成伤害也一定加以治罪；后动手斗殴的人，只要没有使对方肢体断折脱臼，都予以宽免，于是斗殴的事因此平息。事见《国史》燕肃本传。

按：民间的斗殴，伤势有轻有重，事理有曲有直，不依伤势惩治而依事理惩治，才是平息斗殴的方法。如果肢体折断脱臼，那理由即使充分，但伤势已经很严重，这就不能宽免了。就比如斗殴杀人用刀，要按照故意杀人论罪一样，是因为情节严重。

沈括内翰说：鞠真卿做润州知府时，民间有斗殴的人，除治本罪以外，另外令先下手的人出钱交给后还手的人。小民吝惜钱财，再加上不甘心交钱给敌人，于是整天相互仇视，却没有敢先下手的人。那是因为无赖之人，不畏刑杖责罚，所以设置这办法来制伏他们。这与王敬则惩治小偷的方法相同。事见沈括《梦溪笔谈》。

近来州县之间，本来就有让先动手的人缴纳罚款的事，然而官府自己取得了这笔钱，就不能够以此惩治恶人，反而恰好招来怨恨，这就失去了罚款本来的意义了，不如不依伤势惩治而依事理惩治的简单易行吧！

19·11 韩琚严明治民讼邓思贤附

韩琚司封[①]，尝通判虔州[②]。其民善讼[③]，或伪作冤状，悲愤叫呼，似若可信者。会守缺[④]，琚行郡事[⑤]。究其风俗，考其枉直，下莫能欺，辞伏者自以为不冤[⑥]。终于两浙转运使[⑦]，魏公琦之兄也[⑧]。见尹洙龙图所撰墓铭[⑨]。

按：沈括内翰说“江西人好讼，有一书，名《邓思贤》[⑩]，皆讼牒法也[⑪]。其始则教以侮文[⑫]，侮文不可得，则欺诬以取之；欺诬不可得，则求其罪以劫之[⑬]”。邓思贤，人名也。始传此术，遂名其书。村校中往往以授生徒[⑭]。见《笔谈》[⑮]。

然则琚所以究其风俗，考其枉直者，岂特下莫能欺，盖亦人不可劫。不可劫，所以为严也；莫能欺，所以为明也。彼其辞伏者自以为不冤，非此故欤？

【注释】

①韩琚：字子温，宋相州安阳（今河南安阳）人。大中祥符进士，历知永宁县，通判广信、赵、棣、虔、濠等州，迁知黄、梓、泽三州，提点京西、福建刑狱公事，调广西及两浙转运使，终司封员外郎。《宋史》无传。司封：指司封员外郎。属吏部，主管封爵，荫袭、褒

赠，宗室诸亲和命妇奏荫、承袭等事。

②通判：官名。官制始于宋朝，多指州府的副长官，掌管粮运、家田、水利和诉讼等事项，对州府的长官有监察的责任。号称“监州”。又名“同判”。虔州：州名。治所在赣县（今江西赣县）。宋太平兴国元年（976），改军州复为虔州。宋太宗至道三年（997）在州之上改道为路，虔州属江南路。

③善讼：好争斗诉讼。

④会守缺：适逢郡守空缺。

⑤行郡事：代行郡守职事。

⑥辞伏：招供认罪。

⑦两浙：路名。北宋时期的一个地方行政区，至道三年（997）置，包括14州2军。治所在杭州（今浙江杭州）。转运使：官名。唐代以后各王朝主管运输事务的中央或地方官职，有水陆转运使、诸道转运使、盐铁转运使等。北宋前期转运使职掌扩大实际上已成为一路之最高行政长官，掌管一路的财赋、监察。

⑧魏公琦：指韩琦（1008—1075），字稚圭，相州安阳（今河南安阳）人。宋仁宗时进士，历任将作监丞、开封府推官、右司谏等职。宋神宗即位后，坚辞相位，连判永兴军、相州等地，累官永兴节度使、守司徒兼侍中，封爵魏国公。历相三朝，立二帝，安社稷，与富弼齐名，世称“富韩”。宋人欧阳修赞其“临大事，决大议，垂绅正笏，不动声色，措天下于泰山之安，可谓社稷之臣”。《宋史》卷三一二有传。

⑨天海按：此为郑克自注，言本篇事见尹洙龙图所撰《韩琚墓志》。今见尹洙所撰《河南集》卷一六《韩公墓志铭》。

⑩《邓思贤》：诉讼书名，其书与作者皆未详。

⑪讼牒法：打官司、写诉状的方法。

⑫侮文：玩弄法律条文，以行私作恶。

⑬求其罪以劫之：寻求对方罪过来要挟、威胁他。

⑭村校：乡村私塾。

⑮天海按：此为郑克自注，言所引出自《梦溪笔谈》。

【译文】

司封员外郎韩琚，曾经做虔州通判。那里的人好争斗打官司，有的伪装蒙冤情状，悲愤呼喊嚎叫，好像是可信之人。适逢郡守空缺，韩琚代行郡守职事。他研究当地风俗，考察事件的曲直，属下没有人能够欺瞒他，招供认罪的人自认为不冤。后来任职终于两浙转运使，是魏国公韩琦的兄长。事见尹洙龙图所撰的墓志。

按：沈括内翰说"江西人好争斗打官司，有一本书，名叫《邓思贤》，内容都是写诉状打官司的方法。书的开始就教人如何玩弄法律条文，玩弄法律条文达不到目的，就以欺瞒诬陷来争取；欺瞒诬陷达不到目的，就搜求对方的罪过来要挟他"。邓思贤，是撰书人的姓名。因为他开始传播这个方法，于是就以他的姓名为书命名。乡村私塾中往往以此教授学生。事见《梦溪笔谈》。

然而那韩琚之所以研究当地的风俗，考察案件的曲直，不只是为了使下属不能欺瞒他，也是使审案人不能被要挟。不能被要挟，所以就能严正；不能被欺瞒，所以就会明察。那招供认罪的人自以为不冤，不就是这个缘故吗？

19·12 葛源查状核奸吏

葛源郎中[①]，初以吉州太和簿摄吉水令[②]。他日，令始至，猾吏诱民数百讼庭下，设变诈以动令[③]。如此数日，令厌事[④]，则事常在吏矣[⑤]。源至，立讼者两庑下[⑥]，取其状视[⑦]，有如吏所为者。使自书所诉，不能书者吏受之[⑧]，往往不能如状。穷之，辄曰[⑨]："我不知为此，乃某吏教我所为也。"悉捕劾[10]，致之法[11]。讼以故少，吏亦终不得其意[12]。见王安石丞相所撰墓志[13]。

按：为政者苟欲戢吏[14]，唯严明可。夫民虽好讼也，若非吏与交通[15]，亦焉能独为欺诬、劫持之计耶？吏不得其意，则民讼宜少矣。源使民自书所诉，不能书者吏受之，乃鞫民情，核吏奸之术也。彼既奸猾，自当畏戢，操术如此，不亦可乎？

【注释】

①葛源郎中：参见本书卷三《鞫情》门3·8条《葛源有守忤知州》注。又见本书卷六《核奸》门8·8条《葛源亲审奸赇案》。

②吉州：州名。治所在庐陵（今江西吉安）。太和簿：太和县主簿。太和县治在今江西泰和，宋为吉州属县。摄吉水令：代理吉水县令。吉水县治在今江西吉水，宋为吉州属县。

③设变诈以动令：设置诡变巧诈事件来惊扰县令。

④令厌事：县令厌烦理事。

⑤事常在吏：理事权常在于滑吏。

⑥两庑：公堂的两廊。

⑦视：天海按，此字《说郛》本作“阅”。

⑧吏受之：吏人接受代写。

⑨穷之，辄曰：深入追问他，就说。穷，此指深入追究。天海按：“之”字，原文脱，此据《说郛》本径补。

⑩捕劾：逮捕审讯。天海按：“捕劾”，《说郛》本作“捕勘”。

⑪致之法：依法惩治。

⑫不得其意：不能达到他们的意愿。

⑬天海按：此为郑克自注，言本篇事出王安石所撰《葛源墓志》。今见于王安石所撰《临川集》卷九六《葛公墓志铭》。

⑭苟欲戢(jí)吏:如果想要管束吏人。戢,管束。

⑮交通:勾结。

【译文】

度支郎中葛源,最初以吉州太和县主簿代理吉水县令。在他之前,县令刚到任,奸猾吏人诱使几百个县民到县庭公堂下告状,设置诡变巧诈事件来惊扰县令。像这样接连几天,县令厌烦理事,那理事之权就常落到奸吏手中了。葛源到任后,令告状的人站立在公堂两廊之下,取来他们的诉状查看,有像吏人所写的。就让他们亲自书写所诉之事,不能书写的,就让吏人来代写,往往和先前的诉状不一样。告状人情急之下,就说:"我不知怎么做这件事,是某吏人教我做的。"葛源就把他们全部逮捕审问,依法惩治。诉讼因此减少,奸吏也终于不能达到他们的目的。事见王安石丞相所撰《葛公墓志铭》。

按:执政的人如果想要管束官吏,唯有严正明察才行。百姓即使好打官司,如果不是奸吏与之勾结,又哪能独自做出欺瞒、诬陷、要挟的计谋呢?奸吏不能满足心意,那民间的诉讼当然就少了。葛源使县民亲自书写所诉之事,不能书写的人让吏人代写,就是审察民情,核实吏人奸计的方法。那些吏人既然奸猾,自然应当畏惧收敛,掌握了这样的方法,不也是可以的吗?

19·13 刘敞未结案被召

刘敞侍读①,知永兴军时②,大姓范伟,冒武功令祚为祖③,穿祚墓,以己祖母祔之④。规避徭役者五十年⑤。数犯法至徒、流,辄以赎免⑥。长安人共患苦之,然吏莫敢治。敞按其事,狱未具而召⑦。由是辞屡变,证逮数百人⑧,狱连年不决。诏取付御史台验治⑨,卒如敞所发⑩。见本传⑪。

按:范伟之横,人患苦之,然敞按其冒荫规役⑫,证逮数百人，连年不决者，何也？彼于党与结之厚矣[13]，乃敢尔也。证逮之人，其党与也，岂易鞫哉？且长安人共患苦之，然吏莫敢治，则桀黠可知也[14]。非按者严明不能发其事，非鞫者严明不能得其实，是故奸民多幸免也。狱辞屡变[15]，盖以此欤？

【注释】

①刘敞（1019—1068）：字原父，临江新喻（今江西新余）人。庆历六年（1046）与弟刘攽同科进士，以大理评事通判蔡州，召试学士院，迁太子中允、直集贤院，判登闻鼓院、吏部南曹。权判三司开拆司，同修起居注。至和元年（1054），召试，迁右正言、知制诰。出知扬州。又迁起居舍人，知郓州，兼京东西路安抚使。召返，纠察在京刑狱。主动请求出守永兴军。于是以翰林学士充永兴军路安抚使，兼知永兴军。嘉祐八年（1063），奉召还朝，判三班院，徙判太常寺。英宗即位后，拜翰林侍读学士。出知汝州。治平三年（1066）召还，改集贤院学士、判南京留守司御史台。《宋史》卷三一九有传。侍读：此指刘敞所任翰林侍读学士。北宋真宗咸平二年（999），始置翰林侍读学士、侍讲学士。为皇帝进读书史，讲释经义，备顾问应对。

②永兴军：路名。北宋庆历二年（1042）析陕西路东部置，治京兆府（今陕西西安）。

③冒武功令祚为祖：冒认武功县令范祚为祖父。武功，县名。宋初，属京兆府，仍隶永兴军路。范祚，武功县县令，生平事未详。

④祔（fù）：合葬。

⑤规避徭役：制造条件设法逃避劳役。此指冒称父祖有官籍而获得免除劳役的特权。

⑥辄以赎免：就凭借此出钱赎罪或减免处罚。

⑦狱未具而召：尚未结案就被调走。据《宋史·刘敞传》载“伟伏罪，长安中欢喜。未及受刑，敞召还，判三班院”。

⑧证逮：依据证词逮捕。

⑨诏取付御史台验治：皇上下诏调取案卷人证，交付御史台查办审理。御史台，中央监察机关。它负责全国的监察事务。在司法方面，主要监察大理寺和刑部的司法审判活动；遇到有重大疑案，也参与审判或受理有关行政诉讼的案件。

⑩卒如敞所发：最终如同刘敞所揭发的一样。

⑪天海按：此为郑克注文，言本篇事见宋朝《国史》刘敞本传。本篇事今见欧阳修所撰《刘敞墓志》。

⑫冒荫规役：冒充父祖在官籍或有功可以得荫庇，逃避徭役。

⑬党与：即党羽。

⑭桀黠：凶悍狡黠。

⑮狱辞屡变：案件供词多次改变。

【译文】

翰林侍读学士刘敞，做永兴军知府时，有个豪族名叫范伟，冒认武功县令范祚为自己祖父，打穿范祚的坟墓，把自己祖母与之合葬。由此逃避徭役有五十年。他还多次犯法，判罪至徒刑、流刑，也因此获得用钱赎罪减免刑罚的特权。长安人都憎恨厌恶他，但是没有官吏敢于惩治他。刘敞审理这个案件，案子未结就被召回朝廷。由此范伟的供词多次改变，依据证词逮捕了数百人，案件多年不能判决。皇上下诏提取案卷，交付御史台审理查办，最终如同刘敞所揭发的那样。事见《国史》本传。

按：范伟如此蛮横，人们憎恨厌恶他，然而刘敞审查他冒认祖父荫恩逃避徭役，依据证词逮捕数百人，连年不能判决，是为什么呢？是他与党羽勾结得太深厚了，才敢如此。依据证词逮捕的人，是他的党羽，哪能轻易审查出真相呢？虽说长安人都憎恨厌恶他，但是没有官吏敢于惩治他，其骄横狡诈就可想而知了。不是审查的人严正明察，就不能揭发他的罪恶；不是审案的人严正明察，就不能得到案件实情，因此奸民多能侥幸逃脱惩罚。范伟案件供词多次改变，大概是因为这个原因吧？

19·14　许元烧船立定额刘晏附

许元待制[①]，初为发运判官[②]，患官舟多虚破钉鞠之数[③]，盖以陷于木中[④]，不可秤盘[⑤]，故得为奸。元首至船场，命搜新造舟纵火焚之，火过，取其钉鞠秤之，按：刘熙《释名》[⑥]："铰，镝也。关西谓之钉铰。"此文"钉鞠"无出，或即钉铰，声之讹耳[⑦]。比所破才十分之一，自是立为定额。见魏泰《东轩笔录》[⑧]。

按：元不治虚破之罪，而但立为定额，可也。然亦异乎刘晏矣[⑨]。苏轼尚书说[⑩]：晏，江淮发运使[⑪]，时于扬州造船，每只载米一千石，破钱一千贯[⑫]，而实费不及五百贯，或讥其枉费。晏曰："大国不可以小道理[⑬]。凡所创制，须谋经久[⑭]。船场执事者非一，有余剩衣食，可以养活众人，则私用不窘而官物牢固[⑮]。"由是船场人皆富赡，五十余年馈运不阙[⑯]。至咸通末[⑰]，有吴尧卿者[⑱]，始勘验每船合用物料实数，估给其值[⑲]，无复宽剩，而船场自此破坏，馈运自此阙绝[⑳]。晏言"大国不可以小道理"，良可信也[㉑]。见奏议[㉒]。元定钉鞠额，无乃类吴尧卿乎？虽幸而不至败事，然其严明乃俗士所夸，君子所鄙，不可为后世法也。

【注释】

①许元（989—1057）：字子春，宣州宣城（今安徽宣城）人。以孝谨闻名于乡里。后以荫补官，历仕国子监博士、三门发运判官、江淮两浙荆湖发运判官，尚书主客员外郎，特赐进士出身，除侍御史，

迁工部郎中,天章阁待制。后历知扬州、越州、泰州。《宋史》卷二九九有传。待制:指天章阁待制,官名。宋仁宗天圣八年(1030)置。宋制,文臣于本官之外所加的头衔,位次于学士、直学士。

②发运判官:官名。宋代始于转运使、发运使下设判官,职位略低于副使,称转运判官、发运判官,简称"运判"。宋高承《事物纪原·节钺帅漕·运判》:"开宝五年八月九日,以潘美、尹崇珂并兼领岭南转运使,以转运使王明为副使,许允言为判官,则转运之有判,自此其始也。"

③虚破:虚报破费。破,费。钉鞠:天海按,据四库本原注,刘熙《释名》"或即钉铰"。钉铰,一种贯穿物件的用以合缝的钉子,犹今之铆钉。

④陷于木中:钉入船板中。

⑤称盘:称重量盘点。

⑥刘熙《释名》:《释名》是东汉末年刘熙的作品,是一部专门探求事物名源的佳作。今本27篇分为8卷。所释为天、地、山、水、丘、道、州国、形体、姿容、长幼、亲属、言语、饮食、采帛、首饰、衣服、宫室、床帐、书契、典艺、用器、乐器、兵、车、船、疾病、丧制。《释名》作者刘熙,字成国,北海(今山东寿光、高密一带)人。生活年代当在汉桓帝、灵帝之世,曾师从著名经学家郑玄,献帝建安中曾避乱至交州。《后汉书》无传,事迹不详。

⑦天海按:此按语或为四库馆臣所撰。

⑧天海按:此为郑克自注,言本篇事出魏泰《东轩笔录》。《东轩笔录》是古代文言轶事小说。北宋魏泰撰。凡15卷,记载北宋太祖至神宗六朝旧事的笔记。今本《东轩笔录》不载此事。魏泰,字道辅,号汉上丈人、临汉隐居。北宋著作家。出身世族。恃才豪纵,曾在试院中殴打试官几死,未被录取。后博览群书,广交游,与王安石、黄庭坚等过往甚密。事亦见欧阳修所撰《许元传》。

⑨刘晏(715—780):字士安,曹州南华(今山东东明)人。唐玄宗封泰山,方八岁,献颂行在、授太子正字。肃宗、代宗朝两为户部侍郎,领度支盐铁转运铸钱租庸使,拜吏部尚书,同平章事,兼江淮常平使。德宗立,又加关内、河东、三川及诸道青苗使。杨炎执政,构陷,贬忠州刺史,赐死,天下冤之。《旧唐书》卷一二三、《新唐书》一四九有传。

⑩苏轼(1037—1101):字子瞻,号东坡居士,北宋眉州(今四川眉山)人。元祐中,累官翰林学士兼侍读,以龙图阁学士知杭州,召为翰林承旨,历端明殿翰林侍读两学士,出知惠州。绍圣中,累贬琼州别驾,赦还,提举玉局观,复朝奉郎。卒,谥文忠。《宋史》卷三三八有传。尚书:官名。中央六部的长官。元祐六年(1091),曾召苏轼为吏部尚书,未至。故尊称。

⑪江淮发运使:官名。水陆发运使始于唐代,管理洛阳、长安间的粮食运输事务。后设江淮转运使,掌东南各道的水陆转运。掌全国谷物财货的转输和出纳。唐太宗以后,多与盐铁使并为一职,称盐铁转运使,一般由宰相兼任。

⑫破钱:破费钱财。

⑬小道:邪门歪道。小门道,小技巧。

⑭须谋经久:必须谋划经历长久。

⑮官物:官方的物品、财产。

⑯馈运不阙:谓粮食输送、运送不缺失。

⑰咸通:唐懿宗李漼的年号(860—874)。

⑱吴尧卿:人名。生平事未详。见于苏轼《奏议》中。

⑲估给其值:估算该给予的价值。

⑳阙绝:缺乏,缺少。

㉑良:确实,真的。

㉒天海按:此为郑克自注,言本篇事出苏轼《奏议》。今见《东坡先

生奏议》卷十五。

【译文】

天章阁待制许元，最初做发运判官，担心制造官船会多有虚报耗用的船钉数量，因为船钉已经钉入船板中，不能称量盘点，所以能够从中作弊。许元刚到达造船场地，就命人拽出新造船纵火焚烧，火烧过后，取出船钉称重量，按：刘熙《释名》："铰，镝也。关西谓之钉铰。"此文"钉鞠"不见出处，或者就是钉铰，发音的讹误罢了。与所报耗费的数量相比，才十分之一，从此就立下了船钉数量的定额。事见魏泰《东轩笔录》。

按：许元不惩治虚报船钉数量的罪过，而只是立下船钉数量的定额，这是可行的。但是又与刘晏不同了。苏轼尚书说：刘晏，是江淮发运使，当时在扬州造船，每只船载米一千石，费钱一千贯，而实际费钱不到五百贯，有人讥讽他白费许多钱。刘晏说："大国不能用小门道治理。凡是有所创制，必须谋划经历长久。造船场管事的人不是一个，有了多余的衣食费用，可以养活众人，就会使私人用度不窘迫，而官家财物也牢固。"因此造船场的人都富足，五十多年粮食运输不断缺。到咸通末年，有个名叫吴尧卿的人，开始查验每只船共用的物资材料实际数目，估算给与相当价值，不再有宽裕，但是造船场自此破败，粮食运输从此缺少。刘晏说"大国不能用小门道治理"，确实可以信服。事见苏轼《奏议》。许元确定船钉数额，不正是类似吴尧卿的做法吗？虽然幸好不至于坏事，但是他的严明却是俗士所夸赞，君子所鄙视的，不可以为后世效法。

19·15 张式籍治户课税

张式郎中[1]，初为南剑州将乐县主簿[2]。有银冶[3]，坐岁课不足[4]，系者常数十百人。式籍其人[5]，使富贫财力相兼[6]，课遂有羡[7]，人无系者。见王安石丞相所撰墓志[8]。

按：式知银冶岁课所以不足，盖缘冶户或有财而无力[9],或有力而无财,于是籍其人,使富贫财力相兼,则富者不患力乏,贫者不患财窘,课遂有羡,理宜然也。昔之系者常数十百人,今则人无系者矣,严明之政,不当如是乎?

【注释】

①张式(989—1050):字景则,宋代福建浦城(今福建南平)人。天禧三年(1019)进士,为南剑州将乐县主簿。后调任祥符尉。历任许州、饶州判官,再升为知洺州、虔州。改知濠州、寿州,再召为开封府推官。官至尚书祠部郎中。后出知岳州卒。郎中:指祠部郎中。隋代祠部之主官初称"祠部郎中",唐代、五代及宋代沿用"祠部郎中"之名。为礼部所属祠部主官,主管祭祀、享祭、寺庙、僧尼等。

②南剑州:州名。治所在南平(今福建南平)。将乐县:县名。治所在今福建将乐。宋为南剑州属县。主簿:官名。县令的佐官。掌文书簿籍。

③银冶:开采冶炼银矿的矿场。

④坐岁课不足:因每年赋税缴纳不足而犯法。岁课,一年的赋税。

⑤式籍其人:张式登记冶户的情况。籍,登记隶属关系的簿册或隶属关系的意思。

⑥使富贫财力相兼:使富户与贫户之间的财力相互调剂。

⑦课遂有羡:所课赋税于是有余。

⑧天海按:此为郑克自注,言本篇事出王安石所撰《临川集·张君墓志铭》。

⑨冶户:宋代从事金属冶炼的专业户。或由官府指派,或由富豪向官府纳税承包。即富裕冶户招募工匠、冶夫,进行生产。冶户的产品须输纳官府。

【译文】

祠部郎中张式,最初做南剑州将乐县主簿。有个开采冶炼银矿的矿场，因为每年赋税缴纳不足而犯法，被关押的人常常数十上百。张式登记冶户人数情况，使富户与贫户财力相互调剂，赋税于是有余，再没有被关押的人。事见王安石丞相所撰《张君墓志铭》。

按：张式知道冶银矿场每年赋税之所以不足，是因为冶户或有财而无力，或有力而无财，于是登记他们的人数情况，使富贫财力相互调剂，那富户就不担心人力缺乏，贫户就不担心钱财困窘，赋税于是有余，理所当然啊。过去被关押的人常常数十上百，如今却无人被关押了。严正明察的执政，不应当如此吗？

19·16 孙甫舂粟能明察

孙甫待制[①]，为华州观察推官时[②]，州仓粟恶[③]，吏当负钱数百万[④]。转运使李纮以吏属甫[⑤]，乃令取斗粟舂之，可弃者十才一二。又试之亦然。吏遂得弛[⑥]，负钱数十万而已。纮因荐之[⑦]。见曾巩舍人所撰行状[⑧]。

按：严明者，非若世俗以苛为严，以刻为明也；持循事理[⑨]，照察物情之谓也[⑩]。以事理言之，则仓粟虽恶，不应尽可弃也；以物情言之，则负钱数百万，将何以偿耶？甫取斗粟舂之，可弃者十才一二，但负钱十万而已，吏既得弛重负，官亦获保旧积，是持循照察之效也。可不谓之严明乎？

【注释】

①孙甫（998—1057）：字之翰，许州阳翟（今河南禹州）人。少好学，日诵数千言。举进士第，为华州推官转运使。李纮荐其材，迁大理寺丞，知翼城县。杜衍辟为永兴司录，荐授秘阁校理。累官刑部郎中、天章阁待制、河北都转运使。留为侍读，卒。《宋史》卷二九五有传。待制：即天章阁待制。宋仁宗天圣八年（1030）置，

以他官兼任，掌侍从备顾问，有所献纳则请对或奏对。神宗元丰改制，定为从四品贴职。南宋因之。

②华州：州名。治所在郑县（今陕西华州）。辖境相当于今陕西华州、华阴、潼关等地。观察推官：官名。唐肃宗以后置，为观察使属官，奏请有出身人及六品以下正员官充任。五代沿置。宋初观察州置，掌助理郡政，选士人充任。神宗元丰改制，定为从八品。徽宗崇宁二年（1103）重定选人阶官，换文林郎。南宋临安府复置，助理本府政事，掌勘问刑狱。

③粟恶：粮食腐败。

④负钱：亏钱，赔钱。

⑤李纮：字仲纲，宋州楚丘（今山东曹县）人。举进士，试秘书省校书郎、知歙县。历知於潜、剡县，颇有惠政，改知灵池县，拜监察御史。历官梓州、陕西、河北路转运使，迁侍御史。迁刑部郎中，同知通进、银台司。官终龙图阁直学士，知秦州，卒。《宋史》卷二八七有传。以吏属甫：把仓吏赔钱的案子交属孙甫审理。

⑥吏遂得弛：对仓吏的处罚于是获得宽缓。

⑦纮因荐之：李纮因此推荐孙甫迁大理寺丞。

⑧天海按：此为郑克自注，言本篇事出曾巩所撰《孙甫行状》。

⑨持循事理：坚持遵循事物的道理。

⑩照察物情：明察事理人情。

【译文】

天章阁待制孙甫，做华州观察推官时，州府仓库粟米腐败，仓吏应当赔钱数百万。转运使李纮将仓吏一案交属孙甫审理，孙甫就令取出一斗粟来舂米，可以抛弃的废粟才十分之一二。又试一次也是这样。对仓吏的处罚于是减轻，赔钱数十万罢了。李纮因此向朝廷推荐孙甫。事见曾巩舍人所撰《孙甫行状》。

按：所谓严明，并非像世俗那样以苛暴为严正，以刻薄为明察；而是坚持遵循事物的道理，明察事理人情。以事物的道理而言，那仓粟虽然腐败，也不应该完全抛弃；以事理人情而言，欠下数百万钱，仓吏将用什么来赔偿呢？孙甫取一斗粟来舂米，可以抛弃的才十分之一二，只不过赔钱十万罢了，仓吏于是能够减轻重负，官府也能够保有旧时的积粟，这就是遵循明察的效果。能不认为孙甫是严明的吗？

19·17 周沆平法止铸钱本传盐价一事附[①]

周沆侍郎[②]，尝为河东转运使[③]。自庆历以来[④]，河东行铁钱[⑤]，民多盗铸，吏以峻法绳之[⑥]，抵罪者日繁，终不能禁[⑦]。沆乃命高估铁价[⑧]，盗铸者无利，不禁自息。见司马光丞相所撰神道碑[⑨]。

按：沆知庆州时[⑩]，边民多阑出塞贩青盐[⑪]，沆请损官盐之价[⑫]，犯者稍衰。见本传[⑬]。

夫或高铁估，或损盐价，法异而意同，皆治其本也。治其末者，虽绳以峻法而终不能禁，徒为苛刻耳。治其本者，虽处以平法而奸盗自止[⑭]，岂非严明乎？苟欲严行政理[⑮]，要惟明见事情[⑯]，然后政不苛暴，事不刻核[⑰]，而狱讼省矣。彼籍冶而课羡[⑱]，舂粟而负少者[⑲]，亦犹是也。

【注释】

①天海按：此为郑克注文，言“损盐价之事”见于宋朝《国史》周沆本传。

②周沆（999—1067）：字子真，青州益都（今山东青州）人。举进士，知渤海县，迁知沂州，除开封府推官。擢刑部员外郎，为荆湖南路转运使，知潭州。历广西安抚使，陕西、河北都转运使，枢密

直学士、知成德军等。后以户部侍郎致仕。《宋史》卷三三一有传。侍郎:此指户部侍郎。官名。户部副长官,掌天下土地、人民、钱谷之政、贡赋之差。

③河东转运使:官名。掌河东路财赋,督察地方官吏,为府州以上的行政长官。河东路为宋至道十五路之一,治所在并州(后改太原府,今山西太原)。

④庆历:北宋仁宗赵祯的年号(1041—1048)。

⑤铁钱:宋代铜铸币无法满足商品市场对货币的需求量,故而铸造铁钱。

⑥绳之:制裁他们。

⑦抵罪者日繁,终不能禁:天海按,此二句《说郛》本作"抵罪者繁众,不能禁"。

⑧铁价:天海按,此二字《说郛》本作"钱价"。

⑨天海按:此为郑克自注,言本篇事出司马光所撰《周沆神道碑》。今见《司马文正公集》卷七八《周公神道碑》,又见《宋史·周沆传》。

⑩庆州:州名。宋太祖建隆元年(960)置庆州团练,属陕西路;乾德初复置庆州,庆历元年(1041)属环庆路。宋徽宗宣和七年(1125),改庆州为庆阳府。治所在安化(今甘肃庆阳)。

⑪阑出塞:擅自出入边塞。青盐:此为青海地产石盐的俗称。又称"湖盐""岩盐"。按其颜色有青盐、白盐、红盐和黑盐之分。

⑫损官之价:降低官盐价格。

⑬天海按:此为郑克注文,言此事见于宋朝《国史》周沆本传,然今《宋史·周沆传》不载此事。本篇事见于司马光所撰《周公神道碑》。

⑭平法:此指平常之法。

⑮政理:为政之道。

⑯要惟明见事情:只有明见事实情理。

⑰事不刻核:办案不苛刻。

⑱籍冶而课羡:登记冶户而赋税有余。事见上文19·15条《张式籍冶户课税》。

⑲舂粟而负少:舂粟米而仓吏少赔钱。事见上文19·16条《孙甫舂粟能明察》。

【译文】

户部侍郎周沆,曾经做河东转运使。自从宋仁宗庆历以来,河东路推行铁铸钱,民间有很多人盗铸铁钱,官吏以严峻之法制裁他们,犯罪的人却一天比一天多,始终不能禁止。周沆就下令抬高铁价,盗铸铁钱的人无利可图,不用下禁令就自然停止了。事见司马光丞相所撰《周沆神道碑》。

按:周沆做庆州知州时,有很多边境百姓擅自出塞贩卖青盐,周沆申请降低官盐的价格,犯法的人逐渐减少。事见《国史》本传。

至于或是抬高铁价,或是降低盐价,方法不同但立意相同,都是为了治其根本。治其枝末的人,即使用严峻之法惩罚,也最终不能禁止,只能算是执法苛刻罢了。治其根本的人,即使用平常之法,奸盗也自会禁止,这难道不是严正明察吗?如果想要严行为政之道,要害只在明察事理人情,然后执政不苛暴,办案不苛刻,因而案件诉讼就减少了。那张式登记冶户而赋税有余,孙甫舂粟而仓吏赔钱减少,也犹如此。

19·18 王罕明察善息讼

王罕大卿,知潭州[①]。民有与其族人争产者,辨而复诉[②],前后十余年。罕一日悉召立庭下,谓曰:"诸家皆里富人,无乃厌追逮之苦[③]?今无状子寒饥不能以自存[④],况析产之券有不明,以故久不决。人能少资之[⑤],令其远去,后复何患乎?"皆泣听罕命。自言方对吏时,虽欲求为此,顾不可得[⑥]。于是迁所诉者于旁州,狱讼为之衰止[⑦]。见王珪丞相所撰墓志[⑧]。

按：严明之术，在于察见物情，裁处事体[9]。彼争产者困于寒饥，析产者苦于追逮，理之曲直，何足深校[10]；苟或可已[11]，无不听命。于是人少资之，令其远去，则析产者所损不多而免追逮之苦；争产者所获不少而脱寒饥之困。州民狱讼，亦为衰止。岂非能察见而善裁处乎？倘忿其辨诉[12]，加以峻罚[13]，则物情不无所伤，而事体亦有所害，称为严明，斯失之矣。若君子，则虽昭然深察，毅然决行，而从容中理，无伤害也，岂非严明之懿者乎[14]？

【注释】

①王罕大卿，知潭州：参见本书卷二《释冤》门（下）1·39条《王罕为疯妇伸冤》注。

②辨而复诉：判决后又提起诉讼。

③无乃：难道不……吗？对“……”部分的确定意义表示肯定，用来缓和语气。追逮：追究收捕。

④无状子：不肖子。此指生活无着、不善生计的人。

⑤少资之：稍微资助他一些，多少资助他一些。

⑥顾不可得：顾虑不能办到。

⑦衰止：衰减而止息。

⑧天海按：此为郑克自注，言本篇事出王珪所撰《王罕墓志》。然今本王珪《华阳集》不见此文。

⑨事体：体制，体统。

⑩深校：深入计较，过分计较。校，同“较”。

⑪苟或可已：如果有可能息讼止争。

⑫辨诉：申辩上诉。辨，通“辩”。

⑬峻罚：严酷处罚。

⑭懿：美，美德，美好。

【译文】

光禄卿王罕，做潭州知府。有一个百姓与他的族人争夺财产，判决后又提起诉讼，前后十余年如此。一天，王罕传召全部族人立于公堂之下，对他们说："你们这些人家都是乡里富人，难道不厌烦拘押追究的苦恼吗？如今不肖子饥寒交迫，不能靠自己的能力生存，况且分割财产的契券也有不明确的地方，因此久拖不决。你们每人能够多少资助他一些钱财，使他远去他乡，以后又有什么担忧呢？"众族人都流泪听从王罕的意见。他们说原先受审时，虽然想要请求这样做，但顾虑不能实现。于是将争讼财产的人迁徙到旁的州县，诉讼于是止息。事见王珪丞相所撰《王罕墓志》。

按：严正明察的方法，在于察见物理人情，裁处案件事体。那争讼财产的人困于寒饥，分得财产的人为拘捕苦恼，道理的是非曲直，何必过分计较；如果有可能停止诉讼，没有人不听从。于是让分得财产的人多少资助一些钱财给争产的人，让他远去他乡，那分得财产的人损失的钱财不多，而且免受追究拘押之苦；争产的人所得钱财不少，而且能够摆脱寒饥之困扰。州民的诉讼，也因此停息。难道不是能够察见物理人情，并善于裁断处理吗？倘若忿恨他申辨上诉，加以严酷的处罚，那事理人情就不无损伤，而案件体制也有所损害，称此为严正明察，这就丧失意义了。如果是君子，就会光明正大地深入洞察，毫不犹豫地坚决实行，而且沉着稳重、符合事理，没有什么伤害，这难道不是严正明察的美德吗？

二十、矜谨

【题解】

矜，哀矜，即同情怜悯之意，也有矜持慎重之意；谨，就是严谨慎重。"矜谨"，此指在案件审理中，办案官吏必须对当事人有同情怜悯之心，坚持严谨慎重的态度核实案件事实。《尚书·周书·吕刑》:“哀敬折狱,明启刑书胥占,咸庶中正。”孔传:“当怜下人之犯法,敬断狱之害人。”

“矜谨”为《折狱龟鉴》第二十门。选录主案22条,附12事,共34事。其中审理家庭亲族之间的诉讼有11事,复查后改判从轻或免除死罪的有19事。

“矜谨”,本门首先体现在“疑罪从轻从无”。《尚书·大禹谟》:“罪疑惟轻,功疑惟重。与其杀不辜,宁失不经。”宋蔡沈注:“罪已定矣,而于法之中,有疑其可轻可重者,则从轻以罚之。”又据《晋书·刑法志》载,刘颂在给皇帝的奏折中提出:“律法断罪,皆当以法律令正文,若无正文,依附名例断之;其正文、名例所不及,皆勿论。”亦为古代司法实践中“罪疑从轻”“罪刑法定”所本。

如第二条《司马芝宽宥疑罪》中,曹魏司马芝做大理正时,有人偷盗了官府的白绢藏置在厕所中,官吏怀疑是女工所为,于是收捕交付监狱。司马芝说:“刑罚杀戮的失误,就在于苛刻残暴。如今先得到赃物,而后才审讯她的供词,如果她不能忍受严刑拷打,有可能屈打成招,难道就能断案吗?再说简单而易服从,是圣人的教化;不放过有罪的人,是平庸之世治理社会的道理罢了。如今宽宥所怀疑的女工,以推崇简单而易服从的教化,不也是可行的吗?”曹操听从了他的建议。这就是“疑罪从无”的典型案例。

又如第三条《王坦之罪疑从轻》中,有个士兵韩怅,逃走后又回来自首。他说:“因为丢失了牛,所以逃跑。”官吏判决韩怅偷牛,拷打后,他认了罪。王坦之认为“韩怅自缚其身投案自首,不能法外加罪;因为大意懈怠丢失了牛,此事或者可以宽恕;加以严刑拷打,照理就有可能被迫认罪。应当比照‘罪疑从轻’的法例处理。”于是韩怅因此被宽免。

所以作者按语说:宽宥被怀疑偷盗官府白绢的女工、宽免士兵韩怅逃亡后自首,都是因为哀怜他们会被屈打成招,这就符合“矜谨”的本义。

最值得一提的是第九条《薛奎出俸息母讼》,参知政事薛奎,做益州知州。有个妇人诉讼他的儿子不孝，审问那个儿子，他却说："我贫穷，无力来奉养。"薛奎于是拿出自己的俸禄交给他作为资财产业，然后送走他们。帮扶贫困，养亲息讼，时至今日，仍然具有强烈的、积极的借鉴意义。本条所附二事，也是母子相讼的案件。主办案件的官吏向他们陈述人伦与孝行，用祸福得失的言语作比喻，以《孝经》的道理来开导，最终使得母慈子孝、平息诉讼。此二人与薛奎出俸钱资助人奉养母亲的意义是相同的。如果依照当时"可从而违""堪供而阙"的法律条款来惩治，当儿子的罪过必然不轻。惩治了儿子，老母又无人供养，这显然不是律法的目的。他们这样办案，能不认为是慎重严谨吗？

本门最末一条《王延禧减赃免死》，最能体现《矜谨》的主旨。宋朝议大夫王延禧，最初做岳州沅江县令时，年岁饥荒盗贼四起，他亲自擒获十多人，根据赃物数量都应当处死，依法他也能够升官。但他叹息说："这些人都是善良百姓，因为贫穷而做了盗贼，如今不能使他们安居乐业，又利用他们的死来作为自己的功劳，怎么忍心啊！"于是告知被盗的人家都裁减被盗赃物的数量，盗贼得以不处死刑。《周礼·荒政》说："除盗贼。"认为饥荒之年盗贼多，不可以不除。王延禧亲自擒获十余人，就是因为这个原因。那搜捕盗贼的官吏，喜好处死盗贼，就好像造箭的人唯恐箭不能伤人一样，那是他们的职业使然。虽然因此升了官职，却杀死数人，荣耀不值得言说，愧疚怎能忍受！君子难道忍心做这样的事吗？

作者在卷末按语中说："《折狱龟鉴》这本书，以《矜谨》门作为结尾。同情怜悯之心，人人都有，因为外物而改变，这就丢失此本心。所以有利用他人之死作为自己功劳的人，或者是玩弄法律条文陷人于死刑，或者是诬陷人至于极刑。难道他们能存有不忍之心，以宽恕应处死刑的人吗？所以著录此事在《矜谨》门篇末，希望阅览的人对此有所警觉。"

20·1　袁安不审贪赃罪

后汉袁安[①]，为河南尹[②]，政号严明，然未曾以赃罪鞫人[3]。常称曰:"凡学仕者,高则望宰相,下则希牧守[4],锢人于圣世[5],尹所不忍为也。"闻者皆感激自励,在职十年,京师肃然[6]。出《后汉书》本传,旧集不载[7]。

按:安之政,号严明,必不容奸矣。其未尝以赃罪鞫人,盖疾夫案吏者务为深刻[8],文致于赃也[9]。若彼赃状自露,非我鞫而出之,虽绳以法,亦何憾焉?

【注释】

①后汉:即东汉。袁安(? —92):字邵公,汝南汝阳(今河南商水)人。初任汝阳县功曹,后以孝廉获举,升为阴平县长、任城县令。汉明帝时,屡迁为楚郡太守、河南尹,政号严明,断狱公平。后历任太仆、司空、司徒等职。《后汉书》卷四五有传。

②河南尹:官名。河南郡的行政长官,郡治在雒阳(今河南洛阳)。当时洛阳为东汉京城。

③鞫人:审讯人,审查人。

④牧守:州郡的长官。州官称牧,郡官称守。刺史称州牧,郡守亦称太守。

⑤锢人:禁闭人,限制人。圣世:太平盛世,圣君治理的世代。

⑥肃然:此指社会秩序井然有序。

⑦天海按:此为郑克自注,言本篇事出《后汉书·袁安传》。旧《疑狱集》不载此事。

⑧案吏者:审理案件的官吏。深刻:苛刻,严峻。

⑨文致于赃:舞文弄法,致人于贪赃受贿之罪。

【译文】

东汉的袁安,做河南尹时,执政号称严正明察,然而未曾查办过贪赃受贿罪。他常常说:"凡是通过学业走上仕途的人,高的希望做宰相,低的希望做牧守，在太平盛世以此禁锢人，是我所不忍心做的。”听说的人都感激发奋，自我勉励。他在职十年，京师秩序井然。事出《后汉书·袁安传》，旧《疑狱集》不载此事。

按：袁安执政，号称严明，必定不会容忍奸邪了。他未曾以贪赃罪查办人，是因为痛恨那些办案的官吏务求苛刻、严峻，舞文弄法，致人于贪赃受贿之罪。如果那贪赃罪状自行暴露，不是由我审讯而揭发出来，即使绳之以法，又何必遗憾呢？

20·2 司马芝宽宥疑罪

魏司马芝①，为大理正②。有盗官练置厕中者③，吏疑女工，遂收付狱。芝曰：“刑戮之失，在于苛暴。今先得赃物，后讯其辞，若不胜楚掠④，或至诬服⑤，岂可折狱⑥？且简而易从⑦，大人之化也⑧；不失有罪⑨，庸世之治耳⑩。今宥所疑，以隆易从之化⑪，不亦可乎？”太祖从其议⑫。旧出《魏志》本传⑬。

【注释】

①魏：此指三国时代的曹魏。司马芝：字子华，河内温县（今河南温县）人。曹操平定荆州后，被任命为菅县长。他善于断案，历任大理正、甘陵等郡太守、大司农、河南尹等。《三国志》卷一二有传。

②大理正：官名。即廷尉正，大理寺属官。掌平决讼狱。

③官练：国库中的白绢。

④楚掠：严刑拷打。

⑤诬服：屈打成招。

⑥折狱：断案。

⑦简而易从：刑罚简省而人们易于服从。

⑧大人之化：圣人的教化。

⑨不失有罪：不放过有罪的人。失，通“佚”。

⑩庸世：平庸之世。

⑪隆易从之化：推崇简而易从的圣人教化。

⑫太祖：此指曹操。曹操虽未称帝，却是魏国的实际缔造者。曹丕称帝后，追封他为魏太祖（又称魏武帝）。

⑬天海按：此为郑克自注，言本篇事出《三国志·魏书·司马芝传》。

【译文】

三国曹魏的司马芝，做大理正。有偷盗官府的白绢藏置在厕所中的案件，官吏怀疑是女工所为，于是收捕交付监狱。司马芝说：“刑罚杀戮的失误，就在于苛刻残暴。如今先得到赃物，而后才审讯她的供词，如果她不能忍受严刑拷打，有可能屈打成招，难道就能断案吗？再说简单而易服从，是圣人的教化；不放过有罪的人，是平庸之世治理社会的道理罢了。如今宽宥所怀疑的女工，以推崇简单而易服从的教化，不也是可行的吗？”曹操听从了他的建议。旧《疑狱集》出自《三国志·魏书·司马芝传》。

20·3 王坦之罪疑从轻

晋王坦之[①]，袭封蓝田县侯时[②]，卒士韩怅逃亡归首[③]，云：“失牛故叛。”有司劾怅偷牛[④]，考掠服罪[⑤]。坦之以为怅束身自归[⑥]，而法外加罪，懈怠失牛，事或可恕，加之木石[⑦]，理有自诬[⑧]，宜附“罪疑从轻”之例[⑨]，遂以见原[⑩]。出《晋书·王湛传》。坦之，其曾孙也。旧集不载[⑪]。

按：讯盗练、劾偷牛[⑫]，皆虑自诬而遂见宥，合矜谨之义矣。

【注释】

①王坦之（330—375）：字文度，太原晋阳（今山西太原）人。东晋名臣、书法家。初投靠会稽王司马昱，出任从事中郎，迁大司马长

史，袭封蓝田侯。迁侍中、左卫将军。桓温死后，联合丞相谢安辅政，授中书令、丹阳尹，出任北中郎将、徐兖二州刺史。《晋书》卷七五有传。

②袭封：子孙继承前辈受封的爵位。蓝田县侯：东晋废帝司马奕太和三年（368），王坦之因父亲王述病逝，离职丁忧，至丧满之后又被征拜为侍中，并袭爵蓝田侯。蓝田县，东晋县名。属京兆郡。今陕西西安蓝田。

③归首：回来自首。

④有司：官吏。此指司法官。古代设官分职，各有专司，故称。劾：审理，判决。

⑤考掠：严刑拷打。

⑥束身：自己捆住自己，表示认罪。此指投案自首。

⑦木石：此指刑具，也指用刑拷打。

⑧自诬：自行承认诬陷自己的不实之词。

⑨宜附：应当比照。罪疑从轻：此语最早出自《尚书·大禹谟》："罪疑惟轻，功疑惟重。与其杀不辜，宁失不经。"宋蔡沈注："罪已定矣，而于法之中，有疑其可轻可重者，则从轻以罚之。"又据《晋书·刑法志》载，刘颂在给皇帝的奏折中提出："律法断罪，皆当以法律令正文，若无正文，依附名例断之；其正文、名例所不及，皆勿论。"亦为"罪疑从轻""罪刑法定"所本。

⑩原：原宥，宽免。

⑪天海按：此为郑克自注，言本篇事出自《晋书·王湛传》。旧《疑狱集》不载此事。

⑫讯盗练：审讯盗窃官练之事。参见上文20·2条《司马芝宽宥疑罪》。

【译文】

东晋的王坦之，袭父爵封为蓝田县侯时，有个士兵名叫韩帐，逃走后又回来自首,他说:“因为丢失了牛所以逃跑。”官吏判决韩帐偷牛,拷打后他认了罪。王坦之认为韩帐自缚其身投案自首,却要法外加罪,因为大意懈怠丢失了牛,此事或者可以宽恕;加以严刑拷打,照理就有可能被迫认罪,应当比照“罪疑从轻”的法例处理,于是韩帐因此被宽免。事出《晋书·王湛传》。王坦之,是他的曾孙。旧《疑狱集》不载此事。

按:审讯偷盗官府白绢的女工、弹劾韩帐偷牛的案件,都考虑到会屈打成招的情况而宽恕他们,这就符合慎重严谨的本义了。

20·4 萧子良赏赐米钱任昉弹事附

南齐竟陵王子良[1],为会稽太守时[2],山阴人孔平诣子良[3],讼嫂市米负钱不还[4]。子良叹曰:“昔高文通与寡嫂讼田[5],义异于此。”乃赐米钱以偿之。出《南史》本传,旧集不载[6]。

按:梁御史中丞任昉[7],弹中军参军刘整[8],因兄寅第二庶息师利[9],按原本作“第一庶息”,今据任昉本集改正[10]。往整田上[11],经十二日。整便责寡嫂范米六斗哺食[12],米未展送[13],忽至户前,攘拳大骂,突进屋中,屏风上取车帷准米去[14]。亦引高凤事为弹文[15]。盖凤,隐者也。太守连召,恐不得免,自言本巫家[16],不应为吏;又诈与寡嫂讼田,遂不仕。若整与平[17],意实忘义,固异于此。然昉请免整[18],收治其罪;而子良但赐米钱以偿之,不治平罪,何也?责士之法,不以责民,是亦所以为矜谨也。

【注释】

①南齐:南北朝时期南朝的第二个朝代。为萧道成所建,定都建康(今江苏南京)。竟陵王子良:即萧子良(460—494),字云英,东

海兰陵（今山东临沂）人。南朝齐宗室大臣，齐武帝萧赜次子。初仕刘宋，辅佐邵陵王刘友，累迁会稽太守。齐高帝即位，受封闻喜县公，任职丹阳尹。齐武帝即位，册封竟陵郡王，历任南徐州刺史、南兖州刺史，迁司徒、尚书令、扬州刺史、中书监。永明五年（487）正位司徒，十年（492），领尚书令、扬州刺史，进太傅。《南齐书》卷四〇、《南史》卷四四皆有传。

②会稽：郡名。郡治在山阴（今浙江绍兴）。

③山阴：县名。属会稽郡。孔平：人名，余事不详。诣：拜见。

④市米负钱：买米欠钱。

⑤高文通：名凤，字文通，后汉南阳叶县（今河南叶县）人。少为书生，后为名儒，教授生徒为业。年老执志不倦，声名卓著。太守连召请，恐不得免，自言本巫家，不应为吏，又诈与寡嫂讼田，遂不仕。事见《后汉书·逸民列传》。

⑥天海按：此为郑克自注，言本篇事出《南史·萧子良传》，旧《疑狱集》不载此事。

⑦梁：即南梁，朝代名。南朝之一。502年萧衍代齐称帝，国号梁，都建康（今江苏南京）。史称“萧梁”。557年为陈所代。共历六帝，五十六年。御史中丞：官名。秦始置。汉朝为御史大夫的次官，或称御史中执法。南北朝，御史大夫时置时废，即令置大夫亦往往缺位。故御史中丞实为御史台长官。任昉（460—508）：字彦升，乐安博昌（今山东博兴）人。南梁著名文学家、方志学家、藏书家，竟陵八友之一。十六岁时，被刘宋丹阳尹聘为主簿，后被朝廷征召，任太常博士、征北行参军。齐永明二年（484），被丹阳尹聘为主簿。入为尚书殿中郎，又调任为竟陵王萧子良的记室参军，后因父丧而辞官。服丧期满后拜太子步兵校尉，掌管东宫书记。永元末年，任司徒右长史。梁高祖萧衍称帝后，为黄门侍郎，迁吏部郎中。天监二年（503），出任义兴太守。此后出任吏部郎

中、御史中丞、秘书监、领前军将军。天监六年(507)春,出任宁朔将军、新安太守。《梁书》卷一四、《南史》卷五九有传。

⑧弹:弹劾,批评,揭发。中军参军:官名。参军,为诸王及将军开府者的重要幕僚。南北朝时有记室参军、谘议参军、骠骑参军、中军参军等。

⑨第二庶息师利:第二庶子刘师利。天海按:"庶"字四库本原文脱,此据《文选》卷四十载任昉撰《奏弹刘整》文与四库馆臣按语径补。又,刘寅曾官南朝萧齐西阳内史。任昉弹劾刘整时,刘寅已故二十余年。

⑩天海按:此按语为四库馆臣所撰。任昉本集:《隋书·经籍志》《旧唐书·经籍志》《新唐书·艺文志》并著录《任昉集》三十四卷,《宋史·艺文志》著录《任昉集》六卷。本篇事见《文选》卷四十载任昉撰《奏弹刘整》文。

⑪往整田上:前往刘整的田庄上。

⑫哺食:喂养。

⑬展送:及时送去。

⑭车帷:马车或骡车上所设的帷帘。准米:以车的帷帘子折算米价。准,折价,折算,抵账。

⑮弹文:指弹劾官员过错的奏疏。

⑯巫家:巫祝之人。

⑰整与平:即上文的刘整与孔平。

⑱免整:免去刘整官职。

【译文】

南齐竟陵王萧子良,做会稽太守时,山阴县人孔平拜见萧子良,状告嫂子买米欠钱没有还他。萧子良叹气说:"从前高文通与寡嫂争夺田产,那情义与你们这样不同。"于是赐给米钱来补偿孔平。事出《南史·萧子良传》,旧《疑狱集》不载此事。

按：南梁御史中丞任昉，弹劾中军参军刘整。因为其兄刘寅的第二个庶子刘师利，按原本作“第一庶子”，今据任昉本集改正。前往刘整的田庄上，住了十二天。刘整便要求寡嫂范氏给米六斗作为伙食费，米没有及时送到，刘整忽然到了门前，挥拳大骂，并冲进屋中，从屏风上拿取车帷帘抵充米价而去。任昉也引用高凤的事情写进弹劾刘整的文中。那高凤，是个隐士。郡太守接连征召他做官，他恐怕不能避免，就自称本人是巫祝之人，不应当做官；又假装与寡嫂争夺田产，终于没有出仕。像刘整与孔平，内心实际忘了兄弟情义，当然与此不同。然而任昉请求罢免刘整官职，收捕惩治他的罪过；而萧子良只是赐给米钱来补偿孔平，不治孔平之罪，是为什么呢？因为责罚士人的方法，不用来责罚平民，这样也是做到了慎重严谨啊。

20·5 陆襄治叛无枉滥

梁陆襄[①]，为鄱阳内史时[②]，妖贼鲜于琮败[③]，获之。后邻郡豫章、安成等守宰案其党与[④]，因求货贿，皆不得实，或有善人尽室罹祸[⑤]。惟襄郡境枉直无滥[⑥]。人歌之曰：“鲜于抄后善恶分[⑦]，人无横死赖陆君[⑧]。”出《南史·陆慧晓传》。襄，其从孙也。旧集不载[⑨]。

按：推穷贼党者[⑩]，苟不矜谨，必至枉滥[⑪]。彼使善人尽室罹祸，与贼何异哉？襄之用心，独异于彼，宜其人歌之也。

【注释】

①梁：即南梁。陆襄（480—549）：本名衰，字师卿，南朝梁吴郡吴县（今江苏苏州）人。梁武帝天监三年（504），授著作佐郎。后任昭明太子萧统的太子洗马，调任太子中舍人，兼掌管记。中大通六年（534），出任鄱阳内史。侯景之乱爆发后，入直侍中省，太清元

年(547)为度支尚书。太清三年(549),建康被叛军攻陷,陆襄忧愤而死。《梁书》卷二七、《南史》卷四八有传。

②鄱阳:郡名。治所在鄱阳(今江西鄱阳)。内史:官名。晋朝太康十年(289),将王国的相改为内史。郡王封国的内史,相当于郡太守。南朝的宋、齐、梁、陈承袭晋制。

③妖贼:以妖言惑众倡导叛乱的人。鲜于琮:南朝梁鄱阳(今江西鄱阳)人。服食修道法。大同元年(535),结门徒杀广晋县令,建号置官,有众万余人,欲攻鄱阳郡,被陆襄所破并生擒获。事见《南史·陆慧晓传》。

④豫章:郡名。治所在南昌(今江西南昌)。安成:郡名。治所在平都(江西安福)。守宰:此指地方长官。如郡守之类。案其党与:查办叛贼党羽。

⑤尽室罹祸:全家遭遇灾祸。

⑥枉直无滥:意指追查叛贼党羽没有祸及无辜。

⑦鲜于抄后:叛贼鲜于琮被剿灭之后。

⑧横死:指遭遇意外而死亡。

⑨天海按:此为郑克自注,言本篇事出《南史·陆慧晓传》。旧《疑狱集》不载此事。

⑩推穷贼党者:追查叛贼余党的官吏。

⑪必至枉滥:一定会造成枉错淫滥,使无辜受害。枉滥,谓枉法恣肆。

【译文】

南梁的陆襄,做鄱阳郡内史时,妖人叛贼鲜于琮造反失败,被陆襄擒获。后来邻近的豫章郡、安成郡等郡守官吏查办叛贼党羽,为了索求贿赂,都不能查明真实情况,有些好人全家遭受灾祸。只有陆襄的鄱阳郡境内没有祸及无辜。人们歌颂他说:"鲜于琮剿灭后好坏分,人无横死依赖陆君。"事出《南史·陆慧晓传》。陆襄,是陆慧晓的从孙。旧《疑狱集》不载此事。

按：追究叛贼余党的官吏，如果不慎重谨慎，必然会造成枉错淫滥。那些官吏使好人全家遭受灾祸，与叛贼有什么不同呢？陆襄的用心，与他们不一样，那里的人应当歌颂他。

20·6 宋世轨杀首赦从苏琼附

北齐宋世轨[1]，为廷尉少卿[2]。洛州人聚结欲劫河桥[3]，吏捕按之[4]，连诸元徒党千七百人[5]。崔昂以为反[6]，数年不断。及世轨为廷尉少卿[7]，判其事为劫，唯杀魁首，余从坐悉舍焉[8]。出《北史·宋隐传》。世轨，其族孙也。旧集不载[9]。

按：苏琼为三公郎中时[10]，频有告谋反，付琼推检[11]，事多申雪。崔昂为尚书[12]，谓琼曰："若欲立功名，当更思余理[13]。乃数雪反逆[14]，身命何轻耶[15]？"琼正色曰："但雪冤枉，不放反逆。"昂大惭[16]。

夫崔昂亦善折狱，其意如此，乃寒伯奇所谓[17]"考囚者咸共言：妖恶大故[18]，臣子所宜同疾，今出之不如入之[19]，可无后责[20]。是以考一连十，考十连百"者也[21]。且昂于此狱，数年不断，岂非求反状未得乎？世轨判为劫，事理所当然，斯可以无惭于琼矣。是皆矜谨之君子也。

【注释】

①北齐：朝代名。中国南北朝时北方王朝之一，550年由文宣帝高洋取代东魏建立，国号齐，史称北齐。亦称"高齐"。577年为北周所灭。共历六帝，二十八年。宋世轨：北齐广平（今河北鸡泽）人。天保初，历三尚书三公、二千石、都官郎中，兼并州长史。执狱宽平，多所全济。北齐文宣帝时，累官至大理少卿。《北齐书》

卷四六、《北史》卷二六有传。

②廷尉少卿：官名。北魏始置，为廷尉卿次官。北齐初沿置，后设大理寺，遂改置“大理少卿”，为大理寺副长官，掌决正刑狱。

③洛州：北齐州名。治所在洛阳（今河南洛阳）。河桥：桥名。在洛阳郡北盟津之黄河上。

④捕按：逮捕审问。

⑤诸元：指原东魏元姓皇室诸人。天海按，北魏皇室本为鲜卑族拓跋氏，北魏孝文帝实行汉化政策，改为元氏。后北魏分为东魏、西魏，东魏被北齐取代，故称原东魏皇室为“诸元”。

⑥崔昂：字怀远，北齐博陵安平（今河北安平）人。初为高澄记室参军。东魏末，高澄入朝辅政，召为开府长史。迁尚书左丞，兼度支尚书。齐代东魏，迁散骑常侍，兼大司农卿。北齐文宣帝天保十年（559），策拜仪同兼右仆射。后坐事除名，不久，复为五兵尚书，迁祠部，卒。《北齐书》卷三十、《北史》卷三十二有传。天海按：崔昂当时为大理卿。

⑦天海按：原文作“为廷尉”，脱“少卿”二字，据《北史·宋隐传》补正。

⑧从坐：因受牵连而被判罪。也称“缘坐”“随坐”。古代因一人犯罪而株连其亲属家属的制度。

⑨天海按：此为郑克自注，言本篇事出《北史·宋隐传》，旧《疑狱集》不载此事。

⑩苏琼：参见本书卷一《释冤》（上）1·8条《苏琼穷审查盗赃》注。三公郎中：官名。魏晋南北朝与三公郎互称，为尚书省三公曹长官。尚书省郎官之一，掌诸曹囚帐、断罪及赦日建金鸡等事。

⑪付琼推检：交付苏琼审理察验。

⑫尚书：官名。南北朝时为中央执行政务的尚书省长官。崔昂时任都官尚书。

⑬当更思余理：应当再想其他途径。

⑭数雪反逆：多次昭雪谋反大逆的罪犯。

⑮身命何轻：为何看轻自身性命。

⑯天海按：此事出自《北史·苏琼传》。

⑰寒伯奇：天海按，四库本原文误作“寒伯寄”，径改。寒伯奇，名朗，字伯奇，后汉鲁国薛县（今山东滕州）人。详见本书卷三《辨诬》门2·2条《寒朗廷诤为辨诬》注。

⑱妖恶：指妖异邪恶之事。大故：统指大逆不道的大罪。

⑲出之不如入之：出罪不如入罪。

⑳可无后责：能够避免事后的责罚。

㉑天海按：以上引语见《后汉书·寒朗传》。

【译文】

北齐的宋世轨，做大理少卿。有洛州人聚集勾结想要在河桥抢劫，官吏逮捕审讯他们，牵连到诸多元氏党徒一千七百人。崔昂认为他们是要造反，数年不能判决。到宋世轨做大理少卿，判决那个案件为抢劫，只杀了罪魁祸首，将其余连坐的从犯全部赦免了。事出《北史·宋隐传》。宋世轨，是他的族孙。旧《疑狱集》不载此事。

按：苏琼做三公郎中时，常常有人告发谋反之事，交付苏琼审理查检，案件大多申冤昭雪。崔昂做都官尚书，对苏琼说：“如果想要建功立名，应当再想其他途径。你多次昭雪反叛谋逆之徒，为何看轻自己的性命呢？”苏琼严正地说：“只是昭雪冤枉之人，不会放过反叛谋逆之徒。”崔昂十分惭愧。

那崔昂也善于断案，他有如此意图，就是寒朗所说的“考讯囚犯的人都说：妖恶叛逆大罪，是臣子所应共同憎恨的，如果免除他们的罪过不如判处他们有罪，能够避免今后追究责任。因此考讯一个牵连十个，考讯十个牵连百个”那样啊。再说崔昂对于这个案件，数年不能决断，难道不是寻求谋反罪状没有得到吗？宋世轨判决为抢劫，是理所当然的事，这就可以无愧于苏琼了。他们都是慎重严谨的君子啊。

20·7 郎茂化人促友悌陆襄附

隋郎茂[1]，初授卫州司录[2]，有能名[3]，寻除卫国令[4]。隋诸王置国官，有令一人，至炀帝时，改国令为家令。有部人张元预与从父弟思兰不睦[5]，丞、尉请加严法[6]，茂曰："元预兄弟本相憎嫉，又坐得罪，弥益其忿[7]，非化人之意也[8]。"乃遣县中耆旧[9]，更往敦谕[10]，道路不绝。元预等各生感悔，诣县顿首请罪。茂晓之以义，遂相亲睦，称为友悌[11]。出《北史·郎基传》。茂，其子也。旧集不载[12]。

按：梁陆襄，为鄱阳内史[13]。有彭、李二家，先因忿争，遂相诬告。襄引入内室，不加责诮[14]，但和言解谕之[15]。二人感恩，深自咎悔。乃为设酒食令其尽欢，酒罢同载而还，因相亲厚。出《南史》本传，旧集亦不载[16]。

夫异姓之疏也，诬告之怨也，犹可和解，使相亲厚，况亲族之不睦者乎？彼犹未容责诮[17]，此可遽加严法乎[18]？矜谨之士，宜鉴于兹，故并著焉。

【注释】

①郎茂（541—615）：字蔚之，隋恒山新市（今河北正定）人。历仕北齐、北周。历保城令，授陈州户曹。杨坚为丞相，召授卫州司录，寻除卫国令。后还家为州主簿。隋文帝时，累迁至户部侍郎。炀帝时，以干练善断为尚书左丞，被诬徙且末郡，怡然就道。大业十年（614）还长安。撰《州郡图经》一百卷。《北史》卷五五、《隋书》卷六六有传。

②卫州：州名。北周置，治所在汲郡（今河南浚县）。辖今河南新乡、鹤壁等地。因地处春秋古卫国地，故名卫州。司录：官名。北周称司录参军，属相府；同时州之刺史有军而开府者亦置之。大丞相府、都督中外诸军事府及开府将军、诸州府重要僚属，总录一府之事。位在长史、司马下。亦为州的佐官，掌管各曹文书，纠察府事。

③能名：能干的名声。

④寻除：不久授任。卫国：隋文帝异母弟卫王杨爽的封国，治所在卫（今河南淇县）。令：官名。隋诸王封国所置官职有令、大农各一人。隋炀帝时改国令为家令，掌封国众事务。

⑤从父弟：堂弟。即伯叔父之子。

⑥丞、尉：王国属官。隋制，诸王藩国置丞一人、尉二人，为令的属佐。

⑦弥益其忿：更增加他们之间的忿恨。

⑧化人之意：感化人的意义。

⑨耆旧：指年高而有声望的人。

⑩更往敦谕：轮流前往劝勉说明道理。

⑪友悌：兄弟友爱。

⑫天海按：此为郑克自注，言本篇事出《北史·郎基传》。旧《疑狱集》不载此事。

⑬梁陆襄，为鄱阳内史：参见上文20·5条《陆襄治叛无枉滥》注。

⑭责诮：谴责讥诮。

⑮和言解谕：用温和的语言开导劝解。

⑯天海按：此为郑克自注，言本篇事出《南史·陆襄传》。

⑰容：通“庸”。用，使用。

⑱遽：急忙，匆忙。

【译文】

隋朝的郎茂，最初授任卫州司录参军，有能干的名声，不久授任卫国令。隋朝诸藩王封国置官，有国令一人，至隋炀帝时，改国令为家令。辖区内有一个叫张元预的，与堂弟张思兰不和睦，封国的丞、尉请求严加惩罚，郎茂说："张元预兄弟本来就互相憎恨，又因此获罪，更增加了他们之间的忿恨，这不是教化百姓的本意。"于是派遣县里年高而有声望的人，接连不断地劝勉说明道理。张元预等人各自心生感动而悔悟，到县衙叩头请罪。郎茂以亲人情义开导他们，他们终于互相亲善和睦，被人称为友爱和睦的兄弟。事出《北史·郎基传》。郎茂，是他的儿子。旧《疑狱集》不载此事。

按：南梁的陆襄，做鄱阳内史。有姓彭的和姓李的两家人，起先因为忿争，于是互相诬告。陆襄把他们带入内室，不加责备和讥诮，只是用温和的语言劝解开导他们。二人都感恩，深深地自我内疚和悔悟。于是就为他们设酒食，让他们极尽欢快，酒宴结束后，用车子载他们一同回去，因此两家人相互亲善友好。事出《南史·陆襄传》，旧《疑狱集》也不载此事。

那异姓关系疏远，互相诬告仇怨，尚且可以和解，使他们相互亲善友好，何况亲族之间不和睦的人呢？对那异姓之间互相诬告仇怨的都不加责备和讥诮，这亲族之间不和睦的就可以匆忙地施加严法吗？慎重严谨的人士，应当有鉴于此。所以一并著录在此。

20·8 张咏亲民判翁媳王质附

张咏尚书，再知益州[①]。民有负贩者[②]，翁役其妇[③]，妇违之，翁怒，剪其发，曰："我作婢使汝！"其子自外归，作闹[④]，所由具事领过[⑤]。或谓其子曰："翁剪妇发何罪？子若执父[⑥]，汝罪不轻。"至厅下，咏诘之，翁云："妇自剪发泥某[⑦]。"子亦云："妻自剪发泥翁。"咏察其诳，即于解状后判云[⑧]："虽然子为父隐[⑨]，其奈执辞不定[⑩]。既不可穷诘于尊长，又不可抑断于卑幼[⑪]。仰责新妇状[⑫]，今后再不侍养，别具状领过。"并放。咏谓掾属曰[⑬]："五服之内[⑭]，卑幼条至重[15]。亲民之官[16]，所宜尽心。”见李畋虞部所撰《忠定公语录》[17]。

按：王质待制[18]，知荆南[19]。有媪诉其妇薄于养，妇言舅亡姑嫁[20]，既穷而归，且奉事无不谨。质曰：“姑虽不良，独不顾夫耶？”因取家人衣以衣媪，又给以廪粟[21]，使归养之，皆感泣而去。见本传[22]。

此其翁姑理皆不直，然家人之义，当责卑幼，但不可遽绳以法耳。是故恕其罪而责之养也。

【注释】

①张咏尚书，再知益州：参见本书卷四《宥过》门5·6条《张咏智断染料案》注。

②负贩：担货贩卖，小商贩。

③翁役其妇：公公役使他的儿媳。

④作闹：发生吵闹事。

⑤所由具事领过：有关官吏具事立案使他们领受罪过。所由，即所由官，犹言有关官吏。因事必经由其手，故称。南朝至唐宋常用此语。唐代一般指胥吏及差役。吏役多属于府县，故府县官称为所由官。

⑥执父：揪住父亲不放。

⑦泥某：污蔑我。泥，污，沾污。

⑧解状：撤销诉讼的状子。

⑨子为父隐：儿子为父亲隐瞒劣迹。这是儒家所提倡的纲常礼教。语原出《论语·子路》：“孔子曰：‘父为子隐，子为父隐，直在其中矣。’”

⑩执辞不定：所持供词前后不一。

⑪抑断于卑幼：压抑晚辈枉屈判决。

⑫仰责新妇状：我责令儿媳妇重新立诉状。“仰”此处借为“我”。

⑬掾属：对下属的总称。汉代自三公至郡县，都有掾属。人员由主官自选，不由朝廷任命。隋统一以后，改由吏部任免。

⑭五服：古代以亲疏为差等的五种丧服制度。“五服”制度是中国礼治中为死去的亲属服丧的制度。它规定血缘关系亲疏不同的亲属间，服丧的服制不同，据此把亲属分为五等，由亲至疏依次是：斩衰、齐衰、大功、小功、缌麻。

⑮卑幼条至重：五服内的犯罪，卑幼条处罚最重。

⑯亲民：亲自治理民众，亦被引申为地方官的别称。又《礼记·大学》所言“大学之道”亦有“亲民”，其解释一为“亲爱于民”或“兼教养意”，是关爱人民，这里的“亲”即是亲近、关爱的意思；又一解，称“亲民”为“新民”，是教化民众、使民向善之意。

⑰天海按：此为郑克自注，言本篇事出李畋所撰《张忠定公语录》。

⑱王质待制：参见本书卷四《议罪》门4·16条《王质上疏被降职》注。

⑲荆南：即荆湖南路。路名。治所在潭州（今湖南长沙）。

⑳舅亡姑嫁：公公亡故，婆婆改嫁。姑舅，指丈夫的父母。义同公婆、翁姑。《尔雅·释亲》：“妇称夫之父曰舅，称夫之母曰姑。”

㉑廪粟：官粮。公家库藏之粮。

㉒天海按：此为郑克注文，言本篇事出宋朝《国史》王质本传。

【译文】

工部尚书张咏，第二次做益州知州。州民中有户卖货的小贩，公公要役使他的儿媳妇，儿媳妇违抗他，公公发怒，剪了她的头发，说：“我把你当作婢女使唤！”他的儿子从外边回来，发作闹事，地方官吏立案让他们去州府领受罪过。有人对公公的儿子说：“公公剪了儿媳妇的头发有什么罪过？儿子如果揪住父亲不放，你的罪过不轻。”来到州府公堂下，张咏审问他们，公公说：“儿媳妇自己剪了头发诬告我。”儿子也说：“妻子自己剪了头发诬告公公。”张咏觉察到他们说谎话，就在解除诉状后下判词说：“虽然儿子可以为父亲隐瞒过错，无奈他的诉辞前后不一。既不可对尊长深入追究，又不可对晚辈压抑裁断。我责令儿媳妇重新立状，今后再不侍养公公，就另外立状领受罪过。”一并释放了他们。张咏对下属说：“五服之内的亲属，晚辈犯罪的条款最重。是亲自治理民众的官吏，所应当尽心的。”事见李畋虞部所撰《张忠定公语录》。

按：天章阁待制王质，执掌荆湖南路。有个老妇控诉她的儿媳妇对她奉养刻薄，儿媳妇说公公去世婆婆改嫁，因为贫穷又归来，再说侍奉的事没有不周到的。王质说：“婆婆虽然不好，难道能不顾念丈夫吗？”因此取出家人的衣服给老妇穿，又送给她们官仓的粮食，使媳妇回去赡养婆婆，二人都感动流泪而离开。事见《国史》本传。

这两件事中的公公、婆婆，他们的理由都不正当，然而按照家人的道义，应当责罚晚辈，只是不能匆忙地以法律制裁罢了。因此宽恕他们的罪过，责令他们尽赡养的义务。

20·9 薛奎出俸息母讼仇览、韦景骏二事附

薛奎参政[①]，知益州[②]。有妇人讼其子不孝，诘之，乃曰：“贫无以养。”奎因出俸钱与为资业[③]，而遣之。见本传[④]。

按：后汉仇览[⑤]，为蒲亭长[⑥]。有陈元者，独与母居，而母讼元不孝。览惊曰：“吾近过元舍，庐落整顿[⑦]，耕耘以时。此非恶人，当是教化未及耳。母守寡养孤，苦身投老[⑧]，奈何肆忿一朝[⑨]，欲致子以不义乎？”母感悟，涕泣而去。览乃亲到元家，与其母子饮，因为陈人伦孝行[⑩]，譬以祸福之言。元卒成孝子。见《后汉书》本传[⑪]。

唐韦景骏[⑫]，为贵乡令[⑬]。有母子相讼者，景骏曰：“令少不天[⑭]，常自痛。尔幸有亲，而忘孝耶？教之不孚[⑮]，令之罪也。”因呜咽流涕，付授《孝经》[⑯]，使习大义[⑰]。于是母子

感悟，请自新，遂为孝子。见《唐书》本传[18]。

此皆与奎出俸钱为资业之意同矣。苟绳以法，子罪不轻。今律所谓“可从而违”“堪供而阙”者[19]，是也。得不谓之矜谨乎？

【注释】

①薛奎参政：参见本书卷一《释冤》门（上）1·4条《辛祥察色获真凶》注。

②益州：州名。治所在成都（今四川成都）。

③出俸钱与为资业：拿出自己的俸禄钱给妇人之子作为资财产业。

④天海按：此为郑克自注，言本篇事出宋朝《国史》薛奎本传。

⑤后汉：即刘秀所建立的东汉，建都洛阳。因在西汉之后，故又称“后汉”。仇览：一名香，字季智，东汉陈留考城（今河南兰考）人。少好读书，为人淳默，乡里无知者。桓帝延熹中，年四十，县召补吏，选为蒲亭长。考城令王涣署为主簿，并资其入太学。在太学不务游谈，勤谨自守。同郡学者符融、郭泰重之。学毕归乡里，以礼自正，为人表率。后征方正，以疾卒。《后汉书》卷七六有传。

⑥蒲亭长：蒲亭乡长。蒲亭，地名，时属考城县。在今河南长垣。

⑦庐落整顿：房舍庭院整洁。

⑧苦身投老：劳苦一身，临近衰老。

⑨肆忿：发泄忿恨。

⑩陈人伦：陈述尊卑长幼的关系与行孝的道理。人伦，此指封建社会中礼教所规定的君臣、父子、夫妇、兄弟、朋友及各种尊卑长幼关系。

⑪天海按：此为郑克自注，言本篇事出《后汉书·仇览传》。

⑫韦景骏：唐雍州万年人（今陕西西安）。举明经，历转肥乡令，贵

乡令。转赵州长史,迁房州刺史。转奉先令,未行而卒。《旧唐书》一八五、《新唐书》一九七有传。

⑬贵乡令:贵乡县县令。贵乡县,治今河北大名。

⑭令:县令。此处为自称,与“我”同。不天:不为天所护佑。此当指幼年失去母亲。《旧唐书》本传记此事作:“开元中,为贵乡令。县人有母子相讼者,景骏谓之曰:‘吾少孤,每见人养亲,自恨终天无分,汝幸在温凊之地,何得如此?锡类不行,令之罪也。’因垂泣呜咽,仍取《孝经》付令习读之。于是母子感悟,各请改悔,遂称慈孝。”《旧唐书》其父韦岳本传中言:“开元中,卒于颍州别驾。岳子景骏。”可见韦景骏“少孤”“少不天”是指丧母。

⑮教之不孚:教化不能使人信服。

⑯《孝经》:书名。儒家十三经之一。传说为孔子所作,但南宋时已有人怀疑是出于后人附会。清代纪昀在《四库全书总目》中指出,该书是孔子“七十子之徒之遗言”,成书于秦汉之际。自西汉至魏晋南北朝,注解者及百家。现在流行的版本是唐玄宗李隆基注,宋代邢昺疏。全书共分18章。

⑰大义:正道,大道理。

⑱天海按:此为郑克自注,言本篇事出《新唐书·韦景骏传》。其与《旧唐书》本传文字略异。

⑲今律:指宋律,原误作“令律”,此据《宋刑统》卷二四校正。可从而违、堪供而阙:此二语见《宋刑统》卷二四《讼律·告周亲以下·子孙违犯教令》条中:“诸子孙违犯教令及供养有阙者,徒二年。”注:“谓可从而违,堪供而阙者。”意即对于长辈“可以顺从却违抗,能够供养却缺失”。

【译文】

参知政事薛奎,做益州知州。有个妇人诉讼他的儿子不孝,盘问那个儿子,他却说:“我贫穷,无力来奉养。”薛奎于是拿出自己的俸禄交给他作为资财产业，然后送走他们。事见《国史》薛奎本传。

按：东汉的仇览，做蒲亭乡长。有个名叫陈元的人，单独与母亲居住，但母亲控诉陈元不孝。仇览惊奇地说："我最近经过陈元的住处，见房屋院落整洁，田地按时耕耘。这种人不像是恶人，应当是教化未到罢了。母亲守寡抚养孤儿，劳苦一身临近衰老，为什么要发泄一时的忿恨，想要置儿子于不义吗？"母亲感动醒悟，流泪而离开。仇览就亲自到陈元的家中，与母子二人同饮，随即为他们陈述人伦与孝行，用得祸得福的言语作比喻。陈元最终成为孝子。事见《后汉书·仇览传》。

唐朝的韦景骏，做贵乡县县令。有母子二人相互诉讼，韦景骏说："我年少时失去母亲，常常悲痛不已。你幸有母亲在，就忘记行孝了吗？教化不能使人信服，是我的罪过。"于是抽泣流泪，送给他们《孝经》，让他们学习其中的大义。于是母子二人感动醒悟，请求改过自新，那个儿子终于成为孝子。事见《新唐书·韦景骏传》。

这二人都与薛奎出俸钱给人作为产业的意义相同。如果依法制裁，当儿子的罪过不轻。如当今法律所说"可以顺从却违抗""能够供养却缺失"的条款，就是这样。能不认为这是慎重严谨的做法吗？

20·10　任布自劾贷骂祖

任布副枢知越州[①]。民有被酒骂其祖者[②]，祖既诉之，已而大悔，哭于庭，曰："老无子，赖孙以为命。"布特贷出之[③]，且上书自劾[④]，朝廷亦不之问。见本传[⑤]。

按：孙骂祖，法当死[⑥]，特贷出之，理宜自劾。此乃矜其失教[⑦]，而谨于用刑者也。

【注释】

①任布：字应之，河南（今河南洛阳）人。进士及第，补安肃军判官。

宋真宗天禧四年(1020)以屯田员外郎知越州事。改大理寺丞、知安阳县。通判嘉州,还,知开封府司录事,通判大名府。初置提点刑狱,选布领荆湖南路。历兵部、刑部郎中,拜右谏议大夫、知真定府。擢龙图阁直学士,又徙河南府,未至,召为枢密副使。授太子少保致仕,进少傅。《宋史》卷二八八有传。副枢:官名。枢密副使简称。五代后唐庄宗同光元年(923)改崇政院副使置,为枢密院副长官。宋初因之。神宗元丰改制罢,以同知枢密院领其职。南宋复置,正二品。越州:州名。治所在会稽(今浙江绍兴)。

②被酒:中酒,即喝醉了。

③贷出之:宽免释放了他。

④上书自劾:上书皇帝,检举自己的过失。

⑤天海按:此为郑克自注,言本篇事出宋朝《国史》任布本传。

⑥法当死:依法应当处死。据《宋刑统·斗讼律》规定:"诸詈祖父母、父母者,绞;殴者,斩。"

⑦矜其失教:怜悯子孙失于教诲。

【译文】

枢密副使任布做越州知州。有个州民酒醉后辱骂他的祖父,祖父就到官府控诉他,后来又十分后悔,他在公堂上哭着说:"我年老无子,依赖孙子生活。"任布特地宽恕并释放了他的孙子,又上书皇上检举自己的过错,朝廷也没有追究他。事见《国史》本传。

按:孙子辱骂祖父,依法应当处死,任布特地宽恕并释放了他,照理应该检举自己的过失。这是因为任布怜悯孙子失于教诲,而谨慎用刑。

20·11 苏涣审问兄杀弟

苏涣郎中[①],知鄢陵县时[②],岁荒盗起,有兄杀弟而取其衣者,弟偶不死,与父偕往诉之。涣闵其穷而为奸[③],问之曰:"汝杀而弟[④],知其不死而舍之者何?"兄喻其意,曰:"适有见者[5]，不敢再也。”由是得不死，父子皆感泣。及涣罢去[6]，负任从之数千里[7]。见苏辙门下所撰墓表[8]。

按：古之听狱者，求所以生之[9]，不得其所以生之者[10]，乃刑杀焉。孙骂祖有可生之理[11]，以其被酒，且祖自悔也。兄杀弟有可生之理，以其苦饥，且弟不死也。布之贷出其孙[12]，涣之虑问其兄[13]，皆得其所以生之者也，可无愧于古人矣。

【注释】

①苏涣（1002—1062）：初字公群，后改字文父，眉州眉山（今四川眉山）人。苏洵之兄，苏轼之伯父。宋仁宗天圣二年（1024）进士，为宝鸡主簿，以能选开宝监，调凤州司法。为永康军录事参军，擢开封府士曹参军。通判阆州，历知祥符、鄢陵、衡州。宋仁宗至和二年（1055），擢提点利州路刑狱。进官都郎中，阶朝奉郎，勋上轻车都尉。后以二子登朝，累赠太中大夫。《宋史》无传。事迹见苏辙《栾城集》卷二五《伯父墓表》。参见本书卷三《辨诬》门2·20条《苏涣问血衣辨诬》注。

②鄢陵县：县名。治所在鄢陵（今河南鄢陵）。宋时鄢陵县属京畿路开封府，为畿县。

③闵其穷：怜恤他的穷困。闵，古同“悯”，怜恤，哀伤。

④而：代词，你。

⑤适有见者：恰好遇上有人看见。天海按：此四字之上，苏辙《伯父墓表》还有“弟死复生”四字。

⑥及涣罢去：到苏涣罢任而去。天海按：此四字苏辙《伯父墓表》作“及公去”。

⑦负任从之：担负行李跟随送他。

⑧天海按：此为郑克自注，言本篇事出苏辙所撰《苏涣墓表》。今见

苏辙《栾城集》卷二五《伯父墓表》。门下，位同侍中。胡三省注："门下，侍中、常侍、给事黄门之职。"苏辙曾任"门下侍郎"等职，位列执政，故尊称"门下"。

⑨求所以生之：寻求能够使他活命的理由。

⑩不得其所以生之者：找不到能够使他活命的理由时。

⑪孙骂祖：参见上文20·10条《任布自劾贷骂祖》。可生之理：可以活命的理由。

⑫布之贷出其孙：任布宽免释放了老人的孙子。参见上文。

⑬虑问：对囚犯进行复查审问。即"录问"。

【译文】

都官郎中苏涣，做鄠陵县知县时，年岁饥荒，盗贼四起，有个当兄长的杀了弟弟并取走他的衣服，弟弟偶然没有死去，就与父亲一同前往官府控诉他。苏涣怜悯那兄长因穷困而做坏事，审问他说："你杀害你的弟弟，知道他没有死而放走他，是为什么呢？"那个兄长明白了苏涣的意思，说："恰好遇上有人看见，不敢继续下手了。"因此那兄长能够不被处以死刑，父子三人都感动而流泪。到苏涣罢任离去时，他们父子为他担负行李跟随送了几千里。事见门下侍郎苏辙所撰《苏涣墓表》。

按：古代断案的官吏，力求找到能够使案犯活命的理由，找不到使案犯活命的理由时，才对他处以死刑。孙子辱骂祖父有可以活命的理由，是因为他喝醉了酒，而且祖父自己也后悔告他。兄长杀害弟弟有可以活命的理由，是因为他遭受困苦饥寒，而且弟弟也没有死去。任布宽贷放出那个孙子，苏涣审问那个兄长，都找到了他们可以活命的理由，可以无愧于古人了。

20·12 李士衡免死四人高化附

李士衡观察①，初释褐为京兆鄠县主簿②，府知其才，俾权狱掾③。咸阳县有民杀人④，具狱以送府⑤，父子五人，其为从者，皆服加功之罪[⑥]。士衡告于尹曰[⑦]："彼杀人者，止一人耳，余四人掩其骸，可坐以加功，置之重辟乎[⑧]？"尹喜从其议，曰："四人者非子之明，则冤于地下矣。"见范仲淹参政撰神道碑[⑨]。

按：以掩骸为加功，是深文也[⑩]。罪不应死而文致之[⑪]，何其忍哉！尝闻用法杀人，无异用刃杀人，深文之罪，纵或幸免，鬼得而诛之也[⑫]。

高化太尉[⑬]，虽起行伍[⑭]，颇知民事。晚守相州[⑮]，部有大狱[⑯]，皆当论死，化疑之，命移他狱讯，蒙活者三人[⑰]。殆亦以掩骸为加功之类欤？此矜谨者所宜尽心也。

【注释】

①李士衡：《宋史》作"李仕衡"，秦州成纪（今甘肃天水）人。北宋淳化年间进士及第，调鄠县主簿，任彭山知县、剑州知州。就加大理评事，迁光禄寺丞。知剑南，迁荆湖北路转运使，徙陕西。召为度支副使，以枢密直学知益州。迁尚书工部侍郎、权知天雄军。官至同州观察使、知陈州。《宋史》卷二九九有传。观察：官名。指同州观察使。唐代后期出现的地方军政长官，全称为观察处置使。宋于诸州置观察使，无职掌，无定员，亦不驻本州，仅为武臣准备升迁之寄禄官，实系虚衔。同州，州名。治所在冯翊（今陕西大荔）。

②释褐：脱去粗布衣服，比喻始任官职。指中进士后开始做官。京兆：府名。治所在长安万年（今陕西西安）。鄠县：县名。县治在今陕西鄠邑。主簿：官名。县令的佐官。掌簿记文书。

③俾权狱掾：使代理狱案断刑的主官。狱掾，狱曹的属吏，掌佐县令主刑法罪犯事，位在狱史上。

④咸阳县:县名。治所在今陕西咸阳。

⑤具狱:结案报送京兆府。

⑥加功之罪:在共同杀人中协助杀人的罪行。加功,古代法律谓以实际行动帮助杀人的犯罪行为。《唐律疏议》:“谓同谋共杀,杀时加功,虽不下手杀人,当时共相拥迫,由其遮遏,逃窜无所,既相因藉,始得杀之,如此经营,皆是加功之类。”

⑦尹:即京兆府尹。据《宋史·李仕衡传》,当时京兆尹为田重进。

⑧置之重辟:处以死刑。重辟,大辟。死刑。《宋刑统·贼盗律》:“诸谋杀人者徒三年,已伤者绞,已杀者斩,从而加功者绞。”

⑨天海按:此为郑克自注,言本篇事出范仲淹所撰《李士衡神道碑》。

⑩深文:指援用法律条文苛细严峻。

⑪文致:玩弄法律条文,陷人入罪。

⑫鬼:此指冤死之鬼。

⑬高化:字仲熙,宋真定(今河北正定)人。真宗即位,累迁御龙骨朵直都虞候。仁宗时,进神龙卫四厢都指挥使、龚州防御使,为鄜延路马步军副都总管,徙泾原路、权知渭州,迁捧日、天武四厢都指挥使。殿前副都指挥使,历建武军、武安军节度使,知相州,以右屯卫上将军致仕,卒赠太尉。《宋史》卷三二三有传。太尉:官名。宋三公之一。政和二年(1112)改,为武臣阶官之首。

⑭起行(háng)伍:军队出身。行伍,古代军队编制,五人为“伍”,二十五人为“行”,因用以泛指军队。

⑮相州:州名。治所在安阳(今河南安阳)。

⑯大狱:重要刑案。

⑰蒙活:蒙受宽免而活命。

【译文】

观察使李士衡,最初做京兆鄠县主簿时,京兆府尹知道他的才干,使他代理狱掾。咸阳县有县民杀了人,已经结案报送京兆府,父子共五人,其中四人为从犯，都被判为协助杀人罪。李士衡报告京兆尹说："那杀人的，只是一人罢了，其余四人掩埋死者遗骸，怎能判以协助杀人罪，置之于死刑呢？"京兆尹高兴地听从了他的建议，说："这四个人，如果不是你的明察，就会冤死于地下了。"事见范仲淹参政撰《李士衡神道碑》。

按：以掩埋遗骸为协助杀人，这是援用法律条文苛细严峻。罪不应死而玩弄法律条文陷人入罪，那是何等残忍啊！曾经听说用法律杀人，无异于用刀杀人。援用法律条文苛细严峻的罪过，即使有的侥幸免责，冤死鬼也要将他诛杀。

太尉高化，虽然出身于军队，但很懂得治理民事。他晚年担任相州知州时，所辖部内有重大刑案，都被判处死罪，高化怀疑这个案件，命令移交其他监狱审讯，受到宽免活命的有三人。那大概也是把掩埋尸体作为协助杀人之类的吧？这是慎重严谨办案的人应该尽心的地方。

20·13 王博文权弛盐禁

王博文副枢①，知密州时②，负海有涛落盐场③，岁歉，民多盗鬻④。吏捕逐之，辄起捍斗⑤，皆坐法当死。博文上言，请权弛盐禁⑥，俟岁丰如旧，从之。见本传⑦。

按：《周礼》⑧："荒政十有二⑨。"其曰"缓刑"，曰"舍禁"⑩，曰"去几"者⑧，博文所请，义与合焉。苟非通达古今，岂能矜谨如是耶？

【注释】

①王博文：字仲明，曹州济阴（今山东菏泽）人。淳化三年（992），宋太宗亲试进士，召试舍人院，为安丰主簿，历南丰尉，有能名。调南剑州军事推官，改大理寺丞，监荆南榷货务，迁殿中丞。赐进士第，擢知濠州，历真州。真宗幸亳，权江、淮制置司事。改监察

御史、梓州路转运使。以疾,请出知海州,徙密州。除殿中侍御史。迁殿中丞,擢知濠州、真州,为三司户部判官。出为河北转运使、陕西转运使。迁尚书兵部员外郎,为三司户部副使,再迁户部郎中、龙图阁待制、判吏部流内铨、权发遣三司使事。出知大名府,迁给事中。召权三司使,遂同知枢密院事。《宋史》卷二九一有传。副枢:即同知枢密院事,枢密院副使,枢密院副长官。

②密州:州名。治所在东武(后改诸城,即今山东诸城)。

③负海:背靠大海。涛落盐场:海水落潮之后形成的盐场。

④盗鬻(yù):盗卖海盐。

⑤捍斗:顽强抵抗。

⑥权弛:暂时放宽。

⑦天海按:此为郑克自注,言本篇事出宋朝《国史》本传。

⑧《周礼》:书名。参见本书卷七《察盗》门13·6条《张允济五听查葱》注。

⑨荒政十有二:救济灾荒的政策有十二条。《周礼·地官·大司徒》:"以荒政十有二聚万民:一曰散利,二曰薄征,三曰缓刑,四曰弛力,五曰舍禁,六曰去几,七曰眚礼,八曰杀哀,九曰蕃乐,十曰多昏,十有一曰索鬼神,十有二曰除盗贼。"

⑩舍禁:开放关市山泽禁令,使民便于出入取物以救荒。"荒政"之五,贾公彦疏:"山泽所遮禁者,舍去其禁,使民取蔬食。"

⑪去几:免去关市的稽查税收。几,同"稽",稽查。指稽查而征税。"荒政"之六。

【译文】

枢密院副使王博文,做密州知州时,靠海有落潮盐场,当时年成歉收,人们多盗卖海盐。差吏追捕他们,他们就群起顽强抵抗,都犯了法,应当判处死罪。王博文上书朝廷,请求暂时放宽盐禁,等到年成丰收以后再依旧法,朝廷听从了他的建议。事见宋朝《国史》本传。

按:《周礼》中说:“救济灾荒的政策有十二条。”其中有“宽缓刑罚”,有“放弃山泽禁令”,有“除去关市稽查征税”的内容,王博文所请求的,意义正与此符合。如果不是通达古今,哪能如此慎重严谨呢?

20·14 王质憎暗中伤人

王质待制①,尝通判苏州②,以病在告③,知州黄宗旦来省问④,因言:“狱有盗铸钱者百余人,吾阴以术钩得之⑤。”质曰:“弋不射宿⑥,恶阴中于物也⑦。今杀数人,而徒流者又数十人⑧,公阴中之也。”宗旦瞿然⑨,为贷其死罪,而余悉轻出之。见本传⑩。

【注释】

①王质待制:参见本书卷四《议罪》门4·16条《王质上疏被降职》注。

②通判:官名。设于诸州,地位略次于州府长官,但握有连署州府公事和监察官吏的实权,号称“监州”。苏州:州名。治所在吴县(今江苏苏州)。

③以病在告:因病在休假。告,古时官吏休假之称。

④知州:知州事的简称。州的长官,亦即知府。黄宗旦:字叔才,宋泉州惠安(今福建惠安)人。少有神童之称。欧阳修称宗旦为“闽中文士”。宋真宗咸平元年(998),榜眼进士,与同县同榜探花进士李庆孙齐名。人言“国朝才子黄宗旦,天下文章李庆孙”。任苏州知府,后以刑部郎中衔,出任襄州知府。事见嘉靖《惠安县志》卷一三。省问:探望问候。

⑤钩得:引申为引诱逮捕。

⑥弋(yì)不射宿:射箭者不射杀已归巢的鸟。语见《论语·述而》:“子钓而不纲,弋不射宿。”弋,本义是木桩,后引申为系有绳子的

短箭。

⑦阴中：暗中射伤。

⑧徒流：徒刑、流刑。宋代徒刑一至三年分五等，流放二千里至三千里分三等。均为死刑以下的较重刑罚。

⑨瞿（jù）然：惊悟的样子。

⑩天海按：此为郑克自注，言本篇事出宋朝《国史》本传。

【译文】

天章阁待制王质，曾经做苏州通判，因病在家休假，知府黄宗旦来探望慰问他，因便说道："监狱里有一百多个盗铸钱币的人，是我暗中以计谋逮捕的。"王质说："短箭不射归宿的鸟，是因为憎恶暗中伤害生灵。如今杀了数人，而判徒刑、流刑的又有数十人，是知府你暗中伤害他们的。"黄宗旦警觉而惊悟，因此宽免那些死罪囚犯，而将其余的人全部减轻处罚释放了。事见《国史》本传。

20·15 陈执方奏免死罪李士衡附

陈执方大卿[①]，通判江州时[②]，民饥，有刈人之禾而伤其主[③]，法当死者。执方以为："古之'荒政'所以恤人者尽矣[④]，然尚缓刑，况于今哉？"即奏贷其死[⑤]。见王安石丞相所撰墓志[⑥]。

按：李士衡观察[⑦]，权知天雄军[⑧]，民有盗瓜伤主者，法当死。士衡以岁饥，奏贷之，自是著为例[⑨]。执方之奏，盖用此例也。见本传[⑩]。

【注释】

①陈执方大卿：参见本书卷六《核奸》门8·3条《韦皋剑南查黑店》注。

②通判：参见上文20·14条《王质憎暗中伤人》注。江州：州名。

治所在浔阳（今江西九江）。

③刈（yì）：割。

④荒政：救荒的政令。参见上文20·13条《王博文权弛盐禁》注。

⑤奏贷其死：奏请朝廷宽免刈禾伤主者的死罪。

⑥天海按：此为郑克自注，言本篇事出王安石所撰《陈执方墓志》。今见王安石《临川集·陈君墓志铭》。

⑦李士衡观察：见上文20·12条《李士衡免死四人》注。

⑧权知天雄军：代理天雄军（大名府）职务。天雄军，唐、五代方镇名。唐天祐元年（904）以魏博节度使号为天雄军，治所在魏州（今河北大名）。五代为梁所并。宋代沿袭天雄军旧名，实为大名府，治所在魏州（今河北大名）。

⑨著为例：著为常例。

⑩天海按：此为郑克自注，言此事出宋朝《国史》李士衡本传。

【译文】

大卿陈执方，做江州通判时，发生了饥荒，有人割了他人的稻子并打伤了田主，依法当判处死刑。陈执方认为："古代有'救济荒年的政策'，用来抚恤人民的办法已经很完备了，然而还要宽缓刑罚，何况当今呢？"于是上奏朝廷宽免了那人的死罪。事见王安石丞相所撰《陈执方墓志》。

按：观察使李士衡，代理天雄军职务时，有个州民偷瓜打伤了瓜的主人，依法应判处死刑。李士衡以年岁饥荒为由，上奏朝廷宽免他的死罪，从此成为定例。陈执方的上奏，大概也是采用了此例。事见《国史》李士衡本传。

20·16 陈巽力争免盗死

陈巽宾客①，初为常州团练推官②。盗有弃财走者，巽以为不应死，通判不肯用其言，巽力争而谳之③，盗卒得不死④。见曾巩舍人所撰神道碑⑤。

按：盗非伤主，计赃为罪[⑥]。弃财走者，岂复应死？通判不肯用其言，必持深刻之说[⑦]，故失矜谨之义也。

【注释】

①陈巽宾客：参见本书卷四《议罪》门4·25条《陈巽依法律论罪》注。

②常州团练推官：参见亦同上。

③谳：审议疑案定罪。

④卒：最终，终于。

⑤天海按：此为郑克自注，言本篇事出曾巩所撰《陈公神道碑》。此事今见于曾巩《元丰类稿》卷四七《陈公神道碑》。

⑥计赃为罪：计算赃物多少定罪。《宋刑统·贼盗律》卷一九《盗不计赃而立罪名者》条："诸盗不计赃而立罪名，及言减罪而轻于凡盗者，记赃重；以凡盗论，加一等。"

⑦深刻：苛刻深究。

【注释】

太子宾客陈巽，最初做常州团练推官。有个盗贼丢弃所盗财物而逃跑，陈巽认为不应当判处死刑，通判不肯采用他的意见，陈巽力争要求审议后定罪，这个盗贼最终没有被判处死刑。事见曾巩舍人所撰《陈公神道碑》。

按：偷盗没有伤及物主，就应计算赃物定罪。丢弃财物后逃跑的，难道又应当处以死刑？通判不肯采用他的意见，一定要坚持苛刻深究的说法，所以失去了慎重严明的意义。

20·17　胡向免裹协不死

胡向少卿[①]，为袁州司理参军时[②]，有盗七人皆当死。向疑其有冤，乃留讯之，则二人者果不同谋[③]，始受其佣，而中道被胁以行[4]，卒得免死。见吕大防丞相所撰墓志[5]。

按：捕获盗者七人，乃合格[6]，故以被胁为同谋，盖希赏尔[7]。斯不仁哉！宜其留讯而卒免之也。

【注释】

①胡向少卿：参见本书卷四《议罪》门4·21条《胡向论断过失罪》注。

②袁州司理参军：参见亦同上。

③二人者：天海按，"者"字，《说郛》本无。

④中道被胁以行：中途被胁迫跟着前往。

⑤天海按：此为郑克自注，言本篇事出吕大防所撰《胡向墓志》。

⑥合格：此指符合捉拿盗贼领受奖赏的规格。

⑦希赏：邀功求赏。

【译文】

大理少卿胡向，做袁州司理参军时，有盗贼七人，都应被判处死刑。胡向怀疑其中有冤情，于是留下他们重新审讯，其中有二人确实不是同谋，最初是受那五人的雇佣，在中途被威胁跟着他们行事，最终这二人得以免除死刑。事见吕大防丞相所撰墓志。

按：擒获盗贼七人，才符合奖赏规格，之所以把被胁迫之人当作同谋，是为了邀功求赏罢了。这太不仁义了！胡向将他们留下重新审讯而最终免除那二人死刑，也是理所应当的啊。

20·18　张奎覆案免死囚王济附

张奎密学[1]，初为常州推官[2]，转运使举监衢州酒税[3]。婺州有滞囚[4]，法当死，狱成[5]，三问辄不服[6]。命奎覆案[7]，一视牍而辨之[8]，得不死，人皆服。

按：奎一视牍而辨之者，谓辨其情理也。人有迹状重而本情轻者[9]，昔既酌情而立法，今当原情以定罪[10]，安得不辨情理而抵之死耶？此其精明，固能服人。至于矜谨[11]，尤可传世。

王济郎中[12]，为澶州司理掾时[13]，州狱有重囚[14]，临刑称冤，济覆案之，亦得不死。与此类矣，岂非哀矜折狱而然欤？二事并见本传[15]。

【注释】

①张奎：字仲野，北宋临濮（今山东菏泽）人。宋真宗大中祥符五年（1012）进士，历任并州、秀州推官、衢州监酒。后改任大理寺丞，任合淝县知县，调任南充县知县。以殿中丞身份任泸州通判，被免职回京。景祐元年（1034），被授为度支判官，出任京东转运使，又以侍御史的身份为河东转运使。康定元年（1040），为京东体量安抚使，还京后出任户部副使。庆历元年（1041），被提升为天章阁待制、环庆路经略安抚招讨使、庆州知州、陕西都转运使。庆历二年（1042），为陕西都转运使、刑部员外郎、天章阁待制知永兴军。庆历八年（1048），为右谏议大夫、江宁府知府。还朝后，调任审官院、河南府知府。升为给事中，龙图阁直学士。皇祐三年（1051），加任枢密直学士、京东路安抚使、知郓州。《宋史》三二四有传。密学：此指枢密直学士。官名。宋承五代后唐置。与观文殿学士并充皇帝侍从，备顾问应对。

②常州：州名。治所在晋陵（今江苏常州）。《宋史》作“秀州”。推官：官名。常州幕职官，掌审问案件。

③转运使：官名。掌一路财赋，并有监察地方官吏之权，后职掌扩大，兼理边防、治安等事，成为府州以上的行政长官。监：官名。多指主管监察的官员。衢州：州名。治所在信安（今浙江衢州）。

④婺州:州名。治所在金华(今浙江金华)。滞囚:长期关押没有判决的囚犯。

⑤狱成:古代指案件审理终结,相当于现在的结案。

⑥三问:多次审问。

⑦覆案:亦作“覆按”。审察,查究。

⑧视牍:查看案卷。

⑨迹状:行迹,迹象。本情:实情。

⑩原情:推究实情。

⑪矜谨:原文作“审谨”,此据文意与钱熙祚《守山阁》校本径改。

⑫王济郎中:参见本书卷三《鞫情》门3·2条《司马岐审结积案》注。

⑬澶州:州名。治所在濮阳(今河南濮阳)。景德元年(1004),辽、宋会盟于此,因澶州亦名澶渊郡,故而史称“澶渊之盟”。司理掾:即司理参军。官名。州的幕职官,掌讼狱勘鞫之事。掾,古代属官的通称。

⑭州狱:澶州监狱。重囚:重刑犯,即死囚。

⑮天海按:此为郑克自注,言此篇二事皆出宋朝《国史》本传。今《宋史·张奎传》载本文之事,而《宋史·王济传》不载本文之事。

【译文】

枢密直学士张奎,最初做常州推官,转运使推举他监理衢州酒税。婺州有长期关押的囚犯,依法判处死刑,案件已经审结,多次审问囚犯就是不服判决。命令张奎复查此案,他一看案卷就能辨明是非,囚犯得以不死,人们都佩服他。

按:张奎一看案卷就能辨明是非,说的是辨明案件的情理。有些人的犯罪迹象看着严重而实际上轻微,过去既然能够酌情而立法,如今理当推究实情而定罪,哪能不辨明案情事理就处人死罪的呢?这是张奎的精明之处,当然能够服人。至于他的慎重严谨,尤其值得流传后世。

刑部郎中王济,做澶州司理掾时,州中监狱有死囚犯,临行刑时大喊冤枉，王济复查此案，囚犯也得以不死。与此案类似，难道不是以怜悯之情断案才这样的吗？此二事并见于《国史》本传。

20·19　李允元辨析首恶袁安附

李允元给事[①]，通判宁州时[②]，州卒谋乱事发，连逮者众。允元极意辨析，止坐首恶数人，诛之。见本传[③]。

按：后汉袁安[④]，举能理剧[⑤]，拜楚郡太守[⑥]。时楚王英谋为逆[⑦]，事下郡考核。辞所连及系者数千人，显宗怒甚[⑧]，吏案之急，迫痛自诬[⑨]，死者甚众。安到郡，不入府，先往按狱，理其无明验者[⑩]，条上出之[⑪]。府丞、掾史皆叩头争[⑫]，以为阿附反虏[⑬]，法与同罪，不可。安曰："如有不合，太守自当坐之，不以相及也。"遂分别具奏。帝感悟，即报许[⑭]，得出者四百余家[⑮]。

允元殆有袁安之心欤？事在州郡，辨析固易，然其矜谨，亦可嘉也。

【注释】

①李允元：宋人。据《北宋经抚年表》卷九十载，李允元最初通判宁州，曾以光禄卿出知江宁府，兼江南东路灾伤州军安抚使，后移知扬州，官至给事中。余事未详。给事：给事中。官名。原为寄禄官，元丰改制后，掌封驳政令之失当者。属门下省。

②通判：官名。参见上文20·14条《王质憎暗中伤人》注。宁州：州名。治所在定安（今甘肃宁县）。

③天海按：此为郑克自注，言本篇事见《国史》本传。然今本《宋史》无传。

④后汉袁安：参见本门20·1条《袁安不审贪赃罪》注。

⑤举能理剧：《后汉书》原文作"三府举安能理剧，拜楚郡太守"。理剧，治理繁难事务。指袁安被举荐能够治理繁难事务。

⑥楚郡：郡名。郡治在寿春（今安徽寿县）。

⑦楚王英谋为逆：汉光武帝建武十五年（39），封皇子刘英为楚公，建武十七年（41）进为楚王，楚郡为楚国。汉明帝永平十三年（70），有告楚王刘英谋反，次年刘英自杀。废除楚国改为楚郡。事见《后汉书·楚王英传》。此为冤案，故后世因称冤狱为"楚狱"。

⑧显宗：东汉明帝刘庄，58—75年在位。

⑨迫痛自诬：迫于拷打痛苦负冤屈招。

⑩无明验者：没有明显证据的人。

⑪条上出之：条陈情况，上奏朝廷请求释放他们。

⑫府丞：汉朝郡府之属吏。掾史：掾与史的合称。古代指分曹治事之属官。即各曹掾史的总称。汉朝各州、郡、县皆分曹办公，曹的正长官称掾，副长官称史。叩头争：叩头谏争劝阻。天海按："掾史"字，原文作"掾吏"，此据《后汉书·袁安传》径改。

⑬阿附反虏：偏袒附和反贼。虏，对反贼的蔑称。

⑭报许：朝廷回复批准。

⑮天海按：本篇事见《后汉书·袁安传》。

【译文】

给事中李允元，做宁州通判时，州内士兵谋图叛乱，事情暴露，牵连逮捕的人很多。李允元极力辨别分析，只判处首恶数人，杀死他们。事见《国史》本传。

按：东汉的袁安，被推举能够治理繁难事务，授任楚郡太守。当时楚王刘英谋图叛逆，案件下交楚郡查办。受供词所牵连被捕关押的有数千人，汉明帝非常愤怒，官吏办案紧急，人犯迫于拷打痛苦而屈招，死去的人很多。袁安到达楚郡，不入郡府，先前往审理案件，清理出那些没有明显证据的人，条陈上报朝廷释放他们。郡的府丞、掾史都叩头谏争劝阻，认为这是阿附反贼，依法与反贼同罪，不能这样做。袁安说："如有不合事实，太守我自当领罪，不会因此牵连到你们。"于是分别详细上奏。汉明帝感动醒悟，立即回复批准，获得释放出狱的有四百多家。

李允元大概有袁安的心意吧？案件在州郡，辨别分析固然容易，然而他的慎重严谨，也是值得嘉奖的。

20·20　李应言只诛首谋荣諲、吴育二事附

李应言谏议[①]，为侍御史时[②]，郓州民传妖法者[③]，其党与凡百余人[④]，捕者欲邀功赏，而诬以不轨[⑤]，命应言往按其事，止诛首谋数人，余悉全活之[⑥]。

按：荣諲大监[⑦]，为开封府判官时[⑧]，太康县捕民数十人[⑨]，事浮屠法[⑩]，相聚祈禳[⑪]，名"白衣会"。知府贾黯疑其有妖[⑫]，请杀为首者，余悉流之[⑬]。諲以为本无妖，黯具奏，并諲议奏之[⑭]。朝廷以諲议为是，乃流其首，余皆杖之[⑮]。盖郓州之民传妖法，无不轨事；太康之民事浮图法[⑯]，本无妖；故轻重之差如此。若非矜谨，则或以为不轨，而尽诛其党；或以为有妖，而特杀其首；不无枉滥矣[⑰]。

吴育参政[⑱]，知蔡州时[⑲]，京师讙言有妖人数千在州界[⑳]，诏遣中使名捕者十人[㉑]。至，则请以巡检兵趋确山索之[㉒]。育谓曰："使者欲得妖人还报耶？请留勿往。此乡民依浮屠法相聚耳，可走一介召之立至[㉓]。今以兵往，人心惊疑，奈何？"中使以为然。召之果至，械送阙下[㉔]，皆以无罪得释，而告者遂伏辜[㉕]。此又矜谨之大者也。夫太康所捕有罪，而蔡州所送无罪，何也？事浮屠法，相聚祈禳，名"白衣会"，

法所禁也；依浮屠法，相聚无祈禳事，非"白衣会"，法所不禁也。苟非矜谨之至，岂能不滥如此哉？三事并见本传[26]。

【注释】

①李应言：宋人，曾任侍御史，官至谏议大夫，其他不详。今本《宋史》无传。谏议：谏议大夫，官名。宋初为五品寄禄官，多别领其他职任而不专言职。元丰改制，升为从四品，左隶门下省，右隶中书省，复专掌讽喻规谏，凡朝政阙失，大臣至百官任非其人，三省至百司事有失当，皆得谏正。元丰改制后，定左、右谏议大夫为谏院长官。

②侍御史：官名。北宋前期为寄禄官及武臣兼官，另以郎中、员外郎任侍御史知杂事，号知杂、知端、御史知杂，佐贰御史台长官，职位显要，如缺御史中丞，则专判台事。神宗元丰改制后，罢知杂，置侍御史一员，为御史台副长官，参掌台政，从六品。

③郓州：州名。隋开皇十年（590）置。治万安（今山东郓城）。唐贞观中移治须昌（今山东东平）。辖境相当于今山东菏泽地区东北部。宋移治须城（今山东东平），辖境缩小。宣和元年（1119）升为东平府。传妖法：传授邪门左道的法术。天海按：郓州，《说郛》本作"军州"。

④凡：天海按：《说郛》本无此字。

⑤不轨：越出常轨，不守法度。此指聚众造反。

⑥余悉全活之：天海按，"余"字，原文脱，此据《说郛》本与上下文例径补。

⑦荣諲（yīn，1007—1071）：字仲思，宋济州任城（今山东济宁）人。举进士。历盐铁判官、广东转运使，入为开封府判官。加直史馆、知澶州。改京东转运使。召为户部副使，累官秘书监。以集贤殿修撰知洪州，徙舒州，未至卒。《宋史》卷三三三有传。大监：荣諲

曾任职秘书监，故尊称“大监”。秘书监为秘书省长官，掌古今经籍图书、国史、实录、天文历数等事。

⑧开封府：府名。治所在开封浚仪（今河南开封）。判官：官名。宋代诸州幕职有签书判官厅公事和节度判官，如该州不设通判，则升判官为签书判官厅公事以兼之；小州判官、推官不并设，或以判官兼司法，亦有由他官兼判官者。

⑨太康县：县名。治所在阳夏（今河南太康）。北宋时属开封府，徽宗时，属拱州。

⑩事浮屠法：事奉佛法。浮屠，也做浮图，即佛。

⑪祈禳（ráng）：祈祷以求福除灾。

⑫贾黯：参见本书卷四《议罪》门4·24条《贾黯以犯意议罪》注。有妖：有妖人作怪。

⑬流之：处以流刑。

⑭奏之：上奏朝廷。

⑮杖之：处以杖刑。

⑯事浮屠法：天海按，原文脱“事”字，此据上下文意径补。

⑰枉滥：枉法滥刑。无罪而加罪谓之枉，无辜而加刑谓之滥。天海按：此事见《宋史·荣諲传》。

⑱吴育（1004—1058）：字春卿，建州浦城（今福建浦城）人。太平兴国年间进士考试获礼部第一，考中甲科。历任临安、诸暨、襄城三县知县。又任大理寺丞、著作郎，举贤良方正，任苏州通判。累迁礼部郎中，知开封府。庆历五年（1045）拜右谏议大夫、枢密副使，寻改参知政事。未几出知许州，徙蔡州，以资政殿学士知河南府，徙陕州，除宣徽南院使、廊延路经略安抚使、判延州。卒赠吏部尚书。《宋史》卷二九一有传。参政：官名。参知政事简称。宋代，设中书门下（习称政事堂），此后参知政事演变成一个常设官职，为副宰相。元丰改制后废。

⑲蔡州：州名。治所在汝阳（今河南汝南）。

⑳讙（huān）言：众口嘈杂地传说。妖人：以邪术惑众作乱的人。

㉑中使：皇帝宫廷中派出的使臣，多由宦官担任。名捕：指名逮捕。犹言通缉。

㉒巡检：官名。负责地方治安之官。五代后唐始置。宋朝置于沿边寨及险要去处，以阁门祇候至诸司使、将军或内侍等充任。另或置同都巡检使，若供奉官以下充任，则不带“使”字。确山：山名。亦名浮石山。在今河南确山境内。

㉓走一介：派遣一个人。走，派遣。

㉔械送阙下：带上刑具，押送京都。阙下，宫阙之下。此指帝王所居之处，借指朝廷。

㉕伏辜：指服罪，承担罪责而死。此事见《宋史·吴育传》。

㉖天海按：此为郑克自注，言以上三事，皆见于宋朝《国史》本传。然李应言事不见于今本《宋史》，且史志无传。

【译文】

谏议大夫李应言，做侍御史时，郓州民间有传播妖法的，其党羽共有一百多人，逮捕的官吏想要邀功求赏，因而以谋反罪诬陷他们。朝廷命李应言前往查办这个案件，只诛杀了首谋几人，其余的全部活命。

按：大监荣諲，做开封府判官时，太康县逮捕县民数十人，因为他们事奉佛法，聚在一起祈福除灾，取名为“白衣会”。知府贾黯怀疑他们中有妖人，报请诛杀其中为首的，其余的全部处以流刑。荣諲认为本来没有妖人，贾黯备文上奏，连同荣諲的意见上奏朝廷。朝廷认为荣諲说得对，于是首犯处以流刑，其余的都处以杖刑。那是因为郓州的民间传播妖法，没有谋反的事；太康县的人事奉佛法，本无妖人；所以判刑轻重有如此差别。如果不是慎重严谨，那就或者以为谋反，从而完全杀其同党；或者以为有妖人，而特别杀其首犯；不可能不枉法滥刑了。

参知政事吴育，做蔡州知州时，京城众人传言有几千个妖人在州边界，皇上诏命派遣中使指名逮捕了十人。中使到达蔡州后，就请求以巡检兵前往确山搜索妖人。吴育对中使说："你想要捕得妖人回京上报吗？请留下不要前往。这是乡民依照佛法相聚罢了，可派遣一人传召他们，就会立即到来。如果派兵前往，人心惊恐疑虑，那又怎么办？"中使认为说得对。就传召他们，果然来到。将他们戴上刑具押送到朝廷，都判以无罪释放，而诬告的人于是被治罪处死。这又是特别慎重严谨办理的案件。那太康县所逮捕的人有罪，而蔡州所押送的人无罪，是为什么呢？信奉佛法，相聚祈福驱灾，取名"白衣会"，是律法所禁止的；依照佛法相聚，没有祈福驱灾的事，不是"白衣会"，是律法所不禁止的。如果不是特别慎重严谨，难道能不滥用刑罚而像这样做吗？三事并见《国史》本传。

20·21 王琪留狱待新制

王琪侍郎[①]，知复州[②]。民有殴佃客死者[③]，吏将论如法[④]，忽梦有人持牒叩庭下[⑤]，曰："某事未可遽以死论也[⑥]。"琪疑之，因留狱未决[⑦]。有司曰："无足疑者。"琪曰："第留之[⑧]。"后十余日，果有新制下[⑨]："凡主人殴佃客死，听以减死论[⑩]。"吏民莫不神服[⑪]。见王珪丞相所撰墓志[⑫]。

按：此非思虑所及，盖平时矜谨，故感于梦寐[⑬]。《记》曰[⑭]："至诚之道，可以前知[⑮]。"其此之谓欤？

【注释】

①王琪：字君玉，宋成都华阳（今四川成都）人。起进士，调江都主簿。除馆阁校勘、集贤校理。历开封府推官，直集贤院、两浙淮南转运使、修起居注、盐铁判官、判户部勾院、知制诰。以龙图阁待制知润州。复知制诰，加枢密直学士、知邓州，徙扬州，入判太常寺，

又出知杭州,复为扬州、润州。以礼部侍郎致仕。《宋史》卷七二有传。侍郎:此指礼部侍郎。官名。礼部副长官。

②复州:州名。治所在建兴(今湖北沔阳)。北周武帝置,取复池湖为名。治建兴县(隋改沔阳县,今属湖北仙桃)。五代后辖境缩小。两宋属荆湖北路。

③佃客:租种庄田土地的庄客。

④论如法:依法论罪。

⑤持牒叩庭下:手拿公文叩首公堂下。

⑥遽:匆忙,急促。

⑦留狱未决:留置案卷待查,未做判决。

⑧第留之:但留下这个案子。

⑨新制下:新的法令下达。制,帝王的命令,也指法令。

⑩听以减死论:以减死论罪判决。听,此指裁断、判决。天海按:据宋律,佃客犯主人,加等论罪;田主殴死佃客,减刑二等。

⑪神服:衷心信服。表示对某个人或者事物信仰的状态。像信服神灵一样敬服王琪。

⑫天海按:此为郑克自注,言本篇事出王珪所撰《王琪墓志》。

⑬梦寐:睡梦,梦中。

⑭《记》:此指《礼记》。为西汉戴圣编定,共四十九篇,采自先秦旧籍。

⑮至诚之道,可以前知:最高境界的真诚,可以预知未来。此语引自《礼记·中庸》:“至诚之道,可以前知。国家将兴,必有祯祥;国家将亡,必有妖孽。”

【译文】

礼部侍郎王琪,做复州知州。有州民殴打佃客致死,官吏将依法论罪,忽然梦见有人手持公文在公堂下叩头,说:“此案不可匆忙以死罪判决啊。”王琪对这个案件有疑问,便留下此案没有判决。有关官吏说:“没有什么可以怀疑的。”王琪说:“只管留下。”十多天后,果然有新的法令下达:“凡是主人殴打佃客致死的,以减死罪判决。”吏民莫不衷心敬服。事见王珪丞相所撰《王琪墓志》。

按:这不是思虑所能够达到的,是因为平时慎重严谨,所以在梦中有所感应。《礼记》说:“最高境界的真诚,可以预知未来。”说的大概是这样的事吧?

20·22 王延禧减赃免死

王延禧朝议郎[①],初为岳州沅江令[②]。岁饥盗起,亲获十余人[③],赃皆应死[④],法得迁官[⑤]。延禧叹曰:“是皆良民,穷而为盗,今既无以业之[⑥],又利其死以为己功,亦何忍哉!”谕被盗者悉裁其赃[⑦],盗得不死。延禧,王黄州孙也[⑧]。见曾肇内翰所撰墓志[⑨]。

按:《周礼·荒政》曰[⑩]:“除盗贼。”谓饥馑盗贼多[⑪],不可以不除也。延禧亲获十余人,盖以此耳。邀功希赏,非其本心,故谕被盗者悉裁其赃,使得不死。

夫捕盗之官,利盗之死[⑫],譬犹矢人惟恐不伤人[⑬],其术使之然也[⑭]。虽迁一官而杀数人,荣不足言,愧何可胜!君子岂忍为是哉?若残民害物,罪不可赦。非穷而为盗,计赃抵死者,则其获贼受赏,义在惩劝,君子可以无憾也。延禧所捕,实与此异,故窃叹云尔[⑮]。

《折狱龟鉴》,终于《矜谨》。恻隐之心[⑯],人皆有之,为物所迁[⑰],斯失之矣。故有利人之死为己之功者,或文致于大辟[⑱],或诬入于极典[⑲],宁复能存不忍之心[⑳],以贷应死之命乎[㉑]?故著此事《矜谨》篇末,庶几览者有所警焉。

【注释】

①王延禧:字仲祥。熙宁中,知夔州,官至朝议郎。其他不详。事见曾肇所撰《曲阜集·王延禧墓志》。朝议郎:寄禄官名。宋太平兴国元年(976)改朝议郎为朝奉郎。元丰三年(1080)复改京朝官阶官后行员外郎与左右司谏为朝奉郎,秩正七品。天海按:“郎”字,原文脱,此据《说郛》本径补。

②岳州:州名。治所在巴陵(今湖南岳阳)。沅江:县名。县治在今湖南沅江。宋为岳州属县。

③亲获十余人:天海按,此句《说郛》本作“捕盗获十余人”。

④赃皆应死:根据所盗赃物数量都应判处死刑。

⑤法得迁官:依法得以升迁官职。

⑥今既无以业之:如今不能使百姓安居乐业。天海按,“今”字,原文作“令”,径改;此句《说郛》本作“今既无以活之”。

⑦谕被盗者悉裁其赃:告知被盗人家全都减少被盗赃物的数量。

⑧王黄州:即王禹偁(chēng,954—1001),字元之,济州钜野(今山东巨野)人。北宋诗人、散文家。太平兴国八年(983)进士,历任右拾遗、左司谏、知制诰、翰林学士。敢于直言讽谏,屡受贬谪。宋真宗即位,授知制诰、黄州知州,世称王黄州。

⑨天海按:此为郑克自注,言本篇事见曾肇所撰《王延禧墓志》。今见曾肇所撰《曲阜集·王延禧墓志》。

⑩《周礼》:书名。参见本书卷七《察盗》门13·6条《张允济五听查葱》注。荒政:救济灾荒的政策。参见前文20·13条《王博文权弛盐禁》注。

⑪饥馑:灾荒年食物严重缺乏。《尔雅·释天》:“谷不熟为饥,蔬不熟为馑。”

⑫利盗之死:喜好将盗贼处死。利,此指贪爱、喜好。

⑬矢人惟恐不伤人:造箭的人只怕他造的箭不能射伤人。

⑭其术使之然也：那是他的职业使他这样的。术，职业，专业。

⑮云尔：语气助词，表示限制。如此罢了，如此而已。

⑯恻隐之心：同情怜悯之心。语见《孟子·告子上》："恻隐之心，人皆有之。"

⑰为物所迁：因为外物而改变。

⑱或文致于大辟：或者玩弄法律条文陷人于死罪。大辟，死刑。

⑲或诬入于极典：或者诬陷致人于极刑。极典，极刑。也指死刑。

⑳宁：此为语气词，相当于"难道"。

㉑贷：宽恕，饶恕。应死之命：应当处死的人命。

【译文】

朝议大夫王延禧，最初做岳州沅江县令。年岁饥荒盗贼四起，他亲自擒获十多人，根据赃物数量都应当处死，而他按功劳来说依法能够升官。王延禧叹息说："这些人都是良民，因为贫穷而做了盗贼，如今不能使他们得到安居乐业，却又利用他们的死来作为自己的功劳，又怎么忍心啊！"于是告知被盗的人家都裁减被盗赃物的数量，盗贼得以不处死刑。王延禧，是王黄州的孙子。事见曾肇内翰所撰《王延禧墓志》。

按：《周礼·荒政》说："除盗贼。"认为饥荒之年盗贼多，不可以不除去。王延禧亲自擒获十余人，就是因为这个原因罢了。邀功求赏，并非是他的本心，所以告知被盗人家都裁减被盗赃物的数量，使得盗贼不被判处死刑。

那搜捕盗贼的官吏，喜好将盗贼处死，就好像造箭的人唯恐箭不能伤人一样，那是他们的专长使得如此。虽然升了一级官职，却杀死数人，荣耀不值得言说，愧疚怎能忍受！君子难道忍心做这样的事吗？如果是危害百姓、社会的盗贼，那就罪不可赦。不是因为贫穷而成为盗贼，计算赃物数量应处死刑的，那他缴获贼赃受赏，意义在于惩恶劝善，君子对此可以没有遗憾了。王延禧所捕的盗贼，实在与此不同，所以他私下叹息罢了。

《折狱龟鉴》这本书，以《矜谨》门作为结尾。同情怜悯之心，人人都有，因为外物所改变，这就失去了它。所以有利用他人之死作为自己功劳的人，或者是玩弄法律条文陷人于死刑，或者是诬陷人至于极刑，难道又能存有不忍之心，以宽恕应处死刑的人命吗？所以著录此事在《矜谨》门篇末，希望阅览的人对此有所警觉。

《折狱龟鉴》序跋与提要

1. 南宋景定二年(1261)　赵时橐书见《四库全书》影印本

观《易》之《象》[①]:"雷电皆至,丰[②]。"而曰"君子以折狱致刑"[③]。"山下有火,贲[④]。"而曰"君子以明庶政,无敢折狱"[⑤]。盖狱者,民之命;折狱者,贵乎明,而尤不敢轻用其明。龟鉴有书[⑥],所以推广其明,而示人以谨重之意也。宜春郡斋旧有《折狱龟鉴》[⑦],岁久,字画漫漶[⑧],览者病之[⑨]。余叨守既数月[⑩],狱讼简清[⑪],公暇,出箧中所藏一编参订,遴匠重刊,俾览者充拓闻见[⑫],如龟决疑,如鉴烛物[⑬]。是亦"惟良折狱"之一助云[⑭]。

景定辛酉四月上浣天台赵时橐谨书[⑮]。

【注释】

①《易》之《象》:《易》,即《周易》,又称《易经》。《周易》卦爻辞后附有《彖传》《象传》两种,各分上下,共四篇。象,就是卦象和卦位。

②雷电皆至,丰:此见于《周易·丰卦》。《丰》卦上震为雷、下离为电之象,《正义》:"雷者,天之威动;电者,天之光耀。雷电俱至,威明备足,以为'丰'也。"

③君子以折狱致刑：君子以此（效法雷电）断案用刑罚。这是说“君子”效法雷之威动以“折狱”、电之光明以“致刑”。《正义》：“断决狱讼须得虚实之情，致用刑罚必得轻重之中；若动而不明，则淫滥斯及。故君子象于此卦，而折狱致刑。”天地有雷电，象征社会有刑罚，敬畏迅雷风烈，若敬畏严法刑罚，故“君子以折狱致刑”。

④山下有火，贲：此见于《周易·贲卦》。

⑤君子以明庶政，无敢折狱：君子观此卦象，思及猛火燎山，玉石俱焚，草木皆尽，以此为戒，从而明察庶民政事，不敢以威猛断狱。

⑥龟鉴：亦作“龟镜”。龟甲可以占卜吉凶，镜子可以照见美丑。以此比喻借鉴前事。鉴，镜子。

⑦宜春郡斋：此指宋时袁州宜春郡官刻书局。宜春郡，隋大业三年（607），改袁州为宜春郡，治宜春县（今江西宜春）。郡斋，本为郡守起居之处。

⑧漫漶（huàn）：字迹模糊不可辨识。

⑨病之：厌恶这个情况。

⑩叨守：惭愧任职。叨，表示承受的谦词。

⑪狱讼简清：诉讼案件少而清静。

⑫充拓：充实开拓。

⑬如龟决疑，如鉴烛物：如同用龟甲占卜决疑，如同用镜子照人。

⑭惟良折狱：只能用优秀的臣子断案。见《尚书·周书·吕刑》：“非佞折狱，惟良折狱，罔非在中。”

⑮景定：宋理宗赵昀的年号（1260—1264）。辛酉：即景定二年（1261）。上浣：唐宋官员行旬休假，即在官九日，休息一日。休息日多行浣洗。因以“上浣”指农历每月上旬的休息日或泛指上旬。天台：县名。宋建隆元年（960），改台兴为天台县。在今浙江台州。赵时橐：人名。宋代朝散郎差充沿江制置使、司参议官。余事不详。

天海按：此文四库本附于《折狱龟鉴》卷末，作为全书之跋。今详审文意，似当作为刊刻之序言。

【译文】

看《周易·丰卦》的《象辞》说："雷电俱至，威明备足，以为'丰'。"又说"君子以此断案用刑罚"。《贲卦》的《象辞》说："山下有火，火燎群山，这是贲卦的卦象。"又说"君子以此为戒，从而明察庶民政事，不敢以威猛断狱"。那是因为这狱案，关系到人民的性命；断案的人，可贵之处在于严明，但尤其不敢轻易用其严明。有关借鉴断案经验的书，可以推广其严明，又以谨重之意揭示于人。宜春郡府书局旧刻有《折狱龟鉴》一书，年岁长久，字迹模糊不可辨识，阅览的人厌恶这个情况。我有幸在此任职已经几个月，诉讼案件少而清静，办公闲暇时取出书箱中所藏一编参校订正，遴选工匠重新刊刻，以使阅读的人充实开拓见闻，如同用龟甲判断疑案，如同用镜子明察事物。这也是对"惟良折狱"主张的一种助力吧。

景定二年四月上旬天台赵时橐谨书。

2. 至元十九年（1282） 虞应龙序见《四库全书》影印本

天开元会[①]，一统同文[②]。宜春旧有书版，镛于郡斋[③]，其在今日，搜放失、补残断[④]，莫先焉。至元辛巳秋仲[⑤]，府尹张公国纪发其藏归校官[⑥]，若《春秋分记》《紫阳四书》《昌黎文》《黄陈诗注》《折狱龟鉴》《廉吏传》[⑦]，并有先儒讲义。洎《南阳活人书》与《局方医书》咸切于用[⑧]，而灭裂亡完者[⑨]。越半载，同知郝公居正来莅郡事[⑩]，以敦化善俗为己任[⑪]，齱命刊补[⑫]，于是悉备。文学掾赵君炸石书来谂予[⑬]："因惟圣贤托宪[⑭]，言贻后人[⑮]，所以共天命[⑯]，树民彝也[⑰]。善锓以广其传[⑱]，此良师帅职分所在[⑲]。"曷厄于时[⑳]，多有缺轶[21]。《易》曰："汤武革命，顺天应人[22]。"此邦之人，粗识事理，金城来附[23]，未尝有烽火之警[24]，眡他路贮书[25]，宜如旧。奈何脱落无善本，殆不可晓。幸而今之从政者，作兴斯文[26]，独劬精而成之[27]。继今共学之士[28]，相与勖励[29]，养根竢实，加膏希光[30]，毋敝口耳[31]，以负初意。

至元元默敦牂夏五汎蒲日[32]，奉训大夫湖南道儒学提举[33]，陵阳虞应龙序[34]。

【注释】

①天开元会：此指上天开启了元朝。元会，皇帝于元旦朝会群臣称正会，也称元会。

②一统同文：天下统一，使用相同的文字。《礼记·中庸》："今天下，车同轨，书同文，行同伦。"《汉书·艺文志》："古制，书必同文，不知则阙。"

③鐍（jué）：锁，锁闭。

④搜放失：搜集散失。失，通"佚"。散失。

⑤至元：元世祖忽必烈的年号（1264—1294）。辛巳：干支纪年，为至元十八年，即1281年。秋仲：夏历秋季的第二个月。犹"仲秋"。

⑥府尹：官名。北宋曾于京都开封设置府尹，以文臣充，专掌府事，位在尚书下、侍郎上，少尹二人佐之，然不常置。此指张国纪曾任职袁州府尹之事。《宋史·职官志六》："开封府。牧、尹不常置，权知府一人，以待制以上充。掌尹正畿甸之事，以教法导民而劝课之。中都之狱讼皆受而听焉，小事则专决，大事则禀奏。"张公国纪：张国纪，人名。曾任湖南宣慰使。余事不详。发其藏：取出宜春郡斋所藏书籍刻版。校官：此指校勘书版的官吏。

⑦《春秋分纪》：宋程公说撰。明代以后，传本罕见，故朱彝尊《经

义考》注其未见。今本有四库本传世。《春秋分纪》九十卷,包括《年表》9卷、《世谱》7卷、《名谱》2卷、《书》26卷、《周天王事》2卷、《鲁事》6卷、《大国世本》26卷、《次国》2卷、《小国》7卷、附录3卷。《紫阳四书》:即朱熹所编撰《四书集注》。朱熹别号紫阳。《昌黎文》:即唐代韩愈的文集。《黄陈诗注》:即任渊所著《黄陈诗集注》。黄陈,即黄庭坚与陈师道。《廉吏传》:载录古代著名廉洁奉公官吏的著作。宋费枢撰。据其自序,似可断定书成于宋徽宗宣和七年(1125)。据陈振孙《直斋书录解题》,本书原作10卷,今本仅上、下两卷。核其内容,文字无所删除。

⑧《南阳活人书》:宋朱肱撰,共22卷。初名《无求子伤寒百问》,后又名《伤寒类证活人书》等。该书以问答形式设为百问,对伤寒病的病因、鉴别诊断、治法方药等多有精妙的发挥。《局方医书》:局方,就是北宋年间官府所勘定的《太平惠民和剂局方》。南宋嘉定元年(1208),四川总领所检察惠民局许洪,奉宋宁宗诏旨对《太平惠民和剂局方》进行校订增补,书成后命名为《增注太平惠民和剂局方》,共10卷。许洪在校注《增注太平惠民和剂局方》过程中,续撰《太平惠民和剂局方指南总论》3卷,置于全书卷首,"凡处方、合和、服饵等法,罔不周备"。又续撰《太平惠民和剂局方诸品药石炮制总论》1卷,附刻于《增注太平惠民和剂局方》卷末。加上此前陈师文撰《太平和剂图经本草药性总论》2卷,《增注太平惠民和剂局方》共增入三种医学著作,分别介绍了药物总论、炮制总论、本草药性总论的理论和方法。此四种医书合称"局方医书"。

⑨灭裂亡完者:此指毁坏无完整的书籍。亡,通"无"。

⑩同知:官名。元朝两淮、两浙、福建等处都转运盐使、司盐运使的佐官有同知。郝公居正:郝居正,人名。余事不详。莅郡事:治理郡府公事。

⑪敦化善俗:谓敦促教化,改善民俗。

⑫颛(zhuān)命刊补:专门指令校刊修补书籍刻版。颛,同“专”。

⑬文学掾(yuàn):官名。汉朝州郡职司教育的学官。亦称郡文学掾,省称文学。掾,原为佐助的意思,后为副职官员或官署属员的通称。赵君炐(biān)石:赵炐石,人名。余事不详。书来谂(shěn)予:来信告诉我。谂,告诉。

⑭托宪:托付治国大法。

⑮贻(yí):遗留。

⑯共天命:恭敬天道。共,通“恭”。天命,天道的意志。延伸含义就是“天道主宰众生命运”。语出《尚书·盘庚上》:“先王有服,恪谨天命。”

⑰民彝:犹人伦。指人与人之间相处的伦理道德准则。

⑱锓(qǐn):指雕刻书版。

⑲师帅:指一方的长官和统帅。虞应龙当时任元朝湖南道儒学提举。又一义,对有师生名分官吏的敬称。

⑳曷厄于时:奈何受困于当时。

㉑缺轶:亦作“缺逸”。即散失,遗漏。

㉒汤武革命,顺天应人:商汤、周武王夺取政权,顺应天意民心。语见《周易·革卦》:“汤武革命,顺乎天而应乎人。”

㉓金城来附:外邦敌国归附。金城,本义是指坚固的城池,此指外邦。来附,顺从,归附。天海按:四库本原文作“夹附”,不辞。此从明万历本径改。又,颇疑“金城”乃“精诚”之谐音借用。因虞应龙为宋朝降元之臣,耻言“精诚”二字,故讳言“金城”。《庄子·渔父》:“真者,精诚之至也。不精不诚,不能动人。”译文且作“精诚”解。

㉔烽火之警:烽火的警报。指发生战事。

㉕眂(shì):古同“视”。观看,察视。路:宋元时期行政区划,路是

直辖于中央并高于府、州、军、监的一级监察区。

㉖作兴斯文：振兴文化。

㉗劬（qú）精：竭尽心力。天海按：明万历本作“劳精”。

㉘共学：敬学，勤学。

㉙勖（xù）励：勉励。

㉚养根竢（sì）实，加膏希光：培养根本，等待结出果实；给灯加油，而仰望光辉。出自唐代韩愈的《答李翊书》：“养其根而俟其实，加其膏而希其光。根之茂者其实遂，膏之沃者其光晔。”竢，同“俟”。

㉛毋敝口耳：不要放弃口耳相传。

㉜元默（yì）敦牂（zāng）：元默，即玄默，天干中“壬”的别称。敦牂，地支中“午”的别称。古代以干支纪年，元默敦牂，即代表壬午年。“至元”的壬午年是1282年。《尔雅·释天》：“（太岁）在壬曰玄默。”“（太岁）在午曰敦牂。”夏五汎蒲日：即夏五月五日，端午日。

㉝奉训大夫：文职散官名。金代始置，从六品下。元代升为从五品。明代为从五品初授之阶。清废。湖南道：宋代行政区设湖南路，元代设岭北湖南道。儒学提举：元明时期专司教育文化的高级地方行政官。其官署称儒学提举司，设于各行省所在地。元代定制一人，从五品，统诸路府州县学祭祀、教养、钱粮之事，及考核呈进著述文字。

㉞陵阳：陵阳县，汉置。故治在今安徽青阳。虞应龙：早年就读于庐陵白鹭书院，与文天祥是同窗且同年进士。1272年，虞应龙任雷州知军。宋、元雷州之战，宋军战败，虞应龙投降。1282年，虞应龙被元廷提拔为湖南道儒学提举。1285年，忽必烈封虞应龙为集贤院秘书少监。至元二十二年（1285），集贤院秘书监事扎马剌丁奏请修各地方志的总志，世祖忽必烈便命他和虞应龙一起负责修《大一统志》。

【译文】

上天开启元朝，天下统一使用相同的文字。宜春郡旧时有书版，锁藏在宜春郡官刻书局，现在，搜集散失书籍、修补残损之处，是很重要的事情。至元辛巳年秋仲，府尹张公国纪把书局所藏书版交付校刊官吏，比如《春秋分记》《紫阳四书》《昌黎文》《黄陈诗注》《折狱龟鉴》《廉吏传》，也有前人的讲义。以及《南阳活人书》与《局方医书》，这些书都很实用，但是毁坏没有完整的书版。过了半年，同知郝公居正来治理郡府公事。他以敦促教化、改善民俗为己任，专门命人刊刻修补旧版，于是这些书籍齐备了。文学掾赵君炉石来信告诉我："因为圣贤寄托大法，言论留给后人，所以要恭敬天命，树立人伦。妥善雕刻书版，以此推广书籍的传播，这是优秀长官的职责本分所在。"奈何受困于当时，书版多有散失遗漏。《周易》说："汤武革命，顺天应人。"这个地方的人，粗略懂得事理，真心诚意来归附，不曾有战事发生，比照其他各路贮藏的书籍，应该如同旧时。然而散落没有完好的传本，几乎不可知晓。所幸当今从政的人，大力振兴文化，特别竭尽心力而完成这件事。从今往后，一起求学的士人，相互勉励，培养根基等待结出果实，为灯加油仰望光辉，不要放弃口耳相传的学问，以免辜负最初的意愿。

至元壬午夏五月五日，奉训大夫湖南道儒学提举，陵阳虞应龙序。

3.《四库全书总目提要》见《四库全书》影印本

《折狱龟鉴》八卷　法家类

臣等谨案：《折狱龟鉴》宋郑克撰[①]。是书《宋志》作二十卷[②]，晁公武《读书志》、陈振孙《书录解题》俱题作《决狱龟鉴》[③]。盖一书而异名者也，大旨以五代和凝《疑狱集》及其子㠓所续[④]，均尚未详尽。因采缀旧文[⑤]，补苴其阙[⑥]。分二十门，其间论断，虽意主尚德缓刑[⑦]，而时或偏主于宽，未能悉协中道[8]。所辑故实，务求广博。多有出于正史之外者，而亦或兼收琐细，未免猥杂[9]。然究悉物情，用广见闻，而资触发[10]，较和氏父子之书特为赅备。晁公武《读书志》称：其"依刘向《晏子春秋》，举其纲要，为之目录"[11]，体例井然，亦可谓有条不紊者也。《书录解题》载其目，凡二百七十六条，三百九十五事。今世所传锓本[12]，只存五门[13]，余皆散佚。惟《永乐大典》所载[14]，尚为全书而已。经合并原书，二十卷之界限不复可考，谨详加校订，析为八卷。卷数虽减于旧，其文则无所缺失也。

乾隆四十六年九月恭校上[15]

【注释】

①郑克：字武子，一字克明，河南开封（今河南开封）人。宋宣和六年（1124）进士。南宋初历官迪功郎、建康府上元县尉和承直郎、湖南提刑司干官。他以五代时和凝、和㠓父子所著的《疑狱集》为基础，分类增补，附以按语评论，撰成《折狱龟鉴》。该书是继《疑狱集》之后我国第二部狱讼案例选编著作。

②《宋志》：即《宋史·艺文志》，八卷。元脱脱等撰。是记载宋代藏书情况及宋代著述情况的变志总目。

③晁公武：字子止，人称"昭德先生"，澶州清丰（今河南清丰）人。南宋著名目录学家、藏书家。宋高宗绍兴二年（1132）举进士第。自幼喜读群书，办事有才干。绍兴时，官为监察御史，知恭州、荣州、合州，迁四川安抚制置使、兴元府知府、成都知府等职。乾道七年（1171）回京师，以敷文阁直学士除临安府少尹。有良吏之目，官累礼部侍郎。著作丰硕，文集多散佚，存于今者唯《郡斋读书志》20卷。《宋史》无传。《读书志》：《郡斋读书志》（《郡斋读书志》

4卷,《后志》2卷,附《考异》1卷)的简称。这是我国现存最早的、具有提要内容的私藏书目,对于后世目录学影响极大。全目分经、史、子、集四部42类,24500卷,每类有序,于每书之下,或叙作者经功,或论书要旨,或明学派渊源,并加以考证。陈振孙:曾名瑗,字伯玉,号直斋,安吉(今浙江安吉)人。南宋藏书家、目录学家。历官台州知州、嘉兴知府。淳祐四年(1244),除国子司业。后官至侍郎,以宝章阁待制致仕。博古通今,仿晁公武《郡斋读书志》,撰《直斋书录解题》。《宋史》无传。《书录解题》:即《直斋书录解题》。是我国第二部著名的私家藏书提要题解目录。原本56卷。其特点在于解题,介绍作者生平,举每书基本大意,评其得失,考辨谬误。或记古书款识和版刻,或记所得善本书之经过。《直斋书录解题》的学术价值可与《郡斋读书志》相媲美,被誉为古代私家书目的"双璧"。全目共著录图书3039种,51180卷。天海按:晁公武《郡斋读书志》题作"《决狱龟鉴》二十卷"(此疑为"二十门"之误),《直斋书录解题》题作"《折狱龟鉴》"三卷。

④和凝(898—955):字成绩,郓州须昌(今山东东平)人。五代十国时期宰相、文学家、法医学家。和凝于后梁贞明三年(917)登进士第。后唐明宗天成年间调入中央任职,此后历仕后唐、后晋、辽、后汉、后周等朝。在后晋时担任过六年宰相(中书侍郎、同平章事),受封鲁国公,最终官至太子太傅。卒,追赠侍中。和凝喜爱文学,长于短歌艳曲,其词作被王国维辑为《红叶稿》。诗有宫词百首等。又曾取古今史传所讼断狱、辨雪冤枉等事,著有《疑狱集》。《旧五代史》卷一二七、《新五代史》卷五六有传。《疑狱集》:五代后晋和凝、和𪸩父子编著的法学著作,共4卷,是我国现存最早的一部案例选编。该书辑录了汉至五代的情节复杂、争讼难决而最后获得处理的案件。陈振孙《书录解题》称:"五代宰相

和凝有《疑狱集》，其子水部郎和㠓续为三卷，六十七条。”今本4卷，疑后人所分。

⑤采缀：搜集编撰。

⑥补苴（jū）：补缀，缝补。引申为弥补缺陷。阙（quē）：通“缺”。指缺点、缺失。

⑦尚德缓刑：崇尚德政，放宽刑罚。

⑧悉协中道：完全符合中庸之道。

⑨猥杂：众多，庞杂。

⑩触发：触动启发。

⑪刘向（前77—前6）：原名更生，字子政，沛郡丰邑（今江苏徐州）人。汉朝宗室大臣、文学家，楚元王刘交之玄孙，阳城侯刘德之子，经学家刘歆之父，中国目录学鼻祖。以门荫入仕，起家辇郎。汉宣帝时，授谏大夫、给事中。汉元帝即位，授宗正卿。反对宦官弘恭、石显，坐罪下狱，免为庶人。汉成帝即位后，出任光禄大夫，改名为“向”，官至中垒校尉，世称刘中垒。曾奉命领校中秘书，所撰《别录》，是我国最早的图书目录。今存《新序》《说苑》《列女传》《战国策》《五经通义》。编订《楚辞》，联合儿子刘歆共同编订《山海经》。散文主要是奏疏和校雠古书的“叙录”，较有名的有《谏营昌陵疏》和《战国策·叙录》，叙事简约，理论畅达，以舒缓平易为主要特色，作品收录于《刘子政集》。《晏子春秋》：书名，又称《晏子》。是记载春秋时期齐国政治家晏婴言行的一部历史典籍，以史料和民间传说汇编而成，书中记载了很多晏婴劝告君主勤政，不要贪图享乐，以及爱护百姓、任用贤能和虚心纳谏的事例。该书思想内容丰富，不仅体现了晏婴的为政思想，而且展现了当时齐国的政治状况，对研究我国春秋战国时期历史、哲学、文学等方面具有非常重要的参考意义。《晏子春秋》经过刘向的整理，共有内、外八篇，二百一十五章。

⑫锓（qǐn）本：刻本。

⑬只存五门：天海按，据明万历二十三年（1595）张徵泰刊本，《折狱龟鉴》分上下二卷，只保存了《释冤》《辨诬》《鞫情》《议罪》《原贷》五门，凡123条。

⑭《永乐大典》：明永乐年间，明成祖朱棣先后命解缙、姚广孝等主持编纂的一部集中国古代典籍于大成的类书。初名《文献大成》，后明成祖亲自撰写序言并赐名《永乐大典》。全书共计22937卷（含目录60卷），11095册，约3.7亿字，汇集了古今图书七八千种。《永乐大典》内容包括经、史、子、集，涉及天文地理、阴阳医术、占卜、释藏道经、戏剧、工艺、农艺，涵盖了中华民族数千年来的知识财富。后历经战火、朝代变更，散佚严重。

⑮乾隆四十六年：即1781年。乾隆是清高宗爱新觉罗·弘历的年号（1736—1796）。

【译文】

臣等谨案：《折狱龟鉴》为宋朝人郑克撰写。此书《宋史·艺文志》录作二十卷，晁公武《郡斋读书志》、陈振孙《直斋书录解题》都题名作《决狱龟鉴》。那是一书而题名不同罢了，大概主旨是五代和凝的《疑狱集》及其子和㠓的续作，都不够详细。因而搜集编撰旧文，弥补缺陷。全书分为二十门，其间有按语论断，虽然其意主张崇尚道德、缓用刑罚，但有时偏于宽松，未能完全符合中庸之道。所采辑之旧事，务必要求广博。很多是出自正史之外的，但又有时也兼录琐事，难免过于庞杂。然而详尽了解事物人情，以拓广见闻，而有助于触动启发，相较和氏父子之书更为完备。晁公武《郡斋读书志》称：其书“依照刘向的《晏子春秋》，举其提纲要领，作为目录”，体例井然有序，也可谓有条不紊之书。《直斋书录解题》载其纲目，共计二百七十六条，三百九十五事。今世所传刻本，只存五门，其余的都散失了。只有《永乐大典》所记载的，尚且是全书罢了。经过合并原书，二十卷的界限划分已不再能够考证，特详加校订，划分为八卷。卷数虽然比旧时减少,但内容却无所缺失。

乾隆四十六年九月恭敬校上呈

4.余嘉锡《四库提要辨证》

嘉锡案[①]:《提要》不著郑克始末,与全书体例不类。考克登宣和六年沈晦榜进士[②],见宋彭百川《太平治迹统类》卷二十七[③]。至其里贯仕履[④],则朱绪曾考之甚详[⑤]。《开有益斋读书志》卷四《棠荫比事·跋》云[⑥]:"客又问撰《折狱龟鉴》之郑克[⑦],余应之曰:元刘壎《隐居通议》云[⑧]:'高宗绍兴三年[⑨],降诏恤刑[⑩],戒饬中外,俾务哀矜[⑪]。时有承直郎郑克明[⑫],为湖南提刑司干官[⑬],因阅和凝《疑狱集》,易旧名曰《折狱龟鉴》。'案:见《隐居通议》卷三十一,原文"因阅和凝《疑狱集》"句下作"嘉其用心,乃分类其事,自《释冤》《辨诬》,至《严明》《矜谨》,凡十二门,易旧名曰《折狱龟鉴》,所载皆古事,亦多有不切可删者。"十二门,当是二十门之误。刘起潜壎字称为郑克明,知克字克明。吕成公《方元恪墓志》[⑭]:'女孙婿迪功郎建康府上元县尉郑克[⑮]',是曾由县尉而为干官。其本贯开封人,南渡因徙家焉[⑯]。客喜而退。"朱氏之意,盖欲以补《提要》之阙也。故直录之。《书录解题》卷七著录此书,实作《折狱龟鉴》。《提要》亦因自《通考》转引[⑰],未检原书而误。惟《郡斋读书志》卷八及《通考》卷二百三作《决狱龟鉴》耳。《玉海》卷六十七则二名并用[⑱],知实一书异名也。

案:《郡斋读书志》云:"五代和凝有《疑狱集》,近时赵仝有《疑狱事类》[⑲],皆未详尽,克因增广之。"据此,则克书中所采，当兼有和氏父子及赵仝二家之书。然和氏书共六十七条，而克书明引《疑狱集》或和㠓及言旧出某书、旧不著出处者，凡六十八条，较原数仅溢其一。其他则直注出某书、见某书或闻之士林，皆不言为旧本所有，唐以前事则注曰："旧集不载"。又似其中无赵仝书者，岂仝但取和氏书分类隶事，而无所增益耶？

《提要》谓克之论断偏主于宽。余初阅此书卷首《释冤》《辨诬》及卷末《矜谨》门，颇以《提要》之言为然。及观《议罪》门，深有取于王尊之"造狱"[20]；又贾黯条[21]，益州推官桑泽不知父死[22]，黯言泽与父不通问者三年，借非匿丧[23]，亦为不孝，卒使坐废田里[24]；克论以为是《春秋》诛意之义[25]。又《惩恶》门，有小儿偷刈邻家稻，孔琇之付狱案罪[26]，克以为可以惩恶[27]；又张咏因责决一吏[28]，吏曰"决不得，吃剑"，咏令牵出斩之，克亦称其能以威信折滑吏奸[29]；又吴中复条[30]，论以惩恶者，法不应死以便宜诛之，为诛于法外[31]。其他论断多类此。使不与《释冤》数门参看，不又将疑为偏于严乎？乃知《提要》之说，特粗阅其书首尾二三卷，因而立论，未尝细核全书也。

【注释】

①嘉锡：余嘉锡（1884—1955），字季豫，号狷庵，祖籍湖南常德，出生于河南商丘。著名语言学家、目录学家、古文献学家。清末举人，曾任吏部文选司主事。后在辅仁大学、北京大学、中国大学、民国大学、北京女子师范大学任教，主治目录学。主要著作有《四库提要辨证》《目录学发微》《古书通例》《世说新语笺疏》《余嘉

锡论学杂著》等。尤其是历时五十余年创作的《四库提要辨证》，声震国内外，被誉为“是一部从微观角度研究中国古籍的著作”。本文引自中华书局2007年第二版《四库提要辨证》。

②宣和六年：1124年。宣和，北宋宋徽宗的年号（1119—1125）。沈晦榜进士：意即郑克与沈晦为同榜进士。沈晦（1084—1149），字元用，号胥山，钱塘（今浙江杭州）人。宋徽宗宣和六年（1124）甲辰科状元。历官校书郎、著作左郎、给事中，知镇江府，为两浙西路安抚使。沈晦勇侠，胆气过人，好学上进。《宋史》卷三七八有传。天海按：沈晦，原文误作“沈诲”，依《宋史》径改。

③彭百川：字叔融，南宋眉州丹棱（今四川眉山）人。魏了翁尝跋其父墓志铭，称百川始欲以绍熙元年（1190）葬其父，而牵于阴阳拘畏之说，至嘉定二年（1209）始成葬。则当为光宗、宁宗时人。好学不辍，终老布衣。著有《太平治迹统类》《中兴治迹统类》。《宋史》无传。《太平治迹统类》：又名《皇朝太平治迹统类》，不分卷，宋彭百川辑，清初抄本，彭元瑞校并跋，收藏于上海图书馆。该书仿照袁枢《通鉴纪事本末》体例，记述北宋太祖至钦宗九朝之间的典故，对朝廷大政和大臣事迹一一分条剖析，史料充足，点评中肯。天海按：原文作“卷二十八”，此有误，据四库本《太平治迹统类》卷二十七径改。“郑克与沈晦同榜及第”，事见四库本《太平治迹统类》卷二十七。

④里贯仕履：籍贯履历。

⑤朱绪曾（1805—1860）：字述之，号北山，又号夑亭，江苏上元（今江苏南京）人。道光二年（1822）举人。道光十五年（1835），逢大批挑选知县，分发浙江，补为孝丰知县，历任武义、秀水、嘉兴县知县，转台州同知。官至台州知府。精训诂，藏书颇富，为江浙著名藏书家之一。生平著述丰富，有《开有益斋经说》《读书志》《开有益斋金石文字跋尾》《梅里诗辑》《朱氏家集》《金陵旧闻》等。

⑥《开有益斋读书志》:清朱绪曾撰写的一部目录学著作。《开有益斋读书志》六卷,《续志》一卷,著录古籍凡一百七十余种,遍及四部,既存《四库全书》未收秘籍,又多金陵乡邦文献;博考朝鲜、越南汉籍、古今妇女著作。

⑦天海按:"客又问",原文脱"又"字,此据浙江古籍出版社2018年7月《古典文库·棠阴比事·跋》径补。

⑧刘壎(1240—1319):字起潜,号"水云村人",江西南丰(今江西南丰)人。宋末元初学者、诗人、评论家。年三十七而宋亡,入元后年五十五为盱郡学正。年七十受朝命为延平路儒学教授。年七十二为南剑州学官。著有《隐居通议》《水云村泯稿》《水云村稿》《经说讲义》《哀鉴》《英华录》等。天海按:刘壎,《古典文库·棠阴比事·跋》作"刘埙"。《隐居通议》:三十一卷,宋末元初刘壎撰。此书当为其晚年退休时所作,故名《隐居通议》。全书共分十一门,其中理学三卷、古赋二卷、诗歌七卷、文章八卷、骈俪三卷、经史三卷、礼乐一卷、造化一卷、地理一卷、鬼神一卷、杂录一卷。每门之下分条记事,各立标题。有考证,也有议论。尤其是评诗论文达二十卷,所称引之文,今多散佚,所称引之人,有的名不见史志记载,都备录全篇,首尾完具,可以补诸家总集之遗失,对征考文献有很高的价值。书中所记轶事,可补史传之缺。主要版本有《读画斋丛书》《海山仙馆丛书》《四库全书》《丛书集成初编》等。

⑨高宗绍兴三年:即1133年。南宋皇帝赵构于1131年逃至越州,认为江山可以收复中兴,并改元"绍兴",而越州也就改称绍兴城。绍兴年号共32年(1131—1162)。

⑩降诏恤刑:颁布慎用刑法的诏书。语见《尚书·舜典》:"钦哉钦哉,惟刑之恤哉!"意即考虑到刑罚可能滥用失当,量刑时要有悯恤之意,使刑罚轻重适中。据《汉书·刑法志》,汉景帝于前141

年下诏："著令：年八十以上，八岁以下，及孕者未乳、师、朱儒，当鞠系者，颂系之。"后世一般指对于老幼废疾者的减刑和对狱囚的悯恤。《绍兴恤刑手诏》又名《绍兴三年恤刑诏》。诏书全文出自高宗御笔，末署亲笔御押，并在"九"字处加盖"御书之宝"印。今浙江杭州《一吟堂》藏有清代所拓碑刻《绍兴恤刑手诏》全文。

⑪戒饬中外，俾务哀矜：告诫中外，务必以哀悯之心用刑。《尚书·吕刑》："皇帝哀矜庶戮之不辜。"晋傅玄《傅子·法刑》："司寇行刑，君为之不举乐，哀矜之心至也。"

⑫承直郎：官名。宋代至明代使用的文散官官阶。宋徽宗崇宁初置，以换留守、节度使、观察使的判官，正六品，金正七品下，元正六品，明为正六品初授之阶。

⑬湖南：南宋时湖南分为荆湖南路和荆湖北路。荆湖南路包括潭州、衡州、道州、永州、郴州、邵州、桂阳军、武冈军。天海按：湖南，原文作"湖州"，此据浙江古籍出版社2018年7月《古典文库·棠阴比事·跋》径改。提刑司：官署名。全称"提点刑狱司"。是宋代中央派出的"路"一级司法机构，简称"提刑司""宪司""宪台"，监督管理所辖州府的司法审判事务，审核州府卷案，可以随时前往各州县检查刑狱，举劾在刑狱方面失职的州府官员。宋朝"湖南提刑"的正式称呼是"荆湖南路提点刑狱使"。干官：南宋职官名。全称"干办公事"，简称"干办官""干官"，为提点刑狱公事的属官。原名作"勾当"，避高宗赵构名讳改。

⑭吕成公：即吕祖谦（1137—1181），字伯恭，婺州（今浙江金华）人，祖籍淮南寿州（治今安徽凤台）。郡望东莱郡，人称"小东莱先生"。南宋理学家、文学家。吕祖谦出身于"东莱吕氏"，门荫入仕，起家将仕郎。隆兴元年（1163），进士及第，调补南外宗学教授，累迁直秘阁学士、提举亳州明道宫，参与重修《宋徽宗实录》，编纂刊行《皇朝文鉴》。追谥为"成"，故尊称为"吕成公"。

嘉熙二年(1238),改谥“忠亮”,追封开封伯。景定二年(1261),配享孔庙。《宋史》卷四三四有传。

⑮迪功郎:古代官名。始于宋,为从九品。是县丞和长史一类官员的副职。建康府:府名。南宋建炎三年(1129)改江宁府置,治所在今江苏南京。为南宋行都、东南重镇,是仅次于国都的重要军事、政治和经济中心。上元:县名。建康府的属县。上元县与江宁县同城而治。

⑯南渡:“建炎南渡”或称“宋室南渡”“高宗南渡”,亦有人称其为“靖康南渡”。广义上是指宋室的南迁,狭义上是指两宋交替之际北宋皇室康王赵构为了躲避北方女真人的追击,南逃到江南地区的历史事件。从靖康二年(1127)夏,一直到建炎四年(1130)二月,金太宗以“搜山检海捉赵构”为号,派兵追击南下的宋高宗,最终宋高宗定都临安。

⑰《通考》:《文献通考》的简称,是宋元时期学者马端临编撰的一部典章制度史,共348卷。因“引古经史谓之‘文’,参以唐宋以来诸臣之奏疏,诸儒之议论谓之‘献’,故名曰《文献通考》”(《自序》)。《通考》除因袭杜佑《通典》外,兼采经史、会要、传记、奏疏、论及其他文献,资料较《通典》丰富,于宋代典章制度尤称详备。其中刑考分为刑制、徒流、详谳、赎刑、赦宥等。可供研究中国法制史参考。

⑱《玉海》:一部规模宏大的类书,共204卷,南宋王应麟编撰。全书分为天文、地理、官制、食货等21门。《玉海》对宋代史事大多采用“实录”和“国史日历”的方式记载,有较高的史料价值。卷末附有《辞学指南》4卷,并有辑者所作《诗考》及《诗地理考》等13种。

⑲赵仝:人名,余事不详。《疑狱事类》:书名,此书已轶。

⑳王尊之“造狱”:事见本书卷四《议罪》门4·2条《黄霸处死三男子》按语所附“王尊处死不孝子”事。

㉑贾黯条:事见本书卷四《议罪》门4·24条《贾黯以犯意议罪》。

㉒天海按:桑泽,原文误作“乘泽”,此据李焘《续资治通鉴长编》卷一七六、刘邠《彭城集·贾黯行状》径改。

㉓匿丧:古代官员祖父母、父母死,不呈报,不服丧,对外隐瞒或另择时日。

㉔卒使坐废田里:最终使他因此被废官职,回归故里。天海按:“使”字,原文脱。此据《折狱龟鉴》原文径补。

㉕克论以为是《春秋》诛意:事见本书卷四《议罪》门4·24条《贾黯以犯意议罪》郑克按语。

㉖孔琇之付狱案罪:事见本书卷五《惩恶》门6·2条《孔琇之治罪小儿》。

㉗克以为可以惩恶:事见本书卷五《惩恶》门6·2条《孔琇之治罪小儿》按语。

㉘张咏因责决一吏:事见本书卷五《惩恶》门6·7条《张咏斩猾吏立威》。

㉙以威信折滑吏奸:事见本书卷五《惩恶》门6·7条《张咏斩猾吏立威》按语。

㉚吴中复条:事见本书卷五《惩恶》门6·15条《吴中复法外行刑》。

㉛为诛于法外:事见本书卷五《惩恶》门6·15条《吴中复法外行刑》按语。

【注释】

余嘉锡案:《四库全书总目提要》没有记载郑克生平始末,与全书体例不符。考证郑克登宋朝宣和六年沈晦同榜进士,此事见于宋彭百川所撰《太平治迹统类》卷二十七。至于他的籍贯履历,朱绪曾考察得很是详细。《开有益斋读书志》卷四《棠荫比事·跋》说:“客人又问撰写《折狱龟鉴》的郑克,我回答他说:元刘壎《隐居通议》记载‘宋高宗绍兴三年,下诏恤刑,告诫中外,务必以哀悯之心用刑。当时有承直郎郑克明，任湖南提刑司干官，因为阅读和凝《疑狱集》，改易旧名作《折狱龟鉴》。’案：此事见于《隐居通议》卷三十一，原文“因阅和凝《疑狱集》”之句以下作“赞赏他的用心，于是对书中事例进行分类，自《释冤》《辨诬》，至《严明》《矜谨》，共十二门，将旧名改为《折狱龟鉴》，书中记载的都是古事，也有很多不切题可以删去的内容。”十二门，应当是二十门之误。刘起潜刘壎之字称他为郑克明，可知郑克字克明。吕成公《方元恪墓志》说：‘女孙婿迪功郎建康府上元县尉郑克’，这是说他曾从县尉而任干官。他原籍为开封，因为宋室南渡而搬迁到这里。客人高兴地退下。”朱氏的意思，是想要以此弥补《四库提要》的缺失。所以直接抄录了这段话。《直斋书录解题》卷七著录此书，实际题作《折狱龟鉴》。《四库提要》也因为是从《通考》转引的，没有核检原书而有误。只有《郡斋读书志》卷八及《通考》卷二百三写作《决狱龟鉴》而已。《玉海》卷六十七则两个名称一起使用，故知实际上是同一书而不同名。

案：《郡斋读书志》说：“五代和凝著有《疑狱集》，近时赵仝著有《疑狱事类》，都不详尽，郑克因此增加扩展了它们。”依据此条，那么郑克书中所采，应当兼有和氏父子及赵仝两家之书。然而和氏书共有六十七条，而郑克书中明确引自《疑狱集》或和嵘以及称旧出某书、旧不著出处者，共六十八条，比原数仅多出一条。其他则直接注出某书、见某书或闻之士林，都不说为旧本所有，唐以前事则注曰：“旧集不载”。又好像其中没有赵仝书中的内容，难道是赵仝只取和氏之书分门别类记事，而没有增补吗？

《四库提要》认为郑克的按语论断偏于主张宽刑。我初次阅读此书卷首《释冤》《辨诬》及卷末《矜谨》门，很认同《四库提要》中的话。到观看《议罪》门，对王尊“造狱”的做法深有感触；又见贾黯一条，益州推官桑泽不知父死，贾黯说桑泽与父不通音信有三年，就算不是匿丧，也是不孝，最终使他因此罢官归老故里；郑克评论认为这符合《春秋》处罚犯罪动机的意义。又见《惩恶》门，有小儿偷割邻家稻子，孔琇之交付狱案治罪，郑克认为可以惩恶；又见张咏因为责罚一个官吏，官吏说“杖决不用，愿吃剑”，张咏命人拉出去斩首，郑克也称赞能以威信挫折奸滑小吏；又见吴中复一条，郑克按语论说为了惩治奸恶的人，依法不应处死的可以根据具体情形诛杀，是为于法外诛死。其他论断大多与此类似。假如不与《释冤》数门相对照着看，不又将怀疑他偏于严刑吗？由此知道《四库提要》的说法，只是粗略阅读了这书的首尾二三卷，依此而立论，未曾仔细检核全书。

中华经典名著
全本全注全译丛书
（已出书目）

周易
尚书
诗经
周礼
仪礼
礼记
左传
韩诗外传
春秋公羊传
春秋穀梁传
孝经·忠经
论语·大学·中庸
尔雅
孟子
春秋繁露
说文解字
释名
国语
晏子春秋
穆天子传
战国策
史记
吴越春秋
越绝书
华阳国志
水经注
洛阳伽蓝记
大唐西域记
史通
贞观政要
营造法式
东京梦华录
唐才子传
大明律
廉吏传
徐霞客游记

读通鉴论
宋论
文史通义
老子
道德经
帛书老子
鹖冠子
黄帝四经·关尹子·尸子
孙子兵法
墨子
管子
孔子家语
曾子·子思子·孔丛子
吴子·司马法
商君书
慎子·太白阴经
列子
鬼谷子
庄子
公孙龙子(外三种)
荀子
六韬
吕氏春秋
韩非子
山海经
黄帝内经
素书
新书
淮南子
九章算术(附海岛算经)
新序
说苑
列仙传
盐铁论
法言
方言
白虎通义
论衡
潜夫论
政论·昌言
风俗通义
申鉴·中论
太平经
伤寒论
周易参同契
人物志
博物志
抱朴子内篇
抱朴子外篇
西京杂记
神仙传
搜神记

拾遗记
世说新语
弘明集
齐民要术
刘子
颜氏家训
中说
群书治要
帝范·臣轨·庭训格言
坛经
大慈恩寺三藏法师传
长短经
蒙求·童蒙须知
茶经·续茶经
玄怪录·续玄怪录
酉阳杂俎
历代名画记
唐摭言
化书·无能子
梦溪笔谈
东坡志林
唐语林
北山酒经(外二种)
折狱龟鉴
容斋随笔
近思录
洗冤集录
传习录
焚书
菜根谭
增广贤文
呻吟语
了凡四训
龙文鞭影
长物志
智囊全集
天工开物
溪山琴况·琴声十六法
温疫论
明夷待访录·破邪论
陶庵梦忆
西湖梦寻
虞初新志
幼学琼林
笠翁对韵
声律启蒙
老老恒言
随园食单
阅微草堂笔记
格言联璧
曾国藩家书
曾国藩家训

劝学篇

楚辞

文心雕龙

文选

玉台新咏

二十四诗品·续诗品

词品

闲情偶寄

古文观止

聊斋志异

唐宋八大家文钞

浮生六记

三字经·百家姓·千字文·弟子规·千家诗

经史百家杂钞